詳解

処理基準としての
戸籍基本先例解説

木村三男
竹澤雅二郎 編著

日本加除出版

はしがき

　平成12年4月1日から、いわゆる地方分権一括法（平成11年法律第87号）が施行され、国と地方公共団体との関係における従来の機関委任事務制度が廃止されたことに伴い、市区町村の処理する事務は、自治事務と法定受託事務とに再構成されました（改正地方自治法第2条）。
　戸籍事務は、国民の親族法上の身分関係を登録し公証するという国の根幹にかかわる事務であり、本来は、国が果たすべき事務であるところ、明治初年以来市区町村長が担当してきた歴史的経緯や、事務の性質から、国民と最も密接した関係にある市区町村長の担当とするのが国民の利便性、事務処理の効率性等の面から有益であることから、市区町村長の管掌のもとに処理することとされたものです。しかし、その事務の性質上、統一的な取扱いの確保が特に必要な事務であることは、従来と何ら変わりません。そこで、改正後の戸籍法第1条第2項においては、戸籍事務が法定受託事務であることを明らかにしています。
　ところで、戸籍法第3条第1項において、法務大臣は、市区町村長が戸籍事務を処理するに当たっての〝よるべき基準〟を定めることができることとされています。この〝よるべき基準〟とは、国の事務である戸籍事務をいかに処理するかの基準（「処理基準」）をいい、事務処理一般に関する基準のほかに、一定類型の事件についての処理の仕方等を明らかにするものであり、法務省令、通知等の形式によって行われることになります。この戸籍法の規定を受けて、平成13年6月15日には、法務省民事局長から法務局長・地方法務局長に対し、現行民法・戸籍法の施行（昭和23年1月1日）後、市区町村長に対して発せられてきた戸籍に関する通達（移達又は通知を含む。）のうち、基本的な先例133事例については、戸籍法第3条第1項の「処理基準」とする旨の通達（民一第1554号）が発出され、その趣旨は各法務局長・地方法務局長から管内市区町村長に通知され、その周知が図られたところです。
　右の「処理基準」に関する通達が発出されて既に6年余を経過しました

はしがき

　が、その間、市区町村及び法務局において現に戸籍実務に携わっておられる初任者の方々から、これらの処理基準とされた133事例についての解説をまとめた実務参考書の刊行方について多くの要望が寄せられていました。

　そこで、この要望にいささかでも応えられるよう念願して、右の処理基準とされた各先例について解説を試み、これをまとめて戸籍基本先例解説書として刊行させていただくこととしました。本書の編集に当たっては、戸籍事務を処理する際の利用の便を図るために、まず、各先例についての「見出し」を付して分類した上、これを戸籍法の章立ての順に準じて整理しました。さらに、各先例ごとにその「趣旨」を冒頭に掲記するとともに、参考として各先例の原文を検索する便宜のために「親族、相続、戸籍に関する訓令通牒録」の収録頁並びに関連する基本先例の整理番号を付記しました。また、これらの基本先例の中には、右の処理基準に関する通達が発出された後、関係法令の改正等に伴い取扱いに変更が生じたものもあります。その点については、〔先例の趣旨〕〔参考〕に改正の旨を略記するとともに、〔解説〕の中で改正の趣旨及び変更後の取扱いについても敷衍して解説を加え、実務上、支障が生じないように配慮しました。

　本書が市区町村をはじめ法務局における戸籍事務の処理に、多少なりともお役に立てるところがあれば、望外の幸せです。

　なお、本書の編集に当たり、多くの文献等を参考にさせていただきました。ここに記して、深甚の謝意を表します。

　　平成20年3月

　　　　　　　　　　　　　　　　　　　　　木　村　三　男
　　　　　　　　　　　　　　　　　　　　　　（元大津地方法務局長）
　　　　　　　　　　　　　　　　　　　　　竹　澤　雅二郎
　　　　　　　　　　　　　　　　　　　　　　（元浦和地方法務局次長）

総　目　次

第1章　総　則

（一　般）

1　改正民法・戸籍法の施行と戸籍事務の運用〔昭23.1.13民事甲17通達〕………………………………………………………………　1
2　改正戸籍法の施行と戸籍事務の取扱い〔昭23.1.29民事甲136通達〕………………………………………………………………　15
3　戸籍事務管掌者である市区町村長の職務代理者及び代理資格の表示〔昭26.4.26民事甲863通達〕………………………　19
4　事件本人以外の者についても戸籍の記載を要する届出等に関する事件の種類の定め方〔昭26.12.11民事甲2322通達〕………　23
5　北方地域に本籍を有する者についての戸籍事務の取扱い〔昭58.3.14民二1819通達〕………………………………………　24
6　国籍法及び戸籍法の一部を改正する法律等の施行に伴う戸籍事務の取扱い〔昭59.11.1民二5500通達〕…………………　29
7　地方分権一括法及び後見登記等に関する法律の施行に伴う戸籍事務の取扱い〔平12.3.15民二600通達〕………………　75

（渉　外）

8　日本に在住する外国人に対する戸籍法の適用〔昭24.11.10民事甲2616通達〕………………………………………………　90
9　中国の国名表記〔昭39.6.19民事甲2097通達〕…………　92
10　「難民条約等」による難民の認定及びその属人法に関する戸籍事務の取扱い〔昭57.3.30民二2495通達〕…………………　94
11　法例の一部を改正する法律の施行に伴う戸籍事務の取扱い〔平元.10.2民二3900通達〕………………………………………　102
12　法例の一部を改正する法律の施行に伴う戸籍事務の取扱い〔平2.

5.1 民二 1835 通達〕·· 204

第2章　戸籍に関する帳簿・書類

(一　般)

13　事件本人以外の者についても戸籍の記載を要する届出等を受理し又は送付を受けた場合の受附帳の記載〔昭 26.10.10 民事甲 1947 通達〕·· 211

14　東京都 23 区における除籍副本のマイクロフィルム化〔昭 36.1.23 民事甲 200 通達〕··· 218

15　東京都 23 区以外の市区町村における除籍副本のマイクロフィルム化〔昭 36.1.24 民事二発 55 依命通知〕························· 220

16　複写機によって戸(除)籍の副本を作成した場合の契印の省略〔昭 36.7.24 民事甲 1736 通達〕·· 221

17　受附帳の記載において、受附の年と年号が同じ場合の年号の省略及び出生、死亡の届出人資格の記載〔昭 37.3.26 民事甲 799 通達〕··· 224

18　再製原戸籍の保存期間〔昭 39.2.27 民事甲 381 通達〕················· 227

19　申出による戸籍の再製〔昭 46.12.21 民事甲 3589 通達〕············· 230

20　申出による戸籍の再製に関する取扱い要領〔昭 46.12.21 民事二発 1555 依命通知〕·· 234

21　除籍等のマイクロフィルム化とその取扱いについて〔昭 50.2.4 民二 664 通達〕·· 238

22　市区町村長が保存している「戸籍の記載を要しない届書類」のマイクロフィルム化〔昭 58.2.18 民二 820 通達〕···························· 242

23　除籍等の画像情報処理方式による光ディスク化〔平 7.2.28 民二 2003 通達〕·· 245

24　除籍等の画像情報処理方式による磁気ディスク化〔平 8.9.24 民二 1700 通達〕·· 255

(渉　外)

25　平和条約発効後に受理した在日朝鮮人の戸籍届書類の保存期間
　　〔昭 41.8.22 民事甲 2431 通達〕 259

(戸・除籍、届書の公開)

26　戸籍届書類の制限的公開〔昭 22.4.8 民事甲 277 通達〕 261

27　労基法 111 条に基づく証明及び手数料の無料扱い〔昭 22.12.6 民事甲 1732 通達〕 267

28　国公共済組合法 114 条に基づく証明の対象等〔昭 24.7.2 民事甲 1476㈡86 通達〕 270

29　労基法 111 条に基づく無料証明の適用範囲〔昭 34.3.17 民事甲 514 通達〕 273

30　複写機により作成した戸籍謄（抄）本に不鮮明な文字がある場合の補正等〔昭 50.7.2 民二 3386 通達〕 275

31　民法等の一部改正に伴う戸籍の公開等の取扱い〔昭 51.11.5 民二 5641 通達〕 278

32　届書の謄本の認証方法の簡易化に関する取扱い〔昭 52.4.6 民二 1671 通達〕 284

33　学術研究を目的とする戸（除）籍の謄本等の交付請求等の承認手続等に関する取扱いの整理〔昭 57.2.17 民二 1282 通達〕 288

第3章　戸籍の記載

(一　般)

34　父母との続柄の定め方〔昭 22.10.14 民事甲 1263 通達〕 293

35　旧法当時に本家と分家に分かれていた親子が、応急措置法の施行後に同籍する場合〔昭 26.1.6 民事甲 3406 通達〕 297

36　戸籍の本籍欄に記載する本籍地の表示について、府県名を省略できる場合〔昭 30.4.5 民事甲 603 通達〕 299

37　父母との続柄の数え方及び従前の数え方による続柄の記載訂正

〔昭33.1.20民事甲146通達〕……………………………………… 302

38 昭和45年法務省令第8号による戸籍記載例の全面改正〔昭45.3.31民事甲1261通達〕……………………………………… 306

39 戸籍を再製する場合、旧記載例による記載を新記載例により移記する取扱い〔昭48.11.17民二8522依命通知〕………………… 313

40 「元号法」の施行に伴う戸籍事務の取扱い〔昭54.6.9民二3313通達〕
………………………………………………………………… 316

41 夫婦共同で縁組をした者が、縁組継続のまま婚姻解消した場合の縁組事項の移記〔昭55.3.26民二1913通達〕……………… 318

42 婚姻等の届書が本籍地に未着のため戸籍の記載がされていない場合の「遅延事由」の記載〔昭59.3.5民二1226通知〕………… 321

43 養子法の改正に伴う参考記載例の改正〔昭62.10.1民二5001通達〕
………………………………………………………………… 326

44 改元等に伴う参考記載例の改正〔平2.3.1民二600通達〕……… 328

45 氏又は名の記載に用いる文字の取扱いに関する整理通達〔平2.10.20民二5200通達〕…………………………………………… 331

46 氏又は名の記載に用いる文字の取扱いに関する整理通達〔45〕に伴う参考記載例の一部改正〔平2.10.20民二5201通達〕……… 362

47 氏又は名の記載に用いる文字の取扱いに関する整理通達〔45〕の運用(俗字の取扱い等)〔平2.10.20民二5202依命通知〕…… 364

48 子の父母欄に「亡」の文字を冠記する取扱いの廃止〔平3.11.28民二5877通達〕……………………………………………………… 370

49 戸籍法施行規則の一部を改正する省令(平成6年法務省令51号)の施行に伴う関係通達等の整備〔平6.11.16民二7005通達〕…… 373

50 氏又は名の記載に用いる文字の取扱いに関する通達等の整理についての依命通知〔47〕の一部改正〔平6.11.16民二7006依命通知〕… 381

51 「誤字俗字・正字一覧表」〔平6.11.16民二7007通達〕………… 383

52 戸籍法施行規則の一部を改正する省令の施行に伴う戸籍記載例〔44〕及び記録事項証明書〔130〕の一部改正〔平12.3.15民二601通達〕……………………………………………………… 384

（渉　外）

53　生地主義国に駐在する日本の大使、公使及びその職員の子が同国で出生した場合における戸籍記載の取扱い〔昭32.9.21民事甲1833通達〕……………………………………………………………………386

54　在日韓国人の国籍の表示〔昭41.9.30民事甲2594通達〕……………391

55　在日韓国人の国籍の表示を「韓国」とする場合の韓国国籍を証する書面〔昭42.6.1民事甲1800通達〕……………………………………395

56　日本人と婚姻をした外国人の氏が、本国法に基づき変更した場合の取扱い〔昭55.8.27民二5218通達〕……………………………398

57　戸籍事務に関して国籍を韓国と認定する資料〔平5.4.9民二3319通達〕……………………………………………………………………402

第4章　届出通則

（一　般）

58　届出人の生存中に郵送した届書を、同人の死亡後に市区町村長がこれを受理した場合の届書の処理要領及び戸籍の記載〔昭28.4.15民事甲597通達〕……………………………………………………405

59　管轄局に受理照会を要する届出の受附の月と受理決定の月が異なる場合における届書等の処理〔昭36.5.23民事甲1198通達〕………415

60　戸籍届書の標準様式の全面的な改正〔昭59.11.1民二5502通達〕…419

61　特別養子制度の創設等養子法の改正に伴う戸籍届書の標準様式の一部改正〔昭62.10.1民二5002通達〕……………………………423

62　行政機関の休日に関する法律の制定及び地方自治法の一部を改正する法律の施行に伴う戸籍の届出期間の末日の取扱い〔昭63.12.20民二7332通達〕……………………………………………429

63　戸籍届書の一通化〔平3.12.27民二6210通達〕……………………434

64　戸籍届書の標準様式の一部改正〔平6.10.21民二6517通達〕………441

65　出生届等における職業、産業の記載方について〔平7.1.30民二669通達〕……………………………………………………………447

66 申請書・届出書等の書類に記載されている氏名の文字の表記が戸籍上の表記と同一でない場合の取扱い〔平7.2.28民二2000通達〕… 449
67 届書等の到達確認の実施〔平7.12.26民二4491通達〕……………… 451
68 戸籍法41条の証書の謄本提出又は発送が法定期間内にされなかった場合の取扱い〔平10.7.24民二1374通知〕…………………………… 455
69 戸籍届書の標準様式の一部改正〔平12.3.15民二602通達〕………… 459

(渉　外)

70 在外公館で受理され、本籍地に送付された戸籍届書類に不備がある場合の処理〔昭25.5.23民事甲1357通達〕……………………… 461
71 平和条約発効前から在日する朝鮮人又は台湾人が婚姻等の創設的届出をするに際し、本国官憲が発給する要件具備証明書が得られない場合の取扱い〔昭30.2.9民事甲245通達〕……………………… 463
72 平和条約発効前から在日する中国の国籍を有する者が婚姻等の創設的届出をするに際し、本国官憲が発給する要件具備証明書が得られない場合の取扱い〔昭31.4.25民事甲839通達〕………………… 466
73 旅券の発給を受けて入国した中国（台湾）人が婚姻等の創設的届出をする場合の取扱い（昭和30・2・9民事甲245号通達〔71〕による取扱いは認められない）〔平元.12.27民二5541通達〕………… 468
74 我が国に常居所があるものとして取り扱う者についての変更〔平4.1.6民二155通達〕……………………………………………………… 471

第5章　届出各則

第1節　出　生

75 棄児発見調書の作成及び戸籍の記載〔昭27.6.7民事甲804通達〕… 473
76 学齢に達した子の出生届の取扱い〔昭34.8.27民事甲1545通達〕… 475
77 50歳以上の者を母とする子の出生届の取扱い〔昭36.9.5民事甲2008通達〕……………………………………………………………… 478

78 父母の婚姻解消後 300 日以内に出生した子について、出生の届出前に婚姻解消当時の父母の戸籍が、転籍、改製により異動している場合の取扱い〔昭 38.10.29 民事甲 3058 通達〕……………… 481

79 非本籍地で受理した出生届書が本籍地に未着のため戸籍の記載が未了の場合における出生届出の申出〔昭 42.5.9 民事甲 1083 通達〕… 485

80 出生証明書に子の氏名の記載がない出生届の取扱い〔昭 50.5.23 民二 2696 通達〕…………………………………………………………… 488

81 出生届書が本籍地に未着のため戸籍の記載が遅延した場合における「入籍の遅延事由」の記載申出〔昭 55.3.26 民二 1914 通知〕…… 491

82 「常用漢字表」の制定に伴う子の名の文字の取扱い〔昭 56.9.14 民二 5536 通達〕…………………………………………………………… 494

83 氏又は名に用いる文字の取扱いの整理〔昭 56.9.14 民二 5537 通達〕………………………………………………………………………… 498

84 嫡出でない子につき父がした嫡出子出生の届出が誤って受理された場合の取扱い〔昭 57.4.30 民二 2972 通達〕……………………… 503

85 無国籍者を父母として日本で出生した子の出生届の取扱い〔昭 57.7.6 民二 4265 通達〕………………………………………………… 516

第 2 節 認　知

(一　般)

86 父母の婚姻後 200 日以内に出生した子につき、母から嫡出でない子の出生届がされた後、母の夫からされた認知届の取扱い〔昭 34.8.28 民事甲 1827 通達〕…………………………………………… 521

(渉　外)

87 外国人母の夫の嫡出推定を受ける子について、出生後に嫡出推定を排除する裁判が確定し、日本人男から認知の届出があった場合における国籍及び戸籍の取扱い〔平 10.1.30 民五 180 通達〕……… 525

88 平成 10 年 1 月 30 日民五第 180 号通達〔87〕の趣旨及び渉外的胎

児認知届の具体的取扱い等〔平 11.11.11 民二・民五 2420 通知〕…… 529

第 3 節　養子縁組

（一　般）

89　表見代諾者の代諾による無効な縁組につき、正当代諾権者から追
　　認を認める取扱い〔昭 30.8.1 民事甲 1602 通達〕……………… 531

90　表見代諾者の代諾による無効な縁組につき 15 歳に達した養子本人
　　の追認を認める取扱い〔昭 34.4.8 民事甲 624 通達〕………… 535

91　養子法の改正に伴う戸籍事務の取扱い〔昭 62.10.1 民二 5000 通達〕
　　……………………………………………………………………… 539

92　自己の親権に服する 15 歳未満の嫡出でない子を配偶者とともに養
　　子とする縁組の代諾者〔昭 63.9.17 民二 5165 通達〕………… 618

93　夫婦又は婚姻の際に氏を改めなかった者が養子となる場合等にお
　　ける戸籍の取扱い〔平 2.10.5 民二 4400 通達〕………………… 621

（渉　外）

94　外国法を準拠法とする養子縁組（断絶型養子縁組）の届出につい
　　て〔平 6.4.28 民二 2996 通達〕…………………………………… 624

第 4 節　養子離縁

95　実父との縁組後、父の認知又は父母の婚姻により準正嫡出子の身
　　分を取得した子が離縁をした場合の取扱い〔昭 25.5.16 民事甲 1258
　　通達〕……………………………………………………………… 634

第 5 節　婚　姻

（一　般）

96　本籍不明者又は無籍者からされた婚姻届又は養子縁組届の取扱い

〔昭 29.11.20 民事甲 2432 通達〕…………………………………… 638

（渉　外）

97　平和条約発効後、不法入国者から婚姻の届出があった場合の取扱
　　い〔昭 39.2.12 民事甲 306 通達〕………………………………… 640

第6節　離　婚

（一　般）

98　本籍不明者又は無籍者として婚姻等により戸籍に記載されている
　　者が、婚姻前の戸籍を明らかにできないまま離婚をした場合の取
　　扱い〔昭 31.5.2 民事甲 838 通達〕………………………………… 642
99　離婚届等の不受理申出の取扱い〔昭 51.1.23 民二 900 通達〕……… 647
100　離婚届等の不受理申出の取扱い要領〔昭 51.1.23 民二 901 依命通知〕
　　　…………………………………………………………………… 662
101　民法の一部を改正する法律（昭和 51 年法律第 66 号）の施行に伴
　　う婚氏続称等に関する戸籍事務の取扱い〔昭 51.5.31 民二 3233 通
　　達〕………………………………………………………………… 663
102　離婚届等不受理申出の取扱いに関する疑義〔昭 51.6.11 民二 3328
　　通知〕……………………………………………………………… 670
103　転婚者の離婚による復氏と戸籍法 77 条の 2 の届出の取扱い〔昭
　　51.11.4 民二 5353 通達〕…………………………………………… 671
104　裁判離婚の届出人でない者（復氏する者）からの新戸籍編製の申
　　出の取扱い〔昭 53.7.22 民二 4184 通達〕………………………… 673
105　離婚の調停調書に、復氏する相手方につき新戸籍を編製する旨の
　　記載がされている場合の取扱い〔昭 55.1.18 民二 680 通達〕…… 675

（渉　外）

106　外国の裁判所でされた離婚判決の承認〔昭 51.1.14 民二 280 通達〕
　　　…………………………………………………………………… 677

第7節　親権・後見

107　養親死亡後の養子に対する親権〔昭 23.11.12 民事甲 3585 通達〕…… 683
108　未成年の子が養親と実親夫婦の共同親権に服している場合に、その夫婦が離婚したときの親権〔昭 25.9.22 民事甲 2573 通達〕……… 685
109　児童相談所長が行う親権喪失宣告の請求等〔昭 26.11.5 民事甲 2102 通達〕………………………………………………………………… 689
110　離婚の際の指定親権者が死亡した後、他方の実親を親権者と定める審判に基づく親権者指定届の取扱い〔昭 54.8.31 民二 4471 通達〕
　　…………………………………………………………………………… 693

第8節　死亡・失踪

（一　般）

111　危難失踪における死亡とみなされる日及び 15 歳未満の養子が離縁する際の離縁協議者等〔昭 37.5.30 民事甲 1469 通達〕……………… 696

（渉　外）

112　在日アメリカ人についての死亡通知〔昭 39.7.27 民事甲 2683 通達〕
　　…………………………………………………………………………… 705
113　在日ロシア人についての死亡通知〔昭 42.8.21 民事甲 2414 通達〕… 709
114　在日外国人の死亡届を受理した場合における管轄法務局への届書写しの送付〔昭 58.10.24 民二 6115 通達〕………………………… 713

第9節　生存配偶者の復氏

115　帰化の際に配偶者の氏を称した者が、生存配偶者の復氏届により復する氏〔昭 63.3.29 民二 2020 通達〕…………………………… 718

第10節　入籍・分籍

116　婚姻中の養父と実母の氏を称して同籍している養子が、養父との離婚により復氏した実母の氏を称して入籍する場合の取扱い〔昭26.9.4民事甲1787通達〕……………………………………………… 722

117　新法戸籍から分籍する届出に、戸籍の謄本に代えて抄本を添付する取扱い〔昭30.6.15民事甲1199通達〕…………………………… 724

118　改製により単身で新戸籍が編製された子が、後に父・母が離婚等によって同氏となった場合に同籍するための入籍とその取扱い〔昭33.12.27民事甲2673通達〕…………………………………… 726

119　父母と同籍する旨の入籍届の取扱いの変更〔昭34.2.18民事甲269通達〕……………………………………………………………… 729

120　子が氏を同じくするに至った父又は母の戸籍への入籍の取扱い〔昭51.11.4民二5351通達〕………………………………………… 732

121　転婚者が離婚届と同時に77条の2の届出をするに際し、実方の氏に復することを希望する場合の取扱い〔昭58.4.1民二2285通達〕… 736

第11節　氏名の変更

122　日本で婚姻をしたブラジル人妻の氏変更の取扱い〔平8.12.26民二2254通知〕…………………………………………………………… 740

第6章　戸籍訂正・更正

123　行政区画の変更と本籍欄の更正〔昭30.4.30民事甲829通達〕……… 745

124　婚姻により編製した夫婦の新戸籍の婚姻事項中、夫又は妻の従前の本籍が婚姻の届出前に転籍等で変更していたため、その者の従前の本籍の表示に錯誤が生じた場合の訂正〔昭42.5.19民事甲1177通達〕…………………………………………………………………… 747

125　事実上の父が「同居者」の資格でした出生の届出により戸籍に記

載されている子が、その後準正嫡出子の身分を取得する場合に、子の出生事項中、届出人の資格を「父」と更正する申出とその更正〔昭42.5.20民事甲1200通達〕………………………………… 749

126 当事者の一方死亡後に検察官を被告とする親子関係存否確認の裁判が確定した場合の訂正〔昭46.3.1民事甲972通達〕……………… 751

127 戸籍記載の誤記又は遺漏が届出書類によって明白、かつ、内容軽微な場合の職権訂正〔昭47.5.2民事甲1766通達〕………………… 755

128 事実上の父が「同居者」の資格でした出生届による戸籍の記載につき、父が子を認知した後に、子の出生事項中、届出人の資格を「父」と更正する申出とその更正〔昭49.10.1民二5427通達〕……… 759

129 氏の変更及び夫婦の一方の名の変更後に他の一方からする婚姻事項中の配偶者の氏又は名の更正申出とその更正〔平4.3.30民二1607通達〕…………………………………………………………… 762

第7章　電子情報処理組織による戸籍事務

130 電子情報処理組織による戸籍事務の取扱い〔平6.11.16民二7000通達〕…………………………………………………………………… 765

131 電子情報処理組織による戸籍事務の取扱いに関する通達〔130〕の運用上の留意点〔平6.11.16民二7001依命通知〕………………… 806

132 戸籍事務を処理する電子情報処理組織が備えるべき技術的基準〔平6.11.16民二7002通達〕…………………………………………… 807

133 一部事務組合に設置されたコンピュータを利用して戸籍事務を処理する場合の取扱い〔平7.11.30民二4400通達〕………………… 808

編年索引……………………………………………………………………… 813
事項索引……………………………………………………………………… 826

第10節　入籍・分籍

116　婚姻中の養父と実母の氏を称して同籍している養子が、養父との離婚により復氏した実母の氏を称して入籍する場合の取扱い〔昭26.9.4民事甲1787通達〕 ……………………………………… 722

117　新法戸籍から分籍する届出に、戸籍の謄本に代えて抄本を添付する取扱い〔昭30.6.15民事甲1199通達〕 ……………………………… 724

118　改製により単身で新戸籍が編製された子が、後に父・母が離婚等によって同氏となった場合に同籍するための入籍とその取扱い〔昭33.12.27民事甲2673通達〕 …………………………………… 726

119　父母と同籍する旨の入籍届の取扱いの変更〔昭34.2.18民事甲269通達〕 ……………………………………………………………… 729

120　子が氏を同じくするに至った父又は母の戸籍への入籍の取扱い〔昭51.11.4民二5351通達〕 …………………………………………… 732

121　転婚者が離婚届と同時に77条の2の届出をするに際し、実方の氏に復することを希望する場合の取扱い〔昭58.4.1民二2285通達〕… 736

第11節　氏名の変更

122　日本で婚姻をしたブラジル人妻の氏変更の取扱い〔平8.12.26民二2254通知〕 …………………………………………………………… 740

第6章　戸籍訂正・更正

123　行政区画の変更と本籍欄の更正〔昭30.4.30民事甲829通達〕 ……… 745

124　婚姻により編製した夫婦の新戸籍の婚姻事項中、夫又は妻の従前の本籍が婚姻の届出前に転籍等で変更していたため、その者の従前の本籍の表示に錯誤が生じた場合の訂正〔昭42.5.19民事甲1177通達〕 ……………………………………………………………… 747

125　事実上の父が「同居者」の資格でした出生の届出により戸籍に記

載されている子が、その後準正嫡出子の身分を取得する場合に、
　　　子の出生事項中、届出人の資格を「父」と更正する申出とその更
　　　正〔昭42.5.20民事甲1200通達〕……………………………………749
126　当事者の一方死亡後に検察官を被告とする親子関係存否確認の裁
　　　判が確定した場合の訂正〔昭46.3.1民事甲972通達〕……………751
127　戸籍記載の誤記又は遺漏が届出書類によって明白、かつ、内容軽
　　　微な場合の職権訂正〔昭47.5.2民事甲1766通達〕…………………755
128　事実上の父が「同居者」の資格でした出生届による戸籍の記載に
　　　つき、父が子を認知した後に、子の出生事項中、届出人の資格を
　　　「父」と更正する申出とその更正〔昭49.10.1民二5427通達〕……759
129　氏の変更及び夫婦の一方の名の変更後に他の一方からする婚姻事
　　　項中の配偶者の氏又は名の更正申出とその更正〔平4.3.30民二
　　　1607通達〕………………………………………………………………762

第7章　電子情報処理組織による戸籍事務

130　電子情報処理組織による戸籍事務の取扱い〔平6.11.16民二7000
　　　通達〕……………………………………………………………………765
131　電子情報処理組織による戸籍事務の取扱いに関する通達〔130〕の
　　　運用上の留意点〔平6.11.16民二7001依命通知〕……………………806
132　戸籍事務を処理する電子情報処理組織が備えるべき技術的基準
　　　〔平6.11.16民二7002通達〕……………………………………………807
133　一部事務組合に設置されたコンピュータを利用して戸籍事務を処
　　　理する場合の取扱い〔平7.11.30民二4400通達〕……………………808

編年索引………………………………………………………………………813
事項索引………………………………………………………………………826

細　目　次

第1章　総　則

(一　般)

1　改正民法・戸籍法の施行と戸籍事務の運用〔昭23.1.13民事甲17通達〕………………………………………………………………… 1

　1　新戸籍編製と氏について　　2
　　(1)　新戸籍編製と氏　　2
　　(2)　国籍取得　　2
　　(3)　就　籍　　3
　　(4)　棄　児　　3
　2　転縁組又は転婚をした者が復する氏及び戸籍について　　4
　　(1)　転縁組の場合　　4
　　(2)　転婚の場合　　4
　3　筆頭者の除籍と復籍について　　5
　4　復氏すべき実方の氏が変更されている場合について　　6
　5　生存配偶者が復氏届をする場合について　　7
　6　戸籍法第48条第2項の「特別の事由の有無」について　　8
　7　子の名に制限外の文字を用いた出生届について　　8
　8　規則第39条の規定による移記事項の記載例について　　9
　　(1)　身分事項を移記する際の記載例　　9
　　(2)　身分事項の移記　　9
　9　出生届書の審査について　　10
　10　自己の嫡出子又は養子を更に養子とする縁組の禁止について　　11
　11　婚姻の解消による配偶欄の朱線について　　12
　12　四届書中戸籍記載及び調査票作成欄の認印について　　12
　13　戸籍の記載を要する事項につき、調停が成立し又は審判が確定した場合における家庭裁判所からの通知について　　13

　　　　(1)　届出の催告と職権記載　　13
　　　　(2)　家庭裁判所から本籍地市区町村長への通知　　14

2　改正戸籍法の施行と戸籍事務の取扱い〔昭23.1.29民事甲136通達〕
　　　　　　　　　　　　　　　　　　　　　　　　　　　　　　　15
　　1　戸籍法第62条の出生届による子の氏及び入籍戸籍について　　15
　　2　外国人である子の名に用いる文字について　　16
　　3　夫婦につき新戸籍を編製する場合に、戸籍の筆頭に記載すべき者について　　17
　　4　筆頭者死亡後の戸籍の表示について　　18

3　戸籍事務管掌者である市区町村長の職務代理者及び代理資格の表示〔昭26.4.26民事甲863通達〕　　19
　　1　職務代理者　　19
　　2　臨時代理者　　20
　　3　職務執行者　　20
　　4　代理資格の表示方法　　21
　　5　地方自治法第153条第1項による代理者の場合　　21
　　6　地方自治法の一部改正に伴う代理資格の表示方法の変更　　22

4　事件本人以外の者についても戸籍の記載を要する届出等に関する事件の種類の定め方〔昭26.12.11民事甲2322通達〕　　23

5　北方地域に本籍を有する者についての戸籍事務の取扱い〔昭58.3.14民二1819通達〕　　24
　　1　北方地域における従前の戸籍事務取扱いの経緯　　24
　　　　(1)　北方地域　　24
　　　　(2)　被占領後の取扱い　　25
　　　　(3)　平和条約発効後の取扱い　　25
　　2　北方領土特別措置法　　26

  3 北方領土特別措置法の施行に伴う戸籍事務の取扱い 27
   (1) 戸籍事務管掌者の指名 27
   (2) 本通達による北方地域に関する戸籍事務の取扱い 27

6 国籍法及び戸籍法の一部を改正する法律等の施行に伴う戸籍事務の取扱い〔昭59.11.1民二5500通達〕 ………………………… 29

第1 出生届に関する取扱い 29
 1 改正法施行後に出生した外国人父と日本人母の嫡出子 29
  (1) 出生による国籍の取得 29
  (2) 出生子の氏と戸籍 30
 2 出生の届出資格者の新設 31
 3 国外で出生した子の出生の届出期間 32
 4 経過措置 33
第2 渉外婚姻に関する取扱い 33
 1 婚姻による新戸籍の編製 33
 2 配偶欄の新設 36
  (1) 従前の取扱い 36
  (2) 本通達による取扱い 37
 3 離婚又は婚姻の取消しによる戸籍の変動 38
 4 氏の変更 38
  (1) 外国人と婚姻をした者の氏の変更 38
  (2) 外国人との婚姻解消による氏の変更 47
  (3) 父又は母が外国人である者の氏の変更 48
第3 国籍の得喪に関する取扱い 49
 1 国籍取得の届出 49
  (1) 国籍を取得した者の市区町村長に対する届出 49
  (2) 国籍取得者の氏及び入籍する戸籍 51
  (3) 国籍取得者の名 56
  (4) 届書に記載する国籍取得前の身分事項 56
 2 帰化の届出 57

細目次

  (1) 帰化の届書の記載事項 57
  (2) 帰化の届出期間 58
 3 国籍喪失の届出 58
  (1) 国籍喪失の事由・届出義務者及び届出期間 58
  (2) 国籍喪失の報告 59
  (3) 改正法施行前に国籍を喪失した者 60
 4 国籍留保の届出 60
  (1) 国籍留保制度の適用範囲の拡張 60
  (2) 外国に在る外国人による国籍留保の届出 62
  (3) 国籍留保の届出人及び届出期間 62
 5 国籍選択の届出 63
  (1) 日本国籍の選択を宣言する旨の届出 63
  (2) 15歳未満の者の届出 64
  (3) 届出期間経過後の届出 65
  (4) 改正法施行の際に重国籍であった者の国籍の選択 65
 6 外国国籍の喪失の届出 65
  (1) 外国国籍の喪失届と戸籍の記載 65
  (2) 改正法施行前に外国の国籍を喪失した者の届出 66
 7 重国籍者についての市区町村長の通知 67
  (1) 国籍選択未了者についての市区町村長の通知 67
  (2) 昭和59年12月31日以前に出生し、改正法施行後に重国籍となった者についての通知 68
  (3) 国籍の選択をすべき者に該当しない場合 69
 8 国籍の選択の催告に伴う戸籍の処理 69
  (1) 国籍の選択の催告を受けた者についての通知 69
  (2) 催告後1か月を経過した後の届出 70
第4 その他 70
 1 届出期間 70
  (1) 外国の方式による証書の謄本の提出期間 70
  (2) 国外で死亡した者についての死亡の届出期間 70

2　外国における改正法の適用時点　71
　　3　外国人の氏名の表記方法　71
　　　(1)　氏名の記載順序等　71
　　　(2)　従前の例により記載されている外国人の氏名の更正　72
　　4　渉外関係届書の管轄法務局への送付方法　73
　　　(1)　分別する渉外関係届書と送付目録中の表示　73
　　　(2)　他の届書との分別方法　73
　　5　受附帳の保存期間の伸長　74
　　6　外国語によって作成された文書の訳文の添付　74
　　7　戸（除）籍謄抄本の請求　74

7　地方分権一括法及び後見登記等に関する法律の施行に伴う戸籍事務の取扱い〔平12.3.15民二600通達〕……… 75

第1　地方分権一括法関係　76
　1　地方分権一括法による戸籍法の改正　76
　　(1)　戸籍事務　76
　　(2)　戸籍事務に対する関与　77
　　(3)　戸籍手数料　79
　　(4)　用語の整理　81
　2　学術研究を目的とする戸籍謄抄本の交付請求等の取扱い　82
第2　後見登記法関係　82
　1　成年後見登記制度の創設等　82
　2　成年後見登記制度の施行に伴う戸籍の届出の取扱い等　83
　　(1)　成年後見人の届出　83
　　(2)　成年被後見人の届出等　85
　　(3)　後見人等に関する届出及びその経過措置　85
　　(4)　後見及び保佐に関する事項の移記等並びに経過措置　86
　　(5)　戸籍記載の嘱託に関する経過措置　87
　3　後見又は保佐の登記の通知による戸籍の再製　87
　　(1)　趣　旨　87

細目次

  (2)　戸籍の再製手続及び戸籍記載例等　　87

（渉　外）

8　日本に在住する外国人に対する戸籍法の適用〔昭 24.11.10 民事甲 2616 通達〕 ………………………………………………………… 90

9　中国の国名表記〔昭 39.6.19 民事甲 2097 通達〕 ……………… 92
 1　中国の国名表記の取扱い　　92
 2　申出による中国人の国籍等の表示訂正　　93

10　「難民条約等」による難民の認定及びその属人法に関する戸籍事務の取扱い〔昭 57.3.30 民二 2495 通達〕 ……………………… 94
 1　難民条約等　　94
 2　難民の認定　　95
 3　難民認定証明書及び戸籍事務の取扱い　　97
 4　難民の属人法　　98
 5　難民に関する戸籍記載及び創設的届出の際の要件証明の方法　　100

11　法例の一部を改正する法律の施行に伴う戸籍事務の取扱い〔平元.10.2 民二 3900 通達〕 ………………………………………… 102
 第1　婚姻に関する取扱い　　103
  1　創設的届出　　103
   (1)　実質的成立要件　　103
   (2)　形式的成立要件（方式）　　107
  2　報告的届出　　109
   (1)　日本人同士が外国の方式により婚姻をした場合　　109
   (2)　日本人と外国人が外国において婚姻をした場合　　111
   (3)　日本人と外国人が日本において婚姻をした場合　　112
 第2　離婚に関する取扱い　　113
  1　創設的届出　　113

(1)　実質的成立要件　　113
　　　(2)　離婚の際の子の親権者の指定　　121
　　2　報告的届出　　122
　　　(1)　報告的離婚届の態様とその取扱い　　122
　　　(2)　外国で成立した協議離婚　　122
　第3　出生等に関する取扱い　　123
　　1　嫡出子　　123
　　　(1)　父母の一方が日本人の場合　　123
　　　(2)　父母の双方が外国人である場合　　134
　　2　嫡出でない子　　135
　　　(1)　父母の一方が日本人である場合　　135
　　　(2)　外国人父の本国法が事実主義を採用している場合の嫡出でない子の出生届　　137
　　3　嫡出となる子（準正嫡出子）　　143
　　　(1)　外国人父の本国法が事実主義を採用している場合において婚姻前に出生届がされ、それに基づき子の戸籍に父の氏名が記載されている場合　　144
　　　(2)　婚姻の届出後、出生届に父の氏名を記載する旨の追完届及び婚姻届に嫡出子の身分を取得する旨の追完届があった場合　　145
　　　(3)　婚姻の届出後、婚姻前に出生した子について、外国人父の本国法が事実主義を採用している旨の証明書を添付して出生届があった場合　　145
　第4　認知に関する取扱い　　146
　　1　創設的届出　　147
　　　(1)　子が日本人である場合　　148
　　　(2)　子が外国人である場合　　154
　　　(3)　胎児認知の場合　　157
　　2　報告的届出　　159
　　　(1)　認知の裁判が確定した場合　　159
　　　(2)　子の出生当時の父の本国法が事実主義を採用している場合

細目次

　　　　に、父子関係存在確認の裁判が確定した場合　161
　第5　養子縁組に関する取扱い　163
　　1　創設的届出　163
　　　(1)　準拠法　163
　　　(2)　審　査　165
　　2　改正法による具体的取扱い　169
　　　(1)　養親が日本人である場合　169
　　　(2)　養親が外国人である場合　174
　　　(3)　養親に配偶者がある場合　174
　　3　報告的届出　177
　　　(1)　我が国における養子縁組の成立　177
　　　(2)　外国における養子縁組の成立　179
　第6　養子離縁に関する取扱い　182
　　1　準拠法　182
　　2　創設的届出　182
　　　(1)　要件審査　182
　　　(2)　夫婦共同離縁　183
　　3　報告的届出　184
　　　(1)　裁判離縁　184
　　　(2)　外国の方式による協議離縁　184
　第7　親権に関する取扱い　185
　　1　準拠法　185
　　2　親権に関しての本国法の決定　186
　　3　親権に関しての常居所地法の認定　187
　　4　離婚の際の子の親権者・監護者の決定　187
　　5　子の親権について子の本国法による場合　188
　　　(1)　子が日本人である場合　188
　　　(2)　子が外国人である場合　189
　　6　子の親権について子の常居所地法による場合　189
　　　(1)　子が日本人の場合　189

        (2) 子が外国人の場合　191
    7　その他　191
        (1) 父又は母が外国に帰化した場合の親権　191
        (2) 日本人父母から生まれた国籍不留保者の親権　191
        (3) 父母の一方又は双方が行方不明の場合の親権　191
  第8　常居所の認定に関する取扱い　192
    1　住所と常居所について　192
    2　連結点としての常居所　192
    3　常居所の認定方法について　193
    4　我が国における常居所の認定　194
        (1) 事件本人が日本人の場合　194
        (2) 事件本人が外国人の場合　196
    5　外国における常居所の認定　200
        (1) 事件本人が日本人である場合　200
        (2) 事件本人が外国人である場合　201
  第9　経過規定　202

12　法例の一部を改正する法律の施行に伴う戸籍事務の取扱い〔平2.
    5.1民二1835通達〕………………………………………………………204
    1　入管法の改正点　204
    2　基本通達の一部変更　205
        (1) 変更理由　205
        (2) 改正内容　205

第2章　戸籍に関する帳簿・書類

(一　般)

13　事件本人以外の者についても戸籍の記載を要する届出等を受理し
    又は送付を受けた場合の受附帳の記載〔昭26.10.10民事甲1947通
    達〕………………………………………………………………………211

細目次

   1　戸籍受附帳の記載事項　211
   2　事件の種類（種目）及び事件本人以外の者についての記載　212
   3　通達の別表について　213
   (1)　別表一及び二の場合　213
   (2)　別表三及び四の場合　214
   (3)　別表七及び八の場合　215
   (4)　別表一五及び一六の場合　217

14　東京都23区における除籍副本のマイクロフィルム化〔昭36.1.23民事甲200通達〕……………218
   1　戸籍事務における副本のマイクロフィルム化の経緯　218
   2　本通達による除籍副本のマイクロフィルム化　219

15　東京都23区以外の市区町村における除籍副本のマイクロフィルム化〔昭36.1.24民事二発55依命通知〕……………220

16　複写機によって戸（除）籍の副本を作成した場合の契印の省略〔昭36.7.24民事甲1736通達〕……………221
   1　戸籍等の副本　221
   2　副本の作成と契印の意義　222
   3　戸・除籍の副本を陽画写真により作成する場合の契印の省略　223

17　受附帳の記載において、受附の年と年号が同じ場合の年号の省略及び出生、死亡の届出人資格の記載〔昭37.3.26民事甲799通達〕……………224
   1　受附帳の役割　224
   2　受附月日、事件発生月日及び届出人の資格の記載　225

18　再製原戸籍の保存期間〔昭39.2.27民事甲381通達〕……………227
   1　再製原戸籍の保存期間　227

2　本通達による保存期間の取扱い　228
　　　3　平成14年法務省令第59号による改正　228

19　申出による戸籍の再製〔昭46.12.21民事甲3589通達〕……………230
　　　1　過誤記載と戸籍訂正　230
　　　2　特別措置としての戸籍再製　231
　　　3　「申出による戸籍の再製制度」の創設　231

20　申出による戸籍の再製に関する取扱い要領〔昭46.12.21民事二発1555依命通知〕………………………………………………………234
　　　1　本通知による再製の取扱い　234
　　　(1)　再製の対象となる場合　234
　　　(2)　関係人の申出　235
　　　(3)　市区町村長による報告　235
　　　(4)　再製の方法　235
　　　(5)　法務局における再製戸籍の調査　235
　　　(6)　再製原戸（除）籍の保存及び証明　235
　　　2　平成14年12月18日民一第3000号通達等による申出再製の取扱い　236
　　　(1)　再製の対象となる場合　236
　　　(2)　当該戸籍に記載されている者の申出　236
　　　(3)　市区町村長による報告　236
　　　(4)　申出再製の方法　236
　　　(5)　法務局の長による再製戸籍の調査・具申等　236
　　　(6)　再製原戸（除）籍の保存及び公開　236

21　除籍等のマイクロフィルム化とその取扱いについて〔昭50.2.4民二664通達〕……………………………………………………………238
　　　1　除籍等のマイクロフィルム化の経緯　238
　　　2　本通達によるマイクロフィルム化　239

22 市区町村長が保存している「戸籍の記載を要しない届書類」のマイクロフィルム化〔昭 58.2.18 民二 820 通達〕 ················· 242
   1 戸籍の記載を要しない届書類とその保存期間　242
   2 マイクロフィルム化の必要性と経緯　243
   3 マイクロフィルム化の実施要領等　244

23 除籍等の画像情報処理方式による光ディスク化〔平 7.2.28 民二 2003 通達〕 ··· 245
   1 光ディスクによる正本の管理　247
   2 光ディスク化に伴うデータ保全・保護及びプライバシー保護　248
   3 光ディスクの定期更新　248
   4 光ディスク化の手続　249
   5 再製事項の記録　251
   6 再製済除籍等の廃棄　252
   7 法務局への副本の送付　252
   8 記録内容の記載又は訂正の方法　253
   9 除籍等の記載又は訂正をした場合の副本の送付　254

24 除籍等の画像情報処理方式による磁気ディスク化〔平 8.9.24 民二 1700 通達〕 ··· 255
   1 磁気ディスクの定期更新　256
   2 管轄局への副本の送付　257
     (1) 戸籍情報システムの場合　257
     (2) 光ディスク化の場合　257
     (3) 磁気ディスク化の場合　258
   3 見出帳等の調製　258

(渉　外)
25 平和条約発効後に受理した在日朝鮮人の戸籍届書類の保存期間〔昭 41.8.22 民事甲 2431 通達〕 ························· 259

1　外国人に関する届書類の保存期間　259
　　2　在日朝鮮人の戸籍届書類の保存（本通達による取扱い）　260

（戸・除籍、届書の公開）
26　戸籍届書類の制限的公開〔昭22.4.8民事甲277通達〕 ………………… 261
　　1　戸籍届書類の制限的公開　261
　　　(1)　身分関係の公証との関係　261
　　　(2)　届書類の非公開性　261
　　　(3)　公開を請求できる者の範囲　262
　　2　利害関係人・特別の事由等の解釈　263
　　　(1)　利害関係人の範囲　263
　　　(2)　利害関係人（請求者）の疎明方法　263
　　　(3)　特別の事由の解釈　264
　　3　公開の方法と取扱い上の留意点　265
　　　(1)　閲覧との関係　265
　　　(2)　記載事項証明書との関係　265
　　　(3)　届書の謄本との関係　265
　　4　記載事項証明書の書式　266

27　労基法111条に基づく証明及び手数料の無料扱い〔昭22.12.6民事甲1732通達〕 ………………………………………………………………… 267
　　1　労働基準法第111条の無料証明の取扱い　267
　　　(1)　証明の対象となるべき者の範囲　268
　　　(2)　証明の対象となる戸籍の記載事項　268
　　　(3)　証明形式　268
　　2　「記載事項証明」の制度　268
　　3　地方分権一括法等の施行と戸籍手数料の無料扱いについて　269

28　国公共済組合法114条に基づく証明の対象等〔昭24.7.2民事甲1476(二)86通達〕 ……………………………………………………………… 270

細目次

  1　国家公務員共済組合法第114条の戸籍に関する無料証明の取扱い　270
  2　「記載事項証明」の制度　271
  3　地方分権一括法等の施行と戸籍手数料の無料取扱いについて　271

29　労基法111条に基づく無料証明の適用範囲〔昭34.3.17民事甲514通達〕…………273
  1　労働基準法第111条の規定による無料証明の適用範囲　273
  2　地方分権一括法施行後における戸籍手数料の無料扱い　273

30　複写機により作成した戸籍謄（抄）本に不鮮明な文字がある場合の補正等〔昭50.7.2民二3386通達〕…………275
  1　複写機による謄抄本の作成　275
  2　複写機による写出不鮮明な箇所がある謄抄本の取扱い　276

31　民法等の一部改正に伴う戸籍の公開等の取扱い〔昭51.11.5民二5641通達〕…………278
  1　戸籍の公開　278
   (1)　戸籍の謄抄本　279
   (2)　除籍の謄抄本　280
   (3)　戸（除）籍簿の閲覧制度の廃止等　282
  2　嫡出子出生の届出義務者　282
  3　本籍の表示方法　282
  4　謄抄本等の契印方法　283

32　届書の謄本の認証方法の簡易化に関する取扱い〔昭52.4.6民二1671通達〕…………284
  1　提出すべき届書の通数　284
  2　届書の謄本　285
  3　届書の原本の取扱い　286

33 学術研究を目的とする戸（除）籍の謄本等の交付請求等の承認手続等に関する取扱いの整理〔昭 57.2.17 民二 1282 通達〕……… 288

 1 学術研究を目的とする戸（除）籍の謄本等の交付請求 288

 2 事前申請及びその処理 289

  (1) 事前申請の相手方 289

  (2) 事前申請の書式、当否の判断及び認容の手続 289

 3 交付請求等の手続 290

 4 学術研究を目的とする戸籍の謄抄本等が認められる根拠等について 290

  (1) 戸籍の謄本・抄本又は記載事項証明書 290

  (2) 除籍の謄本・抄本又は記載事項証明書 290

  (3) 届書の記載事項証明書又は閲覧 291

  (4) 手数料の免除 291

第3章 戸籍の記載

（一 般）

34 父母との続柄の定め方〔昭 22.10.14 民事甲 1263 通達〕……… 293

 1 旧民法当時における嫡出子の父母との続柄の定め方 293

 2 応急措置法施行後における嫡出子の父母との続柄の定め方 294

  (1) 定め方の基準 294

  (2) 従前の記載の更正 294

 3 嫡出でない子の父母との続柄の記載 295

35 旧法当時に本家と分家に分かれていた親子が、応急措置法の施行後に同籍する場合〔昭 26.1.6 民事甲 3406 通達〕……… 297

 1 旧法当時の取扱い 297

 2 応急措置法施行後の取扱い 298

 3 本通達による取扱いの変更 298

 4 昭和 32 年法務省令第 27 号による改製後の取扱い 298

36 戸籍の本籍欄に記載する本籍地の表示について、府県名を省略できる場合〔昭 30.4.5 民事甲 603 通達〕································· 299
 1 本籍の表示方法 299
 2 本籍地の表示に都道府県名を省略できる場合 300
 3 東京都の区の本籍地の記載 301

37 父母との続柄の数え方及び従前の数え方による続柄の記載訂正
 〔昭 33.1.20 民事甲 146 通達〕································· 302
 1 現行法における父母との続柄の定め方 302
  (1) 嫡出子・特別養子 302
  (2) 準正子 303
  (3) 嫡出でない子 303
 2 旧法当時における父母との続柄の定め方 303
 3 本通達による訂正処理 305

38 昭和 45 年法務省令第 8 号による戸籍記載例の全面改正〔昭 45.3.31 民事甲 1261 通達〕································· 306
 1 戸籍記載例の簡素化・合理化の背景 307
 2 改正の概要 308
  (1) 簡素化 308
  (2) 合理化 310

39 戸籍を再製する場合、旧記載例による記載を新記載例により移記する取扱い〔昭 48.11.17 民二 8522 依命通知〕··················· 313
 1 再製戸（除）籍の記載 313
 2 昭和 45 年の戸籍記載例の改正と本通達による取扱い 314

40 「元号法」の施行に伴う戸籍事務の取扱い〔昭 54.6.9 民二 3313 通達〕································· 316
 1 元号法 316

細目次

33 学術研究を目的とする戸（除）籍の謄本等の交付請求等の承認手続等に関する取扱いの整理〔昭57.2.17民二1282通達〕……………288
 1 学術研究を目的とする戸（除）籍の謄本等の交付請求　288
 2 事前申請及びその処理　289
  (1) 事前申請の相手方　289
  (2) 事前申請の書式、当否の判断及び認容の手続　289
 3 交付請求等の手続　290
 4 学術研究を目的とする戸籍の謄抄本等が認められる根拠等について　290
  (1) 戸籍の謄本・抄本又は記載事項証明書　290
  (2) 除籍の謄本・抄本又は記載事項証明書　290
  (3) 届書の記載事項証明書又は閲覧　291
  (4) 手数料の免除　291

第3章　戸籍の記載

(一　般)

34 父母との続柄の定め方〔昭22.10.14民事甲1263通達〕………………293
 1 旧民法当時における嫡出子の父母との続柄の定め方　293
 2 応急措置法施行後における嫡出子の父母との続柄の定め方　294
  (1) 定め方の基準　294
  (2) 従前の記載の更正　294
 3 嫡出でない子の父母との続柄の記載　295

35 旧法当時に本家と分家に分かれていた親子が、応急措置法の施行後に同籍する場合〔昭26.1.6民事甲3406通達〕………………………297
 1 旧法当時の取扱い　297
 2 応急措置法施行後の取扱い　298
 3 本通達による取扱いの変更　298
 4 昭和32年法務省令第27号による改製後の取扱い　298

36 戸籍の本籍欄に記載する本籍地の表示について、府県名を省略できる場合〔昭 30.4.5 民事甲 603 通達〕………………………………………… 299
   1 本籍の表示方法　299
   2 本籍地の表示に都道府県名を省略できる場合　300
   3 東京都の区の本籍地の記載　301

37 父母との続柄の数え方及び従前の数え方による続柄の記載訂正〔昭 33.1.20 民事甲 146 通達〕………………………………………… 302
   1 現行法における父母との続柄の定め方　302
   (1) 嫡出子・特別養子　302
   (2) 準正子　303
   (3) 嫡出でない子　303
   2 旧法当時における父母との続柄の定め方　303
   3 本通達による訂正処理　305

38 昭和 45 年法務省令第 8 号による戸籍記載例の全面改正〔昭 45.3.31 民事甲 1261 通達〕………………………………………… 306
   1 戸籍記載例の簡素化・合理化の背景　307
   2 改正の概要　308
   (1) 簡素化　308
   (2) 合理化　310

39 戸籍を再製する場合、旧記載例による記載を新記載例により移記する取扱い〔昭 48.11.17 民二 8522 依命通知〕………………………………… 313
   1 再製戸（除）籍の記載　313
   2 昭和 45 年の戸籍記載例の改正と本通達による取扱い　314

40 「元号法」の施行に伴う戸籍事務の取扱い〔昭 54.6.9 民二 3313 通達〕………………………………………………………………… 316
   1 元号法　316

2　戸籍実務における年号の表記　　317

41　夫婦共同で縁組をした者が、縁組継続のまま婚姻解消した場合の
　　縁組事項の移記〔昭55.3.26民二1913通達〕 …………………… 318
　　1　従前の取扱い　318
　　2　本通達の取扱い　319

42　婚姻等の届書が本籍地に未着のため戸籍の記載がされていない場
　　合の「遅延事由」の記載〔昭59.3.5民二1226通知〕 ………… 321
　　1　昭和55年3月26日民二第1914号通知による取扱い　　321
　　2　届書送付未着事故の形態等　322
　　3　本通知による取扱い　323
　　　(1)　届書が保存されている場合の処理　323
　　　(2)　届書が廃棄されている場合の処理　324
　　4　届書等の到達確認の実施　325

43　養子法の改正に伴う参考記載例の改正〔昭62.10.1民二5001通達〕
　　　……………………………………………………………………… 326
　　第1　改正の要点　326
　　　1　新たに加えられた記載例　326
　　　2　改められた記載例　327
　　　3　削除された記載例　327
　　第2　棄児に関する戸籍の記載の移記　327

44　改元等に伴う参考記載例の改正〔平2.3.1民二600通達〕 ………… 328
　　1　形式的な改正　328
　　　(1)　改元に伴う改正　328
　　　(2)　記載例の配列の整序　329
　　2　実質的な改正　329
　　　(1)　法定記載例　329

(2)　参考記載例　　330

45　氏又は名の記載に用いる文字の取扱いに関する整理通達〔平2.10.
　　20民二5200通達〕 ……………………………………………………… 331
第1　新戸籍編製等の場合の氏又は名の記載に用いる文字の取扱い　　334
　1　俗字等の取扱い　　335
　　(1)　漢和辞典に俗字等として登載されている文字　　335
　　(2)　「礻」、「辶」、「飠」又は「青」を構成する部分にもつ正字の
　　　　当該部分がそれぞれ「礻」、「辶」、「飠」又は「青」と記載され
　　　　ている文字　　336
　2　誤字の取扱い　　337
　　(1)　誤字の解消　　338
　　(2)　事由の記載　　340
　　(3)　告知手続　　340
第2　戸籍の氏又は名の文字の記載訂正　　345
　1　申出人　　346
　　(1)　筆頭者氏名欄の氏の文字を訂正する場合　　346
　　(2)　名欄の名の文字の記載を訂正する場合　　347
　　(3)　筆頭者氏名欄及び名欄以外の欄の氏又は名の文字を訂正する
　　　　場合　　347
　2　申出の方法　　347
　　(1)　申出の時期　　347
　　(2)　訂正の申出をする対象戸籍　　348
　　(3)　訂正申出書の受付及び保存　　348
　3　訂正の及ぶ範囲　　349
　　(1)　筆頭者氏名欄の氏の文字を訂正する場合　　349
　　(2)　名欄の名の文字を訂正する場合　　349
　4　訂正事由の記載　　350
　　(1)　筆頭者氏名欄の氏の文字を訂正する場合の訂正事由の記載　　350
　　(2)　名欄の名の文字を訂正する場合の訂正事由の記載　　350

(3)　筆頭者の名の文字を訂正する場合　　350
　　　(4)　筆頭者氏名欄及び名欄以外の欄の氏又は名の文字を訂正する
　　　　　場合　　350
　　5　訂正事由の移記　　352
　　6　届書に正字で記載した場合の取扱い　　353
　　　(1)　届書の届出人署名欄に氏を正字で記載して届け出た場合　　353
　　　(2)　届書の届出人署名欄に名を正字で記載して届け出た場合　　353
　第3　戸籍の氏又は名の文字の記載の更正　　354
　　1　更正のできる場合　　356
　　2　申出人等　　356
　　　(1)　申出人　　356
　　　(2)　申出の方法等　　356
　　　(3)　更正事由の記載　　357
　　　(4)　更正事由の移記　　357
　　　(5)　戸籍の記載例　　357
　　3　更正の及ぶ範囲　　357
　　　(1)　筆頭者氏名欄の氏の文字を更正する場合　　357
　　　(2)　筆頭者と同一呼称の氏の文字　　358
　　　(3)　名欄の名の文字を更正する場合　　358
　　　(4)　父母欄の更正申出　　359
　　4　新戸籍編製の事由となる届出と同時に申出があった場合の更正
　　　の方法　　359
　　　(1)　原則的取扱い　　359
　　　(2)　新戸籍編製の事由となる届出と同時に氏の更正の申出があっ
　　　　　た場合　　360
　第4　変体仮名によって記載されている名の取扱い　　360

**46　氏又は名の記載に用いる文字の取扱いに関する整理通達〔45〕に
　　伴う参考記載例の一部改正**〔平2.10.20民二5201通達〕……………362
　　1　氏又は名の文字の記載訂正申出があった場合等の記載例の追加　　362

細目次

  2 削除された記載例 363

47 氏又は名の記載に用いる文字の取扱いに関する整理通達〔45〕の運用（俗字の取扱い等）〔平 2.10.20 民二 5202 依命通知〕…………… 364
 第 1 正字・俗字の取扱いについて 365
 第 2 告知手続について 365
  1 告知書の様式 365
  2 記載市区町村長に対する告知した内容の通知 366
   (1) 通知すべき事項 366
   (2) 告知書の郵送先 367
   (3) 告知した旨の記録 367
   (4) 返送された告知書 367
 第 3 著しい差異のない字体について 368
  1 整理通達第 3 の 3 でいう著しい差異のない字体への更正 368
   (1) 常用漢字表の通用字体に更正する場合 368
   (2) 規則別表第二の一の字体に更正する場合 368
  2 著しい差異のない字体への更正の具体例 369

48 子の父母欄に「亡」の文字を冠記する取扱いの廃止〔平 3.11.28 民二 5877 通達〕……………………………………………………… 370
  1 「亡」の文字冠記の廃止 370
  2 「亡」の文字の移記 371
  3 申出による「亡」の文字の消除 372

49 戸籍法施行規則の一部を改正する省令（平成 6 年法務省令 51 号）の施行に伴う関係通達等の整備〔平 6.11.16 民二 7005 通達〕……… 373
 第 1 戸籍記載例 373
  1 戸籍法施行規則附録第 7 号戸籍記載例の改正 373
   (1) 随従入籍 373
   (2) 名の変更 375

34

2　戸籍記載例通達の改正　376
　　　(1)　新たに加えられた記載例　376
　　　(2)　記載例番号を移動した記載例　376
　　　(3)　変更された記載例　376
　　　(4)　削除された記載例　377
　　　(5)　その他の改正　377
　第2　氏又は名の記載に用いる文字の取扱い　377
　第3　名の傍訓の取扱い　378
　第4　日本標準時地外の地で死亡した者の死亡の日時の記載の取扱い　379

50　氏又は名の記載に用いる文字の取扱いに関する通達等の整理についての依命通知〔47〕の一部改正〔平6.11.16民二7006依命通知〕… 381

51　「誤字俗字・正字一覧表」〔平6.11.16民二7007通達〕…………… 383

52　戸籍法施行規則の一部を改正する省令の施行に伴う戸籍記載例〔44〕及び記録事項証明書〔130〕の一部改正〔平12.3.15民二601通達〕………………………………………………………………… 384
　　1　後見及び保佐に関する記載例の改正　384
　　2　用語の整理等　384

（渉　外）

53　生地主義国に駐在する日本の大使、公使及びその職員の子が同国で出生した場合における戸籍記載の取扱い〔昭32.9.21民事甲1833通達〕……………………………………………………………… 386
　　1　生地主義国で出生した日本の大使、公使及びその職員の子の国籍　386
　　2　本通達による取扱い　387

54　在日韓国人の国籍の表示〔昭41.9.30民事甲2594通達〕………… 391

  1 朝鮮人の国籍の表示に関する従前の取扱い 391

  2 本通達による取扱いの変更 392

55 在日韓国人の国籍の表示を「韓国」とする場合の韓国国籍を証する書面〔昭42.6.1民事甲1800通達〕………………………………………… 395

  1 朝鮮人の国籍の表示に関する戸籍事務の取扱い 395

  2 韓国国籍を証する書面 396

56 日本人と婚姻をした外国人の氏が、本国法に基づき変更した場合の取扱い〔昭55.8.27民二5218通達〕……………………………………… 398

  1 渉外婚姻に伴う夫婦の氏 398

  2 日本人と婚姻をした外国人の氏が変更した場合の取扱い 399

   (1) 外国人配偶者の氏変更の申出 399

   (2) 本国官憲が作成した証明書 399

   (3) 漢字による表記 400

  3 本通達による取扱い 400

   (1) 嫡出子出生の届出に際しての申出 400

   (2) 既に戸籍に記載されている嫡出子の父母欄更正の申出 401

   (3) 外国人と婚姻をした日本人からの申出 401

   (4) 申出の方法 401

57 戸籍事務に関して国籍を韓国と認定する資料〔平5.4.9民二3319通達〕………………………………………………………………………… 402

  1 本通達が発出される前の取扱い 402

   (1) 昭和41年9月30日民事甲第2594号通達〔54〕 403

   (2) 昭和42年6月1日民事甲第1800号通達〔55〕 403

  2 入管特例法の施行と前記1の取扱い 403

  3 戸籍事務の取扱い 403

   (1) 戸籍に記載されている国籍の表示「朝鮮」を「韓国」と訂正する旨の追完届 404

(2)　戸籍に記載されている出生又は死亡の場所の国名「朝鮮」とあるのを「韓国」と訂正する旨の追完届　404
　(3)　平和条約発効前の戸籍の記載中「朝鮮」を「韓国」と訂正する旨の追完届　404

第4章　届出通則

(一　般)

58　届出人の生存中に郵送した届書を、同人の死亡後に市区町村長がこれを受理した場合の届書の処理要領及び戸籍の記載〔昭28.4.15民事甲597通達〕 ………………………………………………… 405
　1　戸籍届出の方法　406
　2　戸籍届出の委託と郵送　406
　3　郵送による戸籍の届出　407
　4　「死亡後受理」の戸籍記載等具体的処理要領　408
　　(1)　届書受理の当時既に届出人の死亡が戸籍上明らかになっている場合　408
　　(2)　届書の受理後に、届出人の死亡が明らかになった場合　411
　5　郵送による届書等の受附帳の処理等　413

59　管轄局に受理照会を要する届出の受附の月と受理決定の月が異なる場合における届書等の処理〔昭36.5.23民事甲1198通達〕……… 415
　1　届書類の受附と処理　416
　2　即日に受否の決定ができない届書類の取扱い　416
　3　届書等を受け附けた月と受理した月が異なる場合の処理　417

60　戸籍届書の標準様式の全面的な改正〔昭59.11.1民二5502通達〕… 419
　1　本通達による戸籍届書の標準様式の改正　419
　　(1)　届書様式全部改正の必要性　419
　　(2)　改正の概要　420

細目次

　　2　本通達後における届書標準様式の一部改正の経緯　420
　　（1）　昭和62年10月1日民二5002号通達による一部改正　420
　　（2）　昭和62年12月26日民二7186号通知による一部改正　421
　　（3）　昭和63年11月16日民二6539号通達による一部改正　421
　　（4）　平成2年3月1日民二601号通達による一部改正　421
　　（5）　平成3年12月27日民二6211号通達による一部改正　421
　　（6）　平成6年10月21日民二6517号通達による一部改正〔64〕　421
　　（7）　平成12年3月15日民二602号通達による一部改正〔69〕　422
　　（8）　平成14年2月18日民一439号通達による一部改正　422
　　（9）　平成16年4月1日民一770号通達による一部改正　422
　　（10）　平成16年11月1日民一3009号通達による一部改正　422

61　特別養子制度の創設等養子法の改正に伴う戸籍届書の標準様式の一部改正〔昭62.10.1民二5002通達〕　423
　第1　本通達により新たに加えられた戸籍届書の標準様式　423
　　1　特別養子縁組・離縁の届書様式　423
　　2　離縁の際に称していた氏を称する届書の様式　424
　　3　本通達後における1及び2の届書標準様式の一部改正　424
　第2　本通達による戸籍届書の標準様式の一部改正　424
　　1　四届書の改正　424
　　2　本通達による養子縁組届書等の改正　426

62　行政機関の休日に関する法律の制定及び地方自治法の一部を改正する法律の施行に伴う戸籍の届出期間の末日の取扱い〔昭63.12.20民二7332通達〕　429
　　1　戸籍の届出等の期限　429
　　（1）　趣　旨　429
　　（2）　市区町村の休日　429
　　（3）　届出等の期間の末日の取扱い　430
　　2　届書の特別の処理　430

38

(1)　趣　旨　430
　　　(2)　届書の処理　431
　　3　失期通知の特例　431
　　　(1)　趣　旨　431
　　　(2)　失期通知の取扱い　431
　　4　在外公館から送付された届書等に関する留意事項　432
　　　(1)　趣　旨　432
　　　(2)　在外公館における届出期間の末日の取扱い　432
　　5　経過措置による休日の期限　432
　　　(1)　戸籍の届出等の期限の経過措置　432
　　　(2)　届書の処理　433

63　戸籍届書の一通化〔平3.12.27民二6210通達〕 …………………… 434
　　1　届出地と届書の通数　434
　　　(1)　届出地　434
　　　(2)　届書の通数　435
　　2　一通化実施の必要性　435
　　　(1)　総務庁行政監察局長からのあっせん　435
　　　(2)　全国連合戸籍事務協議会からの要望　436
　　3　一通化実施のための具体的方策　436
　　　(1)　戸籍事務協議会等における協議　436
　　　(2)　一通化の実施が当面困難な場合　437
　　　(3)　病院等医療機関への通知　437
　　　(4)　届書の謄本作成及び届書原本の取扱い　438

64　戸籍届書の標準様式の一部改正〔平6.10.21民二6517通達〕 ……… 441
　　1　戸籍届書の様式改正　442
　　　(1)　出生証明書、死亡診断書（死体検案書）等の改正　442
　　　(2)　世帯の主な仕事欄の変更　443
　　　(3)　届出人欄における公設所の長の追加　443

2　戸籍届書の用紙のＡ判化　444
　　　3　事件本人の氏名の「よみかた」欄の追加　444
　　　4　「記入の注意」欄の変更　445
　　　5　様式改正に伴う従前の届書の取扱い　446

65　出生届等における職業、産業の記載方について〔平7.1.30民二669通達〕 ……………………………………………………… 447

66　申請書・届出書等の書類に記載されている氏名の文字の表記が戸籍上の表記と同一でない場合の取扱い〔平7.2.28民二2000通達〕… 449

67　届書等の到達確認の実施〔平7.12.26民二4491通達〕 ……………… 451
　　　1　到達確認を実施する場合の対応策等　451
　　　(1)　事務負担　451
　　　(2)　到達確認に要する経費　452
　　　(3)　到達確認の実施方策　452
　　　2　到達確認のための具体的方策　453
　　　(1)　対象とする届書等の範囲　453
　　　(2)　届書等の到達確認の方法　453
　　　(3)　届書等を書留又は簡易書留により送付している場合　454

68　戸籍法41条の証書の謄本提出又は発送が法定期間内にされなかった場合の取扱い〔平10.7.24民二1374通知〕 ……………………… 455
　　　1　平成9年10月16日東京簡裁決定　456
　　　2　従来の先例等　457
　　　(1)　積極説　457
　　　(2)　消極説　457
　　　3　本通知による取扱いの変更　457

69　戸籍届書の標準様式の一部改正〔平12.3.15民二602通達〕 ……… 459

       1　死亡届関係　459
       2　養子縁組届、養子離縁届、入籍届、国籍取得届、帰化届、国籍選択届、外国国籍喪失届、外国人父母の氏への変更届、名の変更届、転籍届及び就籍届関係　459
       3　後見届関係　460

   （渉　外）
   70　在外公館で受理され、本籍地に送付された戸籍届書類に不備がある場合の処理〔昭 25.5.23 民事甲 1357 通達〕………………………… 461
       1　届書等の送付　461
       2　不備のある届書類の処理　462

   71　平和条約発効前から在日する朝鮮人又は台湾人が婚姻等の創設的届出をするに際し、本国官憲が発給する要件具備証明書が得られない場合の取扱い〔昭 30.2.9 民事甲 245 通達〕………………………… 463
       1　婚姻等の要件具備証明書　463
       2　在日朝鮮人及び在日台湾人の場合　464

   72　平和条約発効前から在日する中国の国籍を有する者が婚姻等の創設的届出をするに際し、本国官憲が発給する要件具備証明書が得られない場合の取扱い〔昭 31.4.25 民事甲 839 通達〕………………… 466
       1　昭和 30 年 2 月 9 日民事甲第 245 号通達の取扱い　466
       2　在日中国人についての本通達による取扱い　467

   73　旅券の発給を受けて入国した中国（台湾）人が婚姻等の創設的届出をする場合の取扱い（昭和 30・2・9 民事甲 245 号通達〔71〕による取扱いは認められない）〔平元.12.27 民二 5541 通達〕………… 468
       1　外国人を当事者とする婚姻の届書に添付する書類　469
       2　在日台湾系中国人等についての取扱い　469
       3　本通達における事例の場合の取扱い　470

74 我が国に常居所があるものとして取り扱う者についての変更〔平4.1.6民二155通達〕……………………………………………… 471
   1 入管特例法について　471
   2 基本通達の第8の1(2)ウの変更　472

第5章　届出各則

第1節　出　生

75 棄児発見調書の作成及び戸籍の記載〔昭27.6.7民事甲804通達〕… 473
   1 棄児の意義　473
   2 棄児発見調書の作成及び戸籍の記載　474

76 学齢に達した子の出生届の取扱い〔昭34.8.27民事甲1545通達〕… 475
   1 届書類の受理照会　475
   2 学齢に達した子の出生届　476

77 50歳以上の者を母とする子の出生届の取扱い〔昭36.9.5民事甲2008通達〕………………………………………………………… 478
   1 50歳以上の者を母とする子の出生届　478
   2 届書類の受理照会　479

78 父母の婚姻解消後300日以内に出生した子について、出生の届出前に婚姻解消当時の父母の戸籍が、転籍、改製により異動している場合の取扱い〔昭38.10.29民事甲3058通達〕……………… 481
   1 従前の取扱い　481
   2 本通達による取扱い　482
   3 従前の取扱いによる処理済みの戸籍　484

79 非本籍地で受理した出生届書が本籍地に未着のため戸籍の記載が

未了の場合における出生届出の申出〔昭42.5.9民事甲1083通達〕… 485
　　　1　届書の送付未着の場合の措置　485
　　　2　本籍地に出生届書が未着（届書廃棄済）の場合における戸籍の記載　486

80　出生証明書に子の氏名の記載がない出生届の取扱い〔昭50.5.23民二2696通達〕 ……………………………………………………………… 488
　　　1　出生証明書の添付　488
　　　2　出生証明書の記載事項及び様式　489
　　　3　出生証明書の子の氏名欄の記載　489

81　出生届書が本籍地に未着のため戸籍の記載が遅延した場合における「入籍の遅延事由」の記載申出〔昭55.3.26民二1914通知〕…… 491
　　　1　非本籍地で受理した出生届書が本籍地に未着の場合の取扱い　491
　　　2　出生事項中、入籍の遅延事由の記載　492

82　「常用漢字表」の制定に伴う子の名の文字の取扱い〔昭56.9.14民二5536通達〕 ……………………………………………………………… 494
　　　1　子の名に用いる文字について　494
　　（1）改正の経緯　494
　　（2）常用漢字と子の名に用いる文字　495
　　　2　戸籍法施行規則第60条の改正　495
　　（1）漢字の字種について　496
　　（2）漢字の字体について　496

83　氏又は名に用いる文字の取扱いの整理〔昭56.9.14民二5537通達〕
　　　…………………………………………………………………………… 498
　　　1　名の制限外の文字を用いて差し支えない届出　498
　　（1）親子関係存否確認等の裁判に基づく戸籍訂正によって戸籍を消除された子について、従前の名と同一の名を記載してする出

　　　　生の届出　499
　　(2)　出生後長年月を経過し、相当の年齢に達した者について、卒業証書、免許証、保険証書等により社会に広く通用していることを証明できる名を記載してする出生の届出　500
　　(3)　就籍の届出　500
　　(4)　名の変更の届出　501
　2　出生届書における外国人である子の氏名の表記　501
　　(1)　外国人一般　501
　　(2)　中国・朝鮮人等　501

84　嫡出でない子につき父がした嫡出子出生の届出が誤って受理された場合の取扱い〔昭57.4.30民二2972通達〕……………………… 503

　1　父がした虚偽の嫡出子出生の届出に認知の届出の効力を認める戸籍事務取扱いの経緯　503
　　(1)　父がした虚偽の嫡出子出生の届出　504
　　(2)　父母の婚姻前に父がした嫡出子出生の届出　505
　　(3)　嫡出でない子につき父がした嫡出でない子の出生届　507
　2　本通達の背景　507
　3　本通達に基づく戸籍の処理　508
　　(1)　嫡出でない子について父がした嫡出子出生の届出が誤って受理されている場合（本通達一）　508
　　(2)　嫡出でない子について父がした嫡出でない子の出生届が誤って受理されている場合（本通達二）　513
　　(3)　嫡出子出生届又は嫡出でない子の出生届に基づいて戸籍に記載されている子と、届出人父との間に父子関係が存在しないときの取扱い（本通達三）　515
　　(4)　嫡出子出生届又は嫡出でない子の出生届に基づいて戸籍に記載されている子の父欄が、従前の取扱いによって消除する等の戸籍訂正がされているときの取扱い（本通達四）　515

85 無国籍者を父母として日本で出生した子の出生届の取扱い〔昭57.
　　7.6民二4265通達〕……………………………………………………516
　　1　出生による日本国籍の取得　516
　　　(1)　日本で出生したこと　517
　　　(2)　父母がともに知れないか、無国籍であること　517
　　2　外国人登録法上の国籍の表示　517
　　3　本通達による戸籍事務の取扱い　519

第2節　認　知

(一　般)

86 父母の婚姻後200日以内に出生した子につき、母から嫡出でない
　　子の出生届がされた後、母の夫からされた認知届の取扱い〔昭34.
　　8.28民事甲1827通達〕…………………………………………………521
　　1　判例及び戸籍先例の変遷　522
　　2　本通達による取扱い　523
　　3　父が外国人、母が日本人の場合　524

(渉　外)

87 外国人母の夫の嫡出推定を受ける子について、出生後に嫡出推定
　　を排除する裁判が確定し、日本人男から認知の届出があった場合
　　における国籍及び戸籍の取扱い〔平10.1.30民五180通達〕………525
　　1　平成9年10月17日最高裁第二小法廷判決について　526
　　　(1)　事案の概要　526
　　　(2)　最高裁判決の判旨　526
　　2　本通達による取扱い　526
　　　(1)　一般的基準　527
　　　(2)　具体的基準　527
　　　(3)　「妨げになる事情」の認定　528

88 平成10年1月30日民五第180号通達〔87〕の趣旨及び渉外的胎児認知届の具体的取扱い等〔平11.11.11民二・民五2420通知〕…… 529
   1 第180号通達の趣旨について　530
   2 渉外的胎児認知届の取扱い等について　530

第3節　養子縁組

（一　般）

89 表見代諾者の代諾による無効な縁組につき、正当代諾権者から追認を認める取扱い〔昭30.8.1民事甲1602通達〕…………………… 531
   1 15歳未満の子の代諾縁組　532
   2 昭和27年10月3日最高裁判決と本通達による戸籍実務の取扱い　533
   3 15歳に達した養子自らの追完届の認否　534

90 表見代諾者の代諾による無効な縁組につき15歳に達した養子本人の追認を認める取扱い〔昭34.4.8民事甲624通達〕…………… 535
   1 15歳未満の子の代諾縁組　535
   2 昭和27年10月3日最高裁判決と戸籍実務の取扱い　536
   3 15歳に達した養子自らの追完届の認容　538

91 養子法の改正に伴う戸籍事務の取扱い〔昭62.10.1民二5000通達〕……………………………………………………………………… 539
  第1 養子縁組に関する取扱い　539
   1 配偶者のある者の縁組　539
    (1) 成年者を養子とする縁組　539
    (2) 未成年者を養子とする縁組　544
    (3) 夫婦の一方が夫婦双方名義で縁組をする制度の廃止　549
   2 15歳未満の子に監護者がいる場合の縁組の代諾　549
    (1) 監護者の同意に関する規定の新設　549

(2)　監護者の同意　　549
　　　(3)　戸籍の取扱い　　551
　　3　養子の氏　　553
　　　婚姻により氏を改めた者が養子となった場合の氏　　553
第2　養子離縁に関する取扱い　　554
　　1　配偶者のある者の離縁　　554
　　　(1)　改正前の取扱い　　554
　　　(2)　改正後の取扱い　　555
　　2　戸籍事務の取扱い　　555
　　　(1)　成年者との離縁　　556
　　　(2)　未成年者との離縁　　557
　　　(3)　夫婦の一方が夫婦双方の名義でする離縁の廃止　　559
　　3　養子死亡後の離縁　　560
　　4　離縁による復氏　　561
　　　(1)　養親夫婦の一方と離縁をした場合　　561
　　　(2)　離婚により復氏した養親の氏を称している養子が、その養親のみと離縁をした場合　　565
　　　(3)　夫婦と各別に縁組をした養子が養親の一方のみと離縁をした場合　　566
第3　離縁の際に称していた氏の続称に関する取扱い　　568
　　1　離縁の際に称していた氏の続称（縁氏続称）　　568
　　　(1)　縁氏続称制度　　568
　　　(2)　縁氏続称の要件　　569
　　　(3)　縁氏続称の効果　　574
　　2　離縁届と同時に届出をした場合　　575
　　3　離縁により縁組前の戸籍に復籍した者（筆頭に記載されていない）が届出をした場合　　576
　　4　離縁復氏により戸籍の筆頭に記載されている者が届出をした場合（同籍者があるとき）　　576
　　　(1)　戸籍の取扱い　　576

47

(2)　同籍する子の取扱い　　578
　　5　離縁復氏により戸籍の筆頭に記載された者が届出をした場合（同籍者がないとき）　　579
　　6　縁氏続称に関する記載事項の移記　　580
　　7　縁組中の戸籍に在籍する子の取扱い　　580
　　8　改正法施行前にされた離縁による縁氏続称の届出期間　　581
　　9　縁組が取り消された場合の縁氏続称　　581
　　10　縁氏続称届の件名　　582
　第4　離婚の際に称していた氏の続称に関する取扱いの改正　　582
　　1　離婚届と同時に婚氏続称の届出をした場合　　583
　　　(1)　協議離婚と同時に婚氏続称の届出をした場合　　583
　　　(2)　離婚により復氏すべき者が転婚者である場合　　584
　　　(3)　裁判離婚等の報告的届出と同時に届出をした場合　　584
　　　(4)　離婚復氏する者の婚姻前の戸籍に在籍する子の取扱い　　584
　　2　離婚復氏により戸籍の筆頭に記載されている者が届出をした場合（同籍者がある場合）　　585
　　　(1)　届出をした者について新戸籍の編製　　585
　　　(2)　同籍する子の取扱い　　585
　　3　離婚復氏により戸籍の筆頭に記載されている者が届出をした場合（同籍者がない場合）　　586
　　4　婚姻が取り消された場合の取扱い　　587
　　5　届書の標準様式　　588
　第5　子の氏の変更に関する取扱い　　588
　　1　婚姻中の父母の氏を称する場合　　588
　　　(1)　従前の取扱い　　588
　　　(2)　改正の内容　　589
　　　(3)　配偶者がある者の入籍届　　592
　　2　配偶者がある者の従前の氏を称する入籍届（民791条4項）　　594
　　　(1)　従前の取扱い　　594
　　　(2)　配偶者とともにする入籍届　　594

(3)　配偶者が意思を表示することができない場合　　595
　　3　準正嫡出子の氏の取扱いの変更　595
　　　(1)　従前の取扱い　　595
　　　(2)　変更後の取扱い　　596
　第6　特別養子縁組に関する取扱い　600
　　1　特別養子縁組　600
　　　(1)　特別養子縁組について　　600
　　　(2)　特別養子縁組の届出があった場合の戸籍の編製及び記載　　603
　　　(3)　夫婦の一方が養親となる場合の取扱い　　611
　　　(4)　特別養子の婚姻届の審査　　612
　　2　特別養子離縁　613
　　　(1)　特別養子離縁の審判が確定した場合の取扱い　　613
　　　(2)　特別養子離縁の届出があった場合　　614

92　自己の親権に服する15歳未満の嫡出でない子を配偶者とともに養子とする縁組の代諾者〔昭63.9.17民二5165通達〕 ………………… 618
　　1　従来の取扱い　　618
　　2　本通達による改正　　619

93　夫婦又は婚姻の際に氏を改めなかった者が養子となる場合等における戸籍の取扱い〔平2.10.5民二4400通達〕 ………………………… 621
　　1　養子夫婦についての新戸籍編製　　622
　　2　縁組前の戸籍に在籍する子の取扱い　　622
　　3　従前の取扱いにより新戸籍を編製しなかった者が、離縁をした場合　　623

（渉　外）
94　外国法を準拠法とする養子縁組（断絶型養子縁組）の届出について〔平6.4.28民二2996通達〕 ………………………………………… 624
　　1　断絶型養子縁組の取扱い　　625

(1)　本通達による取扱いの対象となる縁組　　625
　　　(2)　市区町村における取扱い　　626
　　　(3)　断絶型養子縁組の届書の記載　　627
　　2　既に処理済みの断絶型養子縁組の処理　　628
　　3　戸籍の記載　　629
　　　(1)　日本の家庭裁判所の審判により成立した断絶型の養子縁組　　629
　　　(2)　外国の裁判所において成立した断絶型の養子縁組　　630
　　　(3)　外国の裁判所外において成立した断絶型の養子縁組　　631
　　　(4)　新戸籍を編製していない場合（既に処理済み）において断絶型養子縁組である旨の追完届があった場合　　632

第4節　養子離縁

95　実父との縁組後、父の認知又は父母の婚姻により準正嫡出子の身分を取得した子が離縁をした場合の取扱い〔昭25.5.16民事甲1258通達〕………………………………………………………634
　　1　実親子間の縁組　　634
　　2　実親子間の縁組の離縁と復氏　　635
　　3　準正子の氏の取扱いの変更　　636
　　4　3の取扱いと本通達との関係　　637

第5節　婚　姻

（一　般）

96　本籍不明者又は無籍者からされた婚姻届又は養子縁組届の取扱い
　　〔昭29.11.20民事甲2432通達〕……………………………………638
　　1　従前（本通達前）の取扱い　　638
　　2　本通達による取扱い　　639

（渉　外）

97　平和条約発効後、不法入国者から婚姻の届出があった場合の取扱い〔昭 39.2.12 民事甲 306 通達〕……………………………………… 640

　　1　日本人と外国人間の婚姻　640
　　2　本通達による従前の取扱いの変更　641

第6節　離　婚

（一　般）

98　本籍不明者又は無籍者として婚姻等により戸籍に記載されている者が、婚姻前の戸籍を明らかにできないまま離婚をした場合の取扱い〔昭 31.5.2 民事甲 838 通達〕………………………………………… 642

　　1　本籍不明者又は無籍者を当事者とする婚姻届の取扱いの推移　642
　　2　本通達による取扱い　643

99　離婚届等の不受理申出の取扱い〔昭 51.1.23 民二 900 通達〕……… 647

　　1　不受理申出制度　648
　　2　本通達等による取扱い　649
　　　(1)　不受理申出の対象　650
　　　(2)　不受理申出の方式等　651
　　　(3)　不受理申出地　652
　　　(4)　非本籍地での不受理申出受付　653
　　　(5)　不受理期間　654
　　　(6)　不受理期間中の転籍　655
　　　(7)　不受理申出の取下げ（撤回）　656
　　　(8)　不受理申出期間中にされた届出の処理　658
　　　(9)　不受理申出書等の閲覧及び記載事項証明　660
　　　(10)　不受理申出書の保存　660
　　3　平成19年法律第35号の改正戸籍法による不受理申出　661

51

100 離婚届等の不受理申出の取扱い要領〔昭 51.1.23 民二 901 依命通知〕
……………………………………………………………………………… 662

101 民法の一部を改正する法律（昭和 51 年法律第 66 号）の施行に伴う婚氏続称等に関する戸籍事務の取扱い〔昭 51.5.31 民二 3233 通達〕……………………………………………………………………… 663
   1   民法等の一部を改正する法律　664
   2   本通達による戸籍事務の取扱い　664
   (1) 離婚後の氏に関する改正　664
   (2) 死亡の届出人に関する改正　668

102 離婚届等不受理申出の取扱いに関する疑義〔昭 51.6.11 民二 3328 通知〕……………………………………………………………… 670

103 転婚者の離婚による復氏と戸籍法 77 条の 2 の届出の取扱い〔昭 51.11.4 民二 5353 通達〕…………………………………………… 671
   1   転婚した者が離婚により復する氏　671
   2   転婚者の離婚による復氏と戸籍法第 77 条の 2 の届出（本通達の取扱い）　672

104 裁判離婚の届出人でない者（復氏する者）からの新戸籍編製の申出の取扱い〔昭 53.7.22 民二 4184 通達〕………………………… 673
   1   離婚による復氏と新戸籍の編製　673
   2   裁判上の離婚による復氏と新戸籍編製　674
   3   裁判上の離婚の届出人でない者からの新戸籍編製の申出の方法　674

105 離婚の調停調書に、復氏する相手方につき新戸籍を編製する旨の記載がされている場合の取扱い〔昭 55.1.18 民二 680 通達〕……… 675
   1   裁判上の離婚の届出人でない者がする新戸籍編製の申出　675
   2   本通達による取扱い　675

(渉　外)

106　外国の裁判所でされた離婚判決の承認〔昭51.1.14民二280通達〕
　……………………………………………………………………………… 677

　1　外国離婚判決の承認　677
　　(1)　学　説　677
　　(2)　戸籍実務の取扱い　678
　2　本通達による取扱いの変更　679
　3　民事訴訟法第118条に定める要件の審査　680
　　(1)　第1号（裁判管轄権）の要件　680
　　(2)　第2号（日本人保護）の要件　680
　　(3)　第3号（公序良俗に反しないこと）の要件　681
　　(4)　第4号（相互保証）の要件　682
　4　裁判離婚の届出　682

第7節　親権・後見

107　養親死亡後の養子に対する親権〔昭23.11.12民事甲3585通達〕…… 683

　1　旧民法における養子の親権者　683
　2　民法の応急措置法における養子の親権者　683
　3　現行法における養子の親権者　684

108　未成年の子が養親と実親夫婦の共同親権に服している場合に、その夫婦が離婚したときの親権〔昭25.9.22民事甲2573通達〕……… 685

　1　未成年の子の親権　685
　2　養親と実親の共同親権　686
　3　共同親権者である養親と実親の一方が死亡した場合　686
　4　共同親権者である養親と実親が離婚した場合　687
　　(1)　養親単独親権説　687
　　(2)　離婚協議による親権説　687
　　(3)　折衷説　687

109 児童相談所長が行う親権喪失宣告の請求等〔昭26.11.5民事甲2102通達〕 ……………………………………………………………… 689

 1 児童福祉法 689
 2 親権喪失宣告の請求 690
 3 未成年後見人の解任請求 691
 4 児童福祉施設の長が行う親権 692

110 離婚の際の指定親権者が死亡した後、他方の実親を親権者と定める審判に基づく親権者指定届の取扱い〔昭54.8.31民二4471通達〕 ……………………………………………………………… 693

 1 後見開始説と他方生存実親の親権復活説等 693
 2 戸籍先例の推移 694
 3 本通達の取扱い 695

第8節　死亡・失踪

（一　般）

111 危難失踪における死亡とみなされる日及び15歳未満の養子が離縁する際の離縁協議者等〔昭37.5.30民事甲1469通達〕 ……………… 696

 1 昭和37年法律第40号による民法の一部改正 697
 2 戸籍事務の取扱いに関する改正 698
  (1)　危難失踪に関する改正（本通達一） 698
  (2)　15歳未満の養子の離縁協議者（本通達二（一）） 699
  (3)　親権者指定又は後見開始届（本通達二（二）） 702
  (4)　裁判による離縁届及び親権者指定届等（本通達三） 703

（渉　外）

112 在日アメリカ人についての死亡通知〔昭39.7.27民事甲2683通達〕 ……………………………………………………………… 705

 1 在日外国人の死亡通知に関する取扱いの推移 705

(1)　戦前の取扱い　　705

　　　(2)　戦後の取扱い　　706

　　　(3)　在日ドイツ人及びインド人についての死亡通知　　706

　　2　在日アメリカ人の死亡通知（本通達による取扱い）　　706

　　3　在日ロシア人の死亡通知　　707

　　4　「領事関係に関するウィーン条約」に基づく通知　　708

113　在日ロシア人についての死亡通知〔昭42.8.21民事甲2414通達〕… 709

　　1　在日外国人の死亡通知に関する取扱いの推移　　709

　　　(1)　戦前の取扱い　　709

　　　(2)　戦後の取扱い　　709

　　　(3)　在日ドイツ人及びインド人についての死亡通知　　710

　　2　在日ロシア人の死亡通知　　710

　　3　「領事関係に関するウィーン条約」に基づく通知　　711

114　在日外国人の死亡届を受理した場合における管轄法務局への届書写しの送付〔昭58.10.24民二6115通達〕……………………… 713

　　1　在日外国人の死亡通知に関する取扱いの推移　　713

　　　(1)　戦前の取扱い　　713

　　　(2)　戦後の取扱い　　714

　　2　「領事関係に関するウィーン条約」に基づく本通達の取扱い　　714

第9節　生存配偶者の復氏

115　帰化の際に配偶者の氏を称した者が、生存配偶者の復氏届により復する氏〔昭63.3.29民二2020通達〕……………………… 718

　　1　帰化者の氏　　718

　　2　婚姻解消後の帰化者の氏　　719

　　3　本通達による取扱い　　720

第10節　入籍・分籍

116　婚姻中の養父と実母の氏を称して同籍している養子が、養父との離婚により復氏した実母の氏を称して入籍する場合の取扱い〔昭26.9.4民事甲1787通達〕………………………………… 722

 1　従前の取扱い　　722

 2　本通達による取扱いの変更　　723

117　新法戸籍から分籍する届出に、戸籍の謄本に代えて抄本を添付する取扱い〔昭30.6.15民事甲1199通達〕………………………… 724

 1　旧法の戸籍から分籍する場合　　724

 2　新法の戸籍から分籍する場合　　724

118　改製により単身で新戸籍が編製された子が、後に父・母が離婚等によって同氏となった場合に同籍するための入籍とその取扱い〔昭33.12.27民事甲2673通達〕………………………………… 726

 1　「改製省令」による従前の取扱い　　726

 2　本通達による取扱い　　727

 3　本通達による取扱いの対象　　728

119　父母と同籍する旨の入籍届の取扱いの変更〔昭34.2.18民事甲269通達〕………………………………………………………………… 729

 1　戸籍改製事務処理要領による取扱い　　729

 2　昭和33年12月27日民事甲第2673号通達による取扱いの変更　　730

 3　本通達による父母と同籍するための入籍届　　730

120　子が氏を同じくするに至った父又は母の戸籍への入籍の取扱い〔昭51.11.4民二5351通達〕……………………………………… 732

 1　従来の取扱い　　732

 2　本通達による取扱い　　733

121 転婚者が離婚届と同時に77条の2の届出をするに際し、実方の氏に復することを希望する場合の取扱い〔昭58.4.1民二2285通達〕… 736
   1　転婚者が離婚により復する氏　　736
   2　転婚者が離婚届と同時に77条の2の届出をする場合の取扱い　　737
    (1)　離婚の際に称していた氏を称する届出の制度　　737
    (2)　従前の昭和51年5月31日民二第3233号通達による取扱い　　737
    (3)　本通達による取扱い　　738

第11節　氏名の変更

122　日本で婚姻をしたブラジル人妻の氏変更の取扱い〔平8.12.26民二2254通知〕……………………………………………………… 740
   1　外国人配偶者の婚姻による氏変更の一般的取扱い　　741
   2　ブラジル国における婚姻による変更後の氏の登録手続　　742
   3　本通知による取扱い　　743
    (1)　婚姻届出の際にする申出　　743
    (2)　郵送による婚姻届の場合　　743
    (3)　本通知の発出前に婚姻届がされている場合　　744

第6章　戸籍訂正・更正

123　行政区画の変更と本籍欄の更正〔昭30.4.30民事甲829通達〕……… 745
   1　行政区画等の変更と本籍欄の更正　　745
   2　本通達による取扱い　　746

124　婚姻により編製した夫婦の新戸籍の婚姻事項中、夫又は妻の従前の本籍が婚姻の届出前に転籍等で変更していたため、その者の従前の本籍の表示に錯誤が生じた場合の訂正〔昭42.5.19民事甲1177通達〕…………………………………………………………………… 747
   1　従前の取扱い　　747

2　本通達による取扱いの変更　　748

125　事実上の父が「同居者」の資格でした出生の届出により戸籍に記
　　載されている子が、その後準正嫡出子の身分を取得する場合に、
　　子の出生事項中、届出人の資格を「父」と更正する申出とその更
　　正〔昭42.5.20民事甲1200通達〕……………………………………749
　　1　嫡出でない子の出生届出人の資格　　749
　　2　本通達による出生の届出人の資格の更正（準正嫡出子）　　750
　　3　嫡出でない子の出生の届出人の資格の更正　　750

126　当事者の一方死亡後に検察官を被告とする親子関係存否確認の裁
　　判が確定した場合の訂正〔昭46.3.1民事甲972通達〕……………751
　　1　従前の判例及び戸籍先例　　751
　　2　昭和45年最高裁判決及び本通達による取扱いの変更　　752

127　戸籍記載の誤記又は遺漏が届出書類によって明白、かつ、内容軽
　　微な場合の職権訂正〔昭47.5.2民事甲1766通達〕…………………755
　　1　市区町村長の職権による訂正　　755
　　2　本通達による職権訂正の対象　　756
　　（1）　訂正の対象となる場合　　756
　　（2）　訂正の対象とならない場合　　758

128　事実上の父が「同居者」の資格でした出生届による戸籍の記載に
　　つき、父が子を認知した後に、子の出生事項中、届出人の資格を
　　「父」と更正する申出とその更正〔昭49.10.1民二5427通達〕………759
　　1　出生届の届出人の資格　　759
　　2　戸籍の出生事項中の届出人の資格　　760
　　3　子が準正嫡出子の身分を取得した場合の取扱い　　760
　　4　本通達による取扱い　　761

129 氏の変更及び夫婦の一方の名の変更後に他の一方からする婚姻事項中の配偶者の氏又は名の更正申出とその更正〔平4.3.30民二1607通達〕……………………………………………… 762
    1 更正の申出について　763
    2 更正事由の戸籍記載について　763

第7章　電子情報処理組織による戸籍事務

130 電子情報処理組織による戸籍事務の取扱い〔平6.11.16民二7000通達〕……………………………………………………………… 765
  第1　電子情報処理組織による戸籍事務の取扱い　766
    1 戸籍の記録の保全及び保護に必要な措置　766
    2 電子情報処理組織によって取り扱う戸籍事務の範囲　771
    3 法務大臣の指定　772
    4 法務大臣の指定を受けた市区町村長　775
    5 一部取扱いについての広報　776
  第2　戸籍簿　777
    1 戸籍の調製　777
    2 戸籍簿及び除籍簿　777
    3 見出帳　780
    4 同一の事項の記録の備付け　780
  第3　戸籍又は除かれた戸籍に記録されている事項の証明　782
    1 記録事項証明書の交付の請求　782
    2 記録事項証明書の種類、記載事項、様式等　783
    3 記録事項証明書の効力　785
    4 記録事項証明書の交付の手数料　785
    5 他の法令の規定によって交付すべき戸籍又は除かれた戸籍の証明書　786
  第4　戸籍又は除かれた戸籍の副本等　787
    1 副本の送付　787

細目次

　　　2　副本の保存　788
　　　3　戸籍又は除かれた戸籍に記録されている事項の全部又は一部を記録した書面の送付　789
　　　4　戸籍に関する書類の廃棄　789
　　第5　受付帳の調製等　789
　　　1　受付帳の調製　790
　　　2　市区町村長の識別番号の記録　791
　　　3　行政区画変更の記録　791
　　第6　区域変更による引継ぎ　792
　　　1　引継ぎによる戸籍又は除かれた戸籍の改製　792
　　　2　改製の方法　793
　　　3　改製後の取扱い　793
　　第7　戸籍の改製　794
　　　1　戸籍の改製　794
　　　2　戸籍を改製する場合の氏又は名の記録に用いる文字の取扱い　798
　　　　(1)　俗字等の取扱い　799
　　　　(2)　誤字の取扱い　799
　　　　(3)　変体仮名によって記載されている名の取扱い　802
　　　3　戸籍の改製作業の外部委託　803
　　　4　戸籍の改製事務の報告　804

131　電子情報処理組織による戸籍事務の取扱いに関する通達〔130〕の運用上の留意点〔平6.11.16民二7001依命通知〕　806

132　戸籍事務を処理する電子情報処理組織が備えるべき技術的基準〔平6.11.16民二7002通達〕　807

133　一部事務組合に設置されたコンピュータを利用して戸籍事務を処理する場合の取扱い〔平7.11.30民二4400通達〕　808
　　　1　一部事務組合に設置されたコンピュータによる戸籍事務の処理　809

60

(1)　戸籍記載を管理する主体　　809
　　(2)　中央処理装置の設置・管理者　　809
　　(3)　市区町村の端末装置との接続媒体　　810
　2　一部事務組合が遵守しなければならない制度的、技術的要件(1)　　810
　　(1)　一部事務組合の規約　　810
　　(2)　戸籍記録の保全、保護のための措置　　810
　　(3)　一部事務組合による戸籍記録の変更等を防止する技術的機能の確保　　811
　3　一部事務組合が遵守しなければならない技術的要件(2)　　811
　4　戸籍法第117条の2第1項の指定の申出に際し付加的に明らかにすべき事項等　　811

凡　例

1　各通達の原文参照資料については、「親族、相続、戸籍に関する訓令通牒録」（日本加除出版・加除式図書）の掲載頁を表記した。

　　①綴〜⑨綴の頁表示　→　処理基準となる前の先例本文
　　⑩綴の頁表示　　　　→　処理基準としての先例本文

2　本文中の（　）内の法令の表記については、場合により以下のとおり略記した。なお、必要に応じて「改正法」「現行」「旧」等を付した。

通則法	法の適用に関する通則法
難民条約	難民の地位に関する条約
国	国籍法
国規	国籍法施行規則
民	民法
民施	民法施行法
整備法	民法の一部を改正する法律の施行に伴う関係法律の整備等に関する法律（平成11年法律第151号）
後見登記法	後見登記等に関する法律
戸	戸籍法
戸規	戸籍法施行規則
準則制定標準	戸籍事務取扱準則制定標準
戸細	旧戸籍法施行細則（大正3年司法省令第7号）
民訴法	民事訴訟法
人訴法	人事訴訟法
人訴規	人事訴訟規則
家審	家事審判法
家審規	家事審判規則
特家審	特別家事審判規則
刑訴法	刑事訴訟法

凡　例

児福法	児童福祉法
地自法	地方自治法
地自令	地方自治法施行令
公選法	公職選挙法
外登法	外国人登録法
入管法	出入国管理及び難民認定法
入管規	出入国管理及び難民認定法施行規則
韓国施	大韓民国国籍法施行令
韓民	大韓民国民法
韓戸	大韓民国戸籍法
韓戸規	大韓民国戸籍法施行規則
中国民法通則	中華人民共和国民法通則
中国養子法	中華人民共和国養子縁組法（収養法）
中国婚姻法	中華人民共和国婚姻法
民国民法	中華民国民法

3　文献等の引用については、次のように略記した。

民集	最高裁判所民事判例集
民月	民事月報
家月	家庭裁判月報
時報	戸籍時報
判時	判例時報

4　本文中、〔　〕の中に数字が表記してある場合は、本文の各先例の初めに付している通し番号を示す。

通達〔83〕の〈解説〉参照　→　本書の先例通し番号83を参照、の意。
（昭和34・3・17民事甲514号通達〔29〕）→
　　　　　　　　　　　　　本書の先例通し番号29を参照、の意。

主な参考文献

戸籍誌（テイハン）
村上　惺「詳解　戸籍基本先例解説」（日本加除出版、1979）
青木義人・大森政輔「全訂　戸籍法」（日本評論社、1982）
(財)民事法務協会・民事法務研究所戸籍法務研究会編「新版　実務戸籍法」
　　((財)民事法務協会、2001）
木村三男・神崎輝明「改訂　戸籍届書の審査と受理」（日本加除出版、1996）
俵　静夫「地方自治法」〔法律学全集8〕（有斐閣、1973）
澤木敬郎・南　敏文　編著「新しい国際私法」（日本加除出版、1990）
金　容漢「韓国・親族相続法」（日本加除出版、1988）
渉外戸籍実務研究会「設題解説　渉外戸籍実務の処理Ⅰ　総論・通則編」
　　（日本加除出版、2004）
法務省民事局内法務研究会編「渉外戸籍の理論と実務」（テイハン、1989）
中川善之助ほか　編「注解民法（22）のⅠ」（有斐閣、1971）
渉外戸籍実務研究会「設題解説　渉外戸籍実務の処理Ⅳ　出生・認知編」
　　（日本加除出版、2007）
最高裁判所事務総局編「渉外家事事件執務提要（下）」（法曹会、1992）
髙妻　新「改訂　体系・戸籍用語事典」（日本加除出版、2001）
加藤令造・岡垣　学補訂「全訂　戸籍法逐条解説」（日本加除出版、1985）
木村三男・神崎輝明　編著「全訂　注解・戸籍記載例集」（日本加除出版、
　　1990）
戸籍実務研究会編「全訂　戸籍訂正・追完の手引き」（日本加除出版、2007）
溜池良夫「婚姻の効果」〔国際私法講座第2巻〕（有斐閣、1955）
折茂　豊「新版　国際私法（各論）」〔法律学全集60〕（有斐閣、1972）
戸籍実務研究会編「初任者のための戸籍実務の手引き（改訂新版第四訂）」
　　（日本加除出版、2006）
中川善之助「親族法（下）」〔現代法学全書〕（青林書院、1958）
我妻　栄「親族法」〔法律学全集23〕（有斐閣、1961）
星　智孝「婚姻関係にない男女間に出生した子につき事実上の父からなされ

た嫡出子出生届の効力」髙梨公之ほか『家族法と戸籍の諸問題』(日本加除出版、1966)

法務省民事局法務研究会編「改訂　国籍実務解説」(日本加除出版、1994)

田村　満著・重見一崇・山神進補訂「全訂　外国人登録法逐条解説」(日本加除出版、2000)

木棚照一「逐条註解　国籍法」(日本加除出版、2003)

中川善之助「身分法の総則的課題」(岩波書店、1941)

中川　淳「改訂　親族法逐条解説」(日本加除出版、1990)

南　敏文「改正法例の解説」〔新法解説叢書11〕(法曹会、1992)

南　敏文　編著「Q&A　渉外戸籍と国際私法」(日本加除出版、1995)

戸籍実務研究会編「全訂　初任者のための渉外戸籍実務の手引き」(日本加除出版、2005)

外岡茂十郎「親族法の特殊研究」(敬文堂、1950)

小石寿夫「先例親族相続法」(帝国判例法規出版社、1958)

島田英次著・大熊　等補訂「補訂　註解戸籍届書「その他」欄の記載」(日本加除出、1999)

小石寿夫「誰が親権者となるか」中川善之助教授還暦記念家族法大系刊行委員会編『家族法大系5』(有斐閣、1960)

第1章　総　則

(一般)

1　改正民法・戸籍法の施行と戸籍事務の運用

昭和23年1月13日民事甲第17号通達

先例の趣旨

昭和22年法律第222号によって民法の第四編（親族）及び第五編（相続）が改正され、これに伴う同年法律第224号によって戸籍法が全面改正された。また、昭和22年司法省令第94号によって戸籍法施行細則が廃止され、戸籍法施行規則が制定された。これらの新しい法令は昭和23年1月1日から施行され、親族法の全面改正による「家」制度の廃止に伴い、戸籍は、戸主とその家族を記載する家の登録から、その編製基準を一組の夫婦と氏を同じくする子とする登録へと変わった。

これらの改正は、戸籍事務の全般にわたる根本的な変革を期すものであることから、その円滑な実施のために、本通達は新法令の周知徹底と、運用上の助言を行う際に特に留意すべき事項を示したものである。

なお、本通達の記(3)、(6)、(8)、(11)、(13)、(14)、(16)、(19)ないし(25)、(27)、(28)及び(30)は、「戸籍法第3条第1項の処理基準（平成13・6・15民一1544号通達）」では削除されている。

参考

訓令通牒録：①綴 69頁、⑩綴 12564頁
関連先例通し番号：2

第1章 総則(一般)

〈解　説〉

1　新戸籍編製と氏について
　(1)　新戸籍編製と氏
　　　戸籍の編製基準について、旧法は家の制度を基礎とし（旧戸9条）、個人の身分関係の登録というよりは、むしろ家の登録という性格が強く、この家の登録を通じて個人の身分関係を明らかにされていたといえる。したがって、旧法における氏は家の氏であり、個人はその所属する家の氏を称し、しかも、家は家督相続により代々承継された。
　　　しかし、家の制度が応急措置法（昭和22年法律第74号）によって廃止され（同法3条）、現行民法においては、戸籍の性格が変わり、専ら各個人の身分登録としての性格のみを有することとなった。すなわち、現行法は、夫婦の氏は、婚姻の際に定めるところに従い、夫又は妻の氏を称し（民750条）、子は出生によって父・母の氏を称することとされた（民790条）。そして、夫婦親子関係が最も自然、かつ、基本的な結合であることから、一つの夫婦及びこれと氏を同じくする子ごとに戸籍を編製することとなり（戸6条）、また、旧法における氏が家の呼称であったのとは異なり、現行法上の氏は、個人を特定表示するための呼称と解されるようになった。
　　　このように、民法は、氏の選定を夫婦・親子の身分関係に基づいて一定の要件の下に法律上これを決定し、原則として、自由な氏の選定を許していない。殊に、氏の原始的決定においては、出生により父・母の氏を称することとしている。しかし、民法の規定によっても氏が決定されない次のイ～エの場合には、氏の選定を当事者の自由に任せられている。本項は、新戸籍の編製に当たり、旧法施行中に既に一家創立の原因(注)が生じている場合と異なり、次のイ～エの場合を除き、自由に氏を選定することは認められていないことを明らかにしたものである。
　(2)　国籍取得
　　ア　帰化した者は、氏の選定は自由である（大正14・1・28民事34号回答）。しかし、夫婦同一氏同一戸籍の原則上、夫又は妻のいずれの氏

を称するかを協議で定め（昭和25・6・1民事甲1566号通達）、帰化の届出において明らかにしなければならない（戸102条の2・102条）。また、親子についても子が帰化の届出において特に親と異なる氏を選定しない限り、父・母と同一の氏を称するものとされる。

イ　旧国籍法（明治32年法律第66号）に基づいて婚姻・縁組という身分行為により日本国籍を取得した者が離婚・離縁により日本国籍を失わない場合は（旧国19条）、復氏に関する民法の規定を適用する余地がないから、氏の選定は自由とされ新戸籍が編製される（昭和23・10・16民事甲2648号回答）。

　　平和条約発効（昭和27・4・28）前に婚姻・縁組により日本の戸籍に入籍した元朝鮮人・台湾人が平和条約発効後に離婚・離縁をした場合も同様である。

(3)　就　籍

就籍の届出をする者は、父母が不明で、かつ、婚姻・縁組により氏が定まっていない限り氏の選定は自由とされている（大正11・4・15民事893号回答）。なお、就籍者について、家庭裁判所の許可によるときは、審判書に記載の本籍及び氏をもって新戸籍を編製するが、確定判決による場合（戸111条）は、その届出の際に任意に定めた本籍及び氏をもって新戸籍を編製する。

(4)　棄　児

棄児については、父母が知れないから、市区町村長が任意に氏名をつけ、本籍を定めて、戸籍を編製する（戸57条）。しかし、その後に父・母が判明すれば、当然に出生により定まっている父・母の氏を称することになるから、これにより戸籍訂正の手続がとられる（戸59条）。

〔注〕　旧民法上、新たに一家を創立する場合として、戸主の意思に基づく分家（旧戸145条）、廃絶家再興（旧戸146条）と、法律上、一定の原因に基づいて当然に生じる一家創立がある。一家創立の原因には、①子の父母が共に知れないとき（旧民733条3項）で、主として棄児の場合、②嫡出でない子が父・母の家に入ることができないとき（旧民735条2項）、③家族が離籍されたとき（旧民749条・750条・742条）、絶家に家族があるとき

(旧民764条)、外国人が帰化、又は元日本人が国籍を回復したとき(旧国5条5号・25条・26条)、日本で生まれた子の父母が共に国籍を有しないとき(旧国4条)、戸主でない者が爵位を授けられたとき(明治38年法律第62号、大正5・4・14民436号回答)等があり、これらの場合は、任意に氏を定めることができるとされていた。

2 転縁組又は転婚をした者が復する氏及び戸籍について

(1) 転縁組の場合

縁組後の養子が更に他の養子となる、いわゆる転縁組の場合に、後の縁組が離縁又は取消しとなったときは、前の養方の氏に復することとなり、直ちに実方の氏に復することはない。また、復する戸籍についても、新戸籍を編製される場合を除き、前の養方の戸籍に復籍する。このことは、前の縁組の養親が死亡しているときも、その縁組について離縁(民811条6項)がない限り同様である(昭和26・1・26民事甲67号回答)。しかし、前の縁組について既に離縁をしているときは、直ちに実方の氏に復するのは当然であるが、前の縁組の養親夫婦の一方が死亡し、生存する他方と離縁をしていても死亡養親との縁組関係は消滅しないから、養子は前の縁組の氏に復することに変わりはない(昭和62・10・1民二5000号通達第2の3(1))。

(2) 転婚の場合

婚姻によって氏を改めた者が、配偶者の死亡後相手方の氏を称して再婚(転婚)をした場合に、後の婚姻が離婚又は取消しとなったときは、当然に前婚当時の氏に復することになる(民767条1項・771条・749条)。しかし、前婚当時の氏に復したとしても、婚姻によって氏を改めた者は、その配偶者の死亡後は、生存配偶者の復氏届をすることによって婚姻前の実方の氏に復することができるので(民751条1項)、前婚当時の氏に復するか又は実方の氏に復するかは、復氏者本人の意思に任せ、その選択によっていずれに復することもできるとされたものである。後婚について離婚の届出をする際に生存配偶者の復氏の届出も同時にすることができるから(届書の「その他」欄に、「妻は実方の氏・乙原に復する。」と記載する。)、この取扱いは生存配偶者の復氏の届出を省略す

る便宜の取扱いと解される。また、戸籍もこれに応じ、新戸籍を編製される場合を除き、それぞれの戸籍に復籍することになる。

　なお、後婚が筆頭者である配偶者が提起した裁判離婚によって解消した場合は、離婚の裁判の提起者である配偶者が離婚の届出義務者となる（戸77条1項・63条1項）。この場合、復氏すべき者は、復すべき氏の申出をするにつき届出義務者の協力を得る必要はあるが、前婚の氏又は実方の氏のいずれの氏に復するかを選択し、その申出をすることができるものとされる（昭和28・5・14民事甲796号回答）。

　また、後の婚姻の配偶者が死亡し、生存配偶者の復氏届をする場合（民751条1項）及び民法第791条第1項の規定により再三氏を改めた未成年の子が、成年に達した後1年以内にする従前の氏に復する届出の場合（民791条4項）も、同様とされている。

3　筆頭者の除籍と復籍について

　戸籍の筆頭者とは、戸籍の筆頭に記載される者で、筆頭者氏名欄に記載されるその氏名は、本籍の記載とともに戸籍を特定表示するため及び戸籍を索出のために利用されるもので、旧法の戸主のような特別な身分上の地位をもっているわけではない。

　その戸籍の筆頭に記載した者が死亡したり、婚姻又は縁組等によって戸籍から除かれる場合がある（戸23条参照）。この場合に、一戸籍内の全員が除籍されるときは、その戸籍は戸籍簿から除いて除籍簿に移される（戸12条1項）。しかし、筆頭者が除かれても、他に除籍されない者があれば、筆頭者氏名欄の記載は消滅することなくそのままであり、その戸籍は、依然として除籍された筆頭者の氏名をもって表示される。

　筆頭者が死亡、婚姻又は縁組等によって除籍される場合、その名欄については朱線を交差して消除するが（戸23条、戸規40条・42条）、戸籍の表示として索引機能を果たす「筆頭者氏名欄」の氏名の記載は消除すべきでないとされている（昭和23・1・29民事甲136号通達〔2〕）。つまり、除籍された者の氏名であっても、戸籍を表示する上で何ら支障はないし、むしろ、そのようにすることの方が無用の混乱を招くこともないので、望ましいと考えられ

た。

　ところで、戸籍を編製した後に、その戸籍に入籍すべき原因が生じた者（離婚又は離縁により復籍する者）については、戸籍の末尾に記載する。また、例えば、長男の出生届が未了のうちに、後で生まれた二男について出生届があって戸籍に記載されている場合に、その後に長男の出生届があったときは、その長男は戸籍の末尾に記載することになる。

　戸籍の筆頭に記載した者が婚姻又は縁組によって除籍となった後、離婚、離縁又は婚姻・縁組の取消しによってその戸籍に復籍したときも、戸籍の末尾に記載するが、その者が戸籍の筆頭に記載した者であることに変わりはない。

　もっとも、上記のいずれの場合も、その後に転籍届等によって新戸籍を編製するときは、本来の戸籍記載の順序（戸14条）に引き直して記載することとしたものである。

4　復氏すべき実方の氏が変更されている場合について

　婚姻又は縁組によって氏を改めた者が離婚、離縁又は婚姻、縁組の取消しによって復氏する場合は、当該婚姻、縁組の直前に称していた氏に復するものとされている（民767条1項・816条1項本文）。その復氏すべき氏が、戸籍法第107条第1項の規定によって変更されている場合は、民法上の氏そのものの変更ではないとの解釈から、変更された氏に復するとされたものである。戸籍実務の取扱いは、このように戸籍法第107条第1項の規定による氏変更の性質は、単に呼称上の氏が変更されるにとどまり、民法上の氏そのものの変更ではないとする考え方によるものであり、復氏者の選択により変更前の氏で新戸籍を編製することは許されないとされている（昭和35・11・28奈良県戸協決、昭和36・11・15三重県戸協決）。

　ところで、離婚、離縁又は婚姻、縁組の取消しによって復氏する者の婚姻又は縁組の前の氏が、戸籍法第77条の2又は第73条の2の届出（昭和51年法律第66号による民法の一部改正〈昭和51・6・15施行〉及び昭和62年法律第101号による民法の一部改正〈昭和63・1・1施行〉により新設）によって変更されている場合、この婚氏続称・縁氏続称の効果は、これらの子に当然に

は及ぶことはないとされている。したがって、子が離婚又は離縁によって復氏する氏は婚姻又は縁組直前の氏、すなわち、変更前の呼称上の氏に復するものとされている。これは、戸籍法第77条の2又は第73条2の届出による氏の変更は、いわゆる呼称上の氏の変更であって、民法上の氏の変更ではないという点においては、実質的に戸籍法第107条第1項の規定による氏の変更と同視されるべきものである。ただ、家庭裁判所の許可を要しない点において同法第107条第1項の特則というべきものと解されている。しかし、戸籍法第107条第1項による氏の変更は、やむを得ない事由がある場合にのみ認められるものであり、戸籍の筆頭に記載された者の個人的事由だけでなく、ある意味では公益的な要請もある場合に認められるものであることから、その氏変更の効果は、当該戸籍に在籍する者すべてに及ぶものとされている（昭和24・9・1民事甲1935号回答）。これに対して、戸籍法第77条の2又は第73条の2の届出による氏変更は、離婚又は離縁をした者自身の社会生活上の便宜等、その者の個人的な事由を考慮して認められた制度であるから、その戸籍に同籍する子や離婚前又は離縁前の戸籍に在籍する子等とは直接に関係のない事柄であり、この婚氏続称又は縁氏続称の効果はこれらの子に当然には及ぶことはないとされている。したがって、子が離婚又は離縁によって復すべき氏は、婚姻又は縁組直前の氏ということになる。もし、上記の子が戸籍法第77条の2又は第73条に2の届出をした親の新戸籍に入るには、同籍する旨の入籍届によってすることが認められている（昭和51・11・4民二5351号通達、昭和62・10・1民二5000号通達第4）。これは、子が離縁後に称している氏と母が戸籍法第77条の2又は第73条の2の届出により称している氏とは、呼称を異にしているが、民法上の氏は同一であるからである。

5　生存配偶者が復氏届をする場合について

　本通達(4)及び(5)の取扱いについては、生存配偶者が復氏届をする場合（民751条1項）及び民法第791条第1項の規定により再三氏を改めた未成年の子が、成年に達した後1年以内にする従前の氏に復する届出の場合（民791条4項）も、同様とされている。

第1章　総　則　(一般)

6　戸籍法第48条第2項の「特別の事由の有無」について

届書類の公開が認められるのは、請求者が当該届書の事件本人と利害関係がある場合で、かつ、特別な事由（加重要件）がなければならないとされている（戸48条2項）。この「特別の事由の有無」については、昭和22年4月8日民事甲第277号通達にのっとり、今後も同様に取り扱うこととされたものである（通達〔26〕の〈解説〉2参照）。

この「特別の事由の有無」については厳格に解されている。すなわち、身分に関する証明は、通常は戸（除）籍の謄抄本、又は戸籍の記載事項証明書によって目的を達することができるから、届書類の公開は、よほどの理由がない限り認められないことになる。

したがって、戸籍に記載されていない事項で、届書及びその添付書類を閲覧するか、その証明を得なければ判明しない事項であり、この公開制度を利用することによって初めて利害関係人としての権利行使が可能となるような場合をいうものと解されている。なお、特別の事由に該当する具体例については、通達〔26〕の〈解説〉参照。

7　子の名に制限外の文字を用いた出生届について

子の名に用いる文字については、常用平易な文字を用いなければならず（戸50条）、その常用平易な文字の範囲は、戸籍法施行規則第60条で具体的に示されている。すなわち、「常用漢字表（昭和56年内閣告示第1号）に掲げる漢字（括弧書きが添えられているものは括弧外のものに限る。）」、「（規則）別表第二に掲げる漢字」及び「片仮名又は平仮名（変体仮名を除く）」とされ、これ以外の文字を用いた出生届は、原則として、受理すべきではないとするものである。

なお、例外として、親子関係存否確認等の裁判等に基づく戸籍訂正によって戸籍が消除された子について出生届をする場合、相当の年齢に達した者について就籍の届出をする場合、又は名の変更の届出をする場合には、戸籍法施行規則第60条に定める文字以外の文字を用いて名を記載した場合でも受理して差し支えないとされている（昭和56・9・14民二5537号通達〔83〕の〈解説〉参照）。

8　規則第 39 条の規定による移記事項の記載例について
　(1)　**身分事項を移記する際の記載例**

　　　新戸籍又は入籍する戸籍に、従前の戸籍から移記すべき重要な身分事項は、規則第 39 条第 1 項の第 1 号から第 9 号までの各事項である。これらの事項の移記については、新記載例に引き直して記載することを明らかにしたものである。

　　　本通達が発出された当時における旧法の戸籍から移記を要する事案も、戸籍法附則第 128 条第 1 項の戸籍の改製に関する省令（昭和 32 年法務省令第 27 号・同年 6 月 1 日施行）により、旧法による戸籍はすべて新法による戸籍に改製されたので、現在は同種の事案は存在しない。しかし、その後、昭和 45 年 3 月 31 日法務省令第 8 号をもって規則附録第 7 号の戸籍記載例が全面改正されるなど、その前後を通じて数次にわたり記載例が改正されているが、いずれにしても戸籍法施行規則第 39 条の規定による移記は、本通達(12)に示すとおり「新記載例に引き直して記載する。」ことになる。

　(2)　**身分事項の移記**

　　　新戸籍を編製する場合については、戸籍法第 16 条から第 22 条までに規定されている。また、他の戸籍に入る場合とは、例えば、婚姻により氏を改めた者が戸籍の筆頭者である夫又は妻の戸籍に入る場合、養子縁組により養子が養親の戸籍に入る場合、あるいは離縁、離婚、生存配偶者の復氏によって縁組又は婚姻前の戸籍に復籍する場合等である。つまり、既にある者の戸籍に記載されている者が、その戸籍から除かれて他の戸籍に移る場合をいう。このような場合に、従前の戸籍に記載されている身分に関する事項については、戸籍の目的・使命等からすれば、変動後の戸籍にもそのすべての事項を記載することが望ましいといえる。しかし、その全部を移記することは、煩さであるばかりでなく、内容を複雑にし、また、関係者の望まない面もあること等も無視できない。そこで、新戸籍や入籍する戸籍に従前の戸籍に記載された事項を移記する場合には、それらのうち重要な身分に関する事項のみを移記の対象とすることとされた（戸規 39 条 1 項）[注]。

〔注〕 戸籍法施行規則第39条第1項の新戸籍編製又は他の戸籍に入籍する場合の移記すべき身分事項に関しては、当初「その者の身分に関する重要な事項」とのみ規定され、これらが何であるかは通達にゆだねられていた。その後、昭和42年3月16日法務省令第14号をもって規則の一部が改正され、規則第39条第1項に明文化された。なお、同項第5号の「現に無能力者である者についての親権、後見又は保佐に関する事項」の規定は、成年後見制度の創設に伴い平成12年法務省令第7号により、現行の規定に改められ、また、平成16年法務省令第46号により第9号「性別の取扱いの変更に関する事項」の規定が新設された。

9 出生届書の審査について

(1) 出生の届出に当たっては、その真実性を担保する資料として、出産に立ち会った医師、助産師又はその他の者が作成した「出生証明書」を添付すべきものとされる（戸49条3項）。この出生証明書は、新戸籍法において新たに規定されるに至ったものであるが、その目的は、届出事項の真実性を担保し、虚偽の出生届を防止するとともに、人口動態調査上、医師・助産師等から統計資料を得ることにある。そこで、市区町村長が出生届の審査をするに当たっては、届書の記載と添付の出生証明書の記載は、原則として一致しなければならないものであるから、双方の記載内容を慎重に対照して審査をする必要がある。特に、子の男女の別、出生子の氏名、母の氏名、出生の年月日時分及び出生の場所の記載が一致しているかどうかを確かめた上で受理し、届書の虚偽の記載を防止することに努めるべきものとした。

(2) 出生証明書は、出産に立ち会った者がある場合に、その者が作成すべきものであり、立ち会った者がいない場合、あるいは、出産に立ち会った者があったとしても、届出前に死亡しているとか、外国で出産した場合等のようにやむを得ない事由があるときは、その添付を要しないとされる（戸49条3項ただし書）。しかし、これらの場合は、原則として、事前に管轄法務局の長の指示を得て受理する取扱いとされている（昭和23・12・1民事甲1998号回答、準則制定標準23条）。

(3) 出生証明書が添付されている場合であっても、例えば、妻の出産に立ち会った者が夫以外に誰もいない場合には、夫が出生証明書を作成して

差し支えないと解されている（昭和25・12・22報告・高松局管内市区町村連合戸協決－戸籍47号48頁）。この場合、夫がその出生届の届出をするとした場合、夫は自分の作成した出生証明書をもって届け出ることになり、真実性を担保しようとする趣旨に反することになる。そこで、このような出生届については、慎重を期する意味において、事前に管轄法務局の長の指示を求めることが望ましいと考えられる（昭和54・9・27～28高知県連戸協決）。

　なお、出生証明書が添付されている場合でも、出生子が既に学齢に達している場合（昭和34・8・27民事甲1545号通達〔76〕〈解説〉参照）は、その受否について事前に管轄法務局の長の指示を求めるべきものとされている。

　また、無国籍者を父母として日本で出生した嫡出子及び父が知れない子の場合で、無国籍者を母として日本で出生した子は、出生によって日本の国籍を取得することになるから、事務処理の適正を期するため、出生証明書が添付されていても、管轄法務局の長の指示を求めることとされている（昭和57・7・6民二4265号通達〔85〕〈解説〉参照）。

10　自己の嫡出子又は養子を更に養子とする縁組の禁止について

　旧法中は嫡出子でも他の戸籍にあるときは、これを養子とする法律上の利益もあったので、嫡出子又は養子を更に養子とすることが認められていたし、応急措置法施行中も同様に取り扱われていた（昭和22・6・20民事甲522号回答）。

　しかし、新法施行後は、本通達によってこのような縁組は認められない取扱いとされた。このことは民法には規定されていないが、養子制度の本旨から嫡出子又は養子を更に養子とする縁組は認められないものとされた。

　なお、このような養子縁組が誤って受理された場合については、有効な縁組とされ、取消しの対象ともならないと解されている（昭和24・3・15民事甲3268号回答）。

第1章 総　則（一般）

11　婚姻の解消による配偶欄の朱線について

　配偶欄は、婚姻によって夫婦につき新戸籍を編製するとき、あるいは戸籍の筆頭者が自己の氏を称して婚姻をし、配偶者が入籍するときに、名欄の上部に横線を引いて欄を設け、「夫」・「妻」と記載する。

　この記載は、離婚又は配偶者の一方の死亡等によって婚姻が解消したときは、他の一方の配偶欄の「夫」又は「妻」の記載を（文字の中央に朱線を引いて）消除しなければならないとしたものである。ただし、婚姻解消と同時に除籍される配偶者（離婚によって復氏につき除籍される者、あるいは死亡によって除籍される者）については、配偶欄にかけて朱線を交差して除籍されるから、その配偶欄を消除する必要はない（昭和23・10・15民事甲207号回答）。

12　四届書中戸籍記載及び調査票作成欄の認印について

　出生、婚姻、離婚及び死亡の四届書については、規則第59条によりそれぞれ一定の様式が定められ（規則附録11号～14号）、人口動態調査のための届出事項も数多く設けられている。

　市区町村長が届書等を受理したときは、受附帳に所要の事項を記入した後、それが本籍人に関するものであるときは、遅滞なく戸籍の記載をすることになる。また、四届書については、それが本籍人に関するものであると非本籍人に関するものであるとを問わず、届書その他関係書類に基づいて人口動態調査票を作成し、遅滞なく所轄の保健所長に送付しなければならないこととされている（人口動態調査令2条～5条、同令施行細則1条・2条等参照）。

　ところで、様式が法定されている四届書はもとより、処理基準とされた昭和59年11月1日民二第5502号通達等によって示されている標準様式の届書の右上欄には、あらかじめ、受理、送付、発送の年月日等の記入欄のほかに、「書類調査」、「戸籍記載」、「記載調査」等の欄が設けられている。これは、受附の順序を明らかにし、届書等の整理に役立てるとともに、事務処理に過誤が生じないようにするために設けられたものである。なお、四届書中の「戸籍記載」及び「調査票」の両欄については、届書を受理した市区町村において戸籍の記載をし、又は人口動態調査票を作成した都度、直ちに認印

するものである。ただし、他の市区町村に送付する届書については、「調査票」欄には認印することになるが、「戸籍記載」欄には認印することなく送付し、本籍地の市区町村において記載完了後に認印することになる。

　この両欄は、戸籍記載及び調査票作成について過誤が生じないように特に設けられたものであることから、本項は、その励行を喚起したものである。

13　戸籍の記載を要する事項につき、調停が成立し又は審判が確定した場合における家庭裁判所からの通知について

(1)　届出の催告と職権記載

　　戸籍は、正確に事実を反映し、これを公証することが使命であるから、家庭裁判所における調停の成立又は審判の確定により、戸籍の届出をする義務等が生じたにもかかわらず、当事者がその義務を怠り、その届出が所定の期間内に行われないときは、調停又は審判の内容が戸籍上の記載に反映されないことになり、そのような事態は、戸籍の機能に照らして好ましくない。そこで、戸籍事務管掌者が、そのような事態を把握したときは、その届出を促すべき責務がある。この場合は、相当の期間を定めて、届出義務者に対し、その期間内に届出をすべき旨を催告することを要する（戸44条1項）。例えば、裁判に基づき届出をすべき場合に（戸63条・73条・77条等）期間内に届出をしなかったときは、訴えを提起した者又は裁判を請求した者に対して催告することになる。この催告をしてもこれに応じないときは、市区町村長は、さらに相当期間を定めて再び催告することができる（戸44条2項）。これは、届出に基づき戸籍の記載をする建前から、できるだけ届出を促す趣旨である。

　　このように再度の催告をしてもなお届出をしない場合、または届出義務者がないときなどは、届出事項が市区町村長に判明している以上、未記載のまま放置するのは妥当でないので、この場合は市区町村長の職権で戸籍の記載をすることとされている。この職権による戸籍の記載は、あらかじめ管轄法務局の長の許可を得てすることを要する（戸44条3項・24条2項）。

第1章 総則（一般）

(2) 家庭裁判所から本籍地市区町村長への通知

　官公署において届出を怠った者があることを職務上知ったときは、これを届出事件の本籍地の市区町村長に通知し、市区町村長が前記アの催告と職権記載の手続により、遅滞なく戸籍の整備に努めることとされている（戸44条3項・24条3項）。

　家庭裁判所においては、戸籍の届出又は申請を要する事項について調停が成立し、又は審判が確定したときは、遅滞なく事件本人の本籍地の市区町村長に通知することになる[注]。これも、前記と同じ趣旨による措置であり、身分関係について家庭裁判所と戸籍事務管掌者とが密接な関係を持つべきことの一つの表れと解されている（青木義人・大森政輔「全訂　戸籍法」247頁）。

〔注〕　家庭裁判所において、事件本人の本籍地の市区町村長へ通知を要するものとして、家事審判規則に定められているものは、次の各場合である。すなわち、第44条（失踪宣告又はその取消し）、第64条の9（特別養子縁組の成立）、第64条の15（特別養子縁組の離縁）、第71条（親権者の指定）、第72条（親権者の変更）、第78条（親権又は管理権の喪失）、第79条（親権又は管理権喪失の宣告取消し）、第85条（未成年後見人の選任）、第92条（未成年後見監督人の選任等）、第101条（推定相続人の廃除又はその取消し）、第142条の3（離婚、離縁等戸籍の届出又は訂正を要する事項につき、調停が成立し、又は家審23条・24条1項の審判が確定したとき）等である。

　なお、人事訴訟規則（平成15年最高裁判所規則第24号）は、この家事審判規則第142条の3と同様に、戸籍の届出又は訂正を必要とする事項について、人事訴訟の判決が確定したときの戸籍事務管掌者に対する通知について規定（人訴規17条・31条・35条）している。したがって、人事訴訟が確定したときも、戸籍事務管掌者に対して、裁判所書記官から通知がされることになる。

2　改正戸籍法の施行と戸籍事務の取扱い

昭和 23 年 1 月 29 日民事甲第 136 号通達

> **先例の趣旨**　改正戸籍法の施行当初において、戸籍事務の取扱い上、疑義が生じていると見受けられる事項につき、明らかにしたものである。なお、本通達の記(1)及び(6)〜(8)は、「戸籍法第 3 条第 1 項の処理基準（平成 13・6・15 民一 1544 号通達）」では削除されている。

参考　訓令通牒録：①綴 71 頁、⑩綴 12566 頁
　　　　関連先例通し番号：1

〈解　説〉

1　戸籍法第 62 条の出生届による子の氏及び入籍戸籍について

　戸籍法第 62 条の届出による出生子は、父母の婚姻前に嫡出でない子として出生し、その出生届未済のうちに父母が婚姻をし、その父から嫡出子出生の届出がなされることによって、はじめて準正嫡出子として身分を取得するものである。

　ところで、同条の届出は、民法第 789 条第 2 項の規定により準正嫡出子の身分を取得する子について認められた便宜的な届出ということがいえる。すなわち、前記のような子については、本来、母からいったん嫡出でない子として出生の届出をして、その戸籍に入籍した後に父母が婚姻をし、次いで前記父から認知の届出がされることによって準正嫡出子の身分を取得することになる（民 789 条 2 項）。この場合に、子が父母の氏を称しようとするときは、さらに戸籍法第 98 条の規定に基づく入籍届によってはじめて父母の戸籍に入籍する（昭和 62・10・1 民二 5000 号通達第 5 参照）という手続過程を経ることになる。しかし、前述の出生届（すなわち、嫡出でない子としての出生届）がたまたま未済のうちに父母が婚姻したときは、右の手続過程を省略

して当初から嫡出子としての出生の届出をすることができるものとし、かつ、その届出に父の認知の届出の効力を認めるというのが戸籍法第62条の規定の趣旨である。

したがって、本条による届出は、報告的性質と父の認知の届出の効力を有する創設的性質を併せもつ届出であるから、必ず父からの届出が要求され、父からその届出があったときは、子は父母の氏を称し直ちに父母の戸籍に入籍することになる。しかし、この場合の父には、出生の届出義務はなく、届出義務者はあくまでも戸籍法第52条第2項に規定する母であることに注意を要する。

2　外国人である子の名に用いる文字について

戸籍法第50条は、子の名には常用平易な文字を用いなければならないと定め、その常用平易な文字の範囲は、戸籍法施行規則第60条において具体的に示されている。しかし、外国人の氏名は、本来、その本国法によって規律されるものであるから、子の名に用いる文字を制限するこれらの規定は外国人には適用されない。他方、戸籍事務においては、外国人の氏名の表記も日本文字をもってしなければならないので、その場合は、原則として、片仮名で記載し、届書には、本国法上の文字をも付記するのを建前とするが、何らかの事情でその付記をしないときでも、届出を受理して差し支えないとする取扱いがなされている（昭和56・9・14民二5537号通達二）。

また、子が朝鮮人、中国人等本国法上氏名を漢字で表記する外国人である場合には、正しい日本文字としての漢字を用いるときに限り、片仮名による表記を要しないとされた（前掲通達）。これは、中国人、朝鮮人の氏名は漢字を用いる方が本人の特定のためだけでなく、従来からの戸籍事務の取扱いや日本の社会慣習にも合致することによるものとされている。ここで、「正しい日本文字としての漢字を用いるときに限り」とされた意味は、例えば、中国大陸で行われている簡略体漢字のように、その字体は日本では通用しないというものではないが、日本で漢字として認められている字体による漢字で氏名を表記した届書が提出されたときは、片仮名によって表記させなくてよいという趣旨であるとされている（昭和56・9・14民二5537号通達につ

ての解説「戸籍」442号42頁）。なお、日本で漢字として認められている漢字とは、本通達の趣旨から、戸籍法施行規則第60条に規定する字体とは限らず、いわゆる「漢和辞典」に登載されているものであればよいと解される。

3 夫婦につき新戸籍を編製する場合に、戸籍の筆頭に記載すべき者について

　戸籍は、一つの夫婦及びこれと氏を同じくする子ごとに編製されるから（戸6条）、具体的に戸籍の記載をする場合には、その記載の順序が問題となる。戸籍法第14条は、この場合の記載の順序を定めているが、旧法に比較して簡潔で明確である[注]。現行法における戸籍は、まず夫婦を記載し、次に子を記載するが、この記載順序は何ら実体上の法律関係に影響をもつものではなく、単なる戸籍上の技術的な意味をもつにすぎないとされている。

　ところで、戸籍の第一順位に記載されるべき者は、夫婦のいずれかであり、これは婚姻の際に夫婦の協議により、いずれの氏を称することとしたか（戸750条）によって定められる。つまり、夫の氏を称することとした場合は夫が、また、妻の氏を称することとした場合は妻が、第一順位に記載され、戸籍の筆頭者となる。夫婦いずれの氏を称するかについては、婚姻の届書に記載すべきものとされ（戸74条1号）、婚姻前の当事者双方の呼称上の氏が同じであるか否かを問わないから（昭和23・2・20民事甲86号回答）、記載順序が不明といったことは起こり得ない。なお、この記載順序は、婚姻の届出によって編製される新戸籍（戸16条参照）についてだけでなく、夫婦についてその後における氏の変動（例えば、戸籍の筆頭者又は夫婦が共に他の養子となる縁組をした場合等）に応じて編製される新戸籍（戸20条）のすべてについて同様に適用される。つまり、夫婦は婚姻の際にいずれの氏を称するかについて定めた協議を、その後の婚姻の継続中に変更することは認められていないからである。

　　〔注〕　旧法施行中は、戸主を中心とする戸籍であり、しかも一つの家に種々の続柄の者が属している関係から、まず、戸主を第一に記載し、次に、戸主の直系尊属、次いで戸主の配偶者、戸主の直系卑属及びその配偶者を記載

第1章 総則（一般）

し、戸主の傍系親族及びその配偶者、戸主の親族でない者（旧民732条2項、旧戸主の家族、家族の子、引取入籍による入籍者等）が、これに続いた（旧戸19条1項）。さらに、これらの者の間においても親等の遠近等による順位を設けるなど、順位により、複雑な取扱いがされていた。

4 筆頭者死亡後の戸籍の表示について

(1) 戸籍は、その筆頭に記載した者の氏名及び本籍で表示され、筆頭者が死亡又は婚姻等により除籍された後も同様とされている（戸9条）。戸籍を表示するには種々の方法が考えられるが、多数の戸籍を特定表示するには、表示方法が一定されている必要がある。そこで、戸籍法は、戸籍を特定表示するために戸籍法第9条の方法によることを法定するとともに、その編綴順序についても本籍を表示する地番号若しくは街区符号の番号順又は筆頭者の氏の50音順に従ってつづるものとしている（戸規3条）。

このように戸籍の表示としての筆頭者氏名は、本籍の表示とともに戸籍の検索機能をもつものであり、いわば一つの記号であるから、その者が死亡したとしても筆頭者氏名欄に「亡」の文字を冠記する必要はないとしたものである。

(2) なお、従前は、父母（養父母）の死亡により子の父母（養父母）欄に「亡」の文字を冠記する取扱いがされていたが、これは、古くから慣習として行われ、その取扱いについては、若干の変遷があった。しかし、この「亡」の文字冠記の取扱いについては、事務処理を煩雑にするだけでなく、申出がある場合だけ冠記するという扱いの下では、「亡」の文字の有無によって父母（養父母）の生死を判断することはできないし、その公証性も失われていることから、平成3年11月28日民二第5877号通達により廃止された。

3 戸籍事務管掌者である市区町村長の職務代理者及び代理資格の表示

昭和26年4月26日民事甲第863号通達

先例の趣旨

戸籍事務管掌者である市区町村長に事故があるため職務を行うことができないか、又は市区町村長が欠けた場合に、その職務を代理する者については、すべて地方自治法及び同法施行令に詳細な規定が置かれている。これらの代理者が戸籍事務を処理する場合は、市区町村長に関する法令の規定が適用され、自らの名と責任において戸籍事務を扱うのであって、市区町村長の補助機関としての吏員(現行・職員)とは、その権限において本質的な違いがある。そこで、本通達は、これらの職務代理者が戸籍事務を行う際に用いる代理資格の表示について示したものである。

なお、本通達が発出された当時の取扱いについては、平成18年法律第53号による地方自治法の一部改正に伴い、戸籍事務取扱準則制定標準の一部が改正され、代理資格の表示方法が変更されている。

参考 訓令通牒録：①綴 749頁、⑩綴 12574頁

〈解 説〉

1 職務代理者

地方自治法第152条の規定により、市区町村長の職務を代理する者をいう(地自法283条・252条の20、地自令174条の43)。すなわち、(1) 市区町村長に事故があるとき(例えば、疾病、海外旅行、拘留、忌引中のように自らその事務を執ることができない場合)、又は市区町村長が欠けたときに助役(現行・

副市（町村）長）がその職務を代理する場合（地自法152条1項）、さらに(2) 助役にも事故があるとき、若しくは助役（現行・副市（町村）長）も欠けたとき、又は助役（現行・副市（町村）長）をおいていないときに、市区町村長の指定する吏員（現行・職員）が代理する場合（同条2項）、あるいはまた、(3) 前記(2)により職務を代理する者がないときに、市区町村の規則で定めた上席の事務吏員（現行・上席の職員）が市区町村長の職務を代理する場合（同条3項）をいう。

2　臨時代理者

　地方自治法第252条の17の8の規定により市区町村長の職務を行う者をいう。すなわち、市区町村長職務代理者及び職務代行者のいずれもないときは、都道府県知事によって、市区町村長の被選挙権を有する者で当該市区町村の区域に住所を有する者の中から臨時代理者として選任された者が、当該市区町村長の職務を行う場合をいう。

3　職務執行者

　地方自治法施行令第1条の2の規定によって市区町村長の職務を行う者をいう。すなわち、新たに市区町村長の設置があった場合、例えば、(1) 従前ある市に属していた地域が同市から分離して新たに町村が設置された場合、又は、(2) 町が隣接村を合併して新たに市を設置した場合などには、従来当該市区町村の地域の属していた関係市区町村の長・職務代理者・臨時代理者である者又はこれらであった者の中から、その協議によって定められた者（もし協議が調わないときは所轄行政庁によって定められた者）が、当該市区町村長が選挙されるまでの間、その職務を行う場合をいう。

　これらの職務代理者が戸籍事務を処理する場合には、いずれも自己の名をもって、かつ、自己の責任において処理するのであって、市区町村長の名において処理することはできない（大正3・12・28民1125号回答）。

　したがって、戸籍法、同法施行規則等の市区町村長に関する規定が、以上の職務代理者等にも適用される。

4　代理資格の表示方法

　市区町村長代理者が戸籍の記載をするときは、戸籍記載の責任の所在を明確にするとともに、その変造等を防止するため、記載事項の各文末に代理資格を記載して、認印を押さなければならないとされている（戸規32条）。

　代理資格の表示方法については、後記6の地方自治法の改正前においては、次の記載によるべきものとされていた。

(1)　前記1の(1)の場合は「……助役㊞」、(2)及び(3)の場合は「……吏員㊞」
　　（昭和54・8・3民二4257号通知）
(2)　2の場合は「……臨時代理者㊞」
(3)　3の(1)の場合「……何市長㊞」（昭和25・12・28民事甲3421号回答）、
　　(2)の場合は「……職務執行者㊞」（昭和26・3・30民事甲677号回答）

　後記6の地方自治法の一部改正（平成18年法律第53号）後は、戸籍事務取扱準則制定標準（平成16・4・1民一850号通達）の一部が改正され、市区町村長の代理資格を次のとおり記載することに変更された（平成19・3・30民一808号通達）。

　　助役→副市（町村）長
　　吏員→職員
　　臨時代理者（変更なし）

5　地方自治法第153条第1項による代理者の場合

　地方自治法第153条第1項等によれば、市区町村長は、その権限に属する事務の一部を当該市区町村の吏員に委任し、又はこれを臨時に代理させることができるとされるが、戸籍事務については、その性質上、市区町村長に専らこれを管掌させるという戸籍法第1条の趣旨から、当該市区町村の吏員（現行・職員）に事務処理を委任したり代理させたりすることはできないとされている（昭和25・5・2民事甲931号回答）。また、市区町村長に事故があるとき（職務執行不能）、又は市区町村長が欠けたときは、前記1の地方自治法第152条の規定に従って助役（現行・副市（町村）長）等がその職務を代理することになるが、収入役又は副収入役は、職務代理者とはなり得ないとされている（大正3・12・28民1125号回答）。したがって、仮に、戸籍事務

管掌者の代理資格を有しない収入役（現行・会計管理者）が、戸籍届出事件を受理し処理した記載のある戸籍を発見した場合には、管轄法務局の長の許可を得て、職権でその記載を消除した上、当該届書を現在の戸籍事務管掌者において改めて受理し戸籍の記載をすべきである（ただし、受附の年月日は、最初に受附けた年月日を記載する）とされている（昭和34・4・8民事甲741号回答）。

6　地方自治法の一部改正に伴う代理資格の表示方法の変更

　地方自治法の一部を改正する法律（平成18年法律第53号）が平成19年4月1日に施行されたことに伴い、戸籍事務取扱準則制定標準（平成16・4・1民一850号通達）の一部（付録2号〜4号書式及び付録35号記載例）が改正され、代理資格の表示方法（前記4）が、「助役」は「副市（町村）長」に、「吏員」は「職員」にそれぞれ変更された（平成19・3・30民一808号通達）。

4 事件本人以外の者についても戸籍の記載を要する届出等に関する事件の種類の定め方

昭和26年12月11日民事甲第2322号通達

先例の趣旨　昭和26年10月10日民事甲第1947号通達により示された「事件本人以外の者についても戸籍の記載を要する届出又は申請等に関する事件の種類の定め方その他」に関する疑義について回答がなされたものである。

参考　訓令通牒録：①綴 1018頁、⑩綴 12582頁
関連先例通し番号：13

〈解説〉

通達〔13〕の〈解説〉3(1)ア及び(4)ア参照。

5 北方地域に本籍を有する者についての戸籍事務の取扱い

昭和 58 年 3 月 14 日民二第 1819 号通達

> **先例の趣旨**　北方領土問題等の解決の促進のための特別措置に関する法律（昭和 57 年法律第 85 号、以下「北方領土特別措置法」という。）の施行（昭和 58・4・1）により、北方地域（歯舞群島、色丹島、国後島及び択捉島）に本籍を有する者についての戸籍事務は、北海道根室市長が管掌することとなった。このため、これらの地域に本籍を有する者に関する戸籍届書は、根室市長に送付することとなり、本土市区町村長が受理した届書で送付を留保していた届書は、留保を解除して根室市長に送付することとされた。

参考　訓令通牒録：⑧綴 10399 頁、⑩綴 12746 頁

〈解　説〉

1　北方地域における従前の戸籍事務取扱いの経緯

(1)　北方地域

　一般に北方地域あるいは北方領土とは、歯舞群島、色丹島、国後島及び択捉島の四島をいうが（北方領土特別措置法 2 条 1 項）、これらの島々は、戦前は北海道の行政管轄区域に入り、色丹島に 1 村、国後島に 2 村、択捉島に 3 村の計 6 か村が置かれ、それぞれの村役場において戸籍事務が処理されていた。また、歯舞群島は、根室半島の先端部分にあたる歯舞村の離島として同村の行政区域内とされていた（なお、同村は、離島を含む全村が昭和 34 年に根室市に編入されている。）。

(2)　被占領後の取扱い

　北方領土は、昭和20年8月15日太平洋戦争の終結とともに、同月28日旧ソ連軍が択捉島に上陸した後、翌月初めまでに4島がすべて占領された。当時4島には、約3,000世帯、16,500人の島民が居住していたといわれているが、これらの人々は昭和22年から昭和24年にかけて、全員が本土に送還され、今日に至るもなおその状態が続いている。したがって、同地域に対する日本の行政権は有効に行使し得ない状況におかれ、戸籍事務を管掌する市町村長が存在しないこととなったので、その地域に本籍を有する者又は有していた者に関する戸籍事務は、事実上処理不能となった。そのため、本土に引き上げた島民の人々は、所在地の市町村に転籍することにより本籍を移転した上で、身分登録を行わざるを得なかった。当時の転籍届の処理に当たっては、転籍届をすべき筆頭者（戸主）が死亡したり、行方不明等のため届出人について疑義を生じ、あるいは転籍届に添付を要する原籍地の戸籍謄本を入手できない等の問題が生じ、その場合の取扱いに関する通達や照会・回答がなされ、処理されていた（昭和20・10・13民事特甲453号通牒、昭和20・10・27民事特甲480号通牒、昭和21・1・23民事甲42号回答、昭和24・7・18民事甲1583号通達ほか）。

(3)　平和条約発効後の取扱い

　ア　昭和27年4月28日に発効した平和条約の第2条C項には「千島列島並びに日本国が1905年のポーツマス条約（日露戦争〈明治37・8〉の終結に際し、締結された日露講和条約〈明治38・9・5調印〉）の結果として獲得した樺太の一部及びこれらに隣接する諸島に対するすべての権利、権限及び請求権を放棄する」と書かれている。ここにいう「千島列島」がどの範囲の島なのかが問題となったが、平和条約の発効に先立って発せられた昭和27年4月19日民事甲438号通達第二では、樺太及び千島については、平和条約の発効により日本国の領土から分離されることになるが、これらの地域に本籍を有していた者は、平和条約の発効によって日本国の国籍を喪失することはない。ただし、これらの者は平和条約の結果、本籍を有しない者となるので、就籍の手続をとる必要があるとされた。この通達にいう千島の中に、北方4島が含まれるかどうかにつ

いては明確でなかったが、昭和36年11月14日民事甲第2756号通達により色丹、国後及び択捉の諸島は日本固有の領土であって、平和条約にいう千島には含まれないとし、したがって、本土の市町村に戸籍を設けるには、転籍の手続によるべきものとした。つまり、色丹、国後及び択捉の諸島に本籍を有していた者は、平和条約の発効の前後を問わず、引き続き同地に本籍を有することが明らかにされた。

イ　ところで、歯舞諸島（多楽島、志発島、勇留島、秋勇留島、水昌島の5島）は、前述のとおり、根室半島の先端部分に本村を有していた歯舞村の離島であったところ、歯舞村は、昭和34年に離島を含む全村が根室市に合併されたこともあり、同地域に本籍を有する者の戸籍簿は根室市に備え付けられ、旧本村に本籍を有する者と同様の事務処理が行われてきた経緯があった。そのため、昭和44年に根室市長から歯舞群島への転籍届があった場合の処理についての照会に対し、その届出を受理して差し支えない旨の回答がなされた（昭和44・3・11民事甲422号回答、昭和56・5・18民二3112号回答）。

ウ　一方、色丹、国後及び択捉は、地方自治法上いずれの地方公共団体にも属しない特別の地域と解され、したがって、市町村も、戸籍事務管掌者である市町村長も置かれていないため、これらの地域に本籍を定めることは不可能であるという技術的理由から、色丹、国後、択捉の三島への転籍届は受理しないのが相当とされていた（昭和44・4・9民事甲574号回答、昭和44・9・7民事甲1438号回答）。

2　北方領土特別措置法

　北方領土問題が未解決の状況にあること並びにこれに起因して、北方地域元居住者及び北方領土隣接地域が置かれている特殊な事情にかんがみ、これらの諸問題についての国民世論の啓発、北方地域元居住者に対する援護等の措置の充実並びに北方領土隣接地域の振興の推進を図る等のため、北方領土特別措置法（昭和57年法律第85号）が制定され、翌昭和58年4月1日から施行された。

　戸籍事務についても、その施策の一環として、北方地域に関する戸籍事務

の取扱いを可能とする途が開かれた（後述3）。すなわち、もと北方地域に本籍を有していた人々は、前述1の(2)のとおり、すべて本土に転籍し、それぞれ戸籍を有していたので、その限りにおいては社会生活上の支障は生じていなかったと思われる。

しかし、この北方領土問題は、単なる社会生活上の問題として、あるいは、戸籍事務処理の観点からのみでは律し得ない問題を含んでいる。もとより、北方地域に本籍を置くこと自体は、戸籍法上の観念的な行為ではあるが、日本の行政権が有効に行使できない状況にある同地域に本籍を置くことは、島民意識の持続を支え、また、領土権の主張の明確な一方法としての意識をもつものといえる。

3 北方領土特別措置法の施行に伴う戸籍事務の取扱い
(1) 戸籍事務管掌者の指名

北方領土特別措置法は、北方地域に本籍を有する者についての戸籍事務は、当分の間、他の法令の規定にかかわらず、法務大臣が北方領土隣接地域の市又は町の長のうちから指名した者が管掌することとした（11条1項）。この規定に基づいて昭和58年3月1日法務省告示第63号により、北方地域に関する戸籍事務管掌者として、北海道根室市長が指名され、同年4月1日から施行された。

(2) 本通達による北方地域に関する戸籍事務の取扱い

法務大臣告示により北海道根室市長が北方地域に本籍を有する者の戸籍事務管掌者として指名されたことを受けて、北方領土特別措置法の施行に伴う戸籍事務の取扱いについて留意すべき次の三つの事項を示したのが本通達である。

ア 北方地域の範囲

北方地域に関する戸籍事務処理の対象となる北方地域の範囲は、歯舞群島を除く色丹島、国後島及び択捉島の三島とされた（北方領土特別措置法11条1項）。北方地域とされている歯舞群島がここでいう北方地域から除かれている理由は、前述1の(3)イのとおりである。すなわち、歯舞群島（5島）は、根室半島の先端部分に本村がある歯舞村の離島であ

り、この歯舞村の離島を含む全村が、昭和34年に根室市に合併し、現在は根室市の区域となっていることから、歯舞群島に本籍を有する者の戸籍事務は、根室市長がその事務を処理しているからである。

イ　届書の送付

北海道根室市長以外の市町村長が、昭和58年4月1日以降に、北方地域に本籍を有する者に関する戸籍の届出を受理したときは、その届書を北海道根室市長に送付することとされた（戸規25条・26条）。

ウ　本土市区町村長が受理した届書の送付の留保措置解除

従前、北方三島に本籍を有する者に関する届書を、届出人の所在地である本土市町村長が受理したままその送付が留保され、現在に至っている届書（昭和20・10・15民事特甲452号回答参照）については、北方地域に関する戸籍事務の開始に伴い、昭和58年4月1日以降その留保が解除され、北海道根室市長に送付するものとされた。

なお、届書の留保措置が解除され、これにより北海道根室市長に送付された届書の取扱いについては、残存するかつての戸籍原本の処理あるいは滅失した戸（除）籍の再製の問題等が関係してくるが、本通達では諸般の事情を考慮し、「当分の間、根室市において保管する。」ものとされた。

6　国籍法及び戸籍法の一部を改正する法律等の施行に伴う戸籍事務の取扱い

昭和59年11月1日民二第5500号通達

先例の趣旨

国籍法及び戸籍法の一部を改正する法律（昭和59年法律第45号）が昭和59年5月25日に、また、戸籍法施行規則の一部を改正する省令（昭和59年法務省令第40号）が同年11月1日にそれぞれ公布され、昭和60年1月1日から施行された。本通達は、これに伴う改正後の戸籍法及び同法施行規則による戸籍事務の取扱いの原則を示したものである。

なお、本通達は、(1) 出生届に関する取扱い、(2) 渉外婚姻に関する取扱い、(3) 国籍の得喪に関する取扱い及び(4) 在外で発生の報告的届出事件の届出期間の伸長、外国人の氏名の表記方法等から成り、これを大きく分けると国籍法の改正に伴って必然的に法改正がなされた事項に関する部分と、渉外的事件処理の合理化が図られた部分とがある。

参考　訓令通牒録：⑧綴 10564頁、⑩綴 12753頁

〈解　説〉

第1　出生届に関する取扱い

1　改正法施行後に出生した外国人父と日本人母の嫡出子

(1)　出生による国籍の取得

出生による国籍の取得に関し、改正後の国籍法（以下「改正国籍法」と

いう。）は、「出生の時に父又は母が日本国民であるとき」（2条1号）に子は出生により日本国籍を取得することとし、従前のいわゆる父系血統主義を改め、父母両系血統主義を採用した。

改正国籍法第2条第1号の規定による日本国籍の取得は、出生の時に日本人である父又は母との間に法律上の親子関係が存在することを要件とする。

ア　父が日本人の場合　子の出生時に法律上の父子関係が認められるためには、父母が婚姻関係にあって、しかも出生子がその嫡出子として認められるか、又は父が胎児認知をした後に子が出生するかのいずれかの場合に限って、出生子は父の血統により日本国籍を取得する。なお、この嫡出子とは生来の嫡出子であり、父母の婚姻成立後200日内に出生した「推定されない嫡出子」（昭和15・1・23大審院民事連合部判決―民集19巻54頁、昭和15・4・8民事甲432号通牒）も含まれる。

イ　母が日本人の場合　我が国では母子関係については、分娩の事実により法律上も当然に成立すると解されているため（昭和37・4・27最高裁判決―民集16巻7号1247頁、大正5・10・25民805号回答ほか）、母の婚姻関係の有無にかかわらず、子は、出生によって当然に日本国籍を取得することになる。

ウ　日本人男を事実上の父とする外国人母の嫡出でない子の場合　嫡出でない子と父との関係は、出生の時の父の本国法である日本民法が準拠法となり（法例18条・現行通則法29条）、胎児認知がない限りは法律上の父子関係は認められず、「出生の時に父が日本国民である」（国2条1号）場合には当たらないから、子は、日本国籍を取得しない。また、外国人母の本国法が事実主義を採用している場合であっても、法例第18条（現行通則法29条）が「父との関係は出生当時の父の本国法により、母との関係は出生当時の母の本国法による」として、各別の関係としていることから、日本人父と子の親子関係が事実主義によって認められることはなく、子は日本国籍を取得しない(注)。

(2)　出生子の氏と戸籍

ア　日本人と外国人との間に出生した嫡出子は、出生によって日本国籍を

取得し、日本人である父又は母の氏を称し（民790条1項）、その父又は母の戸籍に入る（戸18条1項）。改正後の戸籍法第6条ただし書は、外国人と婚姻をした者について新戸籍を編製するときは（戸16条3項）、その者及びこれと氏を同じくする子ごとに戸籍を編製する旨を規定し、日本人と外国人との間の嫡出子は、日本人である父又は母の氏を称し、その戸籍に入ることを明らかにした。

イ　本通達第1の1は、昭和60年1月1日以降に出生した外国人父と日本人母との間の嫡出子は、出生の届出により母を筆頭者とする戸籍が既に編製されている場合には、その母の戸籍に入ることを改めて示したものである。なお、母を筆頭者とする戸籍には、前婚の子や嫡出でない子が在籍していることがあり得るが、その場合には、既に在籍している子の後に入籍することになる。また、改正法施行前の婚姻であるため母が戸籍の筆頭者でない場合は、子の出生の届出により母と子について新戸籍を編製することになる（戸17条）。

〔注〕　ただし、外国人母の嫡出でない子が日本人父から胎児認知されていなくても、①嫡出でない子が戸籍の記載上、母の夫の嫡出子と推定されるため、日本人である父により胎児認知の届出が受理されない場合であって、②この推定がされなければ父により胎児認知されたであろうと認められる特別な事情があるときは、胎児認知がされた場合に準じて、国籍法第2条第1号の適用が認められ、子は生来的に日本の国籍を取得するものとされている（平成9・10・17最高裁判決―民集51巻9号3925頁）。

2　出生の届出資格者の新設

ア　改正前の戸籍法では、法定されている届出義務者以外の者からの出生の届出があっても、その届出に基づく戸籍の記載はできず、就籍の裁判又は職権記載の手続によらなければならないとされていた。

　昭和59年法律第45号による国籍法の改正により、国籍留保の適用範囲が拡大され、国外で出生した日・外重国籍者すべてに適用されることになったが、国籍留保届は、出生の届出とともにしなければならないことから（戸104条2項）、留保届ができない場合が生じることなどを考慮して、戸籍法第52条に第4項を新設することにより届出義務者以外の

者に届出資格を認め、出生届をすることができる者の範囲を拡大した。
- イ 嫡出子出生届において、第一順位の届出義務者である父又は母が届出をすることができないときは、戸籍法第52条第4項及び第54条の規定により父又は母以外の法定代理人からも届出をすることができることとされた。この場合に、同居者等の届出義務者があるときでも、法定代理人は届出をすることができる。「父又は母が届出をすることができない場合」とは、父母が死亡した場合、行方不明の場合、長期不在、病気療養中の場合などが考えられるが、父母が届出を怠っている場合も含まれると解される（大正8・6・4民事1276号回答参照）。なお、父又は母以外の法定代理人としては、例えば、子の出生後、届出前に親権者である父母が死亡し、未成年後見人が選任され、その者から出生届がなされるような場合である。
- ウ 嫡出でない子の出生の届出又は父未定の子の出生の届出は、母が第一順位の届出義務者とされているが（戸52条2項・54条2項）、母が届出をすることができないときは、母以外の法定代理人からも届出をすることができるとされた（戸52条4項・54条2項）。なお、「母が届出をすることができない場合」及び「母以外の法定代理人」については、嫡出子の届出における場合と同じである。
- エ 父又は母以外の法定代理人は届出義務を課されるのではなく、届出資格を与えられたに過ぎないので、届出懈怠の責めを負うものではない。

　また、法定代理人が届出をする場合は、出生届書の「その他」欄に第一順位の届出義務者である父又は母が届出をすることができない事由を記載するとともに（大正4・2・19民220号回答参照）、届書に届出人が法定代理人であることを証する書面、例えば、未成年後見人選任の審判の謄本等を添付すべきである。

3　国外で出生した子の出生の届出期間

　戸籍法の改正前における出生の届出期間は、国外で出生した場合と国内で出生した場合とで区別はなく、14日以内とされていたが、改正法は、国外の場合には3か月とされた（戸49条1項）。これは、国籍留保の適用範囲が

拡大され、国外で出生した日・外重国籍者すべてに適用されることとなったため、留保届の期間が伸長され、3か月以内とされたが（戸104条1項）、留保届は、出生届とともにしなければならないため、国外で出生した子に関する出生届の届出期間をこれに合わせて伸長する必要があったこと、及び国外における届出の実情（届出義務者が在外公館の所在地から遠隔の地に居住している場合に、現地の交通事情あるいは出生証明書の入手に手間取るなど、14日の法定期間内に届け出ることが困難である等の実情があったこと。）が考慮されたものである。

4　経過措置

　改正法施行（昭和60・1・1）前の昭和59年12月19日以降に出生した子については、改正前の戸籍法第49条第1項の規定により算定すると届出期間の満了日が改正法の施行の日である昭和60年1月1日以後となるので、改正法の出生の届出に関する規定（戸49条・52条・54条）を昭和59年12月19日以降に出生した子にも適用することとされた（改正法附則8条）。

　したがって、昭和59年12月19日以降に生まれた子について、改正法が施行された昭和60年1月1日以後に出生の届出をする場合は、法定代理人からも届出をすることができ、また、国外で出生した子についての届出期間は3か月以内でよいことになる。

第2　渉外婚姻に関する取扱い

1　婚姻による新戸籍の編製

　ア　戸籍の筆頭者でない者が外国人との婚姻の届出をした場合は、改正戸籍法第16条第3項により、その者につき従来の氏により新戸籍を編製するものとされた（戸6条・16条3項）。ここにいう「婚姻の届出」とは、創設的婚姻の届出に限らず、日本人当事者の戸籍に婚姻事項の記載事由となるものを指すと解すべきであるから、外国の方式で成立した婚姻についての証書の謄本の提出（戸41条）も含まれることになる。

　　この規定によって新戸籍を編製するのは、改正法の施行後に婚姻の届

出又は証書の謄本の提出があった場合であり、改正法の施行前（昭和59・12・31以前）に届出等があった場合は、改正前の戸籍法により取り扱うので、新戸籍は編製しないことになる（改正法附則7条）。つまり、婚姻当事者が届書又は証書の謄本を市区町村又は在外公館の窓口に提出した時が改正法の施行の前か後かによって定まるので、婚姻の成立時点又は届書等が本籍地市区町村に送付された時点によって定めるものではない。

イ　改正前の戸籍法では、戸籍は一の夫婦及びこれと氏を同じくする子ごとに編製するのを原則とし、配偶者のない者について新たに戸籍を編製すべき事情があるときは、その者及びこれと氏を同じくする子ごとに編製するものとされていた（改正前の戸6条）。したがって、日本人夫婦については、必ず父母から独立した夫婦単位の戸籍が編製されるが、日本人が外国人と婚姻をしても、戸籍は日本人のみを登録する公簿であるため外国人配偶者を戸籍に記載することができない。また、外国人と婚姻した日本人には婚姻を原因として氏の変動が生じないため（昭和26・12・28民事甲2424号回答）、戸籍上、上記の当事者については戸籍変動の事由がないことになり、戸籍実務の取扱いも日本人当事者の現在戸籍の身分事項欄に婚姻事項を記載するにとどめるものとしていた（昭和26・4・30民事甲899号回答）。

ウ　上記イの改正前の戸籍法の規定による取扱いは、昭和25年法律第147号の現行国籍法の施行により旧国籍法（明治32年法律第66号）が廃止されるまでは、特に問題はなかった。すなわち、身分行為に伴い国籍の得喪を生ずる立場をとっていた旧国籍法によれば、日本人の妻となった外国人女は国籍を取得し（旧国5条1号）、外国人の妻となった日本人女が夫の国籍を取得すれば、その者は日本の国籍を失うものとされていたので（旧国18条）、日本人と外国人の夫婦という組合わせはほとんど存在しなかったからである。

　ところで、昭和25年に現行国籍法が施行された後は、外国人との婚姻による国籍の変動が生じなくなったことに加え、日本人の渉外婚姻数が増加したこと等から、種々の問題点が生じるに至った。

改正前の戸籍法による取扱いでは、日本人同士が婚姻した場合は、父母から独立した夫婦の戸籍が編製されるのに対して、日本人が外国人と婚姻をしたときは、日本人当事者は、その身分事項欄に外国人との婚姻事項が記載されるものの、婚姻後も父母の戸籍にとどまる取扱いがされていたから、あたかも未婚者のような戸籍の外形となり、両者間に取扱いの差が生じるのは相当でないとの指摘もあった。また、改正国籍法は、出生による国籍の取得につき父母両系血統主義を採用し、外国人と婚姻をした日本人の子は、すべて日本国籍を取得することになったことから、従前の取扱いを維持しても、多くの場合は、子の出生により日本人配偶者につき新戸籍を編製することになる（戸17条）。また、外国人と婚姻をした日本人配偶者が、その氏を外国人配偶者の称している氏に変更することができる制度を設けることとされた（戸107条2項）ので、その前提として、あらかじめ婚姻の際に新戸籍を編製しておくのが妥当であるとされたものである。

エ　改正戸籍法第16条第3項の規定により編製されるのは、日本人配偶者の単身戸籍であり、筆頭者氏名欄に記載される氏は、その者の婚姻前の氏と同じでなければならない。なお、戸籍の筆頭者ではないが、子と同籍する者、例えば、筆頭者である夫又は妻が死亡した場合の生存配偶者が、外国人と婚姻をした場合も、その者について新戸籍を編製し、子は従前の戸籍にとどまり、その子の入籍届があったときに限り新戸籍に入籍させることになる。

婚姻前に分籍等により既に筆頭者となっている者については、婚姻による新戸籍を編製する必要はなく、その者の身分事項欄に婚姻事項を記載することで足りる。なお、その戸籍に子が同籍しているか否かによって取扱いが異なることはない。

オ　改正法施行前の取扱いにより、外国人との婚姻後も父母の戸籍にとどまっている者については、改正法施行後も何らの手当を要しないから（改正法附則7条）、上記の者から改正法施行後に外国人と婚姻中であることを理由に新戸籍編製の申出があっても、これに応ずることはできない（「改正戸籍法の実務（一）」戸籍490号59頁）。ただし、分籍の届出に

より、その者につき新戸籍が編製されることはいうまでもない。

　改正法第16条第3項の規定により新戸籍が編製された者は、外国人を配偶者とすることにより戸籍の筆頭者とされるものであるから、戸籍法第20条の規定が適用される。したがって、外国人と婚姻をし筆頭者となった者が日本人の養子となる縁組をした場合は、養親の戸籍に入ることなく（改正法施行前の取扱いは、外国人と婚姻中の者が他の日本人の養子となる縁組をしたときは、養親の戸籍に入るものとされていた。）、養親の氏で新戸籍を編製することになる。また、改正法施行前に、外国人と婚姻をしたことにより、従前の取扱いによって戸籍の筆頭者となっていない者、又はその後に子の出生、分籍等により筆頭者となった者についても、改正法施行後に縁組等により氏の変動が生ずる事由があったときは、その者を筆頭者とする新戸籍を編製すべきであって、養親等の戸籍に入籍させるべきではない。なお、上記の取扱いは、外国人配偶者との婚姻関係が継続中に限るものであり、婚姻が解消した後は、養親等の戸籍に入ることになる。

カ　届出を受理した場合の戸籍記載要領は、法定記載例73から75までの例によることになるが、外国人の氏名を片仮名で表記する場合は、氏、名の順序により記載し、氏と名との間には読点をもって区別することとされた。また、戸籍に記載すべき外国人の氏名が本国において漢字で表記される場合は、正しい日本文字としての漢字を用いるときに限り、氏、名の順序により漢字で記載して差し支えないとする取扱いは従来と同様である（昭和56・9・14民二5537号通達二）。

2　配偶欄の新設
(1)　従前の取扱い

　改正法施行前においては、外国人と婚姻をした日本人について配偶欄の記載をしないのが相当であるとされ（昭和32・5・30民事二発1006号回答二）、また、日本人夫婦の一方が外国国籍を取得したため日本国籍を喪失した場合に、国籍を喪失しない者の配偶欄を消除するまでの必要はないが、戸籍を改製等により書き替える場合には移記を要しないものとしていた（昭和33・

10・29民事二発525号回答三）。このような取扱いがされていたのは、当時、外国人と婚姻をした日本人配偶者は父母の戸籍にとどまり、その身分事項欄に婚姻事項が記載される取扱いであったことから、その者につき配偶欄を設けると、父母について既に配偶欄が設けられているので、同一戸籍に「夫」又は「妻」と記載される者が複数在籍することとなって紛らわしいことと、たとえ筆頭者となって父母とは戸籍を別にするに至っても、配偶者が同籍しないので、夫と妻の区別をする必要がないと考えられたことによるものと思われる（「改正戸籍法の実務（一）」戸籍490号71頁）。

(2) **本通達による取扱い**

　ア　改正法施行後に戸籍の筆頭者でない者が外国人との婚姻により新戸籍を編製するときは、その者につき配偶欄を設けることとされた。つまり、右の当事者は、婚姻により父母から独立した戸籍に筆頭者として在籍することになるので、同一戸籍内に「夫」又は「妻」と記載される者が複数在籍するという紛らわしさが生じることはなくなったほか、外国人配偶者が戸籍に記載されることはないとしても、日本人配偶者について配偶欄を設けることが戸籍法第13条の規定の趣旨にも合致すると考えられたことになる。

　イ　従前の取扱いにより、外国人と婚姻をしても配偶欄が設けられていない者については、改正法の施行後にその者につき新戸籍を編製すべき場合には（管外転籍による新たな戸籍の編製を含む。）当然に配偶欄を設けなければならない。しかし、新戸籍編製事由が生じていない以上、次のウの場合のほかは、日本人配偶者が在籍する戸籍に何らの手当を要しないものと解される。

　ウ　改正法施行前に外国人と婚姻をした者があっても、改正法の施行時において戸籍の筆頭者となっている場合には、新たな戸籍が編製されない限り、当然には配偶欄を設ける必要がないことは前述イのとおりである。しかし、日本人配偶者から申出あったときは、戸籍に変動がなくとも配偶欄を新設することとされた。ただし、日本人配偶者が筆頭者でないときは、申出があっても配偶欄を設けることはできない。

　　　申出の方法は、口頭又は書面のいずれによっても差し支えなく、戸籍

記載の事由となる届書の「その他」欄にその旨を記載してすることも認められるであろう。なお、配偶欄は、申出人の現に在籍する戸籍に設ければよく、従前戸籍には手当を要しない。また、配偶欄を設ける場合には、従来、配偶欄がなかったところにこれを設けることになるので、その身分事項欄にその旨（「申出により平成　年　月　日配偶欄記載㊞」）を記載することとされた。

3　離婚又は婚姻の取消しによる戸籍の変動

外国人と婚姻をし、改正戸籍法第16条第3項の規定により新戸籍を編製された者は、離婚又は婚姻の取消しがあっても従前戸籍に復籍することはない。つまり、外国人との婚姻による新戸籍の編製は、氏の変動を伴わない戸籍の変動であり、分籍に近い性質をもつものと解される。また、この場合の日本人配偶者は、自己の氏を称して日本人と婚姻し、筆頭者となった者と似た立場にあり、この者が離婚し又は婚姻を取り消されても氏に変動を生じないのであるから、現在戸籍の身分事項欄に離婚事項又は婚姻取消事項が記載され、配偶者欄が消除されるだけである。

4　氏の変更
(1)　外国人と婚姻をした者の氏の変更
ア　届出及び戸籍の記載

① 外国人と婚姻をした日本人の氏は、婚姻の効果としては変動することなく、その氏は婚姻の前後を通じて同一であるとするのが実務の一貫した考え方である（昭和26・4・30民事甲899号回答、昭和42・3・27民事甲365号回答）。しかし、日本人配偶者は、外国人配偶者とともに夫婦として社会生活を営む上で、その氏を同一にする必要性があることは容易に認め得るところである。戸籍法第107条第1項は、やむを得ない事由がある場合には、家庭裁判所の許可を得て氏を変更することができる旨を定めたものである。しかし、外国人を配偶者とする者が、氏を配偶者と同一にしたいと欲するときは、家庭裁判所の判断をまつまでもなく、一般的にやむを得ない事由があるものと認め得る

ことから、改正法は、外国人と婚姻をした者が配偶者の称している氏に変更しようとする場合に限り、家庭裁判所の許可という要件を外すこととしたものである。したがって、改正戸籍法第107条第2項の規定は、同条第1項の特則規定であるから、その氏の変動は婚姻という身分変動の効果によるものではなく、戸籍法上の呼称の変更にとどまるものである。

② 届出期間について、婚姻成立後6か月以内と限定されたのは、婚姻後相当期間内に届出がないときは、日本人配偶者が氏を変更する必要性がないものと推定されるからであり、その後に氏変更の必要性がある者は、氏変更の原則に戻って、家庭裁判所の許可を得てする氏変更の届出によらなければならない(戸107条1項)。

　6か月の期間計算は、婚姻成立の日を初日として算入する(戸43条)。外国の方式により婚姻をした者については、その方式による婚姻成立の日が初日であり、婚姻証書の謄本が提出された日を基準に計算すべきではない。

③ 改正戸籍法第107条第2項の規定により氏の変更届があったときは、婚氏続称の届出(戸77条の2)があった場合と同様に、戸籍事項欄(戸規34条2号)及び身分事項欄(戸規35条13号)にその旨(法定記載例176・177)を記載した上、筆頭者氏名欄の氏を変更する。また、届出人の戸籍に同籍者が在るときは、氏の変更の効果は同籍者には及ばないので、届出人につき新戸籍を編製することになるから、その新戸籍の戸籍事項欄(戸規34条2号)のほか、身分事項欄(戸規35条13号)にも氏の変更に関する事項(法定記載例178・179)を記載し、また、従前の戸籍中氏を変更する者の身分事項欄に氏変更届により新戸籍編製につき除籍(法定記載例180)の記載をすることになる。

　このように、外国人との婚姻による氏の変更届があった場合は、すべて届出事件本人の身分事項欄にも氏変更事項を記載すべきものとされたのは、当該届出事項が事件本人のみの身分法上の行為に関するものであって、その効力が直接に他の者に及ぶことがないからであり、また、改正戸籍法第107条第2項〜第4項に規定する氏の変更につい

ては、氏を変更した者が常に筆頭者となり（戸20条の2）、以後その戸籍に入籍する者に氏変更の効果が及ぶこととなるから、その旨が事件本人の身分事項欄に記載されるとともに、戸籍事項欄にも記載されることになる。

　なお、改正戸籍法第107条第2項～第4項に関する戸籍記載例中に、「戸籍法第107条2項の氏変更」等の例により条文を記載することとされているのは、氏変更の原因により、変更前の氏への再度の変更につき法律的効果が異なること等が考慮され、いわゆる縁氏や婚氏の続称の届出があった場合と同様に（法定記載例50～57・93～100）、氏変更の根拠を戸籍上、明確にすることとしたものである。

④　外国人と婚姻をした者の氏変更事項のうち戸籍事項欄に記載された事項については、管外転籍の場合の移記事項とされているが、身分事項欄の記載は、新戸籍が編製され又は他の戸籍に入る場合には移記を要しないとされている（戸規37条・39条）。

　一般に身分事項欄に記載されている事項は、いずれも届出義務のある事項、あるいは、届出により法律上の効果を生ずる事項であるから、これらの事項は、現にその法律関係が継続している限り、管外転籍等の場合にも移記すべきものである。しかし、改正戸籍法第107条第2項～第4項の氏変更事項は、いずれも戸籍事項欄に記載すべき事項でもあり、この記載は、管外転籍の際における移記事項とされているから（戸規34条2号）、身分事項欄の記載は必ずしも移記する必要があるともいえない。また、これらの氏変更と性質上同視される婚氏続称の取扱いにおいて、身分事項欄に記載された婚氏続称事項は移記事項とされていないこととの均衡も考慮されたものである。

イ　変更後の氏

① 改正戸籍法第107条第2項の届出において、届書の「変更後の氏」の欄は、原則として届出人の身分事項欄に外国人配偶者として記載されたものと同一でなければならず、両者の記載が一致しないときは届出を受理することができない。

　この場合、変更の対象となる外国人配偶者の称している氏をどのよ

うに特定するかであるが、西欧の文字の発音は、つづりが同じであっても、国又は人によって相違があるため、本通達は、届出人の身分事項欄に記載された外国人配偶者の氏の記載に限定している。つまり、婚姻届出の際に、当事者から外国人配偶者の氏の日本語における表記方法として届け出られたものを外国人配偶者の称している氏とすることにより、戸籍法上夫婦の氏の表記が一致することなる。したがって、氏変更の届出において、これと異なる記載をもって変更後の氏とすることは認められない。

② ここに「外国人配偶者の称している氏」とは、立法の趣旨からすると、外国人配偶者の氏のうち戸籍に記載されない部分を除外したものと解されるので、氏の変更を認める基準として、身分事項欄に記載された氏から子に承継されない部分を除いたものを届書の「変更後の氏」欄に記載した届出は受理することができるものとされた。

　ところで、外国には様々な氏の制度があり、国によっては氏の制度を持たない国があるなど、現実の事務処理において各国まちまちの制度をすべて調査することは困難であり、また、届出人にこの点を証明させることも同様に困難である。そうすると、外国人配偶者の本国法における氏については、届出人が最もよく事情を知るはずであるから、その者が届け出る変更後の氏が前述の基準に合致するものと解するのが合理的であると考えられる。

③ そこで、本通達は、届書に記載された変更後の氏と身分事項欄の外国人配偶者の氏の記載が一致しているときは、その中に明らかに子に承継されない部分が含まれていると認められない限り、届出を受理して差し支えないとした。したがって、市区町村長は、通常、子に承継されない部分が含まれていると明らかに認識することは考えられないから、特段の事情がない限りは届出を受理すべきことになる。なお、この点は、身分事項欄に記載の外国人配偶者の氏の記載の一部を除いて届出があった場合も同様である。

　以上のことからすると、氏変更の届出については、戸籍謄抄本は別として、その他の添付資料の提出は要しないとされている（「改正戸

籍法の実務（二）」戸籍491号35頁参照）。

　なお、氏の制度を持たない国の国民を配偶者とする者は、改正戸籍法第107条第2項の氏変更の届出をすることはできない。

ウ　漢字による氏の表記

　変更後の氏は、身分事項欄に記載の外国人配偶者の氏と同一文字によって表記することになるから、片仮名によるのが原則である。しかし、配偶者が中国人等その本国において氏名を漢字で表記する外国人である場合において、正しい日本文字としての漢字で日本人配偶者の身分事項欄にその氏が記載されているときは、その漢字で記載して差し支えないとされた。

エ　父母の婚姻解消後の届出

　外国人配偶者が死亡した後は、改正戸籍法第107条第2項によりその外国人配偶者の氏に変更する届出はできない。上記の規定が、日本人配偶者に家庭裁判所の許可を要しないで届出による氏の変更を認めたのは、日本人と外国人夫婦の社会生活における不便を考慮したのが立法趣旨であるところ、外国人配偶者が死亡した後にその配偶者の称していた氏に変更するについては、一般的にやむを得ない事由があるとはいえない。したがって、外国人配偶者の死亡により婚姻が解消した場合に限らず、離婚又は婚姻の取消しによって婚姻が解消した場合も同様と解される。

　なお、外国人配偶者との婚姻関係が解消しているか否かは、届出人の戸籍の記載によって判断するほかないが、死亡届が遅延しているとか、外国の離婚判決があったが、その届出がされない間に上記の氏変更の届出がされると市区町村長はこれを受理し、戸籍の処理をすることもあり得る。しかし、既に婚姻関係が解消している以上、戸籍法第102条第2項による届出は無効と解されるから、その後に婚姻解消の事実が判明したときは、戸籍訂正の対象となる。その訂正手続は、戸籍法第114条の規定により家庭裁判所の許可を得て訂正申請をすべきであるが、届出人に催告をしてもその申請をしないときは、戸籍法第24条第2項の規定に基づき職権訂正をすることができるものと解される。この点は、上記

の氏変更の届出が受理された後に、婚姻無効の裁判が確定した場合も同様である。
オ　外国人との婚姻届と氏の変更の届出が同時にあった場合

　　氏変更の届出（戸107条2項）は、外国人との婚姻の届出と同時にすることができる。この場合、届出人である日本人配偶者が従前戸籍において筆頭者でないときは、まず、その者につき従前の氏により婚姻に基づく新戸籍を編製した後、その新戸籍のみに氏変更事項の記載をし、筆頭者氏名欄の氏の記載を朱抹（朱線を文字の中央に一本引く方法により消除）し、その上記に変更後の氏を記載する。したがって、従前戸籍には外国人との婚姻による除籍事項だけが記載される。

　　この取扱いは、離婚届（又は離縁届）と同時に戸籍法第77条の2（又は第73条の2）の届出がされた場合と異なる。いわゆる婚氏（又は縁氏）続称の届出の場合は、戸籍法第19条第3項に新戸籍編製事由が定められており、直ちに続称する氏により新戸籍を編製することになるが、外国人配偶者が称している氏に変更する届出の場合は、このような特則はない。この届出は、外国人と婚姻をした者がすることができるのであるから、両届出が同時にされたとしても、まず婚姻の届出による戸籍の処理がされ、その後に氏変更の届出についての処理がされなければならない。

カ　氏変更の届出人の戸籍に子が同籍している場合

①　氏変更の届出をした者の戸籍に子が同籍するときは、届出人につき新戸籍を編製して従前戸籍から除籍し、子は従前戸籍にとどまるから（戸20条の2・1項）、氏変更の効果が子に及ぶことはない。

　　これは、氏変更の理由が、外国人と婚姻をしたことにより生ずる社会生活上の必要性という個人的事情に基づくものであり、しかも届出人のみの意思によって氏を変更することができることから、同籍者の意思を考慮することなくその効果を及ぼすのは妥当ではないと考えられたことによる。

　　また、同籍する子が全員除籍された後に筆頭者が氏変更の届出をしたときには、その戸籍において氏変更の処理をするが、その後、子が

離縁等により復氏する場合に称する氏は、上記の氏変更の効果は子には及ばないと解されるから、復氏する子につき変更前の氏により新戸籍を編製することになる。ただし、復氏する子が父又は母と同籍することを希望する場合は、離縁の届書の「その他」欄に「養子は離縁により父（又は母）と同籍することを希望する。」旨及び父又は母の戸籍の表示を記載して届出をしたときは、直ちに父又は母の戸籍に入籍できるものと解される。

　この場合、復氏する子が婚姻中で、かつ、戸籍の筆頭者であるときは、変更後の氏による新戸籍を編製することはできず、変更前の氏で新戸籍を編製すべきである（昭和52・2・24民二1390号依命回答参照）。

② 戸籍の筆頭者である者が氏変更の届出をした場合に、子が同籍しているため届出人につき新戸籍が編製され、従前戸籍にとどまる子が氏を変更した父又は母と同籍を希望するときは、入籍届をすることによって父又は母の新戸籍に入籍することができる。

　ところで、父母と子が氏を同じくするか否かは、民法の規定によって決定され（民法上の氏の同一性）、戸籍法上、子は氏を同じくする父母の戸籍に入るのが原則とされている（戸6条・17条・18条等）。ただし、子が自己の氏を称する婚姻又は分籍をした場合等は、氏を同じくする父母の戸籍から独立した新戸籍を編製する（戸16条・21条等）という例外措置を定めているが、上記の例外に該当しない限り、父母と民法上の氏を同じくする子は、父母の戸籍に入ることになる。

　また、民法の規定とは関係なく、戸籍法第107条第1項の規定による氏の変更があるが、これは、いわゆる呼称上の氏の変更といわれるものであり、同じ戸籍に在籍する者全員の氏にその効果が及ぶものではあるが、変更後も戸籍編製基準としての民法上の氏の同一性は変わらない。したがって、この氏の変更前に相手方の氏を称する婚姻をして除籍された子が、実方の氏変更後に離婚し復氏するときは、父母の氏変更の効果が及び、変更後の氏を称するものとされている（昭和23・1・13民事甲17号通達(5)）。

改正法により新設された戸籍法第107条第2項の規定による氏の変更も、その性質は呼称上の氏の変更であり、民法上の氏の同一性に変更を来すものではないが、前述①のとおり、氏変更の効果は届出人のみに生じ、同籍者には及ばない点で戸籍法第107条第1項による氏変更とは取扱いが異なる。しかし、従前戸籍に在る子が、呼称上の氏を変更して父又は母と同籍を希望するときは、両者の民法上の氏は同一であるから、戸籍法第6条の原則に戻ることには支障がないし、改正法の趣旨にも沿うことになる。

子が父母と同籍するための手続は、入籍届によることになるが、入籍届は、本来、民法第791条の規定によって民法上の氏を変更するための手続であるところ（戸98条・99条）、異なる戸籍に在る子が民法上の氏を同じくする父母の戸籍に入籍するための手続に利用されている（昭和51・11・4民二5351号通達等）。

③　戸籍の筆頭者である日本人配偶者から氏変更の届出がされた場合に、それと同時に同籍する子全員から入籍の届出があったときでも、同籍者が在るときは新戸籍を編製すべきものと明示する戸籍法第20条の2第1項の規定により、必ず日本人配偶者につき変更後の氏による新戸籍を編製することになる。同籍する子については入籍届によりその新戸籍に入籍の記載をし、従前戸籍は全員除籍により消除する。

キ　氏変更後における母欄の氏の記載省略

①　改正戸籍法第107条第2項の規定により氏を変更した日本人配偶者の氏は、外国人配偶者の氏と戸籍上同一の表記がされる。この夫婦間に出生した子は、日本国籍を取得し（国2条1号・ただし、国籍の留保を要する場合に留保届をしなかった場合を除く。）、戸籍に記載されることになるが、その場合の父母欄の記載については、母欄の氏の記載を省略して差し支えないとするものである。

ただし、子の出生当時、父母が離婚し、又は婚姻が取り消されているときは、その子が嫡出子となる場合であっても、母欄の氏の記載は省略できないが、父の死亡後に出生した嫡出子の場合は、通達文の趣旨から省略できるものと解される。

また、上記の氏変更をした場合であっても、外国人配偶者の氏のうち子に承継されない部分を除いたものを変更後の氏としたときは（前記イ②）、夫婦の氏の表記が同一でないから、母欄の氏の記載は省略できないことになる（「改正戸籍法の実務（二）」戸籍491号46頁）。
　②　父母の双方が日本人の場合は、父母が婚姻中であるときは母欄の氏の記載を省略するが、婚姻関係にない父母については、たまたま父と母の氏の呼称が同一であっても母欄の氏の記載は省略しない。また、従前、父母の一方が外国人である場合は、昭和55年8月27日民二第5218号通達〔56〕の取扱いにより、日本人配偶者の身分事項欄中の外国人配偶者の氏の記載を日本人配偶者の氏（漢字）と同一に更正（又は日本人配偶者が戸籍法第107条第1項により氏を変更）して、父母の氏の表記が同一となる。また、父母が婚姻中であっても、子の母欄の氏の記載は省略しない取扱いであった。つまり、母欄の氏の記載は、父母が民法上の氏を同一にする場合（父母が婚姻中の日本人である場合）にのみ省略するのが基準とされていた。
　　　しかし、改正戸籍法第107条第2項の規定の新設は、外国人を配偶者とする者が、その婚姻生活の必要上氏の呼称を夫婦同一とすることを認める趣旨であることからすると、従前の取扱いを維持するのは必ずしも相当でないと考えられた。そこで、外国人と婚姻をした者についても、戸籍の取扱いはできるだけ日本人同士の婚姻の場合と同様に、父母が婚姻中において氏の表記が同一である場合は、母欄の氏の記載を省略できるとされたものである。
ク　改正法施行前に外国人と婚姻をした者についての取扱い（改正法附則11条）
　①　改正法が施行される6か月前の昭和59年7月2日から同年12月31日までの間に外国人と婚姻をした者は、氏変更の届出については、昭和60年1月1日に婚姻をした者と同様に扱われ、改正法施行の日から昭和60年6月末日までその氏を外国人配偶者の称している氏に変更する旨の届出をすることができるとする経過措置が採られた。
　②　改正法の施行前に外国人と婚姻をし、戸籍の筆頭者にならなかった

者が氏変更の届出をしたときは、届出人につき変更後の氏により新戸籍を編製し（戸20条の2）、戸籍の記載は、子が氏を変更する者と同一の戸籍に在る場合の例に準じてすることとされた。

(2) 外国人との婚姻解消による氏の変更

　ア　改正戸籍法第107条第2項による氏の変更は、戸籍法の規定による氏の呼称の変更であって実体法上の効果を伴うものではないが、改正法は、この規定による氏変更の効果は、離婚、婚姻の取消し又は外国人配偶者の死亡によって当然には消滅しないものとした。上記の氏の変更は、婚姻という身分変動の効果として生じたものではなく、日本人配偶者の意思に基づくものであるから、婚姻が解消しても、本人の意思がない限り氏の呼称に変更が生じるものではないということである。ただし、婚姻の解消後は、氏の呼称を外国人配偶者であった者と同一にしておく必要がないときは、婚姻解消後3か月以内であれば、家庭裁判所の許可を得ないで従前の呼称の氏への変更が認められることとなった（戸107条3項）。したがって、婚姻解消後3か月を経過した後は、家庭裁判所の許可を得なければ従前の呼称に復することはできない。また、外国人と婚姻をした者が、その日から6か月を経過したため、戸籍法第107条第1項の規定に基づき家庭裁判所の許可を得て外国人配偶者の称している氏に変更したものであるときは、変更後の氏の呼称が外国人配偶者の氏と同一であっても、婚姻解消後に同条第3項の届出は認められず、第1項の規定による手続が必要である。

　イ　婚姻の解消後、改正戸籍法第107条第3項による氏変更の届出があった場合の戸籍の処理は、婚姻による氏変更の場合と同じである。しかし、婚姻の場合は、戸籍の筆頭者でない者は外国人との婚姻により新戸籍が編製されるが、婚姻が解消しただけでは戸籍に変動は生じない。

　　婚姻の解消による氏変更の届出をした者の戸籍に同籍する子があるため、届出人につき新戸籍が編製された場合において、氏変更前の戸籍に在籍している子が父又は母の氏変更後の新戸籍（戸20条の2・1項）に同籍を希望する場合の手続も、婚姻による氏変更の場合と同じである。

(3) 父又は母が外国人である者の氏の変更
　ア　外国人である父又は母の氏への変更
　　　改正戸籍法の施行前は、戸籍の筆頭者及び配偶者以外の者は、自らの意思によって氏を変更する途はなく（戸107条1項参照）、その者が成年に達していれば分籍届により戸籍の筆頭者となった後に（戸21条）、氏変更の手続をすることができたが、未成年者はこれもすることができなかった。
　　　改正戸籍法は、このような未成年者も、父又は母が外国人であるときに限り、戸籍法第107条第1項の規定により家庭裁判所の許可を得て、その父又は母の称している氏に変更することができる途を開いた（戸107条4項）。この届出があった場合は、子本人について新戸籍を編製することになる（戸20条の2・2項）。
　　　戸籍法第107条第4項による氏の変更は、外国人との婚姻や離婚等の場合における氏変更と異なり、届出期間の制限はなく、また、届出をすることができる者は、条文上、未成年者に限定されていないので、筆頭者及び配偶者以外の者であれば、成年者であってもこの手続をすることができる。
　イ　外国人である養父又は養母の氏への変更
　　　改正戸籍法第107条第4項の父又は母には、実父母のほかに養父母も含まれる。したがって、実父母の一方を外国人とする者が他の外国人の養子となっているときは、養父母の氏に変更することができるが、実父母の氏に変更することは認められない。つまり、養子は、養親の嫡出子として親子関係を営むのが養子法の原則であることからすると、養子は、養親との間に氏の呼称を同一にする必要性は認められても、実親との間には認め難い。したがって、転縁組の場合は、直近の縁組による養父母の称している氏のみに変更することができる。また、養父母双方が日本人であるときは、子は養親の氏のみに拘束されるので、実親の一方が外国人であっても、戸籍法第107条第4項の氏変更はすることができない。

ウ　氏を変更しようとする者が15歳未満である場合

　　氏変更の届出は、いわゆる創設的届出であり、意思能力がある場合は本人が届出をしなければならないが、意思能力を有しない者も制度上、この届出の事件本人となり得るから、その場合には、法定代理人が届出をすべきことになる。創設的届出における未成年者の意思能力の有無については、民法第791条第3項・第797条・第961条等の規定を参酌し、満15歳を基準に考えられている（青木義人・大森政輔「全訂　戸籍法」223頁、昭和23・10・15民事甲660号回答四参照）。

　　なお、子の父又は母の一方が外国人である場合の親権の準拠法は、原則として子の本国法によることとなる（通則法32条）。

エ　氏変更の届出の受理及び変更後の氏の記載文字

　　婚姻による氏変更の場合と同様であるから、(1)のイ及びウに準じて行う。

オ　氏の変更による新戸籍の編製

　　この場合の氏変更の性質は、婚姻又は離婚による氏変更（戸107条2項・3項）の場合と同様であり、戸籍法の規定による呼称の変更に過ぎず、その氏変更の効果は子本人にのみ及ぶべきであるから、届出があったときは、氏を変更した者につき新戸籍を編製する（戸20条の2・2項）。

　　新戸籍を編製された子は、自己の意思に基づいて戸籍の筆頭者になったものであり、分籍をしたのと同じ結果になる。したがって、以後は子が日本人父又は母の戸籍に入籍する取扱いは認められないし、それは父又は母が戸籍法第107条第1項又は第2項により氏を変更して子と同一の呼称となった場合においても変わることはない。

第3　国籍の得喪に関する取扱い

1　国籍取得の届出

(1)　国籍を取得した者の市区町村長に対する届出

　　改正前の国籍法では、日本国籍を取得するには、出生による当然取得と帰

化によるほかなかったが、改正国籍法では、前記のほかに一定の条件を具備した者（国3条・17条1項・2項、附則5条・6項）が法務大臣に届出をすることにより、日本国籍を取得することができる次の4つの途が開かれた。すなわち、

① 準正による国籍取得の場合（国3条・日本人父と外国人母との間の婚姻前に出生した子で、父母の婚姻及び認知により嫡出子たる身分を取得した20歳未満のものは、その父が出生の時に日本国民であった場合において、その父が現に日本人であるとき、又はその死亡の時に日本人であるとき）

② 国籍留保届をしなかったことにより日本国籍を喪失した者が日本国籍の再取得をする場合（国17条1項・国外で出生した重国籍者は、戸籍法の定めるところにより日本国籍を留保する旨の届出をしなければ、出生の時にさかのぼって日本国籍を失うこととされているが（国12条、戸104条）、これにより国籍を喪失した者で20歳未満のものが、日本に住所を有するとき）

③ 国籍選択の催告を受けた者が国籍の再取得をする場合（国17条2項・外国の国籍を併有する日本国民は、所定の期限までに（重国籍となったのが20未満であるときは、22歳に達するまでに、また、重国籍となったのが20歳に達した後であるときはその時から2年以内）いずれかの国籍を選択しなければならず（国14条1項）、これを怠った者に対しては、法務大臣から選択の催告がされ、その催告を受けたにもかかわらず選択をしなかった者は、その催告を受けてから1か月を経過した時に日本国籍を失うこととされている（国15条）。上記の経緯により国籍を喪失した者のうち、その催告が官報公告の手続によったものであって（国15条2項）、国籍を有しないか、又は日本国籍を再取得することにより従前の外国国籍を喪失することとなる者（国5条1項5号）が、日本国籍の喪失を現実に知った日から起算して1年以内に届出をするとき）

④ 経過措置による国籍取得の場合（附則5条・6条・改正国籍法が出生による国籍の取得につき父母両系血族主義を採用したことに伴い、改正法施行前に日本人を母として出生した子で（外国人父と日本人母間に出生した嫡出子、日本人母の嫡出でない子で出生前に外国人父から認知された者）、改正法の施行時に20歳未満の者（昭和40年1月1日から昭和59年12月31日まで

に生まれた者）は、母が現に日本国民であるとき、又は死亡の時に日本国民であったときは、改正法施行後3年以内（昭和63年12月31日まで）に届出をすることができ（附則5条）、また、その者の子についても同様とされる（附則6条）。

　上記①～④のいずれかの条件を満たしている者が、法務大臣に国籍取得の届出をしたときは、その届出の時に日本の国籍を取得するが（国3条2項・17条3項、附則5条4項・6条2項）、この手続によって日本国籍を取得した者は、日本国民の親族的身分関係の登録簿である戸籍に登載されるべき者であるから、法務大臣への届出と別個に、市区町村長に対し、国籍取得の年月日その他国籍取得者に関する所要の事項を届け出るべき義務がある（戸102条、附則13条）。この国籍取得届は、報告的届出事件であるから、国籍を取得した者は、国籍取得の後、一定期間内に市区町村長に対し届出をしないときは、届出の懈怠となる。届出期間は、国籍取得の日から1か月以内（国籍を取得した者が国外に在るときは、3か月以内）とされているが、その起算点についての実務の運用は、法務大臣への国籍取得の届出が適法な手続によってなされ、国籍取得の条件を備えているときに交付される「国籍取得証明書」の交付の日とされている（「改正戸籍法の実務（三）」戸籍492号5頁）。

(2) 国籍取得者の氏及び入籍する戸籍

　ア　称する氏

　　改正法で新設された届出による国籍取得の制度は、血統主義を基礎とし、これを補完する趣旨のものであるから、原則的には父又は母のいずれか一方が日本国民であって、その血統を承継することを要件としている。そして、届出により当然に日本国民たる地位を取得することから、氏についても血統上の父又は母から承継するものとするのが相当と解される。また、渉外的婚姻関係から出生した日本国籍を有する子は、日本国民である父又は母の氏を称するという従来の実務の取扱いを前提に戸籍法が改正されたと解されるし、また、届出により日本国籍を取得した子も日本国民である父又は母の氏を称し、その戸籍に入るとするのが、親子関係のつながりを明確にし得ることからも相当とされる。

　　ところで、国籍取得者が、日本国民として氏を有するに至るのは、国

籍取得の時点であるから、その氏は、父又は母のいつの時点における氏を基準として承継するかが問題となるが、血統による氏の承継を前提とする限り、民法の定める氏決定の時点（出生時、準正時など）を基準とするのが妥当であると考えられる。このような考え方に基づく国籍取得者の氏の決定時点は、事件本人がいまだ日本国籍を取得しないときのものではあるが、もし本人が出生の時に日本国籍を取得していれば、その氏はどのように定まるかという観点から考えるのが民法の趣旨に合致するであろう。そこで、本通達は、改正国籍法の規定による国籍取得者の入籍すべき戸籍を決定する先決問題としての氏の決定については、次の基準により取り扱うべきものとした。

① 国籍法第3条の準正による国籍取得の場合は準正時（準正前に父母が離婚しているときは離婚時）の父の氏によるものとされた。準正時とは、子が準正嫡出子としての身分を取得する要件を具備したときであって、婚姻準正の場合は婚姻時、認知準正の場合は認知時（父母が離婚しているときは離婚時）が基準となり（民789条）、強制認知の場合においても強制認知の裁判が確定した時が基準となる。父死亡後に提起された認知の訴え（民787条）の場合は、父の婚姻関係が解消した時が基準となる（「改正戸籍法の実務（三）」戸籍492号8頁参照）。

② 国籍法第17条第1項の日本の国籍を留保する意思を表示しなかったことにより、出生時にさかのぼって日本国籍を喪失した者（国12条）は、いったん出生によって日本の国籍を取得し、その時点で称すべき氏及び入籍する戸籍は潜在的に決定したものと解することができる。したがって、その後に国籍法第17条第1項の規定により国籍の再取得をした場合は、前述の基本原則及び出生時の氏とのつながりをつけておくのが相当と考えられることからも、出生時の日本国民である父又は母の氏を称するものとされた。

③ 国籍法第17条第2項の官報公告の手続により国籍選択の催告を受け、国籍の選択をしなかったことにより日本の国籍を喪失した者の再取得の場合（前述(1)の③）は、国籍喪失時のその者の氏を称するものとした。新たに設けられた国籍選択制度の導入に伴い、国籍を選択す

べき者がその義務を履行しないときは所定の手続を経て日本の国籍を失うことになる（国15条）が、そのうち、官報公告の手続によるときは、本人の不知の間に戸籍が消除されてしまうおそれがあるので、再取得の機会を与えようとする政策的な配慮に基づく規定である。したがって、国籍の再取得者の称すべき氏は、その者が引き続き日本の国籍を保有していたものとして考えるべきであるから、国籍喪失時の氏を称することとされた。

④　改正法の附則第5条の経過措置による国籍取得の場合は、出生時の母の氏によるものとされた。すなわち、改正国籍法施行後に日本国籍を有する母から生まれる嫡出子が当然に日本国籍を取得することとの均衡上、昭和40年1月1日以降に日本国籍を有する母から出生した子につき、改正法施行後3年間に限り、経過措置として届出による日本国籍取得の途を開いたものである。

⑤　改正法の附則第6条は、同第5条により父又は母が日本国籍を取得したことを条件として、同第5条の趣旨をその子にまで及ばせる趣旨の規定である。附則第5条の該当者が、改正法施行後に出生していたとすれば、その時の母の氏を称することとなり、その子についても、当該父又は母の氏を承継するとみるべきであることから示された基準である。

イ　入籍する戸籍

①　アにより称すべき氏が決定した国籍取得者（国17条2項による場合を除く。）が、国籍取得時において、自己と氏を同じくする父又は母の戸籍があるときは、戸籍法第18条の規定により、その戸籍に入る。すなわち、国籍法第3条の場合は、婚姻準正のときは婚姻後、認知準正のときは認知時（父母が離婚しているときは離婚時）の父の戸籍、同法第17条第1項の場合は、出生時における日本国民である父又は母の戸籍、附則第5条の場合は、出生時の母の戸籍、附則第6条の場合は、父又は母の同第5条による国籍取得時の戸籍があるときは、それぞれその戸籍に入籍することになる。

これらの場合において、上記の戸籍が除籍になっている場合でも、

父又は母が同一の氏で他の戸籍に在籍するときは、国籍を取得した子はその父又は母の現在戸籍に入籍する。また、父母が既に死亡し、又は氏を変更しているときでも、父又は母が国籍を取得した子と同一の氏で筆頭者又はその配偶者として在籍していた当時の戸籍が除かれずに残っているとき（国籍取得者の弟が在籍している場合など）は、その戸籍に入籍すべきことになる。

ただし、以上の取扱いにより国籍取得者を父又は母の戸籍に入籍させることにより三代戸籍が生ずるときは、国籍取得者の父又は母につき新戸籍を編製し、国籍取得者はその戸籍に入籍する（戸17条）。

② 上記①により入るべき戸籍がないときは、国籍取得者について新戸籍を編製することになるが（戸22条）、戸籍上親子関係を明らかにするため、父母が国籍取得者と同一の氏を称して在籍していた最後の戸（除）籍、例えば、母がその両親の戸籍に在籍中に死亡したが、その母の両親が健在である場合や筆頭者である母が相手方の氏を称して再婚したためその戸籍が除かれている場合などは、その戸（除）籍の末尾にいったん入籍の記載をした上、直ちに新戸籍を編製することとされた。国籍取得の制度が、昭和59年の国籍法改正に際して採用された父母両系血統主義による国籍取得を基礎に、これを補完する趣旨から、直接日本人父又は母の戸籍に入籍することができない場合であっても、父又は母との関係を戸籍上明らかにしておくことが相当と考えられたものである。

この父又は母の戸（除）籍にいったん入籍の記載をした上、直ちに除籍するという取扱いは、従来からの戸籍実務の取扱いに従うものである。〔注〕

〔注〕 例えば、父母の婚姻の解消又は取消しの日から300日以内に出生した子は嫡出子と推定され、婚姻解消当時の父母の氏を称し（民790条1項ただし書）その当時の父母の戸籍に入籍する（戸18条1項）のが本則である。しかし、その戸籍が改製され又は他の市区町村に転籍している場合には、改製前の戸籍又は転籍前の戸籍にそのままいったん入籍させると同時に、改製による新戸籍又は転籍後の戸籍に直ちに入籍させる取扱いが相当とさ

れている。また、前記の出生子が入籍すべき戸籍の筆頭者以外の父又は母が子の出生後に自己の氏を称して婚姻をしたため、新戸籍が編製されている場合も、上記の取扱いに準じ、父母の同籍していた従前の戸（除）籍にいったん入籍の記載をすると同時に、婚姻によって編製された現在の戸籍に入籍させる取扱いであり（昭和38・10・29民事甲3058号通達ほか）、国籍取得者について、親子関係を戸籍上明らかにする必要がある場合においても、同様の処理をすることとされた。

ウ　国籍法第17条第2項による国籍再取得者の入籍する戸籍

　　国籍法第17条第2項により国籍を再取得した者は、原則として国籍喪失時に在籍していた戸籍に入る。しかし、国籍喪失時の戸籍が除籍になっているとき、又は国籍喪失当時の戸籍が現在戸籍として存在する場合であっても、その者が国籍を喪失することなく在籍していたとすれば、その戸籍から除籍する理由があるとき、例えば、日本人配偶者と離婚したときは、直ちに新戸籍を編製することとし、国籍喪失時に在籍した戸籍との関係を明らかにするための、イの後段のような措置を講ずる必要はないものとされた。これは、アの③で述べたように、国籍法第17条第2項による国籍の再取得の制度は、父母両系血統主義を基礎とし、それを補完するための制度ではないことによるものである。

エ　国籍取得前に日本人との身分行為があった者の氏

①　国籍取得者が、国籍取得前に日本人の養子となっているときの氏の取扱いである。

　　日本人が出生により取得した氏は、氏の変動を伴う身分行為があったときは、その順序に従って変更するが、民法上の氏を有しない外国人についてはこのような原則は適用されない。しかし、国籍取得者は、日本国籍を取得した時から民法の適用を受け、日本人の養子となっているときは、その氏の変動（民810条）を戸籍に反映させるため、国籍取得によりいったんアによる氏を取得し、直ちに縁組当時の養親の氏に変更したものとして取り扱うこととされた。

②　国籍取得者が、国籍取得前に日本人と婚姻をしている場合の氏の取扱いも、①の日本人の養子となっている場合と同様であるが、婚姻の

場合には、夫婦のいずれか一方を筆頭者とするという戸籍編製上、国籍取得者が日本人配偶者とともに届け出る氏（戸102条2項5号、戸規58条の2）を夫婦が称する氏として取り扱うものとされた。

(3) **国籍取得者の名**
  ア **名に使用する文字**
   国籍取得者の使用する名の文字は、原則として、出生届における子の名の場合と同様に、常用平易な文字の範囲内（戸50条、戸規60条）によることとされた。

  イ **制限外の文字の使用**
   制限外の文字を用いることができる例外的な場合の基準は、次のとおりである。すなわち、国籍取得者が国籍取得前に中国人、韓国人等本国法上氏名を漢字で表記する外国人であった場合に、制限外の漢字で命名され、出生後相当年月を経過し、その名が社会的に通用している実態を無視し得ないことから、国籍取得後もその文字を名に用いることを希望するときは、正しい日本文字としての漢字を用いるときに限り、年齢やその文字の常用性についての資料を勘案し、これを認めることとされた。

   この例外的取扱いが認められる場合の「相当の年齢」及び「日本の社会に広く通用していること」を証明する資料は、具体的事案ごとに判断することになるが、卒業証書、免許証、保険証が例示されている。国籍取得者は、国籍法第17条第2項による場合を除き、そのほとんどが未成年者であると考えられるが、少なくとも小学校を卒業する12歳程度に達していれば、公的機関の発行した常用性に関する資料をもって証明する必要があるとされる（法務省民事局第二課職員編「戸籍法及び戸籍法施行規則の一部改正に伴う戸籍事務」民月39巻号外207頁）。

(4) **届書に記載する国籍取得前の身分事項**
  ① 国籍取得者が、国籍取得の報告的届出をする際の届出事項として、出生事項のほかに、認知、養子縁組、婚姻等の国籍取得前に成立している身分行為に関する事項についても届出義務を課し、できるだけ生来的日本人と同程度にそれを戸籍に反映させることとした。国籍取得

者は、国籍取得の届書に国籍取得前の身分事項を記載し、その「身分事項を証すべき書面」を添付すべきものとされている（戸規58条の2）。もっとも、法務大臣への届出による国籍の取得をしようとする者は、自ら法務局又は地方法務局に出頭して届け出ることとされ（国規1条3項）、その届書及び添付書面等に基づいて国籍取得条件を具備しているか否かが調査される過程で、その者についての認知、養子縁組、婚姻等の身分行為が成立していることが判明したときは、その旨「国籍取得証明書」（戸102条2項）に明らかにされる。したがって、身分事項に関する記載のある国籍取得証明書の添付があれば、これを「身分事項を証すべき書面」として取り扱って差し支えないとされているから、その事項については更に資料を添付することを要しない。

② 「身分事項を証すべき書面」として考えられるのは、身分行為に関する届出が日本の市区町村になされているときは、戸籍謄抄本、届書の記載事項証明書、受附帳の写し等であり、そのほか外国官憲の発給する戸籍謄本、外国の方式により作成された婚姻証書、中国公証処で発給する親族関係証明書等も含まれる。

届書に国籍取得前に成立している身分事項の記載を遺漏したために、戸籍にその記載がないときは、届出人の追完によって記載することになる（戸45条）。

2 帰化の届出

(1) 帰化の届書の記載事項

帰化の届書の記載事項については、国籍取得の届出に関する戸籍法第102条第2項の規定を準用しているから（戸102条の2）、同項の第1号ないし第4号に定める事項のほか、戸籍法施行規則第58条の2第1項に定める帰化前の身分事項に該当する事項があるときは、帰化の届出に際しそれらの事項を届書に記載するとともに、その証明資料も添付しなければならないとしている。

しかし、実務の運用では、従来どおり、法務局又は地方法務局の長が発行

する帰化者の身分証明書に、帰化許可申請の事件処理に際し把握された身分事項が記載されるから、戸籍の記載も身分証明書に基づいて記載すれば足りることとされた。つまり、帰化者の身分証明書が戸籍法施行規則第58条の2第2項にいう「前項に掲げる事項を証すべき書面」に該当することを明らかにしたものである。その結果、帰化の届書及び身分証明書に帰化前の身分事項の記載を遺漏し、戸籍にその身分事項が記載されていないときは、届出義務者からの追完の届出をまって記載することになり、この点は国籍取得者の場合の取扱い（前記1(4)②）と同じである。

(2) 帰化の届出期間

　帰化の届出期間については、国籍取得の届出の期間が1か月と定められていることとの均衡上、従前の10日から1か月に伸長された。届出期間の起算日は、官報告示の日とされているが（戸102条の2）、戸籍の実務の取扱いは、国籍取得の届出の場合と同様に、法務局又は地方法務局の長が「帰化者の身分証明書」を交付した日から1か月以内として処理して差し支えないとされている（(財)民事法務協会・民事法務研究所戸籍法務研究会編「新版　実務戸籍法」243頁）。

3　国籍喪失の届出

(1) 国籍喪失の事由・届出義務者及び届出期間

ア　国籍喪失事由

　　日本国民が日本国籍を喪失する場合として、従前は、自己の志望によって外国の国籍を取得したとき（改正前の国8条）、国籍不留保により日本国籍を喪失したとき（改正前の国9条）、及び重国籍者が日本国籍を離脱したとき（改正前の国10条）のほか、解釈上、帰化の取消しの場合に限られていたが、昭和59年の国籍法改正により、上記のほか、重国籍者が外国の国籍を選択した場合（国11条2項）、国籍選択の催告を受けた重国籍者が所定の期間内に国籍の選択をしなかった場合（国15条3項）及び日本国籍選択の宣言をした後、外国の公務員の職に就いた重国籍者につき日本国籍の喪失宣告がされた場合（国16条2項）も日本国籍を喪失することとされた。

イ 届出義務者

　改正前の国籍法における国籍喪失の届出義務者は、本人の配偶者又は四親等内の親族とされ、国籍を喪失した本人は外国に居住しているのが通常であるため、日本の法律による届出の義務を課すのは相当でないという理由から（昭和46・6・17民事甲2047号回答）、届出義務者とはされていなかった。また、本人には届出資格も与えられていなかったから、国籍喪失者本人からの届出による戸籍の記載をすることはできず、戸籍法第44条による職権記載を促す資料となるにすぎなかった（大正15・9・16民事5800号回答）。

　ところで、近年における国籍喪失者の実態は、その約半数が国内在住者であるとされていること、また、改正後の国籍法により新たな国籍喪失事由が設けられたが、それらの新たな喪失の場合にも、喪失者が国内に在住していることが考えられることから、国籍を喪失した本人にも届出義務が課されることになった（戸103条1項）。ただ、その者が国外に在るときは、日本国籍を喪失した外国人であることから、届出義務の有無が問題となる。しかし、少なくとも届出資格があることは、改正後の戸籍法第103条第1項の規定により明らかであるから、国外に在る本人から国籍喪失の届出があったときは、これを受理すべきであると解される。

ウ 届出の期間

　国籍喪失の届出をするには、届書に国籍喪失の原因及び年月日等を記載し、更に国籍喪失を証すべき書面を添付しなければならないとされている（戸103条2項）。この場合に、外国に在る者がその事実を知り、資料を入手するのは、国内と異なり容易でないと考えられ、また、本人が在外公館から遠隔の地に居住している場合等を考慮すると、届出期間を1か月とするのは相当でないことから、外国に在る者が出生届等をする場合と同じ趣旨で、3か月に伸長された（戸103条1項）。

(2) 国籍喪失の報告

　日本国籍の喪失については、戸籍法第103条の規定に基づき届出がされるべきであるが、日本国籍を喪失した者の届出は、従前からとかく怠られがち

であったため、官公署がその職務上国籍を喪失した者があることを知った場合は、市区町村長に対しその旨報告し、その報告に基づいて戸籍の記載をすることとされている（戸105条）。この規定は、昭和59年の戸籍法改正においても改められていない。したがって、市区町村長は、届出又は報告のうち先に受理したものにより戸籍の記載をすべきであるが、国籍離脱による国籍喪失は、そのほとんどが報告に基づいて戸籍の記載をしているのが実情である。

　ところで、改正前の国籍法においては、国籍離脱の効力は、届出の受理が官報に告示されたときに生ずるものとされていたが（改正前の国12条）、昭和59年の国籍法改正により、国籍離脱についての官報告示が廃止され、その届出の時に離脱の効力が生ずるものとされた（国13条2項）。

(3) **改正法施行前に国籍を喪失した者**

　改正後の国籍法第103条は、国籍喪失者本人にも届出義務を課すとともに、外国に在る者の届出期間を1か月から3か月に伸長した。しかし、改正前の国籍喪失について新法を適用するのは相当でないので、改正法の施行前に国籍喪失があった場合については、その事実を知ったのが新法施行後であっても、すべて改正前の規定を適用して、届出期間は喪失の事実を知った日から1か月以内であり、届出事件本人には届出義務は課さないこととされた（改正法附則9条1項）。

　しかし、本人がその届出をする場合には、それを受理して戸籍の記載をすることとなるので、改正法施行前の国籍喪失についても、本人の届出資格を認め、その届出については、戸籍法第103条第2項の規定を準用することとしたものである（改正法附則9条2項）。

4　国籍留保の届出

(1) **国籍留保制度の適用範囲の拡張**

　改正前の国籍法における留保制度は、アメリカ、ブラジル、アルゼンチン等生地主義国での出生により重国籍になった子についてのみ適用されたが、昭和59年の国籍法改正により、出生による国籍の取得について血統主義を採用する国に属する者と日本国民との間に出生したことにより重国籍になる

子にも、国籍留保の規定が適用されることになった（国12条）。例えば、韓国は父母両系血統主義を採用しているので（1997年法律第5431号による国籍法の改正）、日本国民と韓国国民夫婦との間に日本の国外で出生した子は、出生により二重国籍となるので、子の出生の日から3か月以内に、出生の届出とともに日本国籍を留保する届出をしなければ、その出生の時にさかのぼって日本国籍を失うことになる（国12条、戸104条）。また、改正前の国籍法施行当時における先例は、出生により自国の国籍の取得につき自国内での出生の事実のほか、出生子の父母が該当国の国籍ないし永住権を有するなどの要件を必要とする、いわゆる条件付き生地主義国（例えば、イギリス、オーストラリア、ドイツ、フランス、マレーシア等）で出生したことにより重国籍となった場合には、国籍法第9条（改正後の国12条）は適用されないと解されていた（昭和57・12・23民二7606号通知）。しかし、改正後の国籍法第12条は、このような場合にもすべて適用される。

　なお、前述のとおり、留保届が適法にされなかったときには、子は、出生時にさかのぼって日本国籍を喪失することになるため、留保期間（出生の日から3か月以内）の経過後の出生届は受理することができない（戸104条2項、大正13・11・14民事11606号回答）。しかし、誤って留保届のない出生届が受理された場合、通常は国籍を留保しようとする意思があると考えられるので、それが所定期間内の出生届であれば、直ちに不受理にして返戻することなく、届出人にその記載を遺漏したものかどうかを連絡することが望ましい。その後に国籍留保の追完届出があったときは、これを有効とするのが従来からの取扱いである（昭和35・6・20民事甲1495号回答）。また、届出人の所在不明又は死亡等によってその意思の確認ができないときは、出生届が届出期間内にされた場合に限って、出生届出自体をもって国籍を留保する意思表示と解して、国籍留保の届出がなされたものとして取り扱って差し支えない。なお、その場合は前記の事情を明らかにした付せんを届書に付しておくべきである（昭和32・6・3民事甲1052号回答—木村三男・神崎輝明「改訂　戸籍届書の審査と受理」213頁）。そして、この取扱いは国籍法の改正後も変わることはない。

(2) 外国に在る外国人による国籍留保の届出

　国籍留保の意思表示は、戸籍法第104条の規定により、出生の届出をすることができる者（戸52条3項の規定によって届出をすべき者を除く。）が出生の届出と同時にすることとされた（戸104条）。したがって、嫡出子については、父又は母がこれをし、子の出生前に父母が離婚をしているときは、母がこれをしなければならないし（戸52条1項）、嫡出でない子については、母がこれをしなければならない（戸52条2項）。また、戸籍法の改正によって、父又は母が出生の届出をすることができない場合には、その者以外の法定代理人も出生の届出ができるものとされた（戸52条4項）ので、法定代理人も留保届をすることができることとなった。しかし、同居者、出産に立ち会った医師、助産師など戸籍法第52条第3項の規定によって出生の届出をすべき者は、従前どおり留保届の届出をすることはできない。

　なお、留保届を日本国籍のない父・母又は法定代理人もすることができるかどうかの問題については、既に先例上、外国人である母からの留保届が認められているので（昭和46・4・23民事甲1608号回答）、この取扱いを改正後も維持し、届出をすることができる者が外国に在る外国人であっても、その国に駐在する日本の大使、公使又は領事に出生の届出とともにこれをすることができるものとした。

(3) 国籍留保の届出人及び届出期間

　ア　届出人

　　国籍留保の届出人について、改正前の戸籍法は、嫡出子については父又は母、嫡出でない子については母と定めていたため、父・母ともに留保の届出をすることができないときには、子は日本の国籍を留保することができないとされていた（改正前の国9条、戸104条、昭和25・8・5民事甲2128号回答）。しかし、父・母がともに届出をすることができない場合には、その子が日本国籍を喪失することになるのは相当でないことから、改正法は、後見人その他の法定代理人も留保届をすることができるものとした。この場合に、留保届は、出生の届出とともにしなければならないので、法定代理人からの留保届を認めるには、その前提として法定代理人からの出生届を認める必要があるが、子の命名権の問題も

あって、父母と同順位での出生届を認めるのは相当でないことから、同居者と同順位で出生届をすることができるとされた（戸52条4項）。したがって、留保届も父母がそれをすることができない場合に限ってすることができる。

イ　届出期間

　　改正前の戸籍法第104条第1項は、国籍留保の届出期間については、子の出生の日から14日以内としていた。しかし、国籍法の改正により留保の意思表示を要する者の範囲が拡大されたこと（前述(1)）、届出人が在外公館の所在地から遠隔の地に居住しているとか、あるいは添付すべき出生証明書の入手に日時を要することなどの海外事情を考慮して、子の出生の日から3か月以内に伸長された。

　　また、天災等届出をすべき者の責めに帰することのできない事由で前記の期間内に届出をすることができなかったときは、届出をすることができるようになった時から14日以内とされた（戸104条3項）。

5　国籍選択の届出
(1)　日本国籍の選択を宣言する旨の届出

ア　選択宣言の方法

　　国籍法の改正により、外国の国籍を有する日本国民（重国籍者）は、20歳未満の間に重国籍となった場合については22歳に達するまでに、20歳に達した後に重国籍となった場合は、重国籍となったときから2年以内に、いずれかの国籍を選択しなければならない（国14条1項）。国籍選択の方法として、日本国籍を選択する場合は、外国国籍の離脱か又は日本国籍選択の宣言があり、日本国籍の選択は、戸籍法第104条の2の規定に基づき、市区町村長に対する国籍選択届によってすることになる。

イ　届出の内容

　　この届出の内容は、日本の国籍を選択し、かつ、外国の国籍を放棄する旨の宣言であり、届書には、その者が有する外国の国籍を記載しなければならないとされている（戸104条の2・2項）。日本国籍選択の宣言

の届出は、外国の国籍をすべて放棄する趣旨を含むものであるから、その者が現に保有する外国国籍をすべて記載すべきである。しかし、複数の外国国籍を保有しているにもかかわらず一か国のみの国籍を記載して届け出ても、市区町村長にはその事実は判明しないので届出は受理されることになる。また、その者が重国籍である限り、このように受理された届出も有効であり、後日戸籍訂正等の問題は生じない。

ウ 重国籍についての審査

市区町村長の有する形式的審査権の範囲内において、その者が重国籍であるかどうかは、本人の戸籍の記載から推測されるが、重国籍である旨は戸籍の記載事項とされていないし、また、国籍の選択届には、重国籍であることを証する書面は添付させないので、現にその選択宣言の届出があっても、その者が重国籍であるか否か明らかでない場合がある。しかし、重国籍でない者が国籍選択の届出をすることは、実際上ないものと考えられるので、この届出があった場合には、明らかに外国の国籍を有しないと認められる場合（例えば、戸籍に外国国籍喪失の旨の記載がされている場合）を除き、届出を受理して差し支えないとされた。なお、疑義がある場合は、管轄法務局の長に受理照会をすることになる。

エ 戸籍の記載及び移記

国籍選択の届出があった場合は、身分事項欄に「　年　月　日国籍選択の宣言届出㊞」（法定記載例169）の例により記載することとされている。戸籍に日本国籍の選択宣言の旨を記載するのは、その者の日本国籍が確定したことを登録公証するためであり、この記載は、管外転籍の場合又は新戸籍を編製され若しくは他の戸籍に入る場合に移記を要することとされている（戸規37条・39条1項7号）。もし、これを移記しない場合には、戸籍上、本人が国籍法第14条による国籍選択義務を怠っているものとして扱われ、国籍選択未了者として通知される（戸104条の3）等の混乱が生じ、本人にも不利となることも予想されることから、移記事項とされたものである。

(2) 15歳未満の者の届出

日本の国籍を選択する宣言の届出は、戸籍法上の創設的届出であるから、

原則として本人が届け出るべきものである。しかし、本人が15歳未満であるときは、法定代理人が代わってすることとされている（国18条）ので、これを明らかにしたものである。したがって、15歳以上の者の届出は本人から、また、15歳未満の者の届出については法定代理人からの届出でなければ、受理できない。

日本国籍選択の宣言の届出は、国籍留保届と性質が同じであるから、法定代理人が外国に在る外国人であっても届出ができることが明らかにされた。

(3) 届出期間経過後の届出

外国の国籍を有する日本国民は、外国及び日本の国籍を有することとなった（重国籍となった）時が20歳に達する以前であるときは22歳に達するまでに、その時が20歳に達した後であるときはその時から2年以内に、いずれかの国籍を選択しなければならないこととされている（国14条）。しかし、この期限までに選択をしなかった場合でも、当然には日本国籍を喪失するものではないから、法務大臣から国籍選択の催告（国15条1項）を受ける前、又は受けてからも重国籍である限り選択の届出をすべきであり、その届出があれば市区町村長はこれを受理することができる。したがって、重国籍者は、法務大臣から催告を受けた後1か月経過したことにより日本国籍を喪失する（国15条3項）に至るまで、選択の届出をすることができる。

(4) 改正法施行の際に重国籍であった者の国籍の選択

改正法施行の時に重国籍となっていた者にも国籍の選択義務が課されるが、従来重国籍であった者については、国籍選択の制度がなかったので、選択の催告を行わないこととし、期限内に国籍の選択をしないときは、その期限が到来したときに国籍法第14条第2項に規定する選択の宣言をしたものとみなし、日本国籍が確定したものとして取り扱うものとされた（改正法附則3条）。

6 外国国籍の喪失の届出
(1) 外国国籍の喪失届と戸籍の記載

重国籍者が外国の国籍を離脱することも、日本の国籍を選択する一方法とされているから（国14条2項）、日本の国籍選択宣言と同様に、外国の国籍

を喪失した場合は、その旨の届出により戸籍に記載すべきものとされた（戸規35条12号）。これは、外国の国籍を喪失した場合には、重国籍の状態が解消し、国籍選択の催告をされることもなくなるので、その旨が戸籍に記載されることは本人にとっても利益であり、望ましいことだからである。

　外国の国籍を有する日本人が、その外国の国籍を喪失したときは、その事実を知った日に国内に在るときは、その事実を知った日から1か月以内に、また、国外に在るときは、その事実を知った日から3か月以内に届け出るべきものとされた（戸106条1項）。この場合、届出人が外国に在るときは、在外公館に届出をすることができる（戸40条）。

　外国国籍喪失の届書には、外国の国籍、喪失の原因、喪失時期を記載し、それを証すべき書面、例えば、外国官公署の発給する国籍離脱証明書等、国籍を喪失した旨の記載のある外国の戸籍謄本等を添付しなければならない（戸106条2項）。この証明書のない届出があったときは、市区町村長はその処理につき管轄法務局の長に照会することになる。

　この届出があった場合は、身分事項欄に「　年　月　日アメリカ合衆国の国籍喪失日同月　日届出同年　月　日東京都千代田区区長から送付㊞」（法定記載例174）により記載し、この記載は管外転籍があった場合等に移記事項とされた（戸規37条・39条1項9号）が、その理由は、国籍選択宣言の場合と同じ趣旨からである。

(2)　改正法施行前に外国の国籍を喪失した者の届出

　改正法施行前に外国の国籍を喪失していた者には、届出義務が課されていなかったので、改正法施行後届出の義務を課すのは相当でないので、改正法は適用しないこととされた。

　しかし、外国人である父又は母の氏名及び婚姻等の身分行為の記載から重国籍と推定される者が、法律上制限を受けるおそれもあることから、重国籍状態を解消していることを戸籍上明らかにすることは、本人にとっても利益となるので、改正法施行前に外国国籍を喪失している旨の届出をする資格を認め、その届出については、改正法第106条第2項の規定が準用される（改正法附則10条2項）。

7　重国籍者についての市区町村長の通知
⑴　国籍選択未了者についての市区町村長の通知
ア　通知の趣旨
　法務大臣は、重国籍者が所定の期限（国14条1項）までに日本の国籍を選択しないときには、書面により国籍の選択をすべきことを催告することとされている（国15条1項）。この場合に、法務大臣は催告の対象となる重国籍者を、出入国管理事務や帰化事務等、自ら所掌する法務行政を通して、あるいは外務省等他の官公署からの通報によって知るよりも、外国人との身分行為、外国での出生や国籍選択の有無等は戸籍に記載されるから、戸籍簿を保管する市区町村長が催告の対象となる重国籍者を最も的確に知り得る立場にある。そこで、市区町村長が、戸籍事務の処理に際し、催告の必要があると認められる者を発見したときには、管轄法務局の長に対し、その旨を通知すべきものとされた（戸104条の3、戸規65条の2）。

　市区町村長が通知の対象者を知り得るのは、戸籍事務の処理に際し、当該戸籍簿又は戸籍の謄抄本等により発見した場合に限られ、戸籍事務処理以外で知ったときには通知義務はないが、官庁間の共助関係として通知することは差し支えない。

イ　通知すべき場合
　市区町村長が通知をするに際し、本人が重国籍者であるか否かを確定した上で通知しなければならないとすることは、形式的審査を前提とする市区町村長の事務には適合しない。したがって、市区町村長は、重国籍者であるか否かを確定する必要はなく、戸籍事務を処理するに際し戸籍の記載等から重国籍の疑いがあると判断した場合に通知すれば足り、その者が重国籍で選択義務があるか否かの最終判断は、通知を受けた管轄法務局の長及び法務大臣が行うこととなる。

ウ　通知先
　通知先は、当該市区町村を管轄する法務局又は地方法務局の長であるが（戸104条の3）、本通達によって、法務局又は地方法務局の支局の管轄内に在る市区町村の長は、その支局の長あてに通知するものとされ

た。これは、法務局及び地方法務局は戸籍に関する事務を分掌し（法務省設置法（平成11年法律第93号）18条）、また、法務局又は地方法務局の支局は戸籍事務を分掌することとされており（法務局及び地方法務局組織規則（平成13年法務省令第11号）46条）、重国籍に関する市区町村長からの通知事務は戸籍事務であることによるものである。

　この通知は、本籍地の市区町村を管轄する法務局若しくは地方法務局又はその支局の長に対してされることが多いであろうが、非本籍地に届け出られた婚姻届等に添付の戸籍謄本から発見されることもあり得ることから、この場合は、届出を受理した市区町村長から管轄法務局の長に対し通知しなければならない。

　エ　通知すべき内容

　市区町村長から管轄法務局の長に通知すべき内容は、重国籍と疑われる者の氏名、本籍のほか、住所、出生の年月日及び国籍の選択をすべき者であると思料する理由とされ（戸規65条の2）、この「国籍選択未了者通知書」には、本人の戸籍謄本及び附票の写しを添付するものとされている（準則制定標準42条及び付録34号様式）。

　なお、国籍の選択をすべき者であると思料する理由は、添付の戸籍謄本によって明らかであるから、通知書の当該欄には「別添戸籍謄本のとおり」と記載すれば足りるとされている。

(2)　**昭和59年12月31日以前に出生し、改正法施行後に重国籍となった者についての通知**

　重国籍者と思料される者についての管轄法務局の長に対する市区町村長の通知は、昭和59年12月31日以前に出生した者については、改正法の施行後に外国人との婚姻、縁組又は外国人からの認知により重国籍者となったものに限り、行うものとされた。

　改正法施行時に重国籍になっている者についても国籍法第14条第1項の規定による国籍の選択義務が課されるが、施行時までに重国籍となった者については、前述5(4)のとおり、選択をしなくても催告はされず、日本国籍が確定したものとして取り扱うものとされている（国附則3条）ので、昭和59年12月31日以前に出生していた者で、改正法施行時点で重国籍であった者

については催告の通知を要しない。

　しかし、昭和59年12月31日以前に出生した者であっても、改正法施行後に重国籍となった者は、重国籍となった原因のいかんにかかわらず、期限内に国籍の選択をしないときは、法務大臣からの催告を受けることになる。したがって、市区町村長は、このような者があると思料するときは、すべて通知をするのが原則であるが、本通達は、重国籍となった原因が外国人との婚姻、養子縁組又は外国人からの認知による場合であるときに限り通知をすれば足りるものとした。その他の原因、例えば、改正国籍法附則第5条により日本国籍を取得し、その後も従前の国籍を喪失しないことにより重国籍となったような者は、通知の対象とならない。

(3)　国籍の選択をすべき者に該当しない場合

　市区町村長から国籍選択未了者通知を受けた管轄法務局の長が、その者について調査した結果、国籍の選択をすべき者に該当しないときは、その通知をした市区町村長にその旨を通知することとされた。

8　国籍の選択の催告に伴う戸籍の処理
(1)　国籍の選択の催告を受けた者についての通知

　法務大臣が国籍の選択をすべきことを催告したときは、催告の文書が到達した日（官報に掲載してした催告は、官報に掲載された日の翌日に到達したものとみなされる。）から1か月以内に日本国籍を選択しなければ、その期間が経過した時に日本国籍を失う（国15条3項）ことになるので、その時以後は国籍選択の届出を受理することができない。

　そこで、法務大臣が国籍の選択をすべきことを催告したときは、法務局又は地方法務局の長がその催告を受けた者の氏名及び戸籍の表示並びに催告が到達した日を、本籍地の市区町村長に通知することとされている（国施規6条2項）。この通知を受けた市区町村長は、催告後1か月を経過した後の選択宣言の届出を誤って受理しないよう、催告を受けた者の戸籍の直前に着色用紙をとじ込む等の方法により（昭和51・1・23民二901号通知五参照）、催告があったことを明らかにするものとされた。

(2) 催告後1か月を経過した後の届出

　前述(1)のとおり、国籍の選択をすべき者が、催告の書面が到達した日から1か月以内に国籍の選択をしなければ、1か月を経過した時に日本の国籍を喪失するので、その後は国籍選択の届出はできない。ただし、催告を受けた者が天災等その責めに帰することができない事由によってその期間内に選択をすることができなかった場合には、その選択をすることができるようになった時から2週間以内にこれをすれば、日本国籍を喪失しないこととされている（国15条3項ただし書）。

　したがって、催告の到達時から1か月を経過した後であっても、上記の事由があるときは、国籍選択届を受理すべきであるが、届出をすべき者の責めに帰する事由があるか否かの判断は、個々の事案によって異なるので、国籍法第15条第3項ただし書の事由があるものとして届出があった場合には、その処理について管轄法務局の長に指示を求めるものとされた。

　なお、催告到達の日から1か月を経過した後に、国籍法第15条第3項ただし書の事由の記載のない届書が非本籍地又は在外公館で受理され、本籍地市区町村長に送付されたときも同様である。

第4　そ の 他

1　届出期間

(1) 外国の方式による証書の謄本の提出期間

　国籍留保の届出期間及び国外で出生した子の出生の届出期間が3か月に伸長されたこととの均衡上、在外での届出一般の期間が3か月に伸長された。その一つとして、外国の方式により作成された証書の謄本を提出又は発送すべき期間も、改正前の戸籍法では1か月とされていたが、従来から在住地が在外公館から遠隔であったり、添付すべき証書の入手に困難が伴う等の事情も考慮し、その期間が3か月に伸長されたものである。

(2) 国外で死亡した者についての死亡の届出期間

　国外で死亡した邦人についての死亡の届出は、改正前の戸籍法では、死亡の事実を知った日から7日以内にしなければならないとされていたが、(1)と

同様の理由により改正後は3か月に伸長された。

　なお、改正法施行前に死亡した場合でも、改正前の戸籍法の規定により算定すると、その期間の満了日が改正法の施行日以後となる届出については、新法を適用するものとされた（改正法附則8条）。例えば、届出期間の満了する日が昭和60年1月1日であるとき、つまり昭和60年1月1日から逆算して7日前である昭和59年12月26日以降に届出人がその死亡の事実を知ったのであれば、改正法施行後に届け出るときは新法が適用され、その期間は死亡の事実を知った日から3か月となる。

2　外国における改正法の適用時点

　改正法附則第1条において、改正法の施行日は、昭和60年1月1日と規定されたが、外国においてはいつから改正法が適用となるのか疑義が生じないように、改正法が適用されるのは、外国においても日本時間の昭和60年1月1日午前0時であることを本通達により明らかにしたものである。

3　外国人の氏名の表記方法
(1)　氏名の記載順序等

　外国人の氏名の記載順序は、各国の法制又は慣行により種々の方法があり、必ずしも明確ではないので、それを身分事項欄又は父母欄に記載するときは、日本人と同様に氏、名の順序によることとして、その記載の統一を図ったものである。

　外国人の氏名の記載は、片仮名によるのが原則であるが、その外国人が本国において氏名を漢字で表記するものである場合は、正しい日本文字としての漢字を用いるときに限り漢字で記載して差し支えないとされた。

　なお、片仮名で記載する場合には、氏と名との間に読点「、」を付して区別するものとされた。これは、日本人配偶者が外国人との婚姻成立後6か月以内に限り、家庭裁判所の許可を得ないで、その氏を外国人配偶者の称している氏に変更する届出ができることとなったので、その外国人配偶者の称している氏を明確にする等のためである。

(2) 従前の例により記載されている外国人の氏名の更正
　ア　更正の申出
　　　身分事項欄又は父母欄に従前の例により名、氏の順序で外国人の氏名が記載されている者が、それを氏、名の順序とする更正の申出をする場合、同一戸籍内にそのような者が数人いるときは、原則としてその全員から申出をしなければならない。これは、同一戸籍内に外国人の氏名の記載が、氏、名の順序によるものと、名、氏の順序によるものとが混在するのは好ましくないので、外国人の氏名の記載が同時に改まるようにしたものである。
　　　この氏名の記載の申出があったときは、市区町村長限りの職権で更正するものとし、申出のあった戸籍についてのみ行えば足りる。
　イ　父又は母からの申出による更正
　　　名、氏の順序で記載されている外国人の氏名を、氏、名の順序とする更正の申出は、更正を要する者全員からするのが原則である。しかし、父又は母からその申出があった場合において、同籍する子の身分事項欄又は父母欄の外国人の氏名の記載は、父又は母の身分事項欄に記載された外国人配偶者の氏名の表記に基づいてされているのが通常であるから、その元の箇所を更正する申出があれば、子に関する部分も併せて更正するものとされた。この場合、子の父母欄のみを更正するときは、更正事由の記載は要しないが、身分事項欄も更正したときは、後記エに示す記載例に準じて更正事由を記載することになる。
　　　申出をすべき者のうち一部の者が所在不明等の事由により申出をすることができないときは、その他の者全員から申出があれば、申出がない者についても更正するものとされた。
　ウ　申出をする者が15歳未満の場合
　　　この更正の申出は、意思能力がある限り本人からすべきであるから、未成年者であっても満15歳以上であれば通常意思能力を有するものとして取り扱われている（昭和23・10・15民事甲660号回答）ので、本人が15歳以上であるときは、本人から申出をすることができる。しかし、本人が15歳未満であるときは、自らは申出をすることはできないこと

になるが、この更正の申出は、重大な実質的身分効果を伴うものではない上、この申出の方途を設けておく実質上の必要があることから、法定代理人からの申出を認めることとされたものである（昭和23・10・15民事甲660号回答、昭和25・10・8民事甲2712号回答）。

エ　更正事由の記載

身分事項欄又は父母欄を更正したときは、その者の身分事項欄に更正事由を記載しなければならない。ただし、前記イで述べたとおり、父又は母の身分事項欄を更正する場合に、同籍する子の父母欄のみを更正するときは、その更正の事由は戸籍上明らかであるから、殊更その更正事由を子の身分事項欄に記載するまでもないとされた。

本通達には、身分事項欄を更正する場合及び父母欄のみを更正する場合の記載例が示されたが、子について身分事項欄及び父母欄を同時に更正する場合は、「申出により　年　月　日父（母）の氏名の記載更正㊞」として差し支えないとされている（「改正戸籍法の実務（五）」戸籍494号54頁参照）。

4　渉外関係届書の管轄法務局への送付方法

(1)　分別する渉外関係届書と送付目録中の表示

市区町村長が戸籍の記載手続を完了した本籍人に関する届書類を、戸籍法施行規則第48条第2項の規定に基づいて管轄法務局の長に送付する場合に、その送付する届書類中に通達に示された届書類があるときは、送付目録の該当する部分の頭部に㊞の印を付するか、又はその送付目録に代えて受附帳の写しを添付するときは、受附帳の該当する部分の頭部に同様の処理をするものとした。これは、改正国籍法等の施行により、渉外事件が増加し、かつ、新たな届出の類型が設けられたこと伴い、市区町村における円滑、適正な事件処理に資するために、渉外関係届書の送付方法を改め、他の届書と容易に区別できるようにしておくことにしたものである。

(2)　他の届書との分別方法

(1)による処理をした届書は、市区町村長が管轄の法務局へ送付する場合に他の届書と容易に分別することができるように、別つづりとするか、又は別

つづりとしないときは、その写しを作成する等の方法により送付することとした。

5　受附帳の保存期間の伸長

　受附帳が滅失戸籍の再製資料や渉外関係事件の資料として重要性が増しているため、その保存期間を20年から50年に伸張された（戸規21条3項）。なお、廃棄決定をした受附帳については、現に保存しているものであっても改正の戸籍法施行規則第21条第3項は当然には適用されないが、市区町村で適正に保存されているものは、廃棄決定を取り消した上、同項の規定を適用し、保存することとして差し支えない（昭和37・8・11民事甲2303号回答参照）。

6　外国語によって作成された文書の訳文の添付

　届書に添付する書類が外国語で作成されているときは、従来からその書類に翻訳者を明らかにした訳文を添付する取扱いがされていた（明治34・5・22民刑284号回答、昭和29・9・25民事甲1935号回答(4)）。そこで、改正省令によってその取扱いを明文化したものである（戸規63条の2）。

　なお、市区町村長に提出する外国語で作成された書類に、訳文の添付がないときでも、届書等の内容が明らかとなるものについては受理して差し支えない。

7　戸（除）籍謄抄本の請求

　改正前の戸籍法施行規則第11条及び第11条の3により戸籍謄抄本等の交付を請求する場合において、請求事由を明示する必要のない法人及び除籍謄抄本等の交付を請求できる法人として規則別表第一に掲げられていた日本専売公社が、たばこ事業法及び日本たばこ産業株式会社法の施行により、昭和60年4月1日から同表から削除された。

7 　地方分権一括法及び後見登記等に関する法律の施行に伴う戸籍事務の取扱い

平成12年3月15日民二第600号通達

> **先例の趣旨**
>
> 　「地方分権の推進を図るための関係法律の整備等に関する法律（平成11年法律第87号）」（以下「地方分権一括法」という。）が平成11年7月16日に公布され、平成12年4月1日から施行された。
>
> 　この法律は、地方分権の推進を図る観点から、地方自治法をはじめとする関係法律を改正するものであって、戸籍法の一部改正も含まれている。
>
> 　また、成年後見制度を改正するための「民法の一部を改正する法律（平成11年法律第149号）」（以下「改正民法」という。）、「任意後見契約に関する法律（平成11年法律第150号）」、「民法の一部を改正する法律の施行に伴う関係法律の整備等に関する法律（平成11年法律第151号）」（以下「整備法」という。）、及び「後見登記等に関する法律（平成11年法律第152号）」（以下「後見登記法」という。）が平成11年12月8日に公布され、平成12年4月1日からそれぞれ施行された。この成年後見制度の改正に伴い、戸籍法の一部が改正された。
>
> 　この戸籍法の一部改正を受けて、「戸籍法施行規則の一部を改正する省令（平成12年省令第7号）」が平成12年2月24日に公布され、同年4月1日から施行された。
>
> 　本通達は、改正法及び改正省令の施行に伴う戸籍事務の取扱いの基本原則を示すものであり、これに抵触する通達又は回答は、本通達によって変更又は廃止することとされたものである。

参考 訓令通牒録：⑨綴 12327頁、⑩綴 13275頁

〈解　説〉

第1　地方分権一括法関係

1　地方分権一括法による戸籍法の改正

(1)　戸籍事務

ア　地方分権一括法の趣旨

　　地方分権一括法は、地方分権推進の観点から、地方自治法をはじめとする関係法律について改正が行われた。改正地方自治法は、国と地方公共団体との新しい関係を規定し（改正地自法1条の2・1項・2項）、この国と地方公共団体の役割分担の趣旨に基づいて、市町村長を国の機関として構成し、国の事務を処理させる仕組みとしての機関委任事務制度を廃止するため、機関委任事務における国（又は都道府県知事）の一般的な指揮監督権に関する規定（改正前地自法150条）等を削除するとともに、地方公共団体が処理する事務は、自治事務と法定受託事務に区分された。

　　法定受託事務とは、事務の性質上、その実施が国（又は都道府県）の義務に属し、国（又は都道府県）の行政機関が直接執行すべきではあるが、国民の利便性又は事務処理の効率性から、法律又はこれに基づく政令の規定により、地方公共団体が受託して行うこととされる事務である（改正地自法2条8項・9項）。

　　この法定受託事務には、いわゆる第1号法定受託事務と第2号法定受託事務とがある。法律又はこれに基づく政令の規定に基づいて都道府県又は市町村又は特別区が処理することとされている事務のうち、第1号法定受託事務とは、国が本来果たすべき役割に係るものであって、国においてその適正な処理を特に確保する必要があるものとして法律又はこれに基づく政令により特に定めるもの（改正地自法2条9項1号）をい

い、戸籍事務は、この第1号法定受託事務に区分された（なお、第2号法定受託事務は、都道府県が本来果たすべき役割に係るものであって、都道府県においてその適正な処理を特に確保する必要があるものとして法律又はこれに基づく政令により特に定めるもの（改正地自法2条9項2号）をいう。）。

イ　改正後の戸籍事務の性質

　戸籍法上の届出の受理及び戸籍の記載を中心として、これに関連する事務を包括した戸籍事務は、従来、国の機関としての市町村長が処理する機関委任事務とされていた。しかし、地方分権一括法の施行により、戸籍事務は、市町村が処理する第1号法定受託事務とされ、市町村長は、その執行機関として、戸籍事務を管掌することとされた。本通達(1)はこの点を明らかにしている。

(2)　戸籍事務に対する関与

　改正地方自治法は、普通地方公共団体の事務の処理に関し、法律又はこれに基づく政令によらなければ、国の関与を受け又は関与を要することとされることはないとする「関与の法定主義」を確立し（245条の2）、国の関与の基本類型及び要件が定められた（245条）。本通達第1の1(2)は、戸籍事務に対する国の関与の類型及び要件等を明らかにしている。

　前記(1)のとおり、戸籍事務が機関委任事務から第1号法定受託事務に改められたことに伴い、法務局又は地方法務局の長の戸籍事務に対する一般的監督規定（改正前の戸3条）が削除され、戸籍事務については、原則として改正地方自治法の定める国の関与に関する規定が適用されるが、戸籍事務の特殊性から、法において特則を設けている。

　改正法の施行前において、国の機関としての市町村長が処理する機関委任事務においては、主務大臣及び都道府県知事が指揮監督権を行使するという仕組みがとられていた（改正前の地自法150条）。しかし、戸籍事務は、国民の親族関係の形成に関与し、これを公証する事務であって、専ら私法法規の具体的適用を使命とするものであり、しかもその運用は地方ごとに区々にわたることなく、全国的な統一が特に強く要請されるものである。そのため、改正前の戸籍法第3条により都道府県知事の指揮監督権を排除して、法務大

臣の管理する地方出先機関である法務局・地方法務局の長がこれを担当することとされていた（青木義人・大森政輔「全訂　戸籍法」29頁）。

　改正地方自治法において、戸籍事務は、第1号法定受託事務に区分されたが（2条9項1号）、戸籍事務における全国統一的事務処理の要請は何ら変わるものではないから、従前どおり、戸籍事務に対する都道府県知事の関与を排除し、法務局・地方法務局の長がその関与を行うという仕組みを維持する必要がある。このため、戸籍法第3条において、法務大臣は、市町村長が戸籍事務を処理するに当たりよるべき基準（以下「処理基準」という。）を定めることができる旨を規定した（1項）ほか、法務局・地方法務局の長は、戸籍事務の処理に関し必要があると認めるときは、市町村長に対し、「報告」を求め、「助言」、「勧告」又は「指示」をすることができる旨（2項）及び都道府県知事の関与に関する改正地方自治法の規定を適用除外する旨（3項）を規定した。

　　ア　処理基準

　　　法務大臣は、処理規準を定めることができることとされた（戸3条1項）。改正地方自治法第245条の9第3項は、各大臣が第1号法定受託事務について処理基準を定めることができるのは、「特に必要があると認められるとき」に限られるが、戸籍事務については、全国統一的な事務処理の要請から、同条の規定の適用が除外され（戸3条3項）、このような限定はされていない。

　　　戸籍法第3条第1項の「処理基準」は、改正地方自治法第245条の9の処理基準と同じ概念であり、市町村長が処理する戸籍事務の処理方法を定めるものである。法務局又は地方法務局の長は、法務大臣の所管する事務を地方出先機関として分掌するものであるから（法務省設置法2条5号・8条）、法務局又は地方法務局の長においても、この処理基準を定めることができる。

　　　処理基準は、法務省令、通達、通知、戸籍事務取扱準則制定標準等によって示される。なお、従来、法務局又は地方法務局の長が管轄局内の市区町村長に処理基準を示す際は、通達、移達等によっていたが、通達及び移達は、行政組織上の上下関係を前提とする用語である。国の地方

7 平成12年3月15日民二第600号通達

公共団体との新たな関係・役割分担の趣旨からすると、市区町村長に対し処理基準を示す場合には、通達、移達の方法によるのは相当でなく、「通知」によるものとされた。

イ 求報告、助言、勧告及び指示

　戸籍法第3条第2項の規定する「求報告」は、改正地方自治法第245条の資料の提出の要求と同様の関与の一形態であり、また、「助言」、「勧告」及び「指示」は、同条に規定する助言、勧告及び指示と同じ概念である。しかし、戸籍事務の特殊性から、戸籍法は、これらの関与を行う主体を法務局又は地方法務局の長とし、その要件を別途定めている。

　この中の「助言」は、ある行為をすべきこと又はある行為をするについて必要な事項を進言することをいう。従来、戸籍事務の処理に関する助言は、法務局又は地方法務局の職員が市町村の戸籍事務所に赴き、事務処理の体制、届出等の受理、戸籍記載の適否、戸籍簿等の帳簿書類の整備・保管状況等の戸籍事務処理の状況を現地で把握しながら行う現地指導や市区町村の戸籍事務従事職員を対象に実施している各種研修（昭和57・4・30民二2937号通達）等を通じて行われてきた。これらは、いずれも「助言」に該当するので、この度の改正後も従来どおり行うことができる。なお、法務局・地方法務局の職員が併任厚生事務官として行う人口動態調査の現地指導官制度は、従来どおり存続することとされ（平成12・3・22民二660号通知）、その現地指導は、助言（改正地自法245条の4・1項）として行われることとなる。

　「指示」とは、ある機関が関係の機関又は者に対し、その所掌事務に関する具体的な方針、基準、手続、計画等を示し、これを実施させることをいう。戸籍事務については、事務処理の適正を確保するため特に必要があると認めるとき（例えば、届出の受理照会等）に指示することができる。

(3) 戸籍手数料

ア 戸籍手数料の取扱いに関する改正

　法定受託事務で特定の者のためにするもの[注]については、条例で手

数料を定めることができることとされ、戸籍事務に関する手数料は、条例で定めることとされた（改正地自法227条・228条１項）。これに伴い、戸籍法上の手数料に関する規定（戸籍手数料令・昭和51年政令第41号）は廃止された（平成11年政令第357号）。

改正地方自治法は、「……手数料について全国的に統一して定めることが特に必要と認めるものとして政令で定める事務（標準事務）について手数料を徴収する場合においては、当該標準事務に係る事務のうち政令で定めるものにつき、政令で定める金額の手数料を徴収することを標準として条例を定めなければならない。」と規定した（228条１項）。戸籍事務に関する手数料については、「地方公共団体の手数料の標準に関する政令（平成12年政令第16号）」中の表「八」において、戸籍法第10条第１項（戸籍の謄本・抄本・記載事項証明書の交付）・第12条の２（除かれた戸籍の謄本・抄本・記載事項証明書の交付）・第48条第１項及び第２項（受理・不受理の証明書、届書類の閲覧、記載事項証明書の交付。これらの規定を同法第117条において準用する場合を含む。）並びに第117条の４第１項（戸籍・除かれた戸籍の記載事項証明書の交付）の各規定に基づく戸籍に関する事務を標準事務と定めた。

したがって、市区町村においては、この標準事務について手数料を徴収する条例を制定する場合は、同表の「手数料を徴収する事務」欄の事務及び「金額」欄の金額を標準としなければならない（本通達第１の１(3)ア①ないし②）。

〔注〕「特定の者のためにするもの」とは、地方公共団体の事務で、特定の者（個人だけでなく法人を含む。）の要求に基づいてその者の利益又は必要のためにする事務（例えば、印鑑証明、公簿閲覧、営業許可等）をいう。したがって、専ら地方公共団体自身のためにする事務について手数料を徴収することはできない（俵　静夫「地方自治法」338頁）。

イ　「標準事務」以外の戸籍に関する事務

改正地方自治法第227条の「……、普通地方公共団体の事務で特定の者のためにするものにつき、手数料を徴収することができる。」とする

規定の趣旨から、手数料を徴収することのできる性質をもつ戸籍に関する事務のみが「標準事務」と規定されていることにかんがみ、この標準事務以外の戸籍に関する事務（例えば、届出の受理）については、市町村が手数料を徴収することは適当でないものとされている。

ウ　戸籍謄抄本の請求に関する戸籍手数料の無料扱いについては、特別法で無料扱いを直接に規定するもの（健康保険法144条、船員保険法8条、労働基準法111条等）と特別法で条例の定めるところにより無料扱いとすることができると規定するもの（労働者災害補償保険法45条、国家公務員災害補償法32条、厚生年金保険法95条・172条等）とがある。この度の法改正において、これらの特別法については、特に手当がされていないので、市町村は、これらの特別法の規定に抵触する条例を制定することはできないものと考えられる。

　なお、通達、回答等の戸籍先例で無料扱いを認めたものがあるが、これらの戸籍先例は、戸籍手数料令（昭和51年政令第41号）に関するものであるから、戸籍手数料令の廃止に伴い、その効力は失ったものと考えられる。しかし、これらの戸籍先例の趣旨に基づいて、条例で戸籍手数料の無料扱いを定めることは可能である。

(4)　用語の整理

　国と地方公共団体との新たな関係・役割分担に基づき、機関委任事務制度が廃止されたことに伴い、行政組織上の上下関係等を表す用語を使用することは相当でないので、戸籍法及び戸籍法施行規則において用語の整理が行われたことを明らかにしたものである。

　ア　戸籍法においては、「監督局」を「管轄法務局」に、
　イ　戸籍法施行規則において、「監督局」を「管轄法務局」に、「申報」を「報告」に、「命ずる」を「指示する」に、「命令」を「指示」に改める。
　ウ　法務局又は地方法務局の長が、市区町村長に対し戸籍事務の処理に関して「訓令」を発するという用語法も、行政組織上の上下関係を前提とするものであって、適当でない。戸籍事務の処理の適正を確保するため特に必要と認められる場合には「指示」によるべきである。

なお、この用語の整理の趣旨は、民事局長が発出した他の通達又は回答に

第1章 総則（一般）

も及ぼすべきものと考えられるから、これらにおける用語も変更されたものとして解釈するべきものとされている。

2 学術研究を目的とする戸籍謄抄本の交付請求等の取扱い
(1) この交付請求の対象とする市町村が、通常多数に及ぶことから、関係市町村長が行う交付請求の適否及び手数料の要否についての判断（戸48条2項、戸規11条の3）が統一的に行われ、その交付等の事務が迅速、円滑に行われるようにするため、従来から、関係研究機関からの申請により、交付請求等がされる前に、対象とする市町村の範囲に応じて民事局長又は法務局長の通達によってその判断が示されている（昭和57・2・17民二1282号通達参照）。この度の改正により、その判断は、交付請求等の解釈基準を示す「処理基準」に該当するものとされた。
(2) この手続は、従来、事前承認手続と呼ばれていたが、(1)のとおり、今後は、市町村が行う交付等の事務の処理基準を示す手続であり、「承認」という用語になじまないものであるから、前記第1282号通達中の「承認手続」を「申請手続」に、「承認申請」を「事前申請」に改めるなどの用語の整理がされた。また、市町村長に対し処理基準を示す場合には、通達又は移達の方法によることは適当でなく、「通知」によるべきであるから、第1282号通達中の「通達」及び「移達」を「通知」に改める用語の整理が行われた。

　この度の改正により、戸籍手数料は、各市町村の条例に基づいて徴収されることになるため、第1282号通達の「別紙（一）」の様式中「五　手数料の要否」を削除し、「六　その他」が「五　その他」に改められた。

　なお、第1282号通達を根拠として、これまでに発出された関連通達中の用語についても、右に準じて読み替えをするものとされている。

第2　後見登記法関係

1　成年後見登記制度の創設等

成年後見制度は、知的障害者、精神障害者、認知症等精神上の障害により

判断能力が不十分なため、契約の締結等の法律行為における意思決定が困難な者について、後見人等の機関がその判断能力を補う制度である。現行の成年後見制度としては、従前は、民法の禁治産制度、準禁治産制度が設けられており、その公示方法として禁治産宣告、準禁治産宣告に関する事項の戸籍記載が行われていた。

今回の成年後見制度の改正により、取引の安全の要請と本人のプライバシー保護の要請との調和を図る観点から、戸籍記載に代わる新たな公示方法として、成年後見登記制度が創設された。これに伴い、禁治産宣告・準禁治産宣告の公告及び裁判書記官から禁治産者・準禁治産者の本籍地の戸籍事務管掌者に対する通知の手続（改正前の家審規28条・30条）が廃止された。

ただし、成年被後見人は、選挙権、被選挙権を有しないものとされていること（公選法11条1項1号）、印鑑登録証明事務の取扱上、成年被後見人は印鑑の登録を受けることができないものとされていること（「印鑑登録証明事務処理要領（平成11年12月22日自治振第175号通知）」第2の1(2)イ）等を勘案し、市町村における選挙人名簿の作成に関する事務、印鑑登録証明事務その他の事務の便宜を図る趣旨から、登記官が後見開始の審判又はその取消しの審判に基づく登記をした場合には、本人の本籍地の市区町村長（特別区の区長を含む。）に対し、その旨を通知することとされている（後見登記等に関する省令13条）。

2　成年後見登記制度の施行に伴う戸籍の届出の取扱い等

改正民法により、禁治産制度は後見制度に、準禁治産制度は保佐制度に改められ、これらの制度に関する事項については、従来の戸籍記載に代えて、後見登記法に定める登記によって公示されることとされた。これに伴う戸籍の届出の取扱い等は、次のとおりである。

(1)　成年後見人の届出

ア　改正前の戸籍法第31条第1項は、出生届や死亡届等の「届出をすべき者が未成年者又は禁治産者であるときは、親権を行う者又は後見人を届出義務者とする。但し、未成年者又は禁治産者が届出をすることを妨げない。」と規定していた。つまり、届出をすべき者が、未成年者又は

禁治産者である場合に、これらの者に罰則をもって届出を強制するのは酷であるだけでなく、これを届出義務者としても届出の励行を期待することはできないためである。そこで、この場合には、親権者又は後見人に届出義務を負わせることとし、その一方で、本人が意思能力を有するときに自ら進んで届出をするときはこれを認めることとしたものである。

この度の改正により、「禁治産者」を「成年被後見人」に改める用語の整理がされた（整備法23条、戸31条1項本文）。また、戸籍法第31条第1項及び第2項の「後見人」は、従来は、未成年者又は禁治産者の後見人を指すものと解されていたが、改正後は、「未成年後見人」又は「成年後見人」を指すものと解することとなる。

イ　親権を行う者又は後見人が報告的届出をする場合には、届書に①届出をすべき者の氏名、出生の年月日及び本籍、②行為能力の制限の原因（平成16年法律第147号により「能力」が「行為能力」に改められた。）、③届出人が親権を行う者又は後見人である旨を記載しなければならないとされている（戸31条2項）。①及び③は改正前の条項と同じであるが、②は、従来、「無能力の原因」とされていたものが、「能力の制限の原因」と改められたものであり、届出をすべき者が「未成年者」又は「成年被後見人」であることを記載することになる。

成年後見人が届出をするときは、③として、届書の法定代理人欄又は「その他」欄に届出人が成年被後見人である旨を記載するものとされた。これにより、届出をすべき者が成年被後見人であることが明らかとなるから、②についても記載したこととなる。この取扱いは、従来の届書の記載と同じである。

成年後見人が届出をする場合に、戸籍の記載から届出人が成年被後見人とみなされる者（改正民法附則3条1項。改正前の民法に基づく後見人）であることが明らかであるときを除き、届出人が成年後見人であることを証する書面を提出させるものとされた。これは、後見開始の審判に関する事項が登記によって公示され、戸籍上からは届出人が成年後見人であることが判明しないため、届出人の資格を証する書面の提出を要する

ものとされたものである。この場合、通常は、登記事項証明書（後見登記法10条1項）がこの書面に当たるが、後見開始の審判書の謄本及び確定証明書等でもよいとされている。

(2) 成年被後見人の届出等

改正前の戸籍法第32条第1項は、「無能力者がその法定代理人の同意を得ないですることができる行為（婚姻、離婚、認知、養子縁組、離縁等の創設的届出）については、無能力者が、これを届け出なければならない。」と規定されていたが、「無能力者」が「未成年者又は成年被後見人」に改められた（整備法23条、戸32条1項）。

また、改正前の戸籍法第32条第2項は、「禁治産者が届出をする場合には、届書に届出事件の性質及び効果を理解するに足りる能力を有することを証すべき診断書を添付しなければならない。」と規定されていたが、改正後は、戸籍の記載のみでは本人が成年被後見人であるかどうかについて正確な確認ができないことなどを考慮し、同項は削除された（後見登記法附則5条）。改正後は、戸籍の記載から届出人が改正前の民法の規定に基づき禁治産宣告を受けた成年被後見人とみなされる者（改正民法附則3条1項）であることが判明した場合であっても、届出人から医師の診断書の提出を要しないこととされた。この場合には、届出人の態度等に特に不審な点がない限り、通常の届出の処理をすれば足りるものとされる。

(3) 後見人等に関する届出及びその経過措置

ア 改正前の禁治産制度に相当する後見制度、準禁治産制度に相当する保佐制度については、後見又は保佐の登記によって公示されるため、改正法の施行により、後見又は保佐に関する事項について戸籍上の届出をする必要がなくなった（後見登記法附則5条）。そこで、以下のとおり、これらの届出に関する規定が改正され、これに伴い、本通達第2の2(3)アのとおり戸籍記載例及び記録事項証明書記載例が改められた。

① 「後見開始」を「民法第838条第1号に規定する場合に開始する後見（以下「未成年者の後見」という。）の開始」に改めた（戸81条1項）。

② 「後見人」を「未成年後見人」に改めた（戸81条1項・2項、82条

～85条)。
③ 「後見終了」を「未成年者の後見の終了」に改めた（戸84条)。
④ 「後見監督人及び保佐人にこれを」を「未成年後見監督人について」に改めた（戸85条)。

イ 改正前の民法の規定に基づいて禁治産宣告又は準禁治産宣告を受けた者が、戸籍上の届出をしないまま新法が施行された場合には、新法施行後であっても、いったん戸籍に記載するのが相当である。したがって、これらの者については、改正前の戸籍法の規定に基づいて、戸籍の届出をしなければならないこととされた（後見登記法附則6条1項)。

具体的には、(ア) 禁治産宣告・準禁治産宣告の裁判が確定した場合の後見開始届、保佐開始届、(イ) 後見人・保佐人が死亡、辞任、解任により更迭した場合の後見人更迭届、保佐人更迭届、(ウ) 後見・保佐が終了した場合の後見終了届、保佐終了届がある。この場合の戸籍の記載は、改正法施行後においても従前の例によることとされた（戸規附則2条1項)。

ウ 改正前の民法の規定に基づいて、心神耗弱以外を原因として準禁治産宣告を受けた者については、新法施行後も準禁治産者として旧法の適用を受けることとされている（改正民法附則3条3項）から、従来どおり、改正前の戸籍法の適用を受けるものとされた（後見登記法附則6条2項)。例えば、浪費を原因として準禁治産の宣告を受けた者が、新法施行後に準禁治産の宣告が取り消されたときは、従来どおり、改正前の戸籍法の適用を受け、保佐終了届をしなければならない（後見登記法附則6条2項)。この場合の戸籍の記載は、改正法の施行後においても従前どおりとされた（戸規附則2条2項)。

(4) 後見及び保佐に関する事項の移記等並びに経過措置

改正民法により、禁治産制度は後見制度に、準禁治産制度は保佐制度に改められ、これらの制度に関する事項については、従来の戸籍記載に代えて、後見登記法に定める登記によって公示されることとされた。これに伴う戸籍法施行規則の規定による後見及び保佐に関する事項のうち、未成年者の後見に関する事項のみを移記すれば足りるとする取扱い等並びに経過措置につい

て明らかにするものである。
(5) 戸籍記載の嘱託に関する経過措置
　家事審判規則等の一部を改正する規則（平成12年最高裁判所規則第1号。平成12・1・7公布、同年4・1施行）附則第3条に掲げる禁治産及び準禁治産に関する審判及び裁判については、従前のとおり戸籍記載の嘱託がされることとされ、その嘱託がされたときの戸籍の記載も従前のとおりとされた（戸規附則2条1項）ことを明らかにするものである。

3 後見又は保佐の登記の通知による戸籍の再製
(1) 趣　旨
　ア　改正前の民法の下で禁治産宣告、準禁治産宣告（ただし、心神耗弱を原因とするものに限る。）を受け、戸籍の記載がされている者については、本人、配偶者、四親等内の親族の申請により、戸籍記載から登記（後見の登記、保佐の登記）による公示へ移行することができる経過措置の規定が設けられている（後見登記法附則2条1項ないし3項）。
　イ　登記官は、アにより後見又は保佐の登記をしたときは、遅滞なく被後見人又は被保佐人の本籍地の市区町村長に対し、その旨通知（平成12・3・23民二700号通達）をすることとされている（後見登記法附則2条4項）。登記官からの通知書については、市町村において調製する「登記官からの通知書つづり」につづり、3年間保存することとされた（平成12・3・15民二603号通達）。
　ウ　アにより登記へ移行した者については、登記官からその者の本籍地の市町村長に対し通知され、この通知を受けた市町村長は、戸籍上の禁治産、準禁治産に関する事項を消除するため新戸籍を再製することとされている（後見登記法附則2条5項、戸規附則4条）。
(2) 戸籍の再製手続及び戸籍記載例等
　登記へ移行した者について登記官から通知を受けた市町村長は、滅失するおそれがある場合の戸籍の再製手続に準じて再製することとされた（戸規附則4条、戸規10条・9条）。
　ア　市町村長は、登記官から後見又は保佐の登記の通知を受けたときは、

遅滞なく管轄法務局若しくは地方法務局又はその支局(以下「管轄局」という。)に対し、その旨及び年月日、再製の対象となる戸籍の表示及び編製の年月日を報告することとされた(戸規10条・9条)。
イ　管轄局の長は、アの報告を受けたときは、速やかに「滅失のおそれがある戸籍の再製等についての処分に関する専決について(昭和44・4・1民事甲482号依命通達)」に準じた取扱いにより市町村長に対し指示をするものとされた。
ウ　戸籍を再製する際の手続及び戸籍の記載は、次のとおりである。
　(ア)　**全部再製の場合**
　　　禁治産又は準禁治産に関する事項の記載がある者の戸籍が一葉であるときは、全部の再製手続を行う。この場合には、再製戸籍の戸籍事項欄に、「参考記載例221」による記載をし、また、再製される従前の戸籍の戸籍事項欄には、「参考記載例222」による記載をする。
　(イ)　**一部再製の場合**
　　　禁治産又は準禁治産に関する事項の記載がある者の戸籍が数葉にわたるときは、その記載のある一葉のみを対象とする一部再製の手続を行う。この場合には、再製戸籍の戸籍事項欄に、「参考記載例223」による記載をし、また、再製される従前の戸籍の戸籍事項欄には、「参考記載例224」による記載をする。
　(ウ)　**磁気ディスクをもって調製された戸籍の再製の場合**
　　　この場合の再製は、全部再製の手続を行い、再製戸籍の記録事項証明書の記載は「参考記載例221」により、再製される従前の戸籍の記録事項証明書の記載は「参考記載例222」による。
エ　再製される従前の戸籍の禁治産又は準禁治産に関する事項は、再製後の戸籍には記載しないこととされている(戸規附則4条後段)。再製後の戸籍に記載しない事項は、現に効力を有する後見開始の審判又は保佐開始の審判とみなされる禁治産宣告又は準禁治産宣告に関する以下の事項である。
　(ア)　禁治産宣告、準禁治産宣告の裁判に関する事項
　(イ)　後見人、保佐人及び後見監督人の選任及びその解任の裁判に関する

7 平成12年3月15日民二第600号通達

事項
㈦ 後見人、保佐人及び後見監督人の職務執行停止、職務代行者選任及び解任の裁判に関する事項

　なお、後見命令、保佐命令を受けている者については〔注〕、登記へ移行することはできず、戸籍にその記載が残ることになる。

〔注〕　改正前において、禁治産の宣告の申立てがあった場合に、本人の財産の保全のため特に必要があるときは、家庭裁判所は、その申立てをした者の申立てにより、禁治産の宣告の申立ての審判の効力が生ずるまでの間、本人の財産上の行為につき、財産の管理者の後見を受けるべきことを命ずることができ、前記の審判があったときは、本人及び財産の管理者は、本人がした財産上の行為を取り消すことができる（家審規23条2項・3項）。このように、後見命令を受けると、本人の行為能力が制限されるので、この旨を公示するため、戸籍記載の嘱託が行われ（改正前の家審規21条4号）、本人の戸籍には「　年　月　日財産管理者東京都千代田区平河町一丁目四番地甲野幸雄による後見命令発効　月　日嘱託㊞」の旨記載された。

　また、準禁治産宣告の申立てがあった場合についても、同様に（改正前の家審規30条で23条を準用）、保佐を受けるべきことを命じる審判があったときは、本人は、財産の管理者の同意を得ないでした財産上の行為で、改正前の民法第12条第1項各号に掲げるものを取り消すことができるので（改正前の家審規30条）、前同様の趣旨で嘱託が行われてきた（「戸籍」431号15頁参照）。

89

(渉外)

8　日本に在住する外国人に対する戸籍法の適用

昭和 24 年 11 月 10 日民事甲第 2616 号通達

先例の趣旨　外国人であっても日本国内に居住している場合には、戸籍法が適用される（属地的効力）から、外国人が日本国内で出生し、あるいは死亡した場合には、その届出義務者は法定期間内に市区町村長に届出をしなければならない。法定期間内に届出をしないときは、外国人が届出義務者であっても戸籍法第 120 条の規定により過料の制裁がある。

参考　訓令通牒録：①綴　374 ノ 3 頁、⑩綴　12569 頁

〈解　説〉

日本在住の外国人に対する戸籍法の適用

　戸籍は、日本の国籍を有する者についてのみ編製され、外国人については戸籍の記載はされない。しかし、戸籍法は、人の身分関係の登録と公証を目的とする行政法規としての性格を有するから、日本国内で発生した人の身分に関する事項について適用され、性質上適用されない規定、例えば入籍、分籍、転籍、氏名の変更、復氏、就籍等の届出を除き、日本に所在する外国人についても等しく適用される。

　したがって、外国人が日本国内で出生し、又は死亡した場合は、我が国としては行政的見地からその事実を把握しておく必要があり（例えば、人口動態統計）、戸籍法の定めるところに従って出生届又は死亡届の届け出をしなければならない（戸 49 条 2 項 3 号・51 条・86 条 2 項 2 号、戸規 58 条 2 号、昭和 24・3・23 民事甲 3961 号回答、昭和 27・9・18 民事甲 274 号回答）。そこ

8 昭和 24 年 11 月 10 日民事甲第 2616 号通達

で、本通達は、法定届出期間を徒過した届出を受理した市区町村長は、外国人であっても日本人の場合と同様に、その者の住所地の簡易裁判所に戸籍法第 120 条の規定により失期通知をする必要があることを明らかにしたものである。

第1章 総則（渉外）

9　中国の国名表記

昭和 39 年 6 月 19 日民事甲第 2097 号通達

先例の趣旨　平和条約の発効（昭和27・4・28）後において、中国人を当事者とする戸籍の届書又は戸籍に記載すべき国籍をはじめ、出生・死亡の場所の国名については、中国本土又は台湾を区別することなく、すべて「中華民国」と表示していたが、中国は、事実上中国本土と台湾とに分離している実情から、本通達により従前の取扱いを改め、中国本土及び台湾を区別することなく、一律に「中国」と記載することとされた。これに伴って、既に記載を完了しているものについても、事件本人又は届出人の申出があった場合に限り、市区町村長限りの職権で変更後の国名表示「中国」に訂正して差し支えない。

参考　訓令通牒録：⑤綴　7292 頁、⑩綴　12633 頁

〈解　説〉

1　中国の国名表記の取扱い

　中国は、中華人民共和国と中華民国の二つの政府が事実上本土と台湾の地域に分かれてそれぞれ実効性ある法秩序を有している。中国については、日華条約を締結し（昭和27・8・5発効）本通達が発出された当時は、中華民国（台湾）政府を唯一合法の政府として承認していたこともあり、中国人を当事者とする戸籍の届書又は戸籍に記載する国籍及び出生・死亡の場所を表示する場合には、中国本土、台湾を区別することなく、すべて「中華民国」としていた（昭和26・2・8民事甲172号回答、昭和28・12・25民事五発208号回答）。

しかし、現在、中国は、事実上本土と台湾とに分離している関係上、事件本人によってはその表示を「中国」と戸籍に記載するよう強く望む声が高まったことから、事件本人又は法定代理人から謄抄本請求の際に申出があれば、管轄法務局長の指示を得て、その記載を便宜「中国」と引き直して戸籍謄抄本を作成し交付して差し支えないとされるに至った（昭和38・5・31民事甲1582号回答）。

 さらに、本通達によって従来の取扱いを改め、今後は届書及び戸籍に記載すべき出生又は死亡の事件発生地はもとより、婚姻又は養子縁組事項等に記載する当事者の国籍の表記についても、中国本土及び台湾を区別することなく、一律に「中国」と記載することとされた。

 なお、その後、昭和47年9月29日に我が国政府と中華人民共和国政府との間に国交正常化が図られるに至り、従来の中華民国政府（台湾政府）の立場と入れ替わる形となったが、本通達の趣旨から「中国」の国名表記の取扱いに変更を来すことはない。

2　申出による中国人の国籍等の表示訂正

 本先例による取扱いの変更に伴い、従前の取扱いによって既に「中華民国」と記載されているものについては、特に申出がない限り訂正を要しないが、事件本人（又は法定代理人）、事件本人が申出をすることができないときは届出人から申出がなされた場合は、市区町村長限りの職権で「中国」と訂正して差し支えないとされている（昭和39・6・19民事二発213号依命通知）。

第1章 総 則 (渉外)

10 「難民条約等」による難民の認定及びその属人法に関する戸籍事務の取扱い

昭和 57 年 3 月 30 日民二第 2495 号通達

先例の趣旨　昭和 57 年 1 月 1 日「難民条約」及び「議定書」が我が国において国内法として効力を生ずるに至ったが、戸籍事務に関係を有する部分は、上記の条約等によって定められる難民の定義及び難民の属人法は、難民の住所地法であること、また、難民を当事者とする戸籍の届出には、難民認定証明書の写しを添付させるとともに、届書及び難民と身分行為をした日本人の戸籍の身分事項欄に記載すべき事項等を、本通達によって明らかにしたものである。

参考　訓令通牒録：⑧綴 10281 頁、⑩綴 12733 頁

〈解　説〉

1　難民条約等

(1)　「難民の地位に関する条約（昭和 56 年条約第 21 号）」及び「難民の地位に関する議定書（昭和 57 年条約第 1 号）」の二つの条約をまとめて、「難民条約」と一般に略称されている。本通達では、前者を「難民条約」、後者を「議定書」と略称し、この二つを合わせて「難民条約等」と表現しているので、以下この表現に従うこととする。

　ところで、第二次世界大戦前後の政治的・社会的変動によって、いわゆる難民が大量に生じたため、これらの人々を国際的に保護する必要が生じ、1951 年（昭和 26 年）に国連において「難民条約」が策定され、1954 年（昭和 29 年）に発効した。しかし、この条約は、1951 年 1 月 1 日前に生じた事件の結果として発生した難民についてのみ適用されるものとされ

ていたので、同日以後に生じた事件の結果、難民となった人々は条約上の保護の対象とされなかった。そこで、1966年（昭和41年）に「議定書」が策定され、翌年発効したことにより、事件の発生時期にかかわらず、難民が条約上の保護を受けられることになった。

(2) 我が国は、この「難民条約」及び「議定書」への加入に伴う国内法整備の一環として、昭和56年6月5日「難民の地位に関する条約等への加入に伴う出入国管理令その他関係法律の整備に関する法律」（昭和56年法律第86号）により同令の一部改正が行われた。その改正により、同令が、それまでの出入国管理とは異質な難民の認定手続等についても規定することとなったことに併せて、題名も「出入国管理及び難民認定法」（昭和56年法律第54号）と改められ、昭和57年1月1日から施行された。したがって、同日以降我が国も「難民条約等」の規定に従って難民を保護すべきことになった。

2 難民の認定

(1) 「難民条約等」によって定められる難民の定義は、本通達の第一の一によって示されたとおりである。同条約は、単に難民の定義を定め、締約国に対して定義に該当する者を保護する義務を負わせる形をとっているが、ある者が難民であるか否かを認定する手続については何も触れていない。この点については、締約国が条約上の義務を果たす方法として、①単に難民の要件を備えるだけで、その者を難民として保護するか、あるいは②難民の一括認定機関を設け、その機関が難民と認定した者を難民として扱うかは、締約国の立法政策にゆだねられているものと解される。つまり、いずれの方法であっても、条約の定義に該当する難民が、締約国の保護を受けることができればよいからである。

我が国は、「難民条約等」の発効日にあわせて、前述1のとおり、難民認定機関を設けるために「出入国管理及び難民認定法」（以下「難民認定法」という。）を制定した。その結果、我が国においては、難民の認定を法務大臣が行うこととし、この認定を受けた者は、認定を受けたことのみを証明すれば、それによって難民として保護を受けられることは問題がな

い。しかし、「難民認定法」及び条約発効に伴って整備された他の関係国内法令によっても、日本においては法務大臣の認定を受けた者だけを難民として扱い、他の機関が独自に難民の認定をすることはできないという趣旨の規定は見られない。したがって、認定の有無に関係なく、難民の定義に該当する者は条約上の保護を受け得るとの規定をしている「難民条約等」が国内法としての効力を有している以上は、我が国が前述②の方法を採用したとは言い切れない。そのため、他の機関は、ある者が法務大臣の認定を受けていないという理由だけで、その者を難民でないと扱うことは許されないとの解釈がされている（南　敏文「難民条約と国際私法」民月36巻11号8頁）。

　しかし、この解釈をそのまま戸籍事務に持ち込むとすると、仮に未だ難民認定を受けていない外国人が難民であると主張して戸籍の届出をしてきた場合にも、法務大臣による認定がされていないとの理由のみで、その者を難民と扱わないというわけにはいかないことになる。したがって、戸籍実務レベルでその者が条約上の難民の要件を備えているか否かを審査しなければならないことになってしまうが、この結論は、戸籍事務の特殊性（形式的審査主義等）からして妥当ではないと考えられる。すなわち、戸籍実務においては、届出を受理するための要件につき、当事者に対し、形式的審査で判断し得るような方法で立証させるのを原則としている（戸規63条参照）から、ある者が難民であることの証明は、一定の機関が発行した書類によってのみなし得るとする取扱いをすることになる。そのことから、本通達は、難民を当事者とする戸籍の届出に際しては、難民認定証明書の写しの添付があったときに限り、その者を難民として取り扱うものとしている（本通達第二の一）。

(2)　難民認定は、法務大臣以外にはなし得ないものではないとの解釈がされていることは前述(1)のとおりであり、戸籍実務としては、その認定が法務大臣の認定と同視し得る程度のもので、かつ、その認定に戸籍実務が従うべき性質の認定でなければ、その者を難民として取り扱うべきではないと考えられる。本通達に「……又はこれに準ずるもの」とあるのは、前記の性質を有するものと解されている（三浦正晴「難民条約と戸籍事務」戸籍

451号9頁参照)。具体的には、どのような証明書を「準ずるもの」と言い得るかであるが、例えば、国連難民高等弁務官発行の証明書、又は国内的には、裁判所が証拠上ある外国人を難民であると認定し、それを理由としてした身分に関する確定判決の判決書謄本がある。また、そのほか、市区町村長が難民認定証明書の写しの添付がないとしてある者を難民として取り扱わないで不受理処分をしたところ、その者が戸籍法第118条の規定によって家庭裁判所に不服の申立てをし、裁判所がその申立てを容れてその者が難民であることを理由に、市区町村長に対して当該届出の受理を命ずる審判をし、これが確定した場合の審判書謄本等が該当すると考えられている[注]。なお、条約の定義する難民に該当するか否かの判断は、締約国がそれぞれ行うことであり、第三国がある者を難民と認定したとしても、我が国がその認定に拘束されることはなく、第三国で難民認定を受けた者が、そのことのみを理由に日本において難民として取り扱いを求めても、これを認める必要はないと解されている(前掲の三浦「解説」)。

〔注〕 昭和56年3月13日の閣議において、「条約及び議定書の実施に伴う難民の認定は、政府として統一的に行うこととし、法務大臣がこれを主管するものとするが、関係省庁は、この認定が円滑に遂行されるよう、所要の措置を講ずるものとする。」との閣議了解がなされている。このことからすると他の行政機関が法務大臣の認定を待たずに独自の難民認定をすることは、行政上考えられない。

3 難民認定証明書及び戸籍事務の取扱い

(1) 日本に在留する外国人で、自分が条約に定義する難民の要件を備えていると考える者は、日本に庇護を求めて入国した外国人にあっては、日本に上陸した日から(日本に在る間に難民となる事由が生じたときは、その事実を知った日から)原則として60日以内に認定の申請をするものとされている。申請者が、申請書及び自ら難民に該当することを証する資料を提出し、法務大臣がその者を難民であることを認定すると、本人に難民認定証明書が交付される(難民認定法61条の2・61条の2の2、同法施行規則55条)。戸籍実務としては、原則として、戸籍の届出に際し上記の難民認定

証明書の写しが添付されなければ難民として扱わないことになる（本通達第二の一）。

(2) いったん難民の認定がされ、難民認定証明書が交付されても、難民の認定後に生じたその者を難民として扱う必要のない一定の事由（難民認定法61条の2の7）があるときは、認定が取り消される場合がある。しかし、認定の取消し事由が生じているか否かを確認することは、戸籍実務上不可能に近いことであるから、実際は、難民認定証明書の呈示があれば難民として取り扱わざるを得ないであろう（もし何らかの理由で、戸籍事務担当者に適用終止事由等の生じていることが明白となった場合には、難民として扱うべきではない。）。

また、戸籍の処理後に、届出当時、既に条約の適用が終止していたことが判明したり、法務大臣の難民認定行為に重大な瑕疵があったとの理由で認定が取り消されたような場合は、その時点で所要の戸籍訂正手続をとることになる。

4 難民の属人法

(1) 難民については、その属人法は住所を有する国の法律とし、住所を有しないときは、居所を有する国の法律とするものとされている（難民条約12条1項）。なお、難民条約に特別の経過措置が規定されていないから、条約の遡及的適用はなく、難民であっても、難民になる前は一般の外国人と変わるところはない。したがって、難民となった時点より前に生じた事項については、難民条約ではなく、法例（現行通則法）の適用があり、その者の本国法を準拠法とすべきものである。我が国において「難民条約等」が発効したのは、前述1(2)のとおり、昭和57年1月1日であるから、例えば、ある者がその日より前から条約上の難民の要件を備えていたとしても、我が国においては、その者について条約発効前に生じた事項につき条約の規定を適用することはできない。したがって、上記のような者については、昭和56年12月31日までに生じた事項については、法例（現行通則法）を、昭和57年1月1日以後に生じた事項については、難民条約第12条第1項を適用して準拠法を定めることになる。

また、ある者が条約の発効日以後に難民の要件を備えることに至った場合は、要件を備えたときから難民として取り扱うことになるから、その時点より前に生じた事項については法例（現行通則法）を、また、その時点以後に生じた事項については難民条約を適用することになる。
　　このように、法例（現行通則法）と難民条約第12条第1項のいずれを適用するかについては、その適用の時間的境界点があり、これが基準時となる（本通達第一の二後段）。
(2)　報告的届出においては、その届出内容が過去の事実又は身分行為の報告であることから、基準時前の事項が含まれていることがある。例えば、難民と認定されている外国人夫と日本人妻との間に出生した子の出生の届出がされた場合には、その子の嫡出性決定の準拠法は、子の出生が基準時前であれば法例（現行通則法）の適用によって父の本国法又は母の本国法（日本法）のいずれか一方の法律により嫡出子となる場合は、その子は嫡出子となる。また、基準時以後であれば、難民条約の適用により父の住所地法である日本法となるから、父母双方の属人法である日本法により嫡出か否かが決定される。
　　ところで、条約上は、単に「難民の属人法は……」と規定され、「難民と認定された者の属人法は……」との表現はとられていないから、解釈としては、①条約上の難民の要件を備えた時（難民と認定された時ではない。）、又は②条約が我が国について発効した昭和57年1月1日のうちいずれか後のものを基準時と解するほかない。したがって、難民と認定された日付は基準時決定の要素とはならないので、難民と認定された者から報告的届出がされた場合には、その難民がどの時点で条約上の難民の要件を備えたのかを確定しなければならないことになる。
　　しかし、難民の要件を備えるに至った時期については、難民認定証明書にも記載がないから、証明書のみではその時期は判明しない。このような場合には、法務省入国管理局に難民認定事務を行うために設置された「難民認定室」に対し、その者がどの時点で難民の要件を備えるに至ったかにつき照会することも考えられる。認定に際しては、事実関係が把握されているはずであり、少なくともその者が難民として我が国に上陸した日及び

難民認定の申請をした日は確定できるものと思われる。
(3) 創設的届出においては、難民認定証明書を所持している者のみを難民として取り扱うという戸籍事務の運用からすると、難民に関する届出時点は、常に基準時の後である。つまり、法務大臣の難民認定は必ず前記の基準時（(2)の①、②）の後に行われることになるから、難民認定証明書を所持している者の届出である限り、当然に難民条約が適用されることになる。

5 難民に関する戸籍記載及び創設的届出の際の要件証明の方法
(1) 難民は、従前からの無国籍者を除き、いずれかの国の国籍を有していた者であり、難民の要件を備え、あるいは難民と認定されたことを原因として、当然にその国籍を失うものではない。また、法務大臣が難民の認定をしたからといって難民に日本国籍が付与されるものでもない。したがって、難民から戸籍の届出があった場合の事務処理は、その者が難民であること以外は、一般の外国人に関する届出と何ら異なるところはない。もっとも、書類上「難民」であることを明白にしておく必要があることから、届書の「その他」欄に難民である旨及び証明番号の記載を要するとされている（本通達第二の一）。
(2) 難民と婚姻等の身分行為をした日本人の戸籍には、その身分事項欄に身分行為の相手方である難民に関する記載をすることになるが、その場合も一般の外国人に関する記載と異なるところはない。ただ、その者がある国の国籍を有しながら、難民であるために本国法でなく住所地法を準拠法として身分行為をしたことを戸籍面上明白にしておくため、身分事項の末尾に難民条約等の条約年及び番号を（「昭和57年8月10日国籍ヴェトナム国カオテー・キェム（西暦1955年1月1日生）と婚姻届出（昭和56年条約第21号・同57年条約第1号）㊞」の例により）括弧書きをすることとされた（本通達第二の二1）。

この記載がないと、住所地法によれば要件を備えていても、戸籍面上は難民であることが分からないから、本国法によれば要件を備えていないのに婚姻の届出を受理したような外観となることもあるからである。

(3) 通常の渉外的婚姻等の届出に際しては、当事者の本国法が準拠法とされる場合において、その身分関係事実を本人に証明させるために、本国の権限ある官憲の発給した、いわゆる要件具備証明書の提出を求めて要件審査をする。しかし、自国を捨てて難民となった者に対し、本国官憲が発給する要件具備証明書又は身分関係事実に関する証明書の提出を求めるのは不可能を強いることになる。そこで、これに代わる方法として、戸籍先例上、本国官憲が発給する証明書を得ることが困難である旨の申述書及び本国法による婚姻等の実質的要件を具備している旨を宣誓した書面（申述書）を提出することができるとした例があるので（昭和32・1・22民事甲100号回答）、これに準じて、「申述書」及び難民の外国人登録原票記載事項証明などの提出を求め、これらの資料を総合して要件審査をするほかはないと解されている（前掲の三浦「解説」）。

11 法例の一部を改正する法律の施行に伴う戸籍事務の取扱い

平成元年10月2日民二第3900号通達

先例の趣旨

我が国における渉外婚姻をはじめとする渉外的身分関係事件の増加にかんがみ、婚姻関係及び親子関係の準拠法の指定をより適切にするため、両性の平等を抵触法規の分野にまで及ぼすこと、準拠法の指定の国際的統一を図ること、準拠法の指定方法を平易にするとともに身分関係の成立を容易にすること等を目的とする法例（現行の「法の適用に関する通則法」）の一部を改正する法律（平成元年法律第27号）が平成元年10月2日に公布され、翌平成2年1月1日から施行された。この婚姻及び親子に関する準拠法等の改正により渉外戸籍の事務処理が大きく変更することとなるため、本通達は、法例改正後の渉外戸籍事務の取扱いを明らかにしたものである。

〔注〕法例については、その後、平成15年5月以来、法制審議会国際私法部会において、準拠法決定ルールにつき諸外国の最新の国際私法との調和を考慮しながら、より詳細かつ柔軟な連結政策を採用するための見直しが進められてきた。そして、平成18年6月21日法律第78号により「法の適用に関する通則法」が公布され、平成19年1月1日から施行された。この改正により、法例の財産法分野の準拠法決定ルールの実質的改正及び他の分野を含むすべての規定が現代語化されたが、親族関係については、平成元年法律第27号による法例改正後の実質的な規律は維持されている。

そこで、本通達の解説において引用する法例の規定については、参考までに「法の適用に関する通則法」における条項を、（通則法○○条△項）の例により付記した。なお、文中「改正前（後）の法例」とは、平成元年法律第27号による改正前（後）の法例をいう。

11 平成元年10月2日民二第3900号通達

参考
訓令通牒録：⑨綴 11171頁、⑩綴 12849頁
関連先例通し番号：12、74
改正：平成18年法78号による通則法

〈解　説〉

第1　婚姻に関する取扱い

1　創設的届出
(1) 実質的成立要件
　ア　準拠法

　届出によって成立するいわゆる創設的な婚姻の届出の実質的成立要件については改正がなく、法例第13条第1項（通則法24条1項）により各当事者の本国法による従前の取扱いに何ら変更はない。すなわち、「婚姻成立ノ要件ハ各当事者ニ付キ其本国法ニ依リテ之ヲ定ム」とする配分的適用の方法による準拠法の指定は、両性の平等の趣旨に反するものではなく、更には、本国法を原則的な連結点とする法例の立て方と平仄が合うこと等から、改正を要しないものとされた。

　イ　準拠法の決定

　日本人と外国人との創設的な婚姻の届出が市区町村長にされた場合、市区町村長は、これを受理するに当たり婚姻成立のための実質的成立要件、及び形式的成立要件（方式）を備えているかどうかを審査しなければならない（民740条）。形式的成立要件については、婚姻届書に所定の事項が記載され、当事者及び証人の署名・押印などがされているかを確認することにより比較的容易にすることができる。

　これに対し、婚姻適齢などの婚姻の実質的成立要件を審査するに当たっては、これを定める準拠法を決定しなければならないが、前述のとおり法例第13条第1項本文（改正前の法例13条）は、配分的適用主義を採り、各当事者ごとにそれぞれの本国法を適用することになる。なお、婚姻の実質的成立要件の中には、婚姻適齢、父母・後見人等の同

103

意、精神的・肉体的障害、婚姻意思の欠缺のようにその者についてのみ適用される一方的要件と、近親関係にあること、相姦関係にあること、重婚関係にあること、再婚禁止期間、人種上又は宗教上の理由等に基づく婚姻の禁止（この点に関し、我が国では公序に反するとして適用が排除される場合がある。）のように当事者の一方の本国法上の要件であっても、相手方との関係でも備えるべき双方的要件があるので、各要件ごとにそれぞれ適用関係を判断しなければならない。

　日本人と外国人が婚姻をする場合、日本人については日本の民法の規定が、また、外国人についてはその者の本国法が適用されることになる。日本人については、戸籍謄本等により実質的成立要件を審査することができる。一方、外国人については、婚姻に関する本国法の規定内容とその身分事実を審査する必要があるが、韓国等、一部の国を除けば外国には我が国の戸籍のように、その身分事実を明らかにするものが少なく、あっても整備されていないため確認ができない場合が多い。その本国法の規定内容が判明しない場合は、管轄法務局に受理照会をして処理をすることとされている（実際は、外務省を通じてその本国に照会し、規定内容を確認せざるを得ない。）。しかし、個々の事件ごとにこのような処理はできないため、渉外戸籍事件においては、届出人は、原則として自己の本国法の定める婚姻の要件を具備していることを、市区町村長に対し、自ら立証するという取扱いがされている（大正8・6・26民事841号回答16、大正11・5・16民事3471号回答第1）。その本国の権限を有する官憲が、本国法上その婚姻の成立に必要な要件を備えている旨を証明した書面いわゆる「婚姻要件具備証明書」を婚姻届書に添付を求め（昭和22・6・25民事甲595号回答、昭和24・5・30民事甲1264号回答）、これにより要件を審査するのである。

　なお、婚姻要件具備証明書が容易に得られない場合は、従前の取扱いのとおり、事案によっては、これに代えて①宣誓書（昭和29・10・25民事甲2226号回答）、②婚姻証明書（昭和40・12・20民事甲3474号回答、昭和42・12・22民事甲3695号回答）等の書類でも差し支えないこととされている。

ウ　当事者の本国法の決定
㋐　日本人が重国籍である場合

重国籍者の本国法の決定につき、改正前の法例第27条第1項本文は、最後に取得した国籍を基準に本国法を決定するとしていたが、同条が改正され、重国籍者の本国法は、国籍国のうち常居所を有する国、それがないときは、当事者に最も密接な関係を有する国により本国法を決定することに改められた（法例28条1項本文―通則法38条1項本文）。

しかし、日本人が重国籍である場合、すなわち国籍国の一つが日本国籍である場合は、改正前の法例第27条第1項但書で内国国籍を優先させ、本国法は日本法によるものとしていた。改正法例においても第28条第1項但書（通則法38条1項ただし書）で「其一ガ日本ノ国籍ナルトキハ日本ノ法律ヲ其本国法トス」と規定し、改正前の法例を承継した。したがって、戸籍事務処理上は、日本人の場合は、他に国籍を有しているかどうかを問わず、日本の法律を本国法とすることになる。

㋑　外国人が重国籍の場合
①　本国法の審査

重国籍である外国人については、前述のとおり改正法例第28条第1項本文（通則法38条1項本文）により、その国籍を有する国のうち、当事者が常居所を有する国の法律を、その国がないときは当事者に最も密接な関係がある国の法律を本国法とするが、まず、当該外国人が重国籍であるかどうかを認定しなければならない。

戸籍の実務上は、外国人である当事者が届書の本籍欄に1か国の国籍のみを記載した場合は、記載された国の官憲が発行した国籍を証する書面等の添付書類から単一国籍であることについて疑義が生じない限り、その国の法律をその外国人の本国法として取り扱って差し支えないとされている。これは、国籍については、単一であることが原則的形態と考えられるからであり、例外的な場合まで想定して常に審査する必要はないからである。

② **重国籍である外国人の本国法の認定**

当事者である外国人に関し、二つ以上の異なる国の国籍証明書又は届書その他の書類等から重国籍であることが明らかな場合は、次のとおり取り扱うこととされている。

i 第一段階として、国籍を有する国のうち、常居所を認定するのに最も適当な資料と考えられる、その者が居住している国の「居住証明書」の提出を求めた上で、証明書を発行した国に常居所があるものと認定し、その外国人の本国法を決定することになる。なお、「常居所」の認定については、後記「第8の3」を参照されたい。

ii いずれの国からも「居住証明書」の発行が得られない場合は、これらの国のいずれにも常居所があるとの認定はできないので、その旨の申述書の提出を求めた上で、要件具備証明書を発行した国を密接な関係がある国と認定し、その者の本国法とすることとされている。この場合に、提出を求める申述書は、国籍国に常居所がないことを添付書類上明らかにしておくためであり、その内容は「国籍国のいずれにも常居所がない」あるいは「国籍国以外の第三国に常居所がある」旨で差し支えない（「戸籍」555号26頁）。また、密接関連国を認定する婚姻要件具備証明書に代わるものとして、本国官憲の発給する独身証明書、あるいは宣誓書（昭和29・10・25民事甲2226号回答）の添付があれば、これによっても差し支えないが、申述書（昭和30・2・9民事甲245号通達、昭和31・4・25民事甲839号通達ほか）については、本国官憲の発行する証明書ではないから、この認定資料にはならない。

iii ⅰ及びⅱにより重国籍である外国人の本国法を決定できない場合は、管轄法務局の長の指示を求めることとされている。管轄法務局においては、関係当事者の国籍取得の経緯、国籍国での居住状況、国籍国での親族居住の有無、国籍国への往来の状況、現在における国籍国との関わり合いの程度等を聴取した上、これらの事情を総合的に勘案し、最も密接な関係を有する国を密接関連国

と認定することになる（平成元・12・14民二5476号通知、平成5・4・5民二2986号通知参照）。

(2) 形式的成立要件（方式）

ア　婚姻の方式に関する準拠法の改正

　改正前の法例第13条は、婚姻の方式について「其方式ハ婚姻挙行地ノ法律ニ依ル」と規定し（同条1項但書）、いわゆる外交婚、領事婚による場合を除き、婚姻は、婚姻挙行地の方式に適合する場合にのみ有効とされていた（絶対的婚姻挙行地主義）。これは、婚姻は、公の秩序に関わるものであり、厳格に処すべきであるとの考えに基づくものであるが、この絶対的挙行地主義によるときは、当事者にとって不便であり、本国では有効に成立しているとされるにもかかわらず、日本では無効と解される、いわゆる跛行婚姻が生じ、望ましくないこと、また、婚姻の方式の公序性について、挙行地法によらなければ公の秩序が保たれないとするほど厳格に考える必要はないこと等から、これが改正された。

　改正法例は、婚姻の方式につき、第13条第2項（通則法24条2項）で「婚姻ノ方式ハ婚姻挙行地ノ法律ニ依ル」と原則を定め、さらに第3項（同条3項）で「当事者ノ一方ノ本国法ニ依リタル方式ハ前項ノ規定ニ拘ハラズ之ヲ有効トス」と規定した。すなわち、改正前においては、外国に在る日本人と外国人が婚姻をする場合に、当該外国人の本国法の方式（例えば、滞在国に在る本国の大公使館での婚姻登録、あるいは回教国を本国とする外国人の国外の回教寺院での婚姻など）によって婚姻をしても、日本法上婚姻の成立を認めていなかった。しかし、改正後は、これら一方の本国法の方式による婚姻として日本法上も有効に婚姻が成立したものとして認めることとなった。

イ　外国に在る日本人同士の婚姻

　改正前の法例第13条第1項但書は、婚姻成立の方式は挙行地主義を原則としつつ、同条第2項は例外として「前項ノ規定ハ民法第741条ノ適用ヲ妨ケス」と規定し、外国に在る日本人同士で婚姻をしようとするときは、その国に駐在する日本の大使、公使又は領事に届出をすることができるものとし、この届出が受理されたときに婚姻が成立するものと

していた。ところが、改正法例では、前記の第2項の規定が削除されたことから、民法第741条の適用の有無が問題となる。しかし、改正法例第13条第3項（通則法24条3項）においては、当事者の一方の本国法による方式も有効としており、当事者双方が日本人の場合、民法第741条に定める外交婚・領事婚は当事者の一方の本国法による方式の一つに該当することになる。すなわち、改正法例第13条第3項（通則法24条3項）に改正前の同条第2項で定められていたところが包含されていると解される（澤木敬郎・南　敏文 編著「新しい国際私法」67頁）ことから、改正前の同条第2項は不要の規定となったため削除されたものである。したがって、前記の改正の前段において、民法第741条は従前どおり適用され、外国に在る日本人同士が、当該国に駐在する日本の大使、公使又は領事に対して創設的な婚姻の届出をすることができる（戸40条）ことに変わりはない。なお、外国に在る日本人と外国人の創設的な婚姻届を、当該国に駐在する日本の大使・公使又は領事に対してすることはできない。これは、「当事者の一方の本国法による方式」とは、在外では民法第741条に該当する場合、すなわち「外国に在る日本人間」のものでなければならず、日本人と外国人の場合は該当しないからである。

ウ　外国からの郵送による婚姻届

外国に在る日本人が、日本人又は外国人との創設的婚姻届を本籍地の市区町村長あてに直接郵送した場合、戸籍実務の先例は、従来、当該婚姻の挙行地は郵送により届書が到達した地、すなわち本籍地のある日本であると解し、これを有効として受理する取扱いであった（昭和26・3・6民事甲412号回答）。しかし、婚姻挙行地とは、当事者が婚姻を挙行する地であり、当事者の双方が不在である日本を婚姻挙行地とすることは本来問題があり、また、法例第9条（通則法では削除）では「法律ヲ異ニスル地ニ在ル者ニ対シテ為シタル意思表示ニ付テハ其通知ヲ発シタル地ヲ行為地ト看做ス」とあり、この規定の趣旨からも、婚姻挙行地は、婚姻届書を郵送に付した地、すなわち外国であるとすべきとの批判があった。

改正法例第13条第3項（通則法24条3項）は、在外の日本人が、日本人又は外国人との間でする婚姻は、当事者の一方の本国法、すなわち日本の法律に基づいてすることができることになった。つまり、在外の日本人から日本法（戸籍法）で定める方式、すなわち直接市区町村長へ郵便により届書を送付することにより婚姻が有効に成立することとなったので、婚姻挙行地がどこであるかを問うまでもなく当然に認められることとなった。なお、届書の提出を外国からすることについては、我が国の戸籍法の管轄（行政管轄）に関する問題であるが、在外の日本人については戸籍法が属人的に適用されることから、外国から郵送によりすることができる（戸47条参照）。したがって、改正前の法例の下での挙行地法による方式とするのではなく、改正後は、当事者の一方の本国法による方式に基づくものとして受理することができることとされた。この取扱いは適用条文は変わったが、結論においては変わりがない。

　また、外国に在る日本人と外国人の創設的婚姻届が、当該国に駐在する日本の大使、公使又は領事にされた場合は、これを受理することはできないが、これが誤って受理され、本籍地の市区町村に送付されたときは、当該市区町村長に送付されたときに婚姻の効力が生じるものとして取り扱われてきた（大正15・2・3民事281号回答、昭和11・2・3民事甲40号回答、昭和35・8・3民事甲2011号回答）。改正後は、この場合においても当事者の一方の本国法による方式に基づくものとして、同様に取り扱うことになる。

2　報告的届出
(1)　日本人同士が外国の方式により婚姻をした場合
　ア　報告的婚姻届
　　　在外の日本人同士が、その外国の方式により婚姻をした場合の報告的届出についての取扱いは、従前と何ら変わりはない。
　　　外国に在る日本人が、外国の方式により婚姻をした場合、その国の方式に従って婚姻に関する証書を作らせたときは、その証書の謄本（もし証書を作成しない場合には、婚姻の成立を証する書面）を婚姻成立の日か

ら3か月以内に、その国に駐在する日本の大使、公使又は領事に提出しなければならない（戸41条1項）。大使等は、これを遅滞なく外務大臣を経由して本人の本籍地の市区町村長に送付しなければならない（戸42条）。また、その国に大使、公使又は領事が駐在しないとき（戸41条2項）、又は駐在している場合であっても、報告的婚姻届書を、3か月以内に本籍地の市区町村長に発送し、あるいは帰国後に提出したりすることができることも変わりはない（大正3・12・28民893号回答12、昭和26・7・19民事甲1542号回答、平成10・7・24民二1374号通知参照）。

イ 婚姻証書等の審査

　報告的届出として婚姻証書等の謄本が提出された場合、市区町村長は、婚姻証書等が真正に作成されたものであるか否かについて審査をし、真正に作成されたものであることが確認されれば、その国の方式により婚姻が成立したことが証明されることになる。なお、その国の婚姻の方式が広く知られており、証書の作成者・体裁・内容等から判断して真正に成立したものと認められる場合は問題ないが、証書作成名義者の権限に疑問があったり、内容に不明確な点等があるときには、管轄法務局の長に照会し、法務局において明らかにすることができないときは、法務省、あるいは外務省、在外公館と照会を重ね、明確にした上で処理することになる。

　また、外国の方式によって婚姻をする場合、実質的成立要件については、各当事者の本国法が準拠法となるから、この準拠法の要件を満たしているかどうかを審査する必要がある。もっとも、外国の方式によって成立した婚姻の中には、日本人の当事者が我が国の民法に定める実質的成立要件を欠くにもかかわらず婚姻が行われてしまう場合もあり得る。このような場合、外国の方式により一応婚姻は成立しているのであるから、その婚姻について取消事由があったとしても、このことを理由に報告的婚姻届を受理しないことは許されない（大正15・11・26民事8355号回答、昭和26・7・28民事甲1544号回答、昭和44・2・13民事甲208号回答等）。しかし、実質的成立要件を欠き、あるいは無効事由がある場合については受理を拒まなければならない（昭和5・9・29民事890号

回答)。もっとも、我が国の民法の無効事由は、意思の欠缺が主なものであり(民742条1項)、戸籍の窓口で現実にその事由があると判断することができる事例は、極めてまれであると考えられ、実際にはそのまま受理され戸籍に記載された後、戸籍訂正の手続が取られることになろう。

ウ　夫婦の称する氏等に関する届出

　　日本人同士について外国の方式により婚姻が成立し、婚姻証書等を提出する場合には、夫婦の称する氏(民750条)、夫婦について新戸籍を編製すべきときにおける新本籍(戸16条・30条1項)等を、夫婦で協議の上届け出なければならない(昭和25・1・23民事甲145号回答)。そのため、通常は、婚姻証書等のほかに、我が国の婚姻届書用紙を添付し、これに夫婦の称する氏等に必要な事項を記載する。

　　戸籍法第41条の規定による報告的届出は、関係当事者の一方からでもすることができるが(昭和28・4・8民事甲561号回答)、夫婦の称する氏等については、夫婦の協議によって定めなければならないから、婚姻証書等により夫婦の称する氏が明らかでない限り、結局、夫婦共同で提出しなければならないことになる。

(2) 日本人と外国人が外国において婚姻をした場合

ア　外国人配偶者の本国法の方式による婚姻

　　法例の改正に伴い、日本人が外国においてする婚姻は、婚姻の挙行地の方式による婚姻(法例13条2項—通則法24条2項)のほかに、当事者の一方の本国法によることもできるとされた(同条3項本文—通則法24項3項本文)。このことにより、外国に在る日本人が外国人配偶者の本国法の方式によって婚姻をすることが可能となった。そこで、外国に在る日本人が、外国人配偶者の本国法の方式(婚姻挙行地法の方式による場合を除く。)により婚姻をし、同国官憲に婚姻に関する証書を作成させたときは、戸籍法第41条を類推適用し、3か月以内にその所在する国に駐在する日本の大使等にその証書の謄本(証書を作成しない場合には、婚姻の成立を証する書面)を提出しなければならないこととされた。

イ　本国官憲の発給する婚姻証書

　外国人配偶者の本国が婚姻挙行地以外の国である場合に、当該配偶者の本国官憲が作成する婚姻に関する証書としては、例えば、日本人がA国の国籍を有する者とB国に駐在するA国大使館で婚姻を挙行した場合のA国官憲が発給する婚姻証書等が該当する。また、日本人がギリシャ正教徒であるギリシャ人と第三国にあるギリシャ正教会で婚姻を挙行した場合に、その教会が発行する婚姻証書は、本国官憲が認めている婚姻であることから、婚姻証書とみて差し支えない。日本人が台湾系中国人と第三国で公開の儀式婚（民国民法982条）により婚姻をした場合は、婚姻に関する証書を発給する機関もないことから、便宜、台湾の戸籍に婚姻の登記をした上、その戸籍の謄本をもって婚姻証書として取り扱うことになる（「戸籍」555号38頁）。

(3)　日本人と外国人が日本において婚姻をした場合

　改正前の法例第13条第1項但書は、日本人と外国人が日本において婚姻をする場合、その方式は、挙行地すなわち日本の方式によらなければならないとしていた。改正後の法例は、日本人と外国人が婚姻をする場合、従前の婚姻挙行地法による方式（法例13条2項―通則法24条2項）のほかに婚姻当事者の一方の本国法による方式によってもすることができるとしつつ（同条3項本文―通則法24条3項本文）、「日本ニ於テ婚姻ヲ挙行シタル場合ニ於テ当事者ノ一方ガ日本人ナルトキハ此限ニ在ラズ」と規定した（同条3項但書）。したがって、日本人と外国人が日本において、外国人の本国法による方式で婚姻を挙行し、その旨の報告的届出をしても、市区町村長はこれを受理することができない。

　このような取扱いとしたのは、次のような理由によるものである。すなわち、①日本人と外国人が日本の国内で外国人の本国の方式により婚姻をした場合、これを成立したものとして取り扱うことにすると、その婚姻について事後的に市区町村長に対し報告的届出をしなければならないことになる。それならば、初めから挙行地である日本法の方式により創設的婚姻届を要求することと実質上違いがなく、また、これを要求しても当事者に格別の困難を強いることにならない。②日本人についても、日本の国内において外国人の

本国法の方式による婚姻の成立を認め、その報告的届出ができるものとすると、日本人につき既に国内において婚姻という身分関係の登録を要する事実が発生しているにもかかわらず、その事実が戸籍に記載されないまま、婚姻の成立を認めざるを得ない結果となって問題であり、さらにはその間に出生した子の国籍や地位が不安定になり望ましくないこと等が、その理由とされた。

第2　離婚に関する取扱い

1　創設的届出
(1)　実質的成立要件

　改正前の法例第16条本文は「離婚ハ其原因タル事実ノ発生シタル時ニ於ケル夫ノ本国法ニ依ル」と規定し、準拠法の基準時を定め、離婚原因発生当時の夫の本国法を準拠法とするとともに、同条但書は、離婚の原因は公の秩序に関するものであるという理由で、準拠法上定められた離婚原因が我が国の法律においても離婚原因である場合でなければ離婚を認めないものとしていた。

　改正法例第16条本文（通則法27条本文）は、離婚の準拠法について婚姻の効力の準拠法を定めた第14条（通則法25条）の規定を準用している。これは、両性の本質的平等を考慮して、夫婦双方に関連する法律によることとし、婚姻の効力の準拠法の定め方、すなわち、同一の本国法、共通常居所地法、密接関連法の三段階連結による準拠法の指定方法を採用したものである。したがって、まず、夫と妻の本国法が同一のときはその法律により、同一の本国法がないときは、夫婦が同じ国に常居所を有していれば、第二段階として共通の常居所地法により、さらにその法律もないときは、その夫婦にとって最も密接な関連がある地の法律、すなわち密接関連法によることになる。

　次に、改正法例第16条（通則法27条）には、離婚の準拠法について「但夫婦ノ一方ガ日本ニ常居所ヲ有スル日本人ナルトキハ離婚ハ日本ノ法律ニ依ル」とする但書が設けられている。これは、離婚の準拠法について、婚姻の

効力の準拠法を定める第14条（通則法25条）を準用するのみでは、我が国が協議離婚制度を有することから、形式的審査権を前提とする市区町村の戸籍事務担当者に密接関連法の認定という困難な判断を強いることになり、実務的には機能し難い点が考慮されたものである。

協議離婚の届出については、次の取扱いとされ、当事者の本国法の決定については、婚姻に関する第1の1(1)イの例によることとされている。

　ア　夫婦の双方が日本人である場合

　　日本人夫婦間の協議離婚の届出については、離婚の準拠法の指定方法が変わっても、指定された準拠法は、改正の前後を通じて日本法であるから、我が国の民法と戸籍法の規定により協議離婚の届出をすることができることに変わりはない。したがって、外国に在る日本人夫婦が協議離婚をする場合は、日本民法の実質的成立要件（離婚に関する夫婦の合意等）を満たした上、その国に駐在する日本の大使、公使又は領事に協議離婚の届出をし、これが受理されることによって離婚が成立するものと解されている。在外日本人夫婦の離婚の場合、婚姻に関する民法第741条のような直接的な規定はないが、民法第764条、第739条及び戸籍法第40条、第76条により、可能とされている（大正12・1・6民事4887号回答、昭和27・3・5民事甲239号回答）。

　イ　夫婦の一方が日本人である場合

　　改正前の法例第16条本文によると、夫が日本人であれば、日本民法に従って協議離婚をすることができたし、その方式は、離婚の効力に関する準拠法である夫の本国法によることもできたので（法例8条1項、改正前の法例16条本文）、例えば、アメリカに居住する日本人夫と外国人妻の夫婦であっても、離婚に関する合意が成立すれば、その旨夫の本籍地又は夫婦の所在地の市区町村へ協議離婚の届出をし、あるいは直接郵送し、これが受理されることによって協議離婚をすることができた（民764条・739条、戸76条・25条）。

　　また、夫が外国人である場合に、離婚しようとする夫婦の夫の本国法が協議離婚の制度を設けている場合は、協議離婚をすることができ、その場合の方式は、我が国において離婚をする場合は、行為地法である日

本法に従い、日本人妻の本籍地又は夫婦の所在地の市区町村長に届け出ることができた（法例8条2項―通則法10条、戸25条）。外国人夫の本国法が協議離婚の制度を設けていないときでも、いわゆる反致が認められる場合（改正前の法例29条）は、我が国の民法により協議離婚をすることができた。

(ｱ) **夫婦のいずれか一方が日本に常居所を有する場合**

　改正法例第16条本文（通則法27条本文）において、離婚の準拠法につき婚姻の効力に関する準拠法を定めた第14条（通則法25条）の規定を準用し、同一本国法、共通常居所地法、密接関連法の三段階連結による指定の方法を採った。また、同条但書において、日本人配偶者の常居所が我が国にある場合、配偶者の性別にかかわらず、常に協議離婚ができることとなった。したがって、フィリピン人夫と日本人妻が、フィリピンと日本で別居しているような場合、改正前の法例では、夫の本国法が協議離婚の制度を設けていないことにより、日本の市区町村長に対し協議離婚の届出をすることはできなかったが、改正法例の下では、日本人妻が日本に常居所を有する場合は、日本法が準拠法となるので、協議離婚の届出をすることができることとなった。

　また、改正法例第32条（通則法41条）に但書を加え、離婚の準拠法のように段階的連結の場合には、両性の平等などの見地から当事者双方に共通する法律を厳選・精選しているのに、反致の結果、当事者の一方のみと関わる法律が適用されるのは適当でないこと等の理由から、反致を認めないこととされた。

　さらに、日本人配偶者が国外に転出し、日本に常居所を有しない場合であっても、外国人配偶者について我が国に常居所があるものと認定できる場合であれば（後記第8の4(2)参照）、協議離婚の届出を受理することができることとされた。この場合は、①配偶者の一方が日本人であること、②外国人配偶者の常居所が日本に在ること、③当事者双方が日本法による協議離婚に合意しており、かつ、それが離婚当事者の一方の本国法である日本法であること等により、その夫婦に最も密接な関係のある地が日本と認め得ることから、密接関連法は日本法

となるとされるものである。

　(イ)　**夫婦が共に外国に在り共通常居所がない場合**

　　夫婦が国際別居（夫婦が共に日本以外の別々の国に別居している）の場合に問題となるが、日本人配偶者から住民票の写しを添付して（後記第8の4(1)参照）協議離婚の届出があれば、法例第16条但書（通則法27条ただし書）により我が国の民法が離婚の準拠法として指定される。また、夫婦の双方が我が国に常居所がない場合において、その夫婦に最も密接な関係がある地が日本と認定できるのは、具体的にどのような事情が認められる場合であるかは、事件ごとに個々に判断せざるを得ない。一般に、夫婦の婚姻中の生活の本拠地を基本とし、別居期間が長くなれば、その後の夫婦及び子の居住状況をも考慮に入れて判断することになる。そこで、本通達は、当事者が提出した資料等から夫婦が共に外国に在り共通常居所がない場合において、その夫婦に最も密接な関係がある地が日本であることが認められるときは、管轄法務局の長に指示を求めた上で、協議離婚の届出を受理することができるとした。そして、前記の密接関連地の認定を要する事件について、市区町村長から指示を求められた管轄法務局の長は、当分の間、①日本での夫婦の居住状況、②婚姻中の夫婦の常居所地、③夫婦間の未成年の子の居住状況、④過去の夫婦の国籍国、⑤その他密接関連地を認定する参考事項について調査の上、意見を付して法務省民事局第二課長（現第一課長）あて照会すべきこととしていた（平成元・12・14民二5476号通知）。しかし、その後、平成5年4月5日民二第2986号通知により、離婚の届出の受理に際し夫婦に最も密接な関係がある地の認定を要する事件について市区町村長から指示を求められた場合、管轄法務局の長は、次の点に留意して指示することとし、疑義がある場合を除き、法務本省に対する照会を要しないこととされた。

　　前記の留意する点（夫婦に最も密接な関係がある地は日本であると認めることができる場合）として、

　i　婚姻が日本での届出により成立し、夫婦が日本において同居し、婚姻の成立から協議離婚の届出に至るまでの間、夫婦の双方が日本

に居住していた場合
ⅱ　婚姻が外国で成立した場合であっても、夫婦が日本において同居し、以後協議離婚の届出に至るまでの間、夫婦の双方が日本に居住して婚姻生活の大部分を日本で送ったと認められる場合
ⅲ　夫婦の一方又は双方が、協議離婚の届出の際に日本に居住していない場合、又は協議離婚の届出のために日本に入国したにすぎない場合は、夫婦に最も密接な関係がある地を日本と認めない。ただし、これらの場合であっても、婚姻が日本での届出により成立しており、夫婦に最も密接な関係がある地が外国であると認められる事情（夫婦が外国で同居していたこと等）が全くない場合

の各場合が示された。これらの場合は、密接関連地が日本であるか否かを定型的に判断することができるからである。

ウ　夫婦の双方が外国人である場合

㈠　本国法が同一である場合

　法例の改正前は、夫の本国が協議離婚の制度を設けている場合は、行為地法である日本法が定める方式、つまり、夫婦の所在地の市区町村長に届け出ることによって協議離婚をすることができた（法例8条2項、民764条、戸25条2項）。その届出に当たって、離婚をしようとする夫婦の夫の本国法に協議離婚の制度が設けられているかどうか明らかでない場合は、本国官憲の発給した「本国法により協議離婚を日本の法律によってすることができる。」旨のいわゆる要件具備証明書の添付を求めて、受理するものとされていた。なお、夫の本国法が協議離婚の制度を設けていない場合であっても、当事者がその住所地又は行為地である外国（日本）においてその外国法（日本法）によってした協議離婚をその本国が認める場合、すなわち反致が認められる場合は（改正前の法例29条）、その本国の権限ある官憲が発給した旨の証明書の提出を求めて処理することとされていた（昭和41・6・3民事甲1214号回答）。

　改正法例第16条（通則法27条）は、離婚の実質的成立要件の準拠法について、夫婦の本国法が同一のときはその本国法によるとしてい

るから、当該外国人夫婦の本国法が協議離婚の制度を設けていることが証明書等によって確認できる場合は、準拠法上問題はない。また、改正法例第22条（通則法34条）は、離婚の方式の準拠法について、本文は「……其行為ノ成立ヲ定ムル法律ニ依ル」としつつ、但書は「行為地法ニ依ルコトヲ妨ゲズ」として行為地法を身分行為の方式の補則としており、行為地法である我が国の民法、戸籍法により市区町村長に協議離婚の届出をすることができる（法例22条―通則法34条、民764条、戸25条2項）。その夫婦の本国法が離婚につき法院の許可等を要するとしている場合、これは方式の問題として、我が国の市区町村長が代わって届出を受けることができると解される（「戸籍」555号61頁）。したがって、夫婦の本国法により協議離婚を日本の方式に従ってすることができる旨の証明書の提出がある場合（昭和26・6・14民事甲1230号通達）は、協議離婚の届出を受理することができる。

(イ) 韓国人、中国人の場合

ところで、韓国人、台湾系中国人又は中国人に関しては、改正前の法例施行当時から、その本国法が準拠法となる場合は、当事者の身分事実が確認できる場合に限り、協議離婚の要件具備証明書の提出がない場合であっても、我が国において協議離婚の届出を受理することができる取扱いとされている（韓国人につき昭和53・12・15民二6678号通知、台湾系中国人につき昭和28・7・7民事甲1152号回答、中国人につき昭和49・12・25民二6643号回答）。これは、韓国民法第834条、中華民国民法第1049条及び中華人民共和国民法第31条にそれぞれ協議離婚をすることができる旨が規定されていることによるものであり、市区町村においても、その離婚の法制につき常に把握されていることから、証明を求める必要はなく、この取扱いは、法例の改正後においても変わることはない[注]。

〔注〕 韓国人夫婦の日本の方式による協議離婚について、平成16年9月20日以降韓国当局の取扱いに次のような変更がみられる。すなわち、1977年（昭和52年）法律第3051号により韓国民法の一部が改正さ

11　平成元年10月2日民二第3900号通達

れ、協議上の離婚は「家庭法院の確認を受け」、戸籍法の定めるところにより申告をしない限り成立しないこととされた（韓民836条1項、韓戸79条の2）。この家庭法院の確認は、協議離婚の方式に属するものと解されている（金　容漢「韓国・親族相続法」142頁）。日本の戸籍実務においても同様に解している（昭和53・12・15民二6678号通知）。在外の韓国人夫婦が協議離婚をしようとする場合、その確認はソウル家庭法院の管轄とされているが（韓民79条の2・1項ただし書）、在外公館の長に対してもその確認を申請することができるとされている（韓戸施8条）。しかし、その後も在日韓国人夫婦が、日本の方式により協議離婚の届書を我が国の市区町村長に提出し、その受理証明書を韓国の戸籍官署に提出することにより、行為地である日本の方式によって成立した有効な協議離婚として取り扱われてきた。

　ところが、在日韓国人夫婦間の協議離婚の取扱いに関する同国最高裁戸籍例規第332号が、平成16年3月17日同例規第668号により廃止され、同年9月20日以降は、在日韓国人夫婦が協議離婚をする場合は、当事者双方が在日韓国大使館に協議離婚の申告をし、その後、同国の家庭法院による離婚意思存否の確認を受けた上で申告をしなければ、韓国当局は離婚の成立を認めないことに改められた。

　在日韓国人夫婦から日本の方式による協議離婚の届出が我が国の市区町村長に提出された場合は、これを法例第22条（通則法34条）に基づく行為地法によるものとして受理せざるを得ないが、この受理によっては韓国法上、協議離婚の成立は認められないことになる（なお、在日韓国人夫婦の協議離婚届については、関係当事者に対し、前記の韓国当局における取扱い変更の概略を説明し、その詳細については駐日韓国大使館等に問い合わせるよう対応することとされている。）。

　なお、在日韓国人及び在日中国人で本国にその身分事実を登録していないことにより、本国官憲による身分証明書、戸籍謄本等の提出ができない場合は、本国官憲に登録していないため証明資料が得られないこと及び自己が本国法上の要件を満たしていることを申述した書面及び家族関係の記載のある「外国人登録原票記載事項証明書」[注]、我が国にした婚姻届書の記載事項証明書（戸48条2項）等他の書類の提出を求め、これらによって婚姻の事実が判明すれば、離婚の届出を受

理することができる(昭和30・2・9民事甲245号通達、昭和31・4・25民事甲839号通達)。

　また、本土系中国人と台湾系中国人間の本国法、又は韓国人と北朝鮮系朝鮮人間の本国法はどうなるかが問題となる。この場合、国際私法上の解釈として、準拠法の指定につき、未承認国家の法律の適用問題として処理するのが適当か、異法地域の本国法決定の問題として改正法例第28条第3項(通則法38条3項)を適用して処理すべきかの問題がある。準拠法の指定は、私法関係における問題であり、その法律を公布した国家ないし政府に対する外交上の承認の有無等とは次元を異にするから、未承認国家の法律でも準拠法として指定される。したがって、本土系中国人と台湾系中国人とは本国法が異なり、また、韓国人と北朝鮮系朝鮮人とは本国法が異なる。そこで、本土系中国人と台湾系中国人との夫婦又は韓国人と北朝鮮系朝鮮人との夫婦は、いずれも共通本国法を持たないことになり、離婚をする場合(婚姻の効力が問題となる場合等)は、共通常居所地法以下の法律が適用されることになる(渉外戸籍実務研究会「設題解説　渉外戸籍実務の処理Ⅰ　出生・認知編」91頁以下参照)。

　　〔注〕「外国人登録原票記載事項証明書」は、本国官憲が発行したものではなく、第三者である我が国の政府が証明し、発行するものであるから、本国官憲に身分関係を把握されていない場合に限って、例外的取扱いとして認められる(昭和30・2・9民事甲245号通達等)。したがって、これらの国から旅券の発給を受けて我が国に入国した者(近時渡来者等)についてこの取扱いは認められず、原則的取扱いによるべきであるとされる(平成元・12・27民二5541号通達)。

エ　夫婦の双方が外国人でその本国法が同一でない場合
　(ア)　夫婦の双方が日本に常居所を有する場合
　　　協議離婚をする外国人夫婦について、常居所の認定要件を満たし(後記第8の4(2)参照)、日本に常居所が認められる場合は、外国人当事者の本国法の規定内容にかかわらず、共通常居所地法としての日本法が準拠法となる。したがって、当該外国人夫婦は、その所在地の市

区町村長に協議離婚の届出をすることにより、日本法上有効に協議離婚をすることができる（法例22条―通則法34条、民764条、戸25条2項）。

　(イ)　**日本法が密接関連法として認定される場合**

　　夫婦の双方が外国人で、その本国法も常居所地法も同一でない場合に、我が国が夫婦に最も密接な関係がある地と認められるには、夫婦の一方が日本に常居所を有していることが必要であり、かつ、他方配偶者に日本との往来があると認められること等、夫婦に最も密接な関係のある地が日本であることが認められる場合は、前記イ(イ)の例によることとされている。つまり、密接関連性の認定、例えば「日本との往来がある」ものについては、旅券等によって認定するほかないが、結局、具体的事件ごとに種々の資料によって個々に認定することとなるため、市区町村長は管轄局の長の指示を求めた上で受理することになる。この認定方法については、前記イ(イ)を参照されたい。

(2)　**離婚の際の子の親権者の指定**

　法例の改正前は、離婚する夫婦に未成年の子がある場合、離婚後における子に対する親権・監護権の帰属、分配の問題については、離婚の準拠法を定める改正前の法例第16条（通則法27条・夫の本国法が準拠法となる。）によるべきとするか、親子間の法律関係の準拠法を定める改正前の法例第21条（通則法32条・父の本国法が準拠法となる。）によるべきとするかについて、判例、学説上両説があった。しかし、実際には「夫の本国法」と「父の本国法」が同一である場合が多く、結果的にはあまり変わりがないのが通例であった。

　法例改正後の戸籍実務の取扱いは、これを親子間の法律関係の準拠法を定める法例第21条（通則法32条）によることとし、原則として子の本国法によることとされた。したがって、日本法が離婚の準拠法と指定され、夫婦に未成年の子がある場合は、まずその親権の指定に関する準拠法、すなわち子の本国法等を特定した上、それが日本法のときは、離婚届書の「未成年の子の氏名」欄にその氏名を記載させ、届書の「その他」欄に子の国籍、生年月日を記載させた上、受理することになる。

2 報告的届出

(1) 報告的離婚届の態様とその取扱い

報告的離婚届の態様としては、①日本国内で行われる裁判離婚の届出、②外国で成立した裁判離婚の届出、及び③外国で成立した協議離婚の届出がある。裁判離婚（外国における裁判を含む。）があった場合における報告的届出についての取扱いは、法例の改正前と変わりがないが、外国において協議離婚をした旨の証明書の提出があったときは、離婚の準拠法上協議離婚をすることができる場合に限り、これを受理することができることが明らかにされた。

(2) 外国で成立した協議離婚

外国に在る日本人が協議離婚をする場合、日本人同士の夫婦がその国に駐在する日本の大使、公使又は領事に届出をするときを除き、我が国の法例（通則法）が定める準拠法及び方式に従って協議離婚を行わない限り有効なものとはならない。したがって、まず、その準拠法を決定する必要がある。報告的離婚届は、既に成立した離婚についての届出であるから、その協議離婚が準拠法によって有効なものであるか、また、適法な方式に基づくものであるかを確認した上、受理すべきである。

ア 準拠法の決定

外国において協議離婚をした旨の証書を報告的離婚届として受理することができるのは、次の①又は②の場合である。

① 夫婦双方が日本人である場合
② 夫婦の一方が日本人である場合で、
  a 日本人配偶者が日本に常居所を有するとき
  b 夫婦の常居所地法が同一で、その地の法律が協議離婚制度を設けているとき
  c 夫婦の共通常居所がない場合において、その夫婦に最も密接な関係がある地が日本であるか、又はその地の法律が協議離婚制度を設けているとき

イ 協議離婚の方式

協議離婚は、行為の成立を定める方式又は行為地法が定める方式のい

11 平成元年10月2日民二第3900号通達

ずれによっても有効に成立させることができる（法例22条―通則法34条）。したがって、報告的協議離婚届があったときは、添付された離婚証書（戸41条）によって、上記のうち、いずれの方式に基づいてされているかを審査し、適法な方式であることが認められる場合は、受理することになる。

　ウ　審　査

　　報告的届出の対象となっている協議離婚が有効に成立しているか否かの審査は、届書及びその添付書類に基づいて行うが、届書中の「別居する前の住所」欄に協議離婚をすることができない地が記載されているときや、添付されている離婚証書の夫婦の住所地が協議離婚をすることができない地である場合は、協議離婚の準拠法に疑義がある場合であるから、直ちに受理することなく、管轄法務局の長に指示を求め、管轄法務局において事実を調査した上、前記ア②のb又はcの要件を充たすことが確認された場合は、その指示により受理することになる。

第3　出生等に関する取扱い

1　嫡出子

改正前の法例によると、嫡出親子関係については、子の出生当時の母の夫の属した国の法律によるとされていたが（改正前の法例17条1項）、改正後は、子の出生当時の父又は母の本国法（第1の1(1)イ参照）のいずれか一方の法律によって嫡出子である場合には、その間の子を嫡出子とすることとされた（法例17条1項―通則法28条1項）。

(1)　父母の一方が日本人の場合

　ア　日本人である父又は母の本国法（日本法）上、子が嫡出となる場合

　　法例改正によって、子の嫡出性は夫婦の一方、つまり父又は母の本国法によることとされたから（法例17条1項―通則法28条1項）、父又は母の一方が日本人である場合は、まず日本の民法によって嫡出性の有無を判断し、嫡出子と認定されれば、外国人配偶者の本国法を調査するまでもなく、嫡出子として処理をする。我が国の民法上嫡出子と認定され

123

ない場合に、初めて外国人配偶者の本国法を調査することになる。

　なお、父母の婚姻成立後200日以内に生まれた子（推定を受けない嫡出子）は、我が国の民法上、嫡出でない子として出生届をすることもできるが（昭和26・6・27民事甲1332号回答）、この場合には、外国人父又は母の本国法上も嫡出子として取り扱っていない場合に限られる（後記2(1)参照）。

イ　外国人父又は母の本国法のみによって嫡出子となる場合

　父母の一方の本国法である日本法によれば、嫡出子としての推定を受けない子が、他の一方である外国人の父又は母の本国法の取扱いによると嫡出子と推定される場合がある。例えば、離婚後300日後に生まれた子については、父母の一方の本国法である日本法上は嫡出子として取り扱うことはできないが（民772条）、他の一方である父又は母が台湾系中国人の場合には、その本国法では父母離婚後302日以内の出生子を嫡出子として扱うこととされているので（民国民法1062条）、その子を嫡出子とする出生届は受理される。なお、我が国民法の嫡出子の取扱いは比較法的にみてかなり緩やかといわれており、それよりも更に緩やかな法制を採る中華民国民法のような例は少なく（タイ王国民法1536条の婚姻解消後310日以内など）、まれなケースに限られる。

　国籍証明書　このように外国人父又は母の本国法のみによって嫡出子となる子の出生届の場合は、外国人親の国籍証明書及び外国人親の本国法上、嫡出子の要件に関する証明書の添付を求めることとなる（戸規63条）。これらの証明書は、子の出生当時における嫡出子としての認定の根拠となるものであり、本国官憲が発給する証明書（例えば、旅券等）であることを要する。なお、韓国人又は台湾系中国人についての戸籍の謄・抄本は、そこに記載されている者についての国籍を証明するものということができるが、これらは公開されており、第三者でも入手し得るので、常に本人と結びつくものとはいえない。そこで、本人を特定する他の証明書（登録原票記載事項証明書も可）と合わせて初めて本人の国籍証明書ということになる[注]。ところで、これらの添付書類は、子が出生した時点における外国人父又は母の国籍を判断するためのものであ

り、その時点で外国人親の本国を証明したものということになる。しかし、この発行時点をあまりにも厳格に取り扱うこととすると、出生の届出期間内の履行が添付書類の入手のために遅延することにもなりかねない。このようなことから、子の出生時点での外国人親の国籍が推認し得る発行時期の証明書（子の出生前後6か月内程度）であれば足りるものとされている（「戸籍」555号87頁）。出生証明書が当該外国人親の本国官憲によって証明されたものである場合には、自国の国民であることを前提として作成されたものと解されることから、このような場合には、国籍証明書の添付を要しないものと考えられる。

〔注〕　国籍を証する書面は、国家が直接証明したものであることを要する。当該国家のみが、国籍についての専権的な証明権者であり、それ以外の国は証明権者とはなり得ない。したがって、外国人登録証明書は、我が国で発行したものであるから、これのみをもってここでいう国籍証明書とはいえない。

嫡出子の要件に関する証明書　嫡出子と判断するに至った外国人親の本国法を明らかにするために添付を求めるものであるから、本国官憲の発給した証明書以外に、本国の法律の内容が明らかになる法文の写しを、関係者が出典を明らかにして当該国の法律の条文の写しである旨を証明し、これに訳文を添付したもの（戸規63条の2）でも足りる。また、この証明書の添付がない場合や添付書類に疑義がある場合には、管轄法務局の長に対し受理照会をすることとなる（平成16・4・1民一850号通達、準則制定標準23条）。なお、当該国の法律が明らかな場合は、この証明書は不要である。

届出義務者　改正後の法例により、嫡出子となり得る範囲が拡大し、これによって嫡出親子関係が成立する父又は母は、我が国の法律の適用に当たり当然に父又は母として取り扱うことになる。したがって、父母の一方のみの本国法によって、新たに父又は母と認定される者も戸籍法第52条に規定する出生届の届出義務者となる。

戸籍の処理　日本人と外国人との婚姻届があった場合、その日本人が

戸籍の筆頭者でないときは、その者について新戸籍が編製される（戸16条3項）から、その夫婦間に出生した嫡出子は、日本国籍を取得し（国2条1号）、日本人である父又は母の氏を称して、その戸籍に入籍することとなる（民790条1項、戸18条）。なお、日本人と外国人の夫婦が離婚をした後であっても、その両者の間の嫡出子として推定を受ける限り出生子は日本国籍を取得し（国2条1号）、離婚の際における日本人親の氏を称し、その戸籍に入籍する（民790条1項ただし書、戸18条）。出生事項の記載は、通常の父母婚姻中の嫡出子出生届の場合の記載（法定記載例1・2）、又は父母離婚後に出生した嫡出子出生届の場合の記載（参考記載例5）による。

ウ　母が再婚した後に子を出生した場合
　㋐　母の前夫と後夫の嫡出推定が重複する場合
　　　母が再婚した後に出生した子の嫡出性については、改正後の法例によると前婚、後婚の夫婦を単位として判断する必要がある。父母の一方が日本人である出生子の場合において、母が日本人であるときに①後夫が外国人、②前夫が外国人、③前夫及び後夫が外国人である各場合と、母が外国人であるときの①後夫が日本人、②前夫が日本人、③前夫及び後夫が日本人である各場合に区分できる。しかし、これらいずれの場合であっても、父母の一方が日本人であることから、我が国の民法も適用され（法例17条―通則法28条）、嫡出の推定が重複するときは、父未定の子として出生届をし、裁判所において父を定める取扱いとなっている（民733条）。例えば、

　　　a　母の離婚後300日以内であって、母の再婚の日から200日以内の出生子は、日本法上前婚の夫の嫡出推定を受ける嫡出子であり、他方後婚の夫の推定を受けない嫡出子である。しかし、「推定を受ける嫡出性」と「推定を受けない嫡出性」が重複する場合には、法律上の推定を受ける嫡出性が優先する。したがって、嫡出の推定が重複し、父未定の出生届をしなければならない場合とは、母が日本人の場合において、外国人後夫の本国法により後夫の嫡出子と推定されるときが考えられ、この場合は、子の出生当時における外国人親

の国籍証明書及びその本国法上の嫡出子の要件に関する証明書の提出を求めることになる。

　なお、後夫の嫡出子と推定される場合とは、外国人母の本国法あるいは外国人後夫の本国法が、婚姻後200日以内の出生子を推定を受ける嫡出子として法律上明らかにしている場合であるが、このような法制を採っている国は、米国カリフォルニア州（婚姻中の出生子はすべて夫の子と推定）、フランス（婚姻後180日以後の出生子は夫の子と推定）等がある。

　また、母の離婚後300日以内であって、しかも母の再婚の日から200日後に出生した子は、日本法上前婚の夫の嫡出推定を受けるとともに後婚の夫の嫡出推定も受ける。母が日本人である場合には、法例第17条第1項（通則法28条1項）により日本民法が適用されるから、前婚及び後婚の子として嫡出の推定が重複することになるので、前記の場合と同様に父未定の子として出生届をすることになる。母が外国人である場合で、後婚の子として出生届があった場合又は日本人夫との離婚後300日以内に生まれた子を、その夫の子として出生届があった場合は、通常は、外国人母の前婚又は後婚関係が不明であり、そのまま受理することとなる。

b　母の離婚の日から300日後であって、母の再婚の日から200日以内の出生子は、日本法上、後婚の夫の推定を受けない嫡出子となり、前婚の夫の嫡出推定も受けない。したがって、日本法上の取扱いによれば、後夫の嫡出子あるいは嫡出でない子としての出生届のいずれの届出もできる（昭和15・1・23大審院民事連合部判決―民集19巻54頁、昭和15・4・8民事甲432号通牒、昭和26・6・27民事甲1332号回答）。

　この場合において、嫡出推定が重複し、父未定の出生届をしなければならないときとは、母が日本人の場合において、外国人前夫の本国法により前夫の嫡出子として推定され、しかも後夫の本国法により後夫の嫡出子と推定されるときである。

　また、母の離婚の日から300日後であって、母の再婚の日から

200日後の出生子は、日本法上、後婚の夫の推定を受ける嫡出子となり、前婚の夫の嫡出推定は受けない。したがって、日本法上の取扱いによれば、後夫の嫡出子出生届によることとなる。

この場合において、嫡出の推定が重複し、父未定の出生届をしなければならないときとは、母が日本人の場合において、外国人前夫の本国法により前夫の嫡出子として推定されるとき、あるいは母が外国人の場合において、外国人母又は前夫の本国法により前夫の嫡出子として推定されるときがある。

前記のａ、ｂの取扱いは、嫡出の推定が重複する場合の例であって、外形上は嫡出の推定が及ぶようであっても、前夫又は後夫のいずれかとの嫡出推定を否定する事情が存在し、それが例えば嫡出否認、親子関係不存在確認、離婚の裁判等〔注〕により明らかにされた場合には、その者との嫡出性は否認され、嫡出の推定は重複しないことになるから、父は嫡出の推定を受ける他の一方と定まる。この取扱いが認められるためには、その嫡出性が認められる父又は母の本国法によってその嫡出性が否定されなければならない。したがって、後夫と子の嫡出親子関係については、後夫及び母の本国法により、また、前夫と子の嫡出親子関係については、前夫と母の本国法によって否定されることが必要となる。例えば、前夫及び母が日本人である場合に、前夫の生死が3年以上不明であることを理由として離婚判決が確定したときに、同判決確定の日から300日以内に出生した子については、前夫の嫡出子としての推定は及ばないとされているので（昭和2・10・11民事7271号回答、昭和9・3・5民事甲300号回答、昭和28・7・20民事甲1238号回答）、後夫の嫡出子としての出生届が認められることになる。

〔注〕 母が日本人の場合に、裁判手続を経ないで嫡出推定を否定する方法として、母の懐胎時期が婚姻の解消又は取消し後であれば、婚姻の解消又は取消しの時の夫の嫡出推定が及ばないとする運用を認める通達が発せられた（平成19・5・7民一1007号通達）。この通達による取扱いは、婚姻の解消又は取消し後に懐胎したことが医師

の作成した「懐胎時期に関する証明書」によって明らかになる場合には、嫡出でない子又は後婚の夫の子としての出生届を認めるものである。

(イ) 父未定の子についての戸籍の処理

　　a　届出義務者　前夫及び後夫の嫡出推定が重複する子については、出生届書にその旨を明らかにして、母がこの届出をしなければならないとされている（戸54条）。この出生届をした後、人事訴訟法第4条、第43条による裁判手続によって父を確定することになる。このような場合には、父未定の出生届のみ受理することになる（大正7・5・16民1030号回答第二項、昭和26・1・23民事甲51号回答）。

　　b　出生子の国籍　父未定の子の日本国籍取得は、母が日本人である場合と外国人である場合とで異なる。母が日本人である場合には、前夫又は後夫のいずれの子として父が定められても、その間の子は母の国籍である日本国籍を取得することとなる。しかし、母が外国人である場合には、前夫又は後夫のいずれかが日本人であって、その日本人の子として定められた場合に限って、父の国籍である日本国籍を取得することになる。

　　c　戸籍の記載　母が日本人の場合の父未定の出生届の処理は、子の父が裁判によって定まるまでの間、母からの出生届によって（戸52条3項）、一応、出生当時の母の氏を称しその当時の母の戸籍に父欄を空欄とし、父母との続柄は母が分娩した嫡出でない子の出生の順により「長男（長女）」、「二男（二女）」等と記載して入籍させる（平成16・11・1民一3008号通達参照）。そして、後日、父が裁判によって確定したときは、戸籍法第116条による戸籍訂正申請（裁判の謄本及び確定証明書添付）により、父欄を記載し、父母との続柄も父母双方を基準として訂正することになる。もっとも、前夫が日本人である場合に、子が前夫の子と定められたときには、出生当時の母の戸籍に父未定として記載されている子は、母と前夫の婚姻解消

当時の戸籍に入籍させる取扱いとなる。なお、母が外国人の場合は、外国人母には戸籍がなく、また、その出生子が日本国籍を取得するか否かは未定であるため、裁判によって父が日本人と確定しない限り、戸籍の記載はできないから、出生届書は、戸籍の記載を要しない届書類として、市区町村長が保存することになる（戸規50条）。

エ　戸籍法第62条の出生届の場合

　戸籍法第62条は、民法第789条第2項の規定によって嫡出子（いわゆる準正子）となる者について、父が嫡出子出生の届出をしたときは、その届出に認知の届出の効力を有する旨を規定している。つまり、父母の婚姻前に出生した子について、その出生の届出に先立って父母が婚姻をした場合には、出生の届出と認知の届出を各別にするまでもなく、父から嫡出子出生届があったときは、その届出に認知の届出の効力を認めるとするものである。本通達は、この戸籍法第62条の出生届の取扱いについては、日本人と外国人との婚姻前の出生子に関し、法例の改正後も従前のとおりの取扱いによることを明らかにした[注]。

〔注〕　日本人と外国人の夫婦間の婚姻前に出生した子について、父母の婚姻後に外国人父から戸籍法第62条の出生届をすることができるかの問題については、従前から「法例の規定によって定める準拠法において認知が禁止されず、かつ、認知によって当該出生子が嫡出子たる身分を取得することとなる場合には、戸籍法第62条の規定による出生届をすることができるものと解する。」とされている（昭和26・11・12民事甲2162号回答）。例えば、外国人父と日本人母との婚姻前の出生子について、父母の婚姻後に外国人父からの戸籍法第62条の出生届ができるとされ（昭和27・3・18民事甲264号回答、昭和27・9・2民事甲167号回答他）、また、日本人父と外国人母との婚姻前の出生子についても、父母の婚姻後に日本人父からの戸籍法第62条の出生届ができるとされている（昭和31・7・7民事甲1555号回答、昭和39・8・18民事甲2868号回答ほか）。

11 平成元年10月2日民二第3900号通達

(ア) 要 件

　この届出は、認知の届出の効力を認める嫡出子出生の届出であるから、認知の届出をすることができる父からの届出であって、成年に達した子を認知するときは、その承諾を要する（民782号、昭和43・4・5民事甲689号回答参照）。また、既に死亡した子を認知するときは、その子に直系卑属がある場合に限られ（民783条、大正6・3・6民197号回答第十項）、この直系卑属が成年者であるときはその承諾を要する。これらの要件を欠く場合には、この届出はできない。

　なお、この戸籍法第62条の届出をする時期は、父母の婚姻成立後であることを要するが、届出当時にその婚姻が継続していることを要しない（大正8・3・28民710号回答）。

(イ) 戸籍法第62条の出生届の取扱い

　戸籍法第62条の出生届の取扱いについて、法例改正前は父と子とそれぞれの本国法によって認知の要件を具備すること（配分的適用）によって（改正前の法例18条1項）、出生子が嫡出子の身分を取得（認知準正）する場合においては、この出生届をすることができるとされていた。これに対し、改正後の法例は、子の出生当時の認知する者の本国法又は認知当時の認知する者の本国法若しくは子の本国法のいずれの法律によっても認知することができるもの（選択的連結）とされ、また、この場合において、認知する者の本国法によるときは、子の本国法が子又は第三者の承諾又は同意を要件（保護要件）とするときは、その要件も具備することとされた（法例18条1項・2項―通則法29条1項・2項、後記「第4　認知に関する取扱い」を参照）。さらに、準正については、準正の要件たる事実の完成当時における父若しくは母又は子のいずれかの本国法によって準正が成立する場合にはこれを認め、子は、嫡出子の身分を取得する旨の規定が新設された（法例19条―通則法30条）。

　このことによって、父母の一方が外国人の場合における戸籍法第62条の出生届の範囲が拡大し、その取扱いが容易となったということができる。例えば、日本人男と外国人女間の子の戸籍法第62条の

出生届であれば、認知の要件に関し、子の保護要件を別として、父の本国法である日本法により判断すれば足りる。また、外国人男と日本人女間の子の戸籍法第62条の出生届であれば、子は、出生により母の国籍である日本国籍を取得しており（国2条1号）、子の本国法である日本法によって判断すれば足りることとされた。

　ところで、法例の改正により、嫡出でない子の父子関係について、認知による父子関係の成立だけでなく、事実としての父子関係（血縁関係）の存在が確認されれば、認知を要することなく、法律上も父子関係を認める、いわゆる事実（血統）主義を採用する国の法制が適用されることとなった（法例18条1項前段―通則法29条1項前段）。これに伴い、外国人父の本国法が事実主義を採用している場合において、外国人父から日本人女との間の子について、戸籍法第62条の出生届ができるかという問題がある。つまり、同条による出生届は、認知の届出の効力を有するものであるが、a　事実主義を採用している外国人父の本国法の下で、既に父子関係が潜在的に成立していることから、更に認知をする必要はないのではないかという疑問が生じる。また、b　認知がなくとも、父母が婚姻をした時点で父の本国法上当然に準正嫡出子の身分を取得しているとも解し得る。しかし、前記aの点については、本通達第4の1(1)によると、認知する者の本国法が事実主義を採用している場合であっても、認知の届出を受理するとしており、戸籍法第62条の出生届をすることができるとされる。前記bの既に嫡出子の身分を取得した者について、認知をすることはできないのではないかという点である。しかし、我が国の取扱いは、外国人父の本国法が事実主義を採用している国であっても、これを明らかにする証明書等（第3の2(2)）を添付の上、市区町村長に届け出ることによって明らかになるものであり、その場合に限って父子関係の成立を戸籍に反映させることができる。この届出がない限り、外国人父の本国法が事実主義を採用しているかどうかは明らかでなく、法例第19条（通則法30条）に規定する準正の要件となる事実の完成当時の本国法によって準正が成立しているか否かが判明しない。したがっ

て、事実主義を採用している外国人の本国法が事実主義を採用している旨の証明書等を添付して、父母婚姻後に父から嫡出子の出生届があったときは、戸籍法第62条の出生届としてではなく、本通達第3の3(3)による出生届として取り扱うことになる。

(ウ) 戸籍の処理

a **届出人** この届出をすることができるのは、父のみであり、父の死亡後はこの届出をすることはできないが、母が死亡しても父が届出をすることはできる（大正7・5・30民1159号回答、大正8・9・13民事3685号回答）。既に母その他の者から嫡出でない子の出生届がされている場合には、父からのこの届出は認められない。

b **添付書類** 戸籍法第62条の出生届も出生届の一種であるから、出生証明書と、渉外事件の場合は、認知の要件を満たしていることの証明書の添付が必要である。父母の婚姻の事実は、婚姻の事実の記載のある戸籍（簿）により確認される。また、子が外国人である場合は、認知に当たって子の本国法が、その子又は第三者の承諾又は同意を要件としているときは、本通達第4の1(2)に示された要件を満たす旨の証明書（法例18条1項後段―通則法29条1項後段）の添付を求める必要がある。

c **出生子の国籍** 戸籍法第62条の出生届は、父母の婚姻及び認知によって、子が嫡出子の身分を取得することから認められた届出であって、出生によって取得した子の国籍には何ら影響を及ぼすものではない。すなわち、認知あるいは父母の婚姻等の身分行為によって子の国籍が変動するものではなく、日本人と外国人との間に出生した子が出生によって日本国籍を取得するかどうかは、子の出生時における日本人父又は母と子との間に、法律上の父子関係又は母子関係が存在するかどうかによって決まる。したがって、日本人男と外国人女の婚姻前の出生子は、出生の時点では、日本人男との法律上の父子関係が成立していないことから、日本国籍を取得しない。また、日本人女と外国人男の婚姻前の出生子は、出生により母の国籍である日本国籍を取得する[注]。なお、外国人女の本国法が出生

子と父との関係について、事実主義を採用している場合であっても、日本人父と子の間の嫡出でない子の親子関係の成立は、父の本国法である日本法のみによるので、その影響を受けるものではない。

〔注〕 母と嫡出でない子との親子関係は、原則として、母の認知を待たず、分娩の事実により当然に発生すると解されている（昭和37・4・27最高裁判決―民集16巻7号1247頁、大正5・10・25民805号回答、大正7・5・30民1159号回答三、大正11・5・16民事1688号回答）

d **戸籍の記載** ①日本人母と外国人父の婚姻前の出生子について、父母婚姻後に外国人父から戸籍法第62条の嫡出子出生届があった場合、子は出生により日本国籍を取得し、出生届により直ちに母の戸籍に嫡出子として入籍することになる。この場合の子の身分事項欄に記載する出生事項は、「平成六年拾壱月参拾日東京都千代田区で出生同年拾弐月拾日父（国籍アメリカ合衆国西暦千九百六拾壱年拾月四日生）届出入籍㊞」の例による。また、②日本人父と外国人母の婚姻前の出生子について、父母婚姻後日本人父から戸籍法第62条の出生届があった場合、子は、出生により日本国籍を取得していないので、父の戸籍には入籍しない。前記の出生届により日本人父の戸籍の身分事項欄に外国人子について認知の届出の効力を有する出生届をした旨を「平成参年七月拾日国籍フィリピン共和国アーティアート、サムエル（西暦千九百九拾年壱月弐拾日生母アーティアート、ミラー）を認知届出の効力を有する出生届出㊞」（参考記載例19）の例により記載するにとどまる。

(2) **父母の双方が外国人である場合**

出生子の嫡出性については、父又は母のいずれかの本国法により認められれば、子は、その夫婦の嫡出子として扱われることは、父母の一方が日本人の場合であっても、父母の双方が外国人の場合であっても、何ら異なることはない。ところで、外国人父母間に出生した子が、嫡出子と扱われるかどう

かは、我が国の法例（通則法）の下での判断にすぎないのであって、これが当事者である外国人父又は母の本国においてどのように取り扱われるかは、当該外国の国際私法を含むその国の法令に基づく取扱いによることになる。また、我が国でその子の嫡出性が問題となったときは、その時点で判断すれば足りるものと考えられる。なお、父母双方が外国人である子の場合は、戸籍の記載が問題となることはないが、婚姻のように届出に創設的効果が生じることから、当事者双方が外国人の場合であっても、準拠法に基づく要件が具備しているかどうかを十分に審査する必要がある。しかし、出生届の場合は、少なくとも母子関係についての公証をする必要上、その点について十分な審査を要するとしても、嫡出性については、出生届や添付書類から明らかに疑義がある場合を除き、そのまま受理しても差し支えないとされている。したがって、父母双方が外国人である子の出生届を受理するに当たっては、本通達第3の1(2)イによる外国人親の国籍証明書及び外国人親の本国法上の嫡出子の要件に関する証明書の提出をあえて求める必要はないと解されている（「戸籍」555号102頁参照）。もっとも、出生届書の記載内容等から、嫡出性について明らかに疑義が生じた場合には、その審査のために必要な母の前婚関係等の証明書類の提出を求めた上（戸規63条）で調査することも可能であろう。この出生届は、戸籍に記載を要しない届書類として、受理した年度の翌年から10年保存することになる。（戸規50条2項）。

2 嫡出でない子
(1) 父母の一方が日本人である場合
　ア　母の婚姻後200日以内に出生した子の出生届
　　この場合の出生子は、我が国の取扱いによるときは、民法第772条による嫡出子としての推定は受けないが、母の夫によって懐胎した子であれば、生来の嫡出子であるとする昭和15年1月23日の大審院民事連合部判決（民集19巻54頁）以来、戸籍の実務においても、このような出生子については、父からの認知を得るまでもなく、嫡出子としての出生届を受理することができるとしている（昭和15・4・8民事甲432号通牒）。また、その出生子が母の夫によって懐胎した子でないときは、嫡

出子ではないから、母から嫡出でない子として出生の届出があった場合は、これを受理して差し支えないとされている（昭和26・6・27民事甲1332号回答）。したがって、母の婚姻成立の日から200日以内に出生した子については、我が国の民法上の取扱いによれば、嫡出子又は嫡出でない子のいずれの出生届もできることになる。

　この取扱いは、改正前の法例によると、子の嫡出性は父の本国法によることとされていたので（改正前の法例17条前段）、父が日本人の場合にのみ認められていた。しかし、改正後の法例（通則法）によれば、嫡出親子関係の成立については、子の出生当時の父又は母の本国法のいずれか一方の法律によって嫡出子と認められる場合は、その間の子は嫡出子とすることに改められた（法例17条1項―通則法28条1項）。この改正によって、母の婚姻成立の日から200日以内に出生した子については、嫡出子又は嫡出でない子のいずれの届出も可能である反面、他方の配偶者である外国人父又は母の本国法により嫡出子となった場合は、嫡出子として処理することになる（法例17条1項前段―通則法28条1項前段）。したがって、右の場合において、出生した子を嫡出でない子とする出生の届出があったときは、外国人父又は母の本国法上夫の子と推定されない場合に限って、この届出を受理することになる。この外国人親の本国法において夫の子と推定されるか否かの審査は、当該外国法の嫡出推定に関する規定（法文の抜粋）によることになる。

　なお、日本人母から嫡出でない子として出生の届出後、母の外国人夫から認知の届出があったときは、子は生来の嫡出子となるので、さきの嫡出でない子の出生届を嫡出子出生届に訂正するための追完届ないしは申出書として取り扱うこととなる（昭和34・8・28民事甲1827号通達、昭和34・10・19民事甲2332号回答）。

イ　母の離婚の日から301日以後に出生した子の出生届

　この場合の出生子は、我が国の民法上、民法第772条による嫡出子としての推定を受けない。改正前の法例によると、子の嫡出性は父の本国法によることとされていたから（改正前の法例17条前段）、父が日本人の場合は、嫡出でない子の出生届として、また、父が外国人の場合には

その外国人父の本国法により嫡出子・嫡出でない子の取扱いによって処理されていた。しかし、改正後の法例は、嫡出親子関係の成立については、子の出生当時の父又は母の本国法のいずれか一方の法律によって嫡出子と認められる場合は、その間の子を嫡出子とすることに改められた（法例17条1項—通則法28条1項）。したがって、父母の一方が日本人である場合に、母の離婚の日から301日以後に出生した子については、我が国の民法上の取扱いによると嫡出でない子となるが、他方の配偶者である外国人父又は母の本国法によれば、その間の子が嫡出子となる場合は、我が国においてもこれを嫡出子として取り扱うことになる。

なお、本通達は、母の離婚の日から301日以後に出生した子について、嫡出でない子として出生届があった場合は、特段の疑義が生じない限り、届出を受理することとしている。これは、前記の出生子を嫡出子とする法制を採用している国は、台湾系中国、タイ国等一部の国に限られ、多くの国では我が国の法制と同様に嫡出でない子とする法制が採られていることによるものとされている。

(2) **外国人父の本国法が事実主義を採用している場合の嫡出でない子の出生届**

ア　日本人母からの嫡出でない子の出生届

婚姻関係にない日本人母が、事実主義を採用している外国人男性の子を出生した場合の出生届の取扱いは、次のとおり取り扱うものとされている。

(ｱ)　事実主義

嫡出でない子とその父又は母との法律上の親子関係の形成について、その父又は母が自分の子であることを認めるまでもなく、その間に血縁関係が客観的に存在すれば、これをもって法律上も親子関係を認める法制を事実主義という。つまり、法律上の親子関係の成立に関し、父が自己の子として積極的に認めるという行為があって初めて法律上の父子関係が成立する認知（意思）主義に対応する概念である。

我が国の民法上、嫡出でない子と父との法律上の親子関係については、いわゆる認知主義によっているが、母子関係については分娩とい

う事実があれば法律上の親子関係を認めることから（昭和37・4・27最高裁判決―民集16巻7号1247頁）、事実主義によっているといえる。なお、我が国では、父子関係については認知によるほか、父と子の血縁関係に基づき、裁判所での裁判認知（民787条）による法律上の父子関係の創設を認めている。この場合、認知行為を要件としていない点で事実主義に近いが、裁判所における裁判の確定が要件とされているので、右の事実主義とは異なる。

このように事実主義を採る国は、父の意思に基づかないで、生理上の父子関係の存在という事実のみにより法律上の親子関係が成立するという法制を採っているが、一般的には、母からの一方的な申出等によって、父親が不知の間に父子関係を認定するものではなく、我が国の認知制度のような一定の要式行為による積極的な意思表示までは要しないにしても、父と子の間に父子関係があると認めるに足りる一定の客観的な事実が必要とされるようである。この客観的な事実が妥当性のあるものとして広く自国民に承認されるには、例えば、父親の承認又は裁判所等公的機関の承認があること、あるいは同居している男女間に生まれた子であること等が必要であり、しかも、これらの事実によって、出生と同時に出生子と父親との間に法律上の親子関係が成立するものであることが当該国の法律で明記されていること（明記されていない場合は、本国官憲のその旨の証明があること）が必要と考えられる。

事実主義を採っている国の一つにフィリピン共和国があるが、同国家族法（1998年共和国法第8533号による改正）第6編の第2章「父子関係の証明」の第172条第1項によると「嫡出子の父子関係は以下のことにより生ずる。」として、(1) 登録所で出生登録をすること、又は確定判決。(2) 公文書又は父母が署名した私文書で嫡出親子関係を自認すること。第2項では「前項に掲げる証拠がない場合は、嫡出親子関係は以下により証明する。(1) 公然と継続的に嫡出子の地位を有し続けていること。(2) 裁判所法その他の特別法に認められた、その他あらゆる手段。」と定めている。また、第175条第1項は「非嫡出

子は嫡出子と同様の方法と証拠により非嫡出親子関係を生ずる。」とし、一定の客観的事実を明示している。

(イ) 戸籍事務との関係

　　改正前の法例の下では、父と子の本国法がともに事実主義を採用している場合、例えば、フィリピン人母から出生した嫡出でない子で、その父もフィリピン人の場合は、フィリピンの法制が適用され、出生により法律上の父子関係が存在すると解されていた。しかし、戸籍事務においては、少なくとも父又は子の一方が日本人の事案のみが注目され、このときは認知を要件としていたので、事実主義を問題とすることはなかった。改正後の法例では、子が日本人の場合も、父の本国法が事実主義を採用しているときは、その法制を適用することになったため、戸籍上審査を要することとなった。そこで、どのような場合に父と子の間の血縁関係の存在を認めるかが問題となる。本通達は、事実主義は裁判によるもの以外に、父母双方が認める場合も採り入れるが、事実主義と認知は別個のものであって、認知の有用性から、重複して可能とする方法を採用した。すなわち、一般的に事実主義の法制は、出生の事実によって法律上当然に婚外父子関係が成立するため、その前提として認知を要しないとしているに過ぎず、認知を積極的に排除しているものではないこと、また、事実主義の法制を採る国では、親子関係の確定のための証拠を必要とするが、父親であることの表明は、その有力なものであると一般に認められていること等から、出生証明書に父の署名のあるもの等を添付させることとしたものである（本通達第3の2(2)）。

(ウ) 出生届書の父欄に氏名の記載があり、事実主義を採用していることが明らかな場合の出生届の取扱い

　a　出生届書の記載

　　改正後の法例は、子と父との非嫡出親子関係については、子の出生当時における父の本国法により成立するものとし（法例18条1項―通則法29条1項）、子が日本人の場合も認知（意思）主義による親子関係の成立だけでなく、血縁という事実主義による親子関係の成

立が認められる[注]。したがって、外国人父の本国法が事実主義を採用している場合には、事実主義による父子関係の成立を出生届に表示する必要があるから、母からの嫡出でない子の出生届の届書中、父欄に父の氏名を、「その他」欄に「父の本国法は事実主義を採用している。」旨を記載させる必要がある。

b 添付書類

前記の届書に添付すべき書類として、①父の国籍証明書、②事実主義が採用されている旨の証明書及び③外国人父が出生子の父であることの証明書がある。

①の国籍証明書は、外国人父の本国法がどこの国の法律であるかを確認するためのものであり、本国官憲の発給した国籍証明書のほか、旅券（原本の提示）がある。

②の事実主義に関する証明書は、父の本国法上事実主義を採用している旨の証明書であるが、これは必ずしも本国官憲の発給したものでなくても、父の本国の法律につき出典を明示した上、その写しを関係者が訳文し、当該国の法律の写しである旨を証明したもので足りる（なお、私人は、法律の内容について証明できる立場にないので、例えば、父本人が作成した「本国法上事実主義が採用されている」旨の証明書は、ここにいう証明書に代わり得ない。）。

③の外国人父が出生子の父であることの証明は、当事者の双方である父及び母の承認をもってすることとされている。父母双方による承認は高い証明力があり、後日の紛争を避けることも期待できる。そして、この出生届の届出義務者は母であるから、届書の父欄に父の氏名を記載すること及び届出人の署名押印をすることにより、「当該者が父であること」の証明と承認の趣旨が含まれていると解し得るので、別途、母からの申述書の添付は要しないと考えられる。そこで、本通達では、父が作成したその旨の申述書を添付させる必要があるとされている。その内容は、「当該出生子〇〇（出生子の氏名）の父は、私こと△△△（父の氏名）である。」旨の記載があれば足りる。血縁的な父子関係の存在を認定することは、一般

に審査が困難であり、しかも、戸籍の窓口では、全国統一的に正確かつ迅速に処理しなければならない要請がある。そのため、父母の二重の証明と承認を要することによって誤りの少ない処理ができることから、このような取扱いとされたものである。

　なお、父の本国官憲が発給した父子関係証明書の添付がある場合、あるいは出生証明書に父の署名がある場合のほか、出生登録証明書に父の氏名が記載されていて、しかも、登録証明書への父の氏名の記載が父自らの届出、申出等によって記載されている場合は、父の申述書の添付は不要である。また、出生届の際、父が死亡したため申述書の添付ができない特別の事情がある場合には、その申述書に代わり得る書面として、父の署名のある出生証明書等公的機関の証明書によって処理することになる。

c　出生子の国籍

　この場合における出生子は、日本人母の嫡出でない子であることから、日本国籍を取得し（国2条1号）、母の氏を称してその戸籍に入る（民790条、戸18条2項）。外国人父の本国法が、事実主義の法制を採り、しかも国籍の取得につき血統主義を採用していて、出生子が、出生により当然に父の国籍を取得することとは、嫡出でない子であっても当然に父の国籍を取得することになる。したがって、その出生子が国外で出生した場合には、国籍留保届をしなければ、日本の国籍を失うことになる（国12条、戸104条）。

d　戸籍の記載

　子の戸籍に記載する出生事項は、「平成弐年五月拾日東京都千代田区で出生（父国籍フィリピン共和国西暦千九百五拾七年六月弐日生）同月拾六日母届出入籍㊞」（参考記載例13）の例により記載した上、父欄に外国人父の氏名を記載することになる（平成元・10・2民二3901号通達）。

　〔注〕　子の父子関係の存在が認められたとしても、その父と母が婚姻をしない限り、出生子が嫡出子の身分を取得するものではないから、

母は嫡出でない子として出生届をしなければならない（戸52条2項）。その外国人父は、父としての資格では出生届はできないが、同居者としての資格があれば出生届をすることができる（同条3項）。

イ　母からの出生の届出に基づき母の戸籍に入籍している子について、母から事実主義を採用している国の国籍を有する外国人父の氏名を記載する旨の出生届の追完届があった場合の取扱い

(ア)　**出生届の追完届**

　　外国人父の本国法が事実主義を採用している場合に、嫡出でない子の出生届の届出人である母が、その取扱いについて不知であったとか、あるいは必要書類が整わなかった等の理由で、通常の嫡出でない子の出生届をし、戸籍に父の氏名が記載されていない場合が生じ得る。このように届出に基づいて既に戸籍の記載がされている場合であっても、その届出事項の一部分が届書の不備によって戸籍の記載ができなかったときは、戸籍法第45条の規定に基づく追完届によって処理することとされている（大正4・1・9民1009号回答七）。この場合において、その追完届をすべき者は、原則として、不備な届出をした届出人であるが、その届出事件について届出をすべき者であれば他の者からでもすることができる（大正3・12・28民1962号回答三）。したがって、外国人父の本国法が事実主義を採用している場合に、父の氏名が記載されていない嫡出でない子について、前記ア(ウ)ｂの関係書類を添付して、さきの嫡出でない子の出生届に父の氏名を記載する旨の追完の届出があったときは、これを受理することとなる。また、父の死亡後であっても、その申述書に代えて、死亡者が出生子の父である旨の公的機関の証明書があれば、母からの追完の届出は可能である。しかし、母の死亡後は、前記ア(ウ)ｂ③の「外国人父が出生子の父であること」の部分に関し、母の証明書及び承認を得ることができないから、追完の届出による処理はできない。このような場合に、子が父の氏名の記載を望むときは、父子関係存在確認又は強制認知の裁判による判決を得る必要がある。

なお、前記の追完届は、既に事実主義を採用している外国人父の本国法によって成立している父子関係を戸籍に記載するにすぎないものであるから、成年に達した子についての追完の届出があっても、子の承諾（民782条）は要しない。

(イ) 添付書類及び戸籍の記載

この追完届については、前記ア(ウ)ｂの①～③の書類の添付を要し、追完届によって子の身分事項欄には「平成弐年六月五日父（国籍フィリピン共和国西暦千九百五拾七年六月弐日生）の氏名追完母届出㊞」（参考記載例14）の例により記載した上、父欄に外国人父の氏名を記載することになる。

3 嫡出となる子（準正嫡出子）

我が国の民法では、「父が認知した子は、その父母の婚姻によって嫡出子たる身分を取得する。」（民789条1項・婚姻準正）、「婚姻中父母が認知した子は、その認知の時から、嫡出子たる身分を取得する。」（同条2項、認知準正）とされている。ところで、準正について改正前の法例は、子の嫡出性に関する規定（改正前の法例17条）の類推適用によって解釈し、母の夫の本国法によって定めるとしていた。これに対し、改正後の法例は、嫡出でない子は、準正の要件たる事実の完成の当時の父若しくは母又は子の本国法により準正が完成するときは、準正によって嫡出子としての身分を取得することとした（法例19条1項―通則法30条1項）。改正前の「母の夫の本国法」によっていた取扱いから考えると、嫡出親子関係の成立についての改正内容に合わせて、父又は母の本国法の二つのうちいずれかによるとすることも考えられるが、更に子の本国法も選択し得る法律の一つとして加えられた。これは、準正の要件の一つである認知に関する準拠法が改正され、親側の法律だけでなく、認知時の子の本国法によることもできるとされた（法例18条2項―通則法29条2項）ことによる。なお、父の本国法が事実主義を採用している場合は、父の本国法上、父からの認知を待つまでもなく、父母の婚姻によって直ちに準正（婚姻準正）となる。

以上のように、改正法例により準正する機会は増加することとなるが、戸

籍上の取扱いは従前と変わらない。例えば、子が日本国籍を取得するかどうかは、その子の出生当時の父又は母が日本人であるかどうかにかかっているから、日本人父と外国人母間の嫡出でない子が、準正によって嫡出子の身分を取得したとしても、当然に日本国籍を取得することはない。ただし、準正によって嫡出子の身分を取得した20歳未満の子は、一定の要件の下に法務大臣に届け出ることによって日本国籍を取得し（国3条、国規1条1項・4項、戸102条）、日本人親の戸籍に入籍する。

また、準正嫡出子が日本人を母とする場合、子は出生により母の国籍である日本国籍を取得し（国2条1号）、母の戸籍に入籍する（民790条2項、戸18条2項後段）。その後、準正により嫡出子の身分を取得したときは、準正が完成した基本の届書、すなわち、婚姻準正の場合には婚姻届書、認知準正の場合には認知届書の「その他」欄の記載によって準正嫡出子となる子の続柄欄を訂正することになる（法定記載例16・78・79、平成16・11・1民一3008号通達参照）。

ところで、外国人父の本国法が事実主義を採用している場合は、既に出生という事実により法律上の父子関係が成立しているので、日本人母の嫡出でない子が準正により嫡出子の身分を取得する場合の戸籍の取扱い上問題となるのは婚姻準正の場合のみである。外国人父の本国法が事実主義を採用している場合の出生届の取扱いについては、本通達は、前記2(2)のとおり定めていることから、この場合における日本人母の嫡出でない子が、父母の婚姻により嫡出子の身分を取得する場合の取扱いに関してはそれぞれの場合に分けて、次の(1)～(3)のとおり明示している。

(1) 外国人父の本国法が事実主義を採用している場合において婚姻前に出生届がされ、それに基づき子の戸籍に父の氏名が記載されている場合

　この場合における準正の準拠法は、父の本国法であるが、事実主義を採用する法制の場合は、婚姻準正を認めるのが通例であることから、これに関する証明書の添付を求めるまでもない。したがって、婚姻届書（準正が完成する基本の届書）の「その他」欄に準正嫡出子となる子の戸籍の表示及び準正の効果としての続柄の訂正事項を記載させ、これによって戸籍の処理をする（法定記載例80）。

なお、婚姻届書の「その他」欄に前記の記載を遺漏した場合には、原則として不備な届出をした届出人である夫婦（父母）が追完の届出をする。この場合、成年に達した子についての追完の届出であっても、子の承諾（民782条）は不要である。

(2)　婚姻の届出後、出生届に父の氏名を記載する旨の追完届及び婚姻届に嫡出子の身分を取得する旨の追完届があった場合

　母からの出生届に基づいて母の戸籍に入籍している嫡出でない子について、母から、本国法が事実主義を採用している外国人父の氏名を記載する旨の出生届の追完の届出があったときは、これを受理し、子の戸籍に父の氏名を記載する取扱いとされている（前記2(2)イ）。父母の婚姻後に、この出生届の追完届があった場合は、その追完届によって子の戸籍に父の氏名が記載されるが、子が嫡出子の身分を取得するのは父母の婚姻の時であって、出生の時ではない。したがって、子が準正によって嫡出子の身分を取得する旨の追完の届出は、その基本となる父母の婚姻届にすることとなる。

　この取扱いをするための前提として、まず、その子について外国人父の本国法が事実主義を採用していることによる追完の届出がされ、父子関係の存在することが明らかにされる必要がある。したがって、父の国籍証明書、父の本国法上事実主義が採用されている旨の証明書（前記2(2)ア(ウ)b）を添付して、出生届の追完の届出がされ、かつ、準正となる基本の届出である婚姻届書の「その他」欄に準正嫡出子となる旨の追完の届出が必要となる。これらの追完届があったときは、出生届の追完の届出及び婚姻届の追完届に基づき、それぞれの記載を子の身分事項欄にすることとなる（参考記載例14、法定記載例80）。なお、追完の届出をすべき者は、原則として不備の届出をした基本の届出の届出人であるから、出生届についての追完届は母が、婚姻届についての追完届は夫婦（父母）が届出人となる。

(3)　婚姻の届出後、婚姻前に出生した子について、外国人父の本国法が事実主義を採用している旨の証明書を添付して出生届があった場合

　父母の婚姻前に出生した子であっても、その外国人父の本国法が事実主義を採用している場合には、出生の届出の有無に関係なく、子は出生の時から法律上の父子関係が成立している。そして、父母の婚姻が成立することに

よって子が嫡出子の身分を取得する場合は、父母の婚姻後にする出生の届出の時点では、その出生子は嫡出子となっていることから、嫡出子出生の届出をすることができる。この場合における準正に関する法律の証明は要しない。なお、前記の嫡出子出生届は、この届出自体に認知の効力を認めるものではないから、戸籍法第62条に規定する嫡出子出生の届出とは性質を異にする。もっとも、認知も可能であり、戸籍法第62条に規定する嫡出子出生届によることもできる（前記1⑵エ）。したがって、ここでいう出生届のほか、戸籍法第62条の嫡出子出生届のいずれかを選択することができる。

　出生届書の「その他」欄に父母婚姻の旨を記載し、父の国籍証明書、父の本国法上事実主義が採用されている旨の証明書及びその者が子（事件本人）の父であることを認めている証明書（前記2⑵ア㈪b）を添付して嫡出子出生届があった場合は、直ちに嫡出子として戸籍に記載することとなる（法定記載例1・2）。

　なお、前記の出生子は、出生の時点では日本人母の嫡出でない子であるから、その出生届の届出義務者は母であって、父は届出義務者ではなく、本来は母から嫡出でない子の出生届がされるべきものである。しかし、父母の婚姻によって、出生届の時点で子は嫡出子の身分を取得しているから、嫡出子出生の届出は父からもすることができる（戸52条1項）。ただし、父からの届出の場合は、本国法が事実主義を採用している外国人父と出生子との父子関係の証明は、父母双方の承認をもってすることとされていることから（前記2⑵ア㈪b③）、その届出に関する母の意思を確認するため、母の申述書を添付する必要がある。

第4　認知に関する取扱い

　渉外的認知の成立要件について、改正前の法例は、次のように定めていた。すなわち、実質的成立要件については、父又は母に関してはそれぞれの本国法を、子に関してはその本国法を準拠法とする配分的適用主義を採用し、その基準時は、認知時とする不変更主義を採用していた。したがって、渉外的認知が成立するためには、認知者については認知の当時のその者の本

11 平成元年10月2日民二第3900号通達

国法を、被認知者については認知の当時のその者の本国法に定める実質的成立要件を具備していなければならなかった（改正前の法例18条1項）。また、認知の形式的成立要件（方式）については、原則として、認知の効力を定める認知する者の本国法を準拠法とし（改正前の法例18条2項・8条1項）、行為地の方式によってすることもできるとされ（法例8条2項）、認知する者の本国法又は行為地法のいずれの方式も有効とされていた。

　改正後の法例は、実質的成立要件に関する準拠法の指定について、従前の配分的適用を廃し、子の出生の当時若しくは認知の当時の認知する者の本国法又は認知の当時の子の本国法によるとする選択的連結を導入した（法例18条1項前段・2項前段―通則法29条1項前段・2項前段）。この改正により、前記の3種類の法律のいずれによっても認知をすることができることになり、認知及び親子関係の成立が容易となった。なお、認知する者の本国法による場合において、認知の当時の子の本国法がその子又は第三者の承諾又は同意を認知の要件とするときは、その要件をも備えなければならないこととし（法例18条1項後段・2項後段―通則法29条1項後段・2項後段）、子の保護を図っている（保護要件）。また、認知の方式については、原則として、認知の成立の準拠法によることになるが（法例22条本文―通則法34条1項）、行為地の方式によることもできる（同条但書―通則法34条2項）とされた。方式に関する準拠法の原則が、認知の効力に関する準拠法から認知の成立に関する準拠法に改められたのは、認知等の親族関係についての法律行為の方式は、身分登録機関への登録、関係機関の許可等がその成立の要件とされている例が多く、効力よりも成立に深くかかわっていることによるものである。したがって、認知の方式は、子の出生当時若しくは認知の当時の認知する者の本国法又は認知の当時の子の本国法による場合のほか、行為地法による場合があり、そのいずれの方式も有効とされる。

1 創設的届出

　改正後の法例による認知の届出については、次の取扱いによることとされている。

(1) 子が日本人である場合
　ア　実質的成立要件の審査
　　認知の準拠法について選択的連結が採用されたことにより、認知者又は被認知者の本国法のいずれかにより、認知の実質的成立要件を備えていればよいことになるから、市区町村長が渉外的認知届を審査するときは、審査の容易な最もよく承知している法によればよいことになる。したがって、認知される子が日本人である場合は、認知当時の子の本国法である日本民法により、認知の当事者双方について認知の実質的要件を審査し、その要件が備わっていれば届書を受理することができる。この場合、子の本国法は日本法であり、保護要件は当然に含まれていることから、この点の特別の審査を要しない。
　イ　認知をする者の本国法が事実主義の法制である場合
　　認知をする者の本国法が事実主義を採用している場合でも、認知をすることができる。その理由は、以下のとおりである。
　　(ｱ)　法例第18条第1項前段（通則法29条1項前段）の規定により、出生の事実によって法律上の父子関係は成立しているということができる。しかし、事実主義の法制は、一般的に出生の事実によって法律上当然に婚外親子関係が成立するための前提として認知を要しないとしているにすぎず、認知を積極的に排斥しているものではない。むしろ、この法制を採る国では、親子関係の確定のためには証拠が必要となり、父親であることの自らの表明は、その有力なものであることが一般に認められている。他方、認知主義を採用する国にとっては、国内法上、認知がなければ法律上父子関係は成立しないため、認知するための要件上、事実主義による父子関係の確定が妨げとはならない。
　　(ｲ)　我が国の民法第779条は、「嫡出でない子は、その父又は母がこれを認知することができる。」と規定し、認知主義を採用していることから、事実主義により父子関係が成立することを前提として考慮していない。また、法例第18条第2項（通則法29条2項）は、「子ノ認知ハ前項前段ニ定ムル法律ノ外」と規定していることから、第1項前段で出生の事実により婚外親子関係が成立していても、第2項により認

知することができるということになる。この場合、事実主義による婚外親子関係は、父の本国法によることになるが（法例18条1項前段―通則法29条1項前段）、認知による婚外親子関係は、子の本国法により成立するというように、それぞれの国の法制度が異なっている。子の本国法である我が国の民法によれば、法律上の父子関係が認められるには、認知されていることを要することから、認知をする利益がある。これを戸籍に記載することを拒む法律上の理由はない。

(ｳ)　実際上の問題としても、父子関係が外国で問題となった場合、認知のあることが前提となることもあり（例えば、我が国の改正前の法例と同一趣旨の規定を有する外国で父子関係が問題となった場合）、認知が可能であれば、認知をしておく実益がある。また、我が国では、出生証明書に外国人父の氏名が記載されていても、その国の方式により認知が成立している場合を除いて、それをもって法律上の父子関係が形成されているとはみない。同様に、外国によっては認知という形成行為がなければ、我が国の戸籍に父の氏名の記載があることのみをもって、法律上の父子関係の存在を認めないこともあり得る。したがって、認知ができるのであれば、認知しておく意味は十分にあり、それが改正法例において選択的連結を採用して、父子関係の成立をできるだけ広く容易にしようとした目的にも合致するといえる。

(ｴ)　父の本国法が事実主義を採用している場合に認知できないとすると、外国人が認知をする場合に、その前提として当該外国において事実主義により父子関係が成立しているかどうかを調査した上でなければ、認知届を受理することができないことになる。そうなると、市区町村長に不可能を強いることになり、円滑な事務処理を阻害することになる。以上のような理由から、たとえ子の出生当時の父の本国法が事実主義を採っていて、出生届又は出生届の追完届により戸籍に父の氏名が記載されていても、認知をすることができると解すべきであろう。既に父の氏名が戸籍に記載されているかどうかということは問題とならない。したがって、前記第3の2(2)により父の氏名が戸籍に記載されている場合も、我が国の民法上、認知の要件が当事者双方に備

わっているときは、認知の届出を受理することとしている。

なお、戸籍の記載は、真正なものとしての推定力があるとされていることから、戸籍に父の氏名が記載されていることをもって法律上の父子関係が形成されていることが推定できるにもかかわらず、更に認知を認めることに疑義が生じる余地もあると考えられる。しかし、前記の(ア)、(イ)のとおりの法律的根拠があり、また、(ウ)、(エ)の合理的理由もあること等から、認知をする者の本国法が事実主義を採用している場合でも、認知をすることができるとする取扱いをすることとされた。

ウ 戸籍法第63条の類推適用による届出により父の氏名が戸籍に記載されている場合

前記イの原則的取扱いに対する例外的取扱いとして、戸籍法第63条の類推適用による届出（後記2(2)）があり、かつ、その届出に基づき父の氏名が戸籍に記載されている場合は、認知の届出を受理することができないものとされた。これは、子の出生当時の父の本国法が事実主義を採用している場合に、我が国の裁判所又は外国の裁判所で父子関係存在確認の裁判が確定したときは、出生の時から、法律上の父子関係が生じることになる（法例18条1項前段―通則法29条1項前段）。この場合は、裁判によって確定された父子関係であることから、当事者及び第三者に対しても効力が及び、その真実性も担保され、しかも、その父子関係は裁判の手続によらなければ否定されないこと等から、我が国だけでなく外国においても父子関係の存在に疑義が生じることはないので、更に認知は不要と考えられることから、その届出を受理することはできないとしたものである。なお、本通達で「戸籍法第63条の類推適用による届出があり、かつ、父の氏名が戸籍に記載されている場合は」としたのは、子の出生当時における父の本国法が事実主義を採用している場合に、外国において父子関係存在確認の裁判が確定し、子又は父から戸籍法第63条の類推適用による届出があっても、届書が子の本籍地に送付されていない間であれば、父の氏名が戸籍に記載されていないので、子の本籍地に認知の届出をすることができる。そのために前記の通達文の表現がなされた。

エ　婚姻準正により嫡出子の身分を取得した後の認知

　　子の出生当時又は認知の当時の認知をする者の本国法が事実主義を採用している場合、前記第3の3の婚姻準正により嫡出子の身分を取得した後も、認知することができるかについては、認知の当時の子の本国法である日本民法により認知をすることが可能かということになる。我が国の民法では、嫡出でない子でなければ認知することができないとされているので、父母の婚姻により嫡出子の身分を取得した後は、認知届があっても受理することはできないと解するのが相当である。なお、子の出生当時の認知する者の本国法によれば、嫡出子でも認知することができる場合は、法例第33条（通則法42条・公序）の規定の適用が問題となるので、管轄法務局の長の指示を求めるものとされている（本通達第4の1⑴後段）。

オ　添付書類及び戸籍の記載

　㈰　添付書類

　　　前記第3の2⑵の取扱いに基づき父の氏名が戸籍に記載されている場合に、認知の届出があったときは、既に出生の届出の際又は追完の届出の際に、子の出生当時における父の国籍が子の戸籍に記載されていることから、認知届書の記載に疑義のない限り、認知の届出に当たって改めて国籍を証する書面を提出させる必要はない。ただし、父の本国法により当事者間に法律上の父子関係が生じているが、認知される子が成年に達している場合等、認知をするためには子の本国法である日本民法上、子の承諾等が必要であり、その承諾書の添付を要する（民782条・783条2項）。

　㈪　戸籍の記載

　　　外国人から認知の届出があった場合は、子の身分事項欄に参考記載例30の例により認知事項を記載することになるが、前記第3の2⑵に基づき父の氏名が戸籍に記載されている場合において認知の届出が受理されたときの認知事項は、参考記載例30に準じて「平成　年　月　日父認知届出」の例により記載する。また、参考記載例13、14により出生事項中又は出生の追完事項中に父の国籍、生年月日が記載

されていることから、改めて記載する必要はなく、また、父欄には既に父の氏名が記載されていることから、認知する者の名を記載することなく、単に「父」と記載すれば足りる。

カ　婚姻後200日以内の出生子に対する認知届

　日本人母の婚姻後200日以内に出生した子について、母の夫である外国人の本国法上夫の子と推定されない場合に、日本人母の嫡出でない子としての出生届に基づいて戸籍の記載がされた後、母の夫である外国人男から認知の届出があったときは、嫡出でない子として出生の届出をしたのは誤りであるから、これを認知の届出として受理することなく、その子の嫡出でない子としての戸籍の記載を生来の嫡出子に訂正する旨の申出書として取り扱う（昭和34・8・28民事甲1827号通達、昭和34・10・19民事甲2332号回答）ことになる。

キ　認知する者の本国法による場合

(ｱ)　要件の審査

　子の本国法である日本民法上、子及び認知する者の双方が実質的成立要件を備えていれば認知が成立するので、認知する者の本国法によることはない（前記1(1)ｱ）。したがって、我が国の民法の規定により認知の要件が当事者双方に備わっていない場合に、はじめて認知する者の本国法によることになり、その外国法に定める認知の要件を当事者双方が備えるとともに、子の本国法である日本民法上の子の保護要件を備えていれば、認知が成立することになる。

(ｲ)　日本民法により認知が成立しない場合

　我が国の民法による認知が成立しない場合としては、①成年者を認知する場合に、その成年者の承諾が得られないとき（民782条）、②胎児認知する場合に、母の承諾が得られないとき（民783条1項）、③死亡した子を認知する場合に、直系卑属がないとき（民783条2項）、④死亡した子を認知する場合に、成年者である直系卑属の承諾が得られないとき（民783条2項）、⑤嫡出子又は特別養子を認知する場合等が考えられる。

　これらの場合でも、認知する者の本国法により認知することができ

る場合は、子の本国法である日本民法上の保護要件を備えていれば受理することができる。しかし、上記①と④の場合は、認知される子が日本人であるため、子の本国法上の保護要件を欠くことになるので、受理することはできない。②については、子の本国法がないので、父の本国法により認知することができる場合は、子の本国法上の子の保護要件はないことになる。この場合は、後記(3)のとおり、「子の本国法」を「母の本国法」と読み替えて適用することになるので、母の本国法である日本民法上の第三者の承諾等の要件（母の承諾）を欠くこととなり、認知は認められないこととなる。③の直系卑属のない死亡した子を認知する場合は、日本民法上の子の保護要件はなく、外国法の適用が公序良俗に反する場合にも該当しないので、この場合は、認知する者の本国法により認知することができることになる。⑤の場合に、認知する者の本国法により認知することができる場合が考えられる。本通達は、この場合に認知する者の本国法により認知することができる旨の証明書を添付して認知の届出があったときは、法例第33条（通則法42条・公序）の規定の適用が問題となるので、管轄法務局の長の指示を求めることとしている。

(ウ) 届書の審査

認知される子が日本人である場合、市区町村長が準拠法を適用して審査するのは、その子及び第三者の同意要件等が必要かどうかだけである。日本民法第782条の成年の子の認知、第783条の胎児、死亡した子の認知かどうかを考慮すれば足りる。法例改正前の配分的適用に比べ、この場合は法律の適用や審査が簡明になったといえる。

(エ) 添付書類

外国人が日本人を認知する場合の添付書類としては、認知する外国人の国籍証明書（旅券を含む。）及び認知される日本人については戸籍謄本（非本籍地に届け出る場合）を添付する。

認知する者の本国法のみにより認知をすることができる場合は、その法律により認知をすることができる旨の証明書（後記(2)ア(イ)）の提出を求めることになる。

第1章　総則（渉外）

　　また、日本民法上の成年者を認知する場合のその者の承諾、胎児認知の場合の母の承諾等については、届書にそれを証する書面を添付しなければならない（戸38条1項本文）が、届書の「その他」欄に承諾をする者等にその旨を記載させて署名、押印させることも認められている（同条1項但書）。
(2)　子が外国人である場合
　ア　子の本国法による場合
　　(ア)　要件の審査
　　　外国人である子の本国法により認知する場合は、その国の法律に定める要件を当事者双方が備えていなければならない。そこで、子の本国法による認知することができる旨の証明書の提出があったときは、認知の届出を受理することができる。
　　(イ)　認知をすることができる旨の証明書
　　　この認知をすることができる旨の証明書は、認知の当事者が子の本国法上の要件を満たしていることを証明する書面であり、子又は第三者の承諾又は同意等の保護要件も含まれているものである。本国官憲が発給した認知をすることができる旨の証明書であることが望ましいが、必ずしもそれに限るものではなく、子の本国法上、認知する者が子を認知することができることを証明するものであれば、その国の認知についての規定（法文の抜粋）、及び子の同意等その法律に規定されている認知の要件を証明する書面で差し支えない。法文の抜粋は、出典を明示したものであるか、又はその法規が現行法であることを本国官憲が認証したものであることを要する。
　　　これらの証明書は、戸籍法施行規則第63条の規定に基づいて提出を求めるものであるが、法制が不明等特別の事情がある場合には、市区町村長は、認知者からその証明書が提出できない旨の申述書を提出させ、当該国の法令が明らかでなく認知の要件を審査することができないときは、管轄法務局の長の指示を求めることになる。なお、上記の申述書は、認知することができる旨の証明書が得られない特別の事由を申述するものであって、認知することができる旨の証明書に代わ

るものではない。ここでいう証明書は、基本的には認知の要件を満たしているかについて直接証明するものでなければならないから、第三者の同意等を本人の申述書で代えることはできない。もっとも、我が国において、外国の法令が明らかな場合（例えば、韓国等）は、法文の提出を省略して差し支えないことになる。

イ 認知する者の本国法による場合

(ア) 要件の審査

認知する者の本国法による場合は、その国の法律に定める要件を当事者の双方が備えていなければならないし、さらに認知の当時の子の本国法に定める子又は第三者の承諾又は同意等、子の保護要件をも備えていなければならない。しかし、市区町村の窓口で外国人子及び認知する者の本国法を調査して、認知が認められるかどうかの判断をすることは困難である。そのため、本通達は「認知することができる旨の証明書」及び「子の本国法上の保護要件を満たしている旨の証明書」の提出があれば、認知の届出を受理することができるとした。なお、「認知することができる旨の証明書」は、前記ア(イ)と同様のものである。

(イ) 子の本国法上の保護要件を満たしている旨の証明書

この証明書は、「子又は第三者の承諾又は同意」の要件（法例18条1項後段・2項後段—通則法29条1項後段・2項後段）を満たしている旨の書面である。具体的には、本国の法律で、認知における子の保護要件について規定した法文及びその法文に記載されている要件を備えている旨を証明する書面（例えば、裁判所等の許可書、母又は本人の承諾書、親族会の同意書、児童委員会の同意書等）である。

ところで、子の本国法が事実主義の法制であり、子の本国法上の保護要件がない場合であっても、事実主義であることを規定している出典を明らかにした本国法の法文の抜粋等を提出しなければならない。これは、子の本国法上の保護要件を満たしている旨の証明書は、保護要件が存在することを前提としているのではないからである。なお、子の本国法が事実主義を採用していることが明らかである場合は、事

実主義国では認知の規定がないから、認知の要件はあり得ないので、子の保護要件もないことになる。したがって、子の本国法が事実主義を採っていることが明らかな場合には、この証明書の提出を省略して差し支えないとされている（法務省民事局内法務研究会編「渉外戸籍の理論と実務」243頁）。

　外国の法令が明らかでなく、要件の審査ができない場合の取扱いは前記ア(イ)後段と同様である。

ウ　日本人が外国人を認知する場合

　日本人が外国人を認知する創設的届出があった場合は、子の本国法による認知も可能ではあるが、まず法律の内容をよく知っている認知する者の本国法である日本民法により、認知される子は嫡出でない子であるか、他者から既に認知されていないか等の実質的成立要件を審査する。また、子の本国法上、子の保護要件が要求されるときは、この要件を備えていることを証明する書面の提出が必要である。

　認知する者の本国法である日本民法によれば認知することができない場合でも、子の本国法の方が日本民法より緩やかな要件であるため認知できるときは、認知が成立することとなる。例えば、日本人が成年者である韓国人を認知する場合、認知する者の本国法である日本民法では子の承諾を要するが（民782条）、韓国民法によれば子の承諾等は不要である（韓民855条、金　容漢「韓国・親族相続法」169頁）から、子の本国法により子の承諾がなくても、日本人が成年者である韓国人を認知することができることとなる。なお、外国人である子が特別養子あるいは嫡出子である場合でも、子の本国法により認知することができる旨の証明書を添付して認知の届出があったときは、法例第33条（通則法42条・公序）の規定の適用が問題となるので、前記(1)キ(イ)後段に準じて管轄法務局の長の指示を求めることになる（前掲「渉外戸籍の理論と実務」244頁）。

エ　添付書類

(ア)　日本人が外国人を認知する場合

　認知する日本人については、戸籍謄本（非本籍地に届け出る場合）外

国人である子については、出生証明書及び国籍証明書を添付又は提示しなければならない。また、子の本国法による場合は、子の本国法により認知することができる旨の証明書、認知者の本国法による場合は、子の本国法上の保護要件を満たしている旨の証明書の添付を要する。

(イ) 外国人が外国人を認知する場合

認知する者については国籍証明書、子については出生証明書及び国籍証明書を添付又は提示しなければならない。また、子の本国法による場合は、子の本国法により認知をすることができる旨の証明書、認知者の本国法による場合は、認知する者の本国法により認知することができる旨の証明書及び子の本国法上の保護要件を満たしている旨の証明書の添付を要する。

(3) 胎児認知の場合

ア 胎児の本国法

胎児認知は、生まれてくる嫡出でない子に生来的に法律上の父子関係を与えることに実質的意義がある。特に、外国人女に懐胎させた日本人男が胎児認知をすると、その子は生来的に日本国籍を取得する（国 2 条 1 号）ところに、胎児認知の実益がある。改正前の法例第 18 条第 1 項は、配分的適用主義を採っていたから、父の本国法と子の本国法の双方により胎児認知が認められなければ認知は成立しないこととされていた。この場合、胎児は未だ出生していないことから、国籍はなく子の本国法は存在しないことになるが、母の本国法をもって子の本国法とみなすとするのが従来からの通説であり、戸籍実務の取扱いもこれによっている。そこで、本通達は、渉外的胎児認知の場合における法例第 18 条第 1 項後段及び第 2 項（通則法 29 条 1 項後段及び 2 項）の適用上、「子の本国法」を「母の本国法」と読み替えて受否を決めることを明らかにした。

イ 戸籍の取扱い

改正後の法例第 18 条第 1 項及び第 2 項（通則法 29 条 1 項後段及び 2 項）の規定により、胎児認知する者の本国法又は認知する時の母の本国

法のいずれの法律によってもすることができることとなり、父の本国法による場合は、認知の時の母の本国法上、第三者の承諾又は同意のあることを要件とされるときは、それをも備えなければならないことになる。ところで、第三者の承諾又は同意の要件は、主として子の利益を保護するために設けられたものであるが、それ以外に関係者の利益を調整する機能も有している。日本人母の本国法である我が国の民法上、胎児認知の場合における母の承諾（民783条1項）は、子の保護要件ではなく、母の名誉の尊重と認知の正確さを確認する趣旨に基づくものであり（中川善之助ほか編「注解民法(22)のⅠ」219頁）、保護要件の後者の役割を果たすものである。また、条文の文理上の解釈からも、法例第18条（通則法29条）の「子の本国法」を「母の本国法」と読み替えて適用することにより母の承諾は「母の本国法上の第三者の承諾又は同意」の要件に該当することとなる。

(ｱ)　日本人男が外国人女の胎児を認知する場合

　胎児認知の届出について、戸籍法第61条は、母の本籍地に届け出なければならないとしている。日本人男が外国人女の胎児を認知するには、外国人である母の本籍地がないので、母の住所地に届出をすることが認められている。この場合は、母が日本国籍を有する場合と異なり、子が出生したときに父の身分事項欄に記載すべき認知事項を遺漏するおそれがあるので、胎児認知届書の謄本を認知者である日本人の本籍地市区町村長に送付しておく取扱いとされている（昭和29・3・6民事甲509号回答）。

　胎児認知された子が出生すれば、子は、生来的に日本国籍を取得するが（国2条1号）、嫡出でない子であるから当然には父の氏を称してその戸籍に入ることはできない。したがって、子について氏と本籍を設定して新戸籍を編製することになる（戸22条、昭和29・3・18民事甲661号回答）。子の戸籍には、身分事項欄に出生事項及び胎児認知の事項を記載し（参考記載例21）、また、父の戸籍については、胎児認知届が前記のとおり既に参考送付されているが、子の出生届がされたときは、改めて胎児認知届に出生届の写しを添付して父の本籍地に送

付し、胎児認知の事項を記載することになる（参考記載例20）。
　(イ)　外国人男が日本人女の胎児を認知する場合
　　　この場合の胎児認知の届出は、母の本籍地にすることになる（戸61条）。認知された胎児が出生すると、生来的に日本国籍を取得し（国2条1号）、母の氏を称してその戸籍に入籍するから（民790条2項、戸18条2項）胎児認知届と出生届を一括して子の身分事項欄に出生事項及び胎児認知の事項を記載をすることになる。

2　報告的届出
(1)　認知の裁判が確定した場合
　報告的な認知の届出の取扱いは、従来どおりであり、法例の改正による変更はない。なお、改正前の法例第18条第1項は、配分的適用主義を採っていたため、当事者双方の本国法が裁判認知を認めていなければ認知を成立させることはできないことになるが、裁判例では、認知の制度がないことを我が国の公序に反するものとして、認知訴訟を定めない又は認知を認めない父の本国法を改正前の法例第30条（公序）により排除し、認知の裁判がされていた例がある（例えば、中国、イラン等）。戸籍実務においても、当事者の準拠法上認知ができないとみられる場合であっても、裁判所の判決等の謄本を添付して報告的認知届があったときは、そのまま受理することとしていた。
　ア　我が国の裁判所において、認知の裁判が確定した場合
　　　我が国の裁判所において、当事者の一方を日本人とする認知の裁判が確定したときは、日本人当事者の戸籍に認知事項を記載しなければならないから、訴えを提起した者は、裁判が確定した日から10日以内に裁判の謄本を添付して、その旨を届け出なければならない（戸63条1項）。また、訴えを提起した者が外国人である場合は届出をしないことが考えられるので、その際は、相手方である日本人も裁判の謄本を添付して、その旨を届け出ることができる（同条2項）。
　イ　外国の裁判所で認知の裁判が確定した場合
　　　この場合は、民事訴訟法第118条の要件を満たしていれば、我が国に

おいてもその効力を有することになるので、アの場合と同様に戸籍法第63条の規定により届出をしなければならない。この場合は、外国裁判所の確定判決の承認の問題であり、民事訴訟法第118条が全面的に適用され、準拠法は問題とならない。この認知に関する外国判決の承認の取扱いについて、先例等では明確にされていないが、外国の離婚判決を承認した戸籍先例（昭和51・1・14民二280号通達）の趣旨から、身分関係に関する外国形成判決である認知の裁判について、それと異なる取扱いをする理由はなく、また、国際間の判断の統一と紛争等の一回的解決が図られことになると解されている（法務省民事局内法務研究会編「渉外戸籍の理論と実務」252頁）。

裁判認知の当事者の一方が事実主義の法制を採る国の者であっても、我が国の裁判所で認知の裁判がされているが、その場合にも法例の指定する準拠法が考慮されている。しかし、事実主義を採る国では認知の規定がないため、その国においては父子関係存在確認の裁判がなされることが考えられ、その裁判があったときは、我が国では強制認知の裁判があったものとして取り扱われることになると考えられている。つまり、当事者の一方の本国法が事実主義を採る場合に日本の裁判所がする裁判認知と、事実主義国の裁判所における父子関係存在確認の裁判は、いずれも父子間の自然的血縁関係の存在を確認するものであり、しかも法律上の父子関係を形成するものであるとの実質において、また、裁判という信頼できる手続、形式によることにおいても、何ら変わりはないからであるとされている。

ウ　戸籍法第41条による証書の謄本提出の場合

外国において任意認知をした旨の証書が提出された場合の戸籍事務の取扱いについては、認知の準拠法の指定方法が配分的適用から選択的連結に改正されたことを除いては、法例改正前と変わらない。

父の氏名が記載された出生証明書が認知証明書に当たるかどうかは、個別に判断することになる。外国の方式により認知が成立したというためには、当該国に認知の法制がなければならない。法例の改正前は配分的適用であったため、当事者の一方の本国法である日本民法による認知

行為も必要であったが、事実主義における父の出生登録が我が国における任意認知の方式と類似しているところから、父の出生登録を認知の行為地における方式と理解し認知があったものとして取り扱っていた。法例改正後は、このような擬制的な解釈による取扱いを要しなくなった。

改正後の法例による認知の方式に関する準拠法については、法例第8条（通則法10条）の特則として、第22条（通則法34条）の「親族関係に関する法律行為の方式」に関する規定が新設され、これにより認知の成立を定める法律による場合と行為地法による場合のいずれの方式による認知も有効となる。つまり、認知の方式は、子の出生当時若しくは認知の当時の認知する者の本国法又は認知の当時の子の本国法のいずれの法律によることもでき、また、行為地法によることもできる。例えば、日本人男が外国人子を日本に在る当該国の大使館で、その国の方式により認知が成立した場合は、子の本国法の方式として有効に成立する。また、子が台湾系中国人である場合、子の本国法である中華民国の方式によることもできる。同国では養育（撫育）認知がその方式であることから、日本人父が台湾系中国人を養育することにより認知が成立することになる。しかし、戸籍の実務では、認知の成立を証明する関係資料の提出がない限りは、戸籍に記載することはできない。仮に、証明資料の提出がないまま認知の届出がされたとしても、現実の問題として管轄法務局での調査は不能であり、職権記載をすることはできない。この場合は、他の公的機関の関与により、その事実が明らかに判断し得る資料（台湾系中国人の戸籍謄本等）によって認定することになる（なお、これに関する問題等については、渉外戸籍実務研究会「設題解説　渉外戸籍実務の処理Ⅳ　出生・認知編」370頁以下参照）。

(2) 子の出生当時の父の本国法が事実主義を採用している場合に、父子関係存在確認の裁判が確定した場合

　ア　趣　旨

我が国の民法は、父とその嫡出でない子との法律上の親子関係の成立については、認知のみを認め、戸籍法はその手続しか予定していない。そのため、事実主義法制における父子関係を成立させる裁判として父子

第1章 総則（渉外）

　関係存在確認の裁判があった場合は、強制認知の裁判が確定したときの戸籍法第63条の規定を類推適用して、この手続によることとした。これは、事実主義国の裁判所における父子関係存在確認の裁判と日本の裁判所がする裁判認知とは、いずれも人事訴訟法等の裁判手続によって判断されるものである上、父子間の自然的血縁関係の存在を確認し、法律上の父子関係の成立を認めるものであることの実質において何ら変わりはないから、類推適用しても差し支えないと考えられたことによるものである。

　父子関係存在確認の訴えの当事者は、子又は父であることが通常であることから、この戸籍法第63条の類推適用による届出については、子又は父から届け出る場合に限っている。この届出は、外国で父子関係存在確認の裁判があった場合、あるいは父が死亡した後に子が法律上の父子関係を確定させる場合に実益がある。

　なお、同条の届出期間の定めについては適用があるが、届出を懈怠したり、届出期間を徒過したことに対する戸籍法第120条に規定する過料の制裁の適用はないから、失期通知を要しない（平成10・7・24民二1374号通知）。

イ　戸籍の処理

　戸籍法第63条の類推適用による届出については、その性格上、事件名は「認知」として処理することとされ、届書の様式は特に定められていないので、昭和59年11月1日民二第5502号通達で示されている認知届の様式を次のとおり訂正・削除して使用することとしている。すなわち、届書名の「認知届」を「戸籍法第63条の類推適用による届出」と訂正する。氏名欄の「認知される子」を「子」、「認知する父」を「父」とし、不要部分を削除する。「認知の種別」欄を「裁判確定の年月日」欄と訂正し、その欄にある他の記載を削除する。

　父子関係存在確認の裁判の謄本及び確定証明書を添付して、裁判確定の日から10日以内に、訴えを提起した子又は父から子の本籍地若しくは届出人の所在地の市区町村長又は在外公館の長に対し届出をすることになる。この届出があった場合は、子の戸籍の身分事項欄に「平成　年

月　日国籍△△△国○○○（西暦　年　月　日生）との親子関係存在確認の裁判確定　月　日何某届出」の例により記載し、父欄に父の氏名を記載する。

第5　養子縁組に関する取扱い

1　創設的届出
(1)　準拠法
　ア　法例の改正前
　　　改正前の法例は、養子縁組の実質的成立要件に関する準拠法につき「各当事者ニ付キ其本国法ニ依リテ之ヲ定ム」（改正前の法例19条1項）と規定し、各当事者について縁組当時のそれぞれの本国法を適用するとの配分的適用主義を採っていた。したがって、養親あるいは養子となり得る年齢及び嫡出子・独身・成年者か否か等の身分法上の地位等いわゆる一方要件については、各当事者の本国法によることとされ、養子制度・特別養子制度の有無、養親子間における年齢の間隔の要否、年長・尊属者の養子禁止制度の有無、必要的夫婦共同縁組制度等、いわゆる双方要件については、当事者双方の本国法上の要件が満たされる必要があった。そのため、特に双方要件については、両当事者の本国法のそれぞれの要件を満たす必要があり、要件が双方の本国法にある場合は、より厳格な方の要件を備えなければならないなど、養親子関係の成立が困難になるということもあった。特に、一方の本国法が養子制度を認めていない場合であれば、その規定の適用が公序により排除されない限り、養子縁組が成立しなかった。また、未成年者の養子における家庭裁判所の許可等については、一方要件か双方要件かの見解が分かれる（もっとも、戸籍実務では、双方要件として取り扱っている。）など適用関係が複雑であった。しかも、養子に関する各国の実質法が、契約型（我が国の普通養子縁組制度、韓国等）と決定型（我が国の特別養子制度、諸外国の多くが採用する制度）の二つに分かれており、その間の準拠法の適用は、特に複雑になっていた。

また、形式的成立要件（方式）の準拠法については、改正前の法例は、特に規定を設けていなかったので、法律行為の方式に関する一般的規定である第8条第1項により養親の本国法、すなわち、行為の効力を定める法律が、また、同条第2項本文により行為地法が準拠法とされていた。

イ　法例の改正後

改正法例は、実質的成立要件の準拠法については、従前の配分的適用主義を廃し、養親の本国法に一本化した。この養親の本国法主義は、近時の多くの立法例として採られていること、養子の生活が営まれる地は、養親の属人法国であるのが通常であり、養子縁組の成立にはその国の法律が定める要件を備えることが必要であること、養子縁組の成立により養子は養親の家族の構成員になること、また、近年は養子に自動的に国籍を付与する国が増えているが、この場合、養親の国の養子縁組に関する法制が特に重要であること等がその根拠とされている。

また、養子の同意、公の機関の許可等のいわゆる養子の保護要件に関し、子の本国法の要件をも備える必要があるとされている（法例20条1項後段―通則法31条1項後段）。これは、配分的適用主義を廃止した結果、養子の本国法上の要件が原則として考慮されなくなり、そのために子の保護に欠けることのないよう配慮されたものである。もっとも、養子となる者の本国法上養子制度がない場合には、この規定は実質的に働かないことになる。

形式的成立要件（方式）の準拠法については、第22条（通則法34条）に「親族関係に関する法律行為の方式」に関する規定が新設され、これにより養子縁組の成立を定める法律による場合と行為地法のいずれの方式による縁組も有効となる。後者の行為地法によるとすることは、当事者の便宜、行為地の公序、社会秩序になじむものであるから、改正することを要しなかった。しかし、親族関係に関する法律行為の方式は、改正前の行為の効力の準拠法よりも、行為の成立の準拠法によることとした方が適当であることから、第22条（通則法34条）の規定が新設された。すなわち、養子縁組についてみても、関係機関の許可、身分登録機

11 平成元年10月2日民二第3900号通達

関への登録(届出)等がその成立の要件となっていることが多いように、方式は「効力」より「成立」に深くかかわっているからである。

(2) **審 査**

養子縁組の実質的成立要件の準拠法が養親の本国法に一本化されたことにより、まず、養親の本国法により養親と養子の双方についてすべての要件(従前、一方要件、双方要件として考えていたものすべてを含む。)を満たしているかを審査する。次いで、養子の本国法上の養子の保護要件を審査することになる。

　ア　**養親の本国法による審査**

　　養親については、その本国法の要件が備わっているかを審査するのであるから、従来どおり要件具備証明書が発行されれば、養親についての要件が備わっていると判断することができる。市区町村長は、この判断をするために必要とするときは、その書類の提出を求めることができる(戸63条)。

　　養子については、その本国法が養親の本国法と異なる場合は、養親の本国法の要件を養子が満たしている旨の証明書の発行はあり得ない。すなわち、要件具備証明書は、本国官憲が身分関係を把握している国民についてその国の法律に定める要件を備えている場合に発行するものであり、自国民につき、他国の法律の要件に該当するかどうかを判断することはできないし、その根拠もないからである。これは、養親の本国で、他国民について自国の法律の要件を備えていることの証明書を発行し得ないことの理由でもある。この場合、養子については、原則に戻り、養子の身分証明書、出生証明書等でその年齢等の身分関係事実を特定し、養親の本国法の要件を満たしているかどうかを判断することになる。なお、養親の本国法上の要件については、本国法の内容を証明する書類(出典を明示した抜粋等)が必要であるが、当事者が韓国人や台湾系中国人のように、その本国法の内容が我が国の市区町村長によく知られている場合は、その内容についての証明書は不要である。

　イ　**養子の保護要件**

　　養子の本国法上の各要件のうち、養子の保護要件のみについての証明

書が必要とされる。もし、養子縁組の実質的成立要件に関する、いわゆる要件具備証明書があれば、全部の要件が備わっているということができるので、保護要件はその一部として当然に備わっているということができる。つまり、要件具備証明書の証明範囲は、法律上必要とされる保護要件を超え、すべての要件に及んでいる。しかし、そのために審査に容易であるということを理由に、当事者に要件具備証明書を要求することは、法律上の根拠を欠き、過大要求となるので許されない。もっとも、当事者が任意に提出する場合は、受領することができる。

我が国の民法では、養子となる本人の承諾、養子となる者が15歳未満の場合に法定代理人が本人に代わってする承諾、法定代理人のほかに監護者がいる場合のその同意（民797条）、未成年普通養子の場合の家庭裁判所の許可（民798条）等が保護要件に該当し、未成年養子の場合の夫婦共同縁組（民795条）は保護要件ではないとされている。保護要件に該当するかどうかは、「○○の同意（承諾・許可）を要する。」等の規定の形式で判断すれば足り、その目的・機能については問わないとしている。このような要件は、養子の保護を目的とするものであることが多いが、関係者の利害の調整を主な目的とするものもある。他方、事実上養子の保護を目的とする要件であっても、この形式に合わないものは保護要件ではないと解している（(財)民事法務協会・民事法務研究所戸籍法研究会編「新版　実務戸籍法」334頁）。諸外国の法制上、保護要件とみられるものには、親族会・配偶者・戸主・実父母・児童保護機関の長の同意等が該当する。

我が国における特別養子縁組を成立させる審判のように、養子縁組を成立させる裁判所の決定・命令又は権限ある司法又は行政機関の宣告などが、保護要件になるかの問題がある。このように裁判所等で決定して縁組を成立させる制度は、我が国では特別養子の場合だけであるが、諸外国の養子法制度では一般的にみられる制度であり、我が国の普通養子のような契約型は、むしろ少数とされている。これら裁判所等での養子決定は、方式として形式的成立要件の部分があるほか、我が国の家庭裁判所の許可（民798条）の要件と共通する実質的成立要件の部分もあ

り、この部分については保護要件といえる。

　ところで、養子の本国の裁判所の決定があれば、この要件を満たしているといえるが、養子が本国を離れているため、本国官憲の許可等を得ることが困難である場合、あるいは養親が外国人であり、養親の本国法上も養子縁組につき本国官憲の許可等を要する場合に、我が国の裁判所が本国官憲の役割をどこまで代行し得るかの問題がある。この点については、改正前の法例の下においても問題とされていたが、これまでも養親又は養子の住所地を管轄する家庭裁判所が許可審判をしており、今後も我が国の家庭裁判所の審判をもって養子の本国官憲の許可に代え得るものと解されている（最高裁判所事務総局編「渉外家事事件執務提要（下）」32頁以下）。

　法例第20条第1項後段（通則法31条1項後段）の要件を保護要件であるとすると、成年者の場合には必要ないとも解されよう。そもそも、この要件は、通常、社会経験や判断能力の乏しい未成年者の保護と福祉を図ることを第一義とする趣旨にほかならないからである。成年者の場合は、この意味での未成年者と同様の保護はもはや要しないとも解される。しかし、法文には、保護のため等、その目的を明文では規定していないし、また、未成年者に限るとの限定はなく、成年者について適用を除外してもいない。その意味で、成年養子の場合は、保護のための要件というより、関係者間の利害調整機能が主な目的と解されている。したがって、成年養子の場合も、保護要件の適用があり、本人、法定代理人（後見人等）、親族会、配偶者、戸主等の同意などが該当し、我が国の民法では、配偶者の同意（民796条本文）がこれに当たる。ところで、外国法制における決定型の養子縁組において、実質的成立要件の部分、すなわち、未成年養子における許可の点については、我が国の家庭裁判所がその許可決定の権限に基づき、外国裁判所の決定を代行することができ、その部分については保護要件であることに異論はないであろう。問題は、成年養子の養子決定についても、このような実質的成立要件の部分があるとして、家庭裁判所の許可が必要であると考えるべきかどうかである。我が国の民法が規定する家庭裁判所の許可は、未成年者の福

祉、保護の観点から、国家が後見的役割を果たそうとするものであり、諸外国でも同様と考えられる。したがって、成年養子についてまで、国家が後見的見地から養子縁組を認めることの相当性を判断する等の関与をする必要はなく、各当事者の自由意思にゆだねるとする方が成年養子制度の在り方として妥当と考えられる。この点については、平成元年10月27日に開催された第166回東京戸籍事務連絡協議会において、成年養子の場合に、保護要件としての家庭裁判所の許可審判は不要であり、市区町村長はこれが欠如しているがために不受理とすることはない旨確認された。したがって、決定型の成年養子の場合の裁判所の関与は、あくまでも形式的成立要件（方式）の意味のみがあるということになる。

保護要件の審査は、前記のとおり、要件具備証明書の提出を求めることはできないので、「保護要件具備証明書」と称する書面が本国官憲により発行されれば最も望ましいが、そのような前例もなく、結局は、原則に戻って養子の本国法の法規の抜粋とこれに該当する同意書・決定書・承諾書等により審査することになる。この場合、法規の内容が分かれば、同意等を証明する書面の審査は、通常の要件に比較し容易であるといえる。なお、当事者が任意に要件具備証明書を提出すれば、これにより審査することができることは、当然である。

また、家庭裁判所の許可決定書があり、その理由中に養子の本国法上の保護要件を審査して許可したことが判明する場合は、審判書の謄本のみによって養子の保護要件を備えていると判断して差し支えない。すなわち、この場合の審査は、本国法上の保護要件が備わっているかどうかを審査するものであり、その判断は、通常、市区町村長がするものであるが、その判断前に公の機関による信頼できる判断があるときは、市区町村長がこれに依拠しても何ら差し支えないからである（法務省民事局内法務研究会編「渉外戸籍の理論と実務」276頁）。ただし、家庭裁判所の審判書の理由中に、保護要件のうちの一部についてしか明示されていない場合は、明示されていない要件については、なおこれを証明する書類の提出を求めることができよう（戸規63条）。

11 平成元年10月2日民二第3900号通達

　なお、改正法例では、反致に関する第32条（通則法41条）に但書を加え、段階的連結の場合に反致を認めないこととしているが、保護要件については「養子ノ本国法ガ」とあり、反致の規定は「当事者ノ本国法ニ依ルベキ場合ニ於テ……」（法例32条（通則法41条）本文）とあることから、反致の成否が問題となる。この点については、認知の場合の保護要件と同様に、反致はしないと解されている。すなわち、条文上、保護要件について「養子ノ本国法ガ……アルコトヲ要件トスルトキハ其要件ヲモ備フルコトヲ要ス」と規定し、養子の本国法そのものが適用されるという形式をとり、準拠法的には規定されていないこと、反致するとした場合、成立の準拠法と同一の法律を適用することになることがあり、そうすると、養子のために保護要件を設けた趣旨が失われてしまうこと等の理由から、反致を認めないこととされた。

2　改正法による具体的取扱い
(1)　**養親が日本人である場合**
　ア　**準拠法と要件の審査**
　　実質的成立要件についての準拠法は、養親の本国法である日本法であるから（法例20条1項―通則法31条1項）、我が国の民法の規定により、養親の年齢（成年であること）、養子の年齢（普通養子の場合は、制限がない。）、養子は養親の尊属又は年長者でないこと、配偶者のある者の縁組の場合は配偶者の同意を得ること、後見人が被後見人を養子とする場合に家庭裁判所の許可があること、未成年者を養子とする場合に家庭裁判所の許可があること、養子が15歳未満の場合にその法定代理人の代諾があること等、民法第792条ないし第797条に定める要件を、当事者双方について審査する必要がある。この場合、養親については日本人であるから、その審査資料は戸籍謄・抄本によってすることができる。養子の年齢等については、その出生証明書、身分証明書（韓国人、台湾系中国人の場合は、本国の戸籍謄・抄本。我が国で出生して本国でその身分関係を把握されていない等のため、これが得られない者に限り、外国人登録原票記載事項証明書）により審査をする。

169

これらの要件が備わっている場合は、次に養子についてその本国法上の保護要件の有無について審査することになる。例えば、養子の同意、第三者の承諾、公の機関の許可等を証明する書面の提出を求めることになるが（戸規63条）、これらの要件については、準拠法である養親の本国法（日本民法）の要件審査で既に完了しているはずであるから、日本法にない要件（例えば、親族会の同意、成年養子の場合の実父母の同意等）については、別に審査を要する。なお、養子の保護要件に関する証明書等については、前記1(2)イを参照願いたい。

(ア) 日本人夫婦が養子制度のない国の子を養子とする場合

日本人夫婦は、法例第20条（通則法31条）の指定する準拠法である日本民法の定めるところに従って、養子制度のない国の子を養子とすることができる（なお、この場合には、養子の本国法上、養子のための規定がないので、保護要件を要するとの規定は、実質的に働かないことになる。）。これは、日本において有効に養子縁組ができることを定めたものであり、養子の本国において、その養子が養子として認められるかどうかは、その国にゆだねられている。

また、日本人夫婦が特別養子制度のない国の子を特別養子とすることもできる。すなわち、法例第20条第2項（通則法31条2項）は、特別養子縁組に関しては、養子とその実方の血族との親族関係の終了についての準拠法として同条第1項前段（通則法31条1項前段）に定める法律、すなわち縁組の当時の養親の本国法によることとしている。したがって、養親が日本人夫婦である場合は、日本民法が準拠法となり、養子の本国法上特別養子制度がなくても、特別養子とすることができる。特別養子も養子縁組の一類型であるから、養子の本国法上の保護要件を満たす必要がある。これも日本において有効に特別養子縁組ができることを定めたものであり、養子の本国において養子が特別養子として認められるかどうかは、その国にゆだねられている。

(イ) 日本人が中国人を養子とする場合

日本人が中国人を養子とする場合の準拠法は、養親の本国法である日本民法であり（法例20条1項―通則法31条1項）、養親となる日本

人と養子となる中国人について日本民法によりその実質的成立要件を審査することになる。審査資料は、日本人については、戸籍謄本等であり、中国人については、戸口簿、旅券、親族関係公証書等の身分事実に関する証明書である。また、養子の本国法である中国法上の保護要件についても審査する必要がある。

中国においては、1992年（平成4年）4月1日に中華人民共和国養子縁組法（1991年12月29日第7期全人代大会常務委員会第23回会議通過）が施行された。同法に基づく養子縁組の取扱いについては、必ずしも明確ではないものの、日本において、日本人が中国人を養子とする縁組の届出があった場合には、次の点に留意して取り扱うこととされている（平成6・3・31民二2439号通知）[注]。

a 養子が10歳未満である場合

法例第20条第1項後段（通則法31条1項後段）に規定する養子の本国法上の養子の保護要件として、中国公証処の発行する声明書（日本の公証人の作成する公正証書をもって代えることができる—以下同じ）による中国人実父母の同意を要する（中国養子法10条参照）。

なお、養子本人の同意は、不要である（同法11条参照）。

b 養子が10歳以上で14歳未満である場合

養子の保護要件として、中国公証処の発行する声明書による中国人実父母及び養子本人の同意を要する（同法10条・11条参照）。

c 養子が14歳以上で15歳未満である場合

養子の保護要件として、中国人実父母の同意及び養子本人の同意を要するが、これらの同意については、中国公証処の発行する声明書によるほか、任意の形式による同意書によるものであっても差し支えない。

したがって、中国人実父母が縁組代諾者として届出人となり、養子縁組届書に署名（押印）している場合には、同人らの同意書が別途添付されていなくても、その同意があるものとして取り扱って差し支えない。

d 養子が15歳以上である場合

養子の保護要件として、中国人実父母の同意及び養子本人の同意を要するが、これらの同意については、中国公証処の発行する声明書によるほか、任意の形式によるものであっても差し支えない。

したがって、養子本人が養子縁組届書に署名（押印）している場合には、本人の同意書が別途添付されていなくても、その同意があるものとして取り扱って差し支えない。

〔注〕 日本人が中国人を養子とする縁組届がされた場合の養子の保護要件については、平成6年3月31日民二第2439号通知により取り扱うこととなるが、これと関連して、なお、留意すべき点を若干参考までに挙げれば、次のとおりである。
① 日本人夫婦が、未成年の中国人を養子とする場合（前掲通知に掲げられているような例）は、家庭裁判所の許可のほか、原則として夫婦共同縁組を要することとなる（民795条・798条）。
② 中国人養子が15歳未満であるときは、実父母の代諾を要することになるが（民797条）、この場合、実父母が離婚していても、中国では離婚後も父母共同親権とされているから（中国婚姻法36条）、実父母双方の代諾を要する。もっとも、その一方が所在不明又は死亡しているときは、他方が代諾することになる（昭和23・11・12民事甲3579号回答、平成3・10・25民二5494号回答）。
③ 中国養子法では、養子は原則として14歳未満とされているが（同法4条）、養親が日本人の場合は、日本民法が準拠法となるから（法例20条1項—通則法31条1項）、養子が14歳以上でも養子とすることができる。
④ 養子が14歳未満の場合は、中国公証処発行の声明書による同意書の添付を要するが、同意者が日本に居住しているときは、日本の公証役場の公正証書でも差し支えない（平成3・10・25民二5494号回答）。

なお、前記の場合、家庭裁判所の許可の審判の理由中に、養子の本国法上の保護要件をすべて具備している旨が明示されているときは、前記証明書は不要である。
⑤ 中国法上、18歳に達した者は成年者となるから（中国民法通

則11条)、18歳以上の者を日本人が養子とする場合は、単独縁組が可能となり、家庭裁判所の許可も要しない。ただし、養親又は養子に配偶者があるときは、その同意を要することになる（民796条）。
⑥ 日本人夫が中国人妻の嫡出でない子を養子とする場合は、夫婦共同縁組は要しない（中国養子法では、「子がないこと」を要件としており（6条）、自己の子を養子とすることを認めていないと解される。）。

(ウ) **外国に在る日本人同士の縁組届出の方式**

外国に在る日本人同士が養子縁組をする場合は、その国に駐在する日本の大使、公使又は領事に創設的届出をすることができる（民801条、戸40条）ことは、従前と変わらない。この場合も、渉外的要素があるため、法例（通則法）の適用があり、方式も成立の準拠法である養親の本国法（日本法）によることとなる（法例22条本文―通則法34条）。

養親となる者と養子となる者が、それぞれ別の外国に在る場合、民法第801条の適用があるかどうかである。同条は、在外日本人の届出場所について特に定めたものであり、日本人間の届出があればよく、当事者の所在国を同じくすることまでは、必要でない。例えば、一方当事者が外国に在れば、他方当事者が日本に在る場合にも、領事等に届け出ることができる（昭和31・7・3民事甲1466号回答）。また、領事等が駐在していても、本籍地に直接郵送することができることも、従前どおりである。従前は、外国からの郵送による婚姻届は、挙行地法による方式と考えていたが、法例第9条（異法地域者間の法律行為は通知を発した行為地とみなす―通則法10条3項・4項）の規定との関連等から批判があったため、当事者の一方の本国法の方式として（法例13条3項―通則法24条3項）有効と解することとされた（前記第1の1(2)ウ）。したがって、養子縁組の届出においても同様に考えることになる。この場合の養子縁組成立の準拠法は、養親の本国法である日本法であり、方式も成立の準拠法である日本法によることになる（法

例22条本文―通則法34条1項)。したがって、我が国の方式が、日本人同士の場合に外国から郵送による届出を認めている以上、日本法の方式として有効と解されることになり、その取扱いは従前と変わらない。

(2) 養親が外国人である場合

養親の要件は、本人の本国法上の要件であるから、その本国官憲が発給する要件具備証明書(要件具備証明書が得られない場合は、原則に戻り本国法の抜粋、養親の身分証明書等身分事実を証明する資料)により審査する。他方、養親の本国法上の双方要件及び養子の要件については、養子の身分証明書、出生証明書等により、年齢、養親との年齢差などを個別に審査する必要がある。養子の本国官憲発給の要件具備証明書の提出があっても、これをもって、養子が養親の本国法上の要件を満たしているとはいえない(前記1(2)ア)。しかし、少なくとも養子の本国法上の保護要件については、養子についての一般的な前記の要件具備証明書の提出があれば、その要件が備わっているとみることができる。

なお、外国人養親の本国の国際私法により、縁組の行為地や養親の住所地の法律によるべきこととされている場合は、法例第32条(通則法41条)の規定(反致)により、日本の民法が準拠法となる。

(3) 養親に配偶者がある場合

ア 本国法を異にする夫婦の場合の共同縁組

(ア) 夫婦共同縁組の要否

養親夫婦が日本人と外国人の場合の準拠法は、それぞれの養親についてそれぞれの本国法であり、一方の本国法を適用するに当たり、他方の本国法を考慮する必要はない。つまり、日本人養親と養子については、日本人養親の本国法である日本法を、また、外国人養親と養子については、外国人養親の本国法である外国法をそれぞれ適用する。

そこで、本国法を異にする夫婦の共同縁組の要否は、配偶者の一方・甲の本国法上夫婦共同縁組が必要的であれば、共同縁組を要することになり、他方配偶者・乙の本国法上任意的であっても、夫婦共同縁組をしなければならない。しかし、乙の本国法上乙が養子となる者

と縁組をすることができない場合（例えば、養子制度がないとか、養子となる者の年齢制限、養子となる者が自己の嫡出子であること等）は、共同縁組をすることができない。この場合に甲が単独でも縁組をすることができるかどうかは、甲の本国法がそれを許すか否かである。甲の本国法上夫婦共同縁組が不可欠であり、単独縁組は許されないとする法制であれば、甲は養子縁組はできないが、甲の本国法が共同縁組の例外を認め、単独縁組を許す法制であれば、甲は単独で養子縁組をすることができる（平成3・2・18民二1244号回答、平成7・3・30民二2639号回答）。

(イ) 外国人配偶者の連れ子養子の場合

ところで、日本人が外国人配偶者の未成年の嫡出でない子を養子とする、いわゆる連れ子養子の場合は、準拠法は日本民法であり、日本民法上は未成年養子については、必要的共同縁組である（民795条）。したがって、外国人配偶者の本国法上、自分の嫡出でない子を養子とすることができない場合や養子制度がない法制の場合には、日本人配偶者は、共同縁組をすることができないこととなる。そこで、この場合に、日本人配偶者だけで単独縁組ができるかが問題となるが、必要的共同縁組を定めた民法第795条は、そのただし書で「配偶者の嫡出である子を養子とする場合又は配偶者がその意思を表示できない場合は、この限りでない。」と規定して、配偶者が縁組できない場合は、共同縁組を強制しないこととしている。この規定の趣旨からすると、前記のように縁組が制度的にできない場合であるときは、共同縁組を強制することなく、単独縁組を認めても差し支えない趣旨と解される（平成3・2・18民二1244号回答、平成7・3・30民二2639号回答。ただし、この場合は、民法796条の規定の趣旨から、外国人配偶者の同意を要するものと解される。）。そして、このような単独縁組を認めても、実際には、連れ子（嫡出でない子）の母（又は父）は、この連れ子とともに、夫（又は妻）である日本人と生活をともにするのであるから、日本人配偶者と連れ子との間に縁組を認めることの方が、養子の福祉と利益の観点からも、問題はないといえる。

第1章　総　則　（渉外）

　(ウ)　方式について
　　養子縁組の形式的成立要件は、法例第22条（通則法34条）の規定により、行為の成立の準拠法である養親の本国法又は行為地法のいずれかによることとされている。前者の養親の本国法による場合を考えてみると、本国法を異にする夫婦が共同縁組をするときは、養親の本国法が養父と養母で異なっているため、双方が同時に養子となるべき者と養子縁組をするための方式を満たすのは事実上不可能である。もっとも、いずれかの本国法が単独で縁組をすることが認められる場合は、まずその養親と縁組をし、その後に他方の養親と縁組をすることが考えられる。
　　これに対し、行為地法の方式による場合は、養親となるべき夫婦が同一の場所に所在するときは、養子縁組をする場所における形式的成立要件を満たすことにより縁組を成立させる方法を採ることができる。この場合は、同時にその形式的成立要件を満たすことができるので、養父と養母の本国法がともに夫婦共同縁組を義務づけているとしても、その要件を満たすことができる。
イ　本国法を異にする夫婦の一方が単独で養親となる場合
　　この場合は、養親になろうとする者の本国法によって判断することになるから、養親になろうとする者の本国法上夫婦共同縁組が必要的であれば、原則として夫婦共同での縁組を要することになるが、例外的に単独でできる場合に該当すると、単独で縁組ができる。
　　夫婦共同縁組が日本法上成年養子のように、任意的であれば、単独で縁組をすることができ、養親とならない他方配偶者の本国法又は養子となる者の本国法が養親につき必要的夫婦共同縁組の法制を採っていても、そのいずれも適用の余地はない。夫婦共同縁組は、養子の保護要件ではないと解されているから、養子の本国法にこの規定があっても、適用されないとするものである。例えば、日本人のみが養親となる場合、その本国法である日本民法のみが準拠法となるから、単独縁組が可能か否かについては、民法の定めるところによる。したがって、成年者を養子とする場合等夫婦共同縁組を要しない場合は、仮に外国人配偶者の本

国法が必要的共同縁組の法制を採っていても単独縁組ができる。

3 報告的届出
(1) 我が国における養子縁組の成立
　ア 普通養子縁組の場合

　　本通達は、養親の本国法が普通養子縁組について裁判所の決定等により縁組を成立させる、いわゆる決定型の法制を採用している場合において、我が国の家庭裁判所もその決定等の代行をすることができることを明らかにしている。家庭裁判所がその国の裁判所・官憲に代行して縁組を成立させる旨の決定をした場合に、その審判書の謄本を添付して届出があると、その届出は、報告的届出として取り扱うことになる。

　　なお、養親の本国法が前記と同様に普通養子縁組につき裁判所の決定等により成立させる法制を採用している場合において、我が国の家庭裁判所が「許可」の審判をした場合、すなわち、縁組成立の決定ではなく、家庭裁判所の養子縁組についての許可決定書を添付して届出がされると、その戸籍の届出によって縁組が成立することになる。この場合には、養子決定の裁判を、養子縁組の実質的成立要件として公的機関の関与を必要とする部分と縁組を創設する方式の部分とに分解し（いわゆる「分解理論」）、前者の養子縁組の実質的成立要件部分（家裁の許可）については、我が国の家庭裁判所が代行し[注]、残る方式の部分については、親族関係に関する方式の準拠法を指定する法例第22条（通則法34条）を適用して、行為地である我が国の方式、すなわち、戸籍事務管掌者である市区町村長に対する届出により成立する創設的届出であるとする点は変わらない。

　　このように、我が国では、普通養子縁組について、前記の二つの系列の方式で成立することが可能となった。したがって、戸籍実務上は、家庭裁判所の審判が縁組を成立させるものであるか、あるいは許可をしたにすぎないかによって取扱いが異なることなるが、これは審判書の主文において明示されるから、これによることになる。

　　この考え方は、我が国の裁判所も養子決定をすることができるとする

積極説を採りつつも、家庭裁判所の養子決定を法令上実質的成立要件そのものとは見ないとする考え方に立っている。つまり、我が国では、裁判離婚や裁判離縁については裁判だけで成立し、準拠法が裁判による離婚や離縁のみを認めるときは、我が国では裁判による離婚や離縁しかすることができない。一方、養子決定は、裁判離婚、裁判離縁とは異なり、準拠実質法が決定型の場合、我が国においても裁判所の決定がない限り、養子縁組は成立しないとするのではなく、前記の「分解理論」を採り、我が国の戸籍事務管掌者である市区町村長への届出によってもできるとするものである。これは、国際私法そのものの問題というより養子決定の裁判の法的性質が判決とは全く異なり、養子の福祉、保護の観点から決定され、非訟事件としての特質を十分備えていることにある。すなわち、事件そのものに争訟性が乏しく裁判所の関与は国家の後見的役割によるとする考え方である。

このことは、「分解理論」を放棄しないことを意味し、「分解理論」は、養子縁組の契約型と決定型とを具体的場面において整合させるために必要であり、しかも、養子決定の裁判の法的性質にも由来する。したがって、家庭裁判所に決定権限が与えられたことをもって、法的性質も変わり、技巧的で複雑な考え方をとる必要はなくなったということにはならない。「分解理論」を採ることによって、例えば、日本人（本国法が契約型）と外国人（本国法が決定型）の夫婦が養親となる共同縁組をすることができることとなり、その有効性は、依然として存在する。準拠法が決定型の法制の場合、養子決定しかできないとすると、前記の夫婦の場合は共同縁組ができないこととなるが、決定型の法制については分解理論を採り、他方の契約型とともに、届出をすることによって夫婦共同縁組を成立させることができる。

我が国において養子縁組を成立させる審判があった場合の報告的届出は、戸籍法第68条の2により受理することとなる。この届出は、報告的届出ではあるが、同法第63条の強制認知の裁判、同法第73条の離縁（離縁の取消し）の裁判、同法第77条の離婚（離婚の取消し）の裁判が確定したときの届出とは、性質を異にする。これらは人事訴訟法による判

決の場合であるのに対し、養子縁組の届出は、家事審判法に基づく審判によるもので、非訟事件である。

イ　特別養子縁組の場合

普通養子の場合は、戸籍法第20条の3の規定は適用されないとされているが、この規定は、特別養子の実親との断絶効を戸籍面上反映させるためである。したがって、普通養子の場合には適用されないが、家庭裁判所が渉外的な特別養子縁組を成立させる審判を行った場合に、戸籍法第68条の2による届出があったときは、この規定が適用されることを明示したものである。

〔注〕　平成元年10月27日に開催された第166回東京戸籍事務連絡協議会において、昭和62年の民法改正（特別養子制度の新設）により我が国の家庭裁判所も外国裁判所等の養子決定等を代行できるとすることが相当であるとして積極説を採ることとされた（家月43巻3号173頁参照）。

(2) 外国における養子縁組の成立

ア　報告的縁組届の審査

日本人について、外国法により養子縁組をした旨の報告的届出があった場合は、養子縁組の準拠法上無効事由がない限りこれを受理し、戸籍に記載する。取消事由がある場合であっても、裁判等によって取り消されて初めて戸籍訂正をすることになる。

外国の方式で成立した身分関係の報告的届出については、その成立を証明する書面を戸籍法第41条の証書として取り扱う。この審査は、提出された証書等が真正に成立したものであることを確認した上、その国の方式によって成立したものかどうかを審査する。

また、実質的成立要件についても、準拠法に基づく要件を満たしているか否かを審査する。これは、既に外国の方式で成立しているとしても、我が国の公簿である戸籍に記載するのであるから、その内容が我が国の公序に反するものであったり、明らかに無効なものであってはならないからである。ただ、報告的届出の審査は、創設的届出の場合の審査と異なり、外国の方式によって一応成立しているものであるから、その

身分行為につき取消事由があったとしても、そのことを理由に報告的届出を受理しないことは許されないとされている（大正15・11・26民事8355号回答、昭和44・2・13民事甲208号回答等）。これに対して、実質的成立要件の欠缺・無効事由がある場合については、たとえ外国の方式に従って当該国では有効に成立したように見えても、無効である場合は受理を拒まなければならない（昭和5・9・29民事890号回答）。ただし、我が国の民法の実質的成立要件の上で当然無効を来す原因は、身分行為意思の欠如が主なものである。そうすると、形式的審査を前提とする市区町村長が、証書等が提出された時点で、このような当事者の意思の欠缺といった無効原因について判断できるのは極めてまれであり、現実にはそのまま受理することが多いものと思われる。

このことに関連して、養子決定を外国裁判所における判決の場合と同様に扱い、民事訴訟法第118条の要件に該当するかどうかの審査で足りるとする考え方もある。これは、養子決定の裁判は、いわゆる非訟事件であるが、裁判離婚と同様に外国裁判所の裁判の承認の問題として取り扱うべきとするものである。しかし、戸籍事務は、養子縁組の裁判については、一貫して準拠法による審査説を採用している。その理由としては、各国の養子制度の法制は多様であり、その要件、効果等は、その国の法制によって異なっている。例えば、厳格な要件の場合には強い効果の養子制度となっており、簡易な要件の場合には弱い効果のものであるなど、要件と効果に相関関係があること、強い効果のものは成立に厳格な手続を要求しており、いったん成立させたものは、容易に終了させないで、厳格な手続によって終了させていること等の特徴がある。それぞれの国において、その国の社会秩序や家族についての歴史的沿革等から、一貫した固有の法制が採られている。このような実情の下で、例えば、外国で極めて緩やかに特別（完全）養子縁組の成立が認められている場合に、その結果を安易に受け入れられるとすると、我が国の法秩序との均衡を損なうこととなり、場合によっては、法律回避の頻発という現象が生じかねない。そのため、現段階における戸籍実務は、従前どおり法例（通則法）を全面的に適用するとする取扱いをせざるを得ないと

されている(澤木敬郎・南　敏文　編著「新しい国際私法」186頁)。

イ　外国裁判所における養子決定の場合

　外国の裁判所における養子決定を証明する書面を添付して届出があった場合、この書面を戸籍法第41条の証書として取り扱うのではなく、同法第68条の2の届出として受理するとの考え方もあり得る。我が国の裁判所において特別養子だけでなく外国法を準拠法として普通養子縁組成立の審判があった場合は、同法第68条の2によることは、前記(1)アのとおりである。同条は「縁組の裁判が確定した場合」と規定し、文理上は、特別養子だけでなく、普通養子について適用することを排除していない。しかし、同条は、同法第63条の強制認知の裁判が確定した場合の10日以内の届出を義務づけたものを準用するものである。本来、同条は、強制認知のような争訟性のある事件についての規定であり、真実の父子関係があるかどうかというような極めて重大な身分関係の創設について判断するものである。これに対して、外国における養子縁組成立の裁判については、前述のとおり非訟事件の裁判であり、民事訴訟法第118条による承認の問題ではないとすると、そこにはかなりの相違があるといえる。そこで、当面は、戸籍法第41条の証書の提出によるとすること及び養子縁組届に添付された外国裁判所の決定等については、これを戸籍法第41条に規定する養子縁組の証書謄本として取り扱って差し支えないとする先例(昭和29・11・5民事甲2347号回答)も維持することとし、なお、今後の検討を待つ事項とされた(澤木・南・前掲書187頁)。

　外国において日本人を特別養子とする縁組が成立した旨の報告的届出があったときは、その養子について新戸籍を編製する等所要の戸籍上の処理をする。外国裁判所でされた特別養子縁組の決定に関する書面については、外国裁判所の判決と同様には取り扱わないため、民事訴訟法第118条の要件で判断をすることはない。したがって、一般的な戸籍法第41条の証書(又は同法68条の2の届出)として取扱い、法例の指定する準拠法の要件を満たしているかどうか、我が国の民法上、無効事由がないこと等の審査を要する。その上で特別養子として、所要の戸籍上の処

理をすることになる。

第6　養子離縁に関する取扱い

1　準拠法

　法例の改正前においては、離縁は、養親子間の法律関係を解消するものであることから、離縁当時の養親の本国法によることとし（改正前の法例19条2項）、養親子間の法律関係、すなわち、養子縁組の効力の準拠法と一致させていた。しかし、養子縁組の法制は各国において様々であり、その要件、効果等が法制によって大きく異なるとともに、要件と効果に相関関係があることから（前記第5の3(2)ア）、その成立から終了まで同一の法律により一貫させることが適切であると考えられた。そのため、改正法例では、離縁の準拠法を養子縁組成立の準拠法である縁組の当時の養親の本国法とすることとされた（法例20条2項—通則法31条2項）。また、縁組の成立要件と終了の要件にも相関関係があり、特に特別養子型の縁組の場合は、離縁が認められるかどうか、及び離縁の要件については、成立の準拠法と整合させるのが相当と考えられたこともその理由とされる。

　もっとも、養子縁組の成立の時点と離縁の時点とで、養親の本国法が変わる場合は少なく、通常は一致していると考えられる。養親の本国法が変動し、準拠法が変わるのは、養親が帰化等により国籍が変動する場合、重国籍者については、常居所又は密接関連地国の変動に伴う場合である。なお、縁組当時の養親の本国法の認定は、縁組当時の縁組事項を記載した戸籍、届書等によればよいし、そのために離縁時に新たな国籍証明書等は要しない。国籍が変化している場合、養子又は配偶者の戸籍の身分事項欄の記載が改められているときは、従前の記載によることとなる。

2　創設的届出

(1)　要件審査

　創設的離縁届は、我が国の市区町村長に受理されることによって成立する協議離縁である。それには、準拠法である縁組当時の養親の本国法により協

議離縁ができること、すなわち、協議離縁制度があり、その要件を備えていること、及び方式として我が国の市区町村長に受理されること等が必要である。

　協議離縁制度があることの証明は、法制の問題であるから、本国官憲のその旨の証明又は出典を明示した法文の写しで足りる。なお、養親が韓国人及び台湾系中国人の場合は、市区町村では、その本国において協議離縁の法制が採られていることを把握しているので、当事者に法文の写し等の提出を求める必要はない。

　協議離縁の要件審査の際の前提として、当事者が現在縁組をしていることが明らかでなければならない。例えば、韓国の戸籍謄本に縁組事項等その旨の記載がされていない場合は、養子縁組届出の受理証明書等、他の資料でこれを認定する必要がある。

(2)　夫婦共同離縁

　日本人と外国人夫婦が未成年者を養子とする共同縁組をした場合において、日本人養親が共同離縁をしようとするときに、外国人配偶者の本国法の法制が離縁を禁止している場合、日本人が単独で離縁をすることができるかどうかにつき、先例は、単独での離縁を可能としている（昭和26・6・21民事甲1290号回答）。当時、この取扱いについては、一方の本国法が離縁を認めないときは、日本人養親が単独で離縁をすることはできないと考えるべきであるとの批判があった。しかし、昭和62年法律第101号の民法の一部を改正する法律の施行により共同離縁制度も改正され、未成年者を夫婦が養子としている場合にのみ、離縁は夫婦共同ですべきであるとし（民811条の2の新設）、そのただし書で「夫婦の一方がその意思を表示することができないときは、この限りでない。」として例外を設けた。これは、必要的共同縁組の場合と同様（前記第5の1ア(イ)）、不能事を強制しないとの趣旨からすると、離縁の法制がない場合は、必要的共同離縁をしようにも不可能であるから、単独での離縁が可能ということになる。つまり、前記の先例は、民法の改正により法的裏付けが与えられ、その内容も当然に維持されることとなる。

3 報告的届出

(1) 裁判離縁

我が国の裁判所又は外国の裁判所のいずれの裁判所による裁判離縁であっても、戸籍法第73条による届出となる。この離縁の裁判は、我が国では、人事訴訟法に基づくものであり、他の外国諸国でも同様の手続法により判決の形式でなされる。すなわち、固有の手続的保障の下に相対立する当事者が争訟し、慎重な審理によりなされるものであって、その確定した判決には既判力があり、国際的共通性がある。このような性質を有する裁判については、外国裁判所でなされたものであっても、これを尊重し、信頼する趣旨から、準拠法の要件による判断をしないで、離婚の判決と同様に外国判決の承認の問題として取り扱うのが妥当とされる。そうすることにより、紛争の一回的解決と国際的判断の間に生じる矛盾の回避となることから、民事訴訟法第118条各号の要件により判断することとなる[注1]。

なお、準拠法が離縁の制度がない法制であっても、家庭裁判所において離縁の調停が成立し、その旨の届出があった場合は、家庭裁判所の判断を尊重して戸籍の届出を受理することとしている（昭和43・12・12第95回東京戸籍事務連絡協議会結論[注2]、昭和44・11・25民事甲1436号回答、澤木敬郎・南敏文 編著「新しい国際私法」192頁）。

〔注1〕 民事訴訟法第118条第4号の「相互の保証」の条件は、執行を伴う財産上の判決についてのみ適用されるもので、離縁のような身分上の判決については不要とされている

〔注2〕 結論の理由づけは、当該国の国際私法により反致が認められ、日本法適用の結果、離縁が認められるとするもの、反致が認められないとしても、公序により日本法適用の結果、離縁が認められるとするもの等である。

(2) 外国の方式による協議離縁

外国の方式によって協議離縁が成立したものとして証書が提出された場合は（戸41条）、提出された証書が真正に成立したものであるかどうかを確認した上、その国の方式によって成立したものであるかどうかを審査する。また、実質的成立要件についても、準拠法に基づく要件を満たしているかどう

かを審査する。これは、既に外国の方式で成立しているものであるが、我が国の公簿である戸籍に記載する以上、その内容が我が国の公序に反するものであったり、無効のものであったり、あるいは明らかな誤りがあったりしていてはならないからである（前記第5の3(2)ア参照）。

第7　親権に関する取扱い

1　準拠法

改正法例は、親権の準拠法を、原則として子の本国法とし、例外として、子の本国法が父の本国法及び母の本国法のいずれとも異なる場合又は父母の一方が死亡し、若しくは知れない場合において、他方の親の本国法とが異なるときは、子の常居所地法によることとされ（法例21条—通則法32条）、原則的には、日本人である子の親権については、日本の法律を適用することになる。

法例改正前の親子関係については、第一次的には父の本国法、第二次的には母の本国法とされていたが（改正前の法例20条）、両性の本質的平等の見地から、これが改められたものである。法制審議会の審議の過程においては、嫡出親子間の法律関係については父母の婚姻の効力の準拠法、非嫡出親子間の法律関係については子の本国法、及び養親子間の法律関係については養親の本国法の三つに分け、それぞれ異なった準拠法とする案も提示された（中間報告）。しかし、特にこのような区分をすべき理由もないことから、前記改正法例のとおり、単一の準拠法によるべきものとされ、この場合、実質的には養親その他の親の権利が、同時に子の福祉のための親の義務であるとされており、子の利益保護の観点から子の属人法によるのが相当とされた。

また、子の属人法として本国法主義を採用するか常居所地法主義を採用するかについて検討されたが、「親子間の法律関係」において主として問題となるのは、親権や監護権であることから、本国法が適していること、及び親権と密接に関係する後見については、被後見人の本国法主義を採用していることと平仄が合うこと等から、基本的には、子の本国法主義を採ることとされた。その結果、親子の法律関係で重要な当事者は子が一番であることか

ら、父母より子を優先させるとともに、親子間という複数当事者間の法律関係であることから、婚姻の効力の準拠法と同じく段階的連結の考え方によるのが、適当であること、及び子の福祉の観点から、①父母及び子の本国法が共通の場合、共通本国法である子の本国法による。②父母のいずれか一方の本国法と子の本国法が共通の場合も、多数の本国法を共通本国法とみなし、その法律である子の本国法による。③父母及び子の本国法がいずれも異なる場合、父母の本国法は共通であるが子の本国法と異なる場合、父母の一方が死亡し、又は知れない場合において、その他方の本国法と子の本国法とが異なる場合は、親子間に共通の常居所地法があれば、その法律である子の常居所地法により、親子間に共通常居所地法がない場合は、子の福祉の観点から、子の常居所地法によることに法定された（法例21条―通則法32条）。

2 親権に関しての本国法の決定

親権に関して、子の本国法によるべきか、あるいは子の常居所地法によるべきかを決定する場合や、準拠法として子の本国法を適用すべき場合において、関係者が重国籍者であるときは、国籍国のうち常居所のある国を、それがないときは子に最も密接な関係のある国の法がその者の本国法となる（法例28条1項―通則法38条1項）。また、国籍が単一の場合は、その国籍国の法が本国法となることや、重国籍者である日本人の本国法が日本法であることは、従前と変わらない。例えば、日本の国籍と韓国籍の重国籍の場合は、その者の本国法は日本法となるから（法例28条1項但書―通則法38条1項ただし書）、重国籍者であってもそれ以上の調査は不要である（前記第1の1(1)ウ(ア)）。

親権は、継続する法律関係であるから、婚姻とか養子縁組等の場合とは異なり、具体的に親権を行使する当時の関係者の本国法により準拠法を決定する。したがって、子の出生後父又は母が外国への帰化又は日本国籍の離脱等により従前の国籍を変更しているときは、変更後の国籍により父又は母の本国法を決定し子の親権の準拠法を決定する。

ところで、法例（通則法）で規定している父又は母とは、法律上の父（父の本国法が事実主義を採用している場合及び認知者を含む。）又は母である。こ

れらの父又は母には養父母も当然に含まれるから、父又は母が生存する限り、父又は母が婚姻したり、離婚したり行方不明となった場合等であっても、そのことにより準拠法が変わることはない。

3 親権に関しての常居所地法の認定

　日本人子に関する親権について、子の常居所地法を適用する場合は限られており、特に外国を常居所と認定して親権者を決定しなければならないような場合は、極めて少ないと思われる。ちなみに、常居所とは、人が常時居住する場所で、単なる居所とは異なる。それは人が相当期間にわたって居住する場所であり、その認定は、居住年数、居住目的、居住状況等の要素を総合的に勘案して行うこととなる。日本民法上の「住所」と国際私法上の「常居所」とはほぼ同一のものと解されている。日本人について、日本に常居所があるかどうかは、日本に住民登録があり住民票の写しの添付があれば、日本に常居所があるものと認定して差し支えない取扱いである。なお、常居所に関する詳細は、後記第8の4(1)を参照願いたい。

4 離婚の際の子の親権者・監護者の決定

　法例の改正前は、離婚する夫婦に未成年の子がある場合、離婚後における子に対する親権・監護権の帰属、配分の問題については、離婚の準拠法を定める改正前の法例第16条（夫の本国法が準拠法になる。）によるべきとするか、親子間の法律関係の準拠法を定める改正前の法例第20条（父の本国法が準拠法となる。）によるべきとするかについて、判例・学説上両説があった。しかし、実際には「夫の本国法」と「父の本国法」が同一である場合が多く、結果的にはあまり変わりがないのが通例であった。

　法例改正後の戸籍実務の取扱いは、これを親子間の法律関係の準拠法を定める法例第21条（通則法32条）によることとし（本通達第2の1(2)）、原則として子の本国法によることとされた。したがって、日本に常居所がある日本人と韓国に常居所がある韓国人が離婚する場合は、離婚の準拠法も子の親権についての準拠法も同じになる場合がある。しかし、韓国に共通常居所がある韓国人と日本人が離婚をする場合は、離婚の準拠法は共通常居所地法で

ある韓国法であり、子の親権についての準拠法は、子の本国法である日本法となり、それぞれの準拠法が異なる場合がある。

5　子の親権について子の本国法による場合
　子の親権については、子の常居所地法による例外的な場合を除き、子の本国法が準拠法となる。子の本国法により準拠法が決定された場合は、子の常居所がどこであっても準拠法が変わることはない。子の親権について、本国法が適用されるのは、次のような場合である。
(1)　子が日本人である場合
　ア　子の本国法が父母双方の本国法と同一の場合
　　　子と父母の三者の本国法が日本法の場合は、親権者は日本民法により、父母婚姻中は父母の共同親権となり（民818条3項）、父母が協議上の離婚をするときは、その協議で父母の一方を親権者と定めることとなる（民819条1項）。また、父母が婚姻をしていない場合は、父母の協議で父を親権者と定めたときに限り父が親権者となる（民819条4項）。
　イ　子の本国法が父又は母の本国法と同一の場合
　　　子と父又は母の一方の二者の本国法が日本法の場合は、親権者は子の本国法である日本法によって決定することになるので、日本人父（母）と外国人母（父）との間に生まれた日本人子の親権者は日本民法による（前記ア）。また、父母の一方の本国法が日本法である限り、他方が無国籍者である場合も同様の取扱いとなる。
　ウ　父母の一方が死亡し、又は知れない場合に、他方の本国法と子の本国法が同一の場合
　　　この場合において、子の本国法と他方（父又は母）の本国法が日本法のときは、親権の準拠法は子の本国法である日本法となる。例えば、日本人父と外国人母から生まれた日本人子について、外国人母が死亡した場合は、子と残された父の二者の本国法が日本法であることから、親権者は日本民法により、日本人父となる。また、日本人母から生まれた嫡出でない子で認知されていない場合の親権者は、日本民法により日本人母が親権者となる。

(2) 子が外国人である場合

　子が外国人である場合も、前記(1)のア～ウの各区分の例と同様に、父又は母の本国法と子の本国法が同一のときは、親権者は準拠法となる子の本国法により決定する。

6　子の親権について子の常居所地法による場合
(1) 子が日本人の場合
　ア　子の本国法が父又は母の本国法のいずれとも異なる場合
　　　この場合は、子がどこの国に常居所があるかによって準拠法が決定される。例えば、日本人父と外国人母から生まれた日本人子について、後に、日本人父が母と異なる外国に帰化した場合、又は父が日本と外国との重国籍者となり、日本国籍を離脱したときは（国13条、戸103条）、父の本国法も母の本国法も子の本国法と（三者いずれも）異なることとなる。この場合における日本人子の親権者は、子の常居所が日本にあるときは、日本法により、外国人父母が親権者となる（民818条3項）。子が日本に常居所がない場合は、常居所がある国の法律により親権者を決定することとなる。
　イ　子の本国法が父母の本国法（父母共通）と異なる場合
　　　この場合も子がどこの国に常居所があるかによって準拠法が決定される。例えば、外国人父と日本人母から生まれ、日本に常居所のある日本人子について、後に、日本人母が父と同じ国に帰化をした場合は、子と父母の本国法とが異なることから、親権の準拠法は、子の常居所地法である日本法となり、外国人父母が親権者となる。子が日本に常居所がない場合は、子が常居所のある国の法律によって親権者を決定することとなる。しかし、この事例で、日本人子の親権者について日本で問題になることは極めて少ないと考えられる。
　ウ　父母の一方が死亡し、又は知れない場合に、他方の本国法と子の本国法が異なる場合
　　　(ア)　日本人と外国人が婚姻をし、その間に子が出生した後、その婚姻中に日本人である親が死亡した場合は、日本人親が死亡するまでの日本

第1章　総則（渉外）

人子の親権者は、前記5⑴イと同様であり、子の本国法である日本民法によることになる。日本人親が死亡した場合は、法例第21条（通則法32条）に規定する「父母ノ一方アラザルトキ」（父母の一方が死亡し、又は知れない場合）に該当することとなり、外国人親の本国法と子の本国法が同一でないことから、準拠法は子の常居所地法による。この場合に、子の常居所が日本にあれば日本民法が適用され、結果としては、日本人親の死亡前と同様に日本民法が準拠法として適用される。

(ｲ)　外国人父と日本人母の婚姻後に出生した子について、父母の離婚に際し外国人父が親権者と定められた後に、日本人母が死亡した場合も、日本人子の親権に関する準拠法は、(ｱ)の事例と同じである。つまり、(ｱ)の事例と異なるのは、父母の婚姻中に日本人親が死亡したか、離婚後に死亡したかの点であるが、準拠法を決定する上では婚姻したか、離婚したかは関係なく、法律上の父又は母が生存しているかどうかにより決定される。すなわち、日本人母が死亡した時点で法例第21条（通則法32条）に規定する「父母ノ一方アラザルトキ」（父母の一方が死亡し、又は知れない場合）に該当することになり、子と父の本国法が同一でないことから、準拠法は子の常居所地である国の法律により決定される。子の常居所が日本にある場合の日本人子の親権者は、日本民法により外国人父が指定される。なお、この事例においてで父母離婚に際し親権者を日本人母と定めていた場合は、未成年後見が開始し（民838条1号）、親権の問題ではなくなる（なお、昭和26・9・27民事甲1804号回答、昭和50・7・2民二3517号回答、昭和54・8・31民二4471号通達参照）。また、未成年後見が開始した後に、子が外国に常居所を移したことにより準拠法が変更され、外国人親の親権が回復したときは、未成年後見は当然に終了し、未成年後見人は未成年後見終了届をすべきことになる（戸84条）。

(ｳ)　日本人女が嫡出でない子を出生し、外国人男がその子を認知した上、父母の協議により子の親権を父に移した後、日本人女が死亡した場合、子の親権についての準拠法を決定する上では、父母が婚姻をし

ているかどうかには関係なく、法律上の父母が生存しているかどうかにより判断することになる。すなわち、子と父の本国法が異なる場合であることから、準拠法は子の常居所である国の法律となる。つまり、子の常居所が日本にある場合は、日本民法により外国人父が親権者となる。また、子の常居所が外国にある場合は、子の常居所地である外国の法律により判断することになる。

(2) 子が外国人の場合

子が外国人である場合も、前記(1)のア～ウの各区分の例と同様に、父又は母と子の本国法が同一でないときは、子の常居所がどこにあるかにより準拠法が決定される。したがって、子が日本に常居所がある場合は、日本民法により親権者を決定する。

7 その他

(1) 父又は母が外国に帰化した場合の親権

ア 父母双方が日本人である嫡出子について、父母の一方が外国に帰化をしても父又は母と子の本国法は同一であるから、子の本国法である日本民法により親権は父母の共同親権である。結果としては、父母の一方が外国に帰化をする前と変わらない。

イ 父又は母の一方が日本人である嫡出子について、日本人である父又は母が外国に帰化をした場合は、前記5(1)イ及びウに該当していたのが、父又は母の外国への帰化により、前記6(1)のいずれかに該当することとなるため、準拠法が子の本国法から子の常居所地法に変わる。

(2) 日本人父母から生まれた国籍不留保者の親権

この場合は、父母と子の本国法が異なるから、親権の準拠法は、子の常居所がどこにあるかによって決定される。

(3) 父母の一方又は双方が行方不明の場合の親権

この場合は、法例第21条（通則法32条）に規定する「アラザルトキ」（死亡し、又は知れない場合）に該当しないから、父母が行方不明となったことにより準拠法は変わらない。

第1章 総則（渉外）

第8　常居所の認定に関する取扱い

1　住所と常居所について

　住所とは、民法第22条で「各人の生活の本拠をその者の住所とする。」と規定している。この「住所」の意義については、学説上、いろいろな解釈があるが、昭和35年3月22日の最高裁判決によると、「その人の生活にもっとも関係の深い一般的生活、全生活の中心をもって、その者の住所と解する。」とされている。ところで、「常居所」が国際私法上の連結点として有力視されてきたのは、人間が日常生活をする上で最も重要なのは、「現実に居住している地の法律」であるとの考えからである。その意味で、常居所が国際私法上、常居所があると認定できるためには、人が常時居住する場所で、単なる居所とは異なり、相当期間にわたって居住する客観的な事実が必要であるとされている。このように国際私法上の常居所は、住所の概念とほぼ同じようなものと解することができる。

2　連結点としての常居所

　改正法例では、親族関係の準拠法を定める箇所として、婚姻の効力（14条―通則法25条）、夫婦財産制（15条―通則法26条）、離婚（16条―通則法27条）及び親子間の法律関係（21条―通則法32条）の4か所について常居所の概念が採用されている（ほかに28条―通則法38条の重国籍の本国法の決定等の補足的規定にも採用されている。）。

　親族関係の準拠法については、いずれも補充的連結点として、段階的連結の二番目の連結点として常居所が採用されており、原則としては「本国法」が採用されている。このように、法例（通則法）原則として本国法主義を採っているのは、身分関係の成立については、国籍の取得とも関係するため、特に基準としての明確性、確実性、安定性を有すること、当事者の恣意の入る余地の少ないこと等が必要とされるからである。そのためには「常居所」より「国籍」によることの方が相当であること、身分関係の形成については、当事者のもつ風俗、習慣などの要素を反映した法律である本国法によるのが適当であること、また、我が国を取り巻く周辺諸国が本国法主義を採

用しているため、これらとの統一が図られること等がある。常居所が補充的連結点とされたのも、「国籍」には前記のとおり利点があるほか、この常居所の概念は我が国の実定法上では「遺言の方式の準拠法に関する法律（昭和39年法律第100号）」で採用されているものの、未だ明確な判例等もなく、国民はもとより戸籍事務担当者になじみがないこと、そのため大幅に導入されると事務処理上混乱を来すことも危惧されたため、一部に導入されたものである。

3　常居所の認定方法について

　常居所が国際私法上、一定の身分関係の準拠法を定めるための連結点として用いられるものである限り、常居所があると認められるためには、単なる短期の滞在では不十分であり、相当期間滞在している事実、あるいは滞在するであろうと認めるに足りる事実を必要とすべきである。具体的な認定に当たっては、居住年数、居住目的、居住状況等諸要素を総合的に勘案する必要がある。

　このうち、少なくとも国籍国における常居所の認定については、本国官憲から居住している旨の証明書の提出がなされれば、そこに常居所があると認定できる。これは、国籍国に居住していることは、そこに永く住むであろうこと、生活の本拠としているであろうという推定ができるためである。しかも、本人が所定の手続により国籍国の官憲等に住所の登録をすることは、本人の意思としてもその地に居住する意思を明確に表明していると評価できる。しかも、本国官憲も当事者が居住している旨の証明書を発行することは、その居住事実を一定の要件の下に認定し、対外的にこれを公証することにほかならないと考えられるからでもある。

　これに対して、国籍国以外の外国における常居所の認定に当たっては、当該国における居住目的により異なる。詳細は後記のとおりであるが、通常の居住目的の場合は、5年間、永住目的で居住している場合は1年間の居住を要件とする。

　なお、国際私法上、常居所は、原則として一か所あるものとされているので、この基準に外れる場合は、当該期間が経過するまでは、従前の地に常居

第1章 総則（渉外）

所があると認定することとされる。

4 我が国における常居所の認定
(1) 事件本人が日本人の場合
 ア 住民票の写しの提出

　事件本人が日本人である場合は、住民票の写し（発行後1年以内のものに限る。）の提出さえあれば、我が国に常居所があるものと認定することとされた。これは、国外へ転出していた者が帰国し、転入後の期間が短い場合でも（例えば、住民登録をしたその日から）、常居所が日本にあるものと認定して差し支えないとするものである。常居所の認定を、このように住民票の写しの添付の有無で判断することとされたのは、前記③の国籍国における「常居所の認定方法」に述べた理由のとおりである。このように判断することにより、全国統一的・画一的処理と書面審査を前提とする市区町村における審査に容易になじむことになるし、届出人もさしたる負担はないと考えられたことによる。

　住民票の写しについて、「発行後1年以内のものに限る。」とされたのは、事件本人が国外に転出して住民票が消除された場合でも、出国後1年内であれば、我が国に常居所があるものとして取り扱うとされたことから（後記イ）、付記されたものである。もっとも、現に我が国に居住し、住民登録をしている場合は、その住民票の写しは最近発行のもの（発効日から3か月以内のもの）であることが望ましいことはいうまでもない。

　住民票の写しは、届出のあった身分行為について適用される準拠法を決定するための資料として、戸籍法施行規則第63条に基づいて提出を求めるものである。他の市区町村に分籍し（戸100条2項）、あるいは転籍する（戸108条2項）場合のように、戸籍謄本を添付すべきことが法律により義務づけられている場合と異なり、年齢、性別等の当事者の身分関係事実は、基本的には当事者の立証すべき事項であり、当事者の居住事実についても、同様と考えられる。当事者が住民票の写しを提出しないため、これが判明しない場合は、審査不能として最終的には不受理

とせざるを得ないことになる。なお、住所地に届出があったときは、その市区町村に備え付けの住民基本台帳により住民登録の有無を確認することができるので、その写しの提出を求めるまでもない。

　住民票の写しの添付があれば、日本人が我が国に常居所があるものと認定して差し支えないとされ、認定資料を住民票一つと定められたため、これが事実を反映していない場合には、常居所の認定自体が危うくなる。例えば、我が国に住民登録がされていながら、外国に常居所を有している場合といった事例が考えられなくはない。このような事情が判明する場合はまれな例ではあるが、たまたま届書や添付書類等から疑義が生じ（住民票の写しの添付はあるものの届書、添付書類等の住所欄に外国の住所が記載されている場合など）、結局、住民票が消除されるべき事由が生じていることが判明した場合等である。そこで、本通達文の「ただし書」は、実際には起こり得なくとも、論理的には考えられる、このような事情が判明した場合は、我が国に常居所があると認定することができないことを明らかにしたものである。

イ　住民票が消除されている場合

　国際私法上の常居所の数は、原則として（自然人）一人につき、一つ有しているはずで、どこかには必ずあるというのが基本的な考え方である。ところで、ある地に転居して、そこに常居所があるとされるまでは、ある程度の居住期間を要する。この期間について国際私法上の定説はないが、本通達は明確な基準として、通常は5年（普通の居住目的の場合）、最短は1年（永住目的等特別の場合）の居住年数の要件を定めた（後記5(1)）。なお、転居した地が国籍国の場合は、居住年数の要件は不要である。

　転居地に常居所があるとされるまでは、従前の居住地になお常居所が残っていると考えられるので、日本人が外国で居住し始めても、少なくとも1年が経過するまでは、通常の居住目的、永住目的を問わず、外国に常居所があることにはならない。また、外国における居住が通常の居住目的の場合は、1年以上5年以内であれば外国に常居所があることにはならず、我が国に常居所が残っていると考えられる（ただし、後記5

(1)に記載された国に滞在する場合を除く。)。事件本人が国外に転出し、住民票が除票となっている場合でも、外国に常居所ありと認定されるまでは、日本にまだ常居所があるものとして取り扱われる。

(2) 事件本人が外国人の場合

　外国人が日本に在留するためには、出入国管理及び難民認定法（以下「入管法」という。）に定めるいずれかの在留資格を得るか、あるいはその他の特別な在留資格を得る必要がある。事件本人が外国人の場合、その者が日本に常居所があるか否かについては、入管法による在留資格や在留期間により判断することとされている。

　なお、本通達中第8の1(2)ア～エによる取扱いについては、その後、入管法の一部を改正する法律（平成元年法律第79号）が平成2年6月1日から施行されたことに伴い、第8の1(2)の全部が変更され（平成2・5・1民二1835号通達〔12〕）、さらに、日本国との平和条約に基づき日本の国籍を離脱した者等の出入国管理に関する特例法（平成3年法律第71号）及び入管法の一部を改正する法律（平成3年法律第71号）が同年11月1日から施行されたことに伴い、第8の1(2)ウの全部が変更された（平成4・1・6民二155号通達〔74〕）。前記変更後の第8の1(2)の通達文は、以下のとおりである。

1(2)　事件本人が外国人である場合

　出入国管理及び難民認定法による在留資格（同法第2条の2並びに別表第1及び別表第2）等及び在留期間により、次のとおり取り扱う。在留資格及び在留期間の認定は、これらを記載した外国人登録証明書及び旅券（日本で出生した者等で本国から旅券の発行を受けていないものについては、その旨の申述書）による。

ア　引き続き5年以上在留している場合に、我が国に常居所があるものとして取り扱う者

　別表第1の各表の在留資格をもって在留する者（別表第1の1の表中の「外交」及び「公用」の在留資格をもって在留する者並びに別表第1の3の表中の「短期滞在」の在留資格をもって在留する者を除く。）

イ 引き続き1年以上在留している場合に、我が国に常居所があるものとして取り扱う者

別表第2の「永住者」、「日本人の配偶者等」（日本人の配偶者に限る。）、「永住者の配偶者等」（永住者等の子として本邦で出生しその後引き続き本邦に在留している者を除く。）又は「定住者」の在留資格をもって在留する者

ウ 我が国に常居所があるものとして取り扱う者
　(ア) 我が国で出生した外国人で出国していないもの（ア又はイに該当する者を含む。）
　(イ) 別表第2の「日本人の配偶者等」（日本人の配偶者を除く。）又は「永住者の配偶者等」（永住者等の子として本邦で出生しその後引き続き本邦で在留している者に限る。）の在留資格をもって在留する者
　(ウ) 日本国との平和条約に基づき日本の国籍を離脱した者等の出入国管理に関する特例法（平成3年法律第71号）に定める「特別永住者」の在留資格をもって在留する者

エ 我が国に常居所がないものとして取り扱う者
　(ア) 別表第1の1の表中の「外交」若しくは「公用」の在留資格をもって在留する者又は別表第1の3の表中の「短期滞在」の在留資格をもって在留する者
　(イ) 日本国とアメリカ合衆国との間の相互協力及び安全保障条約第6条に基づく施設及び区域並びに日本国における合衆国軍隊の地位に関する協定第9条第1項に該当する者
　(ウ) 不法入国者及び不法残留者

なお、以下の記述は、前記変更後の通達に従ったものである。

ア 引き続き5年以上の在留
　(ア) この項の適用を受ける外国人の在留資格は、外国において相当程度の長期間居住する最も一般的なものである。これらの者が日本に常居所があると認定されるためには、居住ないし滞在期間が5年以上必要

とされる。この期間は、届出の時点で判断されるが、外国人について5年の居住要件が定められたのは、ヘーグ条約でも5年が常居所認定の一応の要件とされていること、我が国の企業の外国駐在員の場合を例に考えると、税制との関係から5年未満で帰国するのが一般的であり、実態にも即していると考えられたことによる。さらには、我が国の国籍法でも帰化許可の住所要件は5年以上が原則とされており（国5条1項1号）、これが外国に常時居住すると判定される最短の期間と考えられることなどが考慮されたものである。

(イ) 「引き続き5年以上居住している」か否かの判断資料は、外国人登録証明書及び旅券である。「引き続き」とは、いったん出国しても、再入国許可を得て（入管法26条）その期間内に入国していれば、外国人登録も閉鎖されないし、在留資格の更新がある限り中断に当たらないから、この期間は引き続いているとみることができる。また、途中で在留資格が変更しても、日本に在住している限りは、在留期間の継続には問題がない。このように、外国人登録が継続しているか否かで判断することとされたのは、出入国管理の事務処理上、継続の審査に当たっては、本人だけでなく、必要な場合は周囲の状況を含めて厳格に調査し、運用されていることがある。したがって、その判断には高い信頼性があることから、これに依拠することによって、市区町村長の審査は、容易に行うことができると考えられたものである。

(ウ) なお、外国人登録法上、引き続き6年の在留期間が認められても、その間3年程度が外国に滞在しているような場合は、実質日本に滞在している期間は3年にすぎず、常居所の認定上疑問がある。常居所とは、現実の居住状況によるものであるから、国際私法上の連結点としての常居所を認定するに当たっては、在留期間として認められたものの内、8割程度（6年の場合は、約5年）は、日本に滞在する必要がある。

(エ) 外国人の日本における常居所の有無は、外国人登録及び旅券の両資料で認定される。一般に、旅券だけで在留資格及び在留期間が判明するといえるが、さらに外国人登録証明書が必要とされるのは、外国人

本人が我が国の登録機関に出頭等をすることによって、所定の手続を経て外国人として登録をするという事実があることを重視するためである。この手続を通じて、本人の我が国に滞在するという意思が表明されているとみることができる。

イ 引き続き1年以上の在留
　(ｱ)　永住者、日本人の配偶者、永住者の配偶者又は定住者の在留資格をもって在留する者が本項の該当者である。これらの者については、1年という居住期間さえ必要としないとの考え方もあるが、期間の条件を外すことは、常居所の認定に当たり主観的な要素を重視するに過ぎ、理論上相当でないことから、1年の居住要件が定められた。もっとも、実際には、かなり長期間居住している場合が多い。
　(ｲ)　引き続き1年以上居住しているか否かの判断については、前記ア(ｲ)の該当者と同様に、外国人登録証明書と旅券によることとなる。

ウ 在留期間に関係なく常居所が認定されるもの
　　事件本人が外国人の場合であっても、在留期間に関係なく日本に常居所があるものと認定する場合の取扱いを明らかにしている。この項に該当する者のうち、
　(ｱ)　前記ア・イの資格で在留している外国人から日本で出生した者で、出国していない者であり、「出国していない者」とは、生来、外国に行ったことがなく、引き続き日本に居住していた者のことである。いったん出国した場合は該当しなくなる。再入国許可を得たとしても同様であり、この場合は、本人の本来の在留資格によることになる。
　(ｲ)　入管法の別表第2の「日本人の配偶者等」のうち、日本人の配偶者を除く民法第817条の2の規定による特別養子又は日本人の子として出生した者、及び同表の「永住者の配偶者等」のうち、永住者らの子として日本で出生し、その後引き続き日本で在留している者のみである。
　(ｳ)　「日本国との平和条約に基づき日本の国籍を離脱した者等の出入国管理に関する特別法（平成3年法律第71号）」に定める特別永住者（3条・4条）である。

エ　我が国に常居所が認定されない者

日本に在留する外国人で、次に該当する者については、その在留している性格上、常居所は本国にあるとみるべきであることから、我が国に常居所がないものとして取り扱うこととされている。

(ｱ)　入管法の別表第1の1の「外交」、「公用」の在留資格で在留する者、又は別表第1の3の「短期滞在」の在留資格で在留する者

(ｲ)　日本国とアメリカ合衆国との間のいわゆる地位協定第9条第1項に基づいて我が国に在留する合衆国軍隊の構成員及び軍属並びにそれらの家族

(ｳ)　不法入国者及び不法残留者

この不法入国者等は、我が国に定着して居住しているとはいいがたい（発覚すれば強制送還となり得る。）上に、市区町村の窓口では、我が国に滞在している事実についての認定資料さえ得られない。不法入国者等の子の場合、すなわち日本で出生し、以来引き続き現在まで日本に在留している者の場合は、これらの事実が明らかになれば、前記ウ(ｱ)の我が国で出生した外国人で出国していない者に該当するから、居住年数の要件を要しないで、日本に常居所があると認定して差し支えないと解される（法務省民事局内法務研究会編「渉外戸籍の理論と実務」340頁参照）。

5　外国における常居所の認定

(1)　事件本人が日本人である場合

ア　認定方法

外国人の日本における常居所の認定（前記4(2)ア～ウ）と同様に、届出の時点で当該国に引き続き5年以上滞在していれば、その外国に常居所があると認定される。「引き続き5年以上」とされた趣旨は、前記4(2)の場合と同じであり、また、この間に短期の帰国歴があっても、再入国許可を得ていたり、あるいは数次ビザで入国を繰り返している場合は、通算して差し支えないとされている。

在留している国が、重国籍国の場合や永住許可国等の場合は、引き続

き1年以上の滞在であればよいし、短期の帰国歴があっても、再入国許可と同様な資格を得ていれば、通算できる。

外国で出生した者の場合は、前記4(2)ウ(ア)と同様の趣旨で滞在が現に引き続いていれば、出生証明書、戸籍謄本、申述書等に基づいてその滞在期間を問わず、当該国に常居所があると認定する。

　イ　認定資料

外国における常居所の認定は、旅券、永住許可、居住証明書等で行うことになる。重国籍者の場合で、旅券から永住資格を得ていることが確認できれば、改めて永住許可書の提出を求める必要はない。また、永住資格を有する国の発行する居住証明書に、永住許可の旨の記載があれば問題ないが、その記載がない場合は、永住資格を有する国であることの証明書が別に必要となる。

以上の資料により、外国における常居所が認定できない場合は、従前の地が日本であれば、日本に常居所があると認定することとなる（前記4(1)イ）。

(2)　事件本人が外国人である場合

　ア　認定方法

外国人の国籍国における常居所の認定については、国籍国で発行する居住証明書が提出されていれば、前記1(1)に準じて、その国に常居所があると認定する。また、国籍国以外の外国における常居所の認定は、その国で発行する証明書によって、我が国における常居所の認定基準（前記4(2)）に準じて行う。

　イ　認定資料

国籍国以外の外国における常居所の認定に際しては、居住国が発行した居住証明書で、「居住目的、居住期間」の記載があるものが望ましい。在留資格の記載されていない証明書の場合は、当事者から事情を聴取した上、申述書の提出を求める。なお、常居所の認定にあたり、在留期間のとらえ方等に疑義がある場合は、管轄法務局の長に受理照会をすることになるが、この項における具体的な例としては、現に外国に居住している外国人が日本に来て、創設的な届出をする場合であるが、このよう

なケースは極めてまれであると思われる。

第9　経過規定

(1)　改正法例の附則第2項によれば、改正法例と改正前の法例（以下「旧法例」）の適用区分は、それぞれの法律関係ごとに異なるが、基本的には、ある法律行為がなされた時点でその法律行為の効果が生じる法律関係（例えば、婚姻の成立）については、その法律行為がなされた時点において施行されている法例の規定を適用し、継続的な法律関係（例えば、婚姻の効力）については、改正法例が施行（平成2・1・1）される前は旧法例によるが、改正法の施行後は、改正法例により規律される。そのため、本通達では「婚姻、離婚、嫡出親子関係、非嫡出親子関係、養子縁組又は離縁の成立については、それぞれの成立の時における法例の規定の準拠法を適用するが、親権については、継続的関係であることから、改正法例の施行とともに準拠法が変更することとなる。」としている。

(2)　継続的関係である親権についてみると、改正法例の施行前に出生した子の親権に関する準拠法は、改正法例の施行とともに変更することとなる結果、親権の帰属、内容等について変更することになる。

　　ア　日本国籍を有する韓国人夫と日本人妻が、改正法例の施行前に離婚をした場合における子の親権者は、父の本国法である韓国民法により父に法定されていたが[注]、改正法例施行後は、子の本国法である日本民法が適用されることとなる（法例21条→通則法32条）。この場合、離婚後親権者の指定のない状態となり、父母が協議するまでの間は、共同親権となる。父母が協議によりいずれか一方を親権者と定めようとするときは（民819条1項）、戸籍法第78条による親権者指定届をする必要がある。夫婦が裁判離婚をしていた場合も同様である。

　　　なお、裁判離婚等において裁判所が父の本国法（例えば、ドイツ民法）を適用して、父母のいずれかを親権者と指定した場合は、改正法例の施行とともに準拠法が変更するが、新たな裁判があるまでは、親権の帰属は変わらないと解すべきであろうとされている。

〔注〕 韓国民法（1958年（昭和33年）法律第471号）第909条は、未成年者の親権者について、従前は「その家にある父」（1項）としていたが、1977年（昭和52年）法律第3051号により民法の一部が改正され、父母婚姻中は「共同して行使」（1項）するが、離婚後は「母は前婚姻中に出生した子の親権者となることはできない」（5項）としていた。しかし、その後2005年（平成17年）法律第7427号の民法の一部改正により、父母婚姻中は「共同して行使」（2項）し、離婚の際は「協議によって親権者を定めなければならない」（4項）とするに至っている。

イ 日本人妻と中国人夫が、法例改正前に離婚をした場合、子の親権者は父の本国法である中国民法によることになるが、同法に離婚に際しての親権の帰属に関する規定が見当たらないため、離婚前と同じように父母共同親権のままとなっていた。改正法例施行後は、子の本国法である日本民法が適用されることになる。この場合は、アの例と同様に、親権者の指定がされていない状態となり、父母の協議で父母の一方が親権者に指定されない限り父母共同親権となる。

12 法例の一部を改正する法律の施行に伴う戸籍事務の取扱い

平成2年5月1日民二第1835号通達

先例の趣旨

出入国管理及び難民認定法（以下「入管法」という。）の一部を改正する法律（平成元年法律第79号）が平成2年6月1日から施行されたことに伴い、平成元年10月2日民二第3900号通達「法例の一部を改正する法律の施行に伴う戸籍事務の取扱いについて」（以下「基本通達」という。）〔11〕の「第8　常居所の認定」の1(2)において示されていた外国人につき、我が国に常居所があるかどうかを認定する基準が変更された。

なお、同通達第8の1(2)ウの「我が国に常居所があるものとして取り扱う者」を認定する基準については、その後、日本国との平和条約に基づき日本の国籍を離脱した者等の出入国管理に関する特例法（平成3年法律第71号（以下「入管特例法」という。））及び入管法一部を改正する法律（平成3年法律第71号）が同年11月1日から施行されたことに伴い、平成4年1月6日民二第155号通達〔74〕により変更されている。

参考

訓令通牒録：⑨綴　11262頁、⑩綴　12899頁
関連先例通し番号：100、110

〈解　説〉

1　入管法の改正点

　平成2年6月1日から施行された入管法の一部を改正する法律（平成元年法律第79号）は、外国人の在留活動の多様化と雇用拡大の要請に応えるとと

もに、不法就労外国人問題に対する効果的な対策を講じようとするものである。そのうち、本通達に関係する改正点は、在留資格制度の整備・拡充に関する部分である。

在留資格は、従前18種類であったが、これに10種類を加えて28種類とされ、その活動の範囲等についても全般的な見直しがされた。また、在留資格については、改正前は第4条に規定されていたが、これが削除され、別表第1と第2の形式による規定の仕方に変更された。

別表第1に、本邦において一定の活動をするために在留を認められるものについての在留資格23種類が掲げられ、さらに就労の可否と上陸審査基準の適用の有無とによって1ないし5の表に分けられている。

別表第2は、一定の身分又は地位を有する者として入国・在留を認められる者に関する在留資格5種類が掲げられており、この資格で在留する外国人については、我が国内における活動の範囲に入管法上の制限はない。

2 基本通達の一部変更

(1) 変更理由

基本通達「第8 常居所の認定」の1(2)において、事件本人である外国人につき我が国に常居所があるかどうかを認定する基準を、入管法による在留資格等及び在留期間によって定めている。入国管理局は、当事者に対しどのような在留資格を付与（継続を含む。）するかを認定するに当たっては、本人のほか、場合によっては周囲の状況まで含めて調査した上、判断していることから、戸籍事務を遂行する上での常居所の認定に当たっては、その判断に依拠することとされている。したがって、入管法の改正に伴い、基本通達の中で、外国人の我が国における常居所の認定基準についてもこれに即して改正された。

(2) 改正内容

改正後の基本通達第8の1(2)の内容は、次のとおりである。

> 1(2) 事件本人が外国人である場合
> 　　出入国管理及び難民認定法による在留資格（同法第2条の2並

びに別表第1及び別表第2)等及び在留期間により、次のとおり取り扱う。在留資格及び在留期間の認定は、これらを記載した外国人登録証明書及び旅券(日本で出生した者等で本国から旅券の発行を受けていないものについては、その旨の申述書)による。

ア 引き続き5年以上在留している場合に、我が国に常居所があるものとして取り扱う者

別表第1の各表の在留資格をもって在留する者

(別表第1の1の表中「外交」及び「公用」の在留資格をもって在留する者並びに別表第1の3の表中の「短期滞在」の在留資格をもって在留する者を除く。)

イ 引き続き1年以上在留している場合は、我が国に常居所があるものとして取り扱う者

別表第2の「永住者」、「日本人の配偶者等」(日本人の配偶者に限る。)、「永住者の配偶者等」(永住者等の子として本邦で出生しその後引き続き本邦に在留している者を除く。)又は「定住者」の在留資格をもって在留する者

ウ 我が国に常居所があるものとして取り扱う者

(ア) 我が国で出生した外国人で出国していないもの(ア又はイに該当する者を含む。)

(イ) 別表第2の「日本人の配偶者等」(日本人の配偶者を除く。)、「永住者の配偶者等」(永住者等の子として本邦で出生しその後引き続き本邦に在留している者に限る。)又は「平和条約関連国籍離脱者の子」の在留資格をもって在留する者

(ウ) ポツダム宣言の受諾に伴い発する命令に関する件に基く外務省関係諸命令の措置に関する法律(昭和27年法律第126号)第2条第6項に該当する者

(エ) 日本国に居住する大韓民国国民の法的地位及び待遇に関する日本国と大韓民国との間の協定の実施に伴う出入国管理特別法(昭和40年法律第146号)に基づく永住の許可を受けている者

〔注〕なお、ウについては、前記の入管特例法（平成3年法律第71号）及び入管法の一部を改正する法律（平成3年法律第71号）が同年11月1日から施行されたことに伴い、平成4年1月6日民二155号通達によりその全部が以下のとおり改正された。
　ウ　我が国に常居所があるものとして取り扱う者
　　(ｱ)　我が国で出生した外国人で出国していないもの（ア又はイに該当する者を含む。）
　　(ｲ)　別表第2の「日本人の配偶者等」（日本人の配偶者を除く。）又は「永住者の配偶者等」（永住者等の子として本邦で出生しその後引き続き本邦で在留している者に限る。）の在留資格をもって在留する者
　　(ｳ)　日本国との平和条約に基づき日本の国籍を離脱した者等の出入国管理に関する特例法（平成3年法律第71号）に定める「特別永住者」の在留資格をもって在留する者
　エ　我が国に常居所がないものとして取り扱う者
　　(ｱ)　別表第1の1の表中の「外交」若しくは「公用」の在留資格をもって在留する者又は別表第1の3の表中の「短期滞在」の在留資格をもって在留する者
　　(ｲ)　日本国とアメリカ合衆国との間の相互協力及び安全保障条約第6条に基づく施設及び区域並びに日本国における合衆国軍隊の地位に関する協定第9条第1項に該当する者
　　(ｳ)　不法入国者及び不法残留者

ア　5年の居住要件により常居所が認定される場合
　別表第1の各表に定める23種類の在留資格のうち、「外交」、「公用」、「短期滞在」の3種類を除く20種類の在留資格をもって、引き続き5年以上在留している場合に、我が国に常居所がある者として取り扱う。
イ　1年の居住要件により常居所が認定される場合
　別表第2に定める在留資格のうち、「永住者」、「日本人の配偶者」（日本人の配偶者に限る。）、「永住者の配偶者等」（永住者等の子として本邦で出生し、その後引き続き本邦に在留している者（ウ(ｲ)該当者）を除く。）又は

「定住者」の在留資格をもって引き続き1年以上在留している場合に、我が国に常居所があるものとして取り扱う。

　この表による資格者は、一定の身分又は地位を有する者として入国・在留を認められる者で、我が国への定住性が高いことから、在留活動に制限がなく、上陸審査基準の適用を受けないという点で、アの別表第1に定める者とは異なっている。

ウ　居住年数の要件を不要とする場合

　（なお、この項については、前記のとおり平成4年1月6日民二155号通達〔74〕により、その全部が改正されたので、以下は、改正後の取扱いに基づく説明である。）

　(ｱ)については、改正による影響を受けないことから、変更等はない。

　(ｲ)改正前の「平和条約関連国籍離脱者の子」の在留資格をもって在留する者が含まれていたが、入管法の一部改正により別表第2が改正され、入管特例法による特別永住者の在留資格をもって在留する者とされたため、改正後は上記の「　　」部分が削除された。

　(ｳ)改正前は、「ポツダム宣言の受諾に伴い発する命令に関する件に基づく外務省関係諸命令の措置に関する法律（昭和27年法律第126号）第2条第6項に該当する者」とされていたが、該当条項が削除され、前記(ｲ)と同様に入管特例法の特別永住者在留の在留資格をもって在留する者とされた。

　(ｴ)改正前の関係法律が廃止され、入管特例法に組み込まれたことにより、消滅された。

エ　我が国に常居所を認定しない場合

　(ｱ)「外交」、「公用」又は「短期滞在」の在留資格をもって在留する者、(ｲ)日本国とアメリカ合衆国との間の相互協力及び安全保障条約第6条に基づく施設及び区域並びに日本国における合衆国軍隊の地位に関する協定第9条第1項に該当する者、(ｳ)不法入国者及び不法残留者については、たとえ我が国に在留しているとしても、常居所が認定されない。

　なお、この項については、入管法の改正前において「興行」（旧入管

規4条1項9号）の在留期間が「60日を超えない範囲内」と短期間のものであったため、常居所を認定しないものとされていた。しかし、改正後は、「1年又は3月」と他の資格並みの長い期間となったため、5年の居住で常居所を認定するのが相当とされ（前記ア、別表第1の2）、この項から除かれた。

13 昭和26年10月10日民事甲第1947号通達

第2章 戸籍に関する帳簿・書類

(一般)

13 事件本人以外の者についても戸籍の記載を要する届出等を受理し又は送付を受けた場合の受附帳の記載

昭和26年10月10日民事甲第1947号通達

先例の趣旨　市区町村長が、戸籍法第30条及び第35条の規定により、届出事件本人以外の者についても戸籍の記載を必要とする事項が記載された届書、申請書その他の書類を受理し、又は他の市区町村長が受理した届書等の送付を受けた場合における戸籍受附帳の記載(戸規21条・23条)、その他の処理が従来区々に取り扱われている実情にあった。そのため、向後、戸籍記載後の届書の整理・保存(戸規48条)又は戸籍統計上の区分・集計は、本通達に示す別表によりその取扱いを統一することとされたものである。

参考　訓令通牒録：①綴 943頁、⑩綴 12577頁
関連先例通し番号：4

〈解　説〉

1　戸籍受附帳の記載事項

　戸籍受附帳は、市区町村長が毎年、戸籍法施行規則(以下「規則」という。)附録第5号様式により調製し、これにその年度内に受理し又は他の受理市区町村長から送付を受けた事件について、受附の順序に従い、次の事項

を記載しなければならないとされている（戸規21条）。すなわち、(1) 件名、(2) 届出事件本人の氏名及び本籍又は国籍、(3) 届出人が事件本人以外の者であるときは、届出人の資格及び氏名（受理した事件のみ）、(4) 受附の番号及び年月日、(5) 受理し又は送付を受けたことの別、(6) 出生の届出については、出生の年月日（受理した事件のみ）、(7) 死亡又は失踪の届出については、死亡の年月日時分又は死亡とみなされる年月日（受理した事件のみ）、(8) 規則第79条の2第2項の規定による届出等であるときは、その旨（平成16年法務省令第28号で新設）の8事項である。

　これらの記載からいえることは、受附帳に届出事件が正確に記載されていれば、届書類が紛失したり又は廃棄した後に、戸籍の記載の遺漏や過誤等を発見した場合でも、受附帳の記載を基礎として戸籍の記載を容易に再現できるので（大正10・5・19民事1554号回答、昭和36・12・5民事甲3061号通達参照）、受附帳の果たす役割は大きいといえる。そのため、受附帳の保存期間は、昭和36年法務省令第57号により規則が改正された際に、10年から20年に延長され、更に昭和59年法務省令第40号による規則改正の際には、50年に延長された（戸規21条3項）。

2　事件の種類（種目）及び事件本人以外の者についての記載

　事件の種類は、戸籍法第4章の第2節出生から第16節転籍及び就籍までに掲げる事件の区別に従って定められ、また、届出の追完及び訂正・更正並びに不受理申出は、これと別個に定められている。

　ところで、戸籍の届出事件の中には、事件本人について戸籍の記載をするほかに、その届出に付随して届出事件本人以外の者についても、戸籍の記載を要する場合がある。この場合に、事件本人と事件本人以外の者との戸籍が同一であるとき、又は同一市区町村内に本籍を有するときがある。また、その届出によって事件本人と事件本人以外の者とが戸籍を同一にすることになるか又は同一市区町村内に本籍を有するに至るときもある。これらの場合は、いずれも、届出事件の種類によって受附帳の記載がされるから、事件本人以外の者の戸籍記載については、特に受附帳に記載する必要はない。

　しかしながら、事件本人と事件本人以外の者との戸籍が市区町村を異にす

る場合には、事件本人以外の者の本籍地市区町村長に届書の1通を送付して戸籍の記載を促す必要があるが、その届書は、基本の届書の内容とは異質なものである。そこで、このように事件本人以外の者の本籍地市区町村長に送付する届書については、事件の種目によって、受附帳に記載し、届書の整理・保存等がされることになる。

3 通達の別表について
(1) 別表一及び二の場合

設例は、出生の届出により母について従前の本籍地と異なる市区町村に新戸籍編製の旨の記載のある出生届を、従前の本籍地で受理した場合である。

例えば、甲市に本籍を有する筆頭者の長女Aが嫡出でない子Bを出生し、その出生届をする場合には、母Aについて新戸籍を編製することになり（戸17条）、届書に新本籍を記載しなければならない（戸30条2項・3項）。この場合、Aの新本籍が甲市であれば、他の市区町村で受理して送付された場合であると甲市が直接受理した場合であるとを問わず、甲市においては、事件本人Bの出生届によって、Bの出生による入籍の記載に付随して事件本人以外の母Aの新戸籍編製及び従前戸籍の除籍手続ができるので、甲市における受附帳の記載、届書の処理等については、本籍人として扱い、件名を出生、事件本人をBとして処理することになるから特に疑問は生じない。

しかし、母Aの新戸籍を甲市以外の乙市に定めたときは、受附帳の件名、事件本人、本籍等の概念が異なり、それぞれ記載方法に工夫を要する。

ア 別表一の場合

乙市を新本籍とする母Aの戸籍に入籍するBの出生届であるから、事件本人Bの出生届出事件として、非本籍人の取扱いをし、受附帳の各欄、戸籍届出事件表、人口動態統計調査票作成事件簿の記載をする。ただ、甲市においては、その出生届に基づいて母Aにつき新戸籍編製による除籍の記載をしなければならないので、届書は本籍人として受附の順序に整理し、1か月ごとに管轄法務局に送付しなければならない（戸規48条・49条）。したがって、受附帳の備考欄に「甲市○○番地何某戸籍のAにつき新戸籍編製につき除籍」の旨を記載し、これにより母の除籍

事項を明らかにしておく必要がある。なお、受附帳を非本籍人と本籍人とに分けて調製している市区町村では、非本籍人受附帳に登載し、備考欄に上記の記載をするとともに、届書は本籍人「その他」として取り扱った旨を付記することとされている（昭和37・10・22〜23福岡連合戸協決(ハ)）。

　イ　別表二の場合

　　別表二の事案の出生届を他の市区町村で受理し、甲市に送付された場合、甲市における戸籍の処理は、Bの出生届により戸籍法第17条の規定によって、届出事件本人以外の母Aについて、乙市に新戸籍編製による除籍の記載をするために送付されたものである。したがって、子Bの出生事件として取り扱うのは相当でなく、規則第23条第2項の規定によって定めた事件の種目、すなわち「その他」の事件とし、本籍人扱いの処理をする。受附帳の件名を「その他」と、事件本人の氏名をAと記載し、その届書は本籍人の「その他」の事件として整理した上、管轄法務局への送付手続をとる。また、戸籍届出事件表は、「その他（本籍地届出数（本籍地から送付を受けた数））」に計上する。

(2)　別表三及び四の場合

　設例の事案は、父母の婚姻後に子の認知届によって嫡出子の身分を取得する子と、本籍地を異にする弟妹につき父母との続柄の訂正を要する事案で、この認知届を弟妹の本籍地（被認知者及び認知者の本籍地以外の市区町村）において受理した場合（別表三）と、この認知届が弟妹の本籍地以外の市区町村で受理され、弟妹の本籍地に送付された場合（別表四）である。

　その認知届によって事件本人以外の者について戸籍訂正を要する場合には、その旨を届書に記載しなければならないし（戸規35条）、訂正を要する者の本籍地が事件本人である被認知者及び認知者の本籍地と異なる場合には、訂正を要する本籍地の市区町村に送付する届書を更に1通余分に提出する必要がある。

　ア　別表三の場合

　　弟妹の本籍地の市区町村長が、その認知届を受理した場合、受理市区町村長としては、非本籍人の認知届を受理したにものであるから、受附

帳の件名を「認知」とし、事件本人欄に被認知者と認知者の氏名を記載した上、備考欄に弟妹の本籍と父母との続柄をどのように訂正したかを具体的に記載する。受附帳及び戸籍届出事件表は、非本籍人扱いとして処理するが、同市区町村では、前述のとおり弟妹の続柄を訂正する必要があるので、規則第48条及び第49条に規定する届書の処理は、本籍人としては「その他」の事件の部として整理することとなる。

イ　別表四の場合

　他の市区町村において受理した認知届書が、弟妹の本籍地の市区町村長に送付された場合は、その弟妹の戸籍中、父母との続柄欄を訂正するための資料として認知届書の送付を受けたにすぎないから、認知事件として取り扱うのは相当でない。そこで、規則第23条第2項の規定により定めた種目の事件として取り扱うことになるが、本通達後の昭和41年に戸籍事件表の様式が改められ、統計表作成上の便宜から、訂正事件を4つに分類して計上することとされたため、受附帳の件名も従来の「その他」と記載していたのを改め、「訂正（市区町村長職権）」等の例により記載することとされた。したがって、この場合に送付された認知届書は、市区町村長の職権による訂正を促すものであるから、その届書をもって市区町村長の職権訂正書に代えることになる。また、受附帳の事件本人欄には弟妹の氏名を、本籍欄には弟妹の本籍を、備考欄には「父母との続柄何男（女）と訂正する認知届を〇月〇日何市区町村長受理」と届書送付の事由を簡記する。届書は本籍人の訂正の部として整理し、戸籍届出事件表は「訂正（市区町村長職権）」の本籍地届出として訂正した上、管轄法務局に送付する。

(3)　別表七及び八の場合

　設例は、父母の婚姻により、夫婦と本籍地が異なる夫婦間の子が嫡出子の身分を取得する事案で、父母との続柄を更正する旨の記載のある婚姻届を子の本籍地で受理した場合（別表七）と、この婚姻届を夫婦の本籍地又は他の市区町村で受理し、子の本籍地に送付された場合（別表八）である。

ア　別表七の場合

　非本籍人の婚姻事件として受理し、受附帳に記載することとなり、備

考欄には嫡出子の身分を取得した子の本籍及び氏名と、父母との続柄の訂正内容を具体的に記載する。戸籍事件表は、婚姻・非本籍人届出数として計上するが、届書の整理は、準正嫡出子としての続柄に訂正する関係から、本籍人として「その他」の部に入れる。また、人口動態調査票作成事件簿は、非本籍人として処理する。

イ　別表八の場合

　準正嫡出子として、その父母との続柄欄を訂正するために父母の婚姻届書が送付されたものであるから、(2)のイで述べたとおり、受附帳の件名は、統計上の便宜から「訂正（市区町村長職権）」の例により記載する。この場合も、送付された婚姻届書は市区町村長の職権訂正も促す資料となるにすぎない。受附帳の備考欄には、届書送付の事由として「父母との続柄を何男（女）と訂正する婚姻届を○月○日何市区町村長受理」の例により簡記し、戸籍届出事件表には、「訂正（市区町村長職権）」として本籍人の訂正の部に計上し、整理する。

　なお、父母の婚姻又は父の認知により嫡出子の身分を取得した子は、昭和62年（法律第101号）の民法改正（昭和63・1・1施行）後は、当然には父母の氏を称しないものとされ、準正嫡出子が父母の氏を称してその戸籍に入籍しようとするには、戸籍法第98条に規定する入籍の届出（父母が婚姻中であれば、家庭裁判所の許可は不要―民791条2項）を要することとされた（昭和62・10・1民二5000号通達第5の3）。このため、本例のように父又は母と異なる戸籍に在籍する子については、父母の婚姻による戸籍の変動はなく、子の身分事項欄に父母の婚姻により嫡出子の身分を取得する旨を記載するとともに、父母欄の母の氏を消除し、父母との続柄を訂正するにとどめる。なお、その嫡出子について、父母の戸籍へ入籍する届出がある場合は、従前の戸籍で嫡出子に訂正後、父母の戸籍に入籍することになる。

　もし、子が、父母の婚姻届出と同時に、その父母の戸籍に入籍する届出を別件でする場合には、これを明らかにするため、父母の婚姻届書の「その他」欄に、嫡出子の身分を取得する旨、及び父母との続柄、戸籍の表示、氏名、住所、生年月日等を記載しなければならないこととな

る。なお、子が父母の氏を称して父母の戸籍に入籍するには、別に戸籍法第98条第1項による入籍届を要する。

(4) 別表一五及び一六の場合

設例は、父母との続柄訂正に関する戸籍訂正の申請により、事件本人と本籍地を異にする弟妹について、その父母との続柄に変更を生ずる旨の記載がある申請を、弟妹の本籍地で受理した場合（別表一五）と、この戸籍訂正申請書を事件本人の本籍地又は他の市区町村で受理し、弟妹の本籍地に送付された場合（別表一六）である。

本例は、戸籍訂正の申請であるから、出生届出の際に届書に記載した父母との続柄が事実と相違していたため、戸籍の記載に錯誤が生じたので、戸籍法第113条の規定により、家庭裁判所における戸籍訂正許可の審判を得て、戸籍を正当な記載に訂正する場合である。市区町村長の過誤による場合には原則として管轄法務局の長の許可を得た上で訂正することになるが（戸24条2項）、先例で認められているものについては、市区町村長限りの職権で戸籍を訂正することができる（昭和47・5・2民事甲1766号通達〔127〕）。

ア　別表一五の場合

受附帳の件名を「戸籍訂正」と記載することとされているが、(2)のイで述べたとおり、戸籍事件表の様式の改正に伴い、訂正事件の4段階に区分することになったので、昭和42年以後は、「訂正（法113条）」と記載することとされている。

イ　別表一六の場合

弟妹の本籍地の市区町村における処理であるから、その訂正申請書は、弟妹の父母との続柄を訂正するための資料にすぎない。つまり、市区町村長の職権訂正を促すための資料であって、訂正申請書に基づいて訂正するものではない。この場合には、その申請書をもって市区町村長の職権訂正書に代えることになるから、市区町村長が職権訂正書を作成する必要はない。したがって、受附帳の件名は「訂正（市区町村長職権）」の本籍地届出数として計上することになる。

14　東京都23区における除籍副本のマイクロフィルム化

昭和 36 年 1 月 23 日民事甲第 200 号通達

先例の趣旨　本通達は、東京都 23 区内の除籍副本について、旧法戸籍の改製に伴う原戸籍の副本のマイクロフィルムによる作成に関する昭和 33 年 9 月 11 日民事甲第 1853 号通達の趣旨に準じ、1 年ごとに一括してマイクロフィルムにより作成し送付する取扱いで差し支えないとされたものである。

参考　訓令通牒録：④綴 5097 頁、⑩綴 12614 頁
関連先例通し番号：15、21

〈解　説〉

1　戸籍事務における副本のマイクロフィルム化の経緯

⑴　戸籍事務において、戸（除）籍副本のマイクロフィルム化が初めて採用されたのは、第二次大戦における戦災滅失戸（除）籍の副本についてである（昭和 28・5・29 民事甲 911 号回答）。戦災により滅失した戸（除）籍は、おびただしい数にのぼり、戦後におけるこれら戸（除）籍の再製作業が進捗するに伴い、今後さらに膨大な経費と事務的労力を要することから作業の能率的、かつ、経済的な方法が研究された。その一つとして、市区町村においては、戦災を免れた管轄法務局で保存する除籍の副本の返納を受け、これを市区町村に保存する除籍の原本とする便宜措置が採られた。

さらに、当時欧米諸国において種々の記録保存に利用されつつあったマイクロフィルムの導入によって、戦災により滅失した戸（除）籍の副本作成の場合に限り再製副本に代えてマイクロフィルムに撮影したものを送付して差し支えないとされた。

⑵　さらに、戸籍法第 128 条第 1 項ただし書の規定により、新法施行後 10

年を経過した昭和33年度から全国一斉に旧法戸籍の改製作業に着手することとされた（昭和32年法務省令第27号）。この作業は、当初の予期以上に昭和41年に至るまでの長期間を要した大事業であったことから、前記(1)の戦災滅失戸（除）籍の再製に伴う戸（除）籍副本の作成の場合と同様の事態を招来するに至り、改製原戸籍の副本についても、マイクロフィルムに撮影したものをもって副本の送付に代えるとする便法がとられた（昭和33・9・11民事甲1853号通達）。

2 本通達による除籍副本のマイクロフィルム化

(1) 戸籍副本制度の第一義的な目的は、戸籍原本が滅失した場合における再製資料としての確保にあるが、本通達が発出された当時においては、市区町村における戸籍簿等の保管設備が急速に完備充実されたことから、滅失の危険を防止するための分散保管の必要性が乏しくなってきていた。他方において、旧法戸籍の改製作業の進捗等に伴い、管轄の法務局が市区町村から送付を受ける副本の量が増加したことから、倉庫の狭隘が問題化し、その打開策を講ずる必要に迫られるという背景もあった。このような諸状況を踏まえ、比較的に身分関係記載事項等に移動の少ない除籍について副本のマイクロフィルム化を認容したのが本通達である。

(2) マイクロフィルムによる副本の作成は、一挙に大量の戸（除）籍の原本を撮影し、これをもって副本とすることにより、労力及び経費の節減が図られることから、戸籍法施行規則第15条第1項本文に規定する「一箇月ごとに、遅滞なく……」という制約を解除しなければ効果がない。そこで、1年間に除籍となる戸籍が多数にのぼる規模の大きい都市部を対象とすることで、その効果が期待できることから、まず、東京都の23区において、除籍副本をマイクロフィルムによって作成し、これを1年ごとに一括して管轄法務局に送付する取扱いが認容されたものである。なお、本通達は、東京法務局長の照会に対する民事局長回答を、各法務局長、地方法務局長に通達したものである。

15 東京都23区以外の市区町村における除籍副本のマイクロフィルム化

昭和 36 年 1 月 24 日民事二発第 55 号依命通知

先例の趣旨

昭和 36 年 1 月 23 日民事甲第 200 号通達〔36〕は、東京都 23 区以外の市区町村においても、除籍副本をマイクロフィルムによって作成し、これを 1 年ごとに一括して管轄法務局に送付する取扱いを認容する用意のあることを含む趣旨である旨を明らかにしたものである。

上記通達は、東京法務局長の照会に対する民事局長回答を、各法務局長、地方法務局長に通達したものであるが、照会文には「……、当局管下東京都 23 区内の除籍副本に限り……」とあるため、これを前提条件としてマイクロフィルムによる除籍副本の作成が認容された形式となっていることから、誤解を生じないよう本通知が発せられたものである。すなわち、東京都 23 区以外の市区町村においても、戸籍簿等の保管設備が完備し、将来、マイクロフィルムによる作成作業を継続して行うことが可能であり、かつ、管轄法務局においてマイクロフィルムによる副本の受入れ態勢が整っているときに限り、東京都 23 区内の除籍副本についてと同様の取扱いが認容されることになる。

参考

訓令通牒録：④綴 5108 頁、⑩綴 12615 頁
関連先例通し番号：14、21

〈解　説〉

本通知に基づく具体的な事務手続要領等に関しては、基本通達〔14〕の〈解説〉を参照されたい。

16 複写機によって戸（除）籍の副本を作成した場合の契印の省略

昭和36年7月24日民事甲第1736号通達

先例の趣旨

戸（除）籍の副本の作成は、戸籍用紙を用いて正本どおりにこれを記載し、所要の認印・契印をするのが原則である（大正4・7・1民404号回答第1、準則制定標準44条3項本文）。しかし、事務の合理化、簡素化の上から複写機によって戸籍及び除籍副本を作成する場合、各葉の丁数及び第二葉以下の欄外の筆頭者氏名が鮮明に写出されている場合には、契印の写出については鮮明であると否とにかかわりなく、契印の押なつを省略して差し支えないとされたものである。

参考 訓令通牒録：④綴 5501頁、⑩綴 12618頁

〈解　説〉

1 戸籍等の副本

(1) 副本とは正本に対する用語であり、正本とともに市区町村長において作成し、その市区町村役場の所在地を管轄法務局に送付の上、そこで保存される（戸8条2項、戸規15条・18条）。副本の作成を要するのは、戸籍法施行規則第15条第1項に定める次の場合である。すなわち、(1) あらたに戸籍を編製したとき（1号）、(2) 戸籍編製の日から25年を経過したとき（2号）、(3) 戸籍の全部を消除したとき（3号）及び同条第2項の管轄法務局から副本の送付を求められたときの各場合であり、また、戸籍の改製により原戸籍となった場合も、全員が除籍となった場合に準じて原戸籍の副本を作成し、これを1か月ごとに管轄法務局に送付することとされて

いる。なお、磁気ディスクによる戸籍・除籍の副本は、1年ごとに管轄法務局に送付することとされている（戸規75条、準則制定標準62条）。
(2)　正本と副本との違いは、正本が戸籍本来の目的である国民の身分関係の公証という役割を果たすのに対し、副本は第一義的には、正本が火災等により滅失した場合に備えて、正本と同一内容の文書を予備的に作成されるものである。このほか管轄法務局が市区町村における戸籍事務の処理が適正に行われているか否かを審査する役割を果たしている。このように副本は従たる目的に使用するために、初めから正本と同一内容のものとして作成される点において、公証のために随時作成される謄・抄本とは性質を異にしている。
(3)　もっとも、管轄法務局に保存される副本とは、その後に正本に記入される事項がその都度記入されることはないため、正本と副本の内容に不一致が生ずる。しかし、これに備えて、戸籍記載の基本となる届書類が、副本を保存する管轄法務局に送付され、整理保存されるので（戸規48条・49条・52条）、この副本と届書類を合体すれば、副本作成後の異動も明らかになる。したがって、正本が滅失したとしても、副本と届書類とによって正本と同じ内容の再製資料を確保することができ、副本の役割を果たし得ることになる。

2　副本の作成と契印の意義

戸籍の副本には、戸籍用紙を用いて正本の記載のとおりに記載し、各事項の文末に認印を押なつし、戸籍が数葉の用紙にわたるときは、各葉に丁数を記入し、契印[注]をするのが、副本の原則的な意義にかなうものとされている（準則制定標準44条3項本文）。この丁数を記入し、契印を押なつする趣旨は、一つの戸籍として一体であることを明らかにするためのものである。すなわち、当該副本が正規の手続によって記載・作成されたものであることが明らかにされ、かつ、それによってその偽造を防止し、また、初葉と各葉との関連が明らかとなることから、仮に戸籍用紙が紛失等した場合の発見に役立つこととともなる。

16 昭和36年7月24日民事甲第1736号通達

3 戸・除籍の副本を陽画写真により作成する場合の契印の省略

　事務能率機器等の普及に伴い、戸・除籍の副本を陽画写真により作成する方法が採用されるなど、戸籍事務の簡素・合理化が進むに従い、原則的な作成方法も変化しつつある。

　その一つとして、副本を陽画写真により作成するに当たって、副本の各葉の「丁数」及び第二葉以下の表右側下部欄外に「筆頭者氏名」（昭和33・12・20民事甲2612号通達）が鮮明に写出されている場合には、「契印」の写出が鮮明であると否とにかかわりなく、契印押なつを省略して差し支えないとしたのが本通達である。

　なお、戸・除籍の副本を複写機によって作成した場合において、契印が鮮明に写出されているときは、契印を省略することができるとされている（準則制定標準44条3項）。

　　〔注〕　契印と割印＝契印とは、一つ又は一連の書類が数紙又は数個の書類からなる場合に、その相互の連接が正当になされたことを確認するために、そのつづり目に一つの印章を押すこと又はその印影（押したあと）を指す。公務員の作成する書類では契印を要求されることが多い（民施6条2項）。
　　　　割印とは、分離した2個の書類の両紙面にまたがって押す印章又は印影、つまり書類相互間の関連を証するためのものである（民施6条1項）。なお、契印のことを俗に割印又は割判ともいい、契印を割印の意に用いた場合もある（髙妻　新「改訂　体系・戸籍用語事典」154頁）。

17 受附帳の記載において、受附の年と年号が同じ場合の年号の省略及び出生、死亡の届出人資格の記載

昭和37年3月26日民事甲第799号通達

> **先例の趣旨**
>
> 戸籍法施行規則第21条第1項に規定する戸籍受附帳の記載において、第4号の受附年月日、第6号の出生の年月日及び第7号の死亡の年月日・死亡とみなされる年月日は、受附の年と年号が同じ場合は、年号の文字（例えば「平成」）を省略し、更に同年の場合は、月日のみを記載する（つまり、年の記載を省略）取扱いで差し支えない。
>
> また、第3号の届出人の資格は、出生届及び死亡届に限り、父、母、同居の親族等と記載するのに代えて、届書の様式中の符号（届出人の資格の不動文字に付された1、2等の数字）を用いて差し支えない。

参考 訓令通牒録：⑤綴 5897頁、⑩綴 12621頁

〈解　説〉

1　受附帳の役割

　受附帳は、所定の様式（戸規附録第五号様式）により毎年調製し、その年度内に受理し又は送付を受けたすべての戸籍届出事件について受附の順に従って記載すべきものとされている（戸規21条）。したがって、この受附帳の記載によって、それぞれの市区町村が年度内に取り扱った戸籍届出事件のすべてが明らかにされることになる。また、戸籍統計資料の作成や後日、届出の有無等を確認する上での資料となるばかりでなく、届書類が紛失又は廃

17　昭和 37 年 3 月 26 日民事甲第 799 号通達

棄された後に、戸籍の記載の遺漏や過誤等を発見した場合でも、受附帳の記載を基礎として戸籍の記載又は訂正等をすることができる（大正 10・5・19 民事 1554 号回答、昭和 36・12・5 民事甲 3061 号通達参照）。

　このように戸籍受附帳の果たす役割は大きく、戸籍事務を処理する上で戸（除）籍簿及び見出帳（票）とともに欠くことのできない重要な帳簿である。

2　受附月日、事件発生月日及び届出人の資格の記載

(1)　戸籍受附帳に記載すべき受附月日は、届書類を実際に受領した日を記載する。郵送による届書も市区町村役場で受領した日（すなわち配達された日）を記載することになる。なお、郵送による届書を受領した場合は、後日、当該届出の効力の有無について争いが生じた際の解決資料の一つとする意味で、受附帳の備考欄に「　年　月　日（封筒に施された通信日付印の年月日）郵送」と記載する取扱いとされている（昭和 28・4・15 民事甲 597 号通達、準則制定標準 27 条）。

　このように届書類を実際に受領した日を受附月日として受附帳に記載するのは、戸籍実務上、届出の受理の効力は、受理と決定した日に発生するのではなく、届書類を最初に受領（受附）した日にさかのぼって発生する取扱いとされていることによるものである（昭和 36・1・11 民事甲 63 号回答）。本通達は、この受附年月日の記載につき、受附の年と年号が同じ場合は、年号の文字（例えば「平成」）を省略し、更に同年の場合は、月日のみを記載する（つまり、年の記載を省略）取扱いで差し支えないとする趣旨である。

(2)　事件発生月日は、「受附月日」欄に事件発生月日として、①出生の届出については出生の年月日、②死亡又は失踪の届出については死亡の年月日時分又は死亡とみなされる年月日をそれぞれ「受附月日」の左側（又は下欄）に括弧書きにより記載すべきものとされている。これは、戸籍の記載事項の中でも最も重要で、かつ、比較的に事件数の多い出生及び死亡事件については、その事件発生の年月日を当該届書に基づいて受附帳にも記載することとし、届書類の廃棄後であっても、受附帳の記載のみによって前述 1 の記載又は訂正ができるように配慮したものである。本通達は、この

事件発生年月日の記載についても、(1)と同様に、当該年内のものについては、その発生の月日のみを記載すれば足り、年号の文字（例えば「平成」）及び事件発生の年まで記載する必要はないとするものである。

　なお、事件発生月日は、自庁で受理した事件について記載すれば足り、他の市区町村で受理し送付された事件については記載を要しない取扱いである（戸規21条1項但書）。

(3)　届出人の資格を記載する場合としては、出生、死亡あるいは裁判上の認知・離縁・離婚、戸籍訂正事件等のいわゆる報告的届出事件のほか、15歳未満の子の養子縁組、協議離縁等の場合がある。受附帳には、「届出事件本人の氏名」の左側（又は下欄）に、届出人の資格及び氏名を括弧書きにより記載すべきものとされている。本先例は、これらの届出のうち、届書の様式として、届出人の「資格」にそれぞれアラビア数字が付されている出生届及び死亡届に限り、父・母、同居の親族等と記載するのに代えて、1、2……と数字のみを記載する取扱いで差し支えないとするものである。

18　再製原戸籍の保存期間

昭和39年2月27日民事甲第381号通達

> **先例の趣旨**
>
> 　滅失のおそれある戸籍を再製した場合における原戸籍について、従前は、再製の年の翌年から50年これを保存することとされていたが、その性質上50年の長期間これを保存する実益に乏しく、保存期間を短縮しても戸籍事務の取扱い上特に支障を生ずるおそれはないものと考えられることから、本通達は、これを10年に短縮するとしたものである。また、除籍及び改製原戸籍を再製した場合又は再製戸籍に移記を完了した後の仮戸籍についても、上記に準じて取り扱って差し支えないとされた。
>
> 　なお、本通達により10年とされた上記の保存期間は、その後、平成14年法務省令第59号による戸籍法施行規則の一部改正に伴い、同規則に再製原戸籍の保存期間を定めた第10条の2の規定が新設され、戸籍法第11条（第12条第2項において準用する場合を含む。）の規定により再製された戸籍又は除かれた戸籍の原戸籍の保存期間は、再製の年の翌年から1年とされた。

参考　訓令通牒録：⑤綴　7102ノ7頁、⑩綴　12632頁
　　　　改正：平成14年省令59号により戸規10条の2新設

〈解　説〉

1　再製原戸籍の保存期間

　虫害等又は永年の使用による汚損等によって滅失のおそれが生じたある戸籍を再製した場合（以下、便宜「おそれ再製」という。）における原戸籍の保存期間について、従前は、直接の定めや先例はなく、間接的な先例及び現行

戸籍法施行規則第 88 条・旧戸籍法施行細則第 48 条に規定する改製原戸籍に準じ、再製の年の翌年から 50 年間保存するものとされてきた（大正 15・12・9 民事 9557 号、昭和 6・11・19 民事 1143 号、昭和 24・4・1 民事甲 742 号、昭和 31・4・25 民事甲 825 号各回答）。

2 本通達による保存期間の取扱い

しかし、この再製原戸籍は、戸籍としての効力はなく、戸籍の再製資料又は戸籍訂正事件の調査資料として保存するものであり、50 年の長期間にわたってこれを保存する実益に乏しく、しかも保存期間を短縮することによって戸籍事務の取扱いに特に支障が生ずるおそれはないと考えられることから、本通達により、その保存期間を再製の年の翌年から 10 年に短縮したものである。

3 平成 14 年法務省令第 59 号による改正

おそれ再製における原戸籍の保存期間については、前記 1 のとおり、従前は、通達により定められていたが、平成 14 年 12 月 18 日法律第 174 号に、申出による戸籍再製制度の導入（戸 11 条の 2 の新設）に伴い、同日法務省令第 59 号により戸籍法施行規則の一部が改正され、規則に保存期間に関する規定が新設された（戸規 10 条の 2 の新設）。

おそれ再製の場合、再製原戸籍と再製後の戸籍の内容は、欄外訂正や軽微な訂正事項を除き同じであるから、再製原戸籍の内容について証明を要する場合は極めて少なく、申出再製の場合の再製原戸籍と異なり、これを公開する必要性は乏しいと考えられる（申出再製における原戸籍の保存期間は、再製の翌年から 80 年（戸規 10 条の 2・2 項））。また、おそれ再製については、マイクロフィルムや磁気ディスク等による再製が認められており、その方法を認める各通達（昭和 50・2・4 民二 664 号、平成 7・2・28 民二 2003 号、平成 8・9・24 民二 1700 号）で示された再製原戸籍の保存期間は 1 年とされている。しかも実際行われている再製は、この方法による場合が戸籍数からみても多くを占めているとみられること等から、平成 14 年の戸籍法施行規則の改正に伴い再製原戸籍の保存期間の規定を新設するに際し、おそれ再製にお

18 昭和 39 年 2 月 27 日民事甲第 381 号通達

ける原戸籍の保存期間は、従前の 10 年から 1 年に短縮された（戸規 10 条の 2・1 項）。

19　申出による戸籍の再製

昭和46年12月21日民事甲第3589号通達

> **先例の趣旨**　市区町村長の過誤により誤った戸籍の記載がなされ、その後、その記載が訂正された場合において、その訂正の記載がある戸籍をそのまま存置することが社会通念上著しく不当であると認められるときは、相当と認められる関係人からの申出により滅失のおそれある戸籍の再製の方法に準じて再製の手続をとって差し支えない。なお、その後、戸籍法の一部を改正する法律（平成14年法律第174号）により、市区町村長の過誤によって記載がされ、かつ、その記載につき戸籍法第24条第2項、第113条、第114条又は第116条の規定によって訂正がされた戸籍について、当該戸籍に記載されている者から、上記の訂正に係る事項の記載がない戸籍に再製の申出があったときは、法務大臣は、その再製について必要な処分を指示する旨の規定（戸11条の2・1項）が新設された。

参考　訓令通牒録：⑦綴　8920ノ9頁、⑩綴　12655頁
関連先例通し番号：20
改正：平成14年法174号により戸11条の2新設

〈解　説〉

1　過誤記載と戸籍訂正

　戸籍の記載に錯誤又は遺漏がある場合に、その原因が市区町村長の過誤によるものであるときは、市区町村長は、管轄法務局の長の許可を得て職権で訂正することができるとされる（戸24条2項）。また、戸籍記載の錯誤又は遺漏が戸籍面上明白であり、かつ、その内容が軽微なもの、あるいは錯誤又

は遺漏の明白性が、戸籍の届書により確認できるものについては、市区町村長限りの職権で訂正することが認められている（昭和47・5・2民事甲1766号通達参照）。これらの訂正手続によって是正された戸籍の記載は、実体の身分関係を正しく反映するものとなり、完全な公証機能を果たし得ることになるから、これを書き換えることなどは、原則として許されず、また、それはそもそも法の予定するところではない。

2 特別措置としての戸籍再製

ところで、近年、国民一般の戸籍の利用度・関心度が高まり、しかも、複写機等の普及とともに、戸籍の謄抄本等はこれら複写機によって作成されるようになったことから、訂正事項のある戸籍についても、その記載がそのまま写出されて交付されるようになった。そのため、関係者は「戸籍が汚された」という意識をもち、それが高じて、やがて市区町村長の過誤によって戸籍が汚されたものであるから、元の誤記等の痕跡のない戸籍に書き換えてほしいという要望として表われるようになり、市区町村としてもその対応に苦慮することとなった。

そこで、こうした国民感情や市区町村側の立場を考慮して、上記の訂正記載のある戸籍については、例外的な便宜措置として前記「先例の趣旨」のとおり、滅失のおそれある戸籍の再製（戸11条、戸規9条）の方法に準じて処理することが認められるに至った。

上記の再製が許されるのは、「その訂正の記載をそのまま存置することが社会通念上著しく不当であると認められるとき」であり、その対象となる場合等、取扱い要領については、昭和46年12月21日民事二発第1555号依命通知〔20〕で明らかにされている。

3 「申出による戸籍の再製制度」の創設

(1) その後、戸籍法の一部を改正する法律（平成14年法律第174号）及び同法施行規則の一部を改正する省令（平成14年法務省令第59号）が同年12月18日に施行され、申出による戸籍の再製制度が導入された。この改正戸籍法等の施行により、本先例を始め、改正法令に抵触する従前の通達・

回答は、変更又は廃止された（平成14・12・18民一3000号通達、以下「基本通達」という。）。

　上記の申出による戸籍の再製制度は、虚偽の届出あるいは市区町村長の過誤等によって記載がされ、かつ、その記載につき訂正がされた戸籍等について、人の身分関係を登録・公証する戸籍の機能をより万全なものとするとともに、不実の記載等の痕跡のない戸籍の再製を求める国民の要請にこたえる趣旨の下に新設されたものである。

(2)　申出再製の要件は、①虚偽若しくは錯誤による届出等又は、市区町村長の過誤によって戸籍又は除かれた戸籍に不実の記載がされたこと、②戸籍訂正手続により不実の記載について訂正がされていること、③その戸籍に記載されている者から書面又は口頭で申出があった場合である（戸11条の2・1項、平成14・12・18民一3001号通知）。

　また、戸籍に記載するに当たって、文字の訂正、追加又は削除がされ、それが欄外訂正されている場合（戸規31条4項）において、その戸籍に記載されている者から申出があったときも、再製することができることとされた（同条2項）。

(3)　申出再製の対象となる戸籍の範囲は、原則として現在戸籍だけでなく、除かれた戸籍とされているが、除かれた戸籍のうち旧戸籍法（明治19年内務省令第22号、明治31年法律第12号及び大正3年法律第26号）に基づく旧様式の戸籍（法128条1項ただし書の規定による改製によって除かれたもの又は当該改製前に除かれたもの（明治19年式戸籍、明治31年式戸籍及び大正4年式戸籍）を指す。）は、申出再製の対象とはならないとされている（改正法附則2条1項ただし書・2項ただし書）。

(4)　申出再製の方法は、戸籍法第11条の2第1項の場合は、訂正に係る事項を除いて再製戸籍に移記する方法により、また、同条第2項の場合には、欄外訂正に係る事項を除いて再製戸籍に移記する方法によることになる（基本通達第4）。

(5)　なお、次の場合には、申出再製をすることができない。①戸籍法第11条の2第1項本文の要件を満たさない場合、②申出再製がされる場合において、朱抹された不実記載の部分及び訂正の趣旨・事由の部分は再製後の

19 昭和46年12月21日民事甲第3589号通達

戸籍に移記されないが、そのために再製後の戸籍に錯誤・遺漏がある戸籍となる場合（例えば、前後の戸籍との関連が付かなくなるときや、当該戸籍の中で記載内容に矛盾を生じるときなど）などである（基本通達第5）。

20　申出による戸籍の再製に関する取扱い要領

昭和46年12月21日民事二発第1555号依命通知

先例の趣旨　昭和46年12月21日民事甲第3589号通達〔19〕による取扱いの要領として、(1)　上記通達による再製の対象となる具体的事例、(2)　関係人の再製申出、(3)　市区町村長による再製報告、(4)　再製の方法、(5)　再製原戸（除）籍の保存等について通知されたものである。なお、上記の通達及び本通知による再製に関する取扱いは、その後、平成14年法律第174号の戸籍法の一部を改正する法律及び同年12月18日民一第3000号通達等に抵触する部分は変更又は、廃止された。

参考　訓令通牒録：⑦綴　8921頁、⑩綴　12656頁
関連先例通し番号：19

〈解　説〉

1　本通知による再製の取扱い
(1)　再製の対象となる場合
　ア　出生届により身分事項欄に「年月日出生」と記載すべきを、誤って「年月日死亡」と記載し、訂正したようなとき。
　イ　出生届により甲戸籍に入籍すべき子を、誤って他人の乙戸籍に入籍させ、訂正したようなとき。
　ウ　後妻の子の母欄に「後妻の名」を記載すべきを、誤って「先妻の名」を記載し、訂正したようなとき。
　エ　甲女の婚姻届がされたのに、誤って他の乙女につき婚姻の記載をし、訂正回復したようなとき。
　オ　甲・乙夫婦の離婚届がされたのに、誤って丙・丁夫婦の戸籍に離婚の

記載をし、訂正回復したようなとき。
- カ 死亡届がされた場合、誤って他の生存者につき死亡の記載をし、訂正回復したようなとき。
- キ 改製による新戸籍編製の際、誤って夫・先妻間の子の入籍を脱漏したため、後日その子を夫・後妻間の子の後部欄に記載して入籍させ、記載順序が先後したようなとき。

(2) 関係人の申出

相当と認められる関係人から、書面又は口頭の申出による。

(3) 市区町村長による報告

滅失のおそれのある戸(除)籍につき、管轄法務局の長に報告(平成14年法務省令第59号による改正前の戸規10条)をするには、報告書に、ア 申出人と過誤記載がされた者との関係、イ 申出の年月日及びその内容を記載するとともに、当該戸(除)籍の写しを添付する。

(4) 再製の方法

市区町村長の過誤により誤ってされた戸籍の記載及びその訂正に関する記載は、再製戸籍に移記しない。

(5) 法務局における再製戸籍の調査

管轄法務局が、本件再製戸籍についてする調査は、報告書に添付された戸(除)籍の写しによって行い、原則として現地調査は省略する。

(6) 再製原戸(除)籍の保存及び証明

再製原戸(除)籍の保存期間については、昭和39年2月27日民事甲第381号通達において、滅失のおそれある戸籍を再製した場合の原戸籍の保存期間につき、再製の翌年から10年と定められていることから、これに準じて取り扱うこととされた(なお、この点については、後記2(6)により変更された。)。

また、再製原戸籍に関する証明については、滅失した戸籍の再製後における仮戸籍等の場合と同様に、再製原戸籍には戸籍としての効力はなく、その戸籍の再製資料として保存するものであるから、特に証明の必要があるとして請求があった場合には、昭和37年11月2日民事甲第3175号回答に準じ、謄抄本としてではなく、一般行政証明として取り扱うのが相当である。

2 平成14年12月18日民一第3000号通達等による申出再製の取扱い

市区町村長の過誤によって記載がされ、かつ、その記載について訂正がされている戸（除）籍の本通知による再製要領（1(1)～(6)）は、平成14年法律第174号により新設された戸籍法第11条の2（申出による戸籍の再製）の規定及びその関係通達により次のように変更された。

(1) 再製の対象となる場合

届出内容は真実に合致し、かつ、届出自体に瑕疵はなかったが、市区町村長の過誤により、真実とそ̇ご̇し、又は法律上許されない戸（除）籍の記載をした場合である（戸11条の2・12条）。

(2) 当該戸籍に記載されている者の申出

当該戸籍に記載されている者から、書面又は口頭の申出による。口頭の申出があった場合は、市区町村長はその内容を記録する。

(3) 市区町村長による報告

申出を受けた市区町村長は、遅滞なく、①その事由、②年月日、③その他必要な事項を記載した書面に、可能な限り再製案を添付して管轄法務局の長に報告する（戸規9条）。

(4) 申出再製の方法

戸籍法第11条の2第1項の申出再製の場合には、訂正に係る事項を、同条第2項の申出再製の場合には、欄外訂正に係る事項を、それぞれ除いて再製戸籍に移記する。

(5) 法務局の長による再製戸籍の調査・具申等

市区町村長から報告を受けた管轄法務局の長は、必要な調査をした後、その再製の方法を具し、法務大臣に具申する（戸規9条2項）。

具申を受けた法務大臣は、必要な処分を指示する（戸11条の2）。なお、平成14年12月18日民一訓令第2999号をもって法務大臣から「戸籍事務についての専決に関する訓令」が発せられ、戸籍法第11条の2の規定により法務大臣がする指示については、法務局長又は地方法務局長が専決できるとされた（訓令二）。

(6) 再製原戸（除）籍の保存及び公開

戸籍法第11条の2第1項の規定による再製原戸（除）籍の保存期間は、

20　昭和46年12月21日民事二発第1555号依命通知

再製の翌年から80年、同条第2項による再製原戸（除）籍の保存期間は、再製の翌年から1年とされた（戸規10条の2・2項・3項）。

　また、再製原戸籍は、戸籍ではなく、一般行政文書の性格を有するものであるから、戸籍法上の公開の対象とはならないし、申出再製制度の趣旨から、原則として非公開として扱うべきものとされている。しかし、公開の必要性・相当性があると認められる場合には、一般行政証明（再製原戸籍の写しに市区町村長の認証を付した証明書）を発行するのが相当とされている。この一般行政証明の発行が認められるのは、個別具体的に必要性・相当性を判断することになるが、例えば、裁判所からの文書提出命令（民訴法223条）、又は文書送付嘱託（民訴法226条）、捜査機関からの照会（刑訴法197条2項）、入国審査官からの照会（入管法59条の2・3項）及び弁護士会からの照会（弁護士法23条の2・2項）等、公益的要請が強い場合や、再製原戸籍の写しの交付を認めないと証明請求者に不利益となるような場合である。なお、上記の公開をするについての必要性・相当性の有無の判断は、全国的・統一的に行われる必要があることから、管轄法務局の長は、市区町村長に対し、必要かつ相当な範囲内で助言・指示等を行うものとされている（平成14・12・18民一3000号通達第7）。

237

21 除籍等のマイクロフィルム化とその取扱いについて

昭和50年2月4日民二第664号通達

先例の趣旨

除籍・改製原戸籍（以下「除籍等」という。）をマイクロフィルム化するに当たっては、①除籍等が滅失するおそれがあるときにする除籍等の再製の手続に準じた手続によるものとし、②適法な手続により撮影されたことを明らかにするために、フィルムの各巻の冒頭にはマイクロフィルム化の訓令を撮影するものとするほか、③撮影済除籍等の保存期間及び④マイクロフィルム化後、除籍等に記載すべき事由が生じたときの処理方法について、明らかにしたものである。

参考

訓令通牒録：⑦綴 9230頁、⑩綴 12663頁
関連先例通し番号：14、15

〈解　説〉

1　除籍等のマイクロフィルム化の経緯

(1)　除籍簿の保存期間の改正とマイクロ化

　昭和36年法務省令第57号により戸籍法施行規則の一部が改正されるまでは、除籍簿の保存期間は50年とされていたが、保存期間が経過した後の除籍について、その謄抄本の交付請求が少なくないことから、その保存期間が80年に改められた（戸規5条4項）。しかし、除籍簿の保存期間が一挙に30年間延長されることに伴い、改正前の規則では、保存期間が満了している除籍簿でも改正後は廃棄することができなくなったため、その保存冊数が増加し、書庫の狭隘を来す市区町村が多く生ずることが予想された。そこで、50年の保存期間を経過した除籍についてのみ、管轄法務

局の長の許可を得て、これをマイクロフィルム化して保存することも差し支えないこととされた（昭和36・12・5民事甲3061号通達）。なお、この通達では、「50年以上経過した除籍をマイクロ化して差し支えない取扱いとする。」としているが、それが再製か否かは明らかでない。しかし、前記通達の趣旨及びマイクロフィルム化した除籍は直ちに廃棄して差し支えないとしている（昭和36・12・21民事甲3177号回答）こと等から、このマイクロ化は除籍の「再製」と解される。

(2) その後、除籍及び改製原戸籍の全部をマイクロフィルム化するについての認容申請があり、これに対し認容する旨の回答がなされ（昭和40・9・18民事甲2533号回答）、さらに、マイクロフィル化した除籍の正本は、除籍した年度の翌年から5年を経過したものに限り、管轄法務局の長の許可を得て、直ちに廃棄して差し支えないとし（昭和41・3・28民事甲988号回答）、前記(1)のマイクロフィルム化した除籍は直ちに廃棄して差し支えないとした取扱いを変更している。このような経緯により、市区町村長は、保存する除籍・改製原戸籍の全部をマイクロフィルム化することが認められるに至った。

2 本通達によるマイクロフィルム化

本通達は、戸籍事務の合理化と戸籍諸帳簿の保管の近代化を図るとともに、書庫の狭隘を解消するために進められてきた除籍・改製原戸籍のマイクロフィルム化について、その統一的な取扱いの基準を示したものである。

(1) 除籍等のマイクロフィルム化は、除籍等が滅失するおそれがあるときにする再製手続に準じた手続によることになる。すなわち、除籍等のマイクロフィルム化に当たっては、戸籍法、同法施行規則に規定されている再製手続による必要があるから、法務大臣の再製（又は補完）について必要な処分の指示を得た管轄法務局の長から、再製に関する指示が発せられた後にマイクロフィルムに撮影することとされている（昭和44・4・1民事甲481号法務大臣訓令、同日付け民事甲482号依命通達）。

(2) 除籍等をマイクロフィルムに撮影するときは、フィルムの各巻の冒頭に、マイクロフィルム化に関する指示を撮影することにより、単なるマイ

クロフィルム化（写し）ではなく、戸籍法、同法施行規則に基づく再製手続によったものであることを明らかにする。

(3) 撮影済みの除籍等は、マイクロフィルム撮影完了後１年を経過すれば廃棄して差し支えない[注]。従前、マイクロ化した除籍は直ちに廃棄して差し支えないとしていた（昭和36・12・21民事甲3177号回答）が、その後、除籍をマイクロ化した場合、除籍後５年を経過したものに限り、管轄法務局の長の許可を得て廃棄して差し支えない（昭和41・3・28民事甲488号回答）として、昭和36年の前記第3177号回答を事実上変更していた。しかし、撮影完了後１年を経過すれば、撮影済みの除籍等は廃棄して差し支えないとする本通達によって、前記二つの回答はいずれも変更された。なお、「撮影完了後１年を経過」という条件が付されたのは、次のような理由によるものとされている。すなわち、マイクロフィルム化の技術水準から、撮影後の処理（現像・定着・水洗等）が適正に行われている限り、相当長期間（100年以上）の保存が可能とされているが、撮影後の処理が適切でないと、フィルムの変色や膜面に化学変化が生ずるおそれがあり、それらの変化が生ずるのは、撮影後１年以内とされていることから、１年間は撮影済みの除籍（正本）等を保存しなければならないとされたものである。したがって、撮影完了後１年を経過した時点でフィルムを検査し、その結果、フィルムの全コマに変色等の異常がないことを確認できた除籍等は廃棄できることになる（昭和50・2・20戸150号東京法務局長通達による「除籍・改製原戸籍のマイクロ・フィルム化基準」参照。「時報」207号・212号）。

　　〔注〕　改製原戸籍の保存期間については、平成14年法務省令第59号の戸籍法施行規則の一部改正により第10条の２が新設され、戸籍法第11条（12条２項において準用する場合を含む。）の規定により再製された戸籍又は除かれた戸籍の原戸籍の保存期間は、当該年度の翌年から１年とする（戸規10条の２・１項）ことが規則において明らかにされた。

(4) 撮影済みの除籍等に、戸籍訂正等によって加筆・訂正等の記載をしなければならない事由が生じたときは、撮影済みのマイクロフィルムからリー

ダープリンターによって原寸大の用紙に拡大焼付けをし、その焼付けをした用紙（「写出した用紙」）に所要の記載をするものとされている。

　ところで、前記の加筆・訂正等所要の記載がなされるのは、マイクロフィルムにではなく、「写出した用紙」であり、マイクロフィルムは外見的には正しいものとして元の状態で残っている。このマイクロフィルムに何らかの手当てをしない限り加筆・訂正されたものであることは知り得ない。そこで、本通達は「当該部分に消除した旨の表示をする。」としたが、具体的にマイクロフィルムの当該部分にその表示をする方法には困難な点がある。例えば、フィルム自体に小穴を開けるとか、薬品によってその部分を消除することも考えられるが、マイクロフィルム自体に手を加える方法はその信頼性を損ないかねず、好ましくない。この点、前掲引用の昭和50年2月20日戸第150号東京法務局長通達による「除籍・改製原戸籍のマイクロ・フィルム化基準」第12によると、加筆・訂正等所要の記載をした除籍等は、翌年の除籍等をマイクロフィルム化するときに、その年の除籍等の前部に撮影し、その後にその年の除籍等を撮影しなければならない（なお、その年に所要の記載をした除籍等が多数あり、それらの除籍等で1巻のフィルムを作成することができると認められるときは、この取扱いはしないで、……。）としている。

22 市区町村長が保存している「戸籍の記載を要しない届書類」のマイクロフィルム化

昭和58年2月18日民二第820号通達

> **先例の趣旨**　市区町村長が戸籍法施行規則第50条の規定に基づいて保存している戸籍の記載を要しない届書類は、管轄法務局の長の指示を得てマイクロフィルム化することができることとされた。また、そのマイクロフィルム化をする場合の撮影要領、原届書類の廃棄、索引簿の作成並びにマイクロフィルム化後の届出の追完及び届書類の閲覧方法について示したものである。

参考　訓令通牒録：⑧綴 10397頁、⑩綴 12744頁

〈解　説〉

1　戸籍の記載を要しない届書類とその保存期間

(1)　戸籍法施行規則第50条の規定によって保存する届書類には、①外国人に関する届書類、②認知された胎児の死産届及びその胎児の認知届、③国籍喪失届と国籍喪失報告が競合した場合に、後で受理した届書類又は報告書類、④戸籍法第92条第2項の規定に基づく警察官からの本籍分明報告と同条第3項の規定に基づく死亡届が競合した場合に、後で受理した報告書類又は届書類、⑤数人の届出義務者から各別に届け出られ、最初に受理した届書によって戸籍の記載をした後、後から受理した届書が他の市区町村から送付された場合のその届書類、⑥重複してされた届書類のうち、後から受理した届書類がある。

(2)　これらの戸籍の記載を要しない届書類のうち、その多くは外国人に関するものであり、届出によって効力を生ずべき行為に関するもの（婚姻・養

子縁組等の創設的届出）は、当該年度の翌年から50年、その他の出生、死亡等の報告的届出に関するものは、当該年度の翌年から10年間、受理した市区町村において保存することとされている（戸規50条2項）。これは、外国人は我が国の戸籍に記載されることがないため、外国人が我が国において届出によって効力を生ずる身分行為をした場合は、その届書の記載事項証明書（戸48条2項）によってそれを証するものとして利用される。また、出生届書や死亡届書は、出生、死亡の事実を証するものとして利用される。このように、外国人に関する届書は、その外国人の身分を公証する重要な機能をもっている。また、60万人余を占める在日朝鮮人に関する届書類のうち、平和条約発効（昭和27・4・28）後に受理した届書類については、当該外国人の日本国における協定永住権などの特別の地位に付随してその資格要件の審査の資料として必要とされる向きもあることから、保存期間が経過した後も、なお当分の間そのまま保管することとされている（昭和41・8・22民事甲2431号通達）。

2 マイクロフィルム化の必要性と経緯

(1) 市区町村長が戸籍法施行規則第50条の規定によって保存する届書類及び前述の在日朝鮮人に関する届書類はかなりの量にのぼる上に、終戦直後に受理した用紙粗悪の届書類も含まれている。これらの届書類にかかわる滅失防止、書庫の狭あいの解消、届書類の記載事項証明書発給事務の合理化等、改善すべき問題についての対応策として届書類のマイクロフィルム化が考えられ、戸籍の記載不要届書類のマイクロフィルム化を容認する旨の本通達が示された。

(2) 戸籍の届書類のマイクロフィルム化は、本通達によって初めて認められることになったものであり、それまでの戸籍関係帳簿書類のうちの一部について逐次マイクロフィルム化が認められてきた。その経緯をたどると、①戦災で滅失した戸・除籍の再製副本をマイクロフィルムに撮影して管轄法務局に送付することを認め（昭和28・5・29民事甲911号回答）、さらに②改製原戸籍の副本（昭和33・9・11民事甲1853号通達）、③除籍副本（昭和36・1・23民事甲200号通達）、④50年以上経過した除籍の原本（昭和

36・12・5民事甲3061号通達）について順次マイクロフィルム化が認められた。その後、個別の照会回答により⑤除籍及び改製原戸籍の原本全部について認められ（昭和40・9・18民事甲2533号回答）、次いで昭和50年2月4日民二第664号通達によって「除籍・改製原戸籍のマイクロフィルム化の実施基準」が示された。これにより前記の除籍・改製原戸籍のマイクロフィルム化が一般化されるとともに、それは滅失のおそれがあるときにする再製手続（戸12条2項・11条）に準じることとされ、その根拠が明確にされた。

(3) ところで、戸籍の届書類の再製については、戸籍法にその規定が置かれていない。しかし、市区町村長が保存する届書類、殊に戸籍の記載を要しない届書の多くは外国人に関するものであり、しかもそれは、前述1(2)のとおり戸籍に代わるべき公証の機能をもつ重要な書類である。それが用紙粗悪等のために滅失のおそれが生じた場合に、そのまま放置しておくことはできない。その改善方法として、前記のとおり、除籍・改製原戸籍のマイクロフィルム化が再製手続に準じてされ、その実施基準も通達によって示されていること等から、届書のマイクロフィルム化についても、その手続に準じてすることは可能と考えられる。それによって市区町村の書庫の狭あいの解消及び記載事項証明書発給事務の合理化が図られることもあって、本通達が発せられることとなったものである。

3 マイクロフィルム化の実施要領等

戸籍の記載を要しない届書類をマイクロフィルム化する場合の撮影要領、原届書類の廃棄、索引簿並びにマイクロフィルム化後の追完及び届書類の閲覧方法等の基準については、本通達で具体的に示されている。

なお、マイクロフィルム化する場合は、戸籍法施行規則第50条の戸籍の記載不要届書類（前記1(1)）のうち、外国人・朝鮮人の届書に関するもの等、その必要度、利用度の高い届書類に限ってマイクロフィルム化し保存する方法であっても差し支えないし、それが効果的でもあるとされている（戸籍464号「落葉」70頁参照）。

23 除籍等の画像情報処理方式による光ディスク化

平成7年2月28日民二第2003号通達

先例の趣旨

平成6年法律第67号による戸籍法の一部を改正する法律が同年12月1日に施行され、同法第117条の2第1項に基づく法務大臣の指定を受けた市区町村長は、戸籍事務をコンピュータシステムによって処理することが可能となった。ところで、コンピュータ化のためには、戸籍用紙に記載されている情報を磁気ディスク化するための改製作業が必要となる（戸117条の3、戸規附則2条）。この作業は、移行するデータが膨大であること等から、民間の入力会社等に委託されるのが一般的であり、このためには移行する戸籍情報の入力用原稿を作成する必要がある。入力用原稿の作成方法としては、複写機により戸籍原本を複写する方法、マイクロフィルムに撮影する方法、光ディスク[注]に記録する方法等が考えられる。ところで、市区町村においては、除籍及び改製原戸籍（以下「除籍等」という。）をコンピュータ化後も正本として保存・管理し、申請人から除籍等の謄抄本等の発行を求められたときは（戸12条の2）、その請求に適正に対応する必要がある。この場合の除籍等の管理は、戸籍用紙によるほか、マイクロフィルムに撮影し（昭和36・12・5民事甲3061号通達二、昭和40・9・18民事甲2533号回答）、あるいは光ディスクに記録する方法（昭和61・6・24民二4838号、平成4・3・19民二1471号、平成4・9・11民二5481号各回答）が認められ、この中で光ディスクシステムによる管理が、除籍等の検索及び謄本等の発行が迅速に行えること等から、今後の利用増加が予想されていた。しかし、市区町村にお

ける除籍等の正本の保存は、戸籍用紙によるほかマイクロフィルムによることは認められているが、光ディスクに記録された除籍等を正本とする取扱いは認められていなかった。

そこで、戸籍法第117条の2第1項による法務大臣の指定のための手続が開始されたのを機に、コンピュータ化に伴う改製原戸籍等を保存・管理する方法として、画像情報処理方式による光ディスクに記録し、この光ディスクに記録された除籍等を正本とすること、及び同一の処理により副本を作成することの可否について照会がなされた。これに対し、光ディスクについては、システムの安定性についても各種行政分野で文書等の保存のために利用されているなど一定の実績が認められていることから、これを戸籍事務に導入して同システムによって管理されるデータを正本として取り扱うことは、差し支えないとされたものである。

〔注〕 光（レーザー）ディスクとは、CD（Compact Disk）やビデオディスクと同様なレーザー光による情報の読み出しに加えて書き込みができるディスクをいい、文書等の記憶媒体として各分野に普及している。開発当初の光ディスクは、一度記録したデータを消去することができず、記録されている情報の末尾に追加して書き込みを行う「追記型ディスク」であったが、近年、光磁性効果を利用して、磁気ディスクと同じように一度記録した情報を書き換えることが可能な「光磁気ディスク」が実用化されている。

参考

訓令通牒録：⑨綴 12022頁、⑩綴 13254頁
関連先例通し番号：24

23　平成7年2月28日民二第2003号通達

〈解　説〉

1　光ディスクによる正本の管理

　戸籍法第117条の2第1項の指定を受けた市区町村長が、除籍等の記録事項を画像処理方法により光ディスクに記録し、その光ディスクを正本として取り扱うことは、差し支えないとされた。

　これまで、個別の認容を受けて除籍等の謄抄本等の発行のために市区町村に導入されている光ディスクシステムにおいては、正本としては、従前の戸籍用紙による除籍等又はマイクロフィルムが別途保存されている。したがって、光ディスクに記録されたデータはあくまでも活用データ（内容は正本と同一）として位置づけられているのに対し、本通達による光ディスク化は、光ディスクに記録された除籍等を正本とするものであるため、その本質を異にするものである。

　そこで、本通達では、データの保全・保護及びプライバシーの保護を確保するための制度的な担保として、光ディスクシステムによる正本の管理の主体は、磁気データとしての戸籍の管理について管理規則等が定められ、執務環境について管轄局の審査を経ている戸籍法第117条の2第1項の指定を受けた市区町村長に限定することとされた。また、光ディスクシステム化の範囲については、当面、戸籍事務のコンピュータ化に伴って大量に発生する改製原戸籍の管理を前提に、除籍等に限定するとともに、その記録の方式は、画像情報処理方式によることとされた。

　なお、光ディスク化の除籍等の範囲については、戸籍事務のコンピュータ化に係るものに限定されていないことから、戸籍法第117条の2第1項の指定を受けた市区町村長であって、本通達に基づく所定の手続を経たものであれば、光ディスク化が認められることになる。すなわち、戸籍情報システム導入前に除籍等となっているもののほか、既にマイクロフィルム化された除籍等を光ディスク化すること、あるいは謄抄本の発行のために光ディスクに記録されている除籍等を正本とすることは、差し支えないとされている（本通達の解説「戸籍」632号50頁参照）。

2 光ディスク化に伴うデータ保全・保護及びプライバシー保護

戸籍情報システムによる場合は、磁気ディスクをもって調製された戸籍及び除かれた戸籍の滅失及びき損並びにこれらに記録されている事項の漏えいを防止するために必要な措置を講じなければならないとされる（戸規68条）ほか、戸籍の改製作業を外部委託する場合に契約書に明示すべき事項等が示され（平成6・11・16民二7000号通達）、また、戸籍情報が備えるべき技術的基準が示されている（平成6・11・16民二7002号通達）。

光ディスク化による場合においても、除籍等の情報が光データとして記録され、その検索が戸籍情報システムと連動して行われるものであることから、光ディスクに記録された除籍等のデータが不正な手段によって改ざんされたり、あるいは他の事務を処理する電子情報処理組織から不当なアクセスによりデータが漏えいすることを防止するため、戸籍情報システムによる場合と同様の適切な措置を講ずる必要がある。その具体的な措置の方法は、本通達では示されていないが、戸籍情報システムの場合と対比しつつ、光ディスク化の場合に必要と考えられる事項を検討し、適切な措置を講じることとなる。なお、戸籍情報システムの導入を前提として管理規則等が定められていることから（平成6・11・16民二7000号通達第1の1）、これらの規定が光ディスク化についても適用される場合には、別途管理規則等を定めることは不要であるが、通常は、除籍等の光ディスク化の方法等について、管轄局の助言及び指示を得て管理規則又は実施要領等を定めることになると考えられる。

また、除籍等のデータの滅失及びき損を防止するためのバックアップの確保については、光ディスク化前の除籍等が廃棄（後記6）された場合には、光ディスクに記録されたデータが唯一の正本となることから、滅失等の事態に適切に対応するための措置が当然に必要となる。

3 光ディスクの定期更新

本通達による光ディスク化は、除籍等の情報を光ディスクに記録し、これを正本として管理するものであり、記録されたデータの保存については、一般の行政文書を保存する場合とは異なり、確実性、信頼性が最も必要とされ

る。そこで、光ディスクの耐用年数については、記録媒体としての光ディスクの適性を確実に確保できる期間であることを要する。その期間を設定する前提として、現在、加速試験[注]等により確認されている耐用年数は、あくまでも推定寿命であること、また、通常は、光ファイリングシステム機器の更新が5年程度で実施されること、除籍等の正本及び副本の管理も光ディスクシステムによって取り扱うという新たな方式の導入であること等が考慮され、当面は10年ごとに除籍等を記録する記録媒体としての光ディスクを定期的に更新することとされた。

なお、光ディスクシステム機器が更新された場合は、光ディスクの規格、記録の方式等が異なることが考えられ、従前の光ディスクに記録されたデータを更新後の機器で利用できない場合は、10年以内の期間であっても当然にデータの書換えが行われる。つまり、実際の取扱いは機器の更新に伴って光ディスクも更新されるのが一般的であるから、除籍等を記録した同一の光ディスクが10年間運用されることはほとんどないものと考えられる。

また、既に謄抄本を発行するための光ディスクに記録されている除籍等については、本通達に基づく所定の手続を経た場合には、その記録を正本とすることが可能である。しかし、記録媒体としての光ディスクを更新しなければならないことから、除籍等を記録した時点からの光ディスクの運用期間が10年未満であるときは、本通達に基づく手続完了後、その残存期間について継続して正本として運用することができる。

〔注〕 現段階における加速試験による光ディスクの耐用年数は、一定の温度、湿度の条件下において、数十年間は確実に記録されたデータが保存できるとするものから、100年以上の期間についてデータの保存が可能であるとするものまで様々であり、保存環境の設定条件、確認方法等が異なることによるものと思われるが著しく異なるものとなっている。したがって、これらの試験結果を前提として耐用年数を設定することは困難な常況にあるといわれる。

4 光ディスク化の手続

1による光ディスク化は、除籍等が滅失するおそれがあるときにする再製の手続（戸12条2項・11条、戸規9条）に準じた手続によるものとされた。

第2章　戸籍に関する帳簿・書類　(一般)

　除籍等を光ディスク化する場合の具体的な手続の方法は、光ディスク化を実施しようとする市区町村長が、戸籍法第117条の2第1項の指定を受けた後に管轄局に再製の報告をし（戸規9条3項）、除籍等の再製に関する管轄局の長の指示を得て光ディスクへの入力作業を行う（戸規9条2項参照）。市区町村において光ディスクによる除籍等の再製を完了したときは、管轄局にその旨の報告をし、管轄局の確認及び調査完了通知を得るという手続を経た上で、光ディスクに記録された除籍等を正本とすることが必要となる。また、戸籍法第117条の2第1項の指定を受けた後に既に光ディスクに記録された除籍等（活用光ディスク）を正本とする場合には、既に認容申請等がされ、光ディスクへの入力作業が完了しているものであることから、本通達に基づく所定の手続を経て、除籍等が記録されている光ディスクに管轄局の長の指示を追加記録して正本とすることができる。
　ところで、上記の手続の流れは、既に戸籍法第117条の2第1項の法務大臣の指定を受けている市区町村長が光ディスク化をする場合を前提としているが、現実には戸籍事務のコンピュータ化に伴う改製作業と並行して光ディスクへの入力作業を行い、これによって光ディスクに記録された戸籍の記録を指定後、速やかに光ディスク化された除籍等として有効に利用する場合もあると思われる。この場合には、市区町村長は、戸籍事務のコンピュータ化に伴う改製作業の着手報告と並行して再製の報告を行い、戸籍法第117条の2第1項の法務大臣の指定を受けることを前提として光ディスクへの入力作業を実施する。管轄局の長は、前記の指定の官報告示がされた後、直ちに再製の指示をし、その指示において指定の効力が発生する日をもって指示の効力が生ずるとする取扱いを認めて差し支えないものとされている。
　また、改製作業と並行して既に光ディスクに記録された除籍（活用光ディスク）を戸籍法第117条の2第1項の指定日以降に正本とすること、改製作業と併行してコンピュータ化に伴う除籍等のほか、既に光ディスクに記録された除籍等を一括して戸籍法第117条の2第1項の指定日以降に正本とすることも差し支えないことになる。なお、これらの手続による場合には、コンピュータ化に伴って新たに光ディスクに記録される戸籍のうち、指定日までに除籍となった戸籍や届出等により記載内容が変更された戸籍については、

従前の記録を削除し、又は従前の記録を変更後の内容に更新する等、光ディスクの記録内容を整序する必要がある。

　管轄局での光ディスク化後の記録の確認は、光ディスクに記録されたデータを解読するための光ディスクシステムを管轄局では保有していないことから、その記録の内容を確認する方法が問題となる。この点については、光ディスク化は、従前の記載内容をスキャナーにより読み取って光ディスクに記録することが可能であることから、その内容がそごすることは一般に考えられないこと、また、記録漏れの有無についても市区町村における確認作業の状況に関し市区町村の再製完了報告によって管轄局で確認する方法によることでも差し支えないものと考えられている。

5　再製事項の記録

　再製の方法による場合は、各除籍等の戸籍事項欄に再製した旨の記載が必要となる（戸規34条6号）。しかし、マイクロフィルムによる場合は、フィルムの各巻の冒頭にマイクロフィルム化に関する指示を撮影するものとされており（昭和50・2・4民二664号通達二）、各戸籍事項欄への再製事項の記載を省略する便宜的な措置が認められている。

　光ディスク化の場合も、再製に準じた手続によるものであることから（前記4）、本来は、各戸籍事項欄に再製の旨を記載する必要があるが、この点についても、マイクロフィルムによる場合と同様とするのが相当とされたものである。

　また、光ディスク化後の従前の除籍等についても再製の旨の記載が必要になるが、この再製済みの除籍等については、これをつづった帳簿の表紙に再製された旨を記載することとし、個別の記載は省略して差し支えないものとされている。既に謄抄本等を発行するために光ディスクに記録されている除籍等を本通達に基づく所定の手続を経て正本として管理する場合に、従前の記録を継続して使用するときは、光ディスク化に関する指示を既存の各光ディスクに追加して記録する必要がある。この場合、指示を記録する箇所は、必ずしも各光ディスクの冒頭にする必要はなく、その光ディスクの共通の情報として適宜の方法により管理することで差し支えない。

第2章　戸籍に関する帳簿・書類　（一般）

6　再製済除籍等の廃棄

　除籍等の光ディスク化の目的の一つとして、原本の保管スペースの削減があることを考慮すると、できる限り再製の除籍等の廃棄を短期間で可能とすることが必要である。しかし、光ディスク化の作業終了後の記録内容の確認を厳格に行うとしても、再製前の除籍等の廃棄後に再製漏れ等があったときは、その後の処理が不可能となる。このような事態を回避するために、一定の期間は再製済みの原本を保存することが必要である。ちなみに、マイクロフィルム化の場合は、フィルムの膜面に化学変化が生ずるのは、撮影後1年以内であるとされていることから、再製済の除籍等の保存期間は、マイクロフィルム撮影完了後1年とされている（前掲昭和50年の第664号通達三）。しかし、変色等については、マイクロフィルム特有の現象であり、光ディスクの場合は、この点について留意する必要はないものの、保管スペースの削減等をも考慮し、前記4の手続完了後1年を経過したときは廃棄して差し支えないこととされたものである。

7　法務局への副本の送付

　新たに戸籍を編製し又は戸籍全部を消除したときは、市区町村長は、遅滞なく戸籍又は除かれた戸籍の副本をその目録とともに管轄局に送付しなければならないとされている（戸規15条）。戸籍事務のコンピュータ化の場合には、新たに戸籍を編製する場合に該当することから、改製原戸籍の副本を管轄局に送付する必要があるが、既にマイクロフィルム化された除籍等を光ディスク化するとき、又は既に光ディスクで管理されている除籍等を本通達に基づき正本として管理する場合には、副本は既に管轄局に送付済みであるから、改めて光ディスクによる副本を送付することは原則として要しない。

　したがって、本通達では、いったん光ディスクの副本を管轄局に送付した場合には、前記3により10年ごとに光ディスクを更新したとき、又は光ディスクの処理装置の機種変更に伴う従前の光ディスクの規格等の変更により光ディスクを更新したときは、更新後の光ディスクの副本を送付しなければならないこととされた。

8　記録内容の記載又は訂正の方法

　光ディスクに記録されたデータが除籍等である場合には、光ディスクに記録した後、記録の内容を修正することが必要となる場合がある。マイクロフィルムによる場合は、そのフィルムによって写出した用紙に所要の記載をし、この処理をしたときは、マイクロフィルムの当該部分に消除した旨の表示をするものとしている（前掲昭和50年の第664号通達四）。これは、撮影されたマイクロフィルム自体に修正事項を記載することは不可能であることから、いったん写出した用紙に所要の記載をし、その記載をした後はその用紙が原本となり、マイクロフィルムに撮影された上記の記載前の記録は原本としての効力を失う。

　ところで、光ディスクシステムによる場合には、そのシステムで使用される光ディスクが「追記型光ディスク」であるか「光磁気ディスク」であるかによってその方法が若干異なる。

(1)　「追記型光ディスク」の場合は、いったん記録されたデータを削除することはできないものであり、記録すべき事由が生じた除籍等は、画面上で従前の記録を再編集し、新たな記録として従前の記録の末尾に記録するか、あるいはマイクロフィルムの場合と同様に、いったんプリンターで出力した用紙に必要事項を記載した後に、その用紙をスキャナーで読み取り、従前の記録の末尾に記録することになる。

(2)　「光磁気ディスク」の場合は、磁気ディスクと同様に、従前の記録を消除して新たな記録に更新することが可能であるから、画面上で従前の記録を再編集して新たな記録として従前の記録を更新するか、プリンターにより出力した用紙に必要事項を記載した後に、その用紙をスキャナーで読み取り、従前の記録を更新するか、あるいは従前の記録を更新しないでそのままとしておき、追記型光ディスクと同様に、従前の記録の末尾に保存することも可能である。

　市区町村においては、実際にどのような方式による光ディスクシステムを導入するとしても、戸籍情報システムにおいては、戸籍記録を保全するため、戸籍記録について変更、追加又は削除をした場合は、その旨の記録とともに、従前の記録をも保存する機能を有するものとされている（平成

第2章　戸籍に関する帳簿・書類　(一般)

6・11・16民二7002号通達第1の2)。
　なお、前記の方法による場合には、変更前の記録と変更後の記録が同一の光ディスクに保存されることになるから、変更前の記録により謄抄本等が発行されることないよう適切な措置を講じなければならないこととされている。

9　除籍等の記載又は訂正をした場合の副本の送付

　光ディスクの副本を送付した場合であっても、除籍等の記載又は訂正をしたときは、その除籍の副本を管轄局に送付しなければならないとされており(準則制定標準49条1項)、光ディスクの副本を管轄局に送付した場合は、前記7により、本来は、光ディスクによる副本を送付しなければならない。しかし、市区町村における事務処理において、除籍等の記載又は訂正が大量に発生することは通常考えられず、また、記憶容量の大きな光ディスクに当該除籍等のみを記録して管轄局に副本として送付することは、費用対効果の面からも問題がある。
　そこで、光ディスク化後の除籍等について、記載又は訂正をした場合の副本の送付は、その記録事項を記載した書面、すなわち、記録又は訂正後の記録をプリンターから出力した書面を送付することとして差し支えないこととされた。

24　除籍等の画像情報処理方式による磁気ディスク化

平成8年9月24日民二第1700号通達

先例の趣旨

　戸籍法第117条の2第1項の指定を受けた市区町村長は、戸籍事務をコンピュータシステム（以下「戸籍情報システム」という。）により処理することになるが、コンピュータ化前の除籍又は改製原戸籍（以下「除籍等」という。）は、コンピュータ化後においても、これを正本として管理する必要があり、この除籍等の謄抄本等の発行を求められた場合には（戸12条の2）、その請求に適正に対応しなければならない。

　この場合の除籍等の正本として管理する方法は、戸籍用紙によるほか、先例により、マイクロフィルムに撮影して保存すること（昭和36・12・5民事甲3061号通達二ほか）、戸籍法第117条の2第1項の指定を受けた市区町村長が、除籍の記載事項を画像情報処理方式により光ディスクに記録し、正本として管理すること（平成7・2・28民二2003号通達）が、それぞれ認められている。

　このような状況の下で、本通達は、戸籍事務のコンピュータ化に伴って、除籍等の記載事項を画像情報処理方式により磁気ディスクに記録して、これを正本として管理すること（以下「磁気ディスク化」という。）も差し支えないとしたものである。

　なお、光ディスク化通達と磁気ディスク化通達（本通達）は、正本の定期更新の規定（光ディスクの定期更新）及び管轄局への副本の送付の規定以外の部分は、基本的には同じ内容であり、本通達は、記録媒体としての磁気ディスクに限定したものである。したがって、本通達の内容は、

> 基本的には、光ディスク化通達と同じであるから、前記の2つの事項以外の部分については、光ディスク通達に関する〔23〕の〈解説〉を参照願いたい。

参考　訓令通牒録：⑨綴 12121 頁、⑩綴 13259 頁
　　　　関連先例通し番号：23

〈解　説〉

1　磁気ディスクの定期更新

　平成7年2月28日民二第2003号通達による光ディスク化の場合は、記録媒体としての耐用年数が明らかにされていないことから、戸籍情報の保全及び保護に関する一般規定のほか、「10年ごとに当該光ディスクの記録を新たな光ディスクに複写して更新しなければならない。」旨の定期更新に関する特則規定が設けられている。しかし、磁気ディスク化の場合は、一般規定のほかには、光ディスク化のような特則規定は定められていない。
　このように、磁気ディスク化通達には、定期更新について規定されていないのは、通常、コンピュータシステム装置と記録媒体である磁気ディスクが不可分一体であり、システム装置の更新に伴い磁気ディスクも同時に更新されることになるので、磁気ディスクのみの複製ということは考えられないことからである[注]。つまり、磁気ディスクに保存されたデータの保全及び保護については、バックアップデータを備えられており、修復が可能である。したがって、磁気ディスク化の場合は、磁気ディスクの更新期間を定めるのではなく、「戸籍情報の保全及び保護に関する適切な措置を講じなければならない。」とする一般規定によって、バックアップデータの確保、適切な時期でのシステム装置の更新等の措置が講じられる。この点は、戸籍情報システムについても同じであり、データの保全及び保護に関する一般規定（戸規68条）により、システム装置（磁気ディスクを含む。）及び戸籍情報の更新が担保されることになる。

〔注〕 現在では、記録媒体の容量不足を補うため、システム装置とは別個に磁気ディスクのみを増設することも可能となっている。この場合には、システム装置と磁気ディスクが別個のものであることから、磁気ディスクのみが独立してシステム装置の更新後においても継続使用されないという保障はないと言われている（本通達に関する解説「戸籍」656号74頁）。

2 管轄局への副本の送付

磁気ディスク化された除籍等の副本は、磁気ディスクにより管轄局に送付されることになるが（実際には、磁気テープ等により送付されることになろう。）、その副本に関しては、戸籍情報システムによる副本の送付と、光ディスク化による副本の送付で、その取扱いを異にしている。

(1) 戸籍情報システムの場合

戸籍又は除かれた戸籍が磁気ディスクをもって調製されているときは、市区町村長は、1年ごとに磁気ディスクをもって調製されたその副本を管轄局に送付しなければならないとされ（戸規75条1項）、この場合は、戸籍法施行規則第75条第1項の規定は適用しないとされている。これは、定期的に戸籍の記録の全部を複写して送付する方が、新たに編製した戸籍等をその都度（新戸籍編製、25年経過、戸籍の全部消除）抜き出して副本を複写し、送付するよりも容易であり、また、新戸籍編製後の異動が副本に反映されるなど、再製資料としても有用であるとされたからである。

(2) 光ディスク化の場合

光ディスクの副本を管轄局に送付した場合において、光ディスク化通達（平成7・2・28民二2003号）3に基づき10年ごとに光ディスクの記録を新たな光ディスクに複写して更新したとき、又は光ディスクの処理装置の機種変更に伴う従前の光ディスクの規格等の変更により光ディスクを更新したときは、更新後の光ディスクの副本を送付しなければならない、とされている（光ディスク化通達7）。光ディスクの副本送付が10年ごととされたのは、除籍等は、戸籍に比べ異動が少ないので、頻繁に副本の更新をしなくても制度的に問題がないとされたからである。また、光ディスク化の特則として、既にマイクロフィルム化された除籍等を光ディスク化するとき、又は既に光ディスクで管理されている除籍等を光ディスク化通達に基づき正本として管

理する場合には、副本は、管轄局に送付済みであるから、改めて光ディスクによる副本を送付することは原則として要しないとされた。これは、記録媒体としての光ディスクのコストが高いこと、管轄局に送付する光ディスクの副本を作成するためには、別途、複製のための作業が必要であることから、少なくとも10年以内には光ディスクの更新が行われることから、その際に光ディスクの副本が送付されること等を前提に、この特則が定められたものと考えられる。

(3) 磁気ディスク化の場合

本通達6は、「磁気ディスクの副本を管轄局に送付した後10年を経過したとき、又は磁気ディスク処理装置の機種を変更したときも同様とする。」としている。副本送付が10年ごととされたのは、光ディスク化通達と同様に、磁気データによって管理されるデータは、異動の少ない除籍等のイメージデータであって、頻繁に副本の更新をしなくても制度的には問題がないからである。もっとも、本件の磁気ディスク処理装置の法定耐用年数は7年とされているので、10年を経過する前に、本件のシステムが更新された場合において、磁気テープの規格、記録の方式が異なるために、従前の磁気テープに記録されたデータを、更新後の磁気ディスク処理装置で利用できないときは、10年の副本更新期間が満了する前であっても、更新後の副本を管轄局に送付しなければならない。

3 見出帳等の調製

磁気ディスクをもって調製された戸籍簿及び除籍簿については、見出帳及び見出票（戸規6条）を調製することを要しないとされている（戸規71条）。この規定は「戸籍法第117条の3第2項の戸籍簿及び除籍簿については、」としているので、磁気ディスク化には直接適用されない。しかし、見出帳等を調製する趣旨は、特定の戸籍を検索することを主な目的とするものであり、その点、磁気ディスク化による除籍管理システムは、見出帳の情報を持ち、そのシステムが保有する検索機能によって特定の除籍の検索が瞬時に行われる。したがって、磁気ディスク化の場合は、さらに紙の見出帳を調製する実益はないと考えられるので、その調製は必要ないとされたものである。

（渉外）

25 平和条約発効後に受理した在日朝鮮人の戸籍届書類の保存期間

昭和41年8月22日民事甲第2431号通達

先例の趣旨　本通達は、平和条約の発効（昭和27・4・28）後に受理した在日朝鮮人の戸籍届書類については、当該外国人の我が国における協定永住権等の特別の地位に付随してその資格要件の審査の資料として必要になることから、戸籍法施行規則第50条の保存期間が経過したものについても、当分の間そのまま保存することとしたものである。

参考　訓令通牒録：⑥綴 8054頁、⑩綴 12639頁

〈解説〉

1 外国人に関する届書類の保存期間

　日本国籍を有しない者に関する届出等戸籍の記載を要しない戸籍届書類の保存期間は、当初は、すべての届書類について当該年度の翌年から15年間保存すべきものとされていた（昭和32年法務省第32号による改正前の戸籍法施行規則50条2項。旧戸籍法施行細則51条1項3号では10年間保存）。このため創設的届書類と報告的届書類とを区別して保存する必要はなかった。しかし、平和条約の発効に伴い、朝鮮人及び台湾人は日本国籍を喪失したことから（昭和27・4・19民事甲438号通達）、日本に在住する外国人の数が急激に増加したことに加え、国際交流が活発化するに従い、外国人に関する戸籍届出事件も増加するに至った。

　これら多数の在日外国人の身分関係を公証するについては、届書類が戸籍

に代わるべき重要な役割をもつため、その届書類の保存に関する規則の整備を図る必要が生じた。そこで、昭和32年法務省令第32号により戸籍法施行規則第50条第2項の規定が改正され、戸籍の記載不要届書類については、「創設的届出に関するもの」は、当該年度の翌年から50年、「報告的届出に関するもの」は、当該年度の翌年から10年保存することとされた。なお、同届書類を保存するときは、戸籍事務取扱準則制定標準第37条第1項の規定により、前者に関するものと後者に関するものとを各別にし、付録第28号様式の表紙及び目録を付けてつづらなければならないとされている。

2 在日朝鮮人の戸籍届書類の保存（本通達による取扱い）

外国人のみに関する届書類は、前述のとおり戸籍に記載されることはないから、当該外国人の身分関係の公証は、届書類によってされることになる。

特に、外国人に関する戸籍届書類のうち、平和条約発効後に受理した在日朝鮮人に関する戸籍届書類については、当該朝鮮人の日本国における特別永住権などの特別の地位に付随してその資格要件の資料とされることもあることから、その保存期間が経過してもなお当分の間そのまま保存することとされてたものである。

(戸・除籍、届書の公開)

26 戸籍届書類の制限的公開

昭和 22 年 4 月 8 日民事甲第 277 号通達

> **先例の趣旨** 本通達は、出生、婚姻、離婚及び死亡の各届書について、その閲覧又は記載事項証明書の交付を請求できるものの範囲等を定めたものである。

参考 訓令通牒録：①綴 8ノ2頁、⑩綴 12561頁

〈解　説〉

1 戸籍届書類の制限的公開

(1) 身分関係の公証との関係

　人の親族的な身分関係の公証は、通常、戸籍又は除籍（改製原戸籍を含む。）の謄抄本等（戸10条・12条の2）によってその目的を達することができる。したがって、戸籍の記載の基となった戸籍届書類については、もともと公開の対象とはされていないし、その必要性も高くないといえる。しかも、届書類には、戸籍に記載されている事項以外の個人のプライバシーにかかわる事項が多く記載されているので、もしこれを一般に公開を認めるとなれば、届出人から真実の届出がされないおそれが生ずるばかりでなく、プライバシーの侵害ともなることから、届書類は、原則として非公開主義が採られている。

(2) 届書類の非公開性

　このように、届書類については、非公開を原則としているが、届書に記載された事項のすべてが戸籍に記載されるものではないので、戸籍に記載された事項以外の事項を届書類の記載によって確認又は証明を要する場合が生じ

得る。例えば、戸籍の記載に錯誤、遺漏がある場合、あるいは届書類の記載が偽造、変造されたような場合には、届書類によらなければ、その事実関係等を確認することができない。また、外国人が、市区町村長への届出によって婚姻、縁組等の身分行為を有効に成立させたことを立証するには、その届書類によって証明してもらうほかない。

　そこで、旧戸籍法当時から、市区町村長が受理した届書類について、「利害関係人」に対し公開が認められていた（旧戸67条2項。ただし、「特別の事由がある場合に限り」との制限規定はなかった。しかし、一方において、同条4項では、監督区裁判所に送付した届書類については、「利害関係人ハ特別ノ理由アル場合ニ限リ」閲覧を請求することを認めていた。）。ところが、昭和21年勅令第421号によって戸籍法の一部が改正され、出生、婚姻、離婚及び死亡の四届書には、特に人口動態統計の必要からかなり詳細な内容の記載が求められ、個人のプライバシーに関する事項も記載されることになった。この記載事項の改正に伴い、個人の名誉の保持及び届出の正確を期するために、本通達をもって前記の四届書については、届出事件の本人又は届出人、届出事件本人の親族又は官公吏（職務の執行に関係ある場合に限る。）から請求があった場合に限って閲覧又は証明書の交付を認めることとしたものである。したがって、単に財産上の利害関係（債権・債務関係がある場合など）を持つに過ぎない者から請求があった場合には、これを認めることはできないとされている（昭和22・4・8民事甲277号通達、昭和23・1・13民事甲17号通達(9)、昭和27・11・19民事甲661号回答、昭和40・5・28民事甲1080号回答、昭和58・9・28民二5717号回答）。

(3)　公開を請求できる者の範囲
　ア　本通達が発出された当時
　　　前記(2)のとおり、本通達は、人口動態調査事項として届書に届出人個人に関する詳細な事項を記載することとされた四届書についてのみ、公開を求めることができる者の範囲を「届出事件の本人又は届出人、届出事件本人又は親族又は職務上必要とする官公吏」に限定した。しかし、四届書以外の届書については、本通達が発出された後も、現行戸籍法が施行される昭和23年1月1日までの間は、戸籍に関する届書類は、旧

戸籍法第67条の規定により「利害関係人」から、閲覧又は証明書を請求することができるとされていた。なお、制限規定との関係については、前記(2)参照。

イ　現行戸籍法の施行後

　昭和23年1月1日から施行された現行戸籍法の下では、戸籍届書類の全般について、公開制限の原則が働くこととされるとともに（昭和27・11・19民事甲661号回答）、同年1月13日民事甲第17号通達(9)項によって、本通達の趣旨がそのまま承継され、同法第48条第2項の解釈の指針とされた。また、届書類が管轄法務局に送付される（戸規48条2項）前後の区別なく、一律に「特別の事由がある場合に限り」との制限が付されている（戸48条2項）。

2　利害関係人・特別の事由等の解釈

(1)　利害関係人の範囲

　利害関係人の範囲について、戸籍法は具体的に明らかにしていないので、専ら先例の解釈によることになる。

　利害関係があるかどうかは、一般的な概念であり、当該届出事件と何らかの利害関係を有する者であることが証明若しくは疎明されれば足りると解される。具体的には、①届出事件の本人又は届出人、②届出事件本人の親族、③官公吏（職務の執行上必要がある場合に限る。）が請求した場合に限定される。単に財産上の利害関係を持つに過ぎない者からの請求が認められないことは前記(2)のとおりである。

(2)　利害関係人（請求者）の疎明方法

　届出事件本人の親族（すなわち利害関係人）から請求があった場合、請求者と事件本人との関係が届書及びその添付書類によって明らかでないときは、身分関係を明らかにする他の書面（例えば、事件本人との親族関係を明らかにするための戸籍謄本、請求者の身元を明らかにするための運転免許証とか健康保険証等）を提示させる必要がある。また、訴訟代理人（弁護士）などが、利害関係人の代理人として請求する場合は、その代理権限を証する書面（委任状）を提示させるものとされている（昭和37・3・28民事甲849号回答）。

(3) 特別の事由の解釈

届書類の公開が認められるのは、請求者が当該届出の事件本人と利害関係がある場合で、かつ、特別な事由（加重要件）がなければならないが（戸48条2項）、この「特別な事由」については、厳格に解されている。すなわち、身分に関する証明は、通常は戸（除）籍の謄抄本、又は戸籍の記載事項証明書によって目的を果たすことができるから、届書類の公開は、よほどの理由がない限り、認められないということになる。

したがって、戸籍に記載されていない事項で、届書及びその添付書類を閲覧するか、その証明を得なければ判明しない事項であり、この公開制度を利用することによって初めて利害関係人としての権利行使が可能となるような場合をいうものと解されている。具体的には、次のような場合がある。

① 法令によって届書類の証明書の提出が義務付けられている場合（例えば、⑦厚生年金保険法施行規則60条3項4号、⑦簡易生命保険約款77条7号・167条6号、⑦財形貯蓄保険に関する簡易生命保険約款167条6号などが挙げられ得る。）

② 国又は地方公共団体の職員が職務上必要とする場合

③ 戸籍訂正申請又は身分行為の無効確認の裁判若しくはその前提として届書類の記載事項を確認する必要がある場合等身分上の権利行使のため必要とする場合

④ 外国人に関する届書類のように他の方法で身分関係を証明することができない場合

⑤ 先例によって認められている場合

⑥ 出生、死亡に関する証明書を必要とする場合で、病院等においてカルテが法定保存期間の経過により廃棄されており、証明が得られない場合

また、医学その他学術研究を目的として、国公立の研究機関又は私立の研究機関から、戸籍届書類の閲覧又は記載事項証明書の交付請求があった場合は、従来からこれに応じて差し支えないとされている（昭和35・9・26民事甲2402号回答）。これらの請求は学術研究という公益目的にあることから、戸籍法第48条第2項の「利害関係人が特別の事由がある場合」にする請求に該当すると認められたものと解される。この考え方については、戸籍公開

制度の改正（昭和51年法律第66号）後においても変わることはない。

　なお、学術研究を目的とする請求については、管轄法務局に事前承認手続を経るべきものとされているが、より適正な請求と迅速・適正な事務処理を確保するために、従前の先例を整理統合した通達（昭和57・2・17民二1282号）が発出され、事前承認の事務手続等は、この整理通達により処理することとされている（通達〔33〕の〈解説〉参照）。

3　公開の方法と取扱い上の留意点
(1)　閲覧との関係

　届書類の公開の方法は、閲覧と記載事項証明書の二つである。閲覧は、届書類の損傷、改ざん又は盗難等を防止するため、吏員の面前でさせなければならない（戸規66条の2）。閲覧の際に謄写をすること、また、その方法として届書を写真機で撮影することは、事務に支障のない限り、これを認めてよいとされている（昭和31・2・18民事甲326号回答）。

(2)　記載事項証明書との関係

　届書の記載事項証明書の請求は認められるが、謄抄本の請求は認められない（明治31・10・15民刑979号回答）。ただし、訴訟上の必要等から記載事項全部についての証明書の請求には応じてよいとされている（昭和35・10・27民事甲2679号回答）。また、ほとんど届書謄本と変わりない内容の記載事項証明の請求があった場合もこれに応じて差し支えないとされている（昭和22・4・8民事甲277号通達、昭和30・8・6民事甲1667号回答）。これらについての証明文についても、戸籍法施行規則附録第17号書式（届書記載事項証明書）の例による。なお、届書の写しを作成して、これを別紙として添付する方法で証明して差し支えないと解される。

(3)　届書の謄本との関係

　届書については、前記(2)のとおり、一般にその謄抄本を作成して交付することは認められていない。しかし、事務処理の便宜等から、次のような場合に限り届書の謄本を作成することが認められる。
　　①　2通以上の届書の提出を要する場合に、届書原本は1通で、他は受理市区町村長において届書に代用する謄本を作成する場合（戸36条3項、

戸規54条)
② 受理地から本籍地へ送付の届書が未着のため、その謄本を作成して再送達する場合（大正5・3・15民387号回答）
③ 市区町村長の過誤による戸籍の記載につき、管轄法務局の長の許可を得て訂正する場合の戸籍訂正許可申請書に添付資料として、届書謄本を作成する場合（昭和26・11・6民事甲2095号回答）

4 記載事項証明書の書式

届書の記載事項証明書の書式は、戸籍（除籍）の記載事項証明書の場合と同様に「戸籍法施行規則第17号書式」によることとされている（戸規14条）。そのほか、請求者が証明を求める事項を記載した書面を提出したときは、その書面又は符せんに証明の趣旨と年月日を記載し、かつ、市区町村長の職氏名を記載し、職印を押して証明書に代えることが認められている。なお、符せんによって証明するときは、その接ぎ目に職印で契印をすべきものとされる（戸規14条・67条）。

27　労基法111条に基づく証明及び手数料の無料扱い

昭和22年12月6日民事甲第1732号通達

先例の趣旨

労働基準法第111条の規定により手数料が無料扱いとされる戸籍の証明の対象となるべき者の範囲、証明の対象となる戸籍の記載事項等に関し疑義があったため、本通達により、証明の対象範囲等については、「労働者及び労働者になろうとする者」の本籍、氏名及び出生の年月日に関する記載事項証明（戸規14条）であって、戸籍の謄本又は抄本は含まれないことを明らかにしたものである。なお、本通達では、証明の対象範囲が「労働者及び労働者になろうとする者及びこれと同一の戸籍に在る者」とされていたが、昭和34年3月17日民事甲第514号通達により、「労働者及び労働者になろうとする者」本人に限ることに変更されている。

参考

訓令通牒録：①綴 62ノ3頁、⑩綴 12563頁
関連先例通し番号：29

〈解　説〉

1　労働基準法第111条の無料証明の取扱い

「労働者及び労働者になろうとする者は、その戸籍に関して戸籍事務を掌る者又はその代理者に対して、無料で証明を請求できる。」（労働基準法111条前段）旨を定めているが、証明の対象となるべき者の範囲、証明の対象となる戸籍の記載事項及び無料で請求できる証明に戸籍の謄抄本が含まれるか否か等については、必ずしも明確でなかったため、疑義が生じていた。

そこで、法務省と労働省（現・厚生労働省）との打ち合わせの上、同条の

無料請求の取扱いを次のとおり定めた。
(1) **証明の対象となるべき者の範囲**
「労働者及び労働者になろうとする者及びこれと同一の戸籍にある者」[注]
(2) **証明の対象となる戸籍の記載事項**
(1)の者の「本籍、氏名及び出生の年月日」
(3) **証明形式**
戸籍法施行規則第14条の規定に基づく記載事項証明（戸規附録第17号書式）によることとし、戸籍の謄本又は抄本は含まれない。

〔注〕 現行戸籍法施行（昭和23・1・1）後における労働基準法第111条による証明の対象となるべき者の範囲については、「労働者及び労働者になろうとする者」と戸籍を異にする場合であってもその者の直系血族である限り、本通達第1項（前記(1)）に準じて取り扱うこととされ（昭和23・2・14民事甲347号通達）、その範囲がいったん拡大された。
　しかし、その後、市区町村の財政事情にかんがみ、無料証明の適用範囲は最小限度に止めるのが相当であることから、本件の証明対象となるべき者の範囲については、「労働者及び労働者になろうとする者」本人に限ることに取扱いが改められ（昭和34・3・17民事甲514号通達〔29〕）、現在に至っている。

２　「記載事項証明」の制度
　戸籍及び除籍の記載事項証明は、戦時下にあった当時、市区町村担当職員の減少による事務処理の遅滞等に対応する措置として戸籍に関する証明手続の簡素化を図るため昭和16年法律第75号により旧戸籍法の一部を改正して設けられた制度であり、それが現行の戸籍法にも引き継がれている（戸10条）。このような制度の趣旨から、記載事項証明書は、戸籍又は除籍に記載された事項のうち必要なもののみをそのままこれを証明する制度である（証明書の形式は戸規附録17号書式）。このように、記載事項証明書は、謄抄本とは形式を異にするが、その公証力においては異なるところはない。証明の対象は、戸籍の記載そのものであって、市区町村長が戸籍の記載から判断して得られる事項、例えば、「甲と乙とは親族である。」とか「ＡとＢは兄弟である。」等、記載事項の効力や記載事実の真否を証明するものではない。

3 地方分権一括法等の施行と戸籍手数料の無料扱いについて

「地方分権の推進を図るための関係法律の整備等に関する法律(平成11年法律第87号)」(以下「地方分権一括法」)が平成12年4月1日から施行され、戸籍事務は、改正後の地方自治法第2条第9項の規定による第1号法定受託事務に区分された(通達〔7〕の〈解説〉第1の1(1)ア参照)。

改正地方自治法第227条・第228条第1項は、法定受託事務で特定の者のためにするものについては、条例で手数料を定めることができることとされ、戸籍事務に関する手数料は、条例で定めることとされた。これに伴い、戸籍法上の手数料に関する規定(改正前の戸5条等)が削除されるとともに、戸籍手数料令(昭和51年政令第41号)は廃止された(平成11年政令第357号)。なお、戸籍謄抄本等の請求に関する戸籍手数料の無料扱いについては、特別法で無料扱いを直接に規定するもの(健康保険法144条、船員保険法8条、労働基準法111条等)と特別法で条例の定めるところにより無料扱いとすることができると規定するもの(労働者災害補償保険法45条、国家公務員災害補償法32条、厚生年金保険法95条・172条等)がある。上記の法改正において、これらの特別法については特に手当がされていないので、市町村はこれらの特別法の規定に抵触する条例を制定することはできないものと解される(平成12・3・15民二600号通達第1の1(3)イ(イ)参照)。

28 国公共済組合法114条に基づく証明の対象等

昭和24年7月2日民事甲第1476号㈡86号通達

> **先例の趣旨**
>
> 市区町村長は、国家公務員共済組合法第114条の規定により、当該市区町村の条例の定めるところにより組合員、組合員であった者又は受給権者の戸籍に関し、無料で証明を行うことができるとされるが、この場合の証明の範囲等に関して疑義があったため、本通達によりこれを明らかにしたものである。すなわち、この場合の証明の範囲は、「組合員、組合員であった者又は受給権者」の本籍、氏名及び出生の年月日に関する戸籍の記載事項証明(戸規14条)であって、戸籍の謄本又は抄本は含まれないこと、請求者は、同法に基づく給付を行い又は給付を受けるために必要なものであること等を明らかにしなければならないこととしたものである。

参考 訓令通牒録：①綴 282頁、⑩綴 12568頁

〈解 説〉

1 国家公務員共済組合法第114条の戸籍に関する無料証明の取扱い

　国家公務員共済組合法第114条は、市区町村長は、当該市区町村の条例で定めるところにより、組合員、組合員であった者又は受給権者の戸籍に関し、無料で証明を行うことができる(国家公務員共済組合法114条)旨を定めているが、その証明の範囲、証明書の作成方法、証明の中に謄抄本が含まれるか否かについては、必ずしも明確でなかったため、疑義が生じていた。

　そこで、法務省が大蔵省(現・財務省)と打合せの上、同条の無料請求の取扱いを次のとおり定めた。

28 昭和24年7月2日民事甲第1476号㈡86号通達

⑴　証明の対象となるべき者の範囲
　　組合員、組合員であった者又は受給権者
⑵　証明の対象となる戸籍の記載事項
　　⑴の者の「本籍、氏名及び出生の年月日」
⑶　証明形式
　　戸籍法施行規則第14条の規定に基づく記載事項証明（戸規附録17号書式）によることとし、戸籍の謄本又は抄本は含まれない。
⑷　証明の交付を請求する者は、同法に基づく給付を行うため又はその給付を受けるために必要な者であることを明らかにしなければならない。
⑸　右の証明には、国家公務員共済組合法第11条（昭和33年法律第128号により114条に改正）の規定に基づく請求によって作成されたものであることを明らかにしなければならない。

2　「記載事項証明」の制度

　戸籍及び除籍の記載事項証明は、戦時下にあった当時、市区町村担当職員の減少による事務処理の遅滞等に対応する措置として、戸籍に関する証明手続の簡素化を図るため昭和16年法律第75号により旧戸籍法の一部を改正して設けられた制度であり、それが現行の戸籍法にも引き継がれている（戸10条）。このような制度の趣旨から、記載事項証明書は、戸籍又は除籍に記載された事項のうち必要なもののみをそのままこれを証明する制度である（証明書の形式は戸規附録17号書式）。このように、記載事項証明書は、謄抄本とは形式を異にするが、その公証力においては異なるところはない。証明の対象は、戸籍の記載そのものであって、市区町村長が戸籍の記載から判断して得られる事項、例えば「甲と乙とは親族である。」とか「AとBは兄弟である。」等、記載事項の効力や記載事実の真否を証明するものではない。

3　地方分権一括法等の施行と戸籍手数料の無料取扱いについて

　「地方分権の推進を図るための関係法律の整備等に関する法律（平成11年法律第87号）」（以下「地方分権一括法」）が平成12年4月1日から施行され、戸籍事務は、改正後の地方自治法第2条第9項の規定による第1号法定受託

第2章　戸籍に関する帳簿・書類　（戸・除籍、届書の公開）

事務に区分された（通達〔7〕の〈解説〉第1の1(1)ア参照）。
　改正地方自治法第227条・第228条第1項は、法定受託事務で特定の者のためにするものについては、条例で手数料を定めることができることとされ、戸籍事務に関する手数料については、条例で定めることとされた。これに伴い、戸籍法上の手数料に関する規定（改正前の戸5条等）が削除されるとともに、戸籍手数料に関する規定（昭和51年政令第41号）は廃止された（平成11年政令第357号）。なお、戸籍謄抄本等の請求に関する戸籍手数料の無料扱いについては、特別法で無料扱いを直接に規定するもの（健康保険法144条、船員保険法8条、労働基準法111条等）と特別法で条例の定めるところにより無料扱いとすることができると規定するもの（労働者災害補償保険法45条、国家公務員共済組合法114条等、厚生年金保険法95条・172条等）がある。上記の法改正において、これらの特別法については特に手当がされていないので、市区町村は、これらの特別法の規定に抵触する条例を制定することはできないものと解される（平成12・3・15民二600号通達第1の1(3)イ(イ)参照）。

29　労基法111条に基づく無料証明の適用範囲

昭和34年3月17日民事甲第514号通達

先例の趣旨　本通達は、労働者及び労働者になろうとする者又は使用者が、労働基準法第111条の規定により無料で戸籍に関する証明を請求できるのは、「労働者及び労働者になろうとする者」本人の本籍、氏名及び出生の年月日に関する戸籍事項の証明に限ることを明らかにしたものである。

参考　訓令通牒録：④綴 4045頁、⑩綴 12607頁
関連先例通し番号：27

〈解　説〉

1　労働基準法第111条の規定による無料証明の適用範囲

　この証明について、従前は「労働者及び労働者になろうとする者」及びこれと同一の戸籍に在る者（昭和22・12・6民事甲1732号通達〔27〕）又はこれと戸籍を異にする直系血族（昭和23・2・14民事甲347号通達）の本籍、氏名及び出生の年月日に関する戸籍の記載事項については戸籍の記載事項証明書（戸細39条、戸10条1項、戸規14条）によって作成するものであり、戸籍の謄本又は抄本は含まれないとされてきた。

　本通達は、その後の市区町村における財政事情にかんがみ、無料証明の適用範囲を必要最小限度にとどめるのが適当と考えられたことから、今後は、この戸籍証明を無料で請求できるのは、「労働者及び労働者になろうとする者」本人の本籍、氏名及び出生の年月日に関する証明に限るよう取扱いを改めたものである。

2　地方分権一括法施行後における戸籍手数料の無料扱い
(1)　地方分権一括法（平成11年法律第87号）が平成12年4月1日から施行

され、従来、国の機関としての市区町村長が処理する機関委任事務とされていた戸籍事務は、同法による改正後の地方自治法第2条第9項第1号に規定する「法定受託事務」とされた（戸1条2項）。法定受託事務とされた戸籍事務において、特定の者のためにするものについては、条例で手数料を定めることができるとされたことに伴い（地自法227条・228条）、戸籍法上の手数料に関する戸籍法第5条の規定が削除されるとともに、戸籍手数料令（昭和51年政令第41条）が平成11年政令第357号により廃止された。この地方分権一括法施行後の戸籍手数料の取扱いについて、改正地方自治法は、全国的に統一して手数料の額を定めることが特に必要と認められるものとして政令で定める事務について手数料を徴収する場合は、政令で定める金額を標準として条例を定めなければならないとしている（地自法228条1項後段）。この規定に基づいて、平成12年政令第16号により「地方公共団体の手数料の標準に関する政令」が公布され、同年4月1日から施行された。

戸籍に関する事務は、前記政令中の表「八」において標準事務とされ、手数料を徴収する事務として戸籍の謄抄本等の交付につき同表に1〜6の事務が規定されたので、市区町村はこの標準事務について手数料を徴収する条例を制定する場合には、同表の金額を標準としなければならないこととされた。

(2) 戸籍謄抄本等の請求に関する手数料の無料扱いについては、本通達の労働基準法や健康保険法、土地改良法等の特別法で直接に無料扱いを規定するものと、労働者災害補償保険法、国家公務員災害補償法等、特別法で条例の定めるところにより無料扱いとすることができる旨を規定しているものとがある。

前記(1)の地方分権一括法の施行による関係法令の改正において、これらの特別法については特に手当がされていないので、市区町村はこれらの特別法の規定に抵触する条例を制定することはできないと解される（平成12・3・15民二600号通達第1の1(3)イ(イ)）。

30　複写機により作成した戸籍謄（抄）本に不鮮明な文字がある場合の補正等

昭和50年7月2日民二第3386号通達

> **先例の趣旨**
> 複写機によって戸籍謄抄本を作成する場合に、写出の結果、不鮮明な文字があるときは、軽度な補正によって処理できるものに限り、その文字を補正した上、補正箇所の上部欄外に「何字補正」と記載して、職印を押す取扱いで差し支えないとしたものである。

参考　訓令通牒録：⑦綴　9269頁、⑩綴　12666頁

〈解　説〉

1　複写機による謄抄本の作成

　戸・除籍の謄抄本の作成に複写機を用いることが認められるようになった当初は、蛍光灯又は水銀灯若しくは赤外線を用いた陽画写真機が使用されていたが（昭和26・3・6民事甲413号通達）、電子技術の発達によって静電式複写機が開発され、同複写機を用いて謄抄本を作成しても差し支えないことが認容された（昭和36・9・11民事甲2199号回答）。その後、逐次この種の機械が普及し（昭和38・4・6民事甲962号回答〈デュプロマット複写器シムプッレクス型〉、昭和38・7・5民事甲1914号回答〈アペコ・エレクトロ・スタット複写機〉、昭和38・8・19民事甲2416号〈ゼロックス〉、昭和40・3・9民事甲494号回答〈ミノルタトランスファーマチック〉、昭和40・3・9民事甲504号回答〈エレクトロスタティック33〉）等の事例にみられるとおり、それまで湿式陽画写真機では写出不能であった厚手若しくは粗悪な用紙を用いた戸・除籍についても複写機を用いて謄抄本の作成が可能となった。

　また、従前は、新たに複写機を用いて戸・除籍の謄本を作成する際には、

あらかじめ管轄法務局において写出が鮮明であること、及びたい色又は消色のおそれがないことについて確認の上、これを認容する取扱いとされていた（昭和26・3・6民事甲413号通達）。

しかし、その後、複写機器等の改良・技術の進歩によって、性能が向上するとともにその利用も著しく普及したことから、事前に管轄法務局の長の指示を受けることは要しないこととされ、複写機を導入したときは、その機械の名称、型式を管轄法務局の長に報告する取扱いに改められた（昭和40・5・7民事甲975号通達）。

2 複写機による写出不鮮明な箇所がある謄抄本の取扱い

(1) 複写機によって謄抄本を作成した際、原本に誤記、遺漏があり、その訂正、記載があるものを写出した場合であっても、訂正箇所に訂正印を押す必要はないが、字画が不鮮明に写出されたために、その箇所を墨書で補正したときは、欄外に「何字訂正」と記載し、認証文に使用する市区町村長の職印を押しておくこととされていた（昭和33・3・10民事二発103号回答）。しかし、複写機による写出不鮮明な場合は、前記の「何字訂正」ではなく「何字補正」が相当であるとして、戸籍事務協議会からその字句の変更方について要望がなされた。

この要望に対する法務省民事局長の回答は、「補正の記載は相当でない。複写機により戸籍の謄抄本の作成が認められるのは、写出の文字が鮮明なものに限られる。」とするもので、不鮮明に写出された謄抄本に「何字訂正」等と補正措置を要する戸・除籍については、複写機を用いて謄抄本を作成することは認められなくなった（昭和40・3・4民事甲491号回答）。

(2) しかし、その後、粗悪用紙戸籍等、滅失のおそれある戸籍についての再製も進み、写出不鮮明となるような原本が少なくなる一方、謄抄本の請求件数が増加の傾向にある状況の下で、写出文字の一部が不鮮明となるような原本についても複写機の使用が認められないとすると、事務能率上の問題が生じることになる。

そこで、本通達により、複写機による写出の結果、不鮮明な文字があるときは、その文字を補正した上、補正箇所の上部欄外に「何字補正」と記

30 昭和 50 年 7 月 2 日民二第 3386 号通達

載し、職印を押す取扱いが認められるに至った。なお、この取扱いは、軽度な補正によって処理できるものに限られる。

第2章 戸籍に関する帳簿・書類 (戸・除籍、届書の公開)

31 民法等の一部改正に伴う戸籍の公開等の取扱い

昭和51年11月5日民二第5641号通達

先例の趣旨　民法等の一部を改正する法律（昭和51年法律第66号）附則第1項ただし書掲記の(1)　戸籍の公開について、(2)　嫡出子出生の届出義務者について、(3)　本籍の表示について、及び(4)　謄本等の契印についての戸籍法の各改正規定が、昭和51年12月1日から施行され、また、戸籍法施行規則の一部を改正する省令（昭和51年法務省令第48号）が公布・施行された。本通達は、これらの改正規定の施行と関連して具体的な戸籍事務の取扱いを示したものである。

　なお、戸籍の公開については、平成19年5月11日法律第35号で公布された戸籍法の一部を改正する法律により、戸籍公開制度のあり方について見直しが行われ、戸籍法第10条、第11条の2及び第12条の2が改正されるとともに第10条の2ないし同条の4が新設された。この改正法は、公布の日から1年6か月を超えない範囲内で政令で定める日から施行することとされている。

参考　訓令通牒録：⑦綴　9439頁、⑩綴　12693頁
改正：平成19年法35号により戸籍の公開制度改正

〈解　説〉

1　戸籍の公開

　戸籍は、国民の出生から死亡に至るまでの身分関係を登録し（戸規35条）、これを公に証明することを主たる目的として調製されるものである。

そこで、従来から、これを各種行政施策の基礎資料とするとともに、広く一般に公開し、利用に供することは、その性質上当然とされ、何人でも自己の戸・除籍はもとより、他人の戸・除籍についてもその公開を求めることができるとされていた（公開の原則）。また、市区町村長は、それを拒むのに正当な理由がない限り（改正前の戸10条1項但書）、公開の請求に応ずる義務があるとされていた。

しかし、この法改正により、戸籍の不当な利用を排除することを目的として、戸・除籍の謄抄本及び記載事項証明書の交付請求について所要の制限が加えられることとなった。

(1) 戸籍の謄抄本

ア 改正後の戸籍法第10条第1項は、戸籍の謄抄本及び記載事項証明書については、「何人でも、戸籍の謄本若しくは抄本又は戸籍に記載した事項に関する証明書の交付の請求をすることができる（平成11年法律第87号により改正）」として、公開の原則を維持しつつ、法務省令で定める者（後記イ）以外の者が請求する場合には、市区町村長がその請求の当否、つまり不当な目的(注)による請求か否かを判断する手掛かりとするために、「請求の事由」（使用目的）を明らかにさせることとした（同条2項）。そして、請求が不当な目的によることが明らかなときは、市区町村長はこれを拒否できるとし（同条3項）、個人のプライバシーの保護を図ることとしている。

〔注〕「不当な目的」とは、例えば、①嫡出でない子（平成16年法務省令第76号により嫡出でない子の戸籍における父母との続柄欄の記載が改正された。）であることや離婚歴等他人に知られたくないと思われる事項をみだりに探索し又はこれを公表する等プライバシーの侵害につながるもの、②戸籍の記載事項を手掛かりとして同和地区出身者であるか否かを調査する等の差別行為につながるもの

イ 戸籍の謄抄本の請求に当たり、請求事由の明示を要しないとされるのは（戸10条2項で省令に委任した事項）、次の場合である（戸規11条）。
① 戸籍に記載されている者又はその配偶者、直系尊属若しくは直系卑

属が請求する場合
② 国若しくは地方公共団体の職員又は別表第一に掲げる法人の役員若しくは職員が職務上請求する場合
③ 弁護士、司法書士、土地家屋調査士、税理士、社会保険労務士、弁理士、海事代理士又は行政書士が職務上請求する場合
④ 市区町村長が相当と認める場合

　法務省令により、①〜③の除外例が認められたのは、これらの者については、不当な目的をもって請求するようなことはあり得ないと考えられ、特に③の者は、その職務上他人の戸籍謄抄本を必要とする場合が多く、また、法律上一定の資格が要求され、職務上の守秘義務が定められていること等が考慮されたものと思われる。

　さらに、除外例の一つとして、④市区町村長が相当と認める場合を掲げているが、①〜③以外の場合においても、請求の目的が不当でないと一般的に認められる場合があり得ることから、その除外例の判断を市区町村長の裁量にゆだねたものであろう。したがって、その具体的な運用は、市区町村長の判断によることになるが、例えば、当該市区町村の公務に関係を有する人権擁護委員、民生委員、保護司が職務上の必要から請求する場合、請求にかかわる戸籍に記載されている者が作成した当該交付請求に応じて差し支えない旨を記載した書面（承諾書や同意書）を請求者が提出した場合、住民票に「妻（未届）」と記載されている内縁の妻が夫の戸籍謄本等を請求する場合等がこれに該当すると解されている（青木義人・大森政輔「全訂　戸籍法」68頁、加藤令造 著・岡垣　学 補訂「全訂　戸籍法逐条解説」82頁、木村三男「戸籍法及び戸籍法施行規則の一部改正に伴う戸籍事務の取扱いについて」戸籍373号3頁、昭和63・3・1東京高裁決定―家月4巻11号100頁）。

(2) 除籍の謄抄本

ア　除籍の謄抄本又は記載事項証明の交付については、従来、戸籍の場合と同様に、何人でもこれを請求できるものとされていたが、改正後は請求できる者が制限され（戸12条の2・1項、戸規11条の2・1項1号及び2号）、前記以外の者については、相続関係を証明する必要がある場

合及び法務省令で定める場合に限って請求することができるものとされた（戸12条の2・2項、戸規11条の3・1項1号及び2号）。
　このように請求者や請求が認められる場合を限定した趣旨は、除籍は、戸籍の場合に比べ、人の名誉にかかわる事項（例えば、旧民法における庶子、私生子等の記載のほか華族、士族、平民等のいわゆる族称の記載、さらには出生地・死亡地について刑務所、鉄道線路上等の記載）が残っているものがあり、これを無制限に公開することは人のプライバシー保護の上から好ましくないためである。
イ　改正後において、除籍の謄抄本等を請求できるのは、次の者とされている。
　①　除籍に記載されている者又はその配偶者、直系尊属若しくは直系卑属（戸12条の2・1項前段）
　②　国又は地方公共団体の職員（戸12条の2・1項後段）
　③　弁護士その他法務省令で定める者（戸12条の2・1項後段）：すなわち、戸籍法施行規則別表第一に掲げる法人の役員又は職員及び弁護士、司法書士、土地家屋調査士、税理士、社会保険労務士、弁理士、海事代理士又は行政書士（これらの者は、前記(1)のイ②・③と同じ）
　上記の①～③以外の者は、次の場合に限って請求することができるものとされた
　④　相続関係を証明する必要がある場合（戸12条の2・2項）
　⑤　その他法務省令で定める場合、すなわち、裁判所その他の官公署に提出する必要がある場合、除かれた戸籍の記載事項を確認するにつき正当な利害関係（注）がある場合（戸12条の2・2項、戸規11条の4・1項）

　　〔注〕「正当な利害関係」とは、例えば、①戸籍訂正の前提として除籍の記載事項を確認する場合、②契約の当事者が過去の契約締結時における相手方の行為能力（禁治産・準禁治産制度は、平成11年法律第149号等の成年後見関連四法の施行により成年後見制度に改められ、公示の方法も戸籍の記載から新たに創設された登記に改められた。）を調査する場合、③婚姻をするに当たり相手方の前婚解消の事実を確

認する場合等（本通達一の6）

(3) 戸（除）籍簿の閲覧制度の廃止等

　戸（除）籍簿の閲覧制度（改正前の戸10条1項）は、プライバシー保護の面で種々問題があり、他方、その利用の実態は、戸籍の利用件数の約1パーセントにすぎないこと、さらに複写機の利用が普及したことに伴い原本そのままの謄本を作成して交付できること等から、その存在意義が失われているとみられたため、廃止された。

　なお、他の法律の特別の規定（例えば、土地改良法118条6項、土地区画整理法74条、農地法81条、都市再開発法65条、新都市基盤整備法54条等）に基づく閲覧については、従来と変わらない。

　また、官公署の職員が、職務上閲覧を必要とする相当の理由がある場合には、従来どおり官公署相互間の協力関係に基づいて、これに応じて差し支えないとされている（本通達一の8）。

2　嫡出子出生の届出義務者

　改正前の戸籍法第52条第1項は、「嫡出子出生の届出は、父がこれをし、父が届出をすることができない場合又は子の出生前に父母が離婚をした場合には、母がこれをしなければならない。」と規定し、父が第一次的な届出義務者、母が第二次的な届出義務者としていた。しかし、母を第二次的な届出義務者としなければならない合理的な理由はないこと等から、母も父と同順位で届出義務者とすることに改められた。したがって、法定の届出期間（戸49条1項）内に父又は母の一方が届出をすれば、他方は届出義務を免れることになるから、父母双方が届出を怠った場合には、戸籍法施行規則第65条の規定による通知（失期通知）を父及び母についてこれをすることになる（本通達二）。

3　本籍の表示方法

(1)　本籍の表示方法については、従来から土地の地番号をもって表示すべきものとされていた（明治31・9・19民刑1173号回答、改正前の戸規3条）

が、この改正により、住居表示に関する法律（昭和37年法律第119号）による街区符号を用いて本籍を表示することも認められた。これにより、住居表示を実施した区域においては、本籍の表示として地番号又は街区符号のいずれを用いても差し支えないこととなったので、これを前提として、戸籍の編綴順序に関する戸籍法施行規則第3条の規定が改められた（本通達三の1）。

⑵　地番号によって表示されている本籍について、戸籍の筆頭者及び配偶者から街区符号による表示に変更方の希望があったときは、すべてこれを転籍届（いわゆる管内転籍届）として取り扱うものとされた（本通達三の2）。

4　謄抄本等の契印方法

　改正前の戸籍法施行規則第12条第3項は、謄本又は抄本が数葉にわたるときは、謄・抄本の偽造、改ざんの事故等を防止するために、市区町村長は職印で毎葉のつづり目に契印をしなければならないとしていた。しかし、事務処理の合理化等から、前記の職印による契印に代えて打抜式契印機を使用する市区町村がみられ、これを認容する先例も増加の傾向にあることから（昭和49・10・17民二5646号回答、昭和50・11・22民二6810号回答、昭和51・10・28民二5605号回答）、あらかじめこの使用方法を認めることとして同項を改正したものである（本通達四）。

　なお、謄抄本に掛紙をした場合の契印は、従来と同様に職印で接ぎ目にすることになる（戸規12条4項）。

32　届書の謄本の認証方法の簡易化に関する取扱い

昭和 52 年 4 月 6 日民二第 1671 号通達

> **先例の趣旨**　戸籍法第 36 条第 3 項の規定をすべての届出事件に適用し、届書の謄本を作成する場合には、乾式複写機等により文字が鮮明に写出され、かつ、変色又は退色のおそれのない写しを作成し、その届書の発送欄に「これは謄本である。」旨を付記して認証する取扱いで差し支えない。なお、原本は、本籍人に関する届書類として管轄法務局で保存できるように配慮する。

参考　訓令通牒録：⑦綴　9553 頁、⑩綴　12705 頁

〈解　説〉

1　提出すべき届書の通数

　戸籍の届出が本籍地の市区町村長にされ、かつ、その届出地の市区町村のみで戸籍の記載をすれば足りる場合には、届書は 1 通で足りる。しかし、一つの届出で二か所以上の市区町村で戸籍の記載を要する場合には、その市区町村の数と同数の届書を提出しなければならない（戸 36 条 1 項）。例えば、婚姻、離婚等の届出のように、本籍が一つの市区町村から他の市区町村に転属する場合には、常に入籍地と除籍地の双方の市区町村で戸籍の記載を要することになる。

　本籍地以外の市区町村長に届出をする場合には、前記のほかに、なお、1 通の届書の提出を要する（戸 36 条 2 項）。また、事件発生地の市区町村長にも届出をすることが認められている出生（戸 51 条）、死亡（戸 88 条）の届出を受理した場合、受理した市区町村長は戸籍の記載は要しないが、届出を受

理した事実を明らかにするため、なお1通を加えて計2通の届書の提出を要することになる。

2 届書の謄本

(1) 前記1の場合のように数通の届書の提出を要する場合であっても、市区町村長が相当と認めるときに限って、1通のみを提出させ、他は届書の謄本を作成し、これを届書に代えることが認められている（戸36条3項）。また、この取扱いが認められていることにかんがみ、届出人の負担の軽減と市区町村における事務処理の効率化を図る等の観点から、平成3年12月27日民二第6210号通達〔63〕により、いわゆる「届書の一通化」を積極的に推進することとされた。その後、この取扱いは全国的に定着し、平成6年10月21日民二第6517号通達〔64〕による届書の標準様式の改正に際しは、「記入の注意」欄に届書の通数について記載のある各届書中、その通数の記載は変更された。

(2) 届書の謄本の作成及び届書の原本の取扱いは、本通達によることになる。

届書の謄本の作成方法は、戸籍謄抄本の作成方法（戸規12条2項・3項）と同様であるが、その謄本が原本と相違なく作成されていることを認証する必要があり、認証文は、戸籍法施行規則附録第15号書式第一により「この謄本は、届書（申請書）の原本と相違ないことを認証する。」と付記したうえ、これに職氏名を記載し、職印をおすことになる（戸規67条・12条2項）。また、謄本が二葉以上にわたる場合は、毎葉のつづり目に契印をしなければならない（戸規67条・12条3項）。

(3) 届書の謄本は、上記の方法によって作成するのが原則であるが、本通達は、電子複写機等を利用して届書の謄本を作成した場合は、上記の認証方法に代えて、届書の発送欄に「これは謄本である。」旨を付記して認証する取扱いを認容したものである。これは、届書謄本が陽画写真機又は電子複写機等によって写出した場合、仮にその写し（コピー）に届出人が署名・押印したものについては、これを届書として処理して差し支えないとされているが、届出人の署名・押印がないときは、届書の謄本として市区

町村長の認証が必要とされる（昭和37・8・7～9第23回秋田県連合戸住協決）。このことから、戸籍法施行規則第67条で準用する同規則第12条第2項の認証文に代えて、上記の認証方法の簡易化が図られたものである。

3 届書の原本の取扱い

(1) 届出の受理市区町村が本籍地の場合は、同市区町村では、当該届書に基づいて戸籍の記載を要することはもちろんであるが、この場合に、他の市区町村においても戸籍の記載を要する届出であるときは、同市区町村に対し届書の謄本を作成して送付する（昭和52・4・6民二1672号通知二の1）。つまり、届出を受理した市区町村では、例えば、その届出によって事件本人が戸籍から除かれ、他の市区町村に新戸籍が編製される場合であっても「届書の原本」を保管する（この場合、当該届書の原本は、管轄法務局に送付され、当該年度の翌年から27年間保存される―戸規48条・49条）ことになる。

(2) 前記の場合に対して、届出を非本籍地の市区町村が受理した場合は、①戸籍の記載を要する市区町村が一か所の場合は、その戸籍の記載をすべき市区町村に「届書の原本」を送付し（前記通知二の2㈠）、受理地の市区町村では、届書の謄本を保管する（この場合、届書の謄本は、受理市区町村において、当該年度の翌年から1年間保存される―戸規48条3項）。②戸籍の記載を要する市区町村が二か所以上の場合は、次のa～cに該当する市区町村に「届書の原本」を送付し、受理地の市区町村では、届書の謄本を保管する。

　　a　事件本人につき新戸籍の編製を要する届出については、その新戸籍を編製すべき市区町村（通知二の2㈡(1)）、b　事件本人が現に在籍する戸籍から除かれて他の戸籍に入籍する届出については、その者の入籍すべき戸籍を保管する市区町村（通知二の2㈡(2)）、c　認知又は養子縁組の届出等の場合で、事件本人につき戸籍の変動を生じない事例については、子（養子）の戸籍を保管する市区町村（通知二の2㈡(3)）

　なお、受理市区町村で届書の謄本を保管する場合でも、届書の謄本であ

る旨の認証をする必要があるが、その認証についても便宜、届書の発送欄に「これは謄本である。」と表示し、市区町村長の職印を押す方法で差し支えないとされている（通知三）。

33 学術研究を目的とする戸（除）籍の謄本等の交付請求等の承認手続等に関する取扱いの整理

昭和 57 年 2 月 17 日民二第 1282 号通達

先例の趣旨 　学術研究を目的とする戸籍又は除籍の謄本等の交付請求等については、これに応じて差し支えないと考えられるところ、個々の交付請求等の適否の統一的判断が適正・迅速に行われるようにするため、従来から具体的事例ごとに事前申請手続がとられてきた。本通達は、従前の関係先例を整理し、その手続をより明確にするとともに事務の合理化を図ったものである。

参考 　訓令通牒録：⑧綴 10260 頁、⑩綴 12726 頁

〈解　説〉

1　学術研究を目的とする戸（除）籍の謄本等の交付請求

　医学その他の学術研究を目的として、国公立の研究機関又は私立の研究機関から、「戸（除）籍の謄（抄）本」若しくは「戸（除）籍、戸籍届書類の記載事項証明書」の交付請求又は「戸籍届書類」の閲覧請求があった場合は、従来からこれに応じて差し支えないとされていた（昭和 35・9・26 民事甲 2402 号回答、昭和 52・1・19 民二 549 号通達等）。これらの研究機関からの請求は、学術研究という公益的目的にあることから、戸籍法及び同法施行規則の規定に照らして、いずれもこれに応じて差し支えないとされてきたものであり、この考え方は、戸籍公開制度の改正（昭和 51 年法律第 66 号）においても、特に影響を受けるものではないと解される。

33 昭和 57 年 2 月 17 日民二第 1282 号通達

　学術研究を目的とする請求については、従来から管轄法務局に対する事前申請手続をとるべきものとされてきたが、昭和 51 年の戸籍公開制度が改正され、請求の適否について判断を要する事例が増加し、この種の請求が多数にのぼる上、判断に統一を欠く傾向も否めなかった。そこで、本通達は、従来の先例を整理統合し、より適正な請求と迅速・円滑な事務処理を確保するために、以下の事前申請手続等によって処理することとしたものである。

2　事前申請及びその処理
⑴　事前申請の相手方
　申請は、申請者が交付申請又は閲覧申請をしようとする市区町村（以下「関係市区町村」という。）を管轄する法務局又は地方法務局（以下「関係法務局」）の長に対してすることになる（本通達一の 1）。なお、一つの研究について、通常、多数の市区町村に及ぶこの種の請求については、関係法務局が二つ以上あるときは、その一つの長に対して申請すれば足りるものとされた。このように事前に一定の基準のもとに申請手続をとることによって、関係市区町村において統一した判断をすることができる。
⑵　事前申請の書式、当否の判断及び認容の手続
　　ア　申請書に、申請者の氏名、研究の主体・目的、交付請求を要する理由、請求者の氏名、請求の内容等の項目を設けて、適否の判断の基準を統一した（本通達一の 2）。
　　イ　申請に対する当否については、①関係市区町村の範囲が申請を受けた局の管轄区域内（法務局が申請を受けたときは、管区内の地方法務局が管轄する区域を含む。）に限られる場合、②申請を受けた地方法務局の管轄区域を超え、かつ、その管区法務局内に限られる場合、③二つ以上の管区法務局の管轄区域にわたる場合に分けて、①の場合は、当該局の長限りで判断をし、②の場合は、申請を受けた地方法務局長が当該管区法務局長に対し、認容の可否について照会をし、また、③の場合は、申請を受けた局の長が法務省民事局長に対して（地方法務局長は管区法務局を経由して）認容の可否について照会し、それぞれ判断をすることとした（本通達一の 3）。

289

ウ 申請の認容を相当とする場合の手続については、照会庁への回答を通達によってすることとし、その通達を定型化するとともに、その内容を交付請求事務に必要な事項に限定して、事務の簡素化を図った。事前申請を受けた法務局長又は地方法務局長は、前記イの①ないし③の各場合に応じて、必要と認める管区内の地方法務局長並びに直接管轄する区域内の支局長及び関係市区町村長に対し認容を相当とする旨を、本通達によって定める様式あるいは上記に準ずる様式によって通達又は通知すると同時に、申請者に対して申請を認容する旨及び上記の通達の年月日と番号を通知するものとした（本通達一の3）。

3 交付請求等の手続

戸籍謄本等の交付請求書、死亡診断書記載事項証明請求書及び死亡診断書記載事項証明書の様式を定め、申請を認容された者が、市区町村長に対して交付請求をするとき、又は法務局長・地方法務局長に対する届書類に記載した事項の証明書の交付請求等をするときは、上記の様式に準ずる書面によってすることとした（本通達二）。

4 学術研究を目的とする戸籍の謄抄本等が認められる根拠等について

(1) 戸籍の謄本・抄本又は記載事項証明書

国公立の研究機関等から請求の場合は、戸籍法第10条第1項、第2項及び同法施行規則第11条第2号に規定する「職務上請求する場合」であれば認められる。

私立の研究機関又は個人からの請求の場合は、一般的には、戸籍法第10条第2項・第3項に規定するとおり、請求の目的が明らかで、「不当な目的によることが明らか」でない限り認められる（昭和52・2・23民二1365号回答）。

(2) 除籍の謄本・抄本又は記載事項証明書

国公立の研究機関等から請求の場合は、戸籍法第12条の2第1項後段及び同法施行規則第11条の3第2項に規定する「職務上必要」とする場合であれば認められる。

私立の研究機関又は個人からの請求の場合は、一般的には、戸籍法第12条の2第2項及び同法施行規則第11条の4第1項第2号に規定するとおり、除かれた戸籍の記載事項を確認するにつき、正当な利害関係がある場合に認められる（前掲回答）。

(3) 届書の記載事項証明書又は閲覧

戸籍法第48条第2項の利害関係人が特別の事由がある場合に限って認められる（昭和22・4・8民事甲277号通達、昭和23・9・9民事甲2484号回答、昭和50・1・10民二151号回答）。

(4) 手数料の免除

手数料の免除については、戸籍法に明文の規定はなく、専ら先例に基づいて国公立の研究機関から学術研究を目的としてなされた請求は、官公吏の職務上の請求に準じたものとして先例で手数料が免除されてきた（昭和34・1・19民事甲52号回答、昭和35・10・29民事甲2719号回答、昭和39・4・8民事二発129号依命回答）。しかし、その後、平成11年法律第87号による、「地方分権の推進を図るための関係法律」の整備等に関する法律（以下「地方分権一括法」という。）が施行（平成12・4・1）され、従来、国の機関としての市区町村長が処理する機関委任事務としてされていた戸籍事務は、同法による改正後の地方自治法第2条第9項第1号に規定する法定受託事務とされた。これに伴い、法定受託事務で特定の者のためにするものについては、条例で手数料を定めることができることとされ（改正地自法227条・228条1項）、戸籍法上の手数料に関する規定が削除されるとともに、戸籍手数料令（昭和51年政令第41号）が平成11年政令第357号により廃止された。

しかし、戸籍謄抄本の請求に関する戸籍手数料の無料扱いについては、特別法で無料扱いを直接に規定するもの（健康保険法、船員保険法、土地改良法、土地区画整理法等）と特別法で条例の定めるところにより無料扱いとすることができると規定するもの（労働者災害補償保険法、国家公務員災害補償法等）があるが、上記の改正においては、これらの特別法について特に手当がされていないので、市区町村は、これらの特別法の規定に抵触する条例を制定することはできないものとされている（平成12・3・15民二600号通達第1の1(3)イ(イ)）。

第2章　戸籍に関する帳簿・書類（戸・除籍、届書の公開）

　他方、通達あるいは本通達に関する学術研究を目的とする戸籍謄抄本等の交付請求の場合のように、照会・回答等の戸籍先例で無料扱いを認めたものがあるが、これらの戸籍先例は、戸籍手数料令に関するものであるから、戸籍手数料令が廃止されたことにより、その効力を失ったものと解される。なお、これらの戸籍先例の趣旨により、条例で戸籍手数料の無料扱いを定めることは可能と考えられている（「改正戸籍法及び改正戸籍法施行規則の施行等に伴う戸籍事務の取扱い等に関する通達の概要」戸籍700号5頁以下）。

　なお、法務局、地方法務局あるいは支局で保管されている届書類の記載事項証明書及び閲覧については、法令上手数料の規定がないので無料とされている。

第3章　戸籍の記載

(一般)

34　父母との続柄の定め方

昭和22年10月14日民事甲第1263号通達

先例の趣旨　父母との続柄については、旧民法施行当時は、いわゆる「家」制度が行われていたため、家や戸主を基準として定められていたが、昭和22年5月3日、日本国憲法の施行に伴う民法の応急的措置に関する法律（昭和22年法律第74号、以下「応急措置法」という。）の施行により「戸主・家族その他家に関する規定」は廃止された。これに伴い、父母との続柄の定め方についても変更する必要が生じることとなった。本先例は、右により応急措置法施行後の父母との続柄の定め方の基準を明らかにしたものである。

参考　訓令通牒録：①綴 40頁、⑩綴 12562頁
関連先例通し番号：37

〈解　説〉

1　旧民法当時における嫡出子の父母との続柄の定め方

　旧法当時における、嫡出子の父母との続柄の定め方は、同じ家（戸籍）の枠内で、父又は母の一方が戸主であるときは戸主を標準とし、また、父母がともに家族であるときは父を標準として定め（大正7・4・4民535号回答一）、出生の順序に従って「長・二男（女）」と記載された。家を異にして出生した子については、家を同じくする場合でない限り、続柄を算入しないものとされていた（大正5・6・5民392号回答第七）。

293

したがって、家族である夫婦が、本家に長男を残して分家した後に男子を出生した場合は、その出生子の続柄を長男と記載した。その後に、本家に残した長男が分家に入るときは、市区町村長の職権により分家の長男と記載した子の続柄を二男と訂正した（大正6・1・20民1997号回答、大正9・4・27民事1267号回答）。

また、甲家から乙家に順次養子となったA男が、それぞれの家で男の子をもうけた場合は、いずれの子も父母との続柄を長男と記載し（大正8・8・1民事2115号回答）、子が日本国籍を有しない場合には、その子を除外して父母との続柄を定める（昭和6・11・12民事1045号回答）こととされていた。

2　応急措置法施行後における嫡出子の父母との続柄の定め方
(1)　定め方の基準

個人の尊厳と両性の本質的平等に立脚する日本国憲法の精神に沿って民法親族・相続両編の根本的改正が企図されたが、憲法の施行に間に合わなかったために、応急的に作られた民法の「応急措置法」が憲法とともに昭和22年5月3日から施行された。この応急措置法の趣旨に基づき、父母との続柄の定め方についても、本通達により次のとおり取り扱うこととされた。

すなわち、嫡出子の父母との続柄は、父母を同じくして出生した子については、出生の順序に従って「長・二・三男（女）」とし、父又は母の一方を同じくする嫡出子は、同一戸籍にあるか否かを問わず、算入しないものとされた。このことは、同一夫婦の間に出生した子を性別に分け、出生の順序に従い、「長・二男（女）」と戸籍に記載するよう改められた。

(2)　従前の記載の更正

従前の例によって記載されている父母との続柄は、市区町村長が出生届出人の申出又は職権によって更正して差し支えないとされている。この続柄の更正が、届出人の申出によってされたときは、その申出書を戸籍訂正書とみなし、また、市区町村長の職権によるときは、別に戸籍訂正書を作成し、受附帳に登載した上、その者の身分事項欄に更正事由を「父母との続柄変更につき年月日「何男（女）」と訂正㊞」の例により記載して、父母との続柄を更正することとされた（昭和22・11・6民事甲1349号通達）。なお、続柄の変

34　昭和22年10月14日民事甲第1263号通達

更は、法律改正に伴う取扱いの変更によって従前の記載を改めるものであるが、身分事項欄に更正事由を記載する場合は「訂正」の用語を用いるのが至当であるとされている（昭和22・12・4民事甲1576号回答）。

　この措置は、死亡した者はもとより、他の市区町村に婚姻、縁組等によって除籍となった者についても更正を要するものとされた（昭和25・5・22福島管内戸協議決5）。この場合には、在籍する他戸籍の本籍地市区町村長に対し更正後の戸籍の謄抄本を送付し、現在戸籍における同人の父母との続柄を更正することとされた（「父母との続柄変更につき何某の戸籍謄（抄）本により年月日「何男（女）」と訂正㊞」の例による。）。

3　嫡出でない子の父母との続柄の記載

　嫡出でない子の父母との続柄の記載については、次のような変遷をたどってきた。

(1)　旧法当時においては、当初、父の認知がない場合は「私生子男（女）」、父の認知がある場合は「庶子男（女）」と記載された。しかし、昭和17年司法省令第3号（戸籍法施行規則一部改正の件）により私生子の保護の建前から「私生子」の名称が廃止され、父母との続柄欄には単に「男（女）」と記載することに改められた（昭和17・2・18民事甲90号通牒）。一方、「庶子」の名称は、この当時なお存続された。

(2)　「庶子」の名称は、沿革的には妾の子を指称していたこと（民法施行前の新律綱領（布告））、妾そのものは公序良俗に反するものであったことから、好ましい呼称ではなかった。そこで、昭和23年1月1日施行の現行民法、戸籍法及び関係法令上、庶子の名称は「家」制度とともに廃止された。庶子の名称廃止に伴う戸籍の取扱いについては、昭和23年1月13日民事甲第17号通達⒃により、前記(1)の私生子の名称廃止に伴う取扱いに準ずることとされていた。

　したがって、嫡出でない子の父母との続柄については、昭和23年1月1日から父の認知の有無にかかわらず、単に「男（女）」とのみ戸籍に記載されてきた。

(3)　ところで、「嫡出でない子の父母との続柄の記載は、戸籍制度の目的と

の関連で必要性の限度を超えており、プライバシー権を害しているといわざるを得ない。」とした東京地方裁判所の判決（平成16年2月3日）の指摘や父母との続柄の記載を改めたいとする国民の要望等を考慮して、戸籍法施行規則の一部を改正し（平成16年法務省令第76号）、その取扱いを平成16年11月1日民一第3008号通達により次のとおり改められた。

ア　嫡出でない子の出生届について平成16年11月1日以後は、父の認知の有無にかかわらず母との関係のみにより認定することとし、母が分娩した嫡出でない子の出生の順に「長男（女）」、「二男（女）」等と届出をし、戸籍にもそのように記載する。

イ　既に戸籍に記載されている「男（女）」の続柄の記載を「長男（女）」、「二男（女）」等の記載に更正する申出があった場合には、市区町村長限りで更正する。

35 旧法当時に本家と分家に分かれていた親子が、応急措置法の施行後に同籍する場合

昭和26年1月6日民事甲第3406号通達

> **先例の趣旨**
>
> 旧法当時に本家と分家の戸籍に分かれていた親子間における子は、民法の応急措置法の施行（昭和22・5・3）により旧民法第737条及び旧戸籍法第137条の入籍の規定が適用されず、また、新法施行後も、その子は父母と氏を同じくするため、新民法第791条第1項・2項及び新戸籍法第98条の規定の適用がなく、父母の戸籍に入籍する途はないものとして取り扱われてきた。しかし、新戸籍法は氏を同じくする親子は、特別の事由がない限り、同籍を原則としていることから、本通達は、当該子に配偶者又は同氏の子がない限り、子から父母と同籍する入籍届がなされた場合は、戸籍法第98条の規定に準じ、これを受理して差し支えないことに取扱いを改めたものである。

参考　訓令通牒録：①綴 651頁、⑩綴 12572頁
関連先例通し番号：118、119

〈解　説〉

1　旧法当時の取扱い

旧法当時は、父母の分家（旧民743条、旧戸145条）に随従しないで本家に残された子、又は父母が本・分家に親族入籍の際に従前戸籍に残された子、その他本家と分家の戸籍に分かれていた親子間において、子は旧民法第737条及び旧戸籍法第137条の親族入籍の規定により父母の戸籍に入籍することができた。

2　応急措置法施行後の取扱い

しかし、昭和22年5月3日、民法の応急措置法が施行された後は、上記の旧法における入籍の規定は戸主、家族その他家に関する規定として適用されなくなった。また、新法（昭和23・1・1施行）の下においては、その子は父母と氏を同じくすることから、子が父又は母と氏を異にする場合の民法第791条第1項・2項及び戸籍法第98条の規定は適用されないため、結局、その子は父母の戸籍に入籍する途はないものとして取り扱われていた。

3　本通達による取扱いの変更

旧法当時に親と子が本家と分家に戸籍が別れている場合には、本来親子の氏は同一であるから、新法施行後に子を父母の戸籍に入籍させる途がないとする取扱いは、戸籍法の原則に沿わないものと解される。そこで、この場合には、明文の規定はないが、戸籍法第98条の規定の趣旨に準じて、子（15歳未満のときは、その法定代理人）から父母と同籍する旨の入籍の届出があればこれを受理して戸籍の記載をすることができる取扱いに改めたものである。

4　昭和32年法務省令第27号による改製後の取扱い

旧法戸籍の改製後に本通達による入籍の届出があった場合、当初、改製後の戸籍は、名実ともに新法による戸籍であって（簡易改製された場合でも）、もはや本家、分家の考え方で処理することは適当でなく、その入籍届は受理すべきでないとされていた（昭和33・1・8民事甲20号回答）。したがって、親子の戸籍のいずれかが改製済の場合は、本通達を適用する余地はないと解されていた（昭和33・4・26民事二発194号回答）。

ところが、その後昭和33年12月27日民事甲第2673号通達〔118〕により従前の考え方を改め、改製当時に子が父母と氏を同じくしながら別異の戸籍に属していたことから、改製に際して子が父母の戸籍に入籍できず、別に単独で戸籍が編製されている子についても本通達による取扱いと同様に処理することができるとされている。

36 戸籍の本籍欄に記載する本籍地の表示について、府県名を省略できる場合

昭和30年4月5日民事甲第603号通達

> **先例の趣旨**
>
> 地方自治法第155条第2項（現行252条の19・1項）の規定による政令指定都市以外の市については、今後編製される戸籍の本籍欄の表示は、都道府県名から記載するのが相当とされたものである。
>
> なお、昭和45年3月31日民事甲第1261号通達により、政令指定都市以外の市であっても、県庁所在地で、県名と同じ名の市については、市名の上に冠記する府県名の表示は、省略して差し支えないこととされ、本通達の一部が変更された。

参考　訓令通牒録：③綴 2239頁、⑩綴 12593頁
関連先例通し番号：38

〈解　説〉

1　本籍の表示方法

本籍とは、ある人の戸籍の所在場所及びその戸籍を管理（事務処理）する市町村（戸籍事務管掌者）を明らかにするとともに、筆頭者の氏名と合わせて当該戸籍を表示し特定するための役割を果たしている。戸籍の本籍欄は、その戸籍の所在場所を記載する欄であり（戸13条）、一つの戸籍に記載されるべき各人に共通のものであるから、各人に記載することはしないので、この本籍欄に記載することになる。

本籍の表示方法は、通常「○県○郡○町（村）大字○○一番地」というように、行政区画・土地の名称に地番号を結び付けて表示するものとされている（明治31・9・19民刑1173号回答）。しかし、本通達が発出された当時に

おいては、町村については、都道府県名から記載することに統一されていたが、市については必ずしも統一されていなかった。そのような状況の下で、「市町村合併促進法（昭和28年法律第258号）」が施行されたことによって、新たに設置される市が増加しつつある一方、市に本籍を有する者の戸籍の謄抄本等に県名の記載がないものがあって、本籍地の県名の確認等につき事務処理上支障が生じていたため、本通達が発せられたものである。

2 本籍地の表示に都道府県名を省略できる場合

(1) 本通達により示された取扱いは、地方自治法第155条第2項（現行252条の19・1項）の規定による政令指定都市以外の市については、今後編製される戸籍の本籍欄の表示は、都道府県名から記載するのが相当とされたものである。したがって、政令指定都市については、都道府県名の記載を省略できることになる。

　なお、本通達の発出当時における政令指定都市は、京都、大阪、横浜、神戸、及び名古屋の5市であったが、その後、現在（平成20年3月1日）までに指定された市は、次の17市となっている。

　横浜市、名古屋市、京都市、大阪市、神戸市（昭31・9・1移行）
　北九州市（昭38・4・1移行）
　札幌市、川崎市、福岡市（昭47・4・1移行）
　広島市（昭55・4・1移行）
　仙台市（平1・4・1移行）
　千葉市（平4・4・1移行）
　さいたま市（平15・4・1移行）
　静岡市（平17・4・1移行）
　堺市（平18・4・1移行）
　新潟市、浜松市（平19・4・1移行）

(2) その後、昭和45年3月31日民事甲第1261号通達〔38〕により、上記の政令指定都市のほかに、県庁所在地で、県名と同じ名の市（例えば、長野県長野市、福島県福島市、山形県山形市、秋田県秋田市等）については、市名の上に冠する府県名の表示を省略して差し支えないこととされた。もっと

も、県名と市名が一致する場合（例えば、栃木県栃木市、山梨県山梨市等）であっても、その市が県庁所在地でない限り、県名の記載は省略できないとされている。

3 東京都の区の本籍地の記載

上記2の(1)及び(2)の市については、道府県名を冠記しなくても他県と間違えるおそれがなく、また、これを省略することにより戸籍記載事務処理の簡素化が図れるという点に、その趣旨があるものと解される。

しかし、特別区（地自法281条の2・1項、283条）である東京都23区に属する地域の本籍の記載について、「東京都」の記載を省略して区名から記載することとした場合は、それがいずれの都市に属する区であるか直ちに認識しがたい事態が生じるおそれがある（ちなみに、「北区」の区名は、東京都のほかに、さいたま市、新潟市、浜松市、名古屋市、京都市、大阪市、堺市、神戸市に、また、「中央区」の区名は、札幌市、千葉市、さいたま市、大阪市、神戸市にもある。）。そこで、東京都23区についての本籍地の記載は、原則どおり都名から記載することとされている（昭和35・8・1民事甲1902号回答）。

37　父母との続柄の数え方及び従前の数え方による続柄の記載訂正

昭和33年1月20日民事甲第146号通達

先例の趣旨

　父母との続柄の数え方は、同一父母である夫婦ごとにその間の子のみについて数え、父又は母の一方のみを同じくする子は算入されない。この点は、家制度を中心とし、父を重んじた旧法当時の扱いとは異にし、現行憲法施行後は、家制度の廃止と男女平等の趣旨によったものである。したがって、従前の記載は、申出又は職権によって随時身分事項欄にその事由を記載してその訂正が認められている（昭和22・10・14民事甲1263号通達、昭和22・11・6民事甲1349号通達）。本通達は、婚姻又は養子縁組等の届出により他の市区町村の戸籍に入った者の従前の本籍地で、その者の父母との従前の数え方による続柄の記載を、父母の双方を基準とする現行法の記載に改められた場合には、その旨を入籍地に通知し、入籍地においても同様の訂正をすることになるので、その場合の通知方法等を定めたものである。

参考

訓令通牒録：③綴　3392頁、⑩綴　12602頁
関連先例通し番号：34

〈解　説〉

1　現行法における父母との続柄の定め方
(1)　嫡出子・特別養子
　嫡出子及び特別養子については、男女各別に出生の順に「長男・二男・三男」、「長女・二女・三女」とされる。この父母との続柄の定め方の基準につ

いては、同一の父母である夫婦ごとに、その間の子のみについて数えるから、父又は母の一方のみを同じくする子は、その算定に加えないで別個に数える。子が父母と戸籍を同じくするか否かとは全く関係がない（昭和22・10・14民事甲1263号通達〔34〕）。例えば、先妻との間に男の子1人と女の子1人が出生し、後妻との間にも男の子1人と女の子1人が出生した場合は、それぞれ「長男」及び「長女」と定められる。特別養子の養父母との続柄は、子の出生の前後に従って、長男（女）、二男（二女）のように嫡出子の例により定める取扱いである（昭和62・10・1民二5000号通達第6の1(2)ウ(ウ)）。

また、父母との続柄の定め方には、命名前に死亡した子も算入し（明治32・1・26民刑1788号回答）、国籍の留保（国12条、戸104条）をしない子は、戸籍には記載されないが、これを算入して父母との続柄を定める（昭和27・8・29福岡法務局管内各市戸協決、昭和47・10・12宮崎県連戸協決）。なお、双生児については、出生の前後によって、その続柄が定められる（明治31・11・10民刑1857号回答）。

(2) 準正子

準正嫡出子の場合は、認知又は父母の婚姻の届出に準正子の父母との続柄を、もし、同一の弟妹があれば、その父母との続柄変更の旨を記載し、続柄を訂正することとなる（通達〔13〕の〈解説〉3(2)・(4)参照）。

(3) 嫡出でない子

嫡出でない子の父母の続柄は、父の認知の有無にかかわらず、母との関係のみによって認定し、母が分娩した嫡出でない子の出生の順により、長男（女）、二男（女）等と定めることとされている（平成16・11・1民一3008号通達）。

2 旧法当時における父母との続柄の定め方

旧法施行当時の父母との続柄の定め方は、以下に示す先例のとおり、家制度を中心とし、父を重んじる取扱いがなされていた。

（先例要旨）

(1) 「長二男女」ノ別ハ、① 父母ノ一方カ戸主ナルトキハ戸主ヲ標準トシ、② 父母カ共ニ家族ナルトキハ父ヲ標準トシテ定ムヘク、③ 他家ニ於テ

第3章　戸籍の記載　(一般)

出生シタル子ハ家ヲ同クスルニ非サレハ続柄ニ付テハ其ノ者ヲ算入セサルモノトス。④　継子ニ付テハ実父ニ付キ定ムヘシ（大正5・6・5民392号回答第七、大正7・4・4民535号回答第一項）。

(2)　本家ニ於テ長男（女）ヲ出生シ、分家後一男（一女）ヲ出生シタルトキハ、分家ニ於テ生レタル子ヲ長男（女）トスヘシ（同前回答……前記(1)の①及び③による。）

(3)　長男女ヲ本家ニ残シ（又ハ長男女死亡シ）二三男女ヲ分家シタル場合、分家戸籍ノ続柄ハ長二男女ト記載スヘシ（大正11・6・5民事2144号回答第一……前記(1)の①及び③による。）

(4)　本家ニ長二三男女ヲ残シ分家シタル者カ、分家後子女出生シ長男女ト届出シタ後、本家ニ在ル二三男女ヲ入籍セシメタル場合ハ、入籍者ヲ長二男トシ、分家ニ於テ出生シタル長男女ヲ年長順ニ二三男女トスヘク、分家ニ在ル漸次入籍シタル場合ハ其ノ都度変更スヘシ（同前回等……前記(1)の①及び③〜家を同じくしたことによる）。

(5)　前記(3)ノ例ニ於テ、分家ヲ廃シ本家ニ入籍シタル場合、分家ニ於ケル長二男ノ父母トノ続柄ハ、本家ヲ基トシテ（本家ニ於ケル順序ニ復スル）二三男ト改ムヘシ（大正11・6・5民事2144号回答第二、大正13・5・14民事6958号回答第一項……前記(1)の②及び③〜家を同じくしたことによる）。

(6)　年長ノ嫡出子カ死亡シ又ハ分家其ノ他ノ事由ニ因リ他家ニ入ツタ場合テモ、残ツタ他ノ嫡出子ノ続柄ヲ変更スヘキモノニ非ス（大正13・5・14民事6958号回答第二項）。

(7)　女戸主カ戸主ト為ラナカツタ入夫トノ間ニ長男ヲ出生シ、其ノ入夫ノ死亡又ハ離婚ニ因リ、更ニ入夫ヲ迎ヘ其ノ入夫カ戸主ト為リタル後男子ヲ出生シタルトキハ、其ノ子ノ続柄ヲ長男トス（大正7・9・16民2013号回答第一項……前記(1)の①による）。

(8)　長男ヲ有スル女戸主カ他男ヲ入夫ト為シ、入夫戸主ト為ラズ其ノ間ニ男子出生シタル場合、戸主トノ続柄父母トノ続柄ハ二男トス（大正11・11・29民事4186号回答第十一項……前記(1)の①による）。

(9)　実家ニ長二男ヲ有スル者カ、他家ニ入夫婚姻ヲ為シ戸主ト為リタル後男子出生シタルトキハ、長男ト記載スヘシ（昭和7・12・13民事甲1430号通

(10)　実家ニ長二男女ヲ有スル養子カ、養家ニ於テ設ケタル出生子ハ長二男女トス（昭和5・6・5民事611号回答第三問）。

(11)　婿養子カ長男ヲ設ケタル後ニ死亡シタルヲ以テ更ニ婿養子ヲ為シ男子出生シタルトキハ、其ノ子ノ父母トノ続柄ハ長男トス（大正4・12・14民1803号回答第四項一号……前記(1)の②による）。

(12)　乙、丙、丁家ニ順次養子ト為リ各家ニ於テ一男ヲ出生シタルモノニ付テハ、子カ各家ヲ異ニスルノテ三家トモ長男トス（大正8・8・1民事2115号回答第九項……前記(1)の③による）。

(13)　先夫ノ二男丙及三男丁ヲ有スル長女乙ノ婿養子甲カ妻乙及継子丙丁ヲ携帯分家シタル場合、丙及丁ノ父母トノ続柄ハ二男及三男トス（昭和12・3・5民事甲230号通牒第十一……前記(1)の④による）。

3　本通達による訂正処理

　前記2の旧法施行当時における父母との続柄の定め方に基づいてなされた戸籍の記載は、民法の応急措置法施行後、申出又は職権によって随時身分事項欄にその事由を記載して訂正することが認められている（昭和22・11・6民事甲1349号通達）。そこで、婚姻又は養子縁組等で他の市区町村の戸籍に入った者の従前の戸籍で、その者の父母との続柄の記載を改めた場合には、その旨を入籍地に通知し、入籍地においても同様の訂正をすることになる。

　この場合の通知方法は、従前の本籍地の市区町村長において戸籍訂正書（事件本人の氏名、出生年月日、戸籍の表示及び訂正の事由とその年月日を記載したもの）、事件本人からの申出書又は訂正後のその者の戸籍謄（抄）本のいずれか一通を入籍地の市区町村長に送付する。入籍地の市区町村長は、これに基づいて戸籍訂正書を作成し、上記の送付を受けた書類を添付して市区町村長限りの職権で戸籍の記載を訂正することに取扱いが一定されたものである。なお、入籍地の市区町村において作成した戸籍訂正書は、戸籍法施行規則第48条の書類に準じて処理することになる。

38　昭和45年法務省令第8号による戸籍記載例の全面改正

昭和45年3月31日民事甲第1261号通達

先例の趣旨　戸籍事務の簡素化・合理化のため戸籍記載例（戸籍法施行規則附録第7号）を全面的に改正する同規則の一部を改正する省令（昭和45年3月31日法務省令第8号）が公布され、同年7月1日から施行されることになったことに伴い、その改正の趣旨等を明らかにしたものである。その改正の要点は、簡素化を図った事項としては、①出生・死亡の場所の記載は、市区町村という最小行政区画までとしたこと、②届出人又は申請人が父又は母である場合は、その氏名の記載を要しないこととしたこと、③氏の変更届又は転籍届の届出人の資格及び氏名は、記載を要しないこととしたこと、④届出又は申請の受附の記載については、「届出」又は「申請」の記載をするにとどめ、「受附」の文字の記載を要しないこととしたこと、⑤出生又は死亡の場所若しくは戸籍の表示を記載する場合の市の記載に当たって市名の上に冠する府県名の表示は、政令指定都市及び県庁所在地で、県名と同じ名の市については省略して差し支えないこととしたことである。また、合理化を図った事項としては、⑥各事項の記載については、原則として、事項ごとにその年月日を冒頭に記載することとしたこと、⑦婚姻事項の記載は、夫、妻について相互に同じ振り合いとし、離婚、養子縁組等についてもこれに準ずるものとしたこと、⑧離婚復籍による入、除籍の記載は、単に「復籍」と記載することなく、それぞれ従前の戸籍の表示又は入籍する戸籍の表示を具体的に表示することとし、養子離縁、生存配偶者の復氏等による復籍の場合もこれに準ずることとしたものである。

38　昭和 45 年 3 月 31 日民事甲第 1261 号通達

|参考| 訓令通牒録：⑥綴 8787 頁、⑩綴 12651 頁
関連先例通し番号：36 |

〈解　説〉

1　戸籍記載例の簡素化・合理化の背景

(1)　市区町村における各種行政事務に関する事務改善は、住民記録の管理がコンピュータ化されるなど、目覚しいものがあった。そのなかで戸籍事務においても、他の行政事務に先駆けてジアゾ式複写機による謄本、抄本の作成、戸（除）籍副本のマイクロフィルム化等の事務改善が進められてきたが、明治の初年以来 100 年に及ぶ長年月にわたって積み重ねられてきた膨大な身分記録と日々追加されていく身分記録をいかに処理するか等の問題に直面している実情にあった。

(2)　他方、市区町村における行政事務範囲の拡大と事務量の増加に伴って、戸籍事務担当者の人事異動が頻繁になったことから、年々その平均経験年数が低下した。そのため、戸籍事務の中でも最もウェートの高い戸籍の記載について、記載例の簡素化・合理化を求める声が高まり、昭和 43 年の第 21 回全国連合戸籍事務協議会総会における要望決議をはじめとし、各地の戸籍事務協議会における要望決議が相次いだ。

(3)　このような状況の下で、法務省民事局では、関係の各種会議においてその簡素化・合理化の具体的方策について諮問し、さらに東京法務局職員及び都内区役所の戸籍事務担当者を研究員とする「戸籍記載例研究会」を仮に設置し、①戸籍の様式を改正しない範囲で記載例の簡素化・合理化を図ること、②一般国民及び戸籍事務初任者に理解しやすいことを主眼とすること、③戸籍の様式が横書方式に改められた場合を想定して、その移行が円滑になされること、④ 20 年余にわたって使用されている記載例との調和を図り、一般国民の同記載例に対する理解を妨げることのないようにすること、⑤出生、死亡、婚姻、離婚を重点的に検討すること、⑥記載例の配列を改善すること等を改善方針として検討が進められた。

(4)　関係各種会議における意見等を参考として、上記(3)の研究会案がとりま

とめられ、同案はさらに法務省民事局の所轄課における検討、修正が加えられた後「戸籍記載例改正案」として成案をみるとともに、これが昭和45年2月17日に開催された民事行政審議会（戸籍部会）への諮問と同審議会における審議を経て改正案が決定され、同年3月31日に戸籍法施行規則の一部を改正する省令が公布されるに至ったものである。

2　改正の概要
(1)　簡素化
ア　出生及び死亡の場所を最小行政区画までの記載とする。
（理由）
① 　近年、病院・診療所等の施設内での出生が急速に増加し（昭和41年の人口動態統計によると約75％）、自宅（施設外）での出生が減少したため、出生地と個人特定についての結びつきが希薄となったこと。
② 　死亡の場所が精神病院や刑務所等である場合に、その地名地番号まで具体的に記載することによって、プライバシーを侵害するおそれが生じること。その者についてのみ地名地番号を記載しないこととすると、特別な場所での死亡を意味することとなって、かえって顕在化するおそれがあること。
③ 　死亡の場所を具体的に記載したとしても個人特定のためにそれほどプラスにならないこと。

イ　届出人が父又は母の場合は、氏名は記載しない。
（理由）
　　戸籍法施行規則第30条第2号は、事件の本人でない者が届出又は申請をした場合は、その資格及び氏名を記載することと規定されている。しかし、届出人が父又は母であるときは、届出人の資格である「父」又は「母」と記載すれば、父母欄の記載によってその氏名を特定できるために第2号の規定の末尾に「（父又は母が届出人又は申請人であるときは、氏名を除く。）」旨の括弧書きが加えられ、改められたものである。

ウ　氏の変更届又は転籍届の届出人の資格及び氏名は記載しない。
（理由）

① この両届出の届出人は、戸籍の筆頭者とその配偶者とされており（戸107条(注)・108条）、届出のほとんどが規定どおりの届出人によってなされていて、他の一方が届出をしたり、法定代理人からされる事例は極めてまれであることから、その資格氏名の記載を要しないとしても、届出人が推定できること。

② 戸籍法第107条第1項の氏の変更については、家庭裁判所の許可を要し、その許可をするに当たっては、同一戸籍内の満15歳以上の同籍者の陳述を聴く（特家審5条）などして慎重を期していること。

③ 転籍については、戸籍の所在場所を移転するにとどまり、親族・相続法上影響するところが少ないことや、転籍届出事件数が出生、死亡、婚姻に次ぐ上位を占めている現状などを考慮したこと。

〔注〕 昭和59年法律第45号の戸籍法等の一部改正により、戸籍法第107条の第2項が外国人との婚姻による氏の変更の規定に改正されるとともに、第3項の外国人との離婚による氏の変更及び第4項の外国人父母の氏への変更の各規定が新設された。同条の各規定による氏の変更の届出人は、第1項が戸籍の筆頭者及びその配偶者の双方、第2項が外国人と婚姻した者、第3項が外国人配偶者との婚姻が解消した者、及び第4項が氏を変更しようとする者（その者が15歳未満のときは、その法定代理人（昭和59・11・1民二5500号通達第2の4(3)ウ））とされている。

エ 「受附」の文字は記載しない。

（理由）

戸籍の記載は、すべて受け付けられた届出又は報告等の受理が決定した後にされるものであるから、「受附」の文字を記載するまでもなく受附の事実は明白であることから、「届出」又は「申請」の記載をするにとどめ、「受附」の文字の記載を要しないこととされた。

オ 政令指定都市及び県庁所在地で県名と同じ名の市は、府県名を記載しない。

（理由）

出生又は死亡の場所若しくは戸籍の表示を記載する場合の市の記載に当たって、その府県名の表示は、(ｱ) 地方自治法第252条の19第1項

の規定により指定する、いわゆる政令指定都市（大阪、名古屋、京都、横浜、神戸、北九州、札幌、川崎、福岡、広島、仙台、千葉、さいたま、静岡、堺、新潟及び浜松の17市〈平成20年3月1日現在〉）、(イ)　県庁所在地で、県名と同じ名の市については、事務簡素化の面から省略して差し支えないとされた。

　なお、(ア)については、改正前からすでに認められていたものであり、(イ)については、各種戸籍事務協議会の要望決議等が考慮されたものである。

(2)　**合理化**

ア　各事項の冒頭に年月日を記載する。

（理由）

①　婚姻、養子縁組等の身分関係がいつ発生したかは、重要な事項であるが、改正前の記載例では、例えば、夫の氏を称する婚姻により夫婦につき夫の本籍地に新戸籍を編製する場合の婚姻の年月日は、夫については「乙野梅子と婚姻届出昭和四拾参年壱月拾日受附東京都千代田区平河町一丁目四番地甲野幸雄戸籍より入籍㊞」の例により妻の氏名の次に、また、妻については「昭和四拾参年壱月拾日甲野義太郎と婚姻届出京都市北区小山初音町十八番地乙野忠治戸籍より同日入籍㊞」と冒頭に記載することとされていて、記載の順序が相違していた。そのため、一般の利用者や戸籍事務の初任者にとって理解しにくいきらいがあったので、これをすべて冒頭に記載することに統一して、理解を助けることとされた。

②　年月日を各事項の冒頭に記載する方法は、後日、戸籍の様式が変更され、事項ごとに記載する形式に改められた場合においても、移記を容易にすることができることも考慮された。

③　各身分事項の冒頭に記載される年月日は、出生、死亡、裁判離婚等の報告的届出事件においては、事件発生の年月日であり、任意認知、婚姻、協議離婚、分籍等の創設的届出事件においては、本籍地又は非本籍地の市区町村長が届書を最初に受け付けた日である。

イ　婚姻の記載は、夫と妻につき同じ振り合いの記載とし、離婚、養子縁組等も同様とする。

(理由)

　　改正前の記載例は、婚姻の記載において、夫、妻それぞれの婚姻事項を参照することによって判明する事項は、簡素化のために省略することとされていた。例えば、他の市区町村長又は官庁から届書、申請書等の送付を受けた場合に、これを受理した者の職名は、夫（又は妻）の氏を称する婚姻の場合は夫の身分事項欄に記載し、妻（又は夫）の身分事項欄には記載を要しないこととされ、婚姻事項について二通りの記載例を使い分ける必要があった。そのため、戸籍事務の初任者にとって理解しにくく、かつ、相手方の氏を称する婚姻をした者の婚姻による入籍事項中、入籍の年月日（「同日」又は「同月〇日」）の記載を遺漏している例が多くみられたことから、同一の戸籍に記載される事項であっても、当事者双方につき同じ振り合いによって、それぞれ記載することとされた。

ウ　入、除籍の記載は、従前戸籍又は入籍戸籍を具体的に記載する。

(理由)

　　改正前の記載例は、夫の氏を称して婚姻をした妻が離婚によって復籍すべき婚姻前の本籍が、離婚当時の本籍と異なる場合と異ならない場合とで、異なる振り合いとされていた。すなわち、婚姻前の本籍が離婚当時と異ならない場合は、夫の戸籍中の妻の身分事項欄及び妻が復する婚姻前（実方）の戸籍中その身分事項欄の各離婚事項には、復籍した戸籍の表示又は従前の戸籍の表示の記載は省略することとされていたが、異なる場合には、これを具体的に記載することとされていた。したがって、夫の戸籍中妻の離婚除籍事項を記載する場合には、既に離婚届を受理する際に審査した事項である届書の復籍する戸籍の表示と婚姻入籍事項中の従前の戸籍の表示とをさらに照合し、異なっているか、いないかを確認した上で、二様の記載例のいずれかによって記載することとされていた。確かに、従前の記載によって判明する事項を省略できるとする前記の記載例には、事務簡素化の面で利点はあったが前記イの場合と同様の問題があった。殊に、妻が復した婚姻前の戸籍には、単に復籍と記

載されたのみの離婚復籍事項（「夫甲野義太郎と協議離婚届出昭和四拾参年壱月参拾日東京都千代田区長受附同年弐月弐日復籍㊞」）からは、直ちに従前の戸籍が判明しないため、他の身分事項欄に記載されている同女の婚姻除籍事項をたどって確認する必要があり、一般の利用者や戸籍事務初任者には理解しにくい点があったことから、一本の記載例によって処理することに改められたものである。

　また、戸籍法第 19 条には、婚姻又は縁組によって氏を改めた者が離婚又は離縁によって婚姻又は縁組前の氏に復するときは、婚姻又は縁組前の戸籍に「入る」と規定されており、特に「復籍」という用語もないことから、従前の記載例にあった「復籍」の用語は「入籍」と改められた。

39 戸籍を再製する場合、旧記載例による記載を新記載例により移記する取扱い

昭和 48 年 11 月 17 日民二第 8522 号依命通知

先例の趣旨　戸籍の再製は、滅失前の戸籍をそのまま再現することをもって理想としており、再製戸籍には、原則として従前の記載例どおりそのまま移記するのを本則とするが、本通知は、現在の記載例に引き直して記載できるものについては、現在の記載例によって移記して差し支えないとするものである。

参考　訓令通牒録：⑦綴 9076 頁、⑩綴 12660 頁

〈解 説〉

1　再製戸（除）籍の記載

　戸籍の再製は、滅失した戸籍を滅失前の状態に復元する作業であることから、原則として滅失前の戸籍に記載された事項はそのままの形で移記すべきものとされてきた。しかし、戸籍に関する法令や戸籍先例の改廃等による戸籍の様式・記載例の改正に対応して、再製戸（除）籍の記載においても次のような取扱いが認められてきた。

(1)　除籍を再製する場合の身分事項欄の記載は、すべて滅失した除籍のとおりとするが（大正10・1・26民事98号回答）、旧法の規定による戸籍を再製する場合は、本則として、新記載例のないものは文字を改め、新記載例のあるものはこれを新記載例に引き直して記載をする。しかし、多数の戸籍を再製する場合など、従前のままで記載する方が便宜なときは、これによって記載しても差し支えないとされる（昭和24・9・5民事甲1940号回答参照）。

(2) 滅失のおそれある戸籍に記載してある事項は、すべてそのまま移記するのを本則とする（昭和36・11・13民事甲2831号回答）。

(3) 市区町村長の過誤により誤った戸籍の記載がなされ、その後、前記の記載が訂正された場合に、訂正の記載がある戸籍をそのまま存置することが社会通念上著しく不当と認められるときに、相当と認められる関係人の申出があったときは、滅失のおそれある戸籍の再製の方法に準じて、当該戸籍を再製することが認められてきた（昭和46・12・21民事甲3589号通達）。この再製の場合には、例外的な特別措置として、市区町村長の過誤により誤ってされた戸籍の記載及びその訂正に関する記載は、再製戸籍に移記しないという再製方法が認められた（昭和46・12・21民事二発1555号通知四(1)参照）。なお、平成14年法律第174号の戸籍法の一部を改正する法律等が同年12月18日に公布・施行され、申出による戸籍の再製制度が導入されたことに伴い、上記の通達による取扱いをはじめ、改正法令及びその取扱いについての通達（平成14・12・18民一3000号通達）に抵触する従前の通達又は回答は、変更・廃止されている。

2 昭和45年の戸籍記載例の改正と本通達による取扱い

昭和45年法務省令第8号により戸籍法施行規則が改正され（昭和45・7・1施行）、戸籍の記載について大幅な簡素化、合理化が図られた。この戸籍記載例の改正は、戸籍記載の原則に変更を来すものではないとされながらも（「戸籍記載例の改正について」戸籍284号32頁）、形式的には記載例の簡素化、合理化を図るための全面的な改正が行われたものであることから、戸籍を再製する場合の記載についても、改正後の新記載例によって記載をすることはできないか照会がなされていた。

この照会に対する回答は、「原則として従前の記載をそのまま移記するのが相当である。」とするものであったが（昭和46・6・9民事甲2071号回答）、これは前記記載例の改正後、わずか数か月後になされた照会事案であったため、従前の戸籍記載を改正記載例に引き直すについて、全国的に十分周知されるに必要と考えられる期間が未だ経過していなかったことによるものと思われる。

39 昭和48年11月17日民二第8522号依命通知

　前記の戸籍記載例の改正後、3年余を経過した後にされた上記の事例と同趣旨の照会に対しては、「旧記載例による戸籍を再製する場合には、現在の記載例に引き直して記載して差し支えない。」旨の回答（昭和48・11・17民二8521号回答、同日付け民二8522号依命通知参照）がなされている。

第3章　戸籍の記載（一般）

40　「元号法」の施行に伴う戸籍事務の取扱い

昭和54年6月9日民二第3313号通達

先例の趣旨　元号法（昭和54・6・12公布）の施行に伴う戸籍事務の取扱いは、届書等に年の表示方法として西暦を用いている場合であっても、そのまま受理するが、戸籍の記載は、元号をもって記載する。また、外国人の生年月日は従来どおり西暦による。なお、戸籍の謄抄本は、元号の表示を西暦の表示に改めて発行することはできない。

参考　訓令通牒録：⑦綴　9957頁、⑩綴　12708頁

〈解　説〉

1　元号法

　元号（年号）に天皇の在位期間で時代区分をする、いわゆる「一世一元」が採り入れられたのは、明治以後のことであり、「昭和」の年号は旧皇室典範（明治22年2月11日皇室典範）第12条[注]に基づくものであって、現行の皇室典範（昭和22年1月16日法律第3号）では、この条項がなくなったため、その法的根拠を失った。しかし、元号が国民の生活に深くかかわっていることは現実であり、その後も「昭和」の年号は「事実たる慣習」として使用されてきた。元号制度ないしその法制化の是非をめぐっては賛否両論あったが、昭和54年2月2日国会に提出された「元号法」案は、同年6月12日法律第43号により制定・公布され、同日施行された。なお、昭和の元号は、同法第1項の規定に基づき定められたものとされた（同法附則2項）。

　〔注〕　旧皇室典範第12条　践祚ノ後元号ヲ建テ一世ノ間ニ再ヒ改メサルコト明治元年ノ定制ニ従フ　　（践祚：センソ→即位）

2 戸籍実務における年号の表記

　戸籍には、各人の出生の年月日をはじめ、届出又は申請等の受付や送付の年月日を記載することとされている（戸13条、戸規30条）。しかも、これらの戸籍の記載については、例えば、外国人との身分関係を表示する際には、日本人当事者の戸籍に相手方当事者である外国人を特定するため、その生年月日を西暦で記載するが、これ以外はすべて元号をもって記載することに統一されている（戸規33条1項・附録六号ひな形、同条2項・附録七号ひな形）。

　ところで、元号法（昭和54年法律第43号）は、元号制定の手続を定めることを主たる目的としたものであり、国民に対して使用を義務付けるものではないことから、今後とも、従前どおり取り扱うのが相当とされ、次の処理要領が示された（本通達）。

(1)　年の表示方法として西暦を用いて届出等がなされた場合においても、市区町村長は、これをそのまま受理する。

(2)　年の表示方法として西暦を用いた届出等を受理した場合において、これを戸籍に記載する際には、公簿の記載の統一を図る趣旨から、従来どおり元号をもって記載する。

　　なお、外国人の生年月日については、従来どおり西暦による。

(3)　戸籍の謄・抄本等は、原本に基づいて作成すべきものであるから、戸籍に記載された元号による年の表示を西暦による表示に改め、又は西暦による表示を併記した謄・抄本等の交付請求がなされても、これに応じることはできない。

41 夫婦共同で縁組をした者が、縁組継続のまま婚姻解消した場合の縁組事項の移記

昭和 55 年 3 月 26 日民二第 1913 号通達

先例の趣旨　夫婦共同して他の者の養子となった者が、縁組継続のまま離婚し又は配偶者の死亡により婚姻が解消した後に、他の者の氏を称する婚姻等をして新戸籍が編製され、又は他の戸籍に入籍する場合、その新戸籍又は入籍戸籍に養子縁組事項を移記するときは、「夫某（又は妻某）とともに」又は「夫（又は妻）とともに」の記載は省略して差し支えない。

参考　訓令通牒録：⑧綴 10101 頁、⑩綴 12715 頁

〈解　説〉

1　従前の取扱い

(1)　本通達が発出された当時においては、配偶者のある者は、養親となる場合又は養子となる場合のいずれであっても、原則として、配偶者とともにしなければ、縁組をすることができないとされていた（昭和 62 年法律第 101 号による改正前の民法 795 条本文）。そして、当該縁組届に基づく戸籍の記載については、縁組が夫婦共同でしたものであることを明確にする趣旨から、縁組事項中にその旨を「夫（又は妻）とともに」（昭和 54 年 8 月 21 日法務省令第 40 号による戸籍法施行規則の一部改正前は「夫某（又は妻某）とともに」）の振り合いにより記載することとされている（この点は、現在も変わりがない）。

　一方、戸籍法第 16 条ないし第 21 条の規定により新戸籍が編製され、又は他の戸籍に入籍する養子については、従前の戸籍に記載されている現に

継続する縁組に関する事項を、その新戸籍又は入籍戸籍に移記すべきものとされており（戸規39条1項3号）、また、いわゆる管外転籍によって戸籍を編製する場合にも同様とされている（戸規37条）。
(2)　ところで、従来の先例では、本通達の場合における照会と同趣旨の他の照会事案に対し、養子の新戸籍に縁組事項を移記する場合には、当該縁組事項中、「夫某（又は妻某）とともに」の記載は省略すべきではないとされていた（昭和26・1・31民事甲74号回答(1)、昭和40・4・10民事甲830号回答）。その趣旨は、当該縁組が夫婦共同縁組の要件（前記(1)）を充足した有効なものであることを戸籍上明確にするものであり、また、養子縁組のような身分に関する重要な事項は、法令の改正等のような特別な事由がない限り、すべてそのまま移記するのが本則であること等によるものとされている。

2　本通達の取扱い

(1)　離婚又は配偶者の一方の死亡により婚姻が解消した後における当事者の新戸籍又は入籍戸籍に養子縁組事項を移記する際に、「夫某（又は妻某）とともに」の記載を移記するものとしたときは、その新戸籍又は入籍戸籍に既に婚姻が解消している先夫又は先妻とともに縁組した旨の記載がされることとなり、国民感情にそぐわないことから、前記の記載を省略するのが相当であるとする意見が強かった。その後、前記昭和54年法務省令第40号による戸籍法施行規則の一部改正後は、夫婦共同縁組を表す記載は、単に「夫（又は妻）とともに」と改められるとともに、改正前の記載例により「夫某（又は妻某）とともに」と記載してある縁組事項を移記する際は、前記改正後の記載例に引き直して差し支えないこととされた（昭和54・8・21民二4390号通達三の2）。しかし、前記当事者の新戸籍又は入籍戸籍には解消した婚姻事項は移記されないので、移記された縁組事項中の「夫（又は妻）」がだれであるのかは一見して明らかにされなくなったから、これを移記する理由も希薄となった。また、その縁組事項からその者が再婚者であることが察知されるおそれもあるのみでなく、戸籍記載例が改正された趣旨にも沿わない面があった。

(2)　そこで、本通達により、今後は当該縁組事項を移記する際は、「夫某（又は妻某）とともに」又は「夫（又は妻）とともに」の記載は省略して差し支えないとされたものである。

　なお、この取扱いにより当該縁組事項を移記するときは、いわゆる単身者の縁組事項と同様の振り合いで移記することになる。この場合、例えば、婚姻により氏を改めた者の縁組事項が、「平成五年弐月九日夫とともに甲野義太郎同人妻梅子の養子となる縁組届出入籍㊞」（参考記載例43）の振り合いで記載されている場合（いわゆる紙戸籍の場合）に、これをそのまま移記すると、その者の縁組前の戸籍が明らかにされないことになるから、公示上不都合を生ずることもあり得る。そのため、移記する縁組事項に、縁組前の戸籍の表示を次の振り合いで補足するのが相当と思われる（木村三男・神崎輝明　編著「全訂　注解・戸籍記載例集」399頁）。[注]

　「平成五年弐月九日甲野義太郎同人妻梅子の養子となる縁組届出東京都千代田区平河町一丁目乙川春夫戸籍から入籍㊞」

　　〔注〕　コンピュータシステムによる証明書記載例については、夫・妻ともに当初から従前戸籍の表示が記載されるので、このような問題は生じない（この場合は、〔共同縁組者〕の記載を省略して移記することになる。）。

42 婚姻等の届書が本籍地に未着のため戸籍の記載がされていない場合の「遅延事由」の記載

昭和59年3月5日民二第1226号通知

先例の趣旨　非本籍地の市区町村長が受理し、本籍地の市区町村長に送付した婚姻その他の届書が未着のため、戸籍の記載がされていない場合における戸籍の記載の取扱いについては、出生届の送付未着の場合における入籍の遅延事由の記載に関する昭和55年3月26日民二第1914号通知に準じて、遅延事由を記載して差し支えないとするものである。

参考　訓令通牒録：⑧綴 10542ノ8頁、⑩綴 12752頁
関連先例通し番号：79、81

〈解　説〉

1　昭和55年3月26日民二第1914号通知による取扱い

　出生届を非本籍地の市区町村長が受理し、その届書を本籍地の市区町村長に送付したところ、何らかの事情で本籍地に到達しなかったため、その出生子が戸籍に記載されていないことが、相当期間を経過した後に判明することがある。このような場合に、本籍地の市区町村長は、出生届を受理した非本籍地の市区町村長から再送付された届書の謄本（又は届書が保存されていない場合は、届出に関する事項の申出書）に基づいて、出生子の身分事項欄に「平成　年　月　日何市何区で出生父届出平成　年　月　日同区長から送付入籍㊞」の例で記載される（昭和42・5・9民事甲1083号通達〔79〕参照）。この例により出生事項が記載されたときは、届出の年月日と入籍の年月日との間に期間の隔たりが生ずるため、関係者にあたかも子の身分関係に問題があったか、又は届出人に過失があったことから入籍の記載が遅延したかのような疑念を抱かせかねない。それがひいては子の将来に不利益を生じさせるのでは

321

ないかと危惧する向きが少なからずあった。そこで、届出人等から出生事項中に入籍の遅延事由の記載方について、申出書又は口頭により申出があったときは、関係者の心情その他諸般の事情を考慮して、子の出生による入籍事項に「……父届出何市長からの届書送付未着につき平成　年　月　日再送付入籍㊞」の例により記載することとした。また、入籍遅延事由の記載がない出生事項についても、届出人等から入籍の遅延事由の補記方について申出があったときは、出生事項に続けて（出生事項に続けて記載することができないときは行を改めて）、「何市長からの届書送付未着につき出生による入籍の記載遅延平成　年　月　日記載㊞」の例により記載することとしたものである（昭和55・3・26民二1914号通知〔81〕参照）。

2　届書送付未着事故の形態等

　戸籍法は、届出地に関しては、届出事件本人の本籍地又は届出人の所在地を原則とし（戸25条1項）、これに付加して出生、死亡、分籍、転籍及び就籍の各届出における出生地、死亡地、分籍地、転籍地及び就籍地がある（戸51条1項・88条1項・101条・109条及び112条）。このように事件本人の本籍地のほかに、届出人の所在地あるいは事件発生地等が届出地として認められているのは、届出の励行と届出人の利便に配慮したものである。このような届出地に関する定め方は、届書を関係市区町村へ送付することを予定しているものであり、これは明治31年戸籍法以来（明治31年戸籍法42条・49条）、戸籍制度と郵便制度は不離一体の関係にあるものとして維持されてきた。つまり、届書を市区町村間で発送、受領することが戸籍事務処理上不可欠である以上、郵便制度の運営上避け得ない郵便物の不到達事故は、戸籍届書の送付事務にも当然に影響することになる。

　届書の送付未着の形態としては、**ア**　投函はしたが、郵送過程で紛失した場合だけでなく、**イ**　本籍地への発送を遺漏している場合や、さらには、**ウ**　本籍地で受領したが、戸籍記載前に紛失した場合など、いずれの段階によるものか確定できない場合が多く、郵送過程以外での紛失事例も少なからず発生していると予想されている。このように届書が本籍地への送付の過程において何らかの原因により、届書が本籍地に到達しないという事態が避け

得ないとすれば、届書等が未着のために戸籍の記載がなされない状態が続いたり、複本籍が生ずるなど戸籍事務処理の問題が発生するばかりでなく、関係者にも迷惑を及ぼすおそれがあるのは出生届に限ったことではない。そこで、婚姻その他の届出等を受理した市区町村長から戸籍の記載をすべき地の市区町村長に送付した届書等が未着である場合についても、前述1の昭和55年3月26日民二第1914号通知に準じて遅延事由の記載をして差し支えないとする通知が発せられたものである。

3 本通知による取扱い
(1) 届書が保存されている場合の処理
　ア 非本籍地の市区町村長は、受理した届書の1通を1年間保存するものとされているから（戸規48条3項）、届書が本籍地市区町村長に送付未着の場合に、非本籍地で届書を保存しているときは、大正3年戸籍法以来その謄本を作成して本籍地市区町村長に再送付するものとされている（大正3・12・28民999号回答7ほか）。この届書の送付は、紛失した届書を戸籍法施行規則第26条（旧戸32条）に従って送付するものであるから、法令に基づいて現に届書を保管している非本籍地の市区町村長が謄本を作成することになる。なお、戸籍法には、届書紛失による再送付の場合に届書の謄本を作成する旨の明文の規定がないことから、届書の記載事項証明書（戸48条2項）として発給する取扱いをする向きもあるようであるが、あくまでも事務処理上の便宜からも、戸籍法第36条第3項の規定の準用により届書謄本を作成することができると解して差し支えないと考えられる（前掲の大正3年民999号回答参照）。
　イ 非本籍地において届書を保存中の場合には、届出人からの申出を受けて届書の謄本を作成の上、戸籍の記載を必要とする市区町村長へ送付することになる。この場合、届出人からの申出に関する事項を戸籍受附帳に記載すべきではなく、戸籍発収簿（準則制定標準28条）に記載するとともに、既に受理の記載のある受附帳（又は非本籍人受附帳—戸規21条2項）の備考欄にも「　年　月　日○○市区町村長に対し戸籍記載の申出書発送」の例により、その旨を記載しておく必要がある。

第3章　戸籍の記載（一般）

　　　本籍地の市区町村長は、上記の申出書の送付を受けて、受附帳に事件名を「婚姻」等と記載し、備考欄に「婚姻」等に関する申出書である旨を、本籍地市区町村長の届書受理年月日とともに明らかにしておくことになる。
　ウ　戸籍記載の申出とともに届書の謄本が送付され、遅延事由の記載の申出もされているときは、戸籍の記載を必要とする市区町村長は、次の例により戸籍の記載をすることになる。
　○　夫の氏を称する婚姻届を夫の本籍地で受理し、妻の本籍地に送付したが届書が未着の場合
　　（戸籍記載の申出と遅延事由の記載申出が同時にあった場合）
　　妻の婚姻前の戸籍中、その身分事項欄
　　　「平成10年11月30日甲野義太郎と婚姻届出横浜市中区長から届書送付未着につき平成12年10月5日再送付同区日本通十番地に夫の氏の新戸籍編製につき除籍㊞」
　　（遅延事由の記載がない事項につき遅延事由記載方の申出があった場合）
　　〈婚姻事項に続けて記載する例〉
　　　「平成10年11月30日甲野義太郎と婚姻届出平成13年6月7日横浜市中区長から送付同区日本通十番地に夫の氏の新戸籍編製につき除籍㊞横浜市中区長からの届書送付未着につき除籍の記載遅延平成16年9月2日除籍㊞」
　　〈婚姻事項に続けて記載することができない場合の例〉
　　　「横浜市中区長からの届書送付未着につき婚姻の届出による除籍の記載遅延平成16年9月2日除籍㊞」
(2)　届書が廃棄されている場合の処理
　ア　非本籍地の市区町村長が受理し、戸籍の記載を要する他の市区町村長へ送付手続をとったが、その届書が送付先の市区町村に未着である場合において、受理市区町村で保存していた届書が保存期間の経過により廃棄済みであるときは、(1)の方法をとることはできない。この場合は、受理市区町村の受附帳や届出事項の記載がある関係戸籍(注)の謄本によって、届書の送付未着により戸籍の記載が遺漏している事実が明らかな場

合には、申出書とともに受附帳の写しや関係戸籍の謄本の送付があれば、届書謄本の送付があった(1)の場合と同視してよいと考えられる。
イ　届書が廃棄された後の場合でも、非本籍地市区町村の受附帳により届出を受理したことが明らかであるとき、あるいは関係戸籍により届出が受理されていることが明らかであれば、前述(1)イの届書の謄本送付に関する受附帳の処理に準じて行うことになる。例えば、夫の氏を称する婚姻届を夫の本籍地で受理し、妻の本籍地に送付したところ、これが未着のため妻の婚姻前の戸籍に記載すべき婚姻による除籍の記載が遺漏していることを発見したが、当該婚姻届書は既に廃棄済みとなっている場合である。この場合は、夫婦の婚姻後の戸籍謄本に基づき市区町村長限りの職権で戸籍の記載をすることができる（昭和26・9・4民事甲1748号回答）。上記により職権で記載する場合の妻の本籍地における受附帳の記載は、件名を「訂正（市長職権）」とし、備考欄に「婚姻の記載遺漏　平成　年　月　日記載」と記載することになる。
ウ　申出に基づく戸籍の記載に関しても、届書の謄本に基づく記載と同じであり、戸籍記載の申出と遅延事由の記載申出が同時にあった場合、あるいは遅延事由の記載がない事項についても遅延事由記載方の申出があった場合の記載は、いずれも前述(1)ウの例による。

〔注〕　届書類が他の市区町村長に送付途中に紛失した場合は、受理地において保管する（当時は監督区裁判所・現管轄法務局で保管）届書の謄本を作成し、送付する（大正6・1・20民1997号回答）。

4　届書等の到達確認の実施
　届書等の未着事故の発生を早期に把握し、速やかに事後の措置を講ずることができるようにするため、届書等が送付先の市区町村に到達したかどうかを確認する取扱いを積極的に推進することとされている（平成7・12・26民二4491号通達）。

第3章　戸籍の記載　(一般)

43　養子法の改正に伴う参考記載例の改正

昭和62年10月1日民二第5001号通達

先例の趣旨　昭和62年9月26日法律第101号をもって公布された「民法等の一部を改正する法律」によって民法、家事審判法及び戸籍法が改正され、配偶者のある者の縁組要件の緩和、親族関係の変更に伴う氏の変更に関する規定等の整備及び特別養子縁組制度の新設等の改正がなされた。この法改正に伴い、戸籍法施行規則の一部も改正され（昭和62年法務省令第36号）、法定記載例が改正されたこととの関連において、本通達により参考記載例の一部も改正されたものである。

参考　訓令通牒録：⑧綴　11000頁、⑩綴　12820頁
関連先例通し番号：91、61

〈解　説〉

第1　改正の要点

1　新たに加えられた記載例（括弧内は、参考記載例番号）
(1)　夫婦が同籍の者を特別養子とした縁組の届出がされた場合（現75、76）
(2)　夫婦が外国人を特別養子とした縁組の届出がされた場合（現77、78）
(3)　特別養子の入籍（末尾記載）により養方の弟（妹）について父母との続柄を訂正する場合（現79）
(4)　特別養子離縁の届出がされた場合（現113～121）
(5)　検察官から特別養子離縁の記載請求がされた場合（現122、123）

2 改められた記載例
棄児発見調書により戸籍の記載をする場合の子の身分事項欄（現16）

3 削除された記載例
(1) 認知により嫡出子の身分を取得する子が戸籍の筆頭に記載された者である場合の氏の更正事項（旧29、30）
(2) 昭和35年12月16日民事甲第3091号通達以前の取扱いにより父母の戸籍に入籍していない準正嫡出子が父母と同籍する旨の申出をした場合（旧134、135）

第2 棄児に関する戸籍の記載の移記

　棄児発見調書により戸籍に記載する場合、子の身分事項欄にする従前の記載例は、「昭和五拾八年六月四日出生同年八月参日東京都千代田区長の調書により記載㊞」の例によることとされていたが、本通達により「千代田区長の調書により記載」が「千代田区長届出入籍」の記載に改められた（現16）。
　また、従前は、棄児発見に関する事項は、戸籍法施行規則第39条の規定による重要な身分事項には含まれないので（戸籍法59条による出生届があるまでの仮の措置としての職権記載事項）、移記することを要しないとされていた（昭和31・11・5民事甲2575号回答）。しかし、本通達により昭和63年1月1日以降は、この事項については、出生に関する事項として移記を要することとされ、従前の記載を移記するときは、新記載例に引き直して移記するものとされた。この場合の移記方法は、「東京都千代田区長の調書により記載」とある箇所を「東京都千代田区長届出入籍」と引き直して移記することになる。

第3章 戸籍の記載 （一般）

44 改元等に伴う参考記載例の改正

平成2年3月1日民二第600号通達

先例の趣旨

平成2年法務省令第5号の戸籍法施行規則の一部改正により、附録第7号の法定記載例中の「昭和」の元号が「平成」に改められたことに伴い、通達により示された参考記載例についても元号を改める等の改正がされた。また、法定記載例の配列の順序を同種の記載例ごとに並べ替えることと、その番号を通し番号に整序することの形式的改正がされたことに伴い、参考記載例についても、これに合わせ整序された。なお、上記の形式的改正のほか、法定記載例145（現192）の就籍届について、また、参考記載例2の電車内で出生した嫡出の出生届について、それぞれ実質的な改正も行われた。

参考

訓令通牒録：⑨綴 11221頁、⑩綴 12868頁
関連先例通し番号：52
改正：平成12年3月15日民二601号通達により参考記載例改正

〈解　説〉

1　形式的な改正
(1)　改元に伴う改正
　戸籍法施行規則の本則及び附録中に「昭和」の元号が表記されている箇所がある。元号は、「昭和」から「平成」に改められているが、内閣総理大臣官房内政審議室から発出された改元に伴う既存法令の措置についての通知によると、省令等で、改元後の行為の時を「昭和」で表示されているものについては、その規定が暫定的なものであるときを除き、必要に応じて順次又は

一括して、相当期間内に改正の措置を採ることが適当であるとされていた。そこで、戸籍法施行規則附録第7号（法定記載例）中の年の表示について一定年数を加算した上、必要箇所を「平成」の元号に改められた。これに伴い、昭和54年8月21日民二第4391号通達によるいわゆる参考記載例についても、「昭和」の元号を「平成」に改める等、法定記載例と同様の所定の改正がされた。

(2) 記載例の配列の整序

法定記載例について、その配列の順序を同種の記載ごとに並べ変えることと、その番号を通し番号に整序する改正が行われたことに伴い、参考記載例についても、これに併せて整序された。

2 実質的な改正
(1) 法定記載例

法定記載例145（現行192）の就籍届について、「就籍許可の裁判確定」とあるのを「就籍許可の裁判発効」に改めた。就籍許可の審判については、特別家事審判規則第7条ないし第9条に定められている。ところで、同規則第8条は、就籍許可の申立てを却下する審判に対しては即時抗告をすることができる旨の規定をしているが、これを認容する審判については、抗告する途がなく、審判はこれを受ける者に告知することによってその効力を生ずるものとされている（家審13条本文）。即時抗告をすることができる審判は、確定しなければその効力を生じないものとされ（同条但書）、「確定」の概念があるが、即時抗告をすることができない審判に「確定」はあり得ない。そのため、特別家事審判規則第9条は、「……の許可の審判が効力を生じたときは……」と規定し、他の条項（例えば、同規則12条）においては「……の許可の審判が確定したときは……」と規定し、これを区別している。そこで、「就籍許可の裁判確定」と表示することは問題であったことから、「効力を生ずる」ことを示す別の用語を用いる必要があった。同種の事例で、親権者の職務執行停止及び代行者選任の裁判発効による嘱託（法定記載例113）については、「裁判発効」の用語が用いられていることから、就籍事件についても「就籍許可の裁判発効」と改めることとされた。

第3章　戸籍の記載（一般）

(2) **参考記載例**

　参考記載例2の電車内で出生した嫡出子の出生届についての記載例中に「三島駅から静岡駅間」とあったが、その駅間に「新富士駅」が新設されたことに伴い、従前の記載例のままでは二区間にまたがる表示となり、出生地の特定として（最近接の二つの停車駅を表示しなければならない。）相当でないので、「三島駅」が「新富士駅」と改められた。

45 氏又は名の記載に用いる文字の取扱いに関する整理通達

平成2年10月20日民二第5200号通達

先例の趣旨

1　戸籍の記載処理が、毛筆やペン等によりいわゆる手書でされていた当時にあっては、戸籍の氏又は名の記載について、草書、行書などいわゆるくずし字を用いたものもあって、これをさらに他の戸籍に移記する際に誤った字形により書き写されたり、また、中には戸籍事務担当者の書き癖や誤解によるもの等もあったと考えられている。

　このような戸籍の誤字・俗字は、本人だけでなく関係者に少なからず社会生活上の不便を生じさせているのみでなく、これらの誤字・俗字をそのまま放置するときは、戸籍事務のコンピュータ処理をするに際し重大な支障となることも考えられていた。

2　戸籍に記載されている氏又は名の誤字・俗字については、本人の申出を待ってその解消が図られてきたが、この方法ではその進捗状況が思わしくないことから、全国連合戸籍事務協議会の「本人の申出がなくとも職権による誤字・俗字の解消」を可能にする取扱いについての要望がなされていた。

3　このような要望に対して、その可否につき平成元年2月13日法務大臣からその諮問機関である民事行政審議会に対し「戸籍に記載されている氏又は名の漢字（誤字・俗字）の取扱いについて」の諮問がされ、平成2年1月16日同審議会から答申がなされた[注]。この答申を受け、法務省民事局においてその具体的な取扱いが検討され、関係機関等とも協議の上、本整理通達が発出され

るに至った。

　本通達の趣旨は、従前と同様に本人の申出による訂正を認めるほか、新たに本人の申出を要さずして誤字・俗字を解消する機会として、①新戸籍の編製、他の戸籍への入籍又は戸籍の再製により、従前の戸籍に記載されている氏又は名を新たな戸籍に移記する場合、②戸籍の身分事項欄、父母欄等に新たに氏又は名を記載する場合の二つを規定した。これらの場合には、氏又は名が従前戸籍、現在戸籍等において誤字又は俗字で記載されていても、本人の申出を要しないで、これに対応する字種及び字体による正字で記載するというものであった。

4　ところが、その後、平成6年に「戸籍法及び住民基本台帳法の一部を改正する法律」（平成6年法律第67号）及び「戸籍法施行規則の一部を改正する省令」（平成6年法務省令第51号）が公布され、同年12月1日から施行されたことにより、法務大臣の指定する市区町村長は、戸籍事務を電子情報処理組織を用いて処理することができることとなった。これに伴い、従前の戸籍を磁気ディスクをもって調製する戸籍に改製する場合において従前の戸籍に記載されている氏又は名の文字を、磁気ディスクをもって調製する戸籍に移記する場合の取扱いが示された（平成6・11・16民二7000号通達、同日民二7001号依命通知）。そして、この取扱いとの整合性を図る必要があったことから本通達の一部が改正され、従前の戸籍に記載されている氏又は名の文字が正字であるときはそのまま移記することを前提に、それ以外の文字であってもそのまま移記することとする文字の範囲が拡大された。すなわち、従前の戸籍に記載されている氏又は名の文字が漢和辞典に俗字等として登載されている文字など一定の俗字については、新戸籍又は入籍戸籍にその

まま移記することとされた（平成6・11・16民二7005号通達）。

さらに、平成16年法務省令第66号により戸籍法施行規則の一部が改正されたことに伴い、本通達中の一部が改正されるとともに、昭和56年9月14日民二第5536号通達は廃止された（平成16・9・27民一2665号通達）。

以下、平成6年11月16日民二第7005号通達及び平成16年9月27日民一第2665号通達により改正のあった箇所については、改正後の通達文を参考までに枠内に掲記した上、説明することとした。

〔注〕 平成2年1月16日の民事行政審議会答申の趣旨は、戸籍に記載されている氏又は名の漢字の取扱いについては、「戸籍に氏又は名が誤字又は俗字で記載されている場合は、これをできる限り解消すべきである。」とした上、「従前の戸籍に記載されている氏又は名を新たな戸籍に移記する場合において誤字又は俗字を解消するには、比較的多く用いられている俗字を解消するときを除き、本人の申出を要しないものと」し、一定の場合において、本人の申出を待つまでもなく、誤字又は俗字を解消すべきものとしている。

参考
訓令通牒録：⑨綴 11299頁、⑩綴 12907頁
関連先例通し番号：46、47、50、51

〈解　説〉

（前文）
　氏又は名の記載に用いる文字の取扱いに関する戸籍事務の取扱いは、次のとおりとするので、貴管下支局長及び管内市区町村長に周知方取り計らわれたい。

> なお、これに反する当職通達又は回答は、本通達によって変更又は廃止するので、念のため申し添える。

(平成16・9・27民一2665号通達により改正)

第1　新戸籍編製等の場合の氏又は名の記載に用いる文字の取扱い

> 第1　新戸籍編製等の場合の氏又は名の記載に用いる文字の取扱い
> 　　婚姻、養子縁組、転籍等による新戸籍の編製、他の戸籍への入籍又は戸籍の再製により従前の戸籍に記載されている氏若しくは名を移記する場合、又は認知、後見開始等により戸籍の身分事項欄、父母欄等に新たに氏若しくは名を記載する場合において、当該氏又は名の文字が従前戸籍、現在戸籍等において俗字等又は誤字で記載されているときの取扱いは、次のとおりとする。
> 　1　俗字等の取扱い
> 　　戸籍に記載されている氏又は名の文字が次に掲げる文字であるときは、そのまま記載するものとする。
> 　(1)　漢和辞典に俗字として登載されている文字（別表に掲げる文字を除く。）
> 　(2)　「示」、「辶」、「食」又は「青」を構成部分にもつ正字の当該部分がそれぞれ「ネ」、「辶」、「飠」又は「青」と記載されている文字

(平成16・9・27民一2665号通達により、第1の1が上記のとおり改正された。)
　戸籍に氏又は名が俗字等又は誤字で記載されている場合に、これを解消する機会として、①新戸籍の編製、他の戸籍への入籍又は戸籍の再製により、従前の戸籍に記載されている氏又は名を新たな戸籍に移記する場合、②戸籍の身分事項欄、父母欄等に新たに氏又は名を記載する場合の二つが本通達に規定された。これらの場合には、氏又は名が従前戸籍、現在戸籍等において

俗字等又は誤字で記載されているときの取扱いは、後記1及び2のとおりとされた。

1 俗字等の取扱い

戸籍に記載されて氏又は名の文字が正字として取り扱う文字[注]はそのまま移記するが、次の(1)及び(2)に掲げる文字であるときも、そのまま移記することとされた。

〔注〕 正字として取り扱う文字
 ア 常用漢字表の通用字体（通用字体として昭和56年内閣告示第1号で示され、公の場で使われており、また、人名用漢字別表の字体については戸規60条に定められ、人名用の漢字として使用されているもの）
 イ 戸籍法施行規則別表第二（漢字の表）に掲げる字体
 ウ 康熙字典体（俗字及び譌字を除く。字源に根拠があり、権威のある字書すなわち、中国清朝の康熙帝の勅命によって編修された康熙字典に掲げられているもの）
 エ 漢和辞典で正字とされている字体
 オ 国字（中国における漢字の造り方に合わせて、日本で造られた文字であり、漢字として使われているもの）で前記アからエまでに準ずる字体

(1) 漢和辞典に俗字等として登載されている文字

漢和辞典に俗字として登載されている文字のほか、漢和辞典に同字、古字又は本字として登載されている文字であるときは、新戸籍編製等の際にそのまま移記することになる。

通達にいう「漢和辞典」とは、漢字・漢語の意義を日本語でした辞典をいい、その辞典の名称にかかわりなく、一般に利用されている漢和辞典と呼ばれているものがこれに当たるが、異字体辞典等の特殊な辞典は含まれないと解される。なお、この場合、一つの漢和辞典に俗字等と登載されている文字であれば、そのまま移記することになり、数種類の漢和辞典に登載されている必要はない。

漢字には、同音同義に用いられるが、字体が異なる文字がある（例えば「峰」と「峯」、「杯」と「盃」など）。標準的な字体に対しそれと異なる字体の

第3章　戸籍の記載　(一般)

文字を「異字体」というが、一般には康熙字典で標準とされる字体の文字を「正字」とし、これと異なる字体の文字を異字体とされている。この異字体の中には、同字、古字又は本字のほかに俗字、略字等が含まれている[注]。したがって康熙字典には、正字だけでなく、古文（古字）、同字、俗字及び譌字（かじ、偽りの字）なども掲載されており、古文（古字）、同字は正字として取り扱うが、譌字は誤字であるから正字には含まれない。

〔注〕
同字：正字とは字体が異なるが、それと同等に用いられてきた文字であり、辞典によっては「別字」とされているものもある。
古字：異字体のうち、特に古い起源をもつ文字で、辞典によっては「古文」とされているものもある。
本字：一般の字よりも更に字源的に忠実な形（篆文の楷書形）をした文字のことである。
俗字：本字の字形が長期の使用の間に省略され、また、崩れた形で流布し定着しているものであり、漢字や常用漢字等の新字体には、この俗字を採用した例が多いとされている。
略字：正字の字画を省いた文字であり、これが通俗的な文字として定着すると俗字となることがある。
誤字：文字の骨組みに誤りがあり、公的な字形とは認められない文字であり、使用は望ましくない文字である。康熙字典の中では「譌字」とされている。

(2)　「示」、「辶」、「飠」又は「靑」を構成する部分にもつ正字の当該部分がそれぞれ「ネ」、「辶」、「食」又は「青」と記載されている文字

戸籍に記載されている氏又は名の文字が「ネ」、「辶」、「食」又は「青」を構成部分にもって記載されている場合において、当該文字の他の構成部分が「示」、「辶」、「飠」又は「靑」を構成する部分にもつ正字である文字をいう。例えば、戸籍に記載されている氏又は名の文字が「祜」（コ、さいわい）と記載されている場合、これに対応する正字は「祜」であるが、この文字の他の構成部分である「古」が「示」を構成部分にもつ文字の正字であることから、新戸籍編製等の際はそのまま「祜」で移記することになる。

なお、この俗字等の確認方法は、漢和辞典を調べるまでもなく、平成6年

11月16日民二第7006号依命通知〔50〕第1の3で示された別表[注]に記載されているかどうかを調査し、記載されている場合はそのまま移記し、記載されていないときは正字で記載して差し支えないこととされている（依命通知第1の4）。

〔注〕 別表に記載された俗字等は、次の点を考慮して抽出されたものである。
(1) 漢和辞典に俗字として登載されている文字の抽出は、JIS第1、第2水準に記載されている俗字と実態調査により抽出した戸籍の氏又は名に記載されている俗字（この俗字には、JIS第1、第2水準に記載されている文字と重複するものもある。）の中から抽出された。
俗字であることの確認は、「康熙字典」をはじめ、「新大辞典」（講談社）、「大字源」（角川書店）等のほか、五つの辞典のいずれかにおいて俗字とされているものが抽出された。
(2) 「示」、「辶」、「食」、「青」を構成部分にもつ正字の該当部分がそれぞれ「礻」、「辶」、「飠」、「青」と記載されている文字については、「新大辞典」（講談社）、「大字源」（角川書店）、「漢語林」（大修館書店）のいずれかの辞典に、「示」、「辶」、「食」、「青」を構成部分にもつ正字、同字、古字、本字として登載されている文字で、「礻」、「辶」、「飠」、「青」を構成部分にもつ正字の存在しないものが抽出された。
なお、本別表は、漢和辞典に登載されている俗字等の例であり、これらの文字のすべてを網羅的に記載したものではないので、留意する必要がある。

2 誤字の取扱い

2 誤字の取扱い
(1) 誤字の解消
戸籍に記載されている氏又は名の文字が誤字で記載されているときは、これに対応する字種及び字体による正字又は別表に掲げる文字（以下「正字等」という。）で記載するものとする。
対応する字種に字体が複数あり、そのいずれの字体に対応するかについて疑義がある場合には、それらの字体のうち「通用字体」（常用漢字表（昭和56年内閣告示第1号）に掲げる字体（括弧書きが添

えられているものについては、括弧の外のもの）をいう。）又は戸籍法施行規則（昭和22年司法省令第94号）別表第2（以下「規則別表第2」という。）の1に掲げる字体を用いるものとする。ただし、対応する正字等を特定する上で疑義がある場合には、管轄法務局若しくは地方法務局又はその支局（以下「管轄局」という。）の長の指示を求めるものとする。

（平成6・11・16民二7005号通達及び平成16・9・27民一2665号通達により、上記のとおり改正された。）

(1) **誤字の解消**

　ア　戸籍は公簿であり、これには正しい文字で記載しなければならない。「戸籍の記載をするには、略字又は符号を用いず、字画を明らかにしなければならない」（戸規31条1項）とされているが、誤字については規定されていないものの、誤った正しくない文字という意味で、略字と同様に扱うべきものであり、戸籍の記載に用いるべきではないことは、同条の趣旨から当然に読み取ることができる。そこで、氏又は名の文字が誤字で記載されているときは、正しい文字に改める必要がある。

　従前の通達（昭和56・9・14民二5537号通達）において、氏又は名の文字が誤字で記載されている場合の訂正手続は、本来、戸籍法第113条に規定する手続によるべきであるが、誤字・俗字による記載は、形式的には戸籍面上明白な誤記に含まれるので、戸籍法第24条第2項に規定する職権訂正によっても差し支えないものである。しかし、氏名の特殊性を考慮し、事件本人の申出があった場合に限って行うものとされていた（島野穹子「氏又は名に用いる文字の取扱いに関する通達等の整理に関する通達について」戸籍442号56頁）。

　ところが、前記平成2年1月16日の民事行政審議会の答申においては、氏又は名の誤字による訂正は、実質的な訂正には当たらず、表記の訂正にすぎないものであるとの理解に立っている。すなわち、氏又は名が従前戸籍等に誤字で記載されていたとしても、これは誤記された字体を公証しているものではなく、これに対応する正しい文字によって記載

されるべきその者の氏又は名を表示しているものであり、当該誤字を対応する正字によって表記したとしても、その者の氏又は名の同一性を失わせるものではない。従前の先例では、誤字の訂正を氏又は名の実質的な訂正と区別していなかったが、前記の答申においては、このような誤字の訂正は、表記の訂正にすぎないと理解することとなった結果、現在戸籍で誤字の訂正を行った場合でも、関連戸籍について訂正手続を及ぼす必要はないとされるなど、従前とは異なる取扱いをすべきものとされた（もし、実質的な訂正であるとすれば、誤りのある関連戸籍まで訂正を要することになる。）。

　そこで、従前戸籍、現在戸籍に誤字で記載されている氏又は名の文字を新戸籍編製等により氏又は名を移記する場合、あるいは、認知等により身分事項欄等に新たに氏又は名を記載する場合は、訂正事項等の記載をするまでもなく、これに対応する字種及び字体による正字又は平成6年民二第7006号依命通知〔50〕第1の3で表示された「別表」に掲げる文字で直接記載することになる。

イ　正字で移記する場合に、対応する字種に字体が複数あり、そのいずれの字体に対応するかについて疑義がある場合には、それらの字体のうち常用漢字表（昭和56年内閣告示第1号）に掲げる字体（括弧外のもの）又は戸籍法施行規則別表第二の一に掲げる字体を用いるものとされている。ただし、対応する正字等を特定する上で疑義がある場合には、管轄法務局の長の指示を求めることになる。

　なお、市区町村においては、誤字と正字の対応関係については、平成16年10月14日民一第2842号通達により示された「誤字俗字・正字一覧表」に基づいて判断することとされた。したがって、同表に掲載されていない文字については、その対応関係が明白である場合を除き、管轄法務局の長に指示を求めるものとされた（前掲平成16年民一2842号通達）。

(2) 事由の記載

> (2) 事由の記載
>   従前の戸籍に誤字で記載されている氏又は名の文字を新たに戸籍にこれに対応する正字等で記載した場合には、その事由については、戸籍に記載を要しない。

（平成 16・9・27 民一 2665 号通達により、上記のとおり訂正された。）

　従前の戸籍に氏又は名の文字が誤字で記載されている場合、新たに戸籍に記載するときは、その誤字に対応する正字等で記載することとされ、この場合、当該事由の記載は要しないものとされた。この手続は、従前の戸籍において誤字を訂正した上で移記したり、あるいは、新たに戸籍に記載する際にその戸籍において訂正するのでもなく、新たに戸籍に記載する場合に直接正字等により記載するものである。

　誤字で記載されている氏又は名を現在戸籍において訂正するものであれば、訂正の趣旨及び事由を記載し、所要の措置を講ずることとなる（戸規44条）。しかし、新たに戸籍に初めから誤字に対応する正字で記載した場合は、訂正行為をする対象が存在しない。

　また、前記の誤字に対応する正字で新たに直接記載する方法は、全国統一的に処理され、その内容は明瞭であること、誤字と正字の対応関係については、同一字種間の変更であることから同一性の判断は明白であり、戸籍の連続性についても問題はないので、その事由については戸籍に記載を要しないこととされた。

(3) 告知手続

> (3) 告知手続
>   従前の戸籍に氏又は名の文字が誤字で記載されており、新たに戸籍の筆頭者氏名欄又は名欄にこれに対応する正字等で記載する場合は、戸籍の記載の事前又は事後に書面又は口頭でその旨を告知するものする。ただし、届出書の届出人署名欄に正字等で自己の氏又は

> 名を記載して届出をした者に対しては、告知を要しない。

(平成6・11・16民二7005号通達及び平成16・9・27民一2665号通達により上記のとおり改正された。)

(告知をする場合)

　戸籍の記載事項のうち、筆頭者氏名欄にその者の氏を、また、名欄にその者の名を表示し、当該人の氏又は名はこれにより公証される。この戸籍の筆頭者氏名欄、名欄が本人の知らないうちに訂正されてしまうことになると、同人の社会生活上支障を生じることもあり、適当でない。そこで、従前の戸籍の氏又は名の誤字を新たに戸籍の筆頭者氏名欄又は名欄に、これに対応する正字等により記載した場合は、その旨を本人に告知することとしたものである。

(告知の時期と方法)

　この場合の告知の時期は、戸籍記載の事前・事後のいずれでもよく、その方法は、書面・口頭のいずれでもよいこととされている。

　まず、告知の時期は、各市区町村の実情に応じて便宜使い分けることになるが、届出人が届出のために市区町村の窓口に出頭した場合においては、従前戸籍に誤字があり、新たに戸籍に正字で記載することがその場で判明するときは、届出人に事前(戸籍記載前)告知をしてもよいし、また、戸籍の記載を完了した後に郵便により事後告知をしても差し支えない。

　告知の方法としては、書面又は口頭のいずれでも差し支えないが、告知の相手方である届出人が窓口に出頭した場合でも、正字で記載すべき文字を明示して告知する必要もあることから、文書を交付して行うことも考えられる。なお書面により告知する場合は、平成2年10月20日民二第5202号依命通知〔47〕(以下「依命通知」という。)第2の2によりその様式が示されているので、これにより新たに記載する正字を明示して告知することになる。

(告知を要しない場合)

　告知は、本人の知らないうちに戸籍の記載が訂正されてしまっては、本人が自分の氏又は名を誤字で認識している場合に、戸籍に記載されている文字との間にそごを生じ、支障を来すために行うものである。しかし、届出に際

第3章　戸籍の記載（一般）

して、届出人が届書に自分の氏又は名を正字で記載し署名しているような場合は、社会生活上も当該正字による氏又は名が通用しているものと考えられ、また、中には戸籍の記載が誤字であることを知らない場合もある。このような場合に、新たに戸籍に正字で氏又は名を記載したとして、その旨を告知した場合、かえって本人に混乱を生じさせることになりかねない。したがって、自分の氏又は名を正字で署名し、届出をした者に対しては、告知を要しないものとされた。

　ア　告知を行う市区町村長

　　告知は、従前の戸籍に氏又は名が誤字で記載されており、新たに戸籍の筆頭者氏名欄又は名欄にこれに対応する正字等で記載する場合に行うものであるから、これらを記載する市区町村長、すなわち本籍地市区町村長がその内容を熟知していることから、告知を行う者として適当と考えられる。

　　告知を行う市区町村長は、記載市区町村長か届出等を受理した市区町村長に限られるが、届出等を受理した市区町村長から当該届書等の送付を受けた記載市区町村長は、告知を要する事案の場合において、受理市区町村において既に告知がされているか否かが判らないと、記載市区町村においては、告知をすべきか否かを判断することができない。そのため、届出等を受理した市区町村長が告知をした場合は、届書等を記載市区町村長へ送付する際に、告知した内容を通知するものとされた。この告知内容とは、告知の年月日、告知した相手方、告知の方法及び記載することとなる正字ということになるが、これを送付する届書等の欄外に記載して行えばよいこととされ、また、書面により告知した場合には、送付する届書等に告知書の写しを添付してこれに代えることができる（依命通知第2の2）。なお、記載市区町村長が通知を受けた場合は、告知した事項が戸籍と一致するか等を確認し、告知すべき事項が遺漏していることが判明したときは、記載市区町村長は、この部分につき告知をしなければならない。

45 平成2年10月20日民二第5200号通達

イ　告知の相手方
（筆頭者氏名欄の氏の場合）
　　従前の戸籍において誤字で記載されている氏を新たな戸籍の筆頭者氏名欄に正字で記載する場合は、筆頭者に告知する。例えば、婚姻により新戸籍を編製した場合に、筆頭者氏名欄に従前の戸籍に記載されていた誤字をこれに対応する正字で記載したときは、その新戸籍の筆頭者に告知する。なお、転籍届がされた場合に、その戸籍の筆頭者が既に死亡し除籍となっているようなときは、その生存配偶者に対し告知する。
　　また、筆頭者と配偶者がともに除籍されている場合、戸籍の再製をした場合には、その戸籍に記載された筆頭者及び配偶者を除く全員に対し告知することになる。この場合は、現に在籍している者に告知すれば足り、既に除籍されている者に対しては告知する必要はない。

（名欄の場合）
　　従前の戸籍において誤字で記載されている名を新たに戸籍の名欄に正字で記載する場合は、その名欄の本人に告知する。なお、本人が15歳未満の者であっても、その者に告知すればよいとされている。この告知は、あくまでも行政サービスであり、15歳未満の者は父母と生計を一にして生活しているのが通常であり、この者に対して告知をすれば、その法定代理人である父母が了知し得ることが生活実態から推認できるからである。

ウ　郵送による告知等
（郵送による届出）
　　郵送により告知する場合は、告知の相手方である本人の住所地にあてて発送すれば足りるとされ、告知書が住所不明等の理由で返戻されても、必ずしも再度郵送に付することを要しないが、その場合は、「返送告知書つづり」等をあらかじめ調製しておき、返戻された告知書をこれに編綴することとなる（依命通知第2の5）。
　　届書等に記載された住所と戸籍の附票に記載されている住所が相違するときは、届書等に記載の住所地にあて告知書を送付することになる（依命通知第2の3）。これは届書等に記載された住所は、届出人自ら公

343

第3章　戸籍の記載　(一般)

に表示したものであり、住民基本台帳法に基づく手続未了の現実の住所が記載されていることが推認されるからである。

　郵送により告知する場合、告知の相手方が複数人ある場合、例えば、氏について筆頭者、名について他の同籍者のそれぞれについて告知を要する場合であって、住所が同一のときは、告知内容が各人ごとに明らかにされれば、1通の告知書に連名で相手方を記載して差し支えないと考えられる。

(使者による届出等の場合)

　使者により届出等がされ、その届出等の届出人の氏又は名に関し告知を要する場合は、使者に告知すべき内容を記載した告知書を交付すればよいこととされている。つまり、届出人が届書等の提出について委任を受けた使者に告知すれば、その旨届出人に伝達されることが期待できると考えられるからである。この場合、告知内容が本人に正確に伝えられることを担保する必要があるから、口頭告知ではなく、告知書を交付すべきこととされた。なお、使者が本人に伝達できない旨申し出たような場合は、この方法によることはできない。

エ　告知した旨の記録

(告知の記録方法等)

　告知の記録は、告知した日、方法及び内容等を適宜の方法ですることとされている。「告知をした日」は、告知書によった場合は、告知書を発送又は手交した日、口頭の場合は、告知の相手方に告げた日を、「方法」、書面(郵送又は手交)又は口頭の別を、また、「内容」は、告知の相手方(使者の場合はその旨)及び記載する(した)正字を記載する。この記録は、適宜の方法で記載するとされているが、依命通知では、告知した旨の記録は届書等の欄外に、また、再製の場合は、調査完了通知書の余白に記載して行うものとされている。また、書面によって告知した場合は、告知書の写しを届書等に添付してこれに代えることができるとされている(依命通知第2の4)。

　例外として告知を要しない場合には(前記(3))、届書等の欄外に適宜の方法でその旨を記載する。したがって、届書の届出人署名欄に正字で

344

自分の氏又は名を記載した届出がされた場合、又は新たに戸籍の筆頭者氏名欄又は名欄に記載することとなる届出と同時に、その者の氏又は名の誤字の訂正の申出があった場合は、届書の欄外に「告知不要」と記載することで差し支えないものと考えられる。

(告知の記録をする市区町村長)

　告知は、記載市区町村長又は届出等を受理した市区町村長がすべきものであるが、この告知の記録は、記載市区町村長がするものとされた。実際には、届書等を受理した市区町村長が告知したものについては、その告知の内容を記載市区町村長に通知することになっているから、記載市区町村長はこの通知を直ちに記録として使用することができる。したがって、記載市区町村長は自ら告知したもの以外については、改めて記録することは要しない。

第2　戸籍の氏又は名の文字の記載訂正

> 第2　戸籍の氏又は名の文字の記載の訂正
> 　戸籍の氏又は名の文字が俗字等又は誤字で記載されている場合において、その文字をこれに対応する正字等に訂正する申出があったときは、市区町村長限りで訂正して差し支えない。ただし、対応する正字等を特定する上で疑義がある場合には、管轄局の長の指示を求めるものとする。

(平成16・9・27民一2665号通達により、第2の柱書部分が上記のとおり改正された。)

　戸籍に氏又は名の文字が俗字等又は誤字で記載されている場合に、その文字を訂正する申出、すなわち俗字等又は誤字をこれに対応する正字等に訂正する旨の申出があったときは、市区町村長は、管轄法務局の長の個別の許可を得るまでもなく、市区町村長限りで職権で訂正して差し支えないこととされた。

なお、従前の戸籍に氏又は名の文字が俗字等（前記第1の1(1)）で記載されている者が、正字に訂正する旨の申出をした場合には、後記4による訂正事由を記載することとなる。また、新戸籍編製の事由となる届出と同時に正字に訂正する旨の申出をした場合の訂正の方法は、後記第3の4に準じて取り扱うことになる。

1　申出人
(1)　筆頭者氏名欄の氏の文字を訂正する場合
　当該戸籍の筆頭者及び配偶者からの申出により訂正することになる。この戸籍の筆頭者が配偶者を有しない場合、又は配偶者が死亡、離婚等により除籍されている場合には、筆頭者のみが申出人となる。また、筆頭者が死亡により除籍され、配偶者のみが在籍している場合は、生存配偶者が単独で申出をすることになる。
　なお、筆頭者が15歳未満の場合（例えば、その者が養子となった後、離縁により新戸籍を編製し、筆頭者となっている場合）には、その者の法定代理人が訂正の申出をしなければならない。
　戸籍の筆頭者及び配偶者が在籍する場合に、その一方が所在不明又はその他の事由（意思表示ができない常況にあるなど）により申出をすることができないときは、他の一方から訂正申出をすることができるとされている。この取扱いは、従前の取扱いと同様であるが、これを認めないと、いつまでも誤字等の解消ができないこと、また、この訂正は、前記（第1の2(1)ア）のとおり、文字の表記の訂正であり、氏の実質が変わるものではないことから、一方のみからの申出もできることとされたものである。この場合には、申出書にその事由を記載しなければならないが、その記載方法は、「配偶者○○○は、年　月　日から所在不明につき、申出ができない。」等と記載すればよい。
　また、戸籍の筆頭者及び配偶者が除籍されているときは、その戸籍に在籍している者（15歳未満のときは、その法定代理人）が共同で申出することができる。その一部の者が所在不明等の事由で申出ができないときは、前記の配偶者の一方がすることができない場合と趣旨は同じであり、申出書にその申

出ができない者及び申出ができない事由を記載した上、他の者全員から訂正申出をして差し支えないと考えられる。
(2) 名欄の名の文字の記載を訂正する場合
　名欄に記載された本人が申出をしなければならない。なお、その者が15歳未満のときは、その法定代理人が訂正の申出をしなければならない。
(3) 筆頭者氏名欄及び名欄以外の欄の氏又は名の文字を訂正する場合
　身分事項欄及び父母欄の氏又は名の文字の記載を訂正する申出は、その戸籍の名欄に記載されている者がしなければならないとされている。その者が15歳未満のときは、その法定代理人が訂正の申出をしなければならない。
　例えば、認知者の氏又は名が俗字等又は誤字で記載されている場合は、その名欄に記載されている者、すなわち被認知者が訂正の申出をすることとなる。また、この場合には、その者の身分事項欄中、認知者の氏又は名及び父母欄中の父の氏又は名の文字が訂正される。

2　申出の方法
(1) 申出の時期
　訂正の申出は、いつでもすることができる。この訂正申出は、現に俗字等又は誤字で記載されているものを正しい文字に訂正するものであることから、その時期について制限はない。
　申出は、通常、書面すなわち申出書（戸籍実務研究会編「全訂　戸籍訂正・追完の手引き」305頁）を提出して行う。また、戸籍記載の基本となる届出と同時に申出をする場合は、申出書の提出に代えて、届書の「その他」欄に、その旨を記載してすることもできる。例えば、認知届と同時に届出人である認知者の名の文字を訂正する申出をする場合や、養親について、未成年者を養子とする縁組届と同時に氏の文字を訂正する場合などである。
　また、子の出生届を父又は母がする場合に、届出人である父又は母の名の文字を訂正する申出を同時にすることもできるとされており、この場合は、子の父母欄には当初から正字で記載され、父又は母の名欄はこの申出により訂正されることになる。

(2) 訂正の申出をする対象戸籍

　戸籍に俗字等又は誤字で記載されている氏又は名の文字を訂正する申出は、一つの戸籍ごとにしなければならないとされた。申出により誤字等を訂正する場合の従前の取扱いは、原則として、訂正の申出をした者、その配偶者、子等らの現在戸籍のほかに従前の戸籍又は除籍等関連するものについても行うものとされていた。これは、そもそも戸籍を誤って記載された氏又は名の文字は、当初から改めるべきものであり、過去にさかのぼってすべて訂正しないと現在の氏又は名との関連がつかなくなるとされていたからである。

　しかし、本通達においては、前記平成2年1月16日の民事行政審議会答申中の見解を受けて、俗字等又は誤字の訂正は、氏又は名の実質的な訂正には当たらず、むしろ「文字の表記の訂正」にすぎないものと捉えることとした。そうすると、俗字等又は誤字を訂正する場合は、その戸籍に限って文字の表記の訂正をすれば足り、関連戸籍の訂正は要しないこととなる。したがって、俗字等又は誤字により記載されている氏又は名の文字の訂正申出は、訂正を必要とする戸籍ごとに、申出を要するとされたものである。

　また、氏又は名の訂正申出は、現在戸籍だけでなく、除籍についてもすることができ、一つの戸籍ごとに、当該戸籍のある市区町村長あて申出書を提出することになる。なお、申出の対象となる戸籍等が同一の市区町村にある場合は、同一の申出書に該当戸籍を連記しても差し支えないこととされた。

(3) 訂正申出書の受付及び保存

　訂正申出書は、戸籍法施行規則第23条第2項に定める種目により受付の手続をすることとされている。同項は「届出の追完及び戸籍の訂正については、……一の種目と定めなければならない。」としており、受附帳には、通常の例により「訂正（市区町村長職権）」と記載すればよい。また、戸籍の記載の基本となる届出の届書の「その他」欄に訂正申出の旨が記載されている場合は、その届出に関する受附帳の備考欄に訂正申出の旨を記載する。

　戸籍の記載を訂正した後は、その訂正申出書を一般の届書類に準じ、管轄局に送付し、送付を受けた庁において保存することになる（戸規48条・49条）。

3 訂正の及ぶ範囲

(1) 筆頭者氏名欄の氏の文字を訂正する場合

ア 同一戸籍内の「筆頭者の氏の文字」をすべて訂正する。例えば、夫婦と子が在籍する戸籍において、筆頭者氏名欄の氏の文字の記載の訂正の申出があったときは、まず、筆頭者氏名欄の俗字等又は誤字である「甲」の氏の文字を正字に訂正するほか、配偶者の身分事項欄の婚姻事項中、その者の配偶者の「甲」の氏の文字、子の父母欄の「甲」の氏の文字等、筆頭者の氏の文字の記載のすべてをそれぞれ訂正する。

　また、婚姻等により除籍されている子の父母欄中の父母の氏、離婚により除籍となった配偶者の婚姻事項中のその者の配偶者の氏などの訂正の問題があるが、この俗字等又は誤字の訂正は、同一戸籍内のすべての範囲に及ぼすものとしている趣旨から、同一戸籍内の既に除籍となっている者の各欄についても訂正を要するものと解されている。

イ 筆頭者の氏の文字のほか、新たに「筆頭者と同一呼称の氏」の文字についても訂正することができるとされている。例えば、典型的なものは、筆頭者氏名欄の氏の文字を訂正した場合のその筆頭者の父母欄及び身分事項欄の入籍事項中、従前戸籍の筆頭者の氏も、自分の氏の文字を訂正すると同時に、訂正することができる。これは、人の氏名は、戸籍の筆頭者氏名欄及び名欄の記載によって公証されており、その他の欄に記載する人の氏名は、その同一性が確保できれば足りるし、また、同一戸籍内において一貫性が保てるからである。

(2) 名欄の名の文字を訂正する場合

　子の名の文字の記載を訂正するときは、通常、その者の名欄の名の文字を訂正すれば足りる。

　筆頭者又はその配偶者の名を訂正するときは、同一戸籍内のその者の名の文字をすべて訂正する。例えば、配偶者の身分事項欄の婚姻事項中、その者の配偶者の名、同籍する子の父母欄中、その者の名などがあり、また、同一戸籍内の既に除籍されている者についても、前記アと同様に訂正を要するものと解される。

4 訂正事由の記載
(1) 筆頭者氏名欄の氏の文字を訂正する場合の訂正事由の記載
　ア　筆頭者氏名欄の氏の文字の記載を訂正する場合には、戸籍事項欄に参考記載例216により訂正事由を記載する。
　イ　また、筆頭者氏名欄の氏の文字の記載を訂正する場合には、同一戸籍内の他の欄（例えば、配偶者の身分事項欄、同籍の子の父母欄）においてその者の氏又はその者と同一呼称の氏の文字についても訂正することになる。その訂正については、当該文字の中央に朱線一本を引き、訂正後の正字をその右側に記載するのみで、個別の訂正事由の記載を要しないこととされている。つまり、筆頭者の氏の文字の訂正は、戸籍事項欄に記載された訂正事由により、訂正すべき文字は明らかであるから、改めて個別に訂正事由を記載する必要はないとされたものである。

(2) 名欄の名の文字を訂正する場合の訂正事由の記載
　名欄の名の文字を訂正する場合は、その者の身分事項欄に参考記載例218に準じ、訂正事由を記載する。また、名欄の名の文字を訂正する場合は、同一戸籍内の他の欄において、その者の名の文字を訂正することとなるが、その訂正については、その文字の中央に朱線一本を引き、訂正後の正字をその右側に記載するのみで、個別の訂正事由の記載を要しないことは、前記(1)イの筆頭者氏名欄の氏の文字を訂正する場合と同様である。

(3) 筆頭者の名の文字を訂正する場合
　筆頭者の名の文字を訂正した場合、同時に筆頭者氏名欄の記載についても訂正しなければならない。この場合は、訂正する文字の中央に朱線一本を引き、訂正後の正字をその右側に記載するのみで、戸籍事項欄にその訂正事由を記載することを要しない。つまり、身分事項欄に訂正事由が記載され（前記(2)）、重ねてその事由を記載する必要はないからである。

(4) 筆頭者氏名欄及び名欄以外の欄の氏又は名の文字を訂正する場合
　ア　訂正事由の記載
　　例えば、身分事項欄又は父母欄の氏又は名の文字の記載を訂正する場合は、その戸籍に記載されている者の身分事項欄に参考記載例217により当該訂正事由を記載することになる。

45　平成2年10月20日民二第5200号通達

イ　戸籍の記載例

　申出により職権で、ある事項を訂正する場合には、従前は「申出により年月日氏の記載訂正㊞」の例により記載されていたが、平成2年10月20日民二第5201号通達〔46〕により、誤字・俗字の文字の記載訂正の場合には、「申出により」の表現は用いないこととされた。すなわち、現在戸籍において、誤字・俗字の記載を訂正する場合は、訂正の申出をした場合と後記6の取扱いによる届書の届出人署名欄に正字で氏又は名の文字を記載して届け出た場合とがある。これらは、いずれもその申出又は届出を契機として戸籍法第24条第2項の職権を発動し、戸籍の記載を訂正するものであって、その本質を同じくするものである。したがって、記載例も同一にすべきであるところ、後者については、申出があったと同様に取り扱うこととしている。しかし、「申出により……」とは記載できないことから、「文字訂正」という新たな表現を用いることにより、前記申出又は届出を契機として誤字又は俗字の記載を訂正したことを明白にした。これにより「申出により……」の表現を用いない記載例とされたものである。また、訂正の申出を法定代理人がした場合、従前は「親権者父母の申出により……」と記載されていたが、前記により「申出により……」の記載をしなくなったこと、誤字・俗字の記載の訂正は、表記の訂正にすぎず、氏又は名の実質が変わるものではないので、必ずしも法定代理人による申出の旨を明らかにしなくても、問題は生じないものと考えられることから、この記載例も消除された。

① 筆頭者氏名欄の氏の文字訂正の場合

　筆頭者氏名欄の氏の文字を訂正する場合は、参考記載例216により記載する。例えば「野﨑」を「野崎」に訂正する場合は、訂正すべき戸籍の戸籍事項欄に、「平成拾八年拾月壱日「崎」に文字訂正㊞」と「　」内には訂正後の正字のみを記載する。消除する文字は、訂正に係る当該文字、すなわち「﨑」のみとし、氏全体に朱線を引くことなく表記の訂正をした当該文字「﨑」のみが訂正の対象となる。

② 名欄の名の文字訂正の場合

　名欄の名の文字を訂正する場合は、参考記載例218に準じて記載す

る。例えば、「靜」を「静」に訂正する場合は、訂正すべき者の身分事項欄に、「平成六年拾月壱日「静」に文字訂正㊞」と記載する。
③　筆頭者氏名欄及び名欄以外の欄の氏又は名の文字訂正の場合
　この場合は、参考記載例217により、例えば、「初」を「初」に訂正する場合は、申出をした者の戸籍の身分事項欄に「平成六年拾月四日「初」に文字訂正㊞」と記載する。また、訂正の対象は、父母欄の父母の氏名、身分事項欄の認知事項中、認知者の氏名等が俗字等又は誤字で記載されている氏又は名であるが、訂正事項中には、「父母欄中父の名」とか「認知事項中認知者の氏」等の事項は記載しないこととされている。これは、「「何」に文字訂正」と記載されていれば、文字の対応関係は明らかであり、一見して訂正の内容が判明するため、訂正個所の特定は要しないとされたものである。

5　訂正事由の移記

　氏又は名の文字を訂正した後に、転籍、新戸籍編製、又は他の戸籍に入籍する者については、その訂正事由の移記を要しない。
　戸籍法第107条及び第107条の2の規定により氏又は名を変更した者が、転籍し、新戸籍を編製し、又は他の戸籍に入籍する場合は、氏又は名の変更事項を移記することとされている（戸規34条・37条・39条）。ところで、氏又は名が俗字等又は誤字で記載されている場合に、関係人が申出をしたときはその文字を訂正した上、訂正事由を記載することになる。しかし、その俗字等又は誤字の訂正は、「表記の訂正」にすぎず、氏又は名の実質を変えるものではなく、「氏又は名の変更に関する事項」の概念には当たらない。したがって、氏又は名の文字を訂正した後に、転籍、新戸籍編製、又は他の戸籍への入籍により従前の戸籍の記載事項を移記する場合も、氏又は名の文字の訂正事項については移記を要しないことは当然であるが、念のため注意的に規定したものとされている。むしろ、当然であるが、この項は後記第3の4（文字の記載の更正）で準用されていることから、訂正と更正の平仄を合わせてここに規定されたものである。

6 届書に正字で記載した場合の取扱い

(1) 届書の届出人署名欄に氏を正字で記載して届け出た場合

戸籍の筆頭者氏名欄に氏の文字が俗字等又は誤字で記載されている場合において、本通達第2の1に規定する申出人が届書の届出人欄に正字で氏を記載して届け出たときは、氏の記載の訂正申出があった場合と同様に取り扱い、その氏の記載を訂正することができるとされた。

このように届出に際して、届出人が自分の氏を正字で記載して署名している場合は、前記第1の2(3)のように、現に戸籍に記載されている俗字等又は誤字について訂正を拒んでいる趣旨には解されず、むしろ正字により記載されていることを前提としているものと考えられる。そこで、当該届出と同時に氏の文字の訂正申出があったと同様に取り扱っても問題は生じないと考えられたものである。

この場合は、戸籍事項欄に参考記載例216により「平成拾八年拾月壱日「崎」に文字訂正㊞」の例により記載することになる。なお、この取扱いは、氏の文字の訂正申出があったものと擬制するものであるから、届書には文字の記載を訂正することについて何の明示もされていない。そこで、氏の文字訂正の申出があった場合と同様の取扱いをする旨を、届書の欄外に、例えば、「正字による届出につき氏の文字訂正」と明示しておくことが望ましいとされている。

(2) 届書の届出人署名欄に名を正字で記載して届け出た場合

名欄の名の文字が俗字等又は誤字で記載されている者が、届出人署名欄に正字で名を記載して届け出た場合も、前記(1)と同様にその名の文字を訂正することができる。

この場合は、その者の身分事項欄に参考記載例218により「平成六年拾月壱日「静」に文字訂正㊞」の例により記載するとともに、名の文字の記載の訂正申出があった場合と同様の取扱いをする旨を明示するため、届書の欄外に、例えば「正字による届出につき名の文字訂正」と記載しておくことが望ましい。

第3章　戸籍の記載　（一般）

第3　戸籍の氏又は名の文字の記載の更正

> 第3　戸籍の氏又は名の文字の記載の更正
> 　戸籍の筆頭者氏名欄又は名欄の氏又は名の文字については、次の場合に更正することができ、更正の申出があった場合は、市区町村長限りで更正して差し支えない。
> 1　更正のできる場合
> 　(1)　通用字体と異なる字体によって記載されている漢字を通用字体の漢字にする場合
> 　(2)　規則別表第2の1の字体と異なる字体によって記載されている漢字を規則別表第2の1の字体の漢字にする場合（対応する字体を特定する上で疑義がある場合には、管轄局の長の指示を求めるものとする。）
> 　(3)　変体仮名によって記載されている名又は名の傍訓の文字を平仮名の文字にする場合
> 　(4)　片仮名又は平仮名の旧仮名遣いによって記載されている名又は名の傍訓の文字を現代仮名遣いによる文字にする場合

（平成16・9・27民一2665号通知により、第3の1が上記のとおり改正された。）

（文字の記載更正の申出）
　戸籍の筆頭者氏名欄又は名欄の氏又は名の文字については、従前の取扱いと同様に、通用字体[注1]と異なる字体によって記載されている漢字にする等一定の場合（後記(1)ないし(4)参照）に更正することができるものとされた。その更正の申出があった場合は、市区町村長限りで当該漢字を対応する字体に更正[注2]して差し支えないとされている。

（文字の記載更正の性格）
　氏又は名の文字の記載の更正は、昭和34年6月4日民事甲第1127号通達によってはじめて認められたが、これは当時における当用漢字表の制度及び名に用いる文字は常用平易な文字であるべきであるとする戸籍法第50条の

45 平成2年10月20日民二第5200号通達

規定の趣旨を既存の氏又は名の字体についても活かしていこうとする趣旨によるものとされている。

　従前は、氏又は名について旧字体から通用字体に更正する手続は、戸籍に記載された氏又は名の文字を「変更」する手続と把え、戸籍法第107条、第107条の2に規定する氏又は名の変更手続に含まれるべきものであるが、その実質は、字体の変更にすぎないので、戸籍法第107条等に定める要件を緩和した簡易な手続を便宜的に認めたものと解されていた。すなわち、氏又は名の更正は、家庭裁判所の許可を要しないで、また、届出によることもなく、事件本人の申出により、市区町村長が職権で行うものとされていた。

　ところが、平成2年1月16日の民事行政審議会の答申において、俗字等又は誤字の訂正は、氏又は名の実質的な訂正には当たらず、表記の訂正にすぎないものと解していることから、更正においても、氏又は名の実質が変更されるものではなく、同一字種の間における表記方法が変更されるにすぎないものと解することができる。同答申の第3において、「筆頭者の氏若しくは名又は配偶者の名を通用字体に更正した場合において、その者の氏名を同一戸籍内に記載するとき（相手方の婚姻事項における当人の記載、子の父母欄における当人の記載が主なもの）に限り、通用字体によることも差し支えない」とされ、俗字等又は誤字の訂正、すなわち表記の訂正と平仄を合わせている。

　〔注1〕　漢字は、一方で印刷に用いるとともに、また、他方では筆写に用いてきた。その場合、我が国で印刷で用いた字体が康熙字典体であり、筆写の習慣よりも字源に忠実な字体として整えられていた。そのため、実際の筆写に用いる字体とは異なるものもみられた。これに対して筆写の場合には書きやすいように整えられてきたから、印刷自体との間に「半・半」のような違いがみられた。また、筆写に当たっては簡略な字体が好まれたから、印刷字体との間に「豊・豊」のような違いもみられ、実際には筆写の立場で、「半・豊」のような字体が広く用いられたから、「半・豐」よりも「半・豊」の方が通用の字体となった。現在の通用字体という場合は、「常用漢字表」に掲げられた字体並びにこれに準じた字体（戸規別表第二の漢字表の字体）ということになる（武部良明「常用漢字表を理解するために（二）」戸籍440号3頁参照）。

355

〔注2〕「更正」とは、戸籍の記載がその記載当時においては正しいものであったが、その後に発生した原因により戸籍の記載が事実に反することになったため、それを正しくするものであるとされ、氏又は名の文字の更正も同様に解されていた（島野穹子「氏又は名に用いる文字の取扱いに関する通達等の整理に関する通達について」戸籍442号45頁）。

1 更正のできる場合

(1) 通用字体と異なる字体によって記載されている漢字は、通用字体の漢字に更正することができる。

(2) 戸籍法施行規則別表第2の1の字体と異なる字体によって記載されている漢字は、別表第2の1の字体の漢字に更正することができる。なお、この場合に、対応する字体を特定する上で疑義があるときは、管轄法務局の長の指示を求めるものとされている。

(3) 変体仮名によって記載されている名又は名の傍訓の文字は、従前と同じように、これを平仮名の文字に更正することができる。

(4) 片仮名又は平仮名の旧仮名遣いによって記載されている名又は名の傍訓の文字は、従前と同じように、現代仮名遣いによる文字に更正することができる。例えば、「カナヘ」を「カナエ」に、「けふ子」を「きょう子」に更正するような場合である。

2 申出人等

(1) 申出人

前記第2の1(1)及び(2)の筆頭者氏名欄の氏及び名欄の文字の記載を訂正する場合と同じである。なお、筆頭者氏名欄及び名欄以外の欄の氏又は名の文字の訂正は、当該戸籍の名欄に記載されている者がしなければならないとされているが、当該者の身分事項欄、父母欄に記載されている氏又は名を自ら更正することはできないので、本通達第2の1(3)の規定は「更正」の場合に準用されない。

(2) 申出の方法等

申出の時期及び方法並びに更正申出書の取扱いは、前記第2の2の「訂正」の場合と同じである。

(3) 更正事由の記載

更正事由の記載方法は、前記2の4の「訂正」の場合と同じである。なお、本通達第2の4(4)については、「更正」の場合に準用されないことは、前記(1)と同様である。

(4) 更正事由の移記

更正事由の移記の取扱いは、「訂正」の場合と同じである。すなわち、氏又は名の文字を更正した後に、転籍し、新戸籍を編製し、又は他の戸籍に入籍する者については従前どおり、その更正事由の移記を要しない。この氏又は名の文字の更正は、同じ字種間における表記方法が変更されるにすぎないものと解することとなったため、その更正事由の移記は、当然に要しないものとされた。

(5) 戸籍の記載例

氏又は名の文字を更正する申出があった場合における更正事由の戸籍記載例は、氏の場合については、参考記載例216に準じ、戸籍事項欄に「平成拾八年拾月壱日「辺」に文字更正㊞」の例により記載し、名の場合については、同218により「平成六年拾月壱日「静」に文字更正㊞」と記載する。

3 更正の及ぶ範囲

(1) 筆頭者氏名欄の氏の文字を更正する場合

この場合は、同一戸籍内のその筆頭者の氏の文字をすべて更正するものとされている。例えば、夫婦と子を構成員とする戸籍が編製されている場合において、筆頭者氏名欄の氏の文字を更正する申出があったときは、まず、筆頭者氏名欄の氏の文字を通用字体等の文字に更正するほか、配偶者の身分事項欄の婚姻事項中、その者の配偶者の氏の文字、子の父母欄中氏の文字等同一戸籍内の筆頭者の氏の文字すべてをそれぞれ更正することとなる。

ところで、上記の事例における従前の取扱いでは、配偶者の身分事項欄の婚姻事項中、その者の配偶者の氏の文字は更正しないものとされていた。つまり、この更正は、戸籍の記載がその記載当時においては正しいものであったが、その後に生じた原因により将来に向け是正するものであると解されていたため、配偶者の婚姻事項中の氏の文字は正しい記載であり、更正する必

要はないものとされていたことによる。しかし、本通達においては、氏又は名の文字の更正は、同一字種間における表記方法の変更と解され、更正しても氏又は名の実質は変わることがなく、むしろ、同一戸籍内の記載に一貫性をもたせることができるので、配偶者の婚姻事項中の氏の文字についても更正することとされた。

また、筆頭者氏名欄の氏の文字を更正する場合において、既にその戸籍から除籍されている者があるときも、現在戸籍の同一戸籍内の筆頭者の氏の文字のすべてを更正することとされており、同一戸籍内の記載に一貫性をもたせる趣旨から除籍された者についても更正することとなる。

(2) 筆頭者と同一呼称の氏の文字

更正の内容が著しい差異のない字体（平成2・10・20民二5202号依命通知〔47〕）への更正である場合には、筆頭者と同一呼称の氏の文字についても更正できる取扱いである。例えば、筆頭者の氏が「羽田」であり、これを「羽田」に氏の文字の記載に更正した場合に、その筆頭者の父母欄及び身分事項欄中の入籍事項について、従前戸籍の筆頭者の氏の文字をいずれも「羽田」に更正する場合である。

氏の文字の更正は、本来正しい通用字体等に変更するものであるから、自分の氏について自らの意思により申出をすべきものであって、父母の氏まで更正することは許されない。しかし、人の氏名については、戸籍の筆頭者氏名欄及び名欄によって公証されており、そのほかの欄に記載する人の氏名については、その同一性を確保できれば十分であることから、筆頭者の氏の文字を更正した場合、これが著しく異なった字体でない限り、その者の父母欄についても更正するのが相当とされた。

(3) 名欄の名の文字を更正する場合

この場合、子の名の文字を更正する場合であれば、通常、その名欄の名の文字を更正すれば足りるが、筆頭者又はその配偶者の名を更正したときは、同一戸籍内のその者の名の文字をすべて更正することとなる。例えば、同籍する子の父母欄中その者の名及び配偶者の身分事項欄中のその者の名についても更正することになる。また、同一戸籍内の既に除籍されている者についても同様に更正すべきものと解される。

45 平成2年10月20日民二第5200号通達

(4) 父母欄の更正申出
　ア　同一戸籍内の場合
　　　父母の氏又は名の文字が更正された場合において、その者に子があるときにおける従前の取扱いは、子が父母と同籍するか否かにかかわらず、すべての子につきその者の父母欄を更正することとされていた。
　　　本通達においても、父母の氏又は名が更正された場合、その者の氏又は名の文字は同一戸籍内に限りすべて更正されることとされた。したがって、同籍する子の父母欄は同時に更正されることとなる。
　イ　父母と戸籍を異にする子の場合
　　　しかし、父母と戸籍を異にする子の父母欄については、更正の及ぶ範囲外となり更正されないこととなった。つまり、氏又は名の文字を更正しても、氏又は名の表記方法が変わっただけで、その実質は変わらないから、あえて他籍の子の父母欄にまで更正の及ぶ範囲を広げる必要はないとされたものである。
　　　そこで、父母と戸籍を異にする子は、父母欄の更正の申出をすることができることとされた。なお、この更正の申出は、父母からすることはできない。また、父母と戸籍を異にする子が、父母欄の更正の申出をする場合には、父母の氏又は名の文字が既に更正されていることが前提となるので、これを確認するために父母の氏又は名の文字が更正された後の戸籍謄（抄）本を申出書に添付しなければならない。なお、父母と戸籍を異にしても、本籍地が同一市区町村である場合は、戸籍簿によって確認ができるので、謄（抄）本の添付は要しない。
　　　父母と戸籍を異にする子から父母欄の更正の申出があった場合の戸籍の記載は、申出をした者の身分事項欄に、例えば、「平成六年拾月壱日「静」に文字更正㊞」の例により記載する（参考記載例218参照）。

4　新戸籍編製の事由となる届出と同時に申出があった場合の更正の方法
(1) 原則的取扱い
　　転籍の届出と同時に氏の文字を更正する申出があった場合は、従前の戸籍で氏の文字の記載を更正することとなる。また、婚姻又は養子縁組等の届出

359

により新戸籍を編製し、又は他の戸籍に入籍する場合において、その届出と同時に名の文字を更正する申出があったときも、従前の戸籍で名の文字を更正する。

(2) 新戸籍編製の事由となる届出と同時に氏の更正の申出があった場合

　筆頭者又は配偶者以外の者が自己の氏を称する婚姻等の届出をし、その者を筆頭者とする新戸籍を編製する場合において、その届出と同時に氏の更正の申出があったときは、従前の戸籍の筆頭に記載された者でないため、その戸籍において氏の文字を更正する処理をすることはできない。一方、新戸籍には、戸籍の公示機能を損なわない範囲で、更正事項の記載のない明瞭な現在戸籍を編製することが望ましい。そこで、この場合は、従前からの取扱いと同じように、新戸籍は更正後の氏で編製し、その戸籍事項欄に更正事由を記載する取扱いで差し支えないものとされた。

第4　変体仮名によって記載されている名の取扱い

　平成2年1月16日民事行政審議会の答申において、「変体仮名による名を戸籍の筆頭者氏名欄及び名欄以外の欄（具体的には、父母欄等）に記載する場合は、従前の戸籍の検索等に支障を来さない限り、平仮名を用いることも差し支えないものとする」とされた。

　人の氏名については、戸籍の筆頭者氏名欄及び名欄の記載によって公証されておりそのほかの欄に記載する人の氏名は、その同一性さえ確保できればよいと考えられるが、変体仮名も仮名の一つであって、表音文字であり、同種の文字と解することができる。したがって、対応関係を誤らない限り、変体仮名を平仮名で記載しても、名の同一性は確保できると考えられたものである。

　そこで、本通達において、変体仮名によって記載されている名を戸籍の筆頭者氏名欄及び名欄以外の欄に記載するときは、従前の戸籍の検索等に支障を来さない限り、平仮名を用いて差し支えないものとされた。

　なお、名が変体仮名で記載されている者が戸籍の筆頭者である場合において、その戸籍に在籍する子が婚姻等により新戸籍を編製したり、他の戸籍

45 平成2年10月20日民二第5200号通達

入籍する場合に、身分事項欄に従前の戸籍の筆頭者を記載するときは、これを平仮名によって記載すると、従前の戸籍の検索に支障を生ずるおそれが考えられるので、この場合は、変体仮名により記載することになると考えられる。この取扱いは、変体仮名によって記載されている名の文字の訂正又は更正を意味するものではなく、その文字の戸籍の筆頭者氏名欄及び名欄に新たに記載する際の便宜的な文字の記載方法が示されたものである。

第3章　戸籍の記載　(一般)

46　氏又は名の記載に用いる文字の取扱いに関する整理通達〔45〕に伴う参考記載例の一部改正

平成2年10月20日民二第5201号通達

先例の趣旨　平成2年10月20日民二第5200号により「氏又は名の記載に用いる文字の取扱いに関する通達の整理について」の通達〔45〕が発出されたことに伴い、平成3年1月1日から、平成2年3月1日民二第600号通達をもって示された戸籍記載例(いわゆる参考記載例)の一部が改められた。

参考　訓令通牒録：⑨綴　11305頁、⑩綴　12915頁
関連先例通し番号：45、47、50、51

〈解　説〉

1　氏又は名の文字の記載訂正申出があった場合等の記載例の追加

　申出により職権で、ある事項を訂正する場合において、従前は「申出により年月日氏の記載訂正㊞」の例により記載されていたが、俗字等又は誤字で記載されている氏又は名の文字の記載を訂正する場合は、「申出により」の表現は用いないこととされ、新たに(参考)記載例216(氏の文字の記載訂正の申出があった場合の記載例)が加えられた。これは、現在戸籍において、俗字等又は誤字の記載を訂正する場合には、同日付け民二第5200号整理通達〔45〕第2の1ないし5による申出による場合と、同6の取扱いよる届書の届出人署名欄に正字で氏又は名の文字を記載して届け出た場合とがあるが、これらは、いずれもその申出又は届出を契機として戸籍法第24条第2項の職権を発動し、戸籍の記載を訂正するものであり、その本質を同じくするものである。したがって、記載例も同一にすべきであるところ、後者について

は、申出があったと同様に取り扱うこととしているが、「申出により……」とは記載できないことから、「文字訂正」という新たな表現を用いることにより、前記申出又は届出を契機として俗字等又は誤字の記載を訂正したことが明白となることから「申出により……」の表現を用いない記載例とされたものである。

　なお、前記のほか、(参考) 記載例 217 (筆頭者氏名欄及び名欄以外の欄の氏又は名の文字の記載訂正の申出があった場合の記載例) 及び 218 (名の字体を通用字体に改める申出があった場合の記載例) が加えられた。

2　削除された記載例

　訂正の申出を法定代理人がした場合、従前は「親権者父母の申出により……」の例により記載されていたが、1 により「申出により……」の記載をしなくなったこと、俗字等又は誤字の記載の訂正は、表記の訂正にすぎず、氏又は名の実質が変わるものでもないので、必ずしも法定代理人による申出の旨を明らかにしなくても、問題は生じないものと考えられることから、(参考) 記載例 181 (名の誤字訂正の申出が親権者父母からあった場合の記載例) が削除されたほか、182 (氏又は名の字体を常用漢字表の通用字体に改める申出があった場合の氏の更正の記載例) 及び 183 (氏又は名の字体を常用漢字表の通用字体に改める申出があった場合の名の更正の記載例) の記載例が削除された。

第3章　戸籍の記載　（一般）

47　氏又は名の記載に用いる文字の取扱いに関する整理通達〔45〕の運用（俗字の取扱い等）

平成2年10月20日民二第5202号依命通知

先例の趣旨

　氏又は名の記載に用いる文字の取扱いに関する通達等の整理について（平成2・10・20民二5200号通達〔45〕、以下「整理通達」という。）が発出されたことに伴い、本通知は、前記の整理通達の適用日前に受理された届出等が適用日以後に送付された場合における処理についての経過措置、告知手続及び差異のない字体について、その具体的運用を示したものである。

　なお、本依命通知は、その後、平成6年11月16日民二第7006号依命通知〔50〕により「第1　通達の運用について」の項が改正され、変更後の通達による取扱いは、平成6年12月1日以後に受理した届出等に基づき戸籍に記載する場合に適用し、再製については、同日以降に再製が完了する場合に適用するものとされた。また、平成16年9月27日民一第2666号依命通知により、さらにその一部が改正された。

参考

訓令通牒録：⑨綴　11307頁、⑩綴　12917頁
関連先例通し番号：45、46、50、51

47 平成2年10月20日民二第5202号依命通知

〈解　説〉

第1　正字・俗字の取扱いについて

> 第1　正字・俗字の取扱いについて
> 　1　通達第1の2(1)の誤字を正字で記載する場合の正字には、漢和辞典に同字、古字又は本字として登載されている文字を含むものとする。
> 　2　漢和辞典に俗字として登載されている文字及び通達第1の1(2)の文字の例は、別表で示すとおりである。
> 　3　2の別表に記載されていない文字（通達別表に記載されている文字並びに漢和辞典に同字、古字及び本字として登載されている文字を除く。）については、これにより対応する字種及び字体による正字で記載して差し支えない。
> 　4　3の取扱いにより正字で記載した後、当該文字が漢和辞典に俗字として登載されている文字又は通達第1の1(2)の文字であることが本人の申出により明らかになったときは、通達第3の文字の記載の更正の申出があった場合の処理に準じて更正して差し支えない。

　本通知「第1　通達の運用について」の項については、平成6年11月16日民二第7006号通知〔50〕により「第1　俗字等の取扱いについて」の項として、その内容が変更され、さらに平成16年9月27日民一第2666号依命通知により上記のとおり改められた（整理通達〔45〕の〈解説〉第1の1及び2参照）。

第2　告知手続について

1　告知書の様式

　整理通達第1の2(3)により、戸籍の記載の事前又は事後に書面で告知する場合の様式は、別紙に準ずるものとされた（依命通知別紙参照）。告知する時

期及びその方法は、市区町村長の任意であるが、画一的に、しかも正確に本人に伝えるためには、あらかじめ作成した書面によってすることが望ましく、また、書面で告知する市区町村が多いと考えられることから、標準的な様式が示された。この告知の趣旨は、本人に対し戸籍の氏又は名の文字を正字で記載したことを知らせるためのものであり、本人の同意ないしは承諾を求めるものではない。したがって、他の法令で規定する告知とは異なり、法的効果を伴うものではないので、様式では、告知書とはしないで、「お知らせ」とされている。

告知書に記載する事項は、告知の日付、告知の相手方及び記載することとなる氏又は名の正字である。しかし、告知は、単なるお知らせにすぎないから、告知書には、市区町村長の職印を押捺することを要しないものと考えられる。なお、戸籍を再製した場合の告知は、告知文の内容を適宜に修正する必要がある。

2　記載市区町村長に対する告知した内容の通知
(1)　通知すべき事項

告知を必要とする届出等を記載市区町村長以外の市区町村長が受理し、告知した場合に、届書等を記載市区町村長に送付する際に、告知した内容を通知するものとされている（整理通達第1の3(1)）。届出等を受理した市区町村長が告知したときは、記載市区町村長が再度告知する必要はないが、戸籍の記載をしたときに、受理地の市区町村長が告知した事項が戸籍の記載と一致するかどうか、告知すべき事項が遺漏していないかどうかを確認する必要があるからである。したがって、記載市区町村長に対する通知は、単に「告知済」というだけの通知では足りないことから、告知した内容、すなわち、①告知した年月日、②告知した相手方、③告知の方法、④記載することとなる正字の4項目とされており、告知書に記載する事項と同じである。通知は、これらの各事項を記載した通知書を作成してするのが原則であろうが、送付する届書の欄外に告知の内容を記載するか、又は書面により告知した場合は、告知書の写しを添付してこれに代えることができるとされている。

47 平成2年10月20日民二第5202号依命通知

(2) 告知書の郵送先

　郵送により告知する場合において、届書等に記載された住所と戸籍の附票に記載されている住所が相違するときは、届書等に記載された住所地に発送することとされている。また、転籍の届出が転籍地にされた場合などのように、戸籍の附票の住所の記載が遅れる場合にも、届書等に記載された住所地にあて発送することになる。なお、告知の相手方の住所が外国にあり、住所の把握に困難が伴うこと（当該居住国の用語で記載することや郵送料の負担など）やこの告知が行政サービスであること等から、告知は要しないものと考えられている。

(3) 告知した旨の記録

　記録の方法は、届出等による場合は届書等の欄外に、また、再製の場合は管轄局から送付された調査完了通知書の余白に記載する。ただし、書面により告知した場合には、告知書の写しを添付して、これに代えることができる。

　記録すべき事項は、①告知した日、②告知の方法、③告知の内容であるから、これを届書等の余白に記載することになるが、これらの事項は、すべての告知に共通するものであるから、あらかじめ印判を作成し、届書等の欄外余白に押して、各事項を記録する方法でもよい（欄外の余白が少ない転籍届や入籍届などでは、白紙を添付して、これに印判を押す方法でも差し支えない。）。書面で告知した場合には、告知書の写しを添付して告知の記載に代えることができる。

　なお、再製の場合は、事前告知はあり得ず、すべて事後に告知書を郵送することになるから、告知書の写しを添付してこれに代えることになる。

(4) 返送された告知書

　告知書が住所不明等により返送された場合には、住所等を調査して再度郵送する必要はない。この告知は一種の行政サービスであると考えられるから、郵送した告知書が本人に到達しないことがあっても戸籍の記載の効力に影響を及ぼすものではない。

　しかし、住所不明等により返送された告知書を適宜処分することは適当でなく、一定期間は保存する必要がある。返送された告知書は、戸籍に関する雑書類つづり（準則制定標準55条1項(23)号）につづられるべき性質のものと

考えられるが、後日索出の便等を考慮し、返送された告知書のみをつづる「返送告知書つづり」を調製することとされた。

第3 著しい差異のない字体について

1 整理通達第3の3でいう著しい差異のない字体への更正

常用漢字表の通用字体に更正する場合と戸籍法施行規則別表第二（以下「規則別表第二」という。）の一に掲げる字体に更正する場合とがある。

(1) 常用漢字表の通用字体に更正する場合

常用漢字表（昭和56年内閣告示第1号）には、1945字の漢字が掲げられているが、そのうち355字について、康熙字典体が括弧書で添えられている。これは、明治以来行われてきた活字とのつながりを示すために添えられたものであるが、著しい差異のないものは、括弧書が省かれている。

常用漢字表で括弧書が添えられていない漢字は、筆写の習慣を取り入れたため、康熙字典体との差異があるものの、その差異は著しいものではなく、新旧のつながり、通用字体（整理通達〔45〕の〈解説〉第3の柱書[注1]参照）と康熙字典体との対応関係を特に示す必要がないものとして、常用漢字表には、通用字体として新しい方の字体が掲げられたものである。

したがって、戸籍に記載された字体が康熙字典体であるが、これに対応する通用字体が常用漢字表で括弧書が添えられていない字体である場合には、著しい差異のない字体ということになる。この著しい差異のない字体は、相当数あるが、その代表的なものとしては、後記2に掲げる字体である。

(2) 規則別表第二の一の字体に更正する場合

> (2) 戸籍法施行規則別表第二（以下「規則別表第二」という。）の一に掲げる字体の漢字へ更正する場合であって、その字体の差異が、(1)において著しく差異のない字体への更正と認められる字体の差異と同一内容である場合（例えば、常用漢字表に掲げる「羽」と「羽」は著しい差異のない字体であるから、規則別表第二の一に掲げる「翔」と「翔」は著しい差異のない字体である。）

(平成16・9・27民一2666号依命通知により、第3の1(2)は上記のとおり変更された。)

　平成16年9月27日規則別表第二が全面改正され（平成16年法務省令第66号）、従来の人名用漢字290字に新たに追加488字、及び許容字体205字を加えた合計983字を規則第60条関係として「漢字の表」（従来の人名用漢字別表）に掲げられた。また、この「漢字の表」には、常用漢字が「一般の社会生活において現代の国語を書き表すための漢字使用の目安」とあることから、常用漢字の異体字以外の漢字774字とは区別して掲げられた。この(2)の改正は、前記の規則別表第二の改正に伴うものである。

　規則別表第二の一に掲げる字体の漢字へ更正する場合に、著しい差異のない字体であるかどうかの判断は、(1)の常用漢字における著しい差異のない字体への更正と認められる字体の差異と同一内容である場合とされた。具体的な字体では、本通知で例示しているように、常用漢字表に掲げる「羽」と康熙字典体の「羽」は著しい差異のない字体であるから、これと同じ旁で構成される規則別表第二の一に掲げる「翔」と康熙字典体の「翔」は著しい差異のない字体ということができる。これ以外の字体でも慧（慧）、梢（梢）、皓（皓）、迪（迪）、那（那）、鎌（鎌）、鯛（鯛）などがある（括弧内は康熙字典体）。

2　著しい差異のない字体への更正の具体例

　本項は、該当する字体について、具体的に例示されたものであるが、例示された字体以外の字体が著しい差異の字体であるか否かを判断するのには、申出の文字が常用漢字表に掲げる字体と相違する字体であり（康熙字典体であることが前提となる。）、かつ、常用漢字表において括弧書が添えられていない字体である場合には、著しい差異のない字体とみなして差し支えないと考えられる。また、規則別表第二の一の字体等についても、常用漢字表における類似の字体を参考として判断することになる。

第3章　戸籍の記載　(一般)

48　子の父母欄に「亡」の文字を冠記する取扱いの廃止

平成3年11月28日民二第5877号通達

先例の趣旨

父母の死亡により子の父母欄に「亡」の文字を冠記する取扱いは、かなり古くから慣例として行われ、若干の取扱いの変遷を経て、昭和54年には当該子本人又は死亡の届出人から特にその記載方の申出がない限り、記載を要しないこととされるに至った。しかし、この「亡」の文字冠記の取扱いは、事務処理を煩雑にするだけでなく、父母欄の「亡」の文字の有無によってその生死を判断するほどの公証性もなく、戸籍による証明を利用する国民をいたずらに混乱させているきらいもあることから、本通達によりこの取扱いは廃止されたものである。

参考　訓令通牒録：⑨綴　11486ノ2頁、⑩綴　12920頁

〈解　説〉

1　「亡」の文字冠記の廃止

「亡」の文字冠記の取扱いは、子本人（15歳未満の場合は、法定代理人）又は死亡の届出人から特にその記載方について申出がない限りこれをすることを要しないとされてきた。これは、戸籍のもつ現在事項の公証という要請から行われてきたものであるが、申出がある場合にだけ冠記するという取扱いの下では、「亡」の文字の冠記の有無によって父母の生死を判断することはできない。そうすると、この記載の有無によって父又は母の生死を公証するという従前の意味は、もはや失われたことになる。

また、本来、生死の事実については、その父又は母の戸籍の記載によって

証明されるべきであり、子の父母欄に「亡」の文字を冠記してまで父又は母の死亡の旨を公示する積極的な理由はないことになる。

そこで、「亡」の文字冠記について申出があった場合に限り父母欄に「亡」の文字を冠記する従来の取扱いは、全面的に廃止することとされたものである。したがって、父又は母の死亡届あるいは婚姻届や転籍届等により新戸籍を編製し、又は他の戸籍に入籍する届出の際、届書の「その他」欄に、父母欄に「亡」の文字を冠記されたい旨の申出があっても、その取扱いはしないこととされた。

2　「亡」の文字の移記

戸籍の父母欄に「亡」の文字が冠記されている者について、従来は、婚姻、養子縁組、転籍等による新戸籍の編製、他の戸籍への入籍又は戸籍の再製の場合などには、「亡」の文字を移記する取扱いであったが、今後はそのすべての場合において移記を要しないこととされた。これは、「亡」の文字冠記の取扱いを廃止することとした本通達の趣旨が、父又は母の死亡の事実は、本来、その父又は母の戸籍の記載によって証明されるべきものであって、子の父母欄に「亡」の文字を冠記してまでその旨を公示することを要しないことにあることからすると、移記しないことにより、従来の戸籍との間で矛盾が生じたとしても、戸籍の公証力には何ら影響はないものと考えられる。しかも、戸籍の編製年月日から本通達により「亡」の文字が移記されなかったことも容易に理解できる。

この「亡」の文字が戸籍法施行規則第37条及び第39条の移記すべき事項か否かであるが、「亡」の文字の冠記は、同規則第33条関係の附録第6号の「戸籍の記載のひな形」の中で示されていたものである。しかし、子の父母欄は、父母の氏名を公示する欄であり、父母の生死という身分事実までも公示するものではなく、便宜、父母欄を利用して父母の生死を明らかにしているにすぎないものであった。したがって、父母欄に記載されている「亡」の文字は、戸籍法施行規則でいう移記すべき事項には当たらないと考えられたことから、「亡」の文字の移記を要しないこととされた。

3 申出による「亡」の文字の消除

　父母欄に「亡」の文字が冠記されている者又はその法定代理人から、その消除の申出があった場合の取扱いについては、本通達と同時に示された「質疑応答集」では、消除すべきでないとされていた。しかし、申出に基づく「亡」の文字冠記の取扱いを廃止するだけでなく、従前戸籍の父母欄に「亡」の文字が冠記されている場合であっても移記しないとする本通達の趣旨からすれば、消除の申出があった場合には、申出に応じて差し支えないものと考えられるに至った（本通達の解説「戸籍」586号85頁）。なお、この申出による「亡」の文字の消除について本通達に明示されなかったのは、現に「亡」の文字が冠記されている者について、消除の申出がされることは少ないと考えられたことによるものとされている。

49 戸籍法施行規則の一部を改正する省令（平成6年法務省令51号）の施行に伴う関係通達等の整備

平成6年11月16日民二第7005号通達

先例の趣旨　戸籍法施行規則の一部改正（平成6年法務省令第51号）により、法定記載例（戸規附録第7号戸籍記載例）の一部が改正されたことに伴い、参考記載例（平成2・3・1民二600号通達）の一部が改正されるとともに、その他の関係通達（氏又は名の記載に用いる文字の取扱い、名の傍訓の取扱い、日本標準時地外で死亡した者の死亡の日時の記載について）が整備されたものである。

参考　訓令通牒録：⑨綴 11908頁、⑩綴 13165頁

〈解　説〉

第1　戸籍記載例

1　戸籍法施行規則附録第7号戸籍記載例の改正

(1)　随従入籍

　従前、婚姻の際に氏を改めた生存配偶者が自己の氏を称して婚姻をし、新戸籍が編製される際に、その従前戸籍に同籍する子は、未成年者又は成年者のいずれであっても、その意思にかかわりなく、その父又は母の新戸籍に随時入籍させる取扱いがなされていた（昭和29・7・1民事甲1335号回答）。これは、戸籍法第18条に規定する父母の氏を称する子は、父母の戸籍に入り、父の氏を称する子は、父の戸籍に入り、母の氏を称する子は、母の戸籍に入

る、とする子の入るべき戸籍に関する規定の原則的な適用に基づくものである。

　しかし、この取扱いによるときは、ときには子の意思に反する不都合な結果が生ずる場合もある。一方、民法上の氏を同じくしながら、自己の意思に基づかないで父又は母と戸籍を異にする子については、父又は母と同籍する旨の入籍届ができるとする取扱いが認められていた（昭和26・1・6民事甲3406号通達）。また、旧法戸籍の改製により単身で新戸籍が編製された子は、その後に父又は母が離婚又は離縁等により従前の氏に復したため、これと氏を同じくするに至った場合でも、当然にはその父又は母の戸籍に入らず、子が父又は母の戸籍に入籍するには、戸籍法第98条の規定の趣旨に準じて、別に入籍届をしなければならない（この場合、家庭裁判所の許可は不要）とされていた（昭和33・12・27民事甲2673号通達）。

　さらには、婚姻又は離婚の取消しによって復氏した者について新戸籍が編製された場合において（戸19条1項但書）、その者の婚姻前の戸籍に在籍している子は、従前は当然にその親の新戸籍に入籍するものとして取り扱われていたが、この場合にも子は、復氏した父又は母の新戸籍には当然には入籍しないものとされ、子からの同籍する旨の入籍届によって入籍する取扱いに改められた（昭和51・11・4民二5351号通達）。その結果、父母又は父若しくは母の戸籍の変動に伴って子が随従してその戸籍に入籍する取扱いは、筆頭者の死亡後、その生存配偶者が自己の氏を称して婚姻をした場合において、その従前戸籍に同籍する子は、その意思にかかわりなく、婚姻後の父又は母の新戸籍に当然に随従入籍する、とする本事例のみとなった。

　身分変動の効果は、本来その身分行為の当事者のみに生じるものであり、本事例においても、身分行為のあった生存配偶者のみについて戸籍の変動を生ずるべきである。したがって、同籍の子につきその意思にかかわりなく、しかも本人の知らない間に戸籍に変動を生じるとする取扱いは、かねてから改めるべきであるとの指摘がされていた。

　そこで、本通達によりこれを改め、子を父又は母の婚姻後の新戸籍に入籍させるには、子からの父又は母と同籍する旨の入籍の届出によることとされたものである。

なお、この通達による取扱いは、平成6年法務省令第51号の施行日である同年12月1日以降において筆頭者死亡後に生存配偶者が自己の氏を称して婚姻をした場合に、同籍する子の入籍について適用されることになる。つまり、平成6年12月1日前に生存配偶者である父又は母が自己の氏を称して婚姻をし、新戸籍が編製されたが、同籍していた子の随従入籍を遺漏していた場合には、従前どおり追完により処理をして差し支えないと考えられる（本通達の解説「戸籍」628号104頁）。

(2) 名の変更

名の変更届があった場合の戸籍の記載は、従前の法定記載例(189)では、「年月日名を「鉄吉」と変更届出」とされていたが、これを「年月日名変更届出」と記載することとし、変更後の名の表記はしないことに改められた。

名の変更事項は、その者の身分事項欄に記載され、その者が婚姻、転籍等の届出により新戸籍を編製され又は他の戸籍に入籍する場合には、氏の変更事項とともに移記事項とされている（戸規34条2号・39条1項8号）。このように氏及び名の変更事項を移記するのは、前後の戸籍の関連を明らかにし、氏又は名を変更した者の同一性及び同一人であることの確認を容易にするためである。

昭和45年の改正前の記載例（昭和45年法務省令第8号により改正）では、名の変更届による記載例を「名「銕吉」を「鉄吉」と変更届出年月日京都市上京区長受附年月日送付」の例により記載するものとされていたが、昭和45年の改正記載例では、「年月日名を「鉄吉」と変更」の例に改められた。この昭和45年の改正理由は、変更の前後の名を記載することは、従前の名（例えば、社会生活上著しい支障を生じる程度に珍奇な場合であることを理由に変更が許可された場合等）が常に戸籍に表示されることから、プライバシー上問題があるとして、変更後の名のみを記載することとされた。しかし、この取扱いにより、名の変更事項中に記載される変更後の名は、現に戸籍の名欄に記載されている名と同一であり、記載するメリットはないことから、本通達により変更事項には、変更後の名を記載しないことに記載例が改められたものである。

2　戸籍記載例通達の改正

　平成2年3月1日民二第600号通達で示されていた戸籍記載例(参考記載例)の一部が改正された。改正の要点は、本通達の(1)ないし(4)のとおりであるが、これを分類すると以下のようになる。

(1) **新たに加えられた記載例**

　外国法を準拠法とする養子縁組で、養子と実方の血族との親族関係が終了する、いわゆる断絶型養子縁組の届出に基づく戸籍の取扱い及び記載例が示され、これに関する次の記載例が追加された。

　ア　実方の血族との親族関係が終了する養子縁組の届出について、通達前の取扱いにより通常の養子縁組の記載がされている場合において、断絶型の養子縁組である旨の追完届があった場合の記載(改正後の記載例番号62から64まで)。

　イ　実方の血族との親族関係が終了する断絶型の養子縁組が日本の家庭裁判所で成立し、その届出があった場合の記載(改正後の記載例番号65から67まで)。

　ウ　実方の血族との親族関係が終了する断絶型の養子縁組が外国の裁判所で成立し、その届出があった場合の記載(改正後の記載例番号68から70まで)。

　エ　実方の血族との親族関係が終了している断絶型の養子縁組につき、裁判による離縁届があった場合の記載(改正後の記載例番号104から106まで)。

(2) **記載例番号を移動した記載例**

　改正前の名の傍訓消除の申出があった場合の記載例(108)は、後記第3のとおり名の傍訓の取扱いをしないこととされたため、改正後の記載例番号末尾の225(現行229)に移動された。

(3) **変更された記載例**

　ア　離縁の調停が成立したが、その届出をしないため職権記載をする場合の養親の戸籍の養父母の各身分事項の記載例に、許可日が加えられた(改正後の記載例番号102)。改正前の記載例(番号93)は、「平成五年八月六日妻(夫)とともに養子英助と離縁の調停成立同年九月拾壱日記

載」とされていたが、これを「平成五年八月六日妻（夫）とともに養子英助と離縁の調停成立同年九月拾日許可同月拾壱日記載」と変更された。この事例は、市区町村長が管轄局の長の許可を得て職権で戸籍の記載をする場合であるが、従来から許可の記載が遺漏している旨の指摘がされていたものである。

　イ　15歳未満の者の名の変更届があった場合の記載例(179)が、戸籍法施行規則附録第7号戸籍記載例中の記載例番号189（改正後の番号187）の名の変更届があった場合の記載例の変更に伴い、「年月日名を「五郎」と変更親権者父母届出」とされていたのが「年月日名の変更親権者父母届出」と変更された。

(4)　削除された記載例

　父又は母の婚姻により新戸籍が編製される場合に、これと同一の氏を称する子が入籍する旨の追完届があった場合の戸籍施行規則附録第7号戸籍記載例中の記載例番号81号及び82が削除され、随従入籍の取扱いがされないことになったため、この記載例（改正前の記載例番号123、124）も削除された（前記1(1)）。

(5)　その他の改正

　政令指定都市の指定による行政区画の変更に伴い、記載例中戸籍の表示等の「千葉市」が「千葉市中央区」に、「千葉市千葉町」が「千葉市中央区千葉港」にそれぞれ改められた。また、記載例の追加及び削除に伴い、記載例番号の整理がされた。

第2　氏又は名の記載に用いる文字の取扱い

　氏又は名の記載に用いる文字の取扱いについては、平成2年10月20日民二第5200号通達により取り扱われてきたが、平成6年に「戸籍法及び住民基本台帳法の一部を改正する法律」（平成6年法律第67号）及び「戸籍法施行規則の一部を改正する省令」（平成6年法務省令第51号）が公布されて、同年12月1日施行され、法務大臣の指定する市区町村長は、戸籍事務を電子情報処理組織を用いて処理することができることとなった。これに伴い、従

第3章 戸籍の記載 (一般)

前の戸籍を磁気ディスクをもって調製する戸籍に改製する場合、従前の戸籍に記載されている氏又は名の文字を磁気ディスクをもって調製する戸籍に移記する場合の取扱いが示された（平成6・11・16民二7000号通達、同日民二7001号依命通知）。この取扱いとの整合性を図る必要があったことから第5200号通達の一部が改正され、従前の戸籍に記載されている氏又は名の文字が正字であるときはそのまま移記することを前提に、それ以外の文字であってもそのまま移記することとする文字の範囲が拡大された。すなわち、従前の戸籍に記載されている氏又は名の文字が漢和辞典に俗字等として登載されている文字など一定の俗字については、新戸籍又は入籍戸籍にそのまま移記することとされたものである（本通達の第2）。

その後、平成16年法務省令第66号により戸籍法施行規則の一部が改正されたことに伴い、通達中の一部がさらに改正されている（平成16・9・27民一2665号通達）。

なお、本通達第2の1及び2については、第5200号通達〔45〕の〈解説〉第1を参照されたい。

第3　名の傍訓の取扱い

1　名の傍訓とは、戸籍に記載された名に用いられている漢字の読み方を表した振り仮名をいい、出生子の名の傍訓を付して出生届出があったときは、戸籍にもこれを記載すべきものとされてきた（明治33・10・24民刑1484号回答）。当初、傍訓は名の一部とされ、名の漢字と一体となってその者の名を表すものとされていたが、その後、傍訓は、名の読み方を明らかにするための措置として戸籍に記載するものであり、名の一部ではないとされるに至った（昭和6・4・24民事469号回答、昭和50・7・17民二3742号通達）。

そして、昭和56年9月14日民二第5537号通達をもって「氏又は名に用いる文字の取扱いに関する整理通達」が発出され、同通達の5により傍訓については、次のとおり取り扱うこととされてきた。

(1)　出生、帰化、就籍、氏名の変更等の届出に際して届出人から戸籍に記載

する事件本人の名に傍訓(振り仮名)を記載されたい旨の申出がされたときには、戸籍にもこれを記載しなければならない。ただし、傍訓が名に用いた文字の音若しくは訓又は字義に全く関連を有しないときは、これを付した届出は受理することはできない。

(2) 名に傍訓が付されている者が、婚姻、養子縁組等により新たに戸籍に記載されるときは、名欄の名には傍訓を付すが、名の一部をなすものではないので、名欄以外に記載するときは傍訓を付す必要はない。

(3) 傍訓を消除する申出があったときは、市区町村長限りで消除して差し支えない。

2 ところで、現行戸籍法の施行(昭和23・1・1)後は、子の名に用いることのできる漢字は、当用漢字に掲げられた漢字の範囲内に限られることとなったため(現在は、常用漢字表に掲げられた漢字と人名用漢字に限られている。)、難読な漢字が命名に使用されることがなくなったことから、名の傍訓を戸籍に記載する申出はほとんどなく、一般に利用されなくなっていた。また、名の読み方については法的な規制がなく、この取扱いを廃止しても法的にも社会生活上も支障はないことから、本通達は、傍訓の取扱いをしないこととした。

3 この取扱いの廃止により、傍訓に関する戸籍の取扱いは、現に戸籍に記載されている傍訓の消除の申出があった場合の処理だけとなる。また、傍訓が付されている者について新戸籍が編製され、他の戸籍に入籍又は戸籍の再製若しくは改製される場合には、傍訓の記載は移記しないものとされているので、磁気ディスクをもって調製される戸籍には、傍訓の記録がされることはない。そこで、改正前の通達記載例番号180の記載例(傍訓消除の申出があった場合の記載)を、改正後の記載例番号225(現行229)に変更し、記載例の最末尾に移動させたものである。

第4 日本標準時地外の地で死亡した者の死亡の日時の記載の取扱い

日本標準時地外の地で死亡した者の死亡の日時を戸籍に記載する場合の取扱いについては、当初、当該死亡地の標準時により記載していたが(昭和

30・6・3民事甲1117号回答)、その後、届出人が日本標準時による記載を希望するときは、死亡地の日時の記載後に括弧書きで日本標準時による記載をしても差し支えないものとされていた(昭和35・4・12民事甲883号通達)。しかし、この通達による取扱いは、ほとんど利用されず、日本標準時を併記する必要性も併記しないことによる支障も認められないことから、日本標準時地外の地で死亡した死亡の日時を戸籍に記載するには、死亡地の日時によってのみ記載するものとされた。

　したがって、届出人が日本標準時による記載を希望しても、これに応ずる必要はなくなった。また、日本標準時を併記した死亡事項を再製又は戸籍訂正によって移記する場合も、日本標準時による括弧書きの記載は省略して差し支えないことになる。

50 氏又は名の記載に用いる文字の取扱いに関する通達等の整理についての依命通知〔47〕の一部改正

平成 6 年 11 月 16 日民二第 7006 号依命通知

先例の趣旨

氏又は名の記載に用いる文字の取扱いについては、平成 2 年 10 月 20 日民二第 5200 号通達〔45〕により取り扱われてきたが、平成 6 年 11 月 16 日民二第 7000 号通達及び同日付け民二第 7001 号依命通知が発出され、従前の戸籍を磁気ディスクをもって調製する戸籍に改製する際に従前の戸籍に記載されている氏又は名の文字を移記する場合の取扱いが示された。この取扱いとの整合性を図る必要があったことから、平成 6 年 11 月 16 日民二第 7005 号通達により第 5200 号通達の一部が改正され、また、平成 2 年 10 月 20 日民二第 5202 号依命通知〔47〕中「第 1　通達の運用について」の項が、本依命通知により「第 1　俗字等の取扱いについて」に改められたものである。

参考

訓令通牒録：⑨綴　11915 頁、⑩綴　13168 頁
関連先例通し番号：45、46、47、51

〈解　説〉

　本通知に基づく具体的取扱いに関しては、基本通達〔45〕（平成 2・10・20 民二 5200 号通達）第 1 の項において、同通達と合わせて解説したので、同項を参照されたい。なお、本通達の「第 1　俗字等の取扱いについて」は、その後さらに、平成 16 年 9 月 27 日民一第 2666 号依命通知により、「第 1　正字・俗字の取扱いについて」として、以下のとおり改められた。

第1　正字・俗字の取扱いについて
　1　通達第1の2(1)の誤字を正字で記載する場合の正字には、漢和辞典に同字、古字又は本字として登載されている文字をも含むものとする。
　2　漢和辞典に俗字として登載されている文字及び通達第1の1(2)の文字の例は、別表で示すとおりである。
　3　2の別表に記載されていない文字（通達別表に記載されている文字並びに漢和辞典に同字、古字及び本字として登載されている文字を除く。）については、これに対応する字種及び字体による正字で記載して差し支えない。
　4　3の取扱いにより正字で記載した後、当該文字が漢和辞典で俗字として登載されている文字又は通達第1の1(2)の文字であることが本人の申出により明らかになったときは、通達第3の文字の記載の更正の申出があった場合の処理に準じて更正して差し支えない。

51 「誤字俗字・正字一覧表」

平成 6 年 11 月 16 日民二第 7007 号通達

先例の趣旨　新戸籍編製等あるいは戸籍を改製する場合の氏又は名の記載に用いる文字の取扱いについては、平成 6 年 11 月 16 日民二第 7000 号通達第 7 の 2 において示され、変更後の平成 2 年 10 月 20 日民二 5200 号通達〔45〕及び上記平成 6 年の第 7000 号通達でいう「対応する字種及び字体の正字を特定するための資料」として「誤字俗字・正字一覧表」が示されたものである。

参考　訓令通牒録：⑨綴 11938 頁、⑩綴 13192 頁
関連先例通し番号：45、46、47、50

〈解　説〉

　本通達により、平成 2 年 11 月 22 日民二第 5300 号通達で示された「誤字俗字・正字一覧表」は廃止されたが、その後、平成 16 年 10 月 14 日民一第 2842 号通達により現行の「誤字俗字・正字一覧表」が示され、本通達による「誤字俗字・正字一覧表」は廃止されている。

52 戸籍法施行規則の一部を改正する省令の施行に伴う戸籍記載例〔44〕及び記録事項証明書〔130〕の一部改正

平成 12 年 3 月 15 日民二第 601 号通達

先例の趣旨 　戸籍法施行規則の一部を改正する省令（平成 12 年法務省令第 7 号）の施行（平成 12・4・1）に伴い、平成 2 年 3 月 1 日民二第 600 号通達〔44〕で示された戸籍記載例及び平成 6 年 11 月 16 日民二第 7000 号通達〔130〕で示された記録事項証明書記載例の一部が改正された。その改正の主な内容は、後見及び保佐に関する改正及び用語の整理等に関するものである。

参考 　訓令通牒録：⑨綴 12338 頁、⑩綴 13287 頁
　関連先例通し番号：44、130

〈解　説〉

1　**後見及び保佐に関する記載例の改正**（括弧内は、参考記載例番号）
(1)　後見及び保佐に関する記載例を「未成年者の後見」に関する記載例に改めた（新 151 から 154 まで、及び 157、158）。
(2)　保佐に関する記載例を削除した（旧 155、156、159、160）

2　**用語の整理等**
(1)　事件の種別中に「監督局」の記載のある記載例について、「監督局」を「管轄局」に改めた（新 9、162、166、189）。
(2)　夫婦が 15 歳未満の者を養子とする縁組届の記載例中、代諾者を「後見人」から「未成年後見人」に改めた（新 36、37）。

(3) 夫婦が外国人を養子とする縁組届の記載例中、養子の生年月日を改めた（新58、59）。
(4) 養親と同一戸籍にある15歳未満の養子の協議離縁届（養親夫婦の一方がその意思を表示することができない場合）の記載例中、「後見人」を「未成年後見人」に改めた（新96）。
(5) 戸籍再製に関する記載例中、「虞れ」を「おそれ」に改めた（新221から224まで）。

（渉外）

53 生地主義国に駐在する日本の大使、公使及びその職員の子が同国で出生した場合における戸籍記載の取扱い

昭和 32 年 9 月 21 日民事甲第 1833 号通達

先例の趣旨　出生による国籍の取得につき生地主義を採る国に駐在する日本の大使、公使及びその職員の子が、その国において出生した場合には、上記の出生子は国籍法第 12 条の規定による国籍留保の届出をするまでもなく、引き続き日本の国籍を保有する。これらの子について出生届があった場合、戸籍に通常の法定記載例 1 に準じて出生事項の記載をしただけでは、生地主義国で出生しているにもかかわらず、国籍留保の記載がないことから、後日、本人の日本国籍につき疑義が生じかねない。そこで、本通達により国籍留保の届出を要しない事案であることを明確にするための出生事項として、特殊な記載例を示したものである。

参考　訓令通牒録：③綴 3294 頁、⑩綴 12601 頁

〈解　説〉

1　生地主義国で出生した日本の大使、公使及びその職員の子の国籍

　一般に、出生により外国の国籍を取得した日本国民であって、外国で生まれたものについては、戸籍法第 104 条の定めるところにより、出生の届出とともに法定の期間内に国籍を留保する旨の届出をしない限り日本の国籍を喪

失する(国12条)。このような子について適法に国籍留保の届出がされたときは、その子については法定記載例3により戸籍の記載がされる。

ところで、出生による国籍の取得につき生地主義を採る国に駐在する日本の「大使、公使及びその職員」などの外交使節は、国際慣習法に基づき、一般に不可侵権と治外法権の特権を有する。すなわち、使節には侵害を加えることができず、接受国の権利を行使することもできないとするのが不可侵権であり、治外法権は、接受国の法権の支配の外にあることを意味する。前者に属するものとして身体、名誉、文書に対する不可侵を、後者に属するものとして、裁判権、警察権、課税権の各免除、住所特権、宗教、通信、旅行の自由が挙げられる。

これらの特権から、使節の住所は、接受国でなく本国にあるものとされる。これによって、接受国で子が生まれても、本国で生まれたものとして取り扱われる。したがって、駐在国が国籍の取得について生地主義を採る場合であっても、出生した使節の子は、接受国の国籍を取得することはなく、本国の国籍のみを取得することになる。

2 本通達による取扱い

本通達では、日本の大使、公使及びその職員とあるが(注)、職員は随員と解して差し支えない。また、外交使節とその随員に限らず、外交特権に準ずる後記〔注〕の(3)及び(4)の者についても、生地主義を採る国で出生した子の場合は、同国(駐在国)の出生による国籍取得に関する法律の適用を受けないことがある。これに該当する子は、国籍留保の届出をするまでもなく、当然に出生の時から引き続き日本の国籍を保有する。

これらの者の子の出生届については、その国に駐在する日本の大使、公使又は領事に届け出ることとなる。この場合には、受理機関において、前述の取扱いをするについて必要な事項(出生国の国籍を取得し得ない者であること)を明らかにする資料を届書に添え、外務大臣を経由して事件本人の本籍地の市区町村長に送付される。もし、必要な事項を明らかにしていない届書の送付があった場合、又は届出人が本籍地に直接届出をした場合で、疑義のあるものについては、その都度法務省民事局長に照会すべき旨の指示がなされて

いる。

　ところで、本件出生子の戸籍記載について、国籍取得につき生地主義を採らない外国で生まれた出生子の場合と同様に記載すれば足りるか否かが問題となる。戸籍の記載だけでは、生地主義国で出生しているのに国籍留保の旨の記載がないため、その戸籍の記載は誤りではないかとの疑問が生ずる。この疑問を解消するには、戸籍に何らかの手当をする必要がある。そこで、本通達により、その記載例が示されたものである。なお、この記載例は、その後数次の改正を経て、平成16年10月21日民一第2928号通達による記載例（参考8）は、次のとおりである。

　「平成七年九月八日アメリカ合衆国ワシントン市で出生同月拾八日父（同国駐在大使館職員）届出同年拾月弐日在ニューヨーク総領事から送付入籍㊞」

〔注〕　「大使・公使及びその職員」の職務等については、村上　惺「詳解　戸籍基本先例解説」180頁以下では、次のとおり解説されている。
　(1)　外交使節
　　　主権国は、自ら外交関係を処理するための外交使節権をもつから、外交使節を派遣し、接受することは相互主義の原則にのっとり、古くから国際慣行として認められていた。現在では、国際法上、特命全権大使、特命全権公使、駐在公使及び代理公使の四段階に分類し、外交使節として各国間において認めている。外交使節は国家を代表し、職務の執行を適正に行うために外交特権を有する。
　(2)　外交使節の「随員」
　　　この随員は、館員、家族、使用人、伝書使に区別される。
　　ア　館員　本国政府によって任命され、公館の公の職務に従事する者で、参事官、書記官、外交官補、通訳官、付属武官等をいう。このうち、参事官、書記官、外交官補は、本職の外交官であり、外交的館員である。その他の者は、行政ないし技術的館員である。法律顧問、タイピストなども、本国政府によって任命されたときは、館員に属する。館員のうちでも、外交官的館員は使節と同じ特権（不可侵権、治外法権）を享有する。行政的、技術的の館員については、諸国の慣行が必ずしも同じではないが、多くの国では特権を与えている。しかし、特権の範囲については各国において差がある。

イ 家族　家族とは、使節と館員の家族を指す。妻、子、同じ世帯に属する親族を含む。家族のうち妻については、その夫と同じ特権を享有する。妻が使節又は館員である場合には、その夫が妻と同じ特権をもつ。子及び同じ世帯の親族については、裁判権から免除される特権は一般に認められているが、それ以外の特権は、必ずしも国際法上確立しているとはいえない。

ウ 使用人　使用人は、公館の公の使用人と館員の私の使用人に区別される。公の使用人とは、公館で公に雇われた自動車運転手、料理人、掃除人などである。これらの者が特権を有するか、特権を有するとした場合はどの範囲かについて、諸国の慣行は一致していない。私の使用人とは、使節や館員が私的に雇った使用人であって、私的秘書、料理人、運転手、家事手伝などが考えられる。私の使用人の特権についても、国際法上、一般的に確立していない。

エ 伝書使　伝書使とは、使節から本国政府へ、本国政府から使節へ、親書を伝達するための使者である。本国の公務員であることもあり、館員であることもあり、使用人である場合もある。伝書使の特権は、接受国ではおおむね館員なみに取り扱われている。

(3) 国連職員等

外交官とその随員には該当しないが、外交官と同じような特権を享有する場合がある。この特権は、特別の条約に基づくものであって、外交官の特権のように、一般的な国際慣習法に基づくものではない。

ア 国際連合とその職員　国際連合とその職員は、外交特権に類似した特権をもっている。連合自体は、国際連合憲章で、各加盟国の領域において、連合の目的達成に必要な特権と免除を享有するとされている。連合の職員については、連合に関係する任務を独立に遂行するに必要な特権と免除を享有する。これらの特権と免除を具体的に規定したのは、1948年の国際連合総会においてである。外交使節に与えられている特権に比して範囲は狭いが、事務総長と事務次官は、職務の性質上、自己、配偶者、幼少の子に関して、国際法上で外交使節と同等の特権、免除、除外、便宜を与えられている。

イ 国際司法裁判所の裁判官と職員　この裁判官は、裁判所事務に従事している間、外交官の特権と免除を享有する（国際司法裁判所規程19条）。詳細は1946年に、裁判所長とオランダ政府との公文交換で定められた。裁判官と書記は、外交使節と同じ扱いを受ける。裁判所の上級職員は、外交官のうちの書記官と同じ待遇を受け、その他の職員は、それと類似の地位の待遇を受けるとされる。

⑷　領　事

　領事は、国家の機関であって、主として通商と航海に関する問題を処理するが、外交使節と異なって、駐在国との外交交渉は原則として行わない。外交使節を派遣していないで、領事だけ派遣しているような場合は、外交使節の行う職務を行わせることもある。領事の地位、職務、特権については、交換する国の間の通商航海条約で定められるのが普通である。外交使節は、原則として国際慣習法で定められる点において相異するが、特別な領事条約で定められる場合もある。

　領事の階級は、それぞれの国の国内法によって定められている。その階級としては、総領事、領事、副領事があるが、諸国間の定めは、だいたい一致している。領事の最も重要な職務は、通商と航海に関して、本国に関係のある事実を観察し、これを報告して、本国の通商と航海の促進を図ることである。次の重要な職務として、自国民の身体及び財産を保護することが挙げられる。特に自国の船と船員に対する保護が領事の重要な職務となる。その他に、旅券や身分証明書の発行のような公証的事務を行うこともある。自国民の出生、死亡、婚姻などの届出を受理し、遺言を執行することもあるが、これらの事務は、派遣国と接受国のそれぞれの国内法で許された限りで行うことになる。

　領事は、外交使節のように広い特権はなく、接受国で制限された特権を享有する。外交使節には、威厳を維持するために特権が認められているが、領事の場合は、単に職務を執行するために特権が認められているにすぎない。領事の特権は、通商航海条約か領事に関する条約のいずれかに定められている。領事の特権は、不可侵権と館邸と公文書があり、治外法権として裁判権の免除、警察権の免除及び課税の免除がある。領事館員、家族、使用人についても、ある程度の特権が認められているが、接受国と派遣国との相互関係において必ずしも一定していない。したがって、具体的な事案を解決するには、当該派遣国との条約の関係条文の写しを添付させて個別に審査するほかない。

54 在日韓国人の国籍の表示

昭和41年9月30日民事甲第2594号通達

先例の趣旨

朝鮮人は、台湾人とともに平和条約の発効（昭和27・4・28）と同時に日本国籍を喪失して外国人となった特殊事情にかんがみ、同条約発効後は、戸籍に記載する朝鮮人の国籍の表示については、南・北朝鮮を区別することなく、一律に「朝鮮」とする取扱いがされてきた。しかし、昭和41年1月17日、日韓条約が発効したこと等に関連して、韓国人からは戸籍の届書に国籍を「韓国」又は「大韓民国」と記載して届出があり、その届書に韓国官憲発給の旅券の写し又は国籍証明書が添付されているときは、その者の国籍の表示に関する戸籍の記載は、「韓国」として差し支えない。また、従前の取扱いにより国籍の表示が「朝鮮」とされている場合、又は出生・死亡の場所が「朝鮮」と記載されている場合に、その記載を、申出により「韓国」と訂正することを認めるなど、その手続等を示したのが本通達である。

参考

訓令通牒録：⑥綴 8096頁、⑩綴 12640頁
関連先例通し番号：55、57

〈解　説〉

1　朝鮮人の国籍の表示に関する従前の取扱い

朝鮮人は、平和条約の発効により、日本国内に居住している者をも含めて、台湾人とともに、その意思とはかかわりなく日本国籍を喪失して外国人となった特殊事情や朝鮮半島が大韓民国と朝鮮民主主義人民共和国とに分離している実情等にかんがみ、戸籍に記載する国籍は、南・北朝鮮を区別する

ことなく、便宜一律に「朝鮮」と表示してきた。

　平和条約の発効前においても、昭和23年8月15日大韓民国の樹立宣言後、戸籍の届書に本人の希望により「朝鮮」の表示に代えて「韓国」又は「大韓民国」と記載して差し支えないとしていた。しかし、戸籍に記載する場合には、たとえ届書に朝鮮人の国籍や出生・死亡の場所等が「韓国」又は「大韓民国」と記載してあっても、「国籍朝鮮」あるいは「朝鮮何道何郡……」とする取扱いも認められていた（昭和25・8・15民事甲2177号通達）。ただし、利害関係人が、戸籍の謄抄本を請求する際に、「国籍朝鮮」の表示を「国籍韓国」又は「国籍大韓民国」と引き直してほしい旨の申出があったときは、その申出に必要やむを得ない理由があれば、管轄法務局の長の指示を得た上で、申出の趣旨に沿った謄抄本を作成して差し支えないとされていた（昭和35・4・14民事甲882号回答）。

2　本通達による取扱いの変更

(1)　平和条約発効後も、我が国と大韓民国との間には正式な国交の回復はされていなかったが、昭和41年1月17日にようやく日韓条約が効力を発生するに至った。これに関連して、韓国人については、その国籍を戸籍に記載する場合には、従来は「朝鮮」と記載していたものを「韓国」と記載することに改める旨の本通達が発せられた。この国名の表示方法については、当時、「韓国」と記載すべきか、「大韓民国」とすべきか検討されたが、外国人登録原票の国籍欄の記載が「韓国」とされていることに合わせて、戸籍の記載も単に「韓国」と記載することに統一されたものである。したがって、届書に「大韓民国」と記載されていても、戸籍の記載は「韓国」とすべきであるとされた。

　　また、この場合の韓国国民であることの認定は、届書に韓国官憲発給の旅券の写し又は国籍証明書が添付されている場合に限られる。

(2)　朝鮮人が日本に帰化を申請した場合、帰化申請書に韓国官憲発給の旅券の写し又は国籍証明書を添付したときは、法務局・地方法務局の長が帰化を許可された者に交付する「身分証明書」には、原国籍の表示として「韓国」と記載する取扱いである（昭和41・10・17民事五発1146号通知）。市

区町村においては、上記の者が帰化届書に添付した「身分証明書」の国籍の表示に基づいて戸籍に「韓国」と記載して差し支えなく、更に戸籍証明書の提出を求める必要はない。

　また、日本と韓国の二重国籍を有する者が、法務大臣に対し韓国官憲発給の国籍証明書を添付して日本国籍を離脱する届出をしたときは（国13条、国規3条）、法務省からその者の原本籍地の市区町村長に対してなされる国籍喪失の報告書には（戸105条）、国籍を「韓国」と記載することに改めたので、戸籍には上記報告書の国籍の表示に基づいて記載すればよい。

(3)　韓国に駐在する日本の大使、公使又は領事から戸籍法第42条の規定によって送付された、同国に在る日本人の出生、死亡、婚姻等の届書類に基づいて戸籍の記載をするときは、国籍又は国名を「韓国」として差し支えない。

(4)　平和条約の発効後の戸籍の記載は、従来の取扱いにより、前記1のとおり、朝鮮人の国籍はすべて「朝鮮」と表示していたため、これを「韓国」と訂正されたい旨の要望が多かった。そこで、届出人又は事件本人から韓国官憲発給の証明書を添付して「韓国」と訂正されたい旨の申出があった場合は、前記(1)の取扱いに準じて、市区町村長限りの職権で訂正して差し支えない。

　なお、この場合における国籍証明書は、通常、証明時における現在の国籍が韓国であることの証明にすぎず、本人が「国籍朝鮮」と戸籍に記載された当時から韓国の国籍を有していたことを証明するものではない。したがって、そのような国籍証明書によって過去の記載にまでさかのぼって戸籍の記載を訂正することには疑問もあった。しかし、過去の時点からの国籍証明書の提出を求めることは酷にすぎるので、現在の国籍証明書によっても、特段の事情がない限り、本人は戸籍記載当時から韓国の国籍を有していたものとみなすのが相当とされたものである（「戸籍」233号3頁）。

　平和条約発効後に韓国で出生又は死亡した者について、その出生又は死亡の場所を従前の取扱いにより「朝鮮」と記載してある場合に、それを「韓国」と訂正されたい旨の申出があったときにも、市区町村長限りの職

権で訂正して差し支えない。この場合には、出生又は死亡の場所の訂正であるため、韓国の領域内での出生又は死亡の事実が明らかである限り、韓国官憲発給の証明書の添付は要しない。

(5) 前記1の昭和35年4月14日民事甲第882号回答による取扱いは廃止された。

55 在日韓国人の国籍の表示を「韓国」とする場合の韓国国籍を証する書面

昭和42年6月1日民事甲第1800号通達

先例の趣旨

朝鮮人の国籍の表示に関する戸籍事務の取扱いについては、昭和41年9月30日民事甲第2594号通達によって、従前、一律に「朝鮮」という名称を用いて表示することとしていたのを、戸籍の届書に「韓国」又は「大韓民国」として記載して届出があった場合において、その届書に韓国官憲発給の旅券の写し又は国籍証明書が添付されているときは、戸籍の記載は「韓国」として差し支えないとした。

本通達は、上記通達中、大韓民国の国籍を証する書面には、日韓協定に基づく永住許可書の写し、その永住許可に関する記載のある外国人登録証明書の写し又は登録原票記載事項証明書も含まれるものとして取り扱って差し支えないとしたものである。

参考

訓令通牒録：⑥綴 8269頁、⑩綴 12648頁
関連先例通し番号：54、57

〈解　説〉

1　朝鮮人の国籍の表示に関する戸籍事務の取扱い

在日朝鮮人は、昭和27年4月28日平和条約の発効により、その意思によることなく、すべて日本国籍を喪失して外国人となった特殊事情や、朝鮮半島が事実上大韓民国と朝鮮民主主義人民共和国とに分離している実情等にかんがみ、戸籍に記載する国籍は、便宜一律に「朝鮮」と表示してきた。

平和条約発効後も、我が国と大韓民国との間には正式な国交の回復はなかったが、昭和41年1月17日に日韓条約が効力を発生するに至った。これ

に関連して、韓国人の国籍を日本人配偶者等の戸籍に記載する場合に、従来、一律に「朝鮮」と記載することとしていたのを、「韓国」と記載することに改める旨の昭和41年9月30日民事甲第2594号通達〔54〕が発せられた。外国人登録原票の国籍欄の記載については「韓国」とすることとされていることに合わせて、戸籍の記載も単に「韓国」と記載することに統一されたものである。したがって、届書に「大韓民国」と記載されていても、戸籍の記載は「韓国」とすることとされた。

2 韓国国籍を証する書面

(1) 前記昭和41年の第2594号通達により戸籍の取扱いをするのは、戸籍の届書に「韓国」又は「大韓民国」と記載して届出がされた場合であるが、この場合に、当事者が韓国民であることの認定は、①戸籍の届書に韓国官憲発給の旅券の写し又は国籍証明書が添付されているとき、また、②韓国人が日本に帰化をする届出をしたとき[注1]、又は日本と同国との二重国籍を有する者が日本国籍を離脱して国籍喪失報告があったときは、帰化者の身分証明書又は国籍喪失報告書に国籍が「韓国」と表示されているとき、③戸籍法第42条の規定により韓国に駐在する日本の大使、公使又は領事から送付された書類に基づいて戸籍の記載をするときには、国籍又は国名を「韓国」とすることができるとされている。

(2) 本通達は、前記の(1)の各書面のほかに、日韓協定(「日本国に居住する大韓民国国民の法的地位及び待遇に関する日本国と大韓民国との間の協定の実施に伴う出入国管理特別法(昭和40年法律第146号)」[注2])第4条に定める永住許可書の写し、その永住許可に関する記載のある外国人登録証明書の写し、又は前記の記載のある登録原票記載事項証明書も含まれるものとして取り扱って差し支えないとされた。

〔注1〕 朝鮮人が日本に帰化申請をした場合、帰化申請書に韓国官憲発給の旅券の写し又は国籍証明書を添付したときは、法務局・地方法務局の長が帰化を許可された者に交付する「身分証明書」には、原国籍の表示として「韓国」と記載する取扱いである(昭和41・10・17民事五発1146号通知)。

〔注2〕 その後、同法は「日本国との平和条約に基づき日本の国籍を離脱した者等の出入国管理に関する特例法（平成3年法律第71号）」の施行（平成3・11・1）に伴い、同法附則第6条により廃止された。

56 日本人と婚姻をした外国人の氏が、本国法に基づき変更した場合の取扱い

昭和 55 年 8 月 27 日民二第 5218 号通達

> **先例の趣旨**　日本人と外国人との間に出生した嫡出子の父母欄の記載及び外国人と婚姻をした日本人の戸籍の身分事項欄に記載されている配偶者の氏名が、当該外国人の本国法に基づく効果として日本人配偶者の氏をその姓として称している場合は、そのことを認めるに足りる本国の権限ある官憲が作成した証明書等を添付して、出生の届出人又は日本人配偶者から申出があったときは、変更後の氏名を記載して差し支えない。

参考　訓令通牒録：⑧綴 10128 ノ 2 頁、⑩綴 12719 頁

〈解　説〉

1　渉外婚姻に伴う夫婦の氏

　日本人と外国人が婚姻をした場合における氏の準拠法の指定に関しては、学説は、婚姻という身分変動の効果として生ずる問題である点に着目して、婚姻の効果を定める法例第 14 条（現行通則法 25 条）を適用すべきものとするのが通説の立場とされている（溜池良夫「婚姻の効果」541 頁、折茂　豊「新版　国際私法（各論）」265 頁等）。これに対し、戸籍実務においては、日本人と外国人が婚姻をした場合の夫婦の氏の問題については、氏名権という夫婦それぞれの個人に関する問題であるとして、当事者の属人法（本国法）によるべきものとしている（昭和 55・8・27 民二 5217 号回答）。したがって、日本人については民法が適用されるが、外国人には民法上の氏がないことから、当該夫婦には民法第 750 条の規定は適用の余地がなく、日本人当事者は

婚姻後も引き続き婚姻前の氏を称することになる（昭和42・3・27民事甲365号回答）。また、日本人と婚姻をした外国人の婚姻後の氏については、その本国法の定めるところによって決定されることになる。

本通達のきっかけとなった先例（同日付け民二5217号回答）の事案における外国人配偶者の婚姻後の氏については、添付の婚姻登録簿謄本によれば、その本国法の規定に基づく夫婦の合意により「夫の出生上の氏」を「婚姻姓」と定めたものである。〔注〕

〔注〕　本通達の回答がなされた当時の外国人配偶者の本国法であるドイツ連邦共和国婚姻法第1355条（共通する婚姻上の氏、家族の氏）は、第1項で「夫婦は共通の氏を称する（婚姻上の氏）。」と定め、また、同条第2項前段は、「夫婦は婚姻の締結に際して戸籍吏に対する表示により夫の出生上の氏又は妻の出生上の氏を婚姻上の氏と定めることができる。」と規定されていた。

2　日本人と婚姻をした外国人の氏が変更した場合の取扱い
(1)　外国人配偶者の氏変更の申出

日本人と婚姻をした外国人の氏が、その本国法に基づく効果として日本人配偶者の氏に変更されているときは、日本人配偶者は、外国人配偶者の本国の権限ある官憲が作成した氏変更に関する証明書を提出して、同人の戸籍の身分事項欄に外国人配偶者の氏が変更した旨の記載方を申し出ることができる。

(2)　本国官憲が作成した証明書

外国人配偶者の氏の変更を証する書面として提出する書面は、婚姻関係ないし身分関係を証明する権限を有する本国官憲あるいはこれに準ずる者の作成する書面であって、当該外国人本人を直接の対象とする書面であることを要する。例えば、氏（姓）の変更の記載がある身分登録簿の写しや当該外国において婚姻の儀式を司ることが認められている牧師の作成する「婚姻登録簿」中に、当該外国人が日本人の氏を「婚姻姓」として選択したため、その姓をもって記載されている旨の証明書等がこれに該当する。なお、パスポートについては、婚姻関係ないし身分関係を証明する権限を有する本国官憲の

作成した書面には該当しないので、原則として氏の変更を証する書面として取り扱うことができない。ただし、パスポートに変更前の氏と変更後の氏の記載があり、かつ、変更の原因及びその日付が記載されている場合には、本国官憲発給の証明書に該当するものと考えられている（「戸籍」629号109頁）。

また、本国法上の婚姻による氏変更の法制が明らかな場合において、本国官憲発給の氏変更に関する証明書の入手が困難な事情にあるときは、変更後の氏が記載されているパスポートでも、その写しをもって氏変更を証する書面とみなして戸籍の記載をして差し支えないものとされている（昭和55・9・11民二5397号回答）。

(3) 漢字による表記

本通達により、日本人の身分事項欄中、婚姻の相手方である外国人配偶者の氏を日本人配偶者の氏により漢字で記載することが認められている。これは、外国人配偶者の氏が、その本国法の規定を直接の根拠として、配偶者である日本の氏を「甲野」に変更している場合は、その効果を我が国においても受容・承認した上、それを日本の戸籍に表記する場合に、例外なく片仮名をもって表記しなければならないものではない。しかも、この外国人配偶者のパスポートに記載されている婚姻後の氏名のうち「KOUNO」は、その本国法に基づいて、夫婦の合意により「婚姻姓」として定めた日本人配偶者の出生上の姓である「甲野」に由来し、それが同国の表記方法であるアルファベットを用いて表記されたものであること、及び外国人配偶者本人とその家族の希望等を考慮し、漢字による表記を認めたものとされている。

3 本通達による取扱い

(1) 嫡出子出生の届出に際しての申出

日本人と外国人夫婦間の嫡出子の出生届に際し、外国人母（又は父）の氏名を、日本人配偶者の氏（漢字）を用いて表記されたい旨の申出があった場合

　ア　嫡出子の母（又は父）欄に「甲野、マリア」（又は「甲野、ウィリアム」）の振り合いで記載する。

イ　日本人父（又は母）の身分事項欄に外国人配偶者の氏名が本国法上の効果により日本人配偶者の氏に変更された旨を「妻（又は父）の氏名「甲野、マリア」（又は「甲野、ウィリアム」）と変更平成　年　月　日記載㊞」の振り合いで記載する（なお、婚姻事項中の外国人配偶者の氏名は、婚姻当時の氏名であり、そのままとする。）。

⑵　既に戸籍に記載されている嫡出子の父母欄更正の申出

　嫡出子本人若しくはその法定代理人又は出生の届出人から、既に記載されている嫡出子の父母欄に記載された外国人母（又は父）の氏名について、日本人配偶者の氏（漢字）を用いて表記されたい旨の申出があった場合

　ア　嫡出子の身分事項欄に「母（又は父）の氏名変更につき平成　年　月　日母（又は父）欄更正㊞」の振り合いにより記載をした上、父母欄の記載を「甲野、マリア」（又は「甲野、ウィリアム」）と更正する。

　イ　日本人父（又は母）の身分事項欄に前記⑴のイの振り合いによる記載をする。

⑶　外国人と婚姻をした日本人からの申出

　外国人と婚姻をした日本人から、その戸籍の身分事項欄に外国人配偶者の氏名が本国法上の効果により日本人配偶者の氏に変更された旨の記載方及び変更後の氏名は日本人配偶者の氏（漢字）を用いて表記されたい旨の申出があった場合

　ア　日本人配偶者の身分事項欄に、前記⑴のイの振り合いによる記載をする。

　イ　既に記載されている夫婦間の嫡出子があるときは、その父母欄についても、前記⑵のアと同様の処理をする。

⑷　申出の方法

　前記⑵及び⑶の申出は、書面又は口頭のいずれによっても差し支えない。口頭による申出があったときは、「戸籍訂正書」を作成の上、所要の処理をする。なお、⑴の申出は、出生届書の「その他」欄を用いても差し支えないとされている。

第3章　戸籍の記載　（渉外）

57　戸籍事務に関して国籍を韓国と認定する資料

平成5年4月9日民二第3319号通達

先例の趣旨

戸籍の届書に国籍を「韓国」又は「大韓民国」と記載した届出があった場合において、原則的には、韓国籍であるかどうかを認定するためには、韓国政府発行の国籍証明、旅券等の提示を求めるべきであるとされ、昭和40年以降は戸籍事務及び外国人登録事務上も統一的にそのような韓国政府発行の国籍証明、旅券、戸籍謄本を求める取扱いとされてきている（昭和41・9・30民事甲2594号通達〔54〕及び昭和42・6・1民事甲1800号通達〔55〕）。本通達は、平成3年11月1日から「日本国との平和条約に基づき日本の国籍を離脱した者等の出入国管理に関する特例法（平成3年法律第71号）」（以下「入管特例法」という。）が施行されたことに伴い、以後は、前記通達に掲げる書面のほか、入管特例法に定める特別永住許可書の写し、特別永住者である旨の記載がある外国人登録証明書の写し又は登録原票記載事項証明書の添付があったときも、同様に取り扱って差し支えないとするものである。

参考

訓令通牒録：⑨綴 11752頁、⑩綴 12926頁
関連先例通し番号：54、55

〈解　説〉

1　本通達が発出される前の取扱い

　戸籍の届書に国籍を「韓国」又は「大韓民国」と記載して届出があった場合において、その者の国籍に関する戸籍の記載を「韓国」とする戸籍事務の取扱いは、本通達の柱書にもあるとおり、前記二つの通達に示されていた。

その内容は、次のとおりである。

(1) 昭和41年9月30日民事甲第2594号通達〔54〕
　ア　韓国官憲発給の旅券の写しが添付されているとき
　イ　韓国官憲発給の国籍証明書（国民登録証を含む。）が添付されているとき
　ウ　日本人が韓国人と韓国において婚姻をし、韓国官憲発給の証書が添付されているとき
等の場合には、その者の国籍に関する戸籍の記載を「韓国」として差し支えないとしている。

(2) 昭和42年6月1日民事甲第1800号通達〔55〕
　ア　「日本国に居住する大韓民国国民の法的地位及び待遇に関する日本国と大韓民国との間の協定の実施に伴う出入国管理特別法（昭和40年法律第146号）」（以下「日韓特別法」という。）第4条に定める協定永住許可書の写しが添付されているとき
　イ　アに関する記載のある外国人登録証明書の写しが添付されているとき
　ウ　アに関する記載のある登録原票記載事項証明書が添付されているときには、その者の国籍を「韓国」と認定して、国籍に関する戸籍の記載を「韓国」として差し支えないとしている。

2　入管特例法の施行と前記1の取扱い

前記1(1)の先例は、渉外的戸籍実務における基本的な取扱いを示すものであるから、入管特例法の施行によっては、何ら変更を来さない。

1(2)の先例については、同通達にいう「日韓特別法」が「入管特例法」の附則第6条により廃止されたが、その取扱いを変更する必要はないことから、本通達も1(2)の先例に掲げる書面が添付されているときは、従来どおりその者の国籍を「韓国」と認定して差し支えないと明記している。

3　戸籍事務の取扱い

本通達の発出後における国籍に関する戸籍の記載を「韓国」とする取扱いは、次のとおりである。

(1) 戸籍に記載されている国籍の表示「朝鮮」を「韓国」と訂正する旨の追完届

　本通達に掲げる書面を添付して、戸籍に記載されている配偶者、父母（養父母）等の国籍の表示「朝鮮」とあるのを「韓国」と訂正されたい旨の追完届があり、その基本となる婚姻届、養子縁組届等が平和条約発効（昭和27・4・28）後である場合は、市区町村長限りの職権で訂正して差し支えない（昭和41・9・30民事甲2594号通達〔54〕参照）。

(2) 戸籍に記載されている出生又は死亡の場所の国名「朝鮮」とあるのを「韓国」と訂正する旨の追完届

　出生又は死亡の時が平和条約発効後である場合は、市区町村長限りの職権で訂正して差し支えない（昭和41・9・30民事甲2594通達〔54〕参照）。

(3) 平和条約発効前の戸籍の記載中「朝鮮」を「韓国」と訂正する旨の追完届

　本通達に掲げる書面を添付して、平和条約発効前における婚姻、認知等の身分事項の当事者の表示、出生又は死亡場所の戸籍の記載が「朝鮮○○道○○郡……」とあるのを「韓国○○道○○郡……」と訂正することは認められない。これは、平和条約発効前の朝鮮は日本の領土であり、朝鮮人は日本国籍を有していたものであり、その記載は、朝鮮における戸籍の表示であって、国籍を表示したものではないからである。したがって、たとえ戸籍訂正の許可審判があっても訂正はできないとされている（昭和41・5・7民事甲1049号回答）。

第 4 章　届出通則

（一般）

58　届出人の生存中に郵送した届書を、同人の死亡後に市区町村長がこれを受理した場合の届書の処理要領及び戸籍の記載

昭和 28 年 4 月 15 日民事甲第 597 号通達

先例の趣旨

　届出人が生存中に郵送した届書は、その死亡後であっても市区町村長はこれを受理しなければならず、届書が受理されたときは、届出人の死亡の時に届出があったものとみなされている（戸 47 条参照）。この場合、従前の取扱いでは、届書を郵送した封筒を 6 か月間保存して生存中に郵送されたものであることを確認する方法がとられていた。そのため、封筒の廃棄処分後は適法な届出であってもこれを確認することができず、届出の効力の有無に関して疑義が生じた場合の解決に困難を生ずることが考えられた。

　そこで、本通達は、戸籍法第 47 条の規定により届出人が生存中に郵送した戸籍の届書を、届出人の死亡後に市区町村長が受理した場合の処理要領及びこの場合の戸籍の記載例を示したものである。

参考　訓令通牒録：②綴 1460 頁、⑩綴 12586 頁

第4章 届出通則 (一般)

〈解　説〉

1　戸籍届出の方法

　戸籍の届出は、届出人の意思に基づくものでなければならない。特に創設的届出は、意思能力を有する本人からしなければならないことが要求され、しかも届書が市区町村役場に到達したときに届出の意思が存在しなければならないとするのが原則である。しかし、届出人が生存中に郵送した届書が市区町村役場に到達する前に届出人が死亡した場合、その届出の効力を認めないとすると種々不都合を生じ、妥当性を欠くことが予測される。

　戸籍の届出について、戸籍法は、届出人自らが市区町村役場に出頭してしなければならないとする建前をとっていない。したがって、届書の提出の方法については、必ずしも届出人が自ら持参する必要はなく、第三者に届書の提出を依頼することもできるし、郵送による届出も認められる。ただ、後者の場合には、何らかの事情で届書が市区町村役場に到達する前に届出人が死亡する事例があり得ることから、届出人が生存中に郵送した届書については、その死亡後であっても、市区町村長は、これを受理すべきものとされ、また、届出が受理されたときは、届出人の死亡の時に届出の効力を認めることとされている。

2　戸籍届出の委託と郵送

　上記の取扱いは、旧戸籍法当時から運用上認められていたものであるが（大正7・10・10民1791号回答第一項）、日中事変（昭和12年～同20年）の発生により出征軍人、軍属について、この種の届出事件が多くなったことから、昭和15年法律第4号「委託又ハ郵便ニ依ル戸籍届出ニ関スル件」が制定公布され（同年4月1日施行）、その第4条において郵送による戸籍の届出についても法制化されることとなった。ところで、この「戸籍届出の委託」とは、届出人が死亡した後にその委託に基づいて届書を市区町村役場に提出する場合をいい、届出人が届書に記名押印し、単にその提出を第三者に依頼している事実が認められる場合に限らず、届書の作成から提出に至るまでの一切を第三者に依頼している場合も含まれていた。しかし、委託による戸籍

の届出をするためには、届出人の最後の住所地を管轄する区裁判所において、届出人が戦時又は事変に際し、戦闘又はその他の公務に従事し自ら戸籍の届出をすることが困難なため、その委託をしたものであることが裁判によって確認されることが前提要件とされ、厳格な手続を必要としていた。

　上記のとおり、この法律は、戦時立法であることから、現行戸籍法の施行とともに廃止されるに至った（戸138条）。しかし、郵送による戸籍の届出については、平時においても適切な規定であるとの観点から、現行戸籍法第47条に同旨の規定を設けて踏襲された。

　なお、現行戸籍法の施行（昭和23・1・1）前にされた戸籍の届出の委託については、なお、その効力を有するものとされており、その委託の確認は、家庭裁判所がすることとされている（戸138条2項）。

3　郵送による戸籍の届出

　郵送による届出の制度は、戸籍法第47条の規定によって定着したが、明文規定を欠いていた旧戸籍法当時の取扱いでは、届書を郵送した封筒は6か月間保存することにより、届出人が生存中に郵送したものか否かを確認する方法がとられていた（昭和15・3・26民事甲359号通牒）。しかし、戸籍には、通常の記載がされていたため、保存期間の6か月を経過して封筒が廃棄された後は、適法な届出があったかどうかを判断することができないという実情にあった。

　そこで、本通達は、上記のような弊害を防止する目的から、戸籍法第47条の規定に該当する届出については、届出受理の時に届出人の死亡が明らかな場合はもとより、受理後において死亡の事実が明らかになった場合のいずれにおいても、市区町村長は、管轄法務局の長の指示を得た上、次の4の要領によって戸籍の記載をするとともに、5の要領によって戸籍受附帳の記載処理等をすることとした。なお、前者の場合の管轄法務局の長の指示は、戸籍事務の処理の適正を確保するためのものであるが（戸3条2項）、50歳以上の者を母とする子の出生届等の場合のように、事実の真偽を調査判断すべき性格のものではないから、郵送による届書が、届出人の死亡の日と同日に到達したため、通常の届出として取り扱うべきか、死亡後に受理したものと

第4章　届出通則（一般）

して取り扱うべきか、について疑義を生じたような場合に指示を求める取扱いで差し支えないものと考えられる。

4　「死亡後受理」の戸籍記載等具体的処理要領

　届書が郵送された場合に、届書を受理する時に既に届出人の死亡が明らかになっている場合と、受理当時は届出人の死亡が明らかではなかったが、後日、その事実が明らかになる場合とが考えられる。後者の場合には、郵送による届出の戸籍記載後に届出人の死亡届書が送付されて判明することとなるので、先にされた戸籍記載に「死亡後受理」の旨を補記すれば足りる（参考記載例28・29参照）。

　実務上の具体的処理要領は、次のとおりである。

(1)　届書受理の当時既に届出人の死亡が戸籍上明らかになっている場合

　ア　夫婦の婚姻前の本籍地が同じで、かつ、夫が戸籍の筆頭に記載した者に該当し、夫婦が夫の氏を称する婚姻届書を本籍地市区町村長あてに郵送した後、夫が死亡している場合の例

　　戸籍の記載

　　（夫の身分事項欄）

　　　平成年月日何某と婚姻届出（死亡後受理）㊞

　　（妻の入籍する身分事項欄）

　　　平成年月日何某と婚姻届出（夫死亡後受理）〇市〇町〇番地何某戸籍から入籍㊞

　　（妻の従前の戸籍中その身分事項欄）

　　　平成年月日何某と婚姻届出（夫死亡後受理）〇市〇町〇番地何某戸籍に入籍につき除籍㊞

　イ　前記アの夫が戸籍の筆頭に記載された者に該当しないため、夫婦につき新戸籍が編製される場合の例

　　処理の要領

　　　夫の死亡事項を夫婦の新戸籍の夫の身分事項欄に移記する必要があるので、市区町村長は戸籍訂正書を作成し、これに基づき夫の従前の戸籍から夫婦の新戸籍に死亡事項を移記する。

戸籍の記載
(夫の従前の戸籍中その身分事項欄)
　誤記につき平成年月日死亡事項を○市○町○番地何某戸籍に移記につき消除㊞
　平成年月日何某と婚姻届出(死亡後受理)○市○町○番地に夫の氏の新戸籍編製につき除籍㊞
(夫婦の新戸籍中戸籍事項欄)
　平成年月日編製㊞
(同上戸籍中夫の身分事項欄)
　平成年月日何某と婚姻届出(死亡後受理)○市○町○番地何某戸籍から入籍㊞
　死亡事項に続けて……月日○市○町○番地何某戸籍から移記㊞
(同上戸籍中妻の身分事項欄)
　平成年月日何某と婚姻届出(夫死亡後受理)○市○町○番地何某戸籍から入籍
(妻の従前の戸籍中その身分事項欄)
　平成年月日何某と婚姻届出(夫死亡後受理)○市○町○番地に夫の氏の新戸籍編製につき除籍㊞

ウ　前記イの夫婦が婚姻前に本籍地を異にし、夫の本籍地市区町村長に婚姻届書を郵送し夫婦について新戸籍を編製する場合の例
処理要領
　夫の本籍地市区町村長は、妻の本籍地市区町村長に届書を送付するに当たり、「当該届書は、夫の死亡後に受理されたものである」旨の付せんをして送付するほかは、前記イの要領による。
戸籍の記載
(夫の従前の戸籍及び夫婦の新戸籍の夫の各身分事項欄)
　前記イの振り合いに同じ
(妻の従前の戸籍中その身分事項欄)
　平成年月日何某と婚姻届出(夫死亡後受理)月日○市長から送付○市○町○番地に夫の氏の新戸籍編製につき除籍㊞

エ　養親子が縁組前に本籍地を異にし、養親が戸籍の筆頭に記載した者及びその配偶者に該当し、縁組届書を養親の本籍地市区町村長あてに郵送した後、養父が死亡している場合の例

処理要領

　　養親の本籍地市区町村長は、養子の本籍地市区町村長に届書を送付するに当たり、「該当届書類は養親の死亡後に受理されたものである」旨の付せんをして送付する。養親が夫婦である場合には、死亡者が養父又は養母のいずれであるかを明らかにする必要がある。

戸籍の記載

(養親の戸籍中その身分事項欄)

　　平成年月日妻とともに何某を養子とする縁組届出（死亡後受理）㊞

　　〔注〕　養母の身分事項にも上記に準じて記載するが、括弧書きの記載は、「(夫死亡後受理)」とする。

(同上戸籍中入籍する養子の身分事項欄)

　　平成年月日何某同人妻某の養子となる縁組届出（養父死亡後受理）○市○町○番地何某戸籍から入籍㊞

(養子の従前の戸籍中その身分事項欄)

　　平成年月日何某同人妻某の養子となる縁組届出（養父死亡後受理）月日市長から送付○市○町○番地何某戸籍に入籍につき除籍㊞

オ　前記エの養親が単身者であって戸籍の筆頭に記載した者に該当せず、養親につき新戸籍が編製される場合の例

処理要領

　　養父（母）の死亡事項を移記することとなるが、その要領は、イに準じて市区町村長が戸籍訂正書を作成する。また、養子の本籍地市区町村長に届書を送付するに当たっては、「養父（母）の死亡後に受理された」旨の付せんをして送付する。

戸籍の記載

(養親の新戸籍中戸籍事項欄)

　　平成年月日編製㊞

(同上戸籍中養親の身分事項欄)

　　平成年月日何某を養子とする縁組届出（死亡後受理）〇市〇町〇番地何某戸籍から入籍㊞

(同上戸籍中養子の身分事項欄)

　　平成年月日何某の養子となる縁組届出（養父死亡後受理）〇市〇町〇番地何某戸籍から入籍㊞

(養親の従前の戸籍中その身分事項欄)

　　平成年月日何某を養子とする縁組届出（死亡後受理）〇市〇町〇番地に新戸籍編製につき除籍㊞

(養子の従前の戸籍中その身分事項欄)

　　平成年月日何某の養子となる縁組届出（養父死亡後受理）月日〇市長から送付〇市〇町〇番地何某戸籍に入籍つき除籍㊞

(2) 届書の受理後に、届出人の死亡が明らかになった場合

　ア　夫婦の婚姻前の本籍地が同じで、かつ、夫が戸籍の筆頭に記載した者に該当し、夫婦が夫の氏を称する婚姻届書を本籍地市区町村長あてに郵送した後、夫が死亡している場合の例

　　処理要領

　　　市区町村長は、戸籍訂正書を作成し、これに基づき婚姻事項に追記載する。

　　戸籍の記載

(夫の身分事項欄)

　　婚姻事項に続けて「死亡後受理平成年月日記載㊞」

(入籍する妻の身分事項欄)

　　婚姻事項に続けて「夫死亡後受理平成年月日記載㊞」

(妻の従前の戸籍中その身分事項欄)

　　婚姻事項に続けて「夫死亡後受理平成年月日記載㊞」

　イ　前記アの夫が戸籍の筆頭に記載された者に該当しないため、夫婦につき新戸籍が編製される場合の例

　　処理要領

　　　市区町村長は、戸籍訂正書を作成し、これに基づき、夫の従前の戸籍

中その身分事項欄、夫婦の新戸籍中夫婦の各身分事項欄及び妻の従前の戸籍中その身分事項欄の婚姻事項に続けて次の事項を追記載する。

戸籍の記載

(夫婦の新戸籍中夫の身分事項欄)

　(ア)　死亡後受理平成年月日記載㊞

(同上新戸籍中妻の身分事項欄)

　(イ)　夫死亡後受理平成年月日㊞

(夫の従前の戸籍中その身分事項欄)

　(ウ)　(ア)の振り合いに同じ

(妻の従前の戸籍中その身分事項欄)

　(エ)　(イ)の振り合いに同じ

ウ　上の夫婦が婚姻前に本籍地を異にし、夫の本籍地市区町村長に婚姻届書を郵送し夫婦について新戸籍を編製する場合の例

処理要領

　夫の本籍地市区町村長は、戸籍訂正書2通を作成して、その1通を妻の本籍地市区町村長に送付し、妻の本籍地市区町村長は、当該訂正書により別に戸籍訂正書を作成(送付を受けた訂正書を添付)の上、これに基づき、それぞれ婚姻事項の記載に続けて次の事項を追記載する。

戸籍の記載

　前記イの振り合いによって記載する。

エ　養親子が縁組前に本籍地を異にし、養親が戸籍の筆頭に記載した者及びその配偶者に該当し、縁組届書を養親の本籍地市区町村長あて郵送した後、養父が死亡している場合の例

処理要領

　養親の本籍地市区町村長は、戸籍訂正書2通を作成して、その1通を養子の本籍地市区町村長に送付し、養子の本籍地市区町村長は、当該訂正書により別に戸籍訂正書を作成(送付を受けた訂正書を添付)の上、これらに基づき、縁組事項に続けて次の事項を追記載する。

戸籍の記載

(養親の戸籍中養父の身分事項欄)

死亡後受理平成年月日記載㊞
　　（同上戸籍中養母の身分事項欄）
　　　夫死亡後受理平成年月日記載㊞
　　（同上戸籍中養子の身分事項欄及び養子の従前の戸籍中その身分事項欄）
　　　養父死亡後受理平成年月日記載㊞
　オ　前記エの養親が単身者であって戸籍の筆頭に記載した者に該当しないため、養親につき新戸籍が編製されている場合の例
　　処理要領
　　　前記エに同じ
　　戸籍の記載
　　（養親の新戸籍中その身分事項欄及び養親の従前の戸籍中その身分事項欄）
　　　死亡後受理平成年月日記載㊞
　　（養親の新戸籍中養子の身分事項欄の及び養子の従前の戸籍中その身分事項欄）
　　　養父（養母）死亡後受理平成年月日記載㊞

5　郵送による届書等の受附帳の処理等
(1)　届出人が生存中に郵送した届書については、市区町村長がこの事実を保存する封筒によって確認した上、前記4の要領により戸籍の記載をすることになるが、従前の取扱いでは、封筒は、郵送されてから6か月間保存されるにすぎなかった。そこで、本通達以後は、封筒を保存するだけでなく、郵送による届書を受理した市区町村長は、戸籍受附帳の当該事件の備考欄に「　年　月　日郵送」の旨を記載して、専ら封筒の廃棄処分後における確認に備えることとされた。備考欄に記載する年月日は、届出人が郵便ポストに届書を投函した年月日であるが、正確に把握することが困難であることから、郵便局の消印日付を記載しておくことで差し支えないとされている。
(2)　また、届書を入れて郵送された封筒は、当該届書に添付して管轄法務局に送付することも差し支えないとされている（昭和28・5・10〜11第5回

大分戸協決)。したがって、本籍人に関する届書について郵送された事件の封筒は、管轄法務局において当該年度の翌年から27年間保存され（戸規49条2項）、確認にはさらに便宜となる。非本籍人に関する届書等については受理市区町村において当該年度の翌年から1年間保存される（戸規48条3項）。外国人のように戸籍の記載を要しない届書で、届出によって効力を生ずるべき行為に関するものは、当該年度の翌年から50年、その他のものは当該年度の翌年から10年間（戸規50条2項）保存されるが、郵送による届書の封筒は、届書に添付しておくことが望ましいといえる。

　なお、戸籍事務取扱準則制定標準第27条では、封筒に届出事件名、受付番号及び年月日を記載し、届書に添付することになっている。

59 管轄局に受理照会を要する届出の受附の月と受理決定の月が異なる場合における届書等の処理

昭和36年5月23日民事甲第1198号通達

先例の趣旨

市区町村長は、戸籍に関する届書類等を受理し又は送付を受けたときは、戸籍受附帳に記載して、その事件の内容を明らかにしておかなければならないとされている（戸規21条）。この場合、受附帳に記載すべき届書等の受附年月日は、窓口に届書等が提出された年月日をもって処理することとなるので、届書等の管轄法務局への送付もまた、当該受附月分としてされるのが通常であるところ、学齢に達した子の出生届等先例によってその受否につき管轄法務局の長の指示を得て処理する場合、実際に処理した月と、その届書を受附けた月が異なるときは、届書は処理した月分の届書とともに管轄法務局へ送付して差し支えない。

なお、この場合は、処理した月分の届書目録の備考欄に「年月日受理分」と記載するほか、受附けた月分の届書綴りのうち、当該届書をつづり込むべき箇所に「　年　月　日処理済」の旨を記載した書面をつづり込んでおく取扱いが相当とされたものである。

参考 訓令通牒録：④綴 5328頁、⑩綴 12616頁

第4章　届出通則（一般）

〈解　説〉

1　届書類の受附と処理

　戸籍実務においては、市区町村長が戸籍に関する届出等（戸15条）を受附けたときは、その届出等が民法及び戸籍法等に規定する実体的又は形式的要件を具備しているか否かを審査し、受否を決定する。そして、この場合、届書類を窓口で受領しても、審査の上受理と決定しない限り受附帳には記載できないから（戸規20条、大正3・11・17民1599号回答）、届書に受附の年月日（窓口で受領した日）を記載しておき、審査の上適法な届出と判断をし、受理と決定したときに初めて受附帳に記載することになる。

　ところで、市区町村の窓口で届書類を受附け、審査の過程においてその届出の内容につき疑義が生じ、あるいは本通達のように、市区町村長の形式審査主義との関係上、管轄法務局において補充的な事実調査をするのが相当とされている事案の場合（例・学齢に達した子の出生届—昭和34・8・27民事甲1545号通達〔76〕、50歳以上の者を母とする子の出生届—昭和36・9・5民事甲2008号通達〔77〕、協議離婚届等の不受理申出期間中に離婚届等が受理された場合の処理—昭和51・1・23民二900号通達〔99〕）には、管轄法務局の長に受理照会をし、その指示を得て受否を決定することになる（準則制定標準23条）。したがって、この場合には、窓口で届書類を受領した日と受理を決定した日とは異なることになるが、この受附の年月日は、届書類の受理を決定した日ではなく、届書類を実際に受領した日を意味するものとされている。つまり、届出に受理の効力が発生する時期は、届書を最初に受領（受附）した日にさかのぼるという解釈がとられているが、これは市区町村長が届書類の適否を審査する期間の長短によって、当事者の身分関係（例えば、婚姻や縁組等の創設的届出）の形成時期が左右されることは妥当でないとする趣旨に基づくものと解される。

2　即日に受否の決定ができない届書類の取扱い

　前述のとおり、届書類を受理しても、審査の上受理と決定しない限り受附帳に記載できないが、届出の受理の効力は届出書類を最初に受領した日（受

附の日）にさかのぼって発生することから、受領の日は重要な意味をもっている。したがって、即日に受否の決定ができない届出については、何らかの形で届出書類を窓口で受領した年月日を明らかにしておく必要がある。

　受領の年月日を明らかにしておく方法については、届書に受領の年月日を記載するとともに、戸籍発収簿にもその旨を記載することとされている（準則制定標準28条・30条・55条1項(2)号・56条1項、付録43号様式）。まず、戸籍発収簿の「発収の月日」欄には届出の月日（受領した日）を、「差出人」欄には届出人の氏名を、「書面の要旨」欄には届出の種類（例えば出生届、婚姻届）を記載する。

　その後に受理と決定したときには受附帳に記載することになるが、受附帳に記載するのは現実に届出の受理処分をしたとき、すなわち、管轄法務局から受理して差し支えない旨の指示書が到達した日である。この場合、受附番号も現実に受附帳に記載するときの進行番号を付することになる。なお、戸籍発収簿の「備考」欄には「〇月〇日、受附第〇〇号」と記載し、受附帳に記載したことを明らかにしておく必要がある。

3　届書等を受け附けた月と受理した月が異なる場合の処理

　戸籍の記載を完了した届書類は、本籍人と非本籍人に関するものとに区別し、所定の順序につづり込み、目録をつけて整理した上、本籍人に関する届書類は一か月ごとに管轄法務局に送付し、非本籍人に関するものは市区町村において、それぞれ保存することとされている（戸規48条）。ところで、本通達のような事案においては、その受否を決定するためには、相当の調査期間を要し、当該出生届を受け附けた月と受理を決定した月と異なる場合がある。この場合には、既に管轄法務局へ送付済みの月の受理分として管轄法務局に追送するのが、従前の取扱いとされていた。しかし、この取扱いでは事務処理上混乱を生じるため、届書を受け附けた月と処理した月が異なる場合は、処理した月分の届書類に合綴し、戸籍届書類目録の「備考」欄に「　年　月　日受理分」と記載することによって、その関連を明確にしておく取扱いで差し支えないとしたのが本通達の趣旨である。

　なお、受け附けた月分の届書つづりのうち、当該届書をつづり込むべき箇

所にも、年月日処理済みの旨を記載した書面をつづり込んでおく取扱いが相当とされている。

60 戸籍届書の標準様式の全面的な改正

昭和59年11月1日民二第5502号通達

先例の趣旨

　国籍法及び戸籍法の一部を改正する法律（昭和59年法律第45号）が昭和59年5月25日に、また、戸籍法施行規則の一部を改正する省令（昭和59年法務省令第40号）等が同年11月1日にそれぞれ公布され、昭和60年1月1日から施行された。

　上記の改正省令の公布と同時に、改正法及び改正省令施行後の戸籍事務の取扱いに関して、本通達を含む5つの通達が発せられた。そのうち、本通達は、各種届書の標準様式に関する従来の民事局長通達（昭和42・8・5民事甲2124号）をすべて廃止し、新たに戸籍届書の標準様式を定めたものである。

　なお、本通達による届書の標準様式の改正後、更に数次にわたってその一部が後記2のとおり改正されている。

参考

訓令通牒録：⑧綴 10617頁、⑩綴 12765頁
関連先例通し番号：64、69

〈解　説〉

1　本通達による戸籍届書の標準様式の改正
⑴　届書様式全部改正の必要性

　従来の戸籍届書の標準様式が全部改正の形式がとられた理由としては、①改正法により新設された届出の届書標準様式を制定する必要があったこと、②改正法及び改正規則の施行に伴って必然的に改正しなければならない届書標準様式があったこと、③従来の各種届書のうち、細部について不統一と思われるものがあったこと、④改正法の施行後は、渉外関係事件が増加す

るものと予想されることから、これに対処するため若干の改善を加える必要があったこと、⑤届書標準様式に関する通達が多数にわたっていたためこれを整理する必要があったことの諸点が挙げられる。

(2) 改正の概要

上記(1)の①については、国籍取得届（戸102条1項）、国籍選択届（戸104条の2）、外国国籍喪失届（戸106条）、外国人との婚姻による氏の変更届（戸107条2項）、外国人との離婚による氏の変更届（戸107条3項）及び外国人父母の氏への氏変更届（戸107条4項）が新たな届出事件とされたので、これらの届出についての届書標準様式が新設された。②については、父又は母以外の法定代理人も出生の届出をすることができることとされたことに伴い、戸籍法施行規則附録11号様式の出生届書中、届出人の資格欄等が一部改正されたこと、改正前の戸籍法第102条第2項第1号が「国籍の取得の際に有していた外国の国籍」と改められたこと、改正国籍法で新たな国籍喪失事由が追加されたこと及び国籍喪失の届出義務者に国籍喪失者本人も加えられたことに伴い、出生届、帰化届、国籍喪失届の届書標準様式を改正する必要があったことである。③については、届出人が15歳未満のため法定代理人が代わって届出をする場合の届出人欄及び証人欄について改善された。④については、渉外婚姻、渉外縁組等が逐年増加しているほか、改正法施行後は、外国人父と日本人母との間の嫡出子も日本国籍を取得し、戸籍に記載されることになり、外国人の氏名を戸籍に記載する場合が増加する一方、外国人の氏名を戸籍に記載するには、氏、名の順序で記載し、氏と名との間に読点を付すこととしたので、届書の氏名欄も氏と名とを区別して記載してもらうため区切線を設ける等の改善が行われた。

2 本通達後における届書標準様式の一部改正の経緯

本通達（以下「昭和59年の本通達」という。）により全面的に改正された戸籍届書の標準様式は、その後数次にわたってその一部が改正された。

(1) 昭和62年10月1日民二5002号通達による一部改正

養子法の改正を内容とする民法等の一部を改正する法律（昭和62年法律第101号）の施行に伴い、昭和59年の本通達によって示された戸籍届書の標準

様式中、出生届、婚姻届、離婚届、死亡届、養子縁組届、養子離縁届、離婚の際に称していた氏を称する届及び入籍届の標準様式が改められるとともに、新たに特別養子縁組届、特別養子離縁届及び離縁の際に称していた氏を称する届の標準様式が定められた。

(2) **昭和 62 年 12 月 26 日民二 7186 号通知による一部改正**

　昭和62年11月18日最高裁判所規則第4号により家事審判規則が改正され、死後離縁を許可する審判（民811条6項、家審9条1項甲類8号）に対し利害関係人は即時抗告をすることができることとされた（家審規64条の2）ので、離縁の届出は、離縁を許可する審判が確定しなければすることができないこととなった。そこで、昭和59年の本通達によって示された戸籍届書の標準様式中、養子離縁届書の離縁の種別の中の「許可の審判」を「許可の審判確定」と、記入の注意欄中「死亡した者の離縁→許可の審判書の謄本」を「死亡した者との離縁→許可の審判書の謄本と確定証明書」と改められた。

(3) **昭和 63 年 11 月 16 日民二 6539 号通達による一部改正**

　昭和63年10月28日厚生省令第61号により医師法施行規則等の一部改正により死亡診断書（死体検案書）の様式が改められたことに伴い、昭和59年の本通達によって示された死亡届書の標準様式の一部が改められた。

(4) **平成 2 年 3 月 1 日民二 601 号通達による一部改正**

　昭和59年の本通達によって示された戸籍届書の標準様式中、各届書の「昭和」を「平成」に改め、死亡届書中、死亡診断書の部分につき、人口動態調査令施行細則等の一部を改正する省令（平成元年厚生省令第10号）に基づき改正された医師法施行規則中の第四号書式（死亡診断書）に合わせ、改正された。

(5) **平成 3 年 12 月 27 日民二 6211 号通達による一部改正**

　戸籍届書の一通化に関する同日付け民二第6210号通達に伴い、昭和59年の本通達によって示された届書の標準様式中、出生届及び死亡届の「記入の注意」欄の一部が改められた。

(6) **平成 6 年 10 月 21 日民二 6517 号通達による一部改正〔64〕**

　平成6年10月21日法務省令第51号により戸籍法施行規則の一部が改正

され、①各届書の用紙は、日本工業規格A列四番又はA列三番の規格とすること、②各届書について、事件本人の氏名のよみかた欄を設けること、③婚姻届、離婚届、養子縁組届、養子離縁届、特別養子縁組届及び特別養子離縁届の記入の注意欄中の届書の通数に関する記載を変更する等の改正が行われた。

⑺　平成12年3月15日民二602号通達による一部改正〔69〕

　成年後見制度を改正するための「民法の一部を改正する法律」(平成11年法律第149号)、「民法の一部を改正する法律の施行に伴う関係法律の整備等に関する法律」(平成11年法律第151号)等の施行に伴い、昭和59年の本通達によって示された死亡届、養子縁組届、養子離縁届、後見届、入籍届、国籍取得届、帰化届、国籍選択届、外国国籍喪失届、外国人父母の氏への変更届、名の変更届、転籍届及び就籍届の標準様式の一部が改められ、保佐届の届書の標準様式が廃止された。

⑻　平成14年2月18日民一439号通達による一部改正

　保健師助産師看護師法の一部を改正する法律(平成13年法律第153号)の施行に伴い、戸籍法施行規則の一部が改正され、昭和59年の本通達によって示された出生届の標準様式の「助産婦」が「助産師」と改められた。

⑼　平成16年4月1日民一770号通達による一部改正

　人事訴訟法(平成15年法律第109号)の施行に伴い、昭和59年の本通達によって示された戸籍届書の標準様式中、出生届、婚姻届、離婚届、死亡届及び養子離縁届の各届書の標準様式の一部が改められた。

⑽　平成16年11月1日民一3009号通達による一部改正

　嫡出でない子の戸籍における父母との続柄欄の記載に関する戸籍法施行規則の一部を改正する省令(平成16年法務省令第76号)の施行に伴い、昭和59年の本通達によって示された戸籍届書の標準様式中、出生届及び認知届の様式の一部が改められた。

61 特別養子制度の創設等養子法の改正に伴う戸籍届書の標準様式の一部改正

昭和 62 年 10 月 1 日民二第 5002 号通達

先例の趣旨

特別養子制度の創設等、養子法の改正を内容とした民法等の一部を改正する法律（昭和 62 年法律第 101 号）の施行に伴い、戸籍届書の標準様式として特別養子縁組届、特別養子離縁届及び離縁の際に称していた氏を称する届の各届書様式が定められるとともに、昭和 59 年 11 月 1 日民二第 5502 号通達で示された標準様式中、出生届、婚姻届、離婚届及び死亡届の 4 届書中、人口動態調査事項の一部について、また、養子縁組届、養子離縁届、離婚の際に称していた氏を称する届及び入籍届の各届出事項についてその一部が改められ、昭和 63 年 1 月 1 日から適用された。

参考

訓令通牒録：⑧綴 11009 頁、⑩綴 12821 頁
関連先例通し番号：91、43
改正：平成 14 年 2 月 18 日民一 439 号通達一部変更
　　　平成 16 年 4 月 1 日民一 770 号通達一部変更
　　　平成 16 年 11 月 1 日民一 3009 号通達一部変更

〈解　説〉

第 1　本通達により新たに加えられた戸籍届書の標準様式

1　特別養子縁組・離縁の届書様式

　昭和 62 年法律第 101 号に基づく民法の一部を改正する法律により、専ら子の利益を図ることを目的として、当事者の合意ではなく、家庭裁判所の審判によって縁組が成立するとともに、実方の父母その他の親族との親族関係

が終了することを内容とする特別養子制度(民817条の2から817条の11まで、及び戸68条の2)が新設された。この審判によって成立した特別養子縁組の届出及び審判による離縁の届出をする場合の届書の標準様式が定められた。

2 離縁の際に称していた氏を称する届書の様式

養子は、離縁によって当然に縁組前の氏に復するが(民816条)、養親の氏を永年使用していた養子にとっては、復氏により社会生活上の不便が生ずる。同様の問題は離婚の際にも生じ、これを救済するために、既に昭和51年法律第66号による民法の一部改正により第767条第2項が新設(いわゆる婚氏続称制度の新設)されていた。そこで、離縁についても一定の要件の下に戸籍法の定めるところにより届け出ることによって、離縁の際に称していた氏を称することができるとの規定が新設された(民816条2項・808条2項、戸73条の2・69条の2)。これにより縁氏続称届の標準様式が定められた。

3 本通達後における1及び2の届書標準様式の一部改正
(1) 平成2年3月1日民二第601号通達

「昭和」を「平成」に改められた。
(2) 平成6年10月21日民二第6517号通達(記3・4)

事件本人の氏名によみかた欄が設けられるとともに、「記入の注意」欄中、届書の通数に関する記載が一部変更された。

第2 本通達による戸籍届書の標準様式の一部改正

1 四届書の改正
(1) 出生届、婚姻届、離婚届及び死亡届の各届書の標準様式中、人口動態調査事務のための「世帯のおもな仕事」欄中、4及び5の「(臨時又は日雇は6)」が「(日々または1年未満の契約の雇用者は5)」と改められた。

(2) 本通達後における四届書の改正の経緯
　ア　四届書共通の改正
　　○　平成2年3月1日民二第601号通達
　　　　「昭和」が「平成」に改められた。
　　○　平成6年10月21日民二第6517号通達
　　　　人口動態調査事務のための「世帯のおもな仕事」欄が改められるとともに、事件本人の氏名に「よみかた」欄が設けられた。
　　○　平成16年4月1日民一第770号通達
　　　　「記入の注意」欄に「届け出られた事項は、人口動態調査（統計法に基づく指定統計第5号、厚生労働省所管）にも用いられます。」旨の記載が加えられた。
　イ　四届書の各標準様式につき個別の改正
　　(ア)　出生届書
　　○　平成3年12月27日民二第6211号通達
　　　　「戸籍の届書の通数について」の通達（平成3・12・27民二6210号）の趣旨により、「記入の注意」欄中、届書の通数に関する記載の一部が改められた。
　　○　平成6年10月21日民二第6517号通達
　　　　出生証明書の様式等を定める省令（法務・厚生省令第1号）の一部が改正され、出生証明書の様式が改められるとともに、届書の届出人欄に「7．公設所の長」が加えられた。
　　○　平成14年2月18日民一第439号通達
　　　　保健師助産師看護師法の一部を改正する法律（平成13年法律第153号）の施行（平成14年3月1日）に伴い、出生証明書の(15)欄中、「看護婦」が「看護師」に改められた。
　　○　平成16年11月1日民一第3009号通達
　　　　嫡出でない子の父母との続柄は、父の認知の有無にかかわらず、母との関係のみにより認定し、嫡出でない子の出生の順序により「長男（長女）」、「二男（二女）」等と記載されるものとされた（平成16・11・1民一3008号通達）ことに伴い、出生の届書の標準様式中、

(1)の「父母との続き柄」欄が改められた。
- (イ) **離婚届書**
  - ○ 平成16年4月1日民一第770号通達
    人事訴訟法（平成15年法律第109号）の施行等に伴い、訴訟上の和解又は請求の認諾によって直ちに離婚（又は離縁）が成立し、それが調書に記載されることにより確定判決と同一の効力が認められることとなった。したがって、裁判上の離婚（離縁）については、調停、審判、判決によるほか、「和解」又は「認諾」に基づく報告的届出によって、戸籍に離婚（離縁）事項の記載がされることになったので、離婚届（及び養子離縁届）の標準様式中、「離婚（離縁）の種別」欄に右の2事項が追加された。
- (ウ) **死亡届書**
  - ○ 昭和63年11月16日民二第6539号通達
    医師法施行規則等の一部改正により、死亡診断書（死体検案書）の様式が改められたことに伴い、死亡届書中死亡診断書（死体検案書）の様式が改められた。
  - ○ 平成3年12月27日民二第6211号通達
    「戸籍の届書の通数について」の通達（平成3・12・27民二6210号）の趣旨により、「記入の注意」欄中、届書の通数に関する記載の一部が改められた。
  - ○ 平成6年10月21日民二第6517号通達
    医師法施行規則等の一部が改正され（平成6年厚生省令第68号）、死亡診断書（死体検案書）の様式が改められた。
  - ○ 平成12年3月15日民二第602号通達
    医師法施行規則等の一部が改正（平成11年厚生省令第91号）されたことに伴い、死亡の届書の様式が改められた。

2 本通達による養子縁組届書等の改正

(1) (ア) 養子縁組届書中、新たに「監護をすべき者の有無」の欄が設けられるとともに、「記入の注意」欄の一部が改められ、(イ) 養子離縁届書中、

「離縁後の本籍」欄に「養子の戸籍に変動がない」旨の事項が追加された。また、(ウ) 離婚の際に称していた氏を称する届書中、「その他」欄に記載されていた事項が削除され、(エ) 入籍届書中、届出人の「資格」の欄に「配偶者」の項が設けられた。

(2) 本通達後における養子縁組届書等の改正

ア 養子縁組届等各届書に共通の改正

○ 平成2年3月1日民二第601号通達
「昭和」を「平成」に改められた。

○ 平成6年10月21日民二第6517号通達
事件本人の氏名に「よみかた」欄が設けられた。

イ 養子縁組等の各標準様式につき個別の改正

(ア) 養子縁組届書

○ 平成6年10月21日民二第6517号通達
「記入の注意」欄中、届書の通数に関する記載が一部改められた。

○ 平成12年3月15日民二第602号通達
成年後見制度の改正を内容とする民法の一部を改正する法律（平成11年法律第149号）等の施行に伴い、届書の届出人の「資格」欄中、「後見人」が「未成年後見人」に改められた。

(イ) 養子離縁届書

○ 昭和62年12月26日民二第7186号通知
昭和62年11月18日最高裁判所規則第4号により家事審判規則が改正され、死後離縁を許可する審判に対し利害関係人は即時抗告をすることができることとされた（家審規64条の2）ので、死後離縁の届出は、離縁を許可する審判が確定しなければすることができないこととなった。この改正に伴い、届書の「離縁の種別」欄中、「許可の裁判」を「許可の裁判確定」と、「記入の注意」欄中、「死亡した者との離縁→許可の審判書謄本」を「死亡した者との離縁→許可の審判書の謄本と確定証明書」と改められた。

○ 平成6年10月21日民二第6517号通達
「記入の注意」欄中、届書の通数に関する記載が一部改められた。

- ○ 平成12年3月15日民二第602号通達

  成年後見制度の改正を内容とする民法の一部を改正する法律（平成11年法律第149号）等の施行に伴い、届書の届出人の「資格」欄中、「後見人」が「未成年後見人」に改められた。
- ○ 平成16年4月1日民一第770号通達

  （前記1⑵イ(イ)の離婚届書の項を参照願いたい。）

(ウ) **入籍届書**
- ○ 平成12年3月15日民二第602号通達

  成年後見制度の改正を内容とする民法の一部を改正する法律（平成11年法律第149号）等の施行に伴い、届書の届出人の「資格」欄中、「後見人」が「未成年後見人」に改められた。

62 行政機関の休日に関する法律の制定及び地方自治法の一部を改正する法律の施行に伴う戸籍の届出期間の末日の取扱い

昭和63年12月20日民二第7332号通達

> **先例の趣旨**
>
> 行政機関の休日に関する法律（昭和63年法律第91号）の制定及び地方自治法の一部を改正する法律（昭和63年法律第94号）が昭和64年1月1日から施行されたことに伴い、①戸籍の届出等のうち期間の定めのあるものの届出期間の末日の取扱い、②条例で定める休日の翌日が届出期間の末日となる創設的届書の特別の処理、③失期通知の特例、及び④在外公館から送付された届書等に関する留意事項等について、戸籍事務の取扱いを示すものである。

参考 訓令通牒録：⑧綴 11088頁、⑩綴 12847頁

〈解 説〉

1 戸籍の届出等の期限

(1) 趣 旨

市区町村長に対する期間の定めのある戸籍の届出等で、届出期間の末日が届出地の市区町村の条例で定める休日（地自法4条の2・1項）に当たるときは、その休日の翌日が当該届出等の期間の末日となる（同条3項本文）。

(2) 市区町村の休日

市区町村の休日は、条例で定めることとされ（地自法4条の2・1項）、日曜日及び土曜日、国民の祝日に関する法律（昭和23年法律第178号）に規定する休日のほか、年末又は年始における日で条例で定める日とされている。

したがって、年末又は年始における休日については、行政機関の休日に関する法律（以下「休日法」という。）が12月29日から翌年の1月3日までの日と定めているのに対し、条例の定め方によって休日法に基づく休日と異なる休日を採用する市区町村もあり得るので、各市区町村においては、年末、年始の休日が統一されない場合もあると思われる。

(3) 届出等の期間の末日の取扱い

　戸籍の届出等のうち、出生届、死亡届等の報告的届出並びに離婚又は離縁の際に称していた氏を称する届、国籍留保届及び催告後の国籍選択届（国15条3項、戸104条の2）の創設的届出等、届出期間の定めのあるものの届出期間の末日が、当該届出をしようとする市区町村の条例で定める休日に当たるときは、その条例で定めた休日の翌日が届出期間の末日となる。

　例えば、届出期間の末日が12月30日である場合に、届出をしようとする市区町村が条例により12月29日から1月4日までを休日としているときは、1月5日が期間の末日となる。また、1月5日が日曜日に当たるときは、1月6日が届出期間の末日となる。なお、婚氏続称の届出等の創設的届出の場合において、その届出期間の末日が、例えば、休日法で休日と定められた12月29日であるが、届出をしようとする市区町村の条例により12月30日から年末の休日としているのを誤認して、年始の休日の翌日にその市区町村に届出があっても受理できない。ただし、この場合であっても、12月29日を休日としている他の市区町村（届出事件本人の本籍地又は届出人の所在地）に年始の休日の翌日に届出をすれば受理されることになる。

2　届書の特別の処理

(1) 趣　旨

　市区町村長は、前記1により、条例で定めた休日が届出期間の末日となる創設的届出を、その休日の翌日に受理し、他の市区町村長へ送付するときは、地方自治法第4条の2第3項の規定を適用して受理したものであることを明らかにしなければならない。なお、条例で定める休日が日曜日、土曜日又は国民の祝日に関する法律に規定する休日である場合は、前記の措置を採ることを要しない。

(2) 届書の処理

　市区町村長は、条例で定めた休日が届出期間の末日となる創設的届出を、その休日の翌日に受理し、その届書を他の市区町村長に送付するときは、当該届書に「地方自治法第4条の2第3項」等と記載した付せんをちょう付する等の措置をすることとされている。これは、届書の送付を受けた市区町村長が、条例で定める市区町村の休日が前記1(2)のように不統一であることから生じる期間の取扱いについての疑義を生じないようにするためである。

　なお、条例で定める休日が日曜日、土曜日又は国民の祝日に関する法律に規定する休日である場合は、全国の市区町村も休日であることから、前記の措置を採る必要はないとされている。

3　失期通知の特例
(1)　趣　旨

　死亡届等の報告的届出期間の末日が休日法第1条の規定による行政機関の休日であって、届出地市区町村の条例で定める休日でない日に当たる場合に、行政機関の休日の翌日に当該届出があったときは、戸籍法施行規則第65条に規定する管轄簡易裁判所への失期通知は要しないものとした。

(2)　失期通知の取扱い

　休日法の制定及び地方自治法の改正により、休日法に規定する休日と市区町村の条例で定める休日とは必ずしも同一ではないことから、届出人において国の行政機関の休日と市区町村の休日を同じであると誤認することも予想される。このような場合において、届出義務者に対し届出懈怠による過料の制裁を課すことは酷であると考えられること、また、戸籍法第120条の「正当な理由がなくて期間内にすべき届出又は申請をしない者」の判断は、本来は簡易裁判所ですべきものではあるが、このような場合にまで裁判所の判断にゆだねる必要はないと考えられることから、失期通知は要しないこととされた。

　例えば、①国の行政機関の年始の休日は1月3日までであるが、届出地市区町村が条例により1月2日までを年始の休日としている場合において、届出期間の末日が1月3日の報告的届につき国の行政機関の休日の翌日である

1月4日に届出がされたとき、②届出期間の末日が国の行政機関の休日である12月29日であり、届出地市区町村が条例により12月30日から年始の1月4日までを休日としている場合において、当該届出が1月5日になされたときは、いずれも失期通知は要しないとされている(「戸籍」544号80頁参照)。

4 在外公館から送付された届書等に関する留意事項
(1) 趣　旨
届出期間の定めのある戸籍の届出が在外公館にあった場合における在外公館での期間の末日についての取扱いを明らかにするとともに、当該取扱いによる届書等の送付があった場合に、これらの取扱いに留意する必要がある旨を示したものである。

(2) 在外公館における届出期間の末日の取扱い
　ア　届出期間の末日が我が国の行政機関の休日に当たるときは、休日法第2条の期限の特例に関する規定の適用により、その休日の翌日が期限の末日となる。

　イ　届出期間の末日が在外公館の所在する国の休日に当たるときは、民法第142条の規定の類推適用により、その休日の翌日が期間の末日となる。

　　在外公館が上記ア又はイの取扱いにより届出等を受理したときは、期間の末日を延長して受理した旨を明らかにするため、その旨を記載した付せんを届書にちょう付する等の措置が採られるものと思われる。市区町村長は、これら在外公館が受理した届書等の送付を受けたときは、在外公館における届出期間の末日についての取扱いに留意する必要がある。

5 経過措置による休日の期限
(1) 戸籍の届出等の期限の経過措置
地方自治法第4条の2第1項に規定する条例が制定施行されるまでの間、市区町村の休日は、改正自治法の施行の際、現に休日とされている日による

ものとされており(地自法附則2条)、この休日を期間の末日とする届出については、同法第4条の2第3項に規定する期限の特例の適用がある。

しかし、地方自治法の一部が改正され、地方公共団体の行政庁に対する届出等について期限の特例の規定が設けられたことにかんがみ、その期限の特例の適用のない、現に休日とされている日が届出期間の末日に当たるときの届出等の期限についても、期限の特例と同様の取扱いをするのが相当と考えられることから、この届出の期限についても、民法第142条の規定の類推適用により、その休日の翌日を当該届出等の期間の末日とすることとされた。

(2) **届書の処理**

市区町村長が、地方自治法第4条の2第1項に規定する条例を制定するまでの間、届出期間の末日が日曜日及び国民の祝日に関する法律に規定する休日以外の現に市区町村の休日(通例年末年始の休日)に当たる創設的届出をその休日の翌日に受理し、他の市区町村長に送付するときは、本通達2と同様に、届書に「民法第142条」等と記載した付せんをちょう付する等の措置を採り、届出期間の末日を延長して受理したものであることを明らかにすることとした。なお、市区町村が、地方自治法第4条の2第1項に規定する休日に関する条例を制定し施行した後は、本通達の1ないし3の取扱いによることとされた。

63　戸籍届書の一通化

平成3年12月27日民二第6210号通達

> **先例の趣旨**
> 　戸籍の届書の通数は、原則として、戸籍に記載を要する市区町村の数と同数を、また、本籍地外で届出をするときは、更に一通を加えて提出しなければならないとされ、市区町村長が相当と認めるときに限って一通のみを提出させ、他は謄本を作って届書に代える取扱いが認められている。しかし、実務における運用では、上記の原則的な取扱いをしているのが実態であり、これは届出人にとって負担であるだけでなく、届出を受ける市区町村にとっても、複数の届書間の同一性を確認する負担があることも指摘されていた。そこで、届出人の負担の軽減と市区町村における事務処理の効率化を図る観点から、今後、届書の一通化を積極的に推進することとし、その具体的な実施の方法が示されたものである。

参考　訓令通牒録：⑨綴　11486ノ13頁、⑩綴　12921頁

〈解　説〉

1　届出地と届書の通数

(1)　届出地

　戸籍の届出は、届出事件の本人の本籍地又は届出人の所在地であることを原則とし（戸25条）、付加的に出生、死亡、分籍、転籍及び就籍の各届出は、出生地、死亡地、分籍地、転籍地及び就籍地ですることもできるとされる（戸51条・86条・101条・109条・112条）。届出は、戸籍に記載するのが主目的であることからすれば、届出事件の本籍地にするのが最も適当である

が、これのみに限定すると、本籍地以外の地に居住する届出人にとっては不便であり、届出の励行を期しがたいことから、届出地を広く認めることとしている。

(2) 届書の通数

戸籍法第36条は、二箇所以上の市区町村で戸籍の記載をすべき場合（例えば、婚姻、縁組、転籍等により本籍が他の市区町村に転属するときは、入籍地と除籍地で戸籍の記載を要するし、また、本籍の転属がない認知届では、父と子の双方の戸籍に記載を要する。）には、市区町村の数と同数の届書を提出しなければならないとしている。

また、本籍地以外の市区町村に届出をするときは、戸籍の記載をする市区町村の数のほか、更にもう一通余分に提出しなければならない（戸36条2項）。これは、届出を受理した市区町村では、戸籍の記載はしないが、届出を受理したことを明らかにしておくため、その届書の一通を一定の期間保存する必要があるためである（戸規48条3項）。

しかし、複数の届書を提出させる必要がある場合でも、届出人に対し所定の数の届書を提出させるのが相当でないと認められる場合、又は提出された届書の不足分を追加提出させることが困難な場合等には、市区町村長の判断により一通のみを提出させ、他の必要分は市区町村において届書の謄本を作成し、届書に代えることができるとされている（戸36条3項）。このため、一部の市区町村では、本項の規定を適用して、届出人が提出する届書を1通のみとし、他の必要分は市区町村において謄本を作成し、届書に代える取扱いがされていた。この取扱いは、電子複写機等の普及により、鮮明で変色又は退色等のおそれのない謄本が容易に作成できるようになったことから、昭和50年代ころから次第に採用されてきた（当時、全国市区町村のうち一通化を実施している市区町村は、37.2％だったが、平成2年度においては46.8％とされていた。）。

2 一通化実施の必要性

(1) 総務庁行政監察局長からのあっせん

行政機関等の業務に関する苦情の申出等に応じ必要なあっせんを行う機関

として総務庁（現総務省）行政監察局長から法務省民事局長に対し、平成3年9月25日付け総監第311号をもって次のようなあっせんがなされた。

　すなわち、戸籍の届出人が複数の届書を提出することの負担の改善、特に出生、死亡の届出をする場合における出生証明書、死亡診断書を複数得るための経済的負担の改善及び市区町村の事務処理の効率化等の観点から、法務省が一通化の実施について積極的に市区町村を指導する必要があるというものである。

(2)　**全国連合戸籍事務協議会からの要望**

　同協議会の総会では、昭和62年の第40回の総会以来、毎年「戸籍法第36条を改正し、すべての届書を一通化するよう要望する。」との趣旨の決議がなされ、これに対し、法務省民事局長は、いずれも「検討いたしたい。」との回答がされている。要望の理由は、前記(1)のあっせんの理由と同趣旨であり、市区町村としても、各届書の記載内容の照合が省略できることから、審査の正確性及び事務処理の効率化というメリットが期待できるというものである。

　しかし、現状における一通化の実施率は37.2％にすぎないこと、及び一通化の実施率にかなりのバラツキがあり、法改正により全国一律に1通化することは、これに伴う財政的負担、事務量の増大等を一方的に強いる結果となり、相当でないと考えられた。したがって、届出人の負担の軽減及び市区町村の事務処理の効率化のため、一通化を実施することは現行法の下でも可能であることから、戸籍法第36条第3項を積極的に適用して、一通化を促進することは、市区町村の要望に沿うものであると考えられた。

3　一通化実施のための具体的方策

　一通化実施は、本通達の前文に示されたとおり、管轄法務局・地方法務局の長から、一通化を実施していない市区町村長に対し、その実施を積極的に助言する方法により行うこととされた。

(1)　**戸籍事務協議会等における協議**

　一通化を実施する場合には、一定区域の市区町村が同時に実施することが望ましいことから、戸籍事務協議会あるいは市区町村戸籍主管課長打合せ会

等において、協議会単位での一通化の実施時期、住民への周知方法等について協議する必要があるとするものである。なお、一部の市区町村において一通化の実施が困難な場合に、その管内の他の市区町村の一通化を延期させる趣旨ではないとされている。

(2) **一通化の実施が当面困難な場合**

　管轄法務局等の長から、一通化の実施を助言しても、何らかの事情により直ちに実施できない市区町村においても、届出人にとって負担の大きい出生届に添付する出生証明書、死亡届に添付する死亡診断書又は死亡検案書は、一通のみを提出させ、他は届出人又は市区町村長が作成した謄本で足りる取扱いを徹底する必要があるとしている。

　届書に添付すべき裁判の謄本又は医師の診断書を届書の一通のみに添付し、他は届出人の作成した謄本で足りる取扱いは、旧戸籍法当時から認められており（大正4・7・7民638号回答9項・10項）、また、現行戸籍法の施行後は、出生届には出生証明書を添付することとされたが、この場合も、旧法当時と同様の取扱いが認められている（昭和23・1・13民事甲17号通達(15)）ことから、この取扱いを徹底させることにより、届出人の負担を軽減しようとするものである。

　なお、これらの先例では、証明書等の謄本は、届出人が作成するものとされているが、複写機が普及している現在では、必ずしも届出人に作成させるまでもなく、市区町村において作成することもそれほどの負担とはならないものと考えられることから、「届出人又は市区町村長が作成した謄本」とされたものである。この届出人又は市区町村長が作成した証明書等の写しの余白には、謄本である旨の認証が必要となる。「上記は謄本である。」又は「上記は原本と相違ない。」と付記し、市区町村長の職名・氏名を記載して職印を押す方法で差し支えないとされている。

(3) **病院等医療機関への通知**

　一通化を実施した場合には、出生届に添付する出生証明書、死亡届に添付する死亡診断書又は死体検案書も一通で足りることになる。これらの証明書の用紙は、届書と一体に印刷されており、病院等は、市区町村からあらかじめ取り寄せ又は病院が印刷した届書を用いて証明している。したがって、一

通化の実施又は証明書のみを一通で足りる取扱いをする場合は、証明書を交付する病院等にもその旨を周知させる必要がある。周知方法は、一通化を実施する市区町村の長又は管轄法務局の長から、その市区町村内にある病院又は助産師（助産所）あるいは医師会等に対し、文書により個別に行うのが効果的である。また、協議会単位で実施する場合は、協議会長（又は管轄法務局の長との連署）から行うことも差し支えないとされている。大都市等医療機関等の数が多い地区では、これらを指導・監督している都道府県の衛生主管部局の協力を得た上で、周知する方法が考えられる。

　なお、本通達では、住民に対する周知については、特に明らかにしていないが、市区町村の広報誌への掲載、市区町村の窓口に掲示する等適宜な方法により周知する必要がある。
(4)　届書の謄本作成及び届書原本の取扱い
　ア　届書の謄本作成について
　　届書の謄本は、戸籍記載の基本となるばかりでなく、記載事項証明書の交付にも使用されるから、文字が鮮明に写し出され、かつ、変色又は退色のおそれがないものに限られ、電子複写機で鮮明に作成する必要がある。届書の記載事項を訂正した場合には、訂正箇所に訂正印を押印すると、謄本を作成したときに判読不能となるおそれがあるから、記載事項を訂正させた場合は、届書の欄外で「何字訂正」又は「何字削除何字加入」と記載し、押印するよう指導する必要がある。また、謄本である旨の認証は、事務処理の簡素化から届書の発送欄に「これは謄本である」旨の印判等により表示し、市区町村長の職印を押す方法で差し支えないとされている（本通達の解説「届の一通化について」戸籍587号31頁以下参照）。
　イ　届書の原本の取扱いについて
（本籍地市区町村に届出があった場合）
　　届出のあった届書に基づいて他の市区町村においても戸籍の記載をする必要があるときは、届出を受理した市区町村は、当該戸籍記載を要する市区町村に届書の謄本を送付する（昭和52・4・6民二1672号通知記二1）。したがって、届出を受理した市区町村では、その届出により事

件本人がその戸籍から除かれ、他の市区町村に新戸籍が編製される場合でも、常に届書の原本を保管することになる。例えば、甲市に本籍を有する者と乙市に本籍を有する者が丙市に新戸籍を編製する婚姻届を甲市に提出した場合は、甲市が届書の原本を保管し、乙市及び丙市には届書の謄本を送付することになる。

（非本籍地市区町村に届出があった場合）

a 戸籍の記載をする市区町村が一か所の場合

　この場合は、必ず当該戸籍の記載をすべき市区町村に届書の原本を送付する（前記通知記二2㈠）。戸籍の記載をする市区町村が二か所の場合とは、出生届、死亡届、親権届、未成年後見届、氏・名の変更届などであるから、これらの届出を受理したときは、この届出により戸籍の記載をする市区町村に届書の原本を送付し、受理市区町村では届書の謄本を保管する

b 戸籍の記載をする市区町村が二か所以上ある場合

① 事件本人について新戸籍の編製を要する届出（例えば、婚姻届、転籍届、分籍届等）を受理したときは、新戸籍を編製する市区町村に届書の原本をそれぞれ送付し、受理市区町村では届書の謄本を保存する。

② 事件本人が現に在籍する戸籍から除かれ、他の戸籍に入籍することになる届出（例えば、養子縁組届、入籍届等）については、その者の入籍する戸籍を備える市区町村に届書の原本を送付する（前記通知記二2㈡(2)）。つまり、これらの届出を受理したときは、事件本人が入籍する戸籍がある市区町村に届書の原本を、除籍となる市区町村に届書の謄本をそれぞれ送付し、受理市区町村では、届書の謄本を保存する。

③ 認知届では、認知者である父と被認知者である子について、また、生存配偶者が養子となる縁組の届出では、養子と養親について、それぞれ戸籍の記載を要するが、戸籍の変動はない。これらの届出を受理したときは、子又は養子の本籍地の市区町村に届書の原本を（前記通知記二2㈡(3)）、認知者又は養親の本籍地の市区町村に

届書の謄本をそれぞれ送付し、受理市区町村では、届書の謄本を保存する。
　c　受理市区町村において届書の謄本を保存する場合における謄本の認証
　　　届出を受理した市区町村において届書の謄本を保存する場合であっても、単に届書の写しを保存するのではなく、届書の謄本である旨の認証が必要である。その認証は、アで示した届書の発送欄に「これは謄本である。」と表示し、市区町村長の職印を押す方法で差し支えない（前記通知記三）。
　以上の取扱いは、届書の原本を保存する市区町村を明確にし、届書の謄本の送付を受けた市区町村が、その記載事項について照会する場合の市区町村を明らかにするとともに、届書の原本が本籍人に関する届書類として管轄法務局において保存できるよう考慮したものである。

64　戸籍届書の標準様式の一部改正

平成6年10月21日民二第6517号通達

先例の趣旨

　戸籍に関する届書の様式については、戸籍法第28条において、法務大臣は、事件の種類によって、届書の様式を定めることができるとされ、これを受けて戸籍法施行規則（以下「規則」）第59条において出生、婚姻、離婚及び死亡に関する四届書の様式（いわゆる法定様式）は、附録第11号から第14号までの各様式によらなければならない旨を規定している。しかし、この規則により定められている届書の様式は、右の四種類の届書に限られ、その他の届書の様式は、昭和59年11月1日民二第5502号通達〔60〕により別に定められ、各届書の具体的な様式に関する標準様式が示されている。

　戸籍届書に関しては、前記のとおり民事局長通達において具体的な様式が定められ、実務上の運用がされているが、前記の四届書の様式については、規則において定められていることから、この様式を改めるには、当然にこれを規定する規則（省令）の改正を要する。平成6年法務省令第51号による届書様式の改正は、戸籍事務のコンピュータ化に伴い規則の諸規定が整備される機会に、出生届及び死亡届の届出人欄に公設所の長を追加し、四届書の用紙の規格をA判化するとともに、人口動態調査事務のための分類が変更されることに伴う改正等がされた。

　本通達による届書の標準様式等の一部改正は、上記の第51号省令による規則改正及びその他の関係規則の改正に基づいて届書の具体的様式を改めるほか、規則で定めていない戸籍届書の用紙の規格をA判化し、事件本人の氏名のよみかた欄を設けるなどの改正がされたものである。

第4章 届出通則（一般）

> **参考**　訓令通牒録：⑨綴 11825頁、⑩綴 12934頁
> 関連先例通し番号：60、69

〈解　説〉

1　戸籍届書の様式改正
(1)　出生証明書、死亡診断書（死体検案書）等の改正
　出生届、死亡届の標準様式には、出生証明書、死亡診断書（死体検案書）の様式が示されているが、これらの証明書は、本来届書の添付書類であり、その様式は、平成6年10月21日法務・厚生省令第1号、同日付け厚生省令第68号により改められた。
　戸籍の届書は、届出人からの各届出に基づいて戸籍にその身分変動の記載をすることを目的とするが、他方、届書に記載された事項の一部及び添付された証明書等の内容は、厚生労働省において人口動態調査事務等のための行政統計として活用されている。
　行政統計としての目的を達成し、活用するためには、時代の変化に応じた適切な対応を要請されるが、死亡届に基づく我が国の死因統計をめぐっては、平成2年に世界保健機構（WHO）が定めた、人口の高齢化に伴う死因構造の多様化に対応するための書式改定等が勧告されるなど、近年大きな変化があった。そこで、死亡診断書（死体検案書）及び死産証書（死胎検案書）の様式改定が実施され、死亡者の死亡原因等により詳細に記載されることとなった。
　一方、出生証明書については、その記載内容が死産証書（死胎検案書）とおおむね共通であり、平成6年10月21日付け厚生省令第69号をもって公布された死産届書、死産証書及び死胎検案書に関係する省令の一部を改正する省令によって死産証書（死胎検案書）に記載すべき内容として死産児の身長等が追加されるとともに、双子以上の場合の種別及び死産順位の表現が改正された。このため、双方の証明書相互の整合性を図ることから、出生証明書の様式も前記平成6年法務・厚生省令第1号により改正されたものである。なお、従前の死亡届書の記載事項とされていた出生後8日以内に死亡し

た場合の「死亡した人の出生届」欄（戸規58条6号関係）については、死亡診断書（死体検案書）において「生後1年未満で病死した場合の追加事項」として把握することとしたため、平成6年法務省令第51号により戸籍法施行規則第58条第6号が削除された。

(2) 世帯の主な仕事欄の変更

　戸籍届書のうち、出生・婚姻・離婚及び死亡の四届書には、人口動態調査事務のための記載事項として「世帯のおもな仕事」欄が設けられている。その分類内容が変更されたが、その理由は、農業世帯数及び世帯人員数の著しい減少がみられ、専業と兼業をそれぞれ分けて把握する必要性が希薄になっていること、人口の高齢化による無職の世帯の増加に伴い、その他の世帯について細分化して把握する必要があること、常用勤務世帯については、他の統計により人口の把握が可能な企業規模による区分に変更する必要があること等によるものである。また、死産届についても、人口動態調査事務のための「世帯のおもな仕事」欄が設けられているが、この届書の様式は、平成6年厚生省令第69号により具体的な様式が示されている。その様式における「世帯のおもな仕事」欄の分類内容は、平成6年法務省令第51号のものと同様のものとされている。

　死亡届書の「世帯のおもな仕事」欄のうち、国勢調査の年に記載することとされている「職業・産業」欄については、従来の表記では死亡したときの世帯の職業・産業と誤解されることが多いため、その正確性の確保を図った。

(3) 届出人欄における公設所の長の追加

　出生届に関し、病院・刑事施設その他の公設所で出生があった場合に、父母がともに届出をすることができないときは、公設所の長又は管理人が届出をしなければならないこととされ（戸56条）、死亡届については、戸籍法第93条においてこれを準用している。したがって、公設所において出生があった場合で、父母がともに届出をすることができない場合、又は公設所で死亡があった場合に、親族等が届出をすることができない場合は、その施設の長又は管理人が届出人となる。しかし、これまでそのような届出は例外的で、その数も極めて少なかったことから、届出人欄に「公設所の長」は届出

人資格として記載されていなかったものと思われる。しかし、近年、高齢化社会が進むに従って、身寄りのない高齢者が公設の老人ホーム等で死亡する例が増加し、従前の届書の届出人欄には、そのチェックすべき区分が設けられていなかったため、しばしば家屋管理人等と誤記されることがあった。この点について、平成5年の全国連合戸籍事務協議会総会の要望事項として提出されていた経緯があり、本通達による出生届及び死亡届等の見直しの機会に、届出人欄に公設所の長が新たに追加されたものである。

2　戸籍届書の用紙のＡ判化

　公文書のＡ判化が順次進められている中で、戸籍届書の用紙についても、従来使用されてきたＢ列5番又はＢ列4番を、Ａ列4番又はＡ列3番の用紙を使用することに変更された。

　戸籍届書の用紙の規格は、戸籍法施行規則の附録第11号様式から第14号様式までに規定されているが、出生届及び死亡届は、出生証明書及び死亡診断書（死亡検案書）を含めて標準様式として示されるため、規則上、Ａ列4番とされているものの、運用上はＡ列3番の用紙が使用される。

　ところで、戸籍届書の用紙のＡ判化は、当初、コンピュータ化に伴う事務処理の効率化等のため、内容の変更も併せて検討されたが、戸籍の届書の様式は、長年使用され、社会一般に定着していること、戸籍事務を処理する電子情報処理組織において、戸籍届書に基づく入力項目等（平成6・11・16民二7002号通達）も届書の内容を前提としてシステムが開発されていること等から、結局、大幅な変更は極力避けることとされた。

3　事件本人の氏名の「よみかた」欄の追加

　従前は、戸籍届書のうち、出生届、国籍取得届、帰化届及び就籍届については、事件本人の氏名の「よみかた」欄が設けられていた。この氏名のよみかたは、戸籍に記載される事項ではなく、出生届の記入の注意欄にあるとおり、専ら住民票の処理等のために用いられているものである。しかし、事件本人の氏名の「よみかた」欄は、その届出事件の処理に際して届出人を呼称するのに必要であるとして、全国連合戸籍事務協議会から氏名の「よみか

た」欄が設けられていないその余の届書についても新たに「よみかた」欄を追加するよう要望されていた。また、戸籍事務のコンピュータ化に伴い、磁気データとして管理される戸籍を特定（検索）する項目として、戸籍の見出しである本籍又は筆頭者の氏名のほか、仮名で表記された氏名の検索を可能とするために追加された。

なお、この「よみかた」欄の追加は、従前の出生届と同様に、平成6年法務省令第51号の様式には示されることはなく、専ら民事局長通達により運用される事項である。

4 「記入の注意」欄の変更

戸籍届書の標準様式の欄外に記載されている「記入の注意」欄のうち、届書の通数に関する記載が変更された。

市区町村に提出する届書の通数は、2箇所以上の市区町村で戸籍の記載をすべき場合には、これと同数の届書を提出しなければならないとされ、本籍地以外で届出をするときは、さらに1通の届書を提出しなければならないとされている（戸36条1項・2項）。ただし、相当と認めるときは、市区町村長は届書の謄本を作り、これを届書に代えることができるとされている（同条3項）ことから、平成3年12月27日民二第6210号通達によって、届出人の負担軽減及び市区町村の事務処理の効率化を図る等の趣旨により、「届書の一通化」が推進されている。これを受けて、同日付け民二第6211号通達によって、戸籍届書の標準様式の一部が改正され、出生届及び死亡届について、市区町村が相当と認めたときは1通で足りることがある旨及び2通の場合でも出生証明書、死亡診断書については原本1通で差し支えない旨の「記入の注意」事項が追加された。この標準様式の改正は、出生証明書及び死亡診断書の発行手数料が高額であるため、届出人の負担を軽減することなどを目的として実施されたものであり、平成3年の様式改正では、出生届及び死亡届の「記入の注意」欄についてのみ改正された。1通化が右の二種類の届書に限定されたのは、当時、届書の1通化を実施していない市区町村が約半数あったこと（平成2年度における実施庁は46.8％）等を考慮したものであり、婚姻届、離婚届等の「記入の注意」欄については、改正されなかっ

た。

　しかし、前記の１通化に関する通達の発出後３年が経過し、ほぼ全国の市区町村において１通化が実施されている状況にあることから、出生届及び死亡届との整合性を図るため、「記入の注意」欄に届書の通数に関する記載のある婚姻届、離婚届、養子縁組届、養子離縁届、特別養子縁組届及び特別養子離縁届の記載内容が本通達により改正されたものである。

　ところで、届書の提出通数を定める戸籍法第36条の規定は、戸籍事務のコンピュータ化に伴う法改正時にも改正されなかったことからすると、届書の提出数の原則は同規定によることとし、届書の１通化の実施はあくまでも市区町村の自主的な判断に委ねられるが、１通化を推進するという所定の方針に変わりはない。

5　様式改正に伴う従前の届書の取扱い

　本通達による戸籍届書の様式改正が、新様式の用紙を準備するための期間が十分に確保されなかったこと等から、市区町村においては、改正前の届書を多数在庫として保有している場合は、各省令改正に基づく所要の修正をした上、従前の用紙を使用して差し支えないこととされた。

65 出生届等における職業、産業の記載方について

平成7年1月30日民二第669号通達

先例の趣旨　国勢調査の実施年に当たる平成7年度においては、同年4月1日から同8年3月31日までに発生した出生及び死亡並びに同期間内に届け出る婚姻及び離婚の各届書には、父母又は事件本人の職業（死亡の届書にあっては、死亡した人の職業・産業）を記載して届け出ることになるので、これらの届出の受理に際しては、届出人に対し前記の事項を記載して届け出るよう指導すべきものとされた。

参考　訓令通牒録：⑨綴　12011頁、⑩綴　13252頁

〈解　説〉

1　我が国の人口動態統計は、出生、死亡、死産、婚姻、離婚の5種目について行われ、死産以外は戸籍上の届出に基づいて集計する調査方法がとられてきている。この4届書については、人口動態調査のため多数の届出事項が要求されるので、戸籍法施行規則第59条によりそれぞれ一定の様式が定められている（戸規附録11号～14号）。4届書の様式は、旧法の改正により昭和21年10月1日から一定されてきたが、その後、数次の改正を経て現在に至っている。

2　ところで、国勢調査の実施年に当たる年の4月1日から翌年3月31日までに発生した出生及び死亡並びにその期間内に届け出る婚姻及び離婚の各届書には、父母又は事件本人の職業（死亡届の場合は、死亡した人の職業・産業）を記載しなければならないとされている。本通達は、これらの届出の受理に際し、前記事項の記載方につき指導をすべきであるが、仮に

届出人がこれに応じない場合においても、そのことのみをもって届出の受理を拒むことは相当でない、とする等、留意すべき事項を示したものである。

3 なお、国勢調査は、統計法（昭和22年法律第18号）第4条及び国勢調査令（昭和55年政令第98号）の規定に基づいて5年ごとに行われる。調査時において日本に居住するすべての人（外国人を含む。）を対象に、人口、世帯に関し、男女、年齢、国籍、就業状態、仕事の種類、世帯員の数などを調べる国の最も基本的、かつ、規模の大きな調査である（最近の国勢調査は、平成17年）。

66 申請書・届出書等の書類に記載されている氏名の文字の表記が戸籍上の表記と同一でない場合の取扱い

平成7年2月28日民二第2000号通達

先例の趣旨　国籍、戸籍、供託、公証、司法書士、土地家屋調査士に関する事務における申請書、届出書等の書類に記載されている氏名の文字の表記が、添付されている戸籍に記録されている事項の全部又は一部を証明した証明書（戸規37条1項）又は戸籍謄抄本に記載されているものと同一でないとしても、法務局、公証人役場及び市区町村役場の窓口対応において、上記証明書又は戸籍謄抄本に記載されている表記と同一の表記を強いてはならないとするものである。

参考　訓令通牒録：⑨綴 12020頁、⑩綴 13253頁

〈解 説〉

1 新戸籍編製等あるいは戸籍を改製する場合の氏又は名の記載に用いる文字の取扱いについては、平成2年10月20日民二第5200号通達により示されていた。その後、平成6年11月16日民二第7000号通達第7の2(2)により、戸籍を磁気ディスクをもって調製する戸籍に改製するに際し、従前の戸籍に記載されている氏又は名の文字が誤字で記載されているときは、これに対応する字種及び字体による正字で記録するものとされた。

2 また、同時に、上記の改製の際の取扱いとの整合性を図る必要から、平成2年の第5200号通達の一部が改正され（平成6・11・16民二7005号通達）、新戸籍編製等の場合における氏又は名の記載に用いる文字の取扱い

についても、上記の戸籍の改製の場合と同様に取り扱うことに変更された。しかし、この取扱いは、従前の戸籍に記載されている文字の表記が漢和辞典に登載されているものと異なる場合に、漢和辞典に登載されている国民一般に通用する表記で戸籍に登録するものであって、氏名に用いられている文字を変えるものではない。

3　したがって、国籍、戸籍、登記、供託、公証、司法書士、土地家屋調査士に関する事務における申請書、届出書等の書類に記載された氏名の文字の表記が、添付されている戸籍に記録されている事項の全部又は一部を証明した証明書（戸規73条1項）に記載されているものと同一でないとしても、添付の証明書に記載されている表記と同一の表記を強いるのは相当でない。本通達は、上記の各窓口対応において、この点の配慮を求めているものである。

　なお、戸籍用紙を用いて、婚姻、養子縁組、転籍等による新戸籍を調製する場合も、氏又は名の記載に用いる文字については、前記と同様の取扱いをしているので（前記平成2年の第5200号通達第1の2）、窓口対応には同様の配慮を求めている。

67　届書等の到達確認の実施

平成7年12月26日民二第4491号通達

先例の趣旨　戸籍事務の適正な処理を図るとともに、戸籍制度に対する国民の信頼を確保するために、本通達は、戸籍の届出又は申請を受理した市区町村長が、他の市区町村長に送付した届書等の未着事故の発生を早期に把握し、速やかに事後の措置を講ずる方法を示したものである。届書等の到達確認方法は、「確認用ハガキ」によるほか、届書等を受理した市区町村の実情に応じて適宜の方法により行うこととし、未着事故が発生した場合には、できるだけ早く届書等の写しを再送付する等の措置を講ずることにより、戸籍記載の遺漏を防止しようとするものである。

参考　訓令通牒録：⑨綴 12076頁、⑩綴 13258頁

〈解　説〉

1　到達確認を実施する場合の対応策等

(1)　事務負担

すべての届書等の到達確認を実施した場合、非本籍人に関する届出事件のすべてについて「確認用ハガキ」等を作成するほか、本籍人に関する届出事件のうちでも、2か所の市区町村で戸籍の記載を要する届出事件（例えば、婚姻、離婚、養子縁組、養子離縁、入籍、転籍等）もあることから、「確認用ハガキ」等を作成することになるものは相当な数になる。しかし、届書等の未着事故が発生した場合には、数は少ないにしても、届出がされたのに戸籍の処理がされていないという事態が生ずることは、戸籍事務の在り方として問題があり、戸籍制度に対する国民の信頼の喪失につながることになる。その

ため、本通達が発出された平成7年末当時においては、既に全国市区町村の40％近くが到達確認を実施し、全国連合戸籍事務協議会においても、事務負担の増加を前提としながらも、過去に4回もその制度を求める要望がされていた。

また、戸籍事務処理のコンピュータ化庁が急速に増加すると思われるところ、コンピュータ化庁においては、「確認用ハガキ」を自動的に作成する機能を付加することもできることから、これらを導入することにより事務負担は相当程度軽減されるものと考えられた。

(2) **到達確認に要する経費**

到達確認を実施する場合には、「確認用ハガキ」を利用するときは、届書等を受理した市区町村長が、他の関係市区町村長に届書等を送付する際に同封する返信用の郵便切手代、電話を利用する場合は電話代などの経費負担が増加する。

そこで、本通達の発出に当たっては、到達確認の方法として最も利用される割合が高いと思われる普通郵便による「確認ハガキ」の返信に要する切手代について、地方交付税における戸籍住民基本台帳費の算定に当たって考慮されている。

(3) **到達確認の実施方策**

到達確認の実施については、法律又は規則で定めることも考えられる。しかし、法律又は規則で定めることとした場合には、市区町村の実情に応じ、例えば、出生届についてのみ実施するというような限定を付することは難しく、また、全市区町村において一律に全届書について実施を義務付けることにもなり、その事務負担、経費の増加に対応することが困難となる事態も考えられる。

そこで、到達確認の措置を推進する施策の実施に当たっては、本通達による到達確認の措置を、届書等の送付を前提とする戸籍関係法令の趣旨を実現するために必要な取扱いとして位置付けるとともに、事務負担と経費についての配慮や対応を講ずることとした。

2 到達確認のための具体的方策

(1) 対象とする届書等の範囲

　到達確認の取扱いをする趣旨からすると、すべての届書等を対象とするのが望ましいが[注]、到達確認を実施するには、市区町村における事務負担と経費の増加が必然的に生ずることから、市区町村によっては、その実施が困難となることが予想された。

　そこで、当面は少なくとも出生届については実施することとし、状況に応じ徐々に対象範囲を拡大していくことも差し支えないこととされた。出生届については、その届出の重要性と送付未着事件が最も問題化する可能性が高い届書であるからである。

　　〔注〕　平成7年末当時、到達確認を実施している市区町村（全体の約40%）のうち、全届書等について実施している市区町村が85.9%の多数を占めていた。

(2) 届書等の到達確認の方法

　届書等の到達確認の趣旨に沿う方法であれば、「確認用ハガキ」によるほか、市区町村の実情に応じて適宜の方法により実施して差し支えないものと考えられている。以下は、最も実施される割合が高いと思われる「確認用ハガキ」による場合の例である。

　ア　受理市区町村は、返信用切手を貼付した「確認用ハガキ」を作成の上、届書とともに送付する。

　イ　アにより届書等の送付を受けた市区町村は、受附帳に記載後速やかに受理市区町村あてに「確認ハガキ」を返送する。

　ウ　受理市区町村は、「確認用ハガキ」が返送されたときには、受附帳の欄外余白に「着」等の印を押し、「確認用ハガキ」については適宜処分する。

　エ　受理市区町村は、2～3週間程度の期間を経過しても「確認用ハガキ」の返送がされない場合には、電話等により届書等の到達の確認をする。

(3) 届書等を書留又は簡易書留により送付している場合

　書留又は簡易書留は、料金が普通郵便の数倍となる反面、郵送中に経由する郵便局等に記録が残るため、万一送付未着事故の発生が判明した場合には、どの過程で事故が発生したかを追跡調査することが可能となる。そのため普通郵便に比べてより慎重に取り扱われ、送付先に到達する確実性はより高いものとなる。そこで、届書等を書留又は簡易書留により送付している市区町村(注)にあっては、到達確認の取扱いを実施する必要はないのではないかという疑問が生ずるところである。しかし、書留又は簡易書留による送付の目的は、届書の送付未着事故が発生した場合に、事故の責任の所在を明確にすることを可能とするものではあるが、送付未着事故の発生をすべて防止することは不可能である。到達確認の取扱いの目的は、いうまでもなく届書等の送付未着事故の発生を早期に把握し、速やかに事後の措置を講ずることを可能とするところにあり、両者はおのずとその目的を異にしている。この点からして、書留又は簡易書留により届書等を送付している市区町村においても、到達確認の取扱いを実施することが望ましいとされている。

　　〔注〕　本通達が発出された当時（平成7年4月現在）において、書留又は簡易書留により届書を添付しているのは、全市区町村中44市区町村であった。

68 戸籍法41条の証書の謄本提出又は発送が法定期間内にされなかった場合の取扱い

平成10年7月24日民二第1374号通知

先例の趣旨

戸籍法第120条に規定する過料の制裁は、いわゆる行政罰に属し、この制裁によって、戸籍法に規定されている期間内にすべき「届出」又は「申請」の円滑な履行を間接的に強制する趣旨によるものである。しかし、行政上の秩序罰であっても、法的制裁である以上、法律上の規定において一義的に明確でなければならず、罪刑法定主義の原則が妥当する。ところが、戸籍法第120条が制裁の対象と規定する「届出」又は「申請」は、同法第41条で規定する「提出」又は「発送」とは、その用語においてはもとより、その意義においても全く異なるうえ、同条の規定については、裁判により既に確定・成立した身分行為の「届出」に関する同法第63条の準用規定もない。また、戸籍法第15条は「届出」又は「申請」による場合と「証書の謄本の提出」による場合とも別個の戸籍記載事由として、明確に区別していることから、本通知の発出の前提となった東京簡裁の決定が指摘しているように、戸籍法第120条の「届出」又は「申請」に「証書の謄本の提出」を含まれると解することは、文理解釈上困難があるといわざるを得ない。

したがって、戸籍法第41条の証書の謄本の提出又は発送が法定の期間内にされなかった場合における失期通知（戸規65条）の取扱いについては、これを要しないこととされたものである。

参考 訓令通牒録：⑨綴 12219頁、⑩綴 13267頁

第4章　届出通則（一般）

〈解　説〉

1　平成9年10月16日東京簡裁決定
　東京簡易裁判所は、戸籍法第41条所定の証書の謄本を法定の期間内に提出しなかった者に対する戸籍法違反事件について、前記証書の謄本の提出は、同法第120条の「届出」に該当しないことを理由に、提出を怠った者を処罰しない旨の決定をした。
　その決定理由の要旨は、(1)　戸籍法第41条の規定は、既に成立した婚姻を戸籍上速やかに記載させるための事後的な措置を定めたものであるが、裁判上確定した身分行為を速やかに戸籍に記載させることとしている戸籍法の規定（63条・69条・73条・77条）の趣旨と、国際的な婚姻が増加している現状を考えると、外国の方式によって既に成立している婚姻についても、同じように速やかに戸籍に反映させる必要は大きく、そのための措置としての戸籍法第41条の果たす意義と役割は看過し得ないものがある。
　(2)　しかし、戸籍法第41条の規定に反する行為について同法第120条の規定によって制裁を科するか否かの点は、別の観点から考察しなければならない、とした上で、①戸籍法第120条が規定する過料の制裁は、いわゆる行政罰に属するのであるが、それが法的制裁である以上、法律の規定において、一義的に明確でなければならないこと、②同法が制裁の対象として規定する「届出」又は「申請」は、同法第41条の規定する「提出」又は「発送」とは、その意義を異にするものであること、③戸籍法第120条所定の「届出」又は「申請」は、いわゆる私人の公法行為に属するのに対し、「提出」又は「発送」は事実行為に属し、「届出」に関する規定は、準用ないし類推適用される余地のないものと解されること、の諸点を考えると、戸籍法第41条所定の規定に反し、期間内に当該証書の謄本の、「提出」又は「発送」を怠ったことをもって同法第120条所定の「届出」違反に該当すると解することは、法の規定を著しく超えたものであるから、本件については同法第120条の違反に該当せず、不処罰とするべきである、と判示された。

2 従来の先例等
(1) 積極説

　大正3年の旧戸籍法第61条は、現行法第41条と同様の規定であり、また、過料に関する旧戸籍法第176条第1項も現行法第120条と同様の規定であることから、所定の期間内にすべき証書の謄本の提出を怠った場合は、過料の制裁が適用されるとする昭和5年6月19日民事第280号回答は、これまでも維持されてきた経緯がある。また、「過料の対象は、「届出」又は「申請」であるのに対し、証書の場合は、「提出」又は「発送」とされていることから、文理上「届出」違反に該当すると解することはできないといえるかも知れない。また、過料の制裁は行政罰であるから、その適用に当たっては明確な根拠が必要であろう。」としつつ、「証書の謄本提出は、外国の方式によって成立した身分関係の報告にほかならないから、裁判による離婚等の届出と異なるところはないと考えられる。また、届出事件について証書を作らせたときに、その謄本の提出をもって届出に代えるとしたもの、あるいは届出の方法として謄本を提出するとしたものとも解釈できる。そうだとすると、証書の謄本の提出は、広義の報告的届出の一形態であるといえよう。」とし、「戸籍法第41条に規定する証書の謄本提出又は発送について法定期間を怠った場合には、同法第120条が適用されるから、市区町村長は、遅滞なく管轄裁判所に失期通知をすべきものと考える。」とする見解もある（「戸籍」564号89頁）。

(2) 消極説

　青木義人・大森政輔「全訂　戸籍法」474頁は、「報告的届出につき、届出義務者がそれぞれの届出期間を怠っていると、これに対し過料の制裁が科される。戸籍訂正申請について、申請義務者が所定の申請期間を怠ったときも同様である。しかし、41条に規定する証書の謄本の提出を懈怠しても、これに対しては制裁の規定がない。」とし、戸籍法第120条の規定は、証書の謄本の提出又は発送を怠った場合には適用されないと解している。

3 本通知による取扱いの変更

　日本国民の親族的身分関係を登録・公証する戸籍制度の趣旨・目的からす

ると、戸籍法第41条の証書の謄本についても速やかに提出され、証書に係る既に成立した身分関係が早期に戸籍に反映されることが望ましく、そのためには、証書の謄本の提出を間接的に強制する必要があるともいえる。しかし、前記の東京簡易裁判所の決定（前記1）が指摘しているように、行政罰を科するには、明確な根拠が必要であるところ、戸籍法第120条に規定する「届出」又は「申請」に同法第41条の「証書の謄本の提出」が含まれると解することには、文理解釈上困難があるといわざるを得ない。また、東京区検察庁が行った戸籍法第41条違反に係る過料事件の全国調査の結果によると、不処罰の決定例が大半であり[注]、このような裁判の実情も無視することはできない。これらのことから、本通知は、戸籍法第41条に規定する証書の謄本の提出又は発送が法定の期間内にされなかった場合に、同法第120条による過料の制裁の対象となるか否かについては、消極に解することとし、旧戸籍法下の先例（前記2(1)）を変更し、今後は、このような場合に、失期通知（戸規65条）を要しないとされたものである。

〔注〕 平成7年から平成9年の3年分の過料事件数は、全国で337件（東京区検分を除く、以下同じ）であり、そのうち、検察官に求意見があった323件のうち、検察官が処罰相当との意見を付したもの46件（約14.2％）、然るべくとしたもの45件（約13.9％）、不処罰相当としたもの232件（約71.8％）である。また、裁判所の決定は、処罰したものが60件（約17.8％）であるのに対し、不処罰としたものは277件（約82.2％）である。

69 戸籍届書の標準様式の一部改正

平成12年3月15日民二第602号通達

先例の趣旨

民法の一部を改正する法律（平成11年法律第149号）、民法の一部を改正する法律の施行に伴う関係法律の整備等に関する法律（平成11年法律第151号）、後見登記等に関する法律（平成11年法律第152号）及び平成11年厚生省令第91号による改正後の医師法施行規則（昭和23年厚生省令第47号）の施行に伴い、戸籍届書の標準様式（昭和59・11・1民二5502号通達〔60〕）の一部を改正するとともに、保佐届の届書の標準様式を廃止することとしたものである。

参考

訓令通牒録：⑨綴 12347頁、⑩綴 13296頁
関連先例通し番号：60、64

〈解　説〉

1　死亡届関係

死亡診断書（死体検案書）中、「老人保健施設」を「介護老人保健施設」に改めた（改正医師法施行規則20条）。

2　養子縁組届、養子離縁届、入籍届、国籍取得届、帰化届、国籍選択届、外国国籍喪失届、外国人父母の氏への変更届、名の変更届、転籍届及び就籍届関係

法定代理人が届出人となる際に記入する届出欄中、「後見人」を「未成年後見人」に改めた。

3　後見届関係

　「後見届」を「未成年者の後見届」と改め、「後見を受ける人」のチェック欄を削除し、「開始（就職）」欄中、「□禁治産宣告の裁判確定した」を削り、「後見監督人」を「未成年後見監督人」に、「被後見人」を「未成年被後見人」に改めた。

　なお、「後見届」及び「保佐届」の様式は、後見登記法附則第6条第1項及び第2項により、なお従前の例によることとされる届出の場合に使用することになるため、当分の間、備え置くこととされた。

(渉外)

70 在外公館で受理され、本籍地に送付された戸籍届書類に不備がある場合の処理

昭和 25 年 5 月 23 日民事甲第 1357 号通達

先例の趣旨　在外公館で受理され、本籍地に送付された戸籍届書類に不備があって戸籍の記載ができないものについては、管轄法務局を経由して法務省に回送し、外務省を経由してその届書類を受理した在外公館に返送の上、届出人に必要な補正又は追完を求めるとするものである。

参考　訓令通牒録：①綴 483 頁、⑩綴 12571 頁

〈解　説〉

1　届書等の送付

　在外公館で受理された届書・証書の謄本等は、遅滞なく、外務大臣を経由してこれを本人の本籍地の市区町村長に送付しなければならないとされている（戸42条・55条3項）。この場合、在外公館からは、おおむね1か月分を取りまとめて外務大臣に送付される。

　外務省では、在外公館から届書類の送付があると、届書類ごとに点検し、不足書類の有無、届書と添付書類との間のそごがないか、あるいは、外国文の証明書に訳文が添付されているかなどを調査した上、書類上の問題がないと認められるものは本人の本籍地の市区町村長に送付し、また、戸籍の記載ができないような不備が発見されたときは、届出人に必要な補正又は追完を求めるため、在外公館に返送している。

2 不備のある届書類の処理

　いったん受理した届書に誤記・遺漏等の不備があるため、戸籍の記載ができない場合は、その不備を是正補完する方法として追完届の制度がある（戸45条）。この追完届は、先に受理した基本の届出が有効であることを前提として認められるもので、無効な届出を有効なものとするためのものではない。ところで、その届書類を受理した後に軽微な不備を発見した場合において、追完届によるまでもなく戸籍の記載をすることができるときは、付せんによる処理が認められている（準則制定標準33条）。本通達のように、在外公館で受理し、本籍地の市区町村長に送付された届書類の場合においても、その不備が軽微であり、いわゆる便宜補正が可能であるもの[注]については、返送することなく、便宜補正により戸籍の記載処理をすることとされている（昭和24・9・28民事甲2204号通達）。しかし、届書の不備が重要な事項であり、戸籍の記載ができないものであるときは、不備の点を付せん等によって指摘し、関係戸籍の謄抄本等を添付して本通達の取扱いにより、管轄法務局を経由して遅滞なく返送することになる。

　　〔注〕　送付された届書類の記載事項に誤記又は遺漏があったとしても、それが特に重要な事項でなく、かつ事件本人の同一性の判断に格別支障の生ずる余地のないもの（本籍、氏名、出生年月日等から判断して同一人と認められる場合）については、市区町村長は管轄法務局の長の指示を受け、可能な範囲においてその不備の箇所を便宜、補正・訂正し、その旨を届書の欄外に付記するとともに、認印を押して受理する取扱いである（昭和24・9・28民事甲2204号通達）。

　　　　さらに、この場合でも届書の記載の誤記又は遺漏等の不備が、本人の戸籍の記載等と対照の結果、その誤り等が明白で、かつ、重要でないもの（例えば、本籍の地番「16番地」を「6番地」と誤記したとか、戸籍の筆頭者の氏名「山田昭夫」を「山田明夫」と誤記したような場合等）を発見した場合は、便宜、市区町村長限りの職権で、その不備の箇所を補正した上、届書の欄外に「事件本人の出生の日「5日」を「15日」と訂正㊞」の例により記載して、直ちに受理して差し支えないとされている（昭和27・6・19民事甲849号回答(1)）。

71 平和条約発効前から在日する朝鮮人又は台湾人が婚姻等の創設的届出をするに際し、本国官憲が発給する要件具備証明書が得られない場合の取扱い

昭和30年2月9日民事甲第245号通達

先例の趣旨

在日朝鮮人又は台湾人が婚姻又は養子縁組等の届出をする際に添付すべき要件具備証明書は、その歴史的経緯等から必ずしもその身分関係事実が本国官憲に把握されていないために提出ができないことがある。そのような場合は、要件具備証明書が得られない旨を申述した書面及び当事者の身分関係を証する戸籍謄抄本等の書類に基づいて要件の有無を審査し、届出を受理して差し支えないとするものである。

参考

訓令通牒録：③綴 2181頁、⑩綴 12592頁
関連先例通し番号：72

〈解説〉

1 婚姻等の要件具備証明書

我が国において、外国人が婚姻や養子縁組等の創設的届出をするに当たり、当事者の本国法が準拠法とされる場合には、原則として、その身分関係事実を明らかにし、本国法上の要件を具備していることを、本国の権限のある官憲が証明した要件具備証明書を届書に添付することにより立証することとされている（戸規63条、昭和22・6・25民事甲595号回答、昭和24・5・30民事甲1264号回答）。

しかし、このような要件具備証明書がどこの国の国民でも容易に得られる

というわけではなく、国によって身分関係を登録・公証する制度が異なり、我が国で必要とする証明書を発給できるだけの包括的な資料を備えていない場合もある。そこで、証明書としての性質は異なるが戸籍の実務先例として、要件具備証明書とみて差し支えない取扱いとされているものが多数ある。

　当事者の本国が要件具備証明書あるいはこれに代わる宣誓書等についても、制度としてこれを発行しない国や本国官憲が当事者の身分関係を把握していないため要件具備証明書を発行し得ない国の場合もある。このような場合には、要件審査の原則に戻って、本国法の内容を明らかにし、当事者が各要件を満たしているかどうかを、その者の身分関係事実（年齢、意思能力、独身かどうか等）を証明する書類の提出を求めて、判断することになる。

2　在日朝鮮人及び在日台湾人の場合

　要件具備証明書を発行する制度はあるが、当事者の身分関係事実について本国官憲が把握していない例として、在日朝鮮人及び台湾人の場合がある。この場合は、歴史的な経緯等から本国官憲がその身分関係事実を把握していないことがあり、特に、我が国で出生した子については、本国官憲が把握していないことが多いために、要件具備証明書が発行されない場合がある。

　このような場合、当事者に不可能なことを要求することはできないので、本通達は、要件具備証明書が得られない旨を申述した書面の提出を求めるとともに、当事者の身分関係事実を証明する書面、例えば、間接的な身分関係を証明できる本国官憲の発行した両親の戸籍謄本等、本人の出生証明書など客観的な資料の提出を求めるというものである。また、戸籍謄本等本国官憲が発給する証明資料が得られない場合は、登録原票記載事項証明書（同原票の備考欄の家族関係事項も記載したもの）によることもやむを得ないとされる。この登録原票記載事項証明書は、第三者である我が国政府が証明し、発行するもので、当事者の本国官憲が発行したものではないから、当事者の身分関係事実を証明するものとしては、例外的な取扱いである。

　したがって、朝鮮人又は台湾人であっても、近時渡来者については、本国官憲により身分関係事実が把握されているので、本通達による例外的取扱い

は認められず、あくまでも、本国官憲の発行する要件具備証明書の提出を求めた上、要件の有無を判断することになる（平成元・12・27民二5541号通達）。

72 平和条約発効前から在日する中国の国籍を有する者が婚姻等の創設的届出をするに際し、本国官憲が発給する要件具備証明書が得られない場合の取扱い

昭和 31 年 4 月 25 日民事甲第 839 号通達

先例の趣旨　在日中国人で、平和条約の発効（昭和27・4・28）前から中国の国籍を有する者を当事者とする婚姻届、養子縁組届についても、在日朝鮮人又は台湾人が婚姻又は養子縁組等の届出をするに際し本国官憲発給の要件具備証明書を得ることが困難な事情にある場合に関する昭和 30 年 2 月 9 日民事甲第 245 号通達〔71〕による取扱いに準じて処理して差し支えないとされたものである。

参考　訓令通牒録：③綴 2782 頁、⑩綴 12598 頁
関連先例通し番号：71

〈解　説〉

1　昭和 30 年 2 月 9 日民事甲第 245 号通達の取扱い

　平和条約の発効（昭和27・4・28）により朝鮮人及び台湾人は日本国籍を喪失し、日本の国籍を取得するには、国籍法の規定による帰化の手続を要することになった。また、在日朝鮮人や台湾人が婚姻等の創設的届出をする場合には、一般の外国人の場合と同様に、権限のある本国官憲が発給する要件具備証明書を添付しなければならないところ、在日朝鮮人及び台湾人の場合には、その歴史的経緯等から、その身分関係事実が本国官憲に把握されていない場合が多いこと等から、上記の証明書が交付されない例がある。

　そこで、このような場合には、本国官憲発給の要件具備証明書が得られな

い旨を申述した書面の提出を求めるとともに、その身分関係事実を証する書面又は本人の外国人登録原票記載事項証明書を提出させ、これらの書面に基づいて要件を審査した上で受理する取扱いとされている（通達〔71〕の〈解説〉参照）。

2　在日中国人についての本通達による取扱い

　前記1の取扱いは、在日朝鮮人及び台湾人に関してであって、本国官憲が発給する要件具備証明書を得ることが困難な事情にある者について認められた例外的な取扱いというべきものである。

　ところが、在日中国人で、平和条約の発効前から中国の国籍を有する者の中には、婚姻届又は養子縁組届等の創設的届出をする際に添付すべき本国の権限のある官憲が発給する要件具備証明書が得られない事情にある当事者も少なくない。

　そこで、このような当事者に関する婚姻等の届出について、本通達は、在日朝鮮人又は台湾人の婚姻等の届出を受理する場合の審査に関する前記1の昭和30年2月9日民事甲第245号通達の取扱いに準じて処理をしても差し支えないとしたものである。

　なお、本国官憲から旅券の発給を受けて日本に入国した者（近時渡来者）については、上記の取扱いは認められない。

73 旅券の発給を受けて入国した中国（台湾）人が婚姻等の創設的届出をする場合の取扱い（昭和30・2・9民事甲245号通達〔71〕による取扱いは認められない）

平成元年12月27日民二第5541号通達

> **先例の趣旨**
>
> 外国人が婚姻等の創設的届出をするに当たって、当事者の本国法が準拠法とされる場合は、その者の本国の権限を有する官憲が発給するいわゆる要件具備証明書の添付を求めて、この証明書により実質的成立要件を審査し、受否を決定することになる。しかし、在日の台湾系中国人又は韓国人の中には、その歴史的経緯から、本国官憲がその身分関係事実を把握していないことがあるため、当該当事者について婚姻具備証明書等が発行できない場合がある。このような場合は、前記の証明書を提出できない旨の当事者の申述書及びその身分関係を証する書面の添付を求めて要件を審査することとされている（昭和30・2・9民事甲245号通達）。ただし、本通達のように台湾系中国人であっても本国官憲から旅券の発給を受けて我が国に入国した、いわゆる近時渡来者については、この取扱いは認められないとするものである。

参考　訓令通牒録：⑨綴 11182ノ5頁、⑩綴 12861頁

〈解　説〉

1　外国人を当事者とする婚姻の届書に添付する書類

　渉外的婚姻の実質的成立要件については、「各当事者につき、その本国法による。」（通則法24条1項）とされ、本通達における事例の場合は、台湾系中国人については中華民国法が、英国人については英国の婚姻関係法令がそれぞれ適用される。したがって、各当事者につきその身分関係事実が本国法上の婚姻要件を満たしているかを審査する必要がある。そのため、市区町村長は、原則として、当事者の本国の権限を有する官憲が本国法上その婚姻に必要な要件を具備している旨を証明した、いわゆる婚姻要件具備証明書を婚姻届書に添付を求め、これにより審査することとしている（昭和22・6・25民事甲595号回答、昭和24・5・30民事甲1264号回答）。

　審査する際は、できるだけ客観的な信頼し得る証明資料によることが望ましい。前記の各先例が原則として婚姻要件具備証明書の添付を求める取扱いとしているのは、当事者の身分関係を把握している本国官憲の証明する資料が最も適しているからである。

2　在日台湾系中国人等についての取扱い

　在日の台湾系中国人や韓国人、特にその親が来日後我が国で出生した子の場合については、本国官憲がその身分関係を把握していないことがあり、そのため本国官憲から婚姻要件具備証明書等が発給されないことが多い。このような場合に、歴史的経緯等の実情を無視して原則的処理を求める余り、本国官憲による身分関係を証明する資料がないとして婚姻等の身分行為ができないとすることは適当でない。そこで、昭和30年2月9日民事甲第245号通達は、在日朝鮮人又は台湾人を当事者とする婚姻届等を受理する場合において、本国の権限のある官憲発給の要件具備証明書を提出することができない当事者については、同証明書を提出することができない旨の当事者の申述書及びその身分関係を証する戸籍謄本又は本人の登録原票記載事項証明書（発行の日から1か月以内のもの）の提出を求め、これらの書類に基づいて婚姻等の要件の有無を審査して届出を受理して差し支えないとする例外的取扱

いを認めた。

3 本通達における事例の場合の取扱い

　夫となる台湾系中国人が、本国官憲の発給する婚姻要件具備証明書が得られないとして、申述書、登録原票記載事項証明書を添付して英国人女との婚姻の届出をしたものである。しかし、同男は、旅券及び登録原票記載事項証明書によれば、昭和 55 年 7 月 7 日に我が国に上陸していること、昭和 63 年 1 月 16 日に日本人妻と協議離婚をしていること等から、いわゆる近時渡来者であることが認められる。したがって、同男については、本国において身分関係を把握されており、本国官憲によって婚姻要件具備証明書が発給される可能性がある場合と認められるから、前記の昭和 30 年第 245 号通達による例外的な取扱いは認められるべきではなく、本国官憲発給の証明書の提出を求め、これにより婚姻要件等を審査した上、受否を決すべきものとしたものである。

74 我が国に常居所があるものとして取り扱う者についての変更

平成4年1月6日民二第155号通達

先例の趣旨

「法例の一部を改正する法律の施行に伴う戸籍事務の取扱いについて」（平成元・10・2民二3900号通達〔11〕及び平成2・5・1民二1835号通達〔12〕、以下「基本通達」という。）は、その「第8 常居所の認定」の1(2)において、外国人が我が国に常居所があるかどうかを認定する基準を、「出入国管理及び難民認定法（昭和26年政令第319号）」（以下「入管法」という。）等で定めた在留資格及び在留期間によって定めている。ところが、平成3年法律第71号により「日本国との平和条約に基づき日本の国籍を離脱した者等の出入国管理に関する特例法」（以下「入管特例法」という。）及び「出入国管理難民認定法の一部を改正する法律」が同年11月1日から施行されたことに伴い、前記の基本通達中、第8の1(2)ウが全面改正されたものである。

参考

訓令通牒録：⑨綴 11493頁、⑩綴 12922頁
関連先例通し番号：11、12

〈解 説〉

1 入管特例法について

　この法律は、日本国との平和条約に基づき日本の国籍を離脱した者及びその子孫の歴史的経緯及び本邦における定住性を考慮し、これらの者を対象として、永住許可、退去強制及び再入国許可に関する入管法の特例を定めることを目的として定められた。この法律の対象となる「平和条約に基づいて日

本国籍を離脱した者」とは、昭和20年9月2日以前から引き続き本邦に在留する者、及び同日後、平和条約発効日（昭和27・4・28）までにその者の子として本邦で出生し、その後引き続き本邦に在留する者をいう。また、前記の者の子孫とは、その直系卑属として本邦で出生し、その後引き続き本邦に在留する者をいう。これらの者は、入管特例法の施行により、一般の永住者とは異なる特別永住者という法的地位を得て本邦に在留する者をいう。

2　基本通達の第8の1(2)ウの変更

　基本通達は、その「第8　常居所の認定」の1(2)ウにおいて、外国人が我が国に常居所があるかどうかを認定する基準を、入管法等で定める在留資格及び在留期間によって定めているが、入管特例法が施行されたこと及び入管法等の一部が改正されたことに伴い、基本通達第8の1(2)ウの全部が次のとおり変更された（なお、基本通達の第8の1(2)については、平成2年5月1日民二第1835号通達〔12〕により一部変更されたものを再度一部変更するものである。）。

　(ｱ)については、変更がない。

　(ｲ)については、変更前の通達では、「平和条約関連国籍離脱者の子」の在留資格をもって在留する者が含まれていたが、入管法の一部改正により別表二が改正され、この部分は、入管特例法による特別永住者の在留資格をもって在留するものとされたため、削除された。

　(ｳ)については、変更前は(ｳ)、(ｴ)とあったが、変更後は(ｳ)のみとなった。

　変更前の(ｳ)は、「ポツダム宣言の受諾に伴い発する命令に関する件に基づく外務省関係命令の措置に関する法律（昭和27年法律第126号）第2条第6項に該当する者」とされていたが、平成3年法律第71号により当該条項が削除され、(ｲ)と同様に入管特例法の特別永住者の在留資格をもって在留する者とされたものである。

　変更前の(ｴ)についても、「日本国に居住する大韓民国国民の法的地位及び待遇に関する日本国と大韓民国との間の協定の実施に伴う出入国管理特別法（昭和40年法律第146号）」が廃止され、入管特例法に組み込まれた。したがって、(ｳ)は入管特例法の施行に伴い、同法の「特別永住者」の在留資格をもって在留する者として、整理された。

第5章　届出各則
第1節　出　生

75　棄児発見調書の作成及び戸籍の記載

昭和27年6月7日民事甲第804号通達

> **先例の趣旨**
>
> 棄児発見の申出を受けた市区町村長は、棄児発見調書を作成し、これに基づいて戸籍の記載をすることになる。戸籍の記載については、本人の将来に対する影響等を考慮し、出生の年月日に「推定」の文字は入れず、また、父母の氏名欄も「不詳」とは記載しないで空欄とすることとしたものである。

参考　訓令通牒録：②綴 1152ノ3頁、⑩綴 12584頁

〈解　説〉

1　棄児の意義

棄児は、親に遺棄された場合に限らず、迷子、身元不明の孤児あるいは浮浪児も、父母又は身元が判明しない場合は、戸籍法上棄児として扱われる（戸57条、大正4・6・23民361号回答、昭和25・11・9民事甲2910号回答）。棄児発見調書による戸籍の記載は例外的措置であり、これによる戸籍の記載は本人にとって好ましいものではないから、他の手続によることができる場合は、できるだけこれを避けるべきものとされている。すなわち、棄児は、乳児に限らず幼児でもよいが（昭和29・2・15民事甲297号回答、児童福祉法4条では、満1歳に満たない者を「乳児」、満1歳から小学校就学の始期に達する

までの者を「幼児」、小学校就学の始期から満18歳に達するまでの者を「少年」としている。)、意思能力を有する年齢に達している者については、本人の将来に対する影響等を考慮し、就籍の手続によるのが相当とされている(昭和25・11・9民事甲2910号回答)。また、棄児が日本国内で発見され、国外での出生子であることが明らかでない限り、日本国籍を取得するから(国2条3号)、その者を戸籍に記載するため、戸籍法第57条の規定に基づき棄児発見調書による手続がとられることになる。

2 棄児発見調書の作成及び戸籍の記載

(1) 棄児を発見した者又は棄児発見の申告を受けた警察官は、24時間以内にその旨を発見地市区町村長に申し出(書面又は口頭でも可)なければならない(昭和29・2・15民事甲297号回答)。これは、市区町村長が棄児発見調書を作成し、その調書に基づいて戸籍の記載手続を進めるようその職権発動を促すためである。

(2) 市区町村長は、棄児発見の申出を受けたときは、まず戸籍発収簿にその旨記載し(準則制定標準40条)、棄児に氏名をつけ、本籍を定めた上、附属品、発見の場所・年月日時分、その他の状況、男女の別、出生の推定年月日を「棄児発見調書」(同条2項・付録32号様式)に記載する。この調書は、戸籍の届書とみなされ(戸57条2項)、これによって戸籍の記載がされる。

(3) なお、調書の作成及び戸籍の記載上、次の点に留意すべきものとされている。

　ア 氏名をつける場合は、子の将来のため棄児を連想させるような命名をしないよう配慮すべきである。

　イ 本籍は、調書作成地の市区町村内に定めるのが本則であるが、他の市区町村内に定めるのが適当とする特殊事情(例えば、棄児の引取先の市町村内等)がある場合は、その市区町村内に定めて差し支えない。

　ウ 戸籍の記載については、出生の年月日に「推定」の文字は入れず、また、父母の氏名欄も「不詳」とは記載しないで空欄とする。

76 学齢に達した子の出生届の取扱い

昭和34年8月27日民事甲第1545号通達

先例の趣旨

本通達は、出生の届出期間を長年月経過し、子が学齢に達した後に出生届がされた場合、届出の重複や、日本国籍を有しない者について日本人と偽って出生届がなされるおそれがあるため、親子関係不存在確認等の裁判に関する戸籍訂正等の結果再届出をする場合を除き、市区町村長は、その受否については管轄法務局の長の指示を求めることとされたものである。

参考

訓令通牒録：④綴 4265頁、⑩綴 12610頁
関連先例通し番号：77

〈解 説〉

1 届書類の受理照会

市区町村において出生の届出を受理する場合には、従来、届書と添付された出生証明書の記載が符合しているかどうかを審査し、符合している場合には、届出をそのまま受理する取扱いであった。しかも、出生の届出は報告的届出であるから、届出義務者がいる限り、たとえ届出期間が経過した後の届出であっても、市区町村長はその届出を受理し（戸46条）、戸籍の記載をすべきものである。

ところで、戸籍は、人の身分関係を登録・公証する公文書であり、その記載は常に真実の身分関係と合致していることが要請される。それには、まず虚偽の届出がされることのないよう手続面において配意する必要がある。戸籍法が、出生の届出については、出生証明書の添付を要求しているのも（戸49条3項）、これにより出生の事実を担保し、真正な届出を確保するためである。しかし、届書に添付された証明書の信憑性に疑義がある場合は、届出

事件の事実関係の有無を認定することが困難となり、ひいては正確な届出が期待できないことにもなる。これは、出生届に限らず、他の届出についてもいえることである。

そこで、市区町村長が届出等の受否につき疑義を生じたもの、あるいは先例によってその受否につき管轄法務局の長の指示を求めることとされている届出については、管轄法務局は、戸籍事務の処理の適正を確保する必要があることから、届出内容が真実かどうかにつき事実調査を行い、市区町村長に対し戸籍法第3条第2項の規定に基づいて受否の指示をすることになる。これは、市区町村と管轄法務局が、正確な届出の受理を確保し、ひいては戸籍記載の正確性を担保するという共通の目的を実現するため、相互に連携してその機能を果たす関係にあることによるものである。

2　学齢に達した子の出生届
(1)　一般に、届出期間を長年月経過して届け出られる出生届は、出生子が相当の年齢に達していることから、医師又は助産師から出生証明書を得ることが困難となるばかりでなく、出生証明書を得られたとしても届出の対象となる子との同一性を担保することは困難となる。また、父母の婚姻前に出生した子につき、母から嫡出でない子として出生届がなされ、さらに婚姻後に父から戸籍法第62条の規定に基づく出生届がなされた場合等、出生届が重複することも予測される。また、本通達が発出された当時において、母の嫡出でない子を他人夫婦の嫡出子とする虚偽の出生届がなされたり、あるいは日本国籍を有しない者について、虚偽の出生届によって日本人の子として戸籍に記載される例等が多く見受けられた。

　本通達は、このような実情を考慮し、学齢に達した後に届け出られた子の出生届については、出生当時の状況等を管轄法務局において十分調査するものとし、これにより虚偽の出生届を未然に防止して、戸籍記載の適正を期しようとするものである。
(2)　管轄法務局における事実調査は、裁判所の職権探知主義から要請される調査とは本質的に異なり、その調査方法にもある程度の制限がある。まず、市区町村長から受理照会があったときは、届書、添付書類、遅延理由

書等によって調査をし（形式的審査）、これらの記載内容、例えば、出生子の氏名、生年月日、出生の場所等の記載にそごがあるとか、父母の氏名が戸籍の記載と一致しないような出生届については、理由を付して不受理の指示ができる。ところが、形式的には適法な届出であっても、出生証明書自体に信憑性がないと認められる場合には、出生の事実の有無を関係人等について調査することになる。この調査の方法は、例えば、関係人の出頭を求めて直接聴取する方法、質問事項を記載した書面によって照会する方法、あるいは他の法務局に調査を嘱託する方法等が考えられるが、いずれの方法によるかは具体的事件に応じて個別に決めるほかはない。調査の結果、出生の事実が確認され、届書記載の内容と一致するときは、直ちに受理の指示がなされることになる。この場合、不受理を指示する場合のように、その理由を付する必要はない。

(3) ところで、学齢に達した後に届け出られた出生届であっても、その受否について管轄法務局の長に対する求指示を要しない例外の場合がある。親子関係不存在確認の裁判やその他の裁判（嫡出子の否認、強制認知、戸籍法113条の規定による子の記載の消除等の許可の裁判等）に基づいて戸籍訂正の申請がなされ、出生子の記載が全部消除された結果、改めて正当な届出義務者から出生届がなされる場合がこれに該当する（昭和42・8・4民事甲2152号回答）。

この場合に、戸籍訂正申請と同時に出生の届出がされたときは、申請書に添付された裁判の謄本（戸115条）によって真実の親子関係が明らかにされているのが通常であるから、これを届書の記載と照合することによって真実が担保されることになる。

なお、戸籍法第49条第3項は、出生の届書には出生証明書を添付しなければならないとした上、やむを得ない事由があるときは、この限りでないとしている（同項ただし書）。この場合は、出生届書の「その他」欄にその事由を記載して届け出なければならず（昭和24・10・15民事甲2338号回答）、また、市区町村長がこれを受理するには管轄法務局の長の指示を受けるべきものとされている（昭和23・12・1民事甲1998号回答）。

77　50歳以上の者を母とする子の出生届の取扱い

昭和 36 年 9 月 5 日民事甲第 2008 号通達

> **先例の趣旨**
> 子が出生した時点で母が 50 歳以上である場合の出生の届出がされたときは、一般的な女性の出産可能年齢からみて、その届出が実体に即したものかどうか疑義があることから、市区町村長は、管轄法務局の長の指示を得て受否を決めることとされたものである。

参考
訓令通牒録：④綴　5560 頁、⑩綴　12620 頁
関連先例通し番号：76

〈解　説〉

1　50歳以上の者を母とする子の出生届

　一般に女性の出産可能年齢が何歳までであるかは、個人差もあり、医学上正確にこれを示すことは困難と思われる。しかし、我が国においては、50歳以後における妊娠は極めてまれであり、生児を得ることはほとんど期待できないとされている。また、今後の出産能力年齢の限界についても、女性の成熟年齢の低下、平均寿命の伸長があっても、これに伴う受胎年齢の上昇は考えられないようである。

　しかしながら、市区町村に提出される出生届の中には、50歳以上の者を母とする子の出生届が往々にして存在し、その中には高校生の娘が婚姻外に出産した子を、世間体と娘の将来等を配慮して、祖母が孫を自分の子として出生届をしたという事例もあったようである。これらの出生届には、医師又は助産師が出生証明書を添付するのが原則であるから、その段階において虚偽文書が作成されたわけである。しかし、市区町村長は、戸籍届出の審査に当たっては、いわゆる形式的審査主義が採られており、届出の真偽について事実を調査する実質審査権を有しないとされている。このことから、虚偽の

届出であることが推認される場合でも、受理を拒み得ないとすることは、戸籍の正確性の確保という要請からみても受け入れ難い。そこで、市区町村長の審査権を逸脱することなく、戸籍の運用面で右の弊害を排除する措置を講じたのが本通達である。

2 届書類の受理照会

(1) 戸籍は、人の身分関係を登録・公証する公文書であり、その記載は常に真実の身分関係と合致していることが要請される。それには、まず戸籍の届出が虚偽の届出にならないよう手続面において留意する必要がある。戸籍法が、出生の届出については出生証明書の添付を要求しているのも（戸49条3項）、これにより出生の事実を担保し、真正な届出を確保するためである。しかし、届書に添付された証明書の信憑性に疑義がある場合は、届出事件の事実関係の有無を認定することが困難となり、ひいては正確な届出が期待できないことにもなる。これは、出生届に限らず、他の届出についてもいえることである。

　そこで、市区町村長は、届出等の内容に疑義があり、即日に受理又は不受理の処分ができない特別の場合は、その受否につき管轄法務局の調査に基づく指示を得て処理するものとされている。前掲学齢に達した子の出生届（通達〔76〕参照）をはじめ、本通達における50歳以上の者を母とする子の出生届などがそれである。これらの届出等については、管轄法務局は、戸籍事務の処理の適正を確保するため、届出内容が真実かどうかにつき関係人その他について事実調査を行い、市区町村長に対し戸籍法第3条第2項の規定に基づいて受否の指示をすることになる。これは市区町村と管轄法務局が、正確な届出の受否を確保し、ひいては戸籍記載の正確性を担保するという共通の目的を実現するため、相互に連携してその機能を果たす関係にある。

(2) 管轄法務局における事実調査は、裁判所の職権探知主義から要請される調査とは本質的に異なり、その調査方法にもある程度の制限がある。まず、市区町村長から受理照会があったときは、届書、添付書類、遅延理由書等によって調査（形式的審査）をした上、これらの記載内容、例えば、

出生子の氏名、生年月日、出生の場所等の記載にそごがあるとか、父母の氏名が戸籍の記載と一致しないような出生届については、理由を付して不受理の指示をすることができる。ところが、形式的には適法な届出であっても、出生証明書自体に信憑性がないと認められる場合には、出生の事実の有無を関係人等について調査することになる。この調査の方法は、例えば、関係人の出頭を求めて直接聴取する方法、質問事項を記載した書面によって照会する方法、あるいは他の法務局に調査を嘱託する方法等が考えられるが、いずれの方法によるかは具体的事件に応じて個別に決めるほかない。調査の結果、出生の事実が確認されたときは、直ちに受理の指示がなされることになる。

78 父母の婚姻解消後300日以内に出生した子について、出生の届出前に婚姻解消当時の父母の戸籍が、転籍、改製により異動している場合の取扱い

昭和38年10月29日民事甲第3058号通達

先例の趣旨　父母の婚姻解消後300日以内に出生した嫡出子は、父母の婚姻解消当時の戸籍に入籍することとなるが、当該戸籍が、子の出生届出前に改製又は転籍により異動している場合には、改製前の戸籍又は転籍前の戸籍にいったん入籍させると同時に、改製による新戸籍又は転籍後の戸籍に直ちに入籍させる取扱いが相当である。なお、従前の取扱いにより、父母の婚姻解消当時の戸籍に子の入籍の記載がない事例を発見したときは、市区町村長限りの職権により訂正する取扱いとすることとしたのが、本通達である。

参考　訓令通牒録：⑤綴 6943頁、⑩綴 12626頁

〈解　説〉

1　従前の取扱い

(1)　父母の婚姻解消（離婚又は取消し。以下同じ）の日から300日以内に出生した子は、嫡出子としての推定を受け、婚姻解消当時の父母の氏を称し（民790条1項ただし書）、出生当時の父母の戸籍に入籍する（戸18条1項）。ところで、その入籍すべき戸籍が既に改製となり又は他の市区町村に転籍して除籍されている場合の子の入籍する戸籍については、次のような取扱いの変遷があった。

(2) すなわち、当初は、上記の嫡出の推定を受ける子につき母から出生届をしたところ、子の入籍すべき父母離婚当時の戸籍が旧法戸籍であって、父が戸籍の筆頭者又はその配偶者以外の者である場合に、その父が、当該子の出生後（出生届出前）に、既に他女と自己の氏を称する婚姻により他市区町村に新本籍を定めて新戸籍が編製されている場合は、父は現に離婚当時と同一の氏を称しているので、その子を父の現在戸籍に直ちに入籍させる取扱いがされていた（昭和24・11・8民事甲2589号回答）。

しかし、この取扱いは、離婚復氏した父又は母について相続が開始した場合に、戸籍上の子との関連がつかなくなるという実務上の問題がある上に、本来、氏の変動を伴わないで新戸籍が編製された者は、その編製が改製によったものであっても、戸籍法の適用上は同法第17条又は第21条等によって新戸籍を編製した者に準じて取り扱われるべきものである。したがって、同法第18条によってその者が当然に同氏の父又は母の戸籍に入ると解する上記の取扱いは適当でないとされるに至った。

(3) そこで、昭和33年12月27日民事甲第2673号通達によって上記の子が当然に父又は母の戸籍に入籍するとしていた取扱いを改め、改製前の戸籍（改製原戸籍）又は転籍前の戸籍を回復して、子をその戸籍に入籍させるのを原則的な取扱いとし、その後、子が引き続き単身である場合において、これを分籍の届出をした者等と同一視して、同氏の父又は母と同籍することを禁ずることは適当でないことから、子が親の戸籍に入籍するか否かは、別に戸籍法第98条に準じた入籍の届出があった場合には、その子を父又は母の戸籍に入籍させる取扱いとされていた。

ただ、当該戸籍が改製済みの場合で、父又は母が改製前に婚姻等によって氏を改め又は死亡しているときは、入籍した戸籍から同日付けで除籍し、子について改製新戸籍を編製する便法が認められていた。

2 本通達による取扱い

しかしながら、従前の取扱い（前記1(3)）は、二重の手数を要し、煩さであるばかりでなく、改製前の戸籍（改製原戸籍）又は転籍前の戸籍を回復させる実益に乏しいなどの理由から、本通達によってその取扱いを次のとおり

(1) 出生子を、父又は母との関連性をもたせるために、改製前の戸籍又は転籍前の戸籍にそのままいったん入籍させると同時に、氏を同じくする父又は母の改製による新戸籍又は転籍後の戸籍に直ちに入籍させるのが相当である。この場合、上記の出生子の入籍すべき戸籍の筆頭者以外の父又は母が子の出生後に自己の氏を称して婚姻をしたため、新戸籍が編製されている場合にも、上記の取扱いに準じ、いったん父母の婚姻解消当時の戸籍（除籍）に記載すると同時に、婚姻によって編製された現在の父又は母の戸籍に入籍させる取扱いとなる。
(2) 本先例の適用を受ける出生届については、届書の「その他」欄に父母が婚姻解消当時に属していた戸籍を表示して、同戸籍に出生子をいったん入籍させ、同日付けで父又は母の現在の戸籍に入籍する旨を記載しなければならない（島田英次 著・大熊　等 補訂「補訂　註解戸籍届書「その他」欄の記載」60頁以下参照）。

　父母が同籍していた従前の戸籍の本籍地と婚姻の際に氏を改めなかった父又は母の現在の本籍地が市区町村を異にする場合には、その一方の本籍地で受理した出生届書の一通を他の本籍地に送付しなければならないし、また、非本籍地で出生届を受理したときは、それぞれの本籍地の市区町村に届書の一通を送付しなければならない。

この場合の戸籍の記載は、次の振り合いによる。

ア　（父母婚姻解消当時の戸籍中子の出生事項）
　「平成　年　月　日東京都中央区で出生同月　日母届出同月　日同区長から送付入籍東京都中央区小田原町三丁目一番地甲野忠雄戸籍に入籍につき除籍㊞」

イ　（同氏の父（又は母）の現在の戸籍中子の出生事項）
　「平成　年　月　日東京都中央区で出生同月　日母届出東京都千代田区平河町四丁目一番地甲野忠雄戸籍から入籍㊞」

〔注〕①　父又は母の現在戸籍中、出生子の入籍年月日は、届書送付の日である。

② 当該戸籍には、出生子のみを移記するので、従前戸籍を明記することとなる。

3 従前の取扱いによる処理済みの戸籍

　本通達前の取扱いにより、改製又は転籍その他の理由によって編製した父又は母の新戸籍に子を直ちに入籍させ（前記1(2)）、従前（父母の婚姻解消当時）の戸籍に出生子の入籍の記載がされていないものを発見した場合には、市区町村長限りの職権によって訂正することが認められている（本通達なお書）。

　すなわち、市区町村長は、当該子の入籍の記載遺漏を発見したときは、職権記載書を作成し、これに子が入籍している父又は母の現在の戸籍の謄本を添付する。前記の戸籍の本籍地が他の市区町村の場合には、その謄本の送付を受けることになる。

　この記載遺漏の訂正は、戸籍上氏を異にする父（母）と子の関連を明確にするため同籍の形をとらせるものであり、これによって相続人の探索等が容易になるとの配慮に基づくものである。右の訂正の結果、出生届によって直ちに入籍した父又は母の新戸籍中、子の出生事項についても戸籍訂正を要することになるとも考えられるが、あえてこれを訂正する実益もないことから、便宜そのままとする取扱いで差し支えない（昭和33・12・26までに取り扱った出生子の場合）。

　この場合の戸籍の処理は、父母の婚姻解消当時の戸籍の末尾に子を記載し、その身分事項欄には、次の例により記載し、入籍と同時に除籍の朱線交差をする。

　「昭和参拾参年拾弐月拾七日東京都中央区で出生同月弐拾日母届出同月弐拾参日同区長から送付入籍東京都中央区築地二丁目四番地乙川信也戸籍に入籍につき除籍の記載遺漏につき平成　年　月　日記載㊞」

79 非本籍地で受理した出生届書が本籍地に未着のため戸籍の記載が未了の場合における出生届出の申出

昭和42年5月9日民事甲第1083号通達

先例の趣旨　本通達は、非本籍地で受理した出生届書が本籍地に未着のため、戸籍の記載が未了であることを発見したが、当該届書は保存期間の経過により既に廃棄している場合に、戸籍受附帳の写し並びに出生届出証明書及び医師による出産記事等の記載がある母子手帳を添付した出生届出の申出書が提出され、その申出書が受理市区町村長から送付されたときは、本籍地の市区町村長は、管轄法務局長の指示を求めることなく、当該申出書に基づいて通常の出生届の記載をして差し支えない。また、従前の例により「申出に関する事項」の記載がなされているものについては、事件本人等の申出により、市区町村長限りの職権で申出に関する事項を消除して差し支えないとしたものである。

参考　訓令通牒録：⑥綴　8264頁、⑩綴　12642頁
関連先例通し番号：81

〈解　説〉

1　届書の送付未着の場合の措置

　非本籍地の市区町村長が戸籍に関する届出を受理し、本籍地の市区町村長に送付した届書が、何らかの事由で本籍地に未着のため、戸籍の記載が未了であることが後日に至って判明した場合は、従前から、届書が保存されているか否かの区別に従い、次のように取り扱われている。

すなわち、当該届出を受理した市区町村長は、(1) その届書が保存されている場合（非本籍人に関するものは、受理市区町村において当該年度の翌年から1年、また、本籍人に関するものは、管轄法務局において当該年度の翌年から27年保存することとされている（戸規48条3項・49条2項)。）は、その謄本を作成し、これを本籍地の市区町村長に再送付する（大正3・12・28民999号回答、大正6・1・20民1997号回答、大正10・5・19民事1554号回答)。また、(2) 届書が保存期間の経過により既に廃棄されている場合は、届出人から届出に関する事項の申出書の提出を求め、これに当該届書の受理年月日等を記載した書面（例えば、受附帳の写し又は人口動態調査票の写し）を添付して本籍地の市区町村長に送付するものとされている（昭和23・11・30民事甲3186号回答）。

上記の届書の謄本又は届出事項の申出書の送付を受けた本籍地の市区町村長は、送付された書面に基づいて所要の戸籍記載をすることになる。

2　本籍地に出生届書が未着（届書廃棄済）の場合における戸籍の記載

本通達のように、非本籍地で受理した出生届書を本籍地に送付したものの何らかの事由により未着であったため、戸籍の記載が未了であることを発見した場合において、管轄法務局保管の当該出生届書が保存期間の経過により既に廃棄済であるときには、届出事項の内容が明らかでないため、非本籍地市区町村長は、届出人から出生に関する事項の申出書の提出を得た上、これに同届書の受理年月日等を記載した書面を添付して本籍地に送付し、本籍地市区町村長は、この申出書に基づいて出生の記載をするのが従来からの取扱いである。この場合の戸籍の記載は、従来、申出に関する事項（「……年月日何某申出……」）を記載する取扱いがなされていた。しかし、この記載に対しては、届出人の責めに帰するような事由がないにもかかわらず、通常の記載内容と別にすることは、一般に奇異な感じを与えるばかりでなく、区別して記載する実益も認め難いとして、この申出に関する事項の記載を省略するよう要望がなされていたところである（昭和40・3・4民事甲489号回答）。

本通達は、この申出書に基づく戸籍の記載について、申出に関する事項については、これを省略して差し支えないとするとともに、従前の例により記

載がなされているものについても、事件本人又はその法定代理人から、出生事項中の申出に関する記載を消除されたいとの申出があれば、市区町村長限りの職権でこれを消除して差し支えないとされたものである。

　なお、非本籍人に関する届書類は、昭和46年法務省令第59号により戸籍法施行規則第48条の規定が改正された後は、届書を受理した非本籍地の市区町村において、当該年度の翌年から1年保存することとされている（同条2項・3項）。

80 出生証明書に子の氏名の記載がない出生届の取扱い

昭和 50 年 5 月 23 日民二第 2696 号通達

先例の趣旨　出生届に添付された出生証明書に子の氏名の記載がない場合でも、同証明書の他の記載内容により分娩の事実が明らかであれば、証明者に追記載させるまでもなく、届書の「その他」欄に「出生証明書の子の氏名欄空白の事由」を記載させて受理して差し支えないとするものである。

参考　訓令通牒録：⑦綴 9262 ノ 3 頁、⑩綴 12664 頁

〈解　説〉

1 出生証明書の添付

出生届書には、届出の内容である出生の事実の真正を担保し、出生の年月日・場所等についての虚偽の届出、あるいは嫡出でない子を出産した母を他の者とする等の虚偽の届出に基づく戸籍の記載を防止するとともに、人口動態調査上、医師・助産師等から出産に関する統計資料を得るために、出産に立ち会った医師・助産師等が作成した「出生証明書」を添付すべきものとしている（戸 49 条 3 項）〔注〕。

〔注〕　出生届書には、出産に立ち会った医師・助産師その他の者が作成した出生証明書を添付すべきこととしたのは、現行戸籍法の施行以降であり、旧法当時においては、特に出生の事実を証すべき書類の添付を要するとはされていなかった（死亡届については、明治 31 年戸籍法（125 条 1 項）以来、大正 3 年戸籍法（116 条 1 項）及び現行戸籍法（86 条 2 項）に、診断書又は検案書を添付すべきことが定められている。）

2　出生証明書の記載事項及び様式

　出生証明書については、昭和27年法務・厚生省令第1号により、「出生証明書の様式等を定める省令」が制定され、その記載事項及び様式が定められた。すなわち、出産に立ち会った医師又は助産師等は、①子の氏名及び性別、②出生の年月日時分、③出生の場所及びその種別（病院、診療所又は助産所等の名称）、④子の体重及び身長、⑤双子以上の場合は、その旨及び出産順位、⑥母の氏名及び妊娠週数、⑦母の出産した子の数、⑧出生証明書作成の年月日を記載した上、⑨証明者として、その住所を記載し記名・押印すべきものとしている（同令1条）。

3　出生証明書の子の氏名欄の記載

(1)　出産に立ち会った医師・助産師等は、子の命名前に出生証明書を作成し、子の「氏名」欄を空白のまま関係人に交付する場合がしばしばある。このような場合、従前の取扱いは、名未定の出生届は別として、届出時に既に名が決定しているときは、証明者である医師・助産師等にこれを追記させた上で、受理することとされていた（昭和26・3・24民事甲628号回答）。そのため、届出義務者に経済的あるいは時間的にも負担をかけることになり、とかく窓口でのトラブルともなっていた。しかし、必ずしも出生証明書に子の氏名の記載がなくとも、他の記載内容から母の分娩の事実が明らかであれば、それを追記させるまでもなく、出生の証明資料としての役割を果たし得るものである。

　そこで、本通達は、出生届書の「その他」欄に出生証明書の子の氏名が空白である事由（例えば、「出生証明書の子の氏名欄は命名前であるため空白」、あるいは「命名前の出生証明書」等）を記載されているときは、これを受理して差し支えないとし、従前の取扱いを変更したものである。

(2)　本事例と関連して問題となるのは、命名後に出生証明書の交付を受けたが、出生の届出をする前に、当初命名した名を変更する場合である。この場合も、命名前の子の氏名欄の記載がない出生証明書の例と同様の考え方で、届書の「その他」欄に「出生証明書の子の名を命名後に変更」等とその事由を記載して届出があれば、医師又は助産師等の証明者の訂正を得る

までもなく受理する取扱いで差し支えないと解される。

　また、出生の届出前に死亡した命名前の子について、出生及び死亡の届出をする場合は、各届書に命名前である旨を記載する取扱いとされている(明治31・8・22民刑948号回答、明治31・9・24民刑1160号回答)。

81 出生届書が本籍地に未着のため戸籍の記載が遅延した場合における「入籍の遅延事由」の記載申出

昭和55年3月26日民二第1914号通知

先例の趣旨

非本籍地の市区町村長が受理し、本籍地の市区町村長に送付した出生届書が未着のため、出生子につき戸籍の記載がされていない場合において、届出人等から申出書又は口頭により出生事項中に入籍の遅延事由の記載方の申出があったときは、関係者の心情その他諸般の事情を考慮して、「平成　年　月　日何県何市で出生父届出何市長から届書送付未着につき平成　年　月　日再送付入籍㊞」と記載する。なお、入籍の遅延事由の記載がない出生事項についても、本人等から申出があったときは、職権により同様に補記することができる。

参考　訓令通牒録：⑧綴 10103頁、⑩綴 12717頁
関連先例通し番号：79、42

〈解説〉

1 非本籍地で受理した出生届書が本籍地に未着の場合の取扱い

　出生届を非本籍地の市区町村長が受理し、この届書を本籍地の市区町村長に送付したところ、何らかの事情で本籍地に到達しなかったため、その出生子が戸籍に記載されていないことが、後日に至って判明するようなことがあり得る。この場合の取扱いについては、当該届書が保存されているか否かの別により（非本籍人に関する届書類は、受理市区町村において当該年度の翌年から1年間保存することとされているので（戸規48条1項・3項））、受理した市

区町村長は、次の措置を採ることになる。すなわち、①届書が保存されている場合は、当該届書の謄本を作成した上、これを本籍地の市区町村長に送付する。②届書が保存されていない場合は、届出人等から出生の届出に関する事項の申出書の提出を得て、これに受理年月日を記載した書面（戸籍受附帳〈当該年度の翌年から50年間保存〉の写し等）を添付した上、本籍地の市区町村長に送付することとされている（大正3・12・28民1994号回答七、大正6・1・20民1997号回答、昭和23・11・30民事甲3186号回答参照）。

　前記により、本籍地の市区町村長は、管轄法務局の長の指示を求めることなく、出生届書の謄本又は届出に関する事項の申出書の送付を受けたその届書謄本等に基づいて出生子の身分事項欄に「平成　年　月　日何市何区で出生　月　日父届出平成　年　月　日同区長から送付入籍㊞」の振り合いで記載することとされている（昭和36・9・11民事甲2198号回答、昭和42・5・9民事甲1083号通達〔79〕、昭和54・8・21民二4391号通達参照）。

2　出生事項中、入籍の遅延事由の記載

　非本籍地市区町村で受理した出生届書が本籍地の市区町村長に送付未着のため、その出生子について戸籍の記載がされていないことが判明するのは、出生届出のときから相当期間を経過した後であることが多い。この場合に、前記の一般の記載例に基づいて出生事項が記載されたときは、届出の年月日と入籍の年月日との間に期間の隔たりが生ずるため、関係者に対して、あたかも届出人の過失又は子の身分関係に問題があったこと等から入籍の記載が遅延したかのような疑念を抱かせ、それがひいては子の将来に不利益を生じさせかねないなどと危惧する向きが少なからずみられた。そこで、これを解消する趣旨のもとに届出人等から、出生による子の入籍事項中に入籍が遅延した事由の記載方について申出があったときは、その申出に応じることとするとともに、その場合の戸籍記載例並びに既に従来の取扱いにより記載されている出生事項についての具体的取扱い等について本通知が発せられたものである。

　本通知により示された出生事項及び入籍の遅延事由の記載例は、次のとおりである。

⑴ 出生届書の謄本等の送付を受けた場合
「平成　年　月　日　県　市で出生　月　日父届出　市長からの届書送付未着につき平成　年　月　日再送付入籍㊞」

⑵ 入籍の遅延事由の記載がない出生事項について補記方の申出があった場合

（当該出生事項に続けて）
「　市長からの届書送付未着につき入籍の記載遅延平成　年　月　日記載㊞」

（当該出生事項に続けて記載することができないときは、行を改めて）
「　市長からの届書送付未着につき出生による入籍の記載遅延平成　年　月　日記載㊞」

なお、上記の申出により、出生事項の記載又は入籍の遅延事由の補記がされた者について、その後、婚姻、縁組、転籍等の届出により新戸籍を編製し、又は他の戸籍に入籍の記載をする場合は、この遅延事由の記載をそのまま移記する。ただし、当該届出事件本人又はその法定代理人から、入籍の遅延事由の記載を省略して出生事項を移記されたい旨の申出があったときは、通常の出生事項（参考記載例10）に引き直して移記することとされている。

82 「常用漢字表」の制定に伴う子の名の文字の取扱い

昭和 56 年 9 月 14 日民二第 5536 号通達

先例の趣旨

　常用漢字表（昭和 56 年内閣告示第 1 号）の制定に伴う戸籍法施行規則の一部を改正する法務省令（昭和 55 年省令第 68 号）が昭和 56 年 1 月 1 日に施行され、戸籍法第 50 条を受けた同法施行規則第 60 条の子の名に用いることのできる常用平易な文字の範囲が、①常用漢字表に掲げる漢字、②別表第二の漢字、③片仮名又は平仮名と改められた。

　本通達は、上記の改正に伴う子の名に用いることができる漢字の字種・字体、片仮名及び平仮名の範囲等に関する取扱いについて明らかにしたものである。

参考　訓令通牒録：⑧綴　10213 頁、⑩綴　12721 頁

〈解　説〉

1　子の名に用いる文字について

(1)　改正の経緯

　現行戸籍法（昭和 22 年法律第 224 号）が施行される前においても、子の名に用いる文字については、略字や符号の使用を認めず（旧戸 55 条・28 条 1 項参照、昭和 5・4・2 民事 228 号回答）、ローマ字など外国文字も同様とされてはいたが（大正 12・2・6 民事 328 号回答）[注1]、現行法のような子の名に用いる文字に関する特別の規定はなかったため、名の文字に用いられる漢字には難読・難解なものが多く、社会生活上自他ともに不便を被る例が多くあった。

　その後、昭和 21 年に日常使用する漢字を 1,850 字に制限する「当用漢字

表」(内閣告示第32号)が制定されたことから、現行戸籍法には、出生届に記載する子の名の文字を制限して、これを簡明にするために、新たに第50条の規定が設けられた。すなわち、「子の名には、常用平易な文字を用いなければならない」(1項)とし、その常用平易な文字の範囲は、法務省令で定めるものとされた(2項)。これを受けて制定された戸籍法施行規則(昭和22年司法省令第94号)の第60条は、昭和23年施行当初においては、当用漢字表に掲げる漢字(1,850字)、片仮名又は平仮名とされていたが、昭和26年内閣告示第1号「人名用漢字別表」に掲げる漢字(92字)が、さらに昭和51年内閣告示第1号「人名用漢字追加表」に掲げる漢字(28字)が追加された。

(2) 常用漢字と子の名に用いる文字

昭和56年10月1日、従来の「当用漢字表」が廃止されるとともに、「常用漢字表」(昭和56年内閣告示第1号)が制定された。この「常用漢字表」の性格は、「一般の社会生活において、相互の伝達や理解を円滑にするため、法令・公用文書・新聞・雑誌・放送等一般の社会生活で用いる場合の、効率的で共通性の高い漢字を収め、分かりやすい文章を書き表すための漢字使用の目安」(常用漢字表の前文)とされている。一方、上記の国語審議会における漢字表改善の審議と並行して進められていた法務大臣の諮問機関である民事行政審議会での人名用漢字の取扱いに関する審議においては、子の名に用いる漢字についても、上記の内閣告示の趣旨に即して取り扱うのが妥当であるが、一般の社会生活で用いる文章の文字とは異なる要素があることから、基本的には「戸籍法において、子の名には法務省令で定める範囲の常用平易な文字を用いなければならないと定め、戸籍法施行規則において、その常用平易な文字の範囲を定めている現行の取扱い方式(制限方式)を維持すべきである。」とするとともに、字種及び字体等の取扱いについて答申がなされた(昭和56・5・14)。

2 戸籍法施行規則第60条の改正

昭和56年5月14日の人名用漢字の取扱いに関する民事行政審議会の答申を受けて、同年10月1日、子の名に用いる常用平易な文字の範囲を定める

戸籍法施行規則の一部を改正する省令が公布され、即日施行された。これに先立つ9月14日に上記規則の一部改正に伴う戸籍事務の取扱いについて、本通達が発出された。

(1) **漢字の字種について**

　子の名に用いる常用平易な文字の範囲を定める改正後の戸籍法施行規則第60条は、第1号・常用漢字表に掲げる漢字（括弧書きが添えられているものについては、括弧の外のものに限る。）、第2号・別表第2に掲げる漢字とし、第3号（昭和51年内閣告示第1号の人名用漢字追加表に掲げる漢字）を削除した。その結果、子の名に用いる漢字の字種は、第1号に掲げる漢字1,945字及び第2号に掲げる漢字166字の計2,111字となり、改正前よりも141字増加した[注2]。

(2) **漢字の字体について**

　漢字の字体について改正後の規則は、社会生活上の利便と戸籍事務の円滑な処理のために、原則として一字種につき一字体とし、例外として、一定の字種[注3]については、当分の間、二字体を用いることができる（許容字体）こととした。

　このように一字種につき一字体とすることを原則としながら、例外として、当分の間、許容字体も用いることができるとしたのは、従来は用いることができた字体を一気に用いることができないとすることは、国民の漢字使用の実情に照らすと問題があると考えられたことによる。

　なお、片仮名・平仮名及び長音符号等の取扱いについては、改正がなく、従前どおりとされた。

> [注1]　旧法中における名の文字の取扱いについては、そのほかに①誤字は訂正させた上で受理する（昭和9・4・5民事甲428号回答）、②同一戸籍内の者と同一の命名は許されない（昭和10・10・5民事甲1169号回答。なお、その後、婚姻等により除籍された者と同一名を付することは認められるに至っている―昭和47・8・23民事二発420号回答参照）、③歴代天皇の御諱及び御名の文字を熟字のまま使用することが禁じられていた（戸138条1項により廃止）。
>
> [注2]　人名用漢字は、その後、平成2年法務省令第5号に基づく戸籍法施行

規則の一部改正により118字が追加され、また、子の名に制限外の文字を用いた出生届を不受理とした処分に対する不服申立てにつき家庭裁判所の審理等において、数次にわたって使用が認められた漢字6字（琉・曽・獅・毘・瀧・駕）が追加されたので、戸籍法施行規則の別表第2の漢字は、この時点で290字となった。

また、平成16年9月27日には、規則別表が全面改正され（平成16年法務省令第66号）、従来の290字に488字及び許容字体205字を加えた合計983字を「漢字の表」（従来の「人名用漢字別表」）に掲げられた。これらのうち、新たに選定された常用漢字の異字体19字のうち表外漢字字体表に掲げられていない13字、既に規則別表に掲げられている1字（瀧）及び常用漢字に関する許容字体195字の計209字は、漢字の表の「二」として掲げられた。

〔注3〕　小野　充「戸籍法施行規則の一部改正に伴う戸籍事務の取扱いについて」戸籍442号27頁以下参照。

第 5 章　届出各則　第 1 節　出　生

83　氏又は名に用いる文字の取扱いの整理

昭和 56 年 9 月 14 日民二第 5537 号通達

先例の趣旨

　本通達は、氏又は名に用いる文字の取扱いに関するこれまでの複雑、多岐にわたる先例を将来に向かって整理し、一覧性にあるものに整理したものである。
1　親子関係存否確認等の裁判に基づく戸籍訂正によって戸籍が消除された子について出生届をする場合、相当の年齢に達した者について出生届をする場合、就籍の届出をする場合又は名の変更の届出をする場合には、戸籍法施行規則第 60 条に定める文字以外の文字を用いて名を記載した場合でも受理して差し支えない。
2　外国人の子の出生届書には、その氏名を片仮名で表記する。しかし、本国法上氏名を漢字で表記する外国人（中国人、韓国人）については、出生届書に記載する子の氏名が、正しい日本文字を用いるときに限り受理することができる。

参考　　訓令通牒録：⑧綴 10215 頁、⑩綴 12724 頁

〈解　説〉

1　名の制限外の文字を用いて差し支えない届出

　戸籍法第 50 条及び同施行規則第 60 条の規定は、出生の届出に際し子の名に用いる文字を制限する規定であるが、出生届のほかに帰化の届出（戸 102 条）、就籍の届出（戸 110 条）、又は名の変更の届出（戸 107 条の 2）のように、戸籍に記載する人の名を決定することになる届出についても同様の制限をするのが望ましいと考えられる。しかし、これらの届出の中には、名に制

限外の文字を用いる必要性があり、かつ、それを認めるのが相当と解される場合がある。そこで、本通達は、名に制限外の文字を用いて差し支えない届出として、以下の4例を挙げている。これらの例は、限定的に列挙されたものであり、これに含まれる届出は、制限外の文字を用いて事件本人の名を記載した場合であっても受理される。

(1) 親子関係存否確認等の裁判に基づく戸籍訂正によって戸籍を消除された子について、従前の名と同一の名を記載してする出生の届出（従前の名の文字が誤字であるときは、これを正字に訂正したものに限る。）

　例えば、戸籍上の父母との親子関係存否確認の裁判が確定し、その裁判の理由によって、先にされた出生の届出が届出義務者又は届出資格者（戸52条）以外の者からされたものであるため、その無効であることが明らかになったような場合には、子の戸籍の記載全部が消除されることになる。そして、改めて正当な届出義務者等があれば、その者から出生の届出をすることになるが、その際に従前の戸籍に記載されていた名の文字と同一のものであれば、子の名に制限外の文字を用いても差し支えないとする趣旨である。なお、出生の届出義務者等がいないため、就籍の手続によることになる場合における就籍者の氏名の文字については、後記(3)を参照されたい。

　このような場合に、制限外の文字を用いる取扱いが認められる実質的理由としては、社会に広く通用している氏名は変更しない方が本人の同一性を認識するのに役立つという社会生活上の便益が社会の側と本人の側の双方にあるからと解される。また、手続的理由としては、上記の事例のような場合に、改めてされる出生の届出による戸籍の記載は、消除された従前戸籍の移記の性質をもつものと考えられるからである。

　なお、従前の名の文字が誤字であるときは、正字に訂正したものに限るとされるのは、本来、戸籍の記載は正字によるべきであるから、従前の文字を用いることを認めるとしても、最初に戸籍に記載がされる原因となる出生届書に、誤字を用いることまでも認めるのは相当でないからである。

(2) 出生後長年月を経過し、相当の年齢に達した者について、卒業証書、免許証、保険証書等により社会に広く通用していることを証明できる名を記載してする出生の届出（従前の名の文字が誤字であるときは、それを正字に訂正したものに限る。）

　この取扱いが認められる理由は、(1)に述べたのとほぼ同じであるが、(1)の場合と違うのは、この場合は、事件本人につき初めて出生の届出がされるのであって、戸籍上従前の名がない場合であるため、①出生後長年月を経過し、相当の年齢に達していることと、②卒業証書等によって社会に広く通用していることが証明できるということの二つの要件が課せられている点である。

　①の「相当の年齢」とは、本通達が社会に広く通用していることを証明すべき書類の一つとして、卒業証書を挙げていること、及び一般的に人が社会的存在としての生活を始めるのが小学校卒業後であることから、12歳以上程度が目安と考えられる。

　②の卒業証書等「添付書類」は、出生届書の添付書類として取り扱われるべきものであり、本通達に列挙された書類以外でも、その名が社会に広く通用していることを証明し得るものであればよいことはいうまでもない。なお、証明すべき書面が何もない場合は、通用名を記載した出生届は受理されるべきではない。

(3) 就籍の届出

　就籍は、家庭裁判所の許可審判（戸110条）又は確定判決（戸111条）を前提とする。就籍者の戸籍上の氏名は、就籍許可の審判の主文に拘束されるかどうかについての通説はないようであり、本来、その審判の主文に、就籍後の戸籍の記載事項（本籍、氏名、生年月日、父母の氏名、父母との続柄）を記載すべきものであるかどうかについても、法令上の根拠が必ずしも明らかでない。しかし、通常は、前記の事項が審判の主文に記載され、就籍の届出に当たっては、就籍者の氏名は審判書のとおり記載するものとされている（戸籍実務研究会編「初任者のための戸籍実務の手引き（改訂新版第四訂）」283頁）。本通達は、審判がそのような氏名による就籍を認めるのは、通常、その氏名が就籍者の通称名であろうし、その氏名を用いることの必要性ないし

相当性については、就籍許可の審判をする裁判官の判断にゆだねたものと解される。

確定判決に基づく就籍届出の場合は、就籍者は、任意に氏名を定めることができるものとされているが（前掲の「手引き」283頁）、確定判決の当事者の表示として用いられた通称名を、就籍の際の氏名として届書に記載されるのが通常であることから、本通達は、この場合も制限外の漢字を用いて差し支えないとしたものと解されている（島野穹子「氏又は名に用いる文字の取扱いに関する通達等の整理に関する通達について」戸籍442号39頁）。

(4) 名の変更の届出

戸籍に記載された名の変更は、「正当な事由」がある場合に認められるものであり（戸107条の2）、市区町村長は、変更許可の審判書が添付された届出であれば、変更後の名が制限外の文字を用いたものであっても、そのまま受理して差し支えないとする趣旨である。本通達前の名の変更届に関する先例の中にも、襲名並びに神官、僧侶に限らず制限外の文字を用いた場合でも、家庭裁判所の許可に基づく届出であれば、これを受理するのが相当であるとしたものがある（昭和24・3・7民事甲499号回答㈢）。

2 出生届書における外国人である子の氏名の表記

(1) 外国人一般

我が国の公簿である戸籍には、外国人の氏名の表記も日本文字をもってしなければならず、その場合の日本文字は、原則として片仮名とする趣旨である。そして、届書には、本国法上の文字を付記させなければならない。ただし、届出人が本国法上の文字を付記しないときでも、便宜その届出を受理して差し支えないとされた。

(2) 中国・朝鮮人等

前記(1)の外国人の氏名表記の一般原則に従えば、子が中国人、朝鮮人等の場合においても、氏名を片仮名で表記し、その下に本国法上の文字としての漢字で氏名を付記することが考えられるが、中国人・朝鮮人等本国法上氏名を漢字で表記する外国人である場合には、正しい日本文字としての漢字を用いるときに限り、片仮名による表記をさせる必要はないとしている。この取

扱いは、中国人、韓国人等について氏名の表記は漢字のみで差し支えないとする従来からの例を踏襲したものであり、しかも、その漢字は日本文字でもあるから、届書や戸籍の記載にそれを用いても差し支えないと考えられたものであろう。

　ところで、本通達は「正しい日本文字としての漢字を用いているときに限り……」としている。これは、例えば、中国大陸で行われている簡略体文字は正しい日本文字とはいえないから、届書に表記された中国人の氏名が簡略体文字である場合には、そのまま戸籍に記載することはできない。しかし、日本で漢字として認められている字体（戸規60条に規定する字体に限らず、「漢和辞典」に登載されているものであればよい。）による漢字で氏名を表記した届書が提出されたときは、片仮名によって氏名を表記させなくてもよいという趣旨である。なお、漢字を母国語とする中国人、朝鮮人等については、どちらかといえば、漢字で氏名を表記するのが望ましいので、中国人の子について出生届書に氏名を記載する方法は、本国法上の文字（簡略体漢字）で記載して、その上にこれに対応する日本文字としての漢字を記載するのが妥当と考えられる（前掲の島野・戸籍442号43頁）。

84 嫡出でない子につき父がした嫡出子出生の届出が誤って受理された場合の取扱い

昭和57年4月30日民二第2972号通達

先例の趣旨

父母の婚姻成立前の出生子について、事実上の父から嫡出子出生届があっても、これを受理することができないのは当然であるが、これが誤って受理された場合、従前はその届出に認知の効力は認められないものとして取り扱われていた。しかし、その後、昭和53年に嫡出でない子について父から届出人の資格を父として嫡出子出生の届出又は嫡出でない子の出生の届出がなされ、これが誤って受理されたときは、いずれの届出も認知の届出の効力を有するものと解するのが相当であるとする旨の最高裁判決がなされた。そこで、戸籍の実務においても本通達により、嫡出でない子について父が届出人の資格を父としてした嫡出子出生の届出又は嫡出でない子の出生届を誤って受理した場合は、前記の最高裁判決の趣旨に即して、その出生の届出に認知の届出の効力があるものとして取り扱うべきものとした。

参考

訓令通牒録：⑧綴 10303頁、⑩綴 12739頁

〈解　説〉

1　父がした虚偽の嫡出子出生の届出に認知の届出の効力を認める戸籍事務取扱いの経緯

嫡出でない子と母との間の法律上の親子関係は、分娩の事実によって当然に発生するが（昭和37・4・27最高裁判決―民集16巻7号1247頁、大正5・

10・25民805号回答ほか)、父との関係は、事実上の父子関係の存在を前提として、認知によって成立するものとされている（民799条)。認知には、任意認知と強制認知（裁判認知）の二種類があり、任意認知の方式は、遺言のほかに父から市区町村長に対する届出によってする（民781条1項、戸60条)。そこで、婚姻関係にない男女間に出生した子について、旧戸籍法における庶子出生届の制度（旧戸72条2項・83条）が現行法の施行により廃止された後、事実上の父が嫡出子出生の届出又は嫡出でない子の出生届をし、それが受理された場合において、その届出に認知の届出の効力が認められるか否かについては、従前から論議があり、戸籍事務の取扱いは、法令の改正、判例、学説を背景に変遷がみられる。前記の場合に該当する事例としては、**ア**　夫が妻以外の女性との間に出生した子について、妻との間の嫡出子とする虚偽の出生届をし、それが受理されている場合、**イ**　妻との間に出生した子について、嫡出子出生届をした後、父母につき婚姻無効の裁判が確定した場合、**ウ**　嫡出でない子について父母の婚姻前に父が嫡出子出生届をし、それが誤って受理されている場合、**エ**　嫡出でない子について父がした嫡出でない子の出生届が誤って受理されている場合がある。

(1)　父がした虚偽の嫡出子出生の届出

　　前記のア及びイの場合において、庶子出生の届出の制度があった旧法の施行当時は、戸籍実務上、その出生の届出をもって父のした庶子出生届とみなして、認知の届出の効力を認めていた。判例もこのような嫡出子出生の届出に認知の届出の効力を認め（大正15・10・11大審院判決―民集5巻703頁)、学説上も同様の解釈が通説とされていた。

　　その後、現行法の施行後における戸籍事務の取扱いは、旧法の庶子出生届の制度が廃止されたことから、認知は、戸籍法に定める認知の届出又は同法第62条の嫡出子出生の届出以外の方法により認知の意思表示をすることはできないとの理由で、事実上の父からの嫡出子出生届が受理されても、その届出に認知の届出の効力は有しないとされた。したがって、新法施行後において、前記アの届出がされた子について、妻の子でないことが明らかにされた場合は、戸籍上父の記載がされているのは過誤であるとして、父の記載を消除する取扱いがされていた（昭和25・10・12民事甲2767号回答、昭和37・

7・6民事甲1874号回答ほか)。

　この戸籍事務の取扱いに対しては、多数の学説が反対し、新法の下においても、前記のような嫡出子出生の届出には、認知の届出の効力を認めるべきであると主張されていた(中川善之助「親族法(下)」370頁、我妻　栄「親族法」235頁ほか)。また、家庭裁判所の審判例の中にも、父の認知の届出の効力を認めるものが少なくなかった。

　このような背景の下で、戸籍事務の取扱いについても、先例変更の回答が出されるに至り(昭和39・6・30民事甲2240号回答)、これらの先例を整理する趣旨で昭和40年1月7日民事甲第4016号通達が発出され、前記の父からの嫡出子出生の届出に認知の届出の効力を認める立場を採ることが明らかにされた。すなわち、嫡出子出生の届出をした者とその子との間に事実上の父子関係が存在する場合には、民法の解釈としては、その届出に認知の効力を認めるべきものである。したがって、その子が妻の子でないという裁判があったときは、その裁判の主文になくとも、理由中に父子関係の存在が認められている限り、当該出生の届出に認知の届出の効力を認め、戸籍法第116条の戸籍訂正手続によって、子の母欄及び父母との続柄欄を訂正した上(注)、出生事項中の届出人父の資格はそのままとし、子の記載事項全部を出生当時の母の戸籍に移記することとされた。ただし、市区町村長がこの取扱いをすることができるのは、父子関係の存在が明らかにされている裁判の謄本が戸籍訂正の申請書に添付されている場合に限られる。

(2)　**父母の婚姻前に父がした嫡出子出生の届出**

　前記の1ウの場合、嫡出でない子について父母の婚姻前に父が嫡出子出生の届出をした場合は、その届出地と子が入籍すべき父母の本籍地とが同一市区町村であるときは、届書の審査の過程で不適法な届出であることが直ちに判明し、受理されないはずである(旧法施行当時においても受理されなかった。)。しかし、父母の婚姻前に非本籍地に前記の嫡出子出生届がされ、それが誤って受理された場合の問題がある。まず、この場合に、①当該嫡出出生届書がいったん子の入籍すべき父母の本籍地市区町村に送付されたが、父母が婚姻していないことから戸籍の処理ができないとして受理地の市区町村に返戻されたため、受理地市区町村において、届出人に対しその出生届を嫡

出でない子としての届出に追完するよう催告中に（戸45条）父母の婚姻の届出があった場合、あるいは②当該嫡出子出生の届出が、子の入籍すべき父母の本籍地に到達する前に父母が婚姻した場合の処理についてである。これらの場合、前記昭和40年の民事甲第4016号通達以前においては、①の事案については、先の出生届に父母婚姻の旨を追完させて受理するのが相当であるとし（昭和23・7・10民事甲2052号回答）、②の事案についても出生届に父母が婚姻をした旨追完させて、便宜これを適法な嫡出子出生届として受理して差し支えないとした（昭和24・3・7民事甲499号回答）。つまり、誤って受理された嫡出子出生の届出に父母婚姻の旨を追完させることにより、両届出を一体のものとして戸籍法第62条の規定による嫡出子出生の届出がされたと同じように便宜取り扱うこととしたものである。したがって、このような場合の追完届は、父からしなければならないから、父が死亡又は所在不明等の理由で追完の届出ができないときは、母から嫡出でない子として追完するほかはないとされていた（昭和29・7・8〜9宮崎局戸協決・同10・28民事局変更指示）。

　その後、前記昭和40年の民事甲第4016号通達において、婚姻関係にない男女間に出生した子について、事実上の父からの嫡出子出生届が受理されている場合は、その届出に認知の届出の効力を認める趣旨により従来の先例を変更したことに伴い、前記のように父母婚姻前にされた嫡出子出生の届出にも認知の届出の効力を認めるべきではないかとの疑問が提起された。この問題の照会に対する昭和40年11月17日民事甲第3285号回答は、
① 　父母の婚姻前に、父から子の嫡出子出生届があっても受理すべきでなく、それが誤って受理されても、その届出に認知の届出の効力を認めることは相当でない。前記の出生届書を返戻する前に、父から父母婚姻の旨の追完届がされた場合にのみ、当該追完届に認知の届出の効力を認め、これら出生届と追完届に基づいて子を父母の嫡出子として戸籍に記載をする取扱いは、昭和40年1月7日民事甲第4016号民事局長通達後も維持されている。
② 　本件（照会事案は、父母婚姻の旨の追完届前に父が死亡している場合）については、父が死亡しているので、①に述べた理由により、認知の裁判

を得て、子の戸籍を整序するのが相当であるとして、従来の取扱いを維持した（星　智孝「婚姻関係にない男女間に出生した子につき、事実上の父からなされた嫡出子出生届の効力」高梨公之ほか『家族法と戸籍の諸問題』229頁以下参照）。

(3) 嫡出でない子につき父がした嫡出でない子の出生届

前記の1エの場合、新法施行後において嫡出でない子につき事実上の父がした嫡出でない子の出生届が誤って受理されている場合、その出生の届出と認知の届出の効力に関し、学説は、虚偽の嫡出子出生の届出が受理されている場合と同様に、認知の届出の効力を認めるべきであるとする見解が多数であった。

これに対して戸籍先例は、一貫して認知の届出の効力を否定してきた。その理由は、父からの嫡出でない子の出生届は、戸籍法に規定された認知の届出ではなく、出生届の審査に当たって届書の記載自体から届出義務を有しないものからの不適法な届出であることが明らかであったにもかかわらず、それが受理されたのは一見明白な誤りである。また、それに基づいて戸籍に記載された場合も戸籍面からその誤りが明らかであるから、戸籍訂正を免れ得ないものであり、そのような場合にまで、父からの認知の届出の効力を認めるのは相当でないとされたものと考えられる（昭和24・4・15民事甲888号回答、昭和28・1・29民事甲73号回答、昭和32・5・16民事二発151号回答、昭和40・11・17民事甲3285号回答等）。

〔注〕　父母との続柄の記載については、平成16年11月1日民一第3008号通達により、嫡出でない子については、母が分娩した嫡出でない子の出生の順により「長男（長女）」、「二男（二女）」等と記載することとされた。

2　本通達の背景

本通達が発出されたのは、昭和53年2月24日最高裁判所第二法廷判決が直接の契機となっていることは、通達本文に明記されているとおりである。この判決は、嫡出でない子について父がした嫡出子出生の届出又は嫡出でない子の出生届が誤って受理された場合、その届出には、認知の届出の効力を有すると解するのが相当であるとし、学説及び昭和40年の民事甲第4016号

通達と同様の見解に立つことを明らかにした。さらに、戸籍実務上当然のこととして認めていなかった父からした嫡出でない子の出生届についても、これが市区町村長によって受理されれば認知の届出の効力を有すると解するのが相当であるとした新たな判断である。本通達は、この最高裁判所の見解に従い、前記の各出生届には、父が市区町村長に対し子の出生を申告することのほかに、出生した子が自己の子であることを父として承認し、その旨を申告する意思の表示が含まれているものであり、その届出が誤って受理された場合の戸籍の処理は、前記の出生届に認知の届出の効力を認める取扱いをすることとしたものである。

3 本通達に基づく戸籍の処理

(1) 嫡出でない子について父がした嫡出子出生の届出が誤って受理されている場合（本通達一）

　ア　夫が妻以外の女性との間に出生した子について、妻との間に出生した嫡出子とする虚偽の出生届をし、それが受理されて戸籍にも嫡出子として記載されている場合に、子と戸籍上の母との間の母子関係不存在確認の裁判が確定し、戸籍法第116条の規定に基づく戸籍訂正の申請がされたとき、あるいは母子関係が存在しないことを理由に戸籍法第113条の戸籍訂正許可の審判を得て、戸籍訂正の申請がされたときの取扱いである（本通達一の1）。

　　この戸籍訂正申請により、子の母欄の記載及び父母との続柄を訂正した上、子の記載全部を子の出生当時の母の戸籍に移記することになる。しかし、その際に戸籍訂正申請書に添付された前記裁判書の謄本等の記載によって届出人である父と子の間に血縁上の父子関係がないことが明らかとされていない限り、父欄の記載は消除することなく、また、出生事項中、届出人父の資格をそのままとして母の戸籍に移記するものとされた（参考記載例193・194）。この点、前記昭和40年の民事甲第4016号通達においては、添付された裁判書謄本によって出生の届出をした父と子の間に事実上の父子関係が認められる場合についてのみ、同通達による戸籍訂正ができるとされていたのに対し、本通達では、裁判上父子関

係がないことが明らかとされていない限り父欄の記載の消除等はしない取扱いとされ、裁判上父子関係の存在が明らかであることは要件とされていない。なお、本通達による取扱いをするとしても、実体上の父子関係を認めるというのではなく、戸籍訂正の申請書及び戸籍の記載面からは、血縁上の父子関係の不存在が明らかなわけではないので、積極的に父欄の記載は消除しない取扱いをする趣旨と考えられる。したがって、戸籍に記載されている父と子について血縁上の父子関係が存在しない場合には、戸籍法第116条又は第113条の規定に基づく戸籍訂正申請によって父欄を消除する等の訂正をすることになる（本通達三）。また、母子関係不存在確認の裁判書等の理由中に、出生の届出をした父と子との間にも父子関係が存在しないことが明らかにされているときは、当該裁判により（前記父が同居者としての届出義務者でもない場合は）子の記載全部を消除する訂正をして差し支えないことは、従前の取扱いのとおりである（昭和37・12・26民事甲3722号回答）。

　上記の取扱いをするとしても、実母の戸籍が明らかでないため、子の記載を出生当時の母の戸籍に移記することができない場合がある。その場合には、母子関係不存在確認の裁判等に基づく戸籍訂正申請により、ひとまず子の母欄の記載を消除し父母との続柄欄を訂正するにとどめておくことになる。その後、母欄を記載し、子を出生当時の母の戸籍に移記するには、別途戸籍法第113条等の訂正申請を要することになるので、出生の届出人である父又は届出事件の本人である子に対し、前記の戸籍訂正申請をすべき旨を通知しなければならない（戸24条1項、戸規47条）。その通知後相当期間内(注)に戸籍訂正申請がないときは、本来入籍すべき戸籍でない父の戸籍に子をとどめておくのは相当でないから、管轄法務局の長の許可を得て、職権で子の記載を消除することになる。なお、ここで「実母の戸籍が明らかでない」とは、どのような場合かである。例えば、母子関係不存在確認の裁判の理由中に、実母の氏名は記載されているが、その本籍には何ら触れられていないような場合は、厳格に解すれば実母が特定されず、子を移記すべき戸籍も判明しないので、さらに戸籍法第116条又は第113条の規定に基づく戸籍訂正申

請によって移記するのが原則的な処理と考えられる。しかし、事案によっては、関係当事者が実母の本籍地を承知している場合もあることから、その場合は、戸籍実務の取扱いとしては、前記裁判に基づく戸籍訂正申請書に、子の戸籍の記載全部を出生当時の母の戸籍に（実母の戸籍謄本を添付させる。）移記する旨記載させて、所要の戸籍訂正をすることが行われており（昭和44・10・28〜29東京法務局管内戸籍課長合同協議問題・結論）、この取扱いは是認されて差し支えないと解されている（「戸籍」451号34頁参照）。

　ところで、子の実母の戸籍が明らかにされないため職権で戸籍を消除された子について、その後、実母の戸籍が判明したときは、戸籍法第116条又は第113条の規定に基づく戸籍訂正の申請により、子を消除された戸籍に回復の上、母の戸籍に移記することになる。なお、この訂正ができるのは、裁判所の関与により母子関係が明らかにされ、実母の戸籍が判明した場合であり、単に関係人から実母の戸籍が判明したとして、その旨の申出があっても、市区町村長の職権により前記のような訂正をすることはできないものと解される。

イ　婚姻中の夫婦の子として父が嫡出子出生の届出をし、戸籍に夫婦間の嫡出子として記載されている子について、父母の婚姻無効を理由として戸籍法第116条又は第114条の規定に基づく戸籍訂正の申請がされたときの取扱いである（本通達一の2）。

　この戸籍訂正申請により、子の父母との続柄欄の記載を訂正し、さらに母が婚姻により氏を改めた者であるときは、母は婚姻前の戸籍に回復されるので、その回復された戸籍（母が筆頭者であるときはその戸籍に、又は母が筆頭者でないときは、子の入籍により編製される母の戸籍）に子の記載全部を移記することになる。その処理は、前記アと同様に、父欄の記載を消除することなく、かつ、出生事項中届出人父の資格もそのままとする。なお、父が婚姻の際に氏を改めた者であるときは、婚姻無効により父が婚姻前の戸籍に回復されることになるので、父母との続柄欄の訂正[注]にとどまる。

ウ　父が子の母との婚姻の届出前に嫡出子出生の届出をした子について、

その届出が誤って受理されたときの取扱いである（本通達一の3）。
　従前の取扱いでは、出生の届出後父母が婚姻をした場合には、父からその嫡出子出生届に「父母婚姻の旨」を追完させて、その追完届に認知の届出の効力をもたせ、戸籍法第62条の出生の届出がされた場合に準じて処理をし、また、父母の婚姻がない場合には、嫡出でない子とする追完の届出をさせて処理することとしていた。これに対し、本通達による取扱いは、父母婚姻の旨の追完届の有無に関係なく、父からした出生の届出自体に認知の届出の効力を認めることとした。したがって、従前の取扱いでは、子は認知準正子とされたが、本通達では、婚姻準正子となる。通達にいう各場合の取扱いは、次のとおりである。
① 父母婚姻前の嫡出子出生の届出を誤って受理した場合は、嫡出子として入籍する戸籍がないので、戸籍の記載はできないが、その間に父母が婚姻の届出をしたときは、その出生届に基づいて子を父母の婚姻後の戸籍に嫡出子として、通常の嫡出子出生の届出がされた例と同様の記載により入籍させる。
② 父母婚姻前の嫡出子出生の届出を誤って受理し、その間に父母が婚姻をした場合において、本通達前の取扱いでは、その出生の届出に「父母婚姻の旨」を追完させて、先の出生届と追完届とを一体として戸籍法第62条の嫡出子出生の届出がされた場合に準じて処理することとされていたが、その「父母婚姻の旨」の追完をさせることなく、子を嫡出子として父母の婚姻後の戸籍に入籍させている戸籍を発見した場合の取扱いである。このような場合でも、本通達により先に父がした嫡出子出生の届出に認知の届出の効力を認める取扱いをすることとされたので、改めて父からの前記追完の届出は不要であり、また、子の戸籍の記載についても何ら訂正を要しないとされた。
③ 父母婚姻前の嫡出子出生の届出を誤って受理した場合、その届出による戸籍の処理はできないので、受理地の市区町村長は、相当の期間を定めて届出人に対し所要の追完をするよう催告することになる（戸45条）。その期間内に父母が婚姻をしたときは、①により処理することになるが、その婚姻の届出がないときは、子について嫡出でない子

とする追完の届出をさせなければならない。この場合に、先の出生の届出には、本通達により認知の届出の効力を認める取扱いをすることとなったので、前記の嫡出でない子とする追完の届出には、子の父母との続柄及び届書に子が入籍すべき母の本籍のほか、父の戸籍の表示を記載させ、その出生届と追完の届出により、子を母の戸籍に入籍させることになる。その際、子の父欄には届出人である父の氏名を記載し、出生事項中の届出人の資格も「父」と記載するとともに、戸籍上、父との関連を明らかにさせておくために、父の戸籍の表示も記載することとしている（この場合の記載例については、本通達一の３㈢(1)及び(2)参照)。

　なお、前記の追完の届出の催告（戸45条・44条２項の再催告を含む。）をしても、届出人等がその後所在不明となり、あるいは故意に追完に応じない場合は、所要の戸籍の処理ができないこととなる。このような場合は、受理地の市区町村において、当該届書を戸籍の記載ができない届書（いわゆる「事故届書」）として保存することになる（戸規50条の戸籍の記載不要届書類には相当しない。)。その後、届出人から所要の追完の届出があれば、前述の追完の届出があった場合と同様の取扱いをする。

　また、追完の届出資格のない者からの申出等により、子の入籍すべき戸籍が判明したときは、次のように処理をする。すなわち、子の入籍すべき母の戸籍が判明した場合に、受理地の市区町村が子の本籍地の市区町村でないときは、届書及び子の入籍すべき母の戸籍が判明するに至った資料等を子の本籍地の市区町村に送付し、その届書等の送付を受けた子の本籍地の市区町村長は、管轄法務局の長の許可を得て、職権で子の記載をする（戸45条・44条３項・24条２項)。そして、父の本籍も子と同一市区町村内にあるときは、上記と同様に管轄局の長の許可を得て、父の戸籍の身分事項欄に職権で所要の記載をする。もし、父の本籍地が他の市区町村にあるときは、子の本籍地の市区町村長が出生届及び管轄法務局の長の記載許可を得て記載をした戸籍の謄本を父の本籍地市区町村長に送付し、送付を受けた市区町村長は届

書及び許可書の謄本に基づき父の戸籍の身分事項欄に職権で所要の記載をすることになる（この場合の記載例については、本通達一の3㈢の後段（なお書）(1)及び(2)参照）。

(2) 嫡出でない子について父がした嫡出でない子の出生届が誤って受理されている場合（本通達二）

　ア　いまだ、戸籍に記載されていないときの取扱い（本通達二の1）

　　嫡出でない子について、父が父の資格でした嫡出でない子の出生届が誤って受理された場合は、本通達により、その出生の届出に認知の届出の効力を認める取扱いをすることになる、嫡出でない子は、出生当時の母の氏を称し、母の戸籍に入籍すべきであるから（民790条2項、戸18条2項）、子を母の戸籍に入籍させ、子の父欄には届出人である父の氏名を記載し、出生事項中、出生の届出人の資格は「父」と記載する。また、この場合は、父及び子の戸籍の身分事項欄には認知の届出の効力を有する出生の届出がされた旨及び父と子の戸籍上の関係を明らかにするための記載をする必要がある（この場合の記載例については、本通達一の3㈢の本文の(1)及び(2)参照）。

　イ　子が母の戸籍に入籍の記載がされているが、父欄の記載がされていないときの取扱い（本通達二の2）

　　子が入籍すべき出生当時の母の戸籍に記載され、出生事項中届出人の資格も父とされているが、父欄に記載のない戸籍が発見されたときは、市区町村長は利害関係人に対し、戸籍法第116条又は113条の規定に基づき、父欄に父の氏名を記載する等所要の戸籍訂正申請をするよう催告をし、その申請により所要の訂正をすることになる。なお、利害関係人からの戸籍訂正申請がない場合に、届書及び戸籍の記載によって、父がその出生の届出をしたものであることが明白であるときは、管轄法務局の長の許可を得て職権で子の父欄に父の氏名を記載することもできる。

　　ところで、通達文でいう「父の氏名を記載する等所要の訂正」とは、子の戸籍の①父欄に父の氏名を記載すること、②身分事項欄の出生事項に父の戸籍の表示を記載すること、及び③父の戸籍の身分事項欄に、認知の届出の効力を有する出生届をした旨の記載（本通達一の3㈢本文(2)

の記載)をすること、あるいは、④市区町村長の職権で出生事項中、届出人父の資格を同居者と訂正している場合に、その資格を父と訂正すること、⑤出生事項に届出資格が記載されていない場合における届出資格「父」の記載をすること等、事案によって訂正事項は異なるが、これらの訂正も併せて行うことである。

ウ 子が父の戸籍に誤って入籍の記載がされているときの取扱い(本通達二の3)

　嫡出でない子について父が父の資格で、かつ、子が入るべき戸籍の表示を父の戸籍として嫡出でない子の出生届が誤って受理され、その届出に基づいて本来入るべきでない父の戸籍に子が入籍しているような場合である。このような事例は、旧法から新法への移行後間もない当時において、旧法当時の庶子出生届がされた場合のように、誤って子を父の戸籍に入籍させるようなことが生じていたようである。

　このような戸籍が発見された場合は、戸籍法第113条の規定に基づく戸籍訂正の申請又は市区町村長が管轄法務局の長の許可を得てする職権訂正によって、子の記載の全部を出生当時の母の戸籍に移記する必要がある。この場合、父がした前記の出生の届出には認知の届出の効力が認められることとなったので、訂正をする際には、父欄の記載を消除することなく、届出人の資格も「父」のまま移記する。なお、移記すべき母の戸籍が明らかでないときは、本通達一の1の後段(なお書)に準じて取り扱うことになる。

　ところで、この取扱いと前述(2)のア、イ(本通達二の1・2)との取扱いの違いは、戸籍訂正の際に子の戸籍に父の戸籍の表示及び父の戸籍に認知の届出の効力を有する出生の届出をした旨等の記載を要しない点である。これは、虚偽の嫡出子出生の届出が受理されて戸籍に記載されている場合における訂正と同様に、戸籍の訂正事項により父子間の戸籍上の関係は明らかであり、また、子の父欄の記載及び出生事項中、届出人の資格「父」の記載から父子関係の存在は明らかであり、改めてその旨の記載を要しないと考えられたためである。

(3) 嫡出子出生届又は嫡出でない子の出生届に基づいて戸籍に記載されている子と、届出人父との間に父子関係が存在しないときの取扱い（本通達三）

　嫡出でない子について、父の資格でした嫡出子出生届又は嫡出でない子の出生届が誤って受理され、その届出に基づいて戸籍の記載がされている場合に、届出をした者と子との間に父子関係が存在しないときは、親子関係不存在確認の裁判に基づく戸籍法第116条の戸籍訂正申請又は同法第113条の規定に基づく戸籍訂正申請により、父の氏名を消除する等の訂正をすることができる。

(4) 嫡出子出生届又は嫡出でない子の出生届に基づいて戸籍に記載されている子の父欄が、従前の取扱いによって消除する等の戸籍訂正がされているときの取扱い（本通達四）

　出生の届出をした者（父）と子の間に血縁上の父子関係があるときは、その届出人等利害関係人は、戸籍法第113条に規定する戸籍訂正手続によって、父欄に届出をした父の氏名を記載する等の戸籍訂正をすることができる。これは、生理上の父が出生の届出をしたのであれば、その届出に認知の届出の効力を認める取扱いをすることとされたので、従前（本通達前）の取扱いにより、いったん消除した父に関する戸籍の記載を、戸籍訂正手続によって回復することができるとしたものである。

　　〔注〕「通知後相当の期間」とは、当事者が母子関係存在確認の裁判を得、又は戸籍法第113条の戸籍訂正許可の審判を得て、戸籍訂正申請をするのに要する期間と解される。

85 無国籍者を父母として日本で出生した子の出生届の取扱い

昭和 57 年 7 月 6 日民二第 4265 号通達

先例の趣旨　無国籍者を父母として日本で出生した子及び父が知れない場合で無国籍者を母として日本で出生した子は、出生によって日本の国籍を取得することになる。しかし、「無国籍者」と称する者の中には、ある国の国籍を有しながら、外国人登録上、その国籍を有することを証明できないために「無国籍者」として登録されているにすぎないものがあるので、これらの子の出生届があった場合は、戸籍事務処理の適正を期するため、この受否につき管轄法務局の長の指示を求めることとされたものである。

参考　訓令通牒録：⑧綴 10324 頁、⑩綴 12743 頁

〈解　説〉

1　出生による日本国籍の取得

我が国においては、出生による国籍の取得について血統主義の原則を採用し、また、国籍の消極的抵触（無国籍）を防ぐために、補充的に生地主義を採用している。

父母との血統により日本国籍を取得するのは、出生の時に父又は母のいずれかが日本国籍を有している場合（国 2 条 1 号）と、出生前に死亡した父が、死亡の時に日本国民であった場合（同条 2 号）である。この場合、父は、事実上の父というだけでは足りず、法律上の父でなければならない（昭和 42・5・15 東京高裁決定—民集 20 巻 3 号 268 頁、昭和 26・8・3 民事甲 1592 号回答）。一方、法律上の母子関係については、分娩の事実によって当然に発生

すると解されていることから(昭和37・4・27最高裁判決―民集16巻7号1247頁、大正5・10・25民805号回答、大正11・6・6民事2104号回答)、事実上の母子関係があれば足りる。

また、国籍法第2条第2号の規定は、父が死亡しなければ、子は出生によって当然に日本国籍を取得し、その後に父が死亡しても、子の国籍取得には影響がないこととの均衡を考慮したものとされている。

しかし、出生による日本国籍の取得を前記の血統主義によるものだけに限ると、無国籍の子が生じることがあるので、これを防止するために、補充的に生地主義による国籍取得が認められている。生地主義によって日本国籍を取得するのは、次の二つの要件を具備する者である。

(1) **日本で出生したこと**

日本で出生したといえるには、日本の領土、領海[注1]並びに公海における日本籍の船舶及び航空機内で出生した場合と解されている(法務省民事局法務研究会編「改訂 国籍実務解説」45頁)。また、日本国内で発見された棄児は、日本の地理的状況から日本国内で出生したものと推定されて、戸籍法に基づき戸籍が編製される(戸57条)。これは、あくまでも推定であるから、後に親子関係や出生地など新たな事実が判明したときは、その事実に基づいて日本の国籍の得喪が決定されることになる。

(2) **父母がともに知れないか、無国籍であること**

父との関係は、法律上の父子関係をいうが、母子関係は、前述のとおり分娩の事実によって当然に生じるから、「父母がともに知れない」とは、父母が事実上も判明しない場合である。したがって、これに該当するのは、ほとんどが棄児であると考えられる。

父母が無国籍とは、子が出生の時に無国籍であることをいい、法律上の父がなく、出生の時に母が無国籍の場合、及び出生前に死亡した法律上の父が死亡の時に無国籍であり、かつ、出生の時に母も無国籍の場合も含むと解される。

2 外国人登録法上の国籍の表示

(1) 外国人登録法(昭和27年法律第125号、以下「外登法」という。)は、日

本に在留する外国人について、その者が我が国に入国したとき（再入国許可を得て出国し、再入国したとき及び難民旅行証明書の交付を受けて出国し、当該証明書により入国したときを除く。）、我が国において外国人となったとき又は出生等により在留することになったときは、それぞれ所定の期間内に、その居住地の市区町村長に対し、外国人登録の申請をすべきものとしている（外登法3条）。ここにいう外国人とは、一般的意味の外国人（外国の国籍を有する者といずれの国の国籍をも有しない無国籍者を含む。）を限定して、仮上陸の許可を受けている者等（入管法13条等）を除外した者である（外登法2条）。しかし、無国籍者も外国人であることに変わりはないから[注2]、外国人として日本に在留する限り、その居住関係及び身分関係を明確にするための外登法の適用を受ける（同法1条）。したがって、これらの者が日本で身分行為及び身分的事実に関して届出をするに当たり外国人登録原票の記載（同法4条）は、その身分を明らかにする重要な資料となる。

(2) ところで、外登法上、無国籍者と登録されている者の中には、本来、外国の国籍を有しながら「無国籍」として登録されるという事例が生じることがあるとされている。これは、外登法上、登録原票に登録者の国籍の表示をするに際し、どのような方法によって運用されているかである。

　登録の申請を受けた市区町村長は、登録原票に登録番号、登録年月日、氏名、出生の年月日、男女の別及び国籍等20項目にわたる事項を登録することになる（外登法4条）。その中の「国籍」の登録について、二つ以上の外国の国籍を有する者については、原則として、旅券を最近に発給した国の国籍者として取扱い、また、国籍を証明する旅券等の資料がない者の場合は、父及び母の国籍から特定の国籍の保持が容易に推認できる場合を除き、国籍を確認できる資料が提出されるまでは、国籍不詳の意味をも含めて「無国籍」とする取扱いがされている（田村　満著・重見一崇・山神　進 補訂「全訂　外国人登録法逐条解説」98頁）。つまり、外登法上「無国籍者」と認定されている場合でも、実体法上文字どおりの「無国籍者」もいれば、有国籍者でありながらその国籍を証明することができないために「無国籍者」として取り扱われている場合もありうるということである。

そのような者について、父又は母の国籍を外登法上の「無国籍」の表示に従って子の出生の届出を処理するとすれば、本来、出生によっては日本の国籍を取得し得ない者について、日本国民とする誤った処理をすることになりかねない。そこで、本通達は、戸籍事務処理の適正を期するため、無国籍者を父母として日本で出生した子等の出生届があった場合の取扱いについて示したものである。

3 本通達による戸籍事務の取扱い

(1) 無国籍者を父母として日本で出生した子、及び父が知れない場合で無国籍者を母として日本で出生した子は、出生によって日本の国籍を取得する（国2条3号）。しかし、「無国籍者」と称する者の中には、前述2のとおり、本来ある国の国籍を有しながら、外国人登録上、その国籍を有することを証明できないために「無国籍者」として登録されているにすぎないものがあることから、このような子の出生届がされた場合は、戸籍事務処理の適正を期するため、市区町村長は、その出生届の受否につき管轄法務局の長に指示を求めることとされた。

(2) 上記の指示を求められた管轄法務局の長は、関係者について各人の身分関係や関係国の法令等を調査し、血統による国籍取得、出生による出生地国の国籍取得はないか、あるいは婚姻・養子縁組等の身分行為に基づいていずれかの国の国籍を取得していないか、又はある国に帰化したことがないか、入国の経緯等を総合的に判断することになる。調査をした結果、「無国籍者」とされている者が、ある国の国籍を有しているものと判断されたときは、その判断に基づいて出生子の国籍を認定することになる。また、「無国籍者」とされている者が、調査の結果、「無国籍者」ないし「国籍不明者」と判断されたときは、その判断に基づいて出生子の国籍を認定し、日本国籍を取得するものとして戸籍の処理をすることになる（昭和28・3・3民事甲284号回答、昭和29・3・13民事甲534号回答、昭和48・10・4民二7502号回答）。

この取扱いは、事件本人が本籍不明者を母として出生した嫡出でない子として出生届がされた場合にも準用される。

(3)　なお、この無国籍者についての管轄法務局の判断と外登法上の登録原票の「国籍」の表示とが異なることになったときに、外登法上の国籍表示が、当然に訂正されるかどうかである。

　外国人の登録原票の記載事項が事実に反する疑いがあるときは、市区町村長は、外国人から旅券その他の事実関係を証する文書の提出を求め、また、必要があるときは、外国人登録の正確な実施を図るため、事実調査の上、当該記載の正誤を確認しなければならないとされている（外登法15条の2）。このことから、手続上は、訂正が可能のようにも考えられる。しかし、外国人登録行政の運用上は否定的であり、特に「国籍」の訂正申立てにおける国籍を証する資料は、旅券（当該外国人が有するとする国籍国の政府が発給するもの）以外の資料、例えば、戸籍謄本、陳述書等までは認められないようである（昭和55・6・17法務省管登6908号回答、「外国人登録」昭和57年5月第280号）。したがって、「無国籍者」についての法務局の判断は、専ら戸籍行政上の問題として処理することになる（戸籍454号28頁「解説」）。

　　〔注1〕　領土は、国家の領有している土地であり、領海は、領海の幅を測定する基点となる基線から少なくとも3海里までは古くから認められており、国際慣習法となっているといえる。それ以上どこまで認められるかについては必ずしも確定しているとはいえないが、1982年の国際連合海洋法条約によると、沿岸国は基線から12海里を超えない範囲で領海の幅を定めることができるとされている（3条）。領空は、領土と領海の上空をいい、現在は、人工衛星の最低軌道辺りが領空の限界とされている（木棚照一「逐条註解　国籍法」200頁）。
　　〔注2〕　一般に外国人とは、日本国籍を有しない者をいい、外国の国籍を有する者といずれの国の国籍も有しない無国籍者を含むものである。しかし、外登法においては、一般的意味の外国人を更に限定して入管法の規定により仮上陸の許可を受けている者等、外登法2条1項に規定している一時的な上陸の許可を受けている者を除外している。

第2節　認　知

(一般)

86　父母の婚姻後200日以内に出生した子につき、母から嫡出でない子の出生届がされた後、母の夫からされた認知届の取扱い

昭和34年8月28日民事甲第1827号通達

先例の趣旨

　父母の婚姻後200日以内の出生子について、母から嫡出でない子の出生届がなされて戸籍にその旨記載された後に、母の夫である父から認知の届出があった場合は、これを認知届として受理することなく、その認知届を生来の嫡出子の記載に訂正する旨の申出書として取扱い、戸籍法第24条第2項の規定により管轄法務局の長の許可を得て、職権で父の氏名を記載し、父母との続柄を訂正する。

　また、従前の取扱いにより認知届を受理し、父子の戸籍に認知の記載をし、嫡出子として訂正している場合は、戸籍法第24条第2項の規定により管轄法務局の長の許可を得て、父子双方の認知事項を職権で消除することとし、従前の先例による取扱いを変更したものである。

参考　訓令通牒録：④綴　4272ノ4頁、⑩綴　12611頁

第5章 届出各則 第2節 認 知 (一般)

〈解　説〉

1　判例及び戸籍先例の変遷
(1)　旧民法（明治31年法律第9号）の施行当初における戸籍実務上の取扱いは、現在と同様に父母が婚姻中に出生した子であれば、婚姻成立後200日以内に出生した子は、法律上の嫡出性の推定（旧民820条）こそ受けないが、生来の嫡出子として取り扱うものとされていた（明治31・8・25民刑1025号回答、明治31・10・27民刑1132号回答）。しかし、大正3年戸籍法の施行（大正3・4・1）後は、学説、判例ともに従来の取扱いを批判する立場のものが多く、戸籍実務も「婚姻成立後200日以内の出生子は、たとえ父から嫡出子出生届がなされても準正嫡出子であって（旧民836条2項）、生来の嫡出子ではないから受理できない。母からまず嫡出でない子の出生届をし、次いで、父からの認知をまって嫡出子として記載すべきであるが、しかし、むしろ戸籍法第83条（現行62条）後段の届出により嫡出子出生の記載をするのが適切である。」としていた（大正4・10・2民1557号回答第一、大正11・11・30民事4297号回答）。
(2)　ところが、昭和15年1月23日大審院民事連合部判決（民集19巻1号54頁）は、従来の解釈を改め、夫婦の婚姻届出前に内縁関係が先行し、かつ、その内縁中に夫によって懐胎した子を、婚姻の届出後200日以内に出生した場合は、父の認知を得るまでもなく、出生と同時に嫡出子の身分を有するものと判示した。

　戸籍実務の取扱いも、この判決の趣旨に沿い、婚姻成立後200日以内の出生子につき、父から嫡出子出生届がなされた場合には、その子は生来の嫡出子として取り扱うものとした（昭和15・4・8民事甲432号通牒、同年6・14民事甲731号回答）。

　そこで、問題となるのは、上記の出生子につき生来の嫡出子として取り扱うことができるのは、母の夫から嫡出子出生の届出をした場合に限定されるか否かであるが、そもそも当該出生子が母の夫によって懐胎したものであるときは一様に嫡出子として取り扱うものとする以上、当該出生子については、父以外の者、すなわち母又は同居者等の届出義務者からでも嫡

出子出生の届出ができることになる（昭和15・8・24民事甲1087号回答(一)参照）。

　その後、前記の大審院民事連合部判決以後にとられた先例の取扱いについては、その一部が修正され、婚姻成立後200日以内の出生子が母の夫の子でない場合は、母から嫡出でない子として出生届があったときは、これを受理するものとした（昭和26・6・27民事甲1332号回答）。したがって、母は嫡出子又は嫡出でない子のいずれの出生届もできることになる。

2　本通達による取扱い

(1)　従前の先例による取扱いは、以上のような変遷をたどったが、新たな問題として、婚姻後200日以内の出生子について母から嫡出でない子の出生届がなされて戸籍に記載された後に、母の夫である父から認知届がなされた場合、その子を生来の嫡出子とみるのか、民法第789条第2項の認知による準正子と解すべきかの問題がある。このような嫡出の推定を受けない子については、母から嫡出でない子の出生届ができることは前述のとおりであるから、母からの嫡出でない子の出生届がなされた後、母の夫からの認知届ができるとするのは、生来の嫡出子に対し父からの認知届を認める結果となり妥当ではない。

　そこで、本通達は、上記の父からの認知届は、認知届として受理することなく、これを生来の嫡出子としての戸籍の記載に訂正する旨の申出書として取り扱うこととし、従前の取扱いを改めたものである。したがって、原則的には、母の夫が自分の子であると主張する場合は、認知届によるべきではなく、その子の記載を生来の嫡出子に訂正する旨の申出をさせ、本籍地の市区町村長は、戸籍法第24条第2項の規定により管轄法務局の長の許可を得て職権で訂正をすることになる。

　この訂正申出は、本来嫡出子として出生届をすべきであったにもかかわらず、母から嫡出でない子の出生届により戸籍の記載がなされたものであることが、後日、父の申出により判明したために採られる措置であるから、出生届の追完ではなく、あくまでも訂正の申出と解して取り扱うべきものである。

(2) また、従前の取扱い（前記1(1)後段）によって、既に父の認知届を受理して父子双方の戸籍の身分事項欄に認知事項を記載し、準正嫡出子としての取扱いがされている場合は、戸籍面上それが明らかであることから、改めて父から申出をさせるまでもなく、市区町村長はこのような戸籍を発見した都度、戸籍法第24条第2項の規定により管轄法務局の長の許可を得て職権で所要の訂正をすべきものとされた。すなわち、父及び子の身分事項欄に認知事項が記載され、子の父欄の記載及び父母との続柄欄が訂正されている場合には、父子双方の戸籍の認知事項の記載だけを消除し、その子を生来の嫡出子としての姿に訂正することになる（本通達㈡参照）。

3 父が外国人、母が日本人の場合

　本通達は、東京法務局長からの照会に対する民事局長の回答を基礎に従来の取扱いを変更するものとして発出されたものである。照会の事案は、米国人男と婚姻をした日本人女が婚姻後200日以内に日本で出生した子を嫡出でない子として出生届をし、日本人母の戸籍に入籍した後、母の夫である米国人男から認知届がされた場合の取扱いに関するものであって、この場合の嫡出性の準拠法については、当時の法例第29条（平成元年法律第27号により第32条に改められ、但書が追加された。現行・通則法41条）の反致の規定により日本法が適用される場合である。したがって、父母の双方が日本人である場合と父が外国人で母が日本人である場合とで、実体的な解釈に差異が生ずることはない。そうすると、事案の場合は、我が国の国籍法が出生による国籍取得につきいわゆる父系血統主義を採っていた当時の事案であることから、当該出生子が米国人父と日本人母間の生来の嫡出子ということになると、出生の時に父は日本国民ではないため、日本国籍を取得しないこととなるので（昭和59年改正前の国2条）、日本人母の嫡出でない子として入籍している戸籍の記載は戸籍法第113条（戸籍訂正申請をする者がないときは同法24条2項）の規定により消除すべきものとされた。

　なお、昭和59年法律第45号による国籍法の一部改正により出生による国籍の取得につき父母両系血統主義が採用された後は、父又は母の一方が日本国民であれば、その子は日本国籍を取得する（国2条1号）から、本通達の照会事案のように母の戸籍から消除されることはない。

(渉外)

87 外国人母の夫の嫡出推定を受ける子について、出生後に嫡出推定を排除する裁判が確定し、日本人男から認知の届出があった場合における国籍及び戸籍の取扱い

平成10年1月30日民五第180号通達

先例の趣旨

外国人母の夫の嫡出推定を受ける子について、出生後遅滞なく嫡出推定を排除する裁判が提起され、その裁判確定後速やかに母の夫以外の日本人男から認知の届出があった場合には、嫡出推定がされなければ胎児認知がされたであろうと認めるべき特段の事情があるものと認定し、その認定の妨げとなる事情がうかがわれない限り、子は出生により日本国籍を取得したものとして処理する。その対象となり得る認知の届出を受けた市区町村長は、その処理につき管轄局の長の指示を求めることとされたものである。

なお、平成11年11月に本通達の趣旨についての再確認及び渉外的胎児認知届の取扱いについて、①相談があった場合の対応、②胎児認知の届出があった場合の処理に関する通知（平成11・11・11民二・民五2420号〔88〕）が発せられている。

参考

訓令通牒録：⑨綴 12180ノ3頁、⑩綴 13265頁
関連先例通し番号：88

第5章　届出各則　第2節　認　知　(渉外)

〈解　説〉

1　平成9年10月17日最高裁第二小法廷判決について

(1)　事案の概要

　韓国人女が日本人男と婚姻中に懐胎した子について、子の出生後3か月と3日後に、出生子が母の夫との間の親子関係不存在確認の審判を申立て、前記確認の審判が確定した。その12日後に日本人男が当該子を認知した事案について、当該子が国に対し、出生又は認知により日本国籍を取得したとして、日本国籍の確認を求めた。

　第一審の東京地裁では、原告の請求が棄却されたが、東京高裁の控訴審では原判決を取消し、控訴人(原告)の請求を認容する判決がなされた。この控訴審の判決に対し最高裁第二小法廷は「客観的にみて、戸籍の記載上嫡出の推定がなされなければ日本人父により胎児認知がされたであろうと認めるべき特段の事情がある場合には、右胎児認知がされた場合に準じて、国籍法第2条第1号の適用を認め、子は生来的に日本国籍を取得すると解するのが相当である。」との立場を明らかにした。

(2)　最高裁判決の判旨

　上記判決のア「"特段の事情がある"というためには、①母の夫と子の間の親子関係の不存在を確定するための法的手段が、子の出生後遅滞なくとられること、②その不存在が確定されて認知を適法にすることができるようになった後速やかに認知の届出がされることを要する。」とした上、イ「原審の適法に確定した事実関係によれば、被上告人の出生後遅滞なく母の夫と被上告人との親子関係不存在を確認するための手続がとられ、これが確定した後速やかに実父が認知の届出をしたということができ、客観的にみて、戸籍の記載上嫡出の推定がされなければ実父により胎児認知がされたであろうと認めるべき特段の事情があるというべきであり、このように認めることの妨げになる事情はうかがわれない。」と判示した。

2　本通達による取扱い

　前記1の最高裁判決(以下「本判決」という。)の趣旨にかんがみ、外国人

母の夫の嫡出推定を受ける子の生来的な日本国籍の取得については、次のとおり取り扱うこととされた。

(1) **一般的基準**

本判決のいう「客観的にみて、戸籍の記載上嫡出の推定がなされなければ日本人である父により胎児認知がされたであろう」とされる場合というのは、戸籍の記載いかんによって、子が生来的に日本国籍を取得するのに著しい差異を生ずる結果になるということである。また、「戸籍の記載上」という表現が用いられていることから、子が外形上日本人男と外国人女間の嫡出子としての推定を受ける場合のみを指しているとも考えることができる。しかし、母の夫の嫡出推定が及ぶために実父が胎児認知をすることができないのは、子が外形上外国人父母との間の嫡出子として推定を受ける場合も同様であるから、後者の場合も含まれるものとして取り扱うのが相当と考えられる。

(2) **具体的基準**

ア 「母の夫と子との親子関係不存在を確定する法的手続」の「法的手続」とは、本判決の事案における親子関係不存在確認の裁判（判決又は審判）のほか、一般に、嫡出推定の及ぶ子について、表見上の父との嫡出推定を排除するための嫡出否認の訴え（民775条）が認められているので、嫡出否認の裁判（判決又は家事審判法第23条の合意に相当する審判）も、この「法的手続」に含まれる。これに対し、強制認知の訴え（民787条）は、実父に子を認知する意思がない場合に、実父の意思に反してでも裁判によって強制的に親子関係を確定させる手続である。つまり、任意認知とはその性格を異にし、実父の自由意思で行われる胎児認知の場合に準じた扱いをする前提を欠いているというべきものであるから、強制認知の訴えは、この「法的手続」には含まれないと解されている。

また、「遅滞なく」の要件については、本判決は、具体的な期間を示していないが、本事案では3か月と3日であり、しかも、判決では「生来的な日本国籍の取得はできる限り子の出生時に確定的に決定されることが望ましい」と判示していること等から、一応の目安として、本通達では「3か月」以内とされたものである。

イ 「その不存在が確定されて認知の届出を適法にすることができるようになった後速やかに届出がされること」の「速やか」の要件についても、本判決は、具体的な期間を示していない。本判決の事案が12日であること、認知届の前に出生届がされる必要があるが、この種の事案においては、出生届とともに認知届がされること等から、本通達は、出生届の届出期間である「14日」以内とされた。

(3) 「妨げになる事情」の認定

本判決が「……特段の事情があるというべきであり、このように認めることの妨げになる事情はうかがわれない」と判示しているので、例えば、子の出生後において、実父が自己の子が生まれたことを初めて知ったというような場合などは、「特段の事情」があると「認めることの妨げになる事情」があると考えられるから、仮に、上記の期間内に法的手続がとられ、かつ、認知の届出がされたとしても「特段の事情」があるとは認められないものと考えられる。

88　平成10年1月30日民五第180号通達〔87〕の趣旨及び渉外的胎児認知届の具体的取扱い等

平成11年11月11日民二・民五第2420号通知

先例の趣旨

平成10年1月30日民五第180号通達により、外国人母の夫の嫡出推定を受ける子について、出生後遅滞なく嫡出推定を排除する裁判が提起され、その裁判確定後速やかに母の夫以外の日本人男から認知の届出があった場合には、嫡出推定がされなければ父により胎児認知がされたであろうと認めるべき特段の事情があるものと認定し、その認定の妨げとなる事情がうかがわれない限り、子は出生により日本国籍を取得したものとして処理する。その対象となり得る認知の届出を受けた市区町村長は、その処理につき管轄局の長の指示を求めることとされた。上記の第180号通達は、外国人母の嫡出でない子が日本人父から胎児認知されていない事案一般に当てはまるものではなく、従来の戸籍事務の取扱いを変更するものでもないところ、近時、その適用範囲を過大に解釈したり、従来の戸籍事務の取扱いに変更があったものと誤解して、処理する事例がみられるため、本通知により、第180号通達の趣旨について再確認するとともに渉外的胎児認知届の取扱い等につき整理したものである。

参考

訓令通牒録：⑨綴 12317頁、⑩綴 13271頁
関連先例通し番号：87

第5章 届出各則 第2節 認 知（渉外）

〈解　説〉

1　第180号通達の趣旨について

　平成10年1月30日民五第180号通達は、平成9年10月17日最高裁第二小法廷判決（第180号通達[87]の〈解説〉1参照）の趣旨を受けて発出されたものである。すなわち、外国人母の嫡出でない子が日本人父から胎児認知されていない事案一般に当てはまるものではなく、①嫡出でない子が戸籍の記載上母の夫の嫡出子と推定されるため日本人父による胎児認知の届出が受理されない場合であって、②この推定がされなければ、実父により胎児認知がされたであろうと認めるべき特段の事情があるときは、胎児認知がされた場合に準じて、国籍法第2条第1号の適用を認めるのを相当としたものであり、この①及び②のいずれの要件にも該当する事案について適用されるものである。

　また、第180号通達は、渉外的胎児認知届に関する従前の戸籍事務の取扱いを変更するものではない。

2　渉外的胎児認知届の取扱い等について

　日本人男から、外国人母の胎児を自分の子として認知したい旨の相談があった場合の対応、胎児認知の届出があった場合の手続、届出の受理処分及びその撤回等に関しての具体的な処理の方法等については、本通知の2以下に示されているとおりである。

第3節　養子縁組

（一般）

89　表見代諾者の代諾による無効な縁組につき、正当代諾権者から追認を認める取扱い

昭和30年8月1日民事甲第1602号通達

先例の趣旨

　15歳未満の子が父母の代諾によって養子縁組をした後、その子と上記の父母との間に親子関係不存在確認の裁判が確定した場合、従前は、縁組の無効も戸籍面上明らかなものとして、親子関係不存在確認の裁判に基づく戸籍訂正申請書に縁組に関する記載を消除する旨も併記させ、直ちにその子の戸籍の記載を消除する取扱いがされていた。しかし、その後昭和27年10月3日の最高裁判決は、養子縁組無効確認請求事件において従来の見解を改め、民法総則の無権代理の追認に関する規定の趣旨を類推適用することができるものと判示した。そこで、本通達は、戸籍実務においても上記の取扱いを変更し、今後は、親子関係不存在確認の裁判に基づく戸籍の訂正は、当該親子関係に関する記載の訂正にとどめ、縁組事項の記載は、その無効につき、別に戸籍法第116条の確定裁判又は戸籍法第114条の許可の審判に基づく戸籍訂正申請をまって消除することとした。そして、当該親子関係不存在確認の確定判決に基づく戸籍訂正がされた後に、縁組の届出当時の養子の正当な代諾権者であった者から、縁組届書の誤記を理由として、代諾の追完届があった場合はこれを受理し、関係戸籍の当該縁組事項に続けて届出人の表示を補記して差し支えないとしたものである。なお、本通達は、昭和27年の最高裁判

決の趣旨を踏まえつつも、養子が15歳に達した後に自ら縁組の追完届をすることができるものとはしていなかったが、昭和34年4月8日民事甲第624号通達（後記〔90〕の〈解説〉参照）により、15歳に達した養子本人からの追完届を認めることとされている。

参考　訓令通牒録：③綴　2419頁、⑩綴　12597頁
　　　　関連先例通し番号：90

〈解　説〉

1　15歳未満の子の代諾縁組

(1)　養子縁組は、当事者の合意に基づき市区町村長に対しその届出をすることによって成立する創設的身分行為であるから（民799条・739条）、原則として代理に親しまず、意思能力のある本人自らの意思により行われるべきものである。しかし、養子となる者が一般に意思能力を有しないと認められる15歳未満の場合には、法定代理人の代諾を要件として縁組をすることができるものとされている（民797条）。もし、当事者のいずれかが縁組の意思を有しないときは、その縁組は無効とされている（民802条1号）から、15歳未満の子の縁組の意思表示を法定代理人が代わってした場合においては、その者が法定代理人としての権限を有しなかったときも無効ということになる。

(2)　昭和13年7月27日の大審院判決（民集17巻17号1528頁）においても、15歳未満の子の養子縁組につき代諾をした戸籍上の父母が真実の父母でないときは、旧民法第843条（現行797条）に規定する代諾権者が縁組の承諾をしたことにはならないから、その縁組は当然に無効であるとしていた。また、このような縁組については、民法総則に規定する無権代理行為の追認（民113条）又は無効行為の追認（民119条）の法理は、身分行為に適用されないとの見解がとられていた。

(3)　したがって、戸籍実務は、15歳未満の子が父母の代諾によって養子縁

組をした後に、その子と父母との間に親子関係不存在確認の裁判が確定した場合には、縁組の無効も戸籍面上明らかなものとして、当該親子関係不存在確認の裁判確定に基づく戸籍訂正申請書に、縁組に関する記載を消除する旨も併記させ、直ちにその子の戸籍の記載を消除する取扱いがされていた。

2 昭和27年10月3日最高裁判決と本通達による戸籍実務の取扱い

(1) 表見代諾権者の代諾による縁組を無効としてきた従来の判例に対して、学説は疑問を示し、無効な代諾縁組の追認を認めるべきであるとする立場（中川善之助「身分法の総則的課題」209頁）などが主張されてきた。

　昭和27年10月3日の最高裁判決（民集6巻9号753頁）は、従来の見解を改め、無権代理の追認に関する民法総則の規定の趣旨を類推適用することができるものと判示した。すなわち、「民法第797条（旧民843条）の場合については追認に関する直接の規定はないし、民法総則の規定は親族法上の行為に適用を見ないと解すべきであるが、15歳未満の子の養子縁組に関する親権者たる父母（旧法では、家に在る父母）の代諾は、法定代理権に基づくものであり、その代理権の欠缺は一種の無権代理と見るのが相当である。したがって、民法総則の無権代理の追認に関する規定及び取り消し得べき養子縁組を追認によってその縁組の効力を確定させることを認めている規定（民804条・806条～807条）の趣旨を類推して、養子が15歳に達した後は、代諾権のない父母がした自己の養子縁組を有効なものとして追認することができるものと解するが相当である。」とした。そして、この追認は、何らその方式についての規定がないのだから、明示若しくは黙示をもってすることができるし、また、その意思表示は満15歳に達した養子から、養親の双方に対してすべきであり、養親の一方死亡後は他の一方に対してすれば足り、適法に追認がなされたときは、縁組はこれによってはじめから有効なものと解しなければならない、と判示した。

(2) 戸籍実務の取扱いについて発出された本通達は、前記(1)の最高裁判決がなされたことにかんがみ、親子関係不存在確認の裁判に基づく戸籍の訂正は、当該親子関係に関する記載の訂正にとどめ、縁組事項の記載は、その

無効につき別に戸籍法第116条の確定判決又は同第114条の訂正許可審判に基づく申請をまって消除することとされた。

3　15歳に達した養子自らの追完届の認否

　本通達は、昭和27年の最高裁判決の趣旨を踏まえつつ、縁組の届出当時の正当な代諾権者からの追完届を認めることとしたが、養子が15歳に達した後に自ら縁組の追完届をしても、その届出は受理すべきでないとしていた(昭和25・8・22民事甲2245号回答(1)、昭和31・4・26民事甲913号回答)。しかし、縁組当時の正当な代諾権者が既に死亡し、追完の届出ができなくなることも考えられ、そうすると、前記の最高裁判決の趣旨にも反することになるので、昭和34年4月8日民事甲第624号通達〔90〕をもって、代諾権のない者が代諾した無効な養子縁組につき15歳に達した養子本人からこれを追認する旨の追完届がされたときは、便宜受理して差し支えないとした。

90 表見代諾者の代諾による無効な縁組につき15歳に達した養子本人の追認を認める取扱い

昭和34年4月8日民事甲第624号通達

先例の趣旨

縁組の承諾権を有しない者の代諾によって他の養子となった15歳未満の者について、従前は縁組の届出当時における正当な代諾権者からの代諾に関する追完届は認められるが、15歳に達した養子本人からの縁組の追完届は受理すべきでないとされていたところ、本通達はこれを改め、15歳に達した養子本人から追完届があった場合もこれを受理するものとした。

また、正当な離縁協議の権限がない者によってなされた15歳未満の者の養子離縁につき、15歳に達した本人から追完届があった場合も、養子縁組の場合に準じて取り扱って差し支えないとしたものである。

参考

訓令通牒録：④綴 4066ノ3頁、⑩綴 12608頁
関連先例通し番号：89

〈解 説〉

1 15歳未満の子の代諾縁組

(1) 養子縁組は、当事者の合意に基づき市区町村長に対しその届出をすることによって成立する創設的身分行為であるから（民799条・739条）、原則として代理に親しまず、意思能力のある本人自らの意思により行われるべきものであるが、養子となる者が一般に意思能力を有しないと認められる15歳未満の場合には、法定代理人の代諾を要件として縁組をするものとされている（民797条）。もし、当事者のいずれかが縁組の意思を有しないときは、その縁組は無効とされているから、15歳未満の子の縁組の意

思表示を法定代理人が代わってした場合において、その者が法定代理人としての権限がなかったときも無効ということになる。
(2)　昭和13年7月27日の大審院判決（民集17巻17号1528頁）においても、15歳未満の子の養子縁組につき代諾をした戸籍上の父母が真実の父母でないときは、民法第843条（現行797条）に規定する代諾権者が縁組の承諾をしたことにはならないから、その縁組は当然に無効であるとしていた。また、このような縁組については、民法総則に規定する無権代理行為の追認（民113条）又は無効行為の追認（民119条ただし書）の法理は身分行為には適用されないとの見解が採られていた。
(3)　したがって、戸籍実務においては、15歳未満の子が父母の代諾によって養子縁組をした後に、その子と父母との間に親子関係不存在確認の裁判が確定した場合には、縁組の無効も戸籍面上明らかなものとして、親子関係不存在確認の裁判確定に基づく戸籍訂正申請書に、縁組に関する記載を消除する旨も併記させ、直ちにその子の戸籍の記載を消除する取扱いがされていた（昭和12・5・17民事甲587号回答、昭和24・9・5民事甲1942号回答）。

2　昭和27年10月3日最高裁判決と戸籍実務の取扱い

(1)　表見代諾権者の代諾による縁組を無効としてきた従来の判例に対して学説は疑問を示し、無効な代諾縁組の追認を認めるべきであるとする立場（中川善之助「身分法の総則的課題」209頁）などが主張されてきた。

　昭和27年の最高裁判決（民集6巻9号753頁）は、従来の見解を改め、無権代理の追認に関する民法総則の規定の趣旨を類推適用することができるものと判示した。すなわち、民法第797条（旧民843条）の場合につき、追認に関する直接の規定はないし、民法総則の規定は親族法上の行為には適用されないと解すべきであるが、15歳未満の子の養子縁組に関する親権者たる父母（旧法では、家に在る父母）の代諾は、法定代理権に基づくものであり、その代理権の欠缺は一種の無権代理と見るのが相当である。したがって、民法総則の無権代理の追認に関する規定及び取り消し得べき養子縁組を追認によってその縁組の効力を確定させることを認めている規定

（民804条・806条～807条）の趣旨を類推して、養子が15歳に達した後は、代諾権のない父母がした自己の養子縁組を有効なものとして追認することができるものと解するのが相当であるとした。そして、民法、戸籍法を通じてこの追認に関して何らその方式を規定したものはないのであるから、この追認は、口頭若しくは書面によることはもちろん、明示若しくは黙示をもってもすることができるし、また、その意思表示は満15歳に達した養子本人から、養親の双方に対してすべきであり、養親の一方死亡後は他の一方に対してすれば足り、適法に追認がなされたときは、縁組はこれによってはじめから有効なものと解しなければならない、との判断を示した。

(2) 前記(1)の最高裁判決がなされたことにかんがみ、戸籍実務においても、昭和30年8月1日民事甲第1602号通達〔89〕によって従来の取扱いを改め、親子関係不存在確認の裁判に基づく戸籍の訂正は、当該親子関係に関する記載の訂正にとどめ、縁組事項の記載は、その無効につき別に戸籍法第116条の確定判決又は第114条の訂正許可の審判に基づく申請をまって消除することとされた。

　ところで、前記(1)のとおり昭和27年の最高裁判決は、養子が15歳に達した後に戸籍上の父母が代諾した養子縁組を養子自らが有効なものとして追認できるものとし、しかも、その追認は明示たると黙示たるとを問わないとしている。しかし、この趣旨を戸籍手続の上において実現させる規定がないため、前記昭和30年の第1602号通達においては、戸籍法第45条に規定する届出の追完に関する理論を導入し、当該縁組の届出当時の養子の正当な代諾権者であった者（養子の実父母）から、届書の誤記を理由として追完の届出があった場合にはこれを受理することとしたものである。つまり、この通達による追完届は、届書の記載の不備を原因として、戸籍記載の誤記を追完により是正しようとの趣旨であって、戸籍実務の上に前記最高裁判決にいう追完の理論を全面的に反映させるものではない、と解される（昭和28・4・27第26回東京戸籍事務連絡協議会二問参照）。

3　15歳に達した養子自らの追完届の認容

(1)　前記2(2)の昭和30年の第1602号通達は、昭和27年の最高裁判決の趣旨を踏まえつつ、戸籍の取扱いでは縁組の届出当時の正当な代諾権者からの追完届を認めることとしたが、養子が15歳に達した後に自ら縁組の追完届をしても、その届出は受理すべきでないとしていた（昭和25・8・22民事甲2245号回答(1)、昭和31・4・26民事甲913号回答）。しかし、縁組当時の正当な代諾権者が既に死亡し、追完の届出ができなくなることも考えられ、そうすると上記の最高裁判決の趣旨にも反することになるので、本通達（昭和34・4・8民事甲624号通達）をもって、15歳に達した養子本人から縁組を追認する旨の追完届があれば、便宜受理して差し支えないとしたものである。

なお、この追完届は、縁組当時における正当な代諾権者が存在するか否かに関係なく認められる。

(2)　本通達の「なお書き」は、養子離縁の場合においても、正当な離縁協議の代諾権限のない者によってされた15歳未満の養子の離縁について、離縁後に15歳に達した養子本人から追完届があったときも、養子縁組の場合に準じて取り扱って差し支えないとしたものである。

ところで、15歳未満の養子の離縁については、「養親と養子の離縁後にその法定代理人となるべき者」との協議でこれをすると規定されている（民811条2項）。この規定は、昭和37年法律第40号による民法の一部改正（昭和37・7・1施行）により改正されたものであり、改正前は「養親と養子に代わって縁組の承諾の権利を有する者」との協議によると規定されていたことから、同項の解釈をめぐって議論が分かれていたものである（木村三男・神崎輝明「改訂　戸籍届書の審査と受理」316頁参照）。本通達は、その改正前に発出されたものであるが、先例の趣旨とするところは、改正後も変わるところはない。

91 養子法の改正に伴う戸籍事務の取扱い

昭和62年10月1日民二第5000号通達

先例の趣旨

養子法の大幅な改正を内容とした民法等の一部を改正する法律（昭和62年法律第101号）が昭和62年9月26日に、また、戸籍法施行規則の一部を改正する省令（昭和62年法務省令第36号）が同年10月1日にそれぞれ公布され、昭和63年1月1日から施行された。改正法は、夫婦共同縁組の強制の緩和、夫婦の一方による夫婦双方名義の縁組の廃止、養親又は養子のいずれの一方が死亡した場合にも、生存当事者は家庭裁判所の許可を得て離縁をすることができることとされたこと、また、従来の養子制度について批判のあった諸点を改善するとともに、特に子の利益を図るために特別養子制度を新設することを主要な内容としている。本通達は、改正法等の施行に伴う戸籍事務の取扱いについて明らかにしたものである。

参考

訓令通牒録：⑧綴 10956頁、⑩綴 12805頁
関連先例通し番号：43、61

〈解　説〉

第1　養子縁組に関する取扱い

1　配偶者のある者の縁組

(1)　成年者を養子とする縁組

　配偶者のある者が成年者を養子とする場合には、夫婦共同で縁組をする必要がなく、常に単独で縁組をすることができることとされた。改正前の民法第795条本文は、「配偶者のある者は、その配偶者とともにしなければ、縁

組をすることができない。」と定め、夫婦の一方が養子をし、又は養子となるいずれの場合も、他の一方の子を養子とする場合を除いて（同条ただし書）、夫婦共同で縁組をしなければならないものとされていた。これに対し、改正法は「配偶者のある者が未成年者を養子とするには、配偶者とともにしなければならない。」と改め、夫婦共同縁組を要するのは、未成年者を養子とする場合に限られることとなった。したがって、夫婦が成年者を養子とする場合及び夫婦を養子とする場合（未成年者であっても、婚姻をすれば民法753条により成年に達したものとみなされる。）には、配偶者の同意を得れば、単独で縁組をすることができるものとされた。

　この改正の趣旨は、成年である養子については養育監護を要しないし、また、夫婦の一方が養子をすることにより他方に生ずる利害については、夫婦共同縁組によって夫婦の意思の一致を要求することのみが他方の利益を保護し、その意思を尊重する方法ではないことから、成年者を養子とする場合、特に養子となる者に配偶者がいる場合に夫婦共同縁組を要するとするのは、必要以上の要件を課すこととなるため、これを改めたものである。

ア　配偶者の同意

　　配偶者のある者が養子をし又は養子となるには、夫婦共同で縁組をする場合又は配偶者がその意思を表示することができない場合を除いて、縁組をすることにつき配偶者の同意を得なければならないものとされた（民796条）。配偶者の嫡出子を養子とし、又は既に配偶者の養子となっている者を養子とする場合も、この同意を要する。また、婚姻後に夫婦の一方が養子をする際に他の一方がその縁組について同意をしていた場合であっても、その後に他の一方が更にその養子を養子とする場合には、改めて一方の同意を得ることを要する。なお、配偶者の未成年である嫡出でない子を養子とする場合は、原則として夫婦共同で縁組をしなければならないので、例外として単独で縁組をすることができるのは、配偶者がその意思を表示することができない場合である（民795条ただし書）。また、配偶者の父母の養子となる場合も、単独で縁組をするには配偶者の同意を要する。

　　このように、改正法が単独で縁組をすることについて配偶者の同意を

得ることを要件としたのは、縁組をすることにより夫婦の一方に新たな身分関係を創設することとなって、他の一方に姻族関係を生じさせるとともに、扶養義務や相続及び氏等に変動を生じさせるなど夫婦相互の利害に影響を及ぼすことになるので、その利益を保護するためであるとされている。

　民法第796条に定める配偶者の同意の要件は、「届出事件について父母その他の者の同意又は承諾を必要とするとき」に該当し、戸籍法第38条第1項の規定が適用されるので、原則として養子縁組届書に配偶者の同意を証する書面の添付を要する。ただし、この書面に代えて、配偶者は届書の「その他」欄に同意する旨を付記し、署名・押印することもできる。つまり、この書面は法定添付書面であり、配偶者の同意を要する場合は、必ずその添付を要する。例えば、配偶者が養子縁組届書に証人として署名・押印している場合であっても、届出手続上、同意書面が不要となることはない。これは、実質的にみても、証人は法律上養子縁組の当事者の同一性及びその縁組意思の存在を客観的に証明するものではあるが、その性質上配偶者として同意をしていることまでも証明するものではないからである。

イ　配偶者の同意を要しない場合

　配偶者のある者が成年者を養子とする場合には、原則として配偶者の同意が要件とされるが、その配偶者が精神上の障害により判断能力を欠く常況にあったり、行方不明等の事由によって意思を表示することができないときは、その者の同意を得ることを要しないこととされている（民796条ただし書）。そのため、市区町村長は、配偶者のある者が成年者を養子とする場合に、その同意書面が添付されていないときは、それが必要でないこと、すなわち、配偶者がその意思を表示することができないか否かを審査しなければならないことになる。この場合は、届出人に対し届書の「その他」欄に配偶者がその意思を表示することができない旨及びその事由を、例えば「配偶者何某は、何々のため判断能力を欠く常況にあり、その意思を表示することができない。」又は「配偶者何某は、　年　月　日から所在不明により、その意思を表示することがで

きない。」等具体的に記載を求める必要がある。
　市区町村長は、この養子縁組届書の記載のみによって審査すれば足り、実質的に意思を表示することができるか否かを審査する必要はないし、また、法令上の根拠もないので、意思を表示することができないことを証明する書面等を添付させることも要しない。
　ウ　戸籍の記載
　　配偶者のある者が成年者を養子とする場合、改正前は、原則として夫婦共同でしなければならなかったが、改正後は、原則として配偶者の同意を得て単独で縁組をすることができることとされたため、法定記載例にこの場合の記載例として25から27までを新設し、(成年者を養子とする)及び(未成年者を養子とする)場合にはこの記載例によることを明らかにした。なお、(未成年者を養子とする)の場合は配偶者の同意を得ることを要しない場合であるが、その記載は単独縁組として配偶者の同意を得ることを要する場合と同じであるため、(成年者を養子とする)場合と同じ記載例に準じて記載することが明らかにされたものである。
　エ　夫婦共同縁組の取扱い
　　改正法施行前においては、配偶者のある者が縁組をする場合には、原則として夫婦共同で縁組をすることが要件とされ、これに反する縁組は無効と解されていたため、夫婦共同縁組の届出をするには一通の届書ですることとされていた。しかし、改正後は、配偶者のある者が成年者を養子とする場合には、単独で縁組をすることができるものとされたため、夫婦共同縁組届の場合でも一通の届書でしなければならない必要がなくなった。そのため、各別の届書を同時に提出して届出がされた場合も夫婦共同縁組として取り扱うこととし、配偶者の同意を証する書面の添付等を要しないことが明らかにされた。
　　しかし、各別の届書により同時に届出がされた場合であっても、例えば、各別の郵便により届出がされたが、たまたま同時に配達された場合や同時に届書が提出されたが、それぞれ別の使者によって持参されたような場合は、夫婦が意思を相通じて届出をしたものとは認められないの

で、夫婦共同縁組とは認められず、それぞれの届出には配偶者の同意を証する書面を添付することを要する。

配偶者のある者が成年者を養子とする場合は単独で縁組をすることができるが、夫婦共同で縁組をすることも認められるので、この場合の戸籍の縁組事項の記載は、改正前と同様に一事項として法定記載例19から21の例により記載することとされた。これは、各別の届書を同時に提出して届出がなされた場合も同様である。

夫婦共同縁組の届出があった場合の受附帳の処理及び戸籍事件表の統計の件数は、届書の通数の届出があったものとして取り扱うことが明らかにされた。すなわち、甲乙夫婦が丙を養子とする場合には、甲・丙及び乙・丙の二つの縁組が成立するので、1通又は2通の届書をもって届出をすることができる。また、ＡＢ夫婦がＣＤ夫婦を養子とする場合には、Ａ・Ｃ、Ａ・Ｄ、Ｂ・Ｃ及びＢ・Ｄの四つの縁組が成立するので、1通から4通までの届書をもって届出をすることができる。そして、前の例では、1通の届書で届出がされたときは1件として、2通の届書で届出されたときは2件として、また、後の例では、4通の届書で届出をされたときは4件として受附帳に記載し、戸籍事件表についてもその件数があったものとして処理をすることになる。

このような取扱いをするのは、夫婦共同縁組という実体が変わらないのに、法改正の時点で件数の基準を変更することによって生ずる統計上のみの件数の変動を避けるとともに、実務処理上届出の件数を届書の内容まで検討して数えるまでもなく、届書の通数のみで数えれば足りることとし数えやすくするという考慮によるものである。

オ　養子となる者に配偶者がある場合の縁組

養子となる者に配偶者がある場合には、その者は成年者であるから（民753条）、夫婦共同で養子となることは要しないが、この場合は、アと同様に原則として配偶者の同意を要することになる。そのため、養子縁組届の受理要件審査のため配偶者の同意があったことを明らかにしなければならないので、戸籍法第38条第1項に定める同意を証する書面を添付する等の必要がある（ア参照）。

また、配偶者がその意思を表示することができないとき又は配偶者とともに養子となるときには、配偶者の同意を要しないことは、配偶者のある者が成年者を養子とする場合と同様である（イ参照）。

カ　配偶者の同意を欠く縁組の効力

配偶者のある者が縁組をするについて配偶者の同意が要件とされている場合に、その同意がない縁組届を受理することはできないが（民800条）、その同意のない届出が受理された場合は、縁組に同意していない配偶者は、その縁組を取り消すことができる（民806条の2・1項本文）。取消権者が配偶者に限られるのは、この要件が配偶者の利益を保護するためのものであるからである。

配偶者の同意を得ない縁組も取り消されるまでは有効なものとされ、その取消権は、取消しを請求できる者が縁組を知った後6か月を経過し、又はその者が追認したときは消滅する（民806条の2・1項ただし書）。なお、この追認は、従来の他の取消権を消滅させる追認と同じように、実体上されれば足り（民123条参照）、追認の性質を有する追完届をする必要はなく、また、戸籍手続上、取消権を消滅させる追認の性質を有する追完届も認められていない。

詐欺又は脅迫によって配偶者の同意を得てした縁組も、その同意をした配偶者が取り消すことができる。

(2)　未成年者を養子とする縁組

配偶者のある者が未成年者を養子とする場合は、原則として、改正前と同様に夫婦共同縁組を要することとされた（民795条）のは、未成年者は、成年者と異なり養育監護されることを要し、しかも養父母の共同親権の下で養育されるのが望ましく、それが子の利益のためでもあるからである。

ただし、配偶者のある者が未成年者を養子とする場合であっても、夫婦共同縁組をすることを要しないとされる場合として、次の二つがある。

その一つは、配偶者の嫡出子（養子を含む。）を養子とする場合である。自己の嫡出子又は養子については、重ねて自己の養子とする縁組をしても子の身分に変動がなく、縁組をする実益がないことから養子をすることはできないとされており（昭和23・1・13民事甲17号通達(17)）、この点は、改正法施

行後も変わりはないので、配偶者の嫡出子及び養子を養子とするには、単独で縁組をすることができる。なお、改正前は、配偶者の嫡出でない子を養子とする場合も、その子が成年であるか未成年であるかにかかわらず単独で縁組をすることができるとされていたが（改正前の民795条但書）、改正後は、配偶者の未成年である嫡出でない子を養子とする場合には、夫婦共同で縁組をしなければならないものとされた（民795条ただし書）。これは、縁組により養子は実親と養親の共同親権に服し（民818条3項本文）、養育監護される実態があるのに、実親との関係では嫡出でない子、養親との関係では嫡出子（民809条）というのでは養育監護上不都合であり、また、子の相続分においても実親が死亡した場合と養親が死亡した場合とで異なることになる（民900条4号）のは不自然である。この場合は、夫婦共同縁組を要件とすれば、自己の嫡出でない子を養子とすることによってその子は嫡出子の身分を取得し、子の利益にもつながるからである。

配偶者のある者が未成年者を養子とするについて単独で縁組をすることができる場合の二つ目は、配偶者が精神上の障害により判断能力を欠く常況にあったり、行方不明等の事由により、その意思を表示することができない場合である。改正前は、このような場合には、意思を表示することができる夫婦の一方が双方の名義でする縁組によって、共同縁組をすることができるとされていたが（改正前の民796条）、改正後は、意思を表示することができる者が単独で縁組をすることができることに改められた。これは、意思を表示することができない者は、未成年者を養育監護することも、親権を行使することもできないので（民818条3項ただし書）、未成年者の養親とする実益がないこと、また、身分行為は、本人の意思に基づいてするのが原則であり、夫婦双方名義でする縁組によってまで夫婦共同縁組の形式を整えなければならない理由もないとされたものである。これにより夫婦双方の名義でする縁組の制度も廃止された（改正前の民796条及び戸67条の削除）。

ア　夫婦共同縁組の原則

　　配偶者のある者が未成年者を養子とするには、原則として従前のとおり配偶者とともにしなければならないこととされた（民795条）。この場合の縁組の数は、夫婦各自について各々別個の縁組行為があるとされ

ているので（昭和48・4・12最高裁判決―民集27巻3号500頁）、法律上は2件となる。しかし、戸籍実務上は、夫婦共同縁組の届出は従来から1通の届書ですべきものとされ、その届出があったときは1件の届出として取扱い、受附帳及び戸籍事件表の届出の件数の数え方も1件の届出として処理されてきた。また、配偶者のある者が未成年者を養子とする場合は、夫婦が成年者を養子とし、又は夫婦が養子となる共同縁組の場合とは異なり、縁組後未成年者は養父母に養育監護されることを要し、養父母の共同親権の下で養育されることが望ましく、それが子の福祉のためであること等から、必要的共同縁組とされている。

　本通達は、未成年者を養子とする夫婦共同縁組については、引き続き従来の右の取扱いによることを明らかにしているので、この場合の届書については、1通の届書で届出をすべきことになる。

　夫婦が未成年者を養子とする場合の戸籍記載例は、養子となる者が15歳以上の場合には法定記載例19から21まで、15歳未満の場合には代諾縁組となるので、同記載例22から24までの例によることになる。

　配偶者のある者が未成年者を養子とするには、後記イ・ウの例外の場合を除いて夫婦共同でしなければ、その縁組届を受理することができない（民800条）。これが誤って受理された場合の縁組の効力については、特段の事情があるときには有効とされることがあるが、原則として無効であると解されている（後記ウ参照）。

イ　例外1（配偶者の嫡出子又は養子を養子とする場合）

　改正法施行前は、配偶者の子であれば嫡出子、養子及び嫡出でない子のいずれであっても単独で養子とすることができた。しかし、改正法により、自己の嫡出子を養子としたり既に嫡出子の身分を取得している養子を重ねて養子とすることはその実益がないので許されないため、この場合は、単独で養子とするほかないこと、配偶者の嫡出でない子を養子とするには、配偶者がその意思を表示することができない場合を除いて、夫婦共同で縁組をしなければならないこととされた。

　配偶者のある者が未成年者を単独で養子とする縁組の届出があった場合、養子となる者が配偶者の嫡出子であるか否かを審査しなければなら

ないが、本通達は、上記の受理要件審査のため、届書の「その他」欄に配偶者の嫡出子（養子）を養子とする旨の記載を求め、届書の記載と養親となる者の戸籍（謄抄本）の記載によって、養子となる者が配偶者の嫡出子（養子）であるかを審査することになる。

　また、配偶者のある者が配偶者の嫡出子を養子とする場合であっても、配偶者がその意思を表示することができない場合を除いて、その同意を得なければならない（前記（(1)のエ））。本通達は、その例外として配偶者が15歳未満の嫡出子に代わって縁組を承諾するときは配偶者の同意は要しないものとした。これは、配偶者の嫡出子が15歳未満であって、配偶者がその親権者となっているときは、その子が縁組をするときは、親権者である配偶者が養子となる者に代わって縁組の承諾をすることになる（民797条）。その縁組の代諾は、配偶者の自由な意思の下になされている以上、その前提として縁組について当然に同意したものと解されるから、更に配偶者としての同意を得ることを要しないとされたものである。この場合、代諾者が養親となる者の配偶者であることは、養子縁組届書により明らかであるから、特にその旨を届書の「その他」欄に記載する必要はない。

　配偶者の未成年の嫡出子を養子とした場合の戸籍の記載は、養親となる者の配偶者がその意思を表示することができない場合と異なるところはないので、参考記載例38から40までの例に準じてすることになる。

ウ　例外2（配偶者がその意思を表示することができない場合）
　改正法施行前は、夫婦の一方がその意思を表示することができない場合は、他の一方が双方の名義で縁組をして、夫婦共同縁組を成立させることができることとされていた。しかし、配偶者のある者が成年者を養子とする場合は、夫婦共同で縁組をすることを要しないこととされ、また、未成年者を養子とする場合も、意思を表示することができない者を養親としても、未成年者を養育監護し、親権を行使することは望めない上、身分行為については本人の意思を尊重するのが原則であるから、夫婦双方名義でする擬制の縁組まで認める理由もない。そのため、配偶者がその意思を表示することができない場合は、他の一方が単独で縁組を

することができることとされた（民795条ただし書・796条ただし書）。

　この場合、配偶者がその意思を表示することができるか否かを審査しなければならないが、本通達は、この受理要件審査のため、届書の「その他」欄に配偶者がその意思を表示することができない旨及びその事由を記載するものとしている（この場合の届書の記載ないし市区町村長の審査方法については、前記(1)のイ参照）。

　この場合の戸籍の記載は、参考記載例38から40までの例による。

エ　夫婦共同縁組の要件を欠く縁組の効力

　改正法の施行後に夫婦共同で縁組をしなければならないのは、前記のとおり、未成年者を養子とする場合のみである。この場合において、夫婦共同縁組の要件を具備していない縁組届は受理することができず（民800条）、誤って受理した場合の効力については、原則として、縁組の意思を表示した配偶者との縁組を含めて縁組のすべてが無効とされている（昭和56・4・24最高裁判決—判時1003号94頁）。しかし、夫婦の一方に縁組の意思がなかった場合であっても、夫婦の他の一方と縁組の相手方との間に単独でも親子関係を成立させることが、一方の配偶者の意思に反しその利益を害するものではなく、養親の家庭の平和を乱さず、養子の福祉を害するおそれがないなど民法第795条本文の趣旨にもとるものでないと認められる特段の事情がある場合は、縁組意思を欠く当事者の縁組のみを無効とし、縁組意思を有する他方の配偶者との間の縁組は有効に成立するものとされている（昭和48・4・12最高裁判決—民集27巻3号500頁）。

　また、戸籍の先例は、夫婦の一方が縁組当事者として届け出なかった場合でも、届出当時に縁組意思を有していながら誤って届書に記載を遺漏していたにすぎない場合には、届書に記載を遺漏した夫婦の一方と相手方から追完届をすることによって縁組を有効とすることができるものとされている（昭和30・4・15民事甲710号回答、昭和44・8・25民事甲1723号回答）。そのため、戸籍に夫婦共同縁組に反する縁組の記載があっても、戸籍訂正の申請がない以上、その記載はそのままにしておくほかないとされ（昭和37・2・21民事甲349号回答、昭和39・10・30民事

甲3560号回答)、また、縁組の効力を各別に定める審判に基づいてされた戸籍訂正の申請も受理すべきものとされている(昭和49・3・12民二1369号回答)。この点は、改正法施行後も従前のとおりと解される。

また、改正後に配偶者のある者が、成年者を養子とする場合及び未成年者を養子とする場合に、夫婦の一方がその意思を表示することができないときには、単独で養子をすることができることとされたが、この改正によっても、改正前にされた夫婦共同で縁組をすべきであるのに単独でされた縁組の効力には直接影響を及ぼすものでないから、上記のような縁組が当然に有効になることはない。

(3) 夫婦の一方が夫婦双方名義で縁組をする制度の廃止

民法第796条が全面改正され、夫婦の一方がその意思を表示することができない場合に、他の一方が夫婦双方の名義で縁組をする制度は、前記(2)ウ前段の理由により廃止された。この改正により、夫婦双方名義でする縁組届に関する戸籍法第67条は削除された。

2 15歳未満の子に監護者がいる場合の縁組の代諾

(1) 監護者の同意に関する規定の新設

15歳未満の者が養子となる場合は、その法定代理人が養子となる者に代わって縁組を承諾することとされているが、民法の改正により、法定代理人のほかに養子となる者を監護すべき父又は母があるときは、その者の同意を得ることも縁組の成立要件とされた(民797条2項の新設)。この改正に伴い、戸籍事務の処理につき前記の要件審査のために養子縁組届書の様式が改められ、その届書の記載によって要件を審査すること及び監護者の同意を得ることを要する場合の戸籍記載例(参考記載例33～35)を明らかにした。

(2) 監護者の同意

ア 監護者

監護者とは、親権のうちの身上監護権のみを有し、父母が協議離婚をする際に、その協議により、協議が調わないとき又は協議をすることができないときは、家庭裁判所の審判によって定められる(民766条1項)。監護者として指定することができる者としては、離婚をする父母

のうち親権者にならない一方の者に限らず、第三者でもよく、その第三者の中には一定の施設でもよいと解されている。

また、監護者は、親権者とは異なり、必ず定めるものではなく必要な場合にのみ定められ、その権限も親権のうちの身上監護権のみであるが、監護者が定められた場合は、親権は、身上監護権の範囲で制限されることになる（民766条3項）。

イ　同意を得ることを要する監護者

同意を得ることを要する監護者は、監護者の中でも父又は母に限られているが、その父又は母は実親、養親のすべてが含まれるから、例えば、15歳未満の養子が転縁組をする場合に、転縁組を代諾する者が親権者である養親であっても、実親が監護者とされているときは、転縁組をするについて、監護者である実親の同意を得ることを要する。

ここで同意を得ることを要する監護者とは、親権者である父母の協議又は家庭裁判所の審判により子の監護をすべき者として定められた者をいい、この手続によって定められていない者は、現実に子の監護をしていても監護者ではないので、その者の同意を得ることを要しない。

養子となる者の法定代理人が縁組の代諾をするについて監護者である父又は母の同意を得ることを要するとした理由は、父母の一方が親権者、他方が監護者とされている場合に、親権者の代諾のみにより縁組をしてしまうと、その養子の身上監護権を含む親権は養親が行使することになり、監護者はその意思にかかわりなく、子に対する監護権を失ってしまうことになるからである。つまり、監護者のうち同意を得ることを要するのを父又は母に限ったのは、親として手許で養育監護している者の意思を顧慮することなく親権者の意思だけで監護権を喪失させ、また、子の監護に関する父母の合意を変更するのは相当でないことによる。

ところで、同意を得ることを要する監護者が、その意思を表示することができない場合は、その者の同意を得ることを要しない旨の規定がないので、このままでは縁組をすることができないことになる。このような場合には、民法第766条第2項の規定によって家庭裁判所の審判によ

り、監護権を喪失させて代諾縁組をするか、又は監護者を変更し、変更後の監護者が父又は母であるときは、その者の同意を得て代諾縁組をすることになる。

ウ　監護者の同意を欠く縁組の効力

　法定代理人が代諾縁組をするについて監護者の同意が要件とされている場合に、その同意がない縁組届を受理することはできないが（民800条）、仮にその同意のない届出が受理された場合は、縁組に同意していない監護者である父又は母は、その縁組を取り消すことができる（民806条の3・1項本文）。取消権者が縁組の同意をしていない者に限られたのは、この要件が監護者の利益を保護するためのものであるからである。

　監護者の同意を得ない縁組も取り消されるまでは有効なものとされ、その取消権は、取消しを請求できる者が追認をし、又は養子が15歳に達した後6か月を経過し、若しくは追認をしたときは消滅する（民806条の3・1項ただし書）。なお、この追認は、従来の他の取消権を消滅させる追認と同じように、実体上されれば足り（民123条参照）、追認の性質を有する追認届をする必要はなく、また、戸籍手続上、取消権を消滅させる追認の性質を有する追認届も認められていない。

　また、詐欺又は強迫によって監護者の同意を得てした縁組も、その同意をした監護者が取り消すことができる（民806条の3・2項、806条の2・2項）。

(3)　戸籍の取扱い

ア　届書上のチェック

　監護者の同意に関する規定（民797条2項）の新設により、代諾縁組をする養子縁組届は、監護者の同意を得ることを要しない届出であるか、又はその同意を得ることを要する届出であれば、その同意を得ていることを確認した後でなければ、受理することができない（民800条）。そこで、まず監護者の同意を得ることを要する届出であるか否かを審査するために、養子縁組の届書の標準様式を改め、「監護をすべき者の有無」欄を設けて、その欄に届出人のチェックを求めることとされてい

る。すなわち、15歳未満の養子となる者に代わって法定代理人が届出をする場合に、同意を得ることを要する監護者（前記(2)イ参照）がいるときは「□届出人以外に養子となる人の監護をすべき□父□母□養父□養母がいる」欄の所定の箇所にチェックを、そのような監護者がいないときは、「□上記の者はいない」欄にチェックを求めることとしている。

同意を得ることを要する監護者がいる場合には、その者の同意がなければ養子縁組届を受理することができない。この同意の手続及び同意を要する者が証人として署名押印し又は監護者として同意している場合の同意の要否については、前記の配偶者のある者が縁組をする場合における配偶者の同意の場合と同様である。

イ　審査方法

監護者の同意を得ることを要するか否かについて、市区町村長の審査は、届書、特に「監護をすべき者の有無」欄の記載によって審査すれば足り、他に同意を得ることを要する監護者の有無を調査する必要はない。

ウ　戸籍の記載例

監護者の同意を得てする縁組の記載例も、通常の代諾縁組の場合の記載例と何ら異なるところはないが、新たな受理要件にかかわるものであることから、参考記載例33から35までの記載例が示されている。なお、改正法施行前における監護者の権限は、身上監護権という事実上のものであって、公証を要する法律上の権限はなかったが、法改正によって同意権という法律上の権利がある場合が生じたことから、記載事項とすることも考慮されたようである。しかし、この監護者の同意権は、親権者のほかに父又は母が監護者と定められているときに、15歳未満の子が養子となる場合という極めて限られた範囲において生ずるにすぎないし、また、監護者が定められたとしても、親権者と異なり、その変更は家庭裁判所の審判によるだけでなく、父母の協議によりいつでも変更することができる（中川　淳「改訂　親族法逐条解説」150頁、昭和37・7・23東京家審―家月14巻11号143頁）こと等もあり、従前のとおり記載事項とはされなかったとされている。

3 養子の氏
婚姻により氏を改めた者が養子となった場合の氏
ア 改正前の取扱い

　　婚姻によって氏を改めた者が、婚姻中に養子になっても養親の氏を称することなく、婚姻の際に定めた配偶者の氏を称し続け、配偶者の死亡によって婚姻が解消した場合も変わりはなかったが、配偶者の死亡後に復氏しないまま縁組をしたときは、婚姻の際に定めた氏を称し続けることなく、養親の氏を称することとされていた。この氏の変動については、明文の規定はなかったが、夫婦同氏の原則（民750条）に基づいて、婚氏は縁氏に優先すると解され、婚姻により氏を改めた者が養子になっても、婚氏が優先するので養親の氏を称する余地はないとされていた。しかし、氏の変動は、原則としてその変動を生じる身分行為の時にのみ生じるものと解されているので、縁組後に生じた配偶者の死亡によって婚姻が解消しても、その時から養親の氏を称することにはならないが、配偶者の死亡後に養子となった場合は、婚姻が解消しているので、夫婦同氏の原則は適用されないと解し、縁組によって養親の氏を称することになるとされていた。

　　なお、婚姻によって氏を改めなかった者が養子となった場合は、その者は養親の氏を称し、配偶者も夫婦同氏の原則により、変動後の配偶者の氏を称することとされている。

イ 改正の内容

　　改正により、民法第810条にただし書が加えられ、「婚姻によって氏を改めた者については、婚姻の際に定めた氏を称すべき間は」、養親の氏は称しないこととされた。改正法は、夫婦の一方のみが養子となることを認めた（前記1の(1)）ことから、民法第810条ただし書により、養子は養親の氏を称するとの原則と夫婦同氏の原則（民750条）との調整を図ったことによる。したがって、婚姻によって氏を改めた者は、婚姻の際に定めた氏を称すべき間、すなわち、婚姻中及び配偶者の死亡後生存配偶者の復氏（民751条1項、戸95条）をするまでの間は、養親の氏を称しないことになり、この限りでは従前の取扱いと変わらない。しか

し、配偶者の死亡後に養子となった場合は、生存配偶者の復氏をしない限り婚姻の際に定めた氏を称すべき間であるから、養親の氏を称することはない。この点の取扱いが従前と異なる。

ウ　養子が離婚等をした場合

　婚姻によって氏を改めた者が養子となった後、離婚をし、婚姻を取り消され、又は生存配偶者の復氏をしたときは、観念的には養子はいったん婚姻前の氏に復するが（民767条1項・771条・749条・751条1項）、直ちに縁組による養親の氏を称することになる。この場合、養子が称する養親の氏は、縁組時の養親の氏であるから、縁組後に養親の氏が変動していたとしても、戸籍法第107条第1項の規定によって呼称上の氏を変更した場合を除き、変動後の養親の氏を当然に称することはない。

第2　養子離縁に関する取扱い

1　配偶者のある者の離縁

(1)　改正前の取扱い

　改正法施行前においては、養親となる者が夫婦である場合に養子をするには、配偶者の子（嫡出子、嫡出でない子のいずれについても）を養子とする場合を除き、養子となる者が成年・未成年のいずれであっても、夫婦が共同で縁組をしなければならないとされていた（改正前の民795条）。このことから、夫婦共同で縁組をした養親が養子と離縁をする場合も、養親が婚姻中は、養子が成年・未成年のいずれであっても、夫婦共同で離縁をしなければならないとされていた（昭和25・8・15民事甲2201号回答）。その場合に、養親夫婦の一方がその意思を表示することができないときは、改正前の民法第796条を根拠として、他の一方が夫婦双方の名義で離縁をすることができた（明治32・11・8民刑1944号回答）。

　夫婦共同で縁組をした養親が養子と離縁をする場合に、養親夫婦が離婚をしているときは、養子が成年・未成年のいずれであっても、養親の一方のみで離縁をすることができた（昭和23・12・3民事甲2194号回答）。夫婦が各別に養子をした結果、夫婦の双方が養親となった場合に、養子と離縁をすると

きは、養親が婚姻中であっても、また、養子が成年・未成年のいずれであっても、養親の一方のみで離縁をすることができた。

また、夫婦共同で縁組をした養子が養親と離縁をする場合は、養子夫婦が婚姻中であっても、各別に離縁をすることができた（昭和23・5・6民事甲652号回答）。

(2) 改正後の取扱い

改正後における養子離縁の取扱いの内容は、次のとおりである。

養親となる者が夫婦である場合に、養子となる者が未成年であるときは、配偶者の嫡出子である場合を除き、夫婦共同で縁組をしなければならないこととされたため（民795条）、離縁の場合にも養親夫婦が未成年である養子と離縁をするには夫婦共同でしなければならないこととされた（民811条の2）。したがって、夫婦がともに養子をした場合に限らず、各別に養子をし、その結果、夫婦双方が養親となった場合にも、離縁の時に養親が婚姻中であって養子が未成年であるときも含まれることになる。なお、養親夫婦が離婚後にその一方が単独で離縁をすることができるのは、改正前と同じである。

養親となる者に配偶者がある場合に、養子となる者が成年者あるときは、夫婦が共同で縁組をする必要はなく、単独で縁組をすることができるとされたこと及び養親が夫婦の場合に未成年の養子と離縁をするときに限り、養親夫婦がともに離縁をしなければならないとされた（民811条の2）。このことから、養親が夫婦共同で縁組をした場合でも、離縁の時に養子が成年であるときは、養親夫婦が婚姻中であっても、単独で離縁をすることができることとされた。

なお、右の民法第811条の2の規定による離縁の取扱いは、その縁組が改正前に行われたものであっても、改正後に離縁をするときは、当然に適用される（改正法附則2条）。

2 戸籍事務の取扱い

戸籍事務の具体的な取扱いは、次のとおりである。

第5章 届出各則 第3節 養子縁組 (一般)

(1) 成年者との離縁
　ア　養親が夫婦である場合
　　改正法の施行により、養親となる場合又は養子となる場合のいずれであっても、夫婦の一方が単独で縁組をするには、他方の縁組をしない配偶者の同意を要することとされたが（民796条）、離縁については、配偶者の同意は要件とされていない。これは、夫婦の一方が縁組をする場合は、他方の配偶者の相続分、共同生活の要否、扶養、称する氏等に関し、法律上又は事実上重大な影響を受けることになり、しかも縁組は当事者の任意の意思により養親子関係が形成されることから、配偶者の意向を尊重する必要があるので、その同意を得ることが要件とされたものである。これに対し、離縁の場合は、単に縁組前の状態に復するものであり、配偶者の利害に直接かかわることはなく、また、配偶者の同意を要件とした場合、養親子関係の維持、継続が困難になったためにする離縁が、配偶者の意向によって成否が左右されることになり相当でないことから、配偶者の同意は要件とされていない（「改正民法・戸籍法の解説（一）」戸籍526号36頁）。

　　夫婦共同で縁組をした場合であっても、養子が成年の場合は、養親の一方のみと離縁をすることができることとなり、この離縁の場合には、養子は復氏することがなくなったことから（後記3参照）、戸籍の記載は、参考記載例92及び93によるとされている。なお、この場合でも養親夫婦が共同で離縁をすることができるのは、改正前と変わりはないが、届書の取扱い及び戸籍の記載については、本通達第1の1(1)エの取扱いに準じて、1通の届書で届出があったときは1件として取扱い、各別の届書を同時に提出して届出があったときは2件として取り扱うことになる。しかし、いずれの場合も、共同離縁の届出があったものであるから、戸籍の記載は、法定記載例35から37までの例に準じて一事項として記載することとされている。
　イ　養子が夫婦である場合
　　養親夫婦がともに縁組をした場合において成年である養子と離縁するについて、取扱いが改められたのは、養親夫婦の一方のみで離縁をする

ことができるとされた点である。したがって、養子が夫婦である場合の離縁については、改正前の取扱い（昭和23・5・6民事甲652号回答）と変わりはないため、従前のとおり養子夫婦の一方のみで離縁をすることができる。

(2) 未成年者との離縁

ア 養親夫婦の共同離縁

改正法施行前は、夫婦共同で縁組をした養親が婚姻中に離縁をするには、養子が成年・未成年のいずれであっても夫婦共同でしなければならなかった（昭和25・8・15民事甲2201号回答）。しかし、夫婦が婚姻前に各別に養子をし、又は配偶者の養子を養子とした結果、ともに夫婦が養親となった場合には、養親夫婦が婚姻中に離縁をするには、養子が未成年であっても、養親の一方のみで離縁をすることができた。

改正後においては、養親夫婦が婚姻中に未成年者である養子と離縁をするには、養親夫婦の一方がその意思を表示することができない場合を除き（後記イ参照）、夫婦共同縁組をした場合はもとより、各別に縁組をした結果、夫婦双方が養親となった場合も、共同で離縁をしなければならないこととされた（民811条2項）。

また、配偶者の嫡出でない子を養子とする場合は、実親である配偶者も共同で縁組をしなければならないことに改められた（民795条、前記第1の1(2)ア）ため、養子が未成年の間で、養親夫婦（一方は実親）が婚姻中に離縁をする場合は、夫婦共同離縁をしなければならない。この点は、共同縁組をした場合だけでなく、嫡出でない子がその実親と縁組をした後に、実親と婚姻をした者の養子となった場合、養親が実親と婚姻をした後に実親と縁組をした場合も同様である。その結果、縁組により実親の嫡出子として身分を取得した子（民809条）も、離縁によりその身分を失うことになる。

なお、未成年者との離縁についての前記の取扱いは、養親夫婦が婚姻中の場合であって、養親夫婦が離婚をし、若しくはその一方が死亡したため婚姻が解消し、又は婚姻が取り消された後に離縁をする場合は、養親の一方のみで離縁をすることができることは、従前のとおりである。

さらにこの場合の取扱いについては、後記4の離縁による復氏の点を除いて、変更はない。したがって、この場合の戸籍の記載は、法定記載例41から43までの例によることになる。

イ　養親夫婦の一方の単独離縁

改正前は、配偶者のある者が養子をする場合は、配偶者の子を養子とする場合を除き、夫婦共同で縁組をしなければならないとされていた（改正前の民795条）。そして、夫婦の一方がその意思を表示することができない場合は、他の一方のみで夫婦双方の名義で縁組をすることができ（改正前の民796条）、意思を表示することができない者についても夫婦共同縁組を成立させることができた。ところが、離縁については、前記のような明文の規定はなかったが、夫婦が共同で養子をした場合に、養親が婚姻中は共同で離縁をしなければならないとされていた（昭和25・8・15民事甲2201号回答）。このため、改正前の民法第796条を根拠として、夫婦の一方がその意思を表示することができない場合は、他の一方のみで夫婦双方の名義で離縁をすることができるものとされ、意思を表示することができない配偶者についても夫婦共同離縁をすることができるものとされていた。

改正後においては、夫婦である養親が未成年である養子と離縁するには、夫婦共同で離縁をすることが原則とされたが（民811条の2本文）、この場合でも、養親の一方が精神上の障害のため、判断能力を欠く常況にある場合や行方不明等の事由によってその意思を表示することができないときは、意思を表示することができる養親のみで協議離縁をすることができるものとされた（同条ただし書）。

したがって、この場合は、改正前の双方名義の離縁と異なり、協議離縁の届出をした者についてのみ離縁が成立し、意思を表示することができない者とは縁組が継続していることになるので、その者と離縁をするには、裁判離縁（民814条）をするほかないことになる。また、改正前に夫婦双方の名義で縁組をした（改正前の民796条）者も、改正後は双方名義による離縁の制度は廃止されたため（後記(3)）、双方名義の離縁はできないことになる。

養親の一方がその意思を表示することができないときは、単独離縁をすることができることになったが（民811条の2ただし書）、この場合、市区町村長は、配偶者がその意思を表示することができないか否かを審査しなければならない。本通達は、この受理要件審査のため、届出をする養親は届書の「その他」欄に配偶者がその意思を表示することができない旨及びその事由を記載するものとしている。この記載は、例えば、「配偶者何某は、何々のため判断能力を欠く常況にあり、その意思を表示することができない。」又は「配偶者何某は、　年　月　日から所在不明により、その意思を表示することができない。」等の具体的に記載する必要がある。市区町村長の審査の方法としては、前記の養子縁組届書の記載のみによって審査すれば足り、実質的に意思を表示することができるか否かを審査する必要はないし、法令上の根拠もないので、意思を表示することを証明する書面等を添付することも要しない。

　養親の一方が意思を表示することができない場合の戸籍の記載は、参考記載例96及び97の例による。この場合、離縁をした者についてのみ離縁事項を記載し、また、夫婦共同縁組をした夫婦の一方のみが離縁をし、その後に養子について継続している縁組事項を移記するときは（戸規39条1項3号）、単独縁組事項に引き直して移記することになる。

(3) **夫婦の一方が夫婦双方の名義でする離縁の廃止**

　改正法の施行により、夫婦が共同で縁組をした場合であっても、養親が婚姻中に成年である養子と離縁をするには、共同で離縁をする必要がなくなり（前記(1)ア）、また、夫婦共同で離縁をしなければならないこととされた未成年である養子との離縁についても、夫婦がその意思を表示することができない場合は、他の一方が単独で離縁をすることができることとされた（民811条の2・前記(2)イ）。そのため、従前の夫婦双方名義の離縁をする必要がなくなるとともに、この制度の根拠とされていた民法第796条の規定の全改により廃止されたことを明らかにしたものである。

　改正法施行前に夫婦双方の名義で縁組をした場合を含め、夫婦共同で養子をした者が、改正後に夫婦双方が協議離縁をするには、必ず夫婦双方がその意思に基づいて協議離縁の届出をしなければならない。そして、養親の一方

がその意思を表示することができない場合は、他の一方のみが協議離縁をすることができ、他方のその意思を表示することができない者との関係では裁判離縁によらなければならない。

3 養子死亡後の離縁

　改正法施行前において、縁組の当事者の一方が死亡した場合の離縁については、養親が死亡した場合にのみ家庭裁判所の許可を得て養子だけで離縁の届出をすることができるとされ（改正前の民811条6項）、養子が死亡した場合には、養親から離縁をすることはできなかった。しかし、この取扱いは、縁組当事者の相互性、対等性からみて妥当でないこと及び死後離縁は法定血族関係の解消であり、相続、扶養の問題からみて、その効果が重大であることから、改正後は、養子が死亡した場合にも養親は家庭裁判所の許可を得て離縁をすることができ（民811条6項）、その届出は養親のみですることができるものとされた（戸72条）。なお、養親が夫婦である場合に未成年の養子と離縁をするには、夫婦共同でしなければならないと定められているが（民811条の2）、これは、未成年の養子は養父母双方がそろって養育監護をするのが子の利益となることから定められているものであり、養子が死亡した後は共同離縁をしなければならない理由はないので、養親が夫婦の場合であっても単独で未成年であった死亡養子と離縁をすることができる。

　養親死亡後に養子が離縁をした場合は、養子は、縁組前の氏に復することになるが、養子死亡後の離縁については、死者に氏という概念がないため、死後に氏が変動する余地はなく、養子の死亡後の離縁による養子の復氏ということはあり得ない。したがって、戸籍に変動を来すことはないので、死後離縁された養子が自己の氏を称して婚姻をしている場合も、その配偶者は婚姻中の氏を称すべきものであるから、生存配偶者の復氏（民751条1項、戸95条）をしない限り、その氏及び戸籍に変動を生じない。この点は、生存配偶者が、死亡配偶者の養親の養子となっている場合においても同様である。

　なお、従前から養親死亡後の離縁において、離縁事項を死亡した養親の戸籍には記載しないこととされており（昭和24・4・21民事甲925号回答(1)）、養子死亡後の離縁の場合も、同様に死亡養子の戸籍には離縁事項を記載しな

いこととなる。この場合に、養親の戸籍に記載する離縁事項は、法定記載例46による。また、養子夫婦の一方が死亡した場合、養親は、亡養子と死後離縁をすると同時に、生存養子と協議離縁をすることができる。その場合の記載例は、従前の養親の一方死亡後に養親双方と離縁をする場合の記載例（昭和37・11・29民事甲3439号回答）に準じて、養親の戸籍には「　年　月　日妻（夫）とともに養子亡英助と離縁養女みちと協議離縁届出㊞」と、配偶者の氏を称して婚姻をした生存養子の戸籍には「　年　月　日養父甲野義太郎養母梅子と協議離縁届出㊞」と記載することになる。

4　離縁による復氏
(1)　養親夫婦の一方と離縁をした場合

改正前は、夫婦がともに養子をした場合に、その婚姻中に離縁をするには、夫婦共同で離縁をしなければならないが、養親が離婚をし若しくは婚姻を取り消され又は養親の一方が死亡したときは、養親の一方のみと離縁をすることができるとされていた。この場合の養子の氏は、いずれの養親と離縁をしたかによってその取扱いが異なっていた。すなわち、①養親夫婦が離婚をした後に、婚姻前の氏に復した養親のみと離縁をしても、養子の氏に変動はない（昭和25・6・22民事甲1747号回答）、②養親夫婦が離婚をした後に、筆頭者である養親のみと離縁をした場合は、婚姻前の氏に復した養親との縁組が継続していても、養子は縁組前の実方の氏に復する（昭和23・7・1民事甲1871号回答）、③養親夫婦が離婚をした後に、養子が婚姻前の氏に復した養親の氏を称して入籍をした場合において、その養親のみと離縁をしたときは、筆頭者との縁組が継続していても、養子は縁組前の実方の氏に復する（昭和25・6・15民事甲1679号通達）、④養親夫婦の一方が死亡した後に、生存養親と離縁をした場合は、死亡養親との縁組が継続していても、養子は縁組前の実方の氏に復する（昭和24・9・9民事甲2039号通達）、⑤養親夫婦の一方が死亡した後に、生存配偶者の復氏又は転婚によって除籍されている生存養親と離縁をしても、養子の氏に変動はない（昭和24・7・14民事甲1607号回答、昭和28・10・20民事甲1923号回答）、⑥養親夫婦のうちの筆頭者である養親が死亡した後に、生存養親が同戸籍に在籍したまま、死亡養親と離縁

をしても、養子の氏に変動はない（昭和25・11・9民事甲2909号回答）、⑦養親夫婦の一方が死亡した後に、生存養親が生存配偶者の復氏又は転婚によって除籍された場合に、死亡養親と離縁をしたときは、生存養親との縁組が継続していても、養子は縁組前の実方の氏に復する（昭和23・10・11民事甲2997号回答）、⑧養親夫婦双方が死亡した後に、亡養親双方と離縁をした場合は、養子は縁組前の実方の氏に復するが、亡養親のいずれか一方のみと離縁をしても養子の氏に変動はない（昭和25・6・22民事甲1747号回答）とされていた。

　このような従前の取扱いがされてきたのは、改正前の民法第810条が「養子は、養親の氏を称する」と定めているが、養親の一方と離縁をした場合の養子の氏についての明文の規定がなかったことや、旧民法が、養親が養家を去ったときは、養親及びその実方の血族と養子との親族関係は終了する等と定めていたこと（旧民730条）に捉われていた国民感情を考慮したこと等から、他方の養親との縁組が継続しているにもかかわらず、離縁により復氏をするか否かにつき場合を分けていたことによるものである。しかし、その間の取扱いには、理論的に一貫しないものがあると指摘されていた。

　昭和62年の民法改正に伴い、養親夫婦が婚姻中であっても、ともに離縁をすることを要しなくなったため、一方養親との離縁の例が多くなることから、離縁による復氏の取扱いを明らかにする必要があったこと、また、養親の一方との縁組が継続しながら、養子が復氏する従来の取扱いは、民法第810条の規定にそぐわないこともあり、養親夫婦がともに縁組をした場合に、養子がその一方のみと離縁をしても、他の一方との縁組が継続している限り、養子は縁組前の氏に復することはないとされた（民816条1項ただし書）。

　このように、離縁による復氏について新たな規定が設けられたことから、本通達は、配偶者とともに養子をした養親の一方とのみ離縁をする、次のいずれの場合も、養子は、縁組前の実方の氏に復することはないことを明らかにした。

　ア　養親夫婦の婚姻中にその一方のみと離縁をした場合
　　従前は、養親夫婦がともに縁組をした養子と離縁をする場合に、その

婚姻中に離縁をするには、ともにしなければならなかったので（前記1の(1)（改正前の取扱い）、昭和25・8・15民事甲2201号回答）、このような事例はなかった。しかし、改正後は、成年の養子と離縁をする場合又は養親夫婦の一方がその意思を表示することができないときに、未成年の養子と離縁をする場合は、婚姻中の養親の一方のみと離縁をすることができることになったので、本事例の場合が生ずることとなった。

イ 養親夫婦の離婚又は婚姻の取消し後、婚姻の際に氏を改めなかった**養親のみと離縁をした場合**

　この場合における従前の取扱いは、前記(1)の②のとおり、離婚復氏した養親との縁組が継続していても、養子は縁組前の実方の氏に復する取扱いであったが、改正後は、縁組前の氏に復することなく、離縁前の氏を称し続けることになる。すなわち、筆頭者と離縁をしたとしても、離婚により復氏した養親との間に氏の変動を生ずるような身分行為はないから、その氏を称することはできないし、他に称すべき氏もないからである。この点、養子は、離縁後も離縁をした養親の戸籍に同籍し、その氏を称していることになるが、この場合、養子が称している氏は、縁組が継続している養親の縁組時の氏であって、離縁をした養親の氏ではない。このように、親子関係がない者同士が同籍している場合の例として、例えば、筆頭者の配偶者の子として民法第791条第1項の規定により入籍した後、父又は母が離婚復氏したため、親族関係が消滅した父又は母のかつての配偶者と同籍する場合もあり、特に不合理な点はない。なお、養子が筆頭者である養親と離縁をした後、縁組関係が継続する離婚復氏した養親の氏を称するには、民法第791条第1項の規定により家庭裁判所の許可を得て入籍届をすることにより称することができる。

ウ 養親夫婦の離婚又は婚姻の取消し後、婚姻の際に氏を改めた**養親とのみ離縁をした場合**

　この場合は、筆頭者である養親との縁組が継続している限り養子の氏に変動がないとする取扱いは、従前（前記(1)の①）と変わらない。

エ　養親夫婦の一方の死亡後、生存養親又は死亡養親の一方のみと離縁をした場合

　夫婦が共同で養子をした後、養親夫婦の一方が死亡した場合に、養子は生存養親又は死亡養親のみと離縁をすることができることは従前と変わらないが、その離縁によって養子が縁組前の氏に復するか否かについて、従前は、事案によって異なる取扱いがされていた（前記(1)の①～⑧）。しかし、改正法施行後は、養子が死亡養親又は生存養親のいずれか一方と離縁をしても、他方の養親との縁組が継続している限りは、養子の氏に変動はなく、縁組前の氏に復することはない。したがって、養子が離縁によって縁組前の氏に復するのは、生存養親及び死亡養親の双方と離縁をした場合である。

オ　養親夫婦の双方死亡後、その一方と死後離縁をした場合

　夫婦が共同で養子をした後、養親夫婦双方が死亡した場合に、養子は家庭裁判所の許可を得て養親夫婦双方、又は養親夫婦のいずれか一方と離縁をすることができることも従前と変わらない（前記(1)の⑧）。また、養子が離縁によって縁組前の氏に復するか否かについても、従前の取扱いに変更はなく、死亡した養親夫婦双方と離縁をしない限り、養子は縁組前の氏に復することはないことが明確にされた。

　このように、養親夫婦が共同で養子をした場合に、養親夫婦の一方のみと離縁をしても、養子は縁組前の氏に復することはないので、養子の氏、戸籍に変動を生ずることはない。この場合の離縁事項は、参考記載例92から95までの例により、離縁当時の離縁当事者の戸籍に記載するにとどまる（ただし、死亡養親の身分事項欄には、離縁事項の記載を要しない（昭和24・4・21民事甲925号回答））。なお、改正前の取扱いにより、夫婦共同縁組をした養親の一方のみと離縁をしたにもかかわらず縁組前の氏に復した者については、縁組の継続している養親の氏と民法上の氏を異にしているので、その養親の氏を称するには、民法第791条第1項の規定によって家庭裁判所の許可を得た上、入籍届によらなければならない。

(2) 離婚により復氏した養親の氏を称している養子が、その養親のみと離縁をした場合

　配偶者とともに養子をした養親が、離婚によって婚姻前の氏に復した後、養子が入籍の届出により復氏した養親の氏を称している場合に、離婚復氏した養親のみと離縁をしたときの養子の氏について、従前は、他方養親との縁組が継続しているが、縁組前（実方）の氏に復する取扱いをしていた（昭和25・6・15民事甲1679号通達）。

　しかし、改正法の施行後は、養親夫婦の一方のみと離縁をしても、養子は、縁組前の氏に復することはないとされたので、離婚復氏した養親の氏を称して入籍した養子が離縁をした場合も、他方養親との縁組が継続している限り、縁組前の氏に復するという取扱いはできなくなった。この場合、養子は、民法第791条第1項の規定による入籍をする前の氏、すなわち、縁組が継続する養親の氏に復するものとされた。つまり、養子が離婚により復氏した養親の氏を称して入籍することができたのは、その間に養親子関係があることを前提とするからであるが、その養親子関係が離縁によって解消した場合は、養子は養親の氏を称することになった前提が失われるため、その氏を称することができないことになる。しかも、他方養親との縁組が継続している限りは、縁組前の氏に復することもできないから（前記(1)）、この場合は、縁組が継続する養親の氏、すなわち入籍の届出前の氏に復するほかない。

　上記の取扱いにより養子が入籍の届出前の氏に復したときは、離縁により縁組前の氏に復した場合に該当しないので、戸籍法第19条第1項が当然に適用されることはない。しかし、他にこの場合の戸籍の取扱いを定める規定はないので、同項を類推適用して処理することになる（「改正民法・戸籍法の解説（一）」戸籍526号51頁）。したがって、養子は、原則として、入籍の届出前の養親の戸籍に入るが、その戸籍が既に除かれているとき又は養子が新戸籍編製の申出をしたときは、新戸籍を編製することになる（戸19条1項但書）。また、養子に配偶者があるときは、夫婦について新戸籍を編製する（戸20条）。この場合、養子は入籍の届出前の氏に復するものであって、縁組が継続している養親の氏が離婚後に相手方の氏を称する婚姻や養子となる縁組等によって変動している場合に、その養親が現在称している氏に復する

ものではない。また、戸籍の記載例は、本通達で明らかにされていないが、一般の離縁による復氏の場合の例に準じて記載することになる。

なお、上記の場合は、養子が離縁により縁組前の氏に復した場合ではないから、民法第816条第2項に定める要件を満たしていないため、縁氏続称の届出をすることはできない。

⑶ **夫婦と各別に縁組をした養子が養親の一方のみと離縁をした場合**

夫婦が各別に養子をした結果、夫婦の双方が養親となった場合は、従来から養親の配偶者との縁組は、いわゆる転縁組として取り扱われ、養親夫婦の一方のみと離縁をしたときも、転縁組をした養子が離縁をした場合と同様に処理するものとされ、養子の離縁復氏もその処理によるものとされてきた。すなわち、転縁組のうちの一組の縁組につき離縁をした場合の養子の氏については、後の縁組が継続していて、前の縁組につき離縁をしたときは、養子は、後の縁組における養親の氏を称しているので復氏しないが、前の縁組が継続していて後の縁組につき離縁をしたときは、養子の氏は、前の縁組の養親の氏に復する取扱いである。本通達は、この従前からの取扱いは変更しないことを明らかにしたものである。

具体的事例を示せば、次のとおりである。

ア **単身者が養子をした後にその養親が自己の氏を称する婚姻をし、その後に養親の配偶者と養子が縁組をした場合において、養親の一方と離縁をしたとき**

この場合、養子は、前の縁組によって筆頭者となった養親の氏を称しており、その配偶者と縁組をしても、その称する養親の氏は養親の婚姻中の氏、すなわち現に称している筆頭者の氏である。したがって、養親の婚姻中に養親のいずれの一方と離縁をしても、養子は、縁組が継続している他方の養親の氏を称するから、氏に変動は生じない。

この事例において、養親夫婦が離婚をしているときは、筆頭者である養親と離縁をしても、養子は、後に縁組をした離婚復氏している養親の縁組時の氏を称しているので、復氏することはない。離婚復氏した養親のみと離縁をしたときは、養子は復氏することになるが、復する氏は、筆頭者である養親の氏であるから、その氏に変動は生じない。

イ　単身者が養子をした後に、その養親が相手方の氏を称して婚姻をし、その後養子が養親の配偶者である筆頭者と縁組をしたことにより養親夫婦の戸籍に入籍した場合に、養親の一方と離縁をしたとき

　　この場合に、養子は前の縁組によって、後に婚姻によって氏を改めることになる養親の氏を称し、その後養親の配偶者である筆頭者との縁組により筆頭者の氏、すなわち婚姻中の養親夫婦の氏を称する。そして、養親夫婦の婚姻中か否かにかかわらず、後に縁組をした筆頭者と離縁をしたときは、養子は、婚姻によって氏を改めた養親の縁組時の氏（養親の婚姻前の氏）に復することになる。なお、前に縁組をした筆頭者でない養親のみと離縁をしても、後に縁組をした筆頭者である養親との縁組が継続している限りは、その養親の氏を称しているものであるから、養子の氏に変動は生じない。

ウ　単身者が養子をした後に、養親が相手方の氏を称して婚姻をしたので、養子が民法第791条第1項の規定によって養親の氏を称して入籍し、その後養親の配偶者である筆頭者と縁組をした場合において、養親の一方と離縁をしたとき

　　この場合は、第一の縁組により養親の氏を称するが、その後の入籍届により婚姻中の養親の氏を称し、さらに第二の縁組により筆頭者の氏を称することになる。しかし、その氏は第二の縁組前の氏と同じであるから、その氏に変動はない。そのため、婚姻中の養親夫婦のいずれか一方と離縁をしても、養子の氏に変動は生じない。すなわち、第一に縁組をした筆頭者でない養親と離縁をしても、養子は第二の縁組をした筆頭者との縁組による氏を称すべきであるから養子の氏に変動はない。また、第二の縁組をした筆頭者と離縁をしても、養子の復する氏は入籍届により称している第一の縁組の養親の婚姻中の氏であるから、その氏に変動は生じないことになる。

　　この事例において、養親夫婦が離婚をした後に、いずれか一方の養親と離縁をしたときも、養子の氏に変動はない。例えば、離婚により復氏した前の縁組による養親と離縁をしても、養子は、後に縁組をした筆頭者である養親の氏を称すべきであるから、養子の氏は変わらない。ま

た、筆頭者である養親と離縁をしても、養子が復する氏は、第二の縁組前に称していた氏、すなわち、入籍届により第一の縁組をした養親の婚姻中の氏である。つまり、この養子が復する氏は、第一の縁組時の氏ではなく、入籍届により称した氏であるから養子の氏に変動は生じない。

そのほかの事例として、単身者が養子をした後に、その養子が別の単身者の養子となった（転縁組）後に、養親同士が婚姻をしたときに、一方の養親とのみ離縁をした場合等においても、第一の縁組によって称した氏と後の縁組によって称することになった氏との関係、養父母の婚姻の時期及び一方養親との離縁の時期によって養子の離縁後の氏が定まることになるが、従前の取扱いと異なるところはない。

第3 離縁の際に称していた氏の続称に関する取扱い

1 離縁の際に称していた氏の続称（縁氏続称）
(1) 縁氏続称制度

縁組によって氏を改めた養子は、離縁又は縁組の取消しによって、原則として縁組前の氏に復することとなる（民816条・808条）。しかし、縁組後相当期間を経過し、養子が養親の氏により社会生活を営み、それが社会に定着している場合等には、離縁によって当然に復氏することになると、社会生活上種々の支障を生ずることが少なくなかった。このような場合に、養子であった者が、離縁後の社会生活上、離縁の際に称していた氏を引き続き称する必要があることは否定できない。これは、離婚の際に称していた氏を引き続き称したいという場合ほどではないにしても、一般的に戸籍法第107条第1項に定める「やむを得ない事由」があるものと認められる。そこで、民法の一部改正により、離縁によって復氏した者は、家庭裁判所の許可を得ないで、一定の要件の下に、離縁の際に称していた氏を引き続き称することができることとされた（民816条2項）。

しかし、離縁によって養親子関係が終了した後も、養子であった者が養親であった者の氏を引き続き称していることは、世間に依然として養親子関係が継続しているかのような印象を与えることから、養親であった者の心情や

第三者の取引の安全等を害することも考えられた。そのため、改正法は、これらのことを考慮して民法第816条に第2項を加え、離縁による復氏の原則を維持しながらも、離縁により復氏した者が、離縁後も離縁の際に称していた氏を称することを望む場合は、縁組の日から7年を経過した後に離縁をしたときに限り、家庭裁判所の氏の変更の許可を得ることなく、離縁の日から3か月以内に戸籍法の定めるところにより届け出ることによって、離縁の際に称していた氏を称することができることとされた。そして、この届出について定めた戸籍法第73条の2の規定を新設するとともに、同法第19条第3項を改正して、縁氏続称の効果の及ぶ範囲を限定した。

(2) **縁氏続称の要件**

縁氏続称をするためには、ア　離縁により復氏したこと、イ　他に称すべき氏がないこと、ウ　縁組の期間が7年を超えていること、エ　離縁後3か月以内に届け出ることの4つの要件を具備することが必要である。

ア　離縁復氏

復氏しない場合　離縁をしたとしても氏に変動がない場合、又は縁組前の氏以外の氏を称する場合には、縁組前の氏に復していないので、縁氏続称の届出をすることはできない。例えば、

(ｱ)　配偶者とともに養子をした養親の一方とのみ離縁をした場合（民816条1項ただし書、本通達第2の3(1)）

(ｲ)　養親夫婦との共同縁組によって養子となった者が、離婚復氏した養親の氏を称する入籍の届出をした後に、その養親のみと離縁をした場合（本通達第2の3(2)）

(ｳ)　養子が配偶者の氏を称して婚姻をした場合、又は配偶者の氏を称して婚姻をした後に養子となった場合において、その婚姻中又は配偶者が死亡して生存配偶者の復氏届をしていない間に離縁をしたとき（なお、養子縁組の前後にかかわらず、自己の氏を称して婚姻をした養子が離縁をしたときは、当然に復氏することとなるので縁氏続称の届出をすることができる。）

(ｴ)　転縁組をした養子が、第二の縁組の継続中に第一の縁組の養親と離縁をした場合

(オ) 実母の配偶者（夫の氏を称する婚姻）の養子となった者が、養父と実母の離婚後、養父との縁組継続のまま、離婚復氏した実母の氏を称する入籍の届出をし、その後に養父と離縁をした場合
(カ) 外国人の養子となった者が離縁をした場合（外国人と縁組や離縁によって日本人養子の氏に変動はない。）

の各場合は、養子は離縁によって氏に変動はない。

イ 他に称すべき氏がないこと

他に称する氏がある場合 離縁によって縁組前の氏に復した者であっても、縁氏続称の届出をするまでの間に、配偶者の氏を称する婚姻をした場合は、夫婦同氏の原則によって常に配偶者の氏を称すべきことになるし（民750条・810条ただし書）、また、他の者の養子となった場合は、縁組により養親の氏を称しなければならない（民810条本文）から、縁氏続称の届出をすることはできない。したがって、縁氏続称の届出をすることができるのは、養子が離縁復氏後に他の氏を称しなければならないような身分行為をしていない場合である。

ウ **縁組期間**

縁氏続称の届出をすることができるのは、縁組の日から7年を経過した後に離縁をした場合に限られる（民816条2項）。

(ア) 「縁組の日」とは、普通養子縁組の場合は、その届出をした日であり（民799条・739条）、特別養子縁組の場合は、家庭裁判所の審判が確定した日である（民817条の2、家審9条1項甲類8号の2）。

また、外国の方式による縁組の場合は、その外国の方式により縁組が成立した日であり、縁組証書の謄本が提出された日（戸41条参照）ではない。

(イ) 「縁組の日から7年を経過した後」とは、縁組の日から継続して7年が経過した後ということである。例えば、いったん離縁をし、再び同一人（前の養親）の養子となり、さらに離縁をした場合に、前・後の縁組期間を通算すると7年を経過するというような場合は含まれない。なお、この期間の起算点は、この期間が民法上定められているものであるから、縁組の日の翌日となる（民140条）。

(ウ)　また、この「継続する7年の期間」は、養親の氏を称していた期間ではなく、縁組をしていた期間である。したがって、縁組をした翌日に養子が婚姻によって氏を改めた場合、その後養子が離婚をし、さらにその翌日に離縁をしたような場合であっても、その縁組の日から継続して7年を経過した後であれば、縁氏続称の届出をすることができる。もっとも、このような場合に縁氏続称の届出をすることはないであろう。

(エ)　縁氏続称の届出について縁組期間の要件を設けたのは、婚氏続称の場合に比べ社会生活上続称を認めなければならない必要性が少ないものと考えられ、また、戸籍法第107条第1項に定める氏変更の要件及びその手続を回避する目的で利用されるおそれが大きいことからである。

エ　届　出

縁氏続称は、離縁の日から3か月以内に戸籍法第73条の2の規定に基づく届出によってその効力が生ずる（民816条2項）。したがって、この届出は創設的届出である。

(ア)　縁氏続称の届出期間は、離縁の日から3か月である。離縁の日とは、協議離縁の場合はその届出の日（民812条・739条）、裁判離縁の場合は裁判確定の日（民814条）、特別養子縁組の離縁の場合は審判確定の日（817条の10、家審9条1項甲類8号の2）である。また、外国の方式により離縁が成立した場合又は外国の裁判所の裁判離縁があった場合は、外国の方式又は外国裁判所の判決により離縁が成立した日であり、離縁証書の謄本の提出があった日や裁判離縁の届出の日は基準とならない。

3か月の期間の計算は、この期間が民法に定められているものであるから、民法の期間計算の一般原則により、離縁の翌日から起算し（民140条・戸籍法上の報告的届出期間の起算日を定める戸籍法43条の適用はない。）、その満了日は暦に従って計算することになるので、3か月後のその起算日に応当する日の前日をもって満了する（民143条）。この満了日が、届出地市区町村の条例で定める休日に当たるときは、

その翌日（例えば、休日となる土曜日が期間の末日となるときは翌週の月曜日）が満了日となる（昭和63・12・20民二7332号通達）。なお、在外公館の場合は、行政機関の休日に関する法律（昭和63年法律第91号）の定める休日には届出を受け付けていないと解されるので、届出期間の末日が休日に当たるときは、民法第142条の規定により、その翌日が満了日となる。

　3か月の届出期間を経過した後は、縁氏続称の届出をすることはできないことになるが、この場合に縁氏を続称することを希望するときは、戸籍法第107条第1項の規定により家庭裁判所の許可を得て氏の変更の届出をするほかない。

(イ)　届出をすることができる能力－15歳未満の者の縁氏続称届の可否

　親族法上の身分行為は、本人の意思を尊重すべきであることから、明文の例外規定がない限り、本人自らすべきものとされている。そして、身分行為をする者に意思能力がない場合は、民法第791条第3項に定める父又は母の氏を称する入籍届を法定代理人がすることができる旨の規定や同法第797条に定める15歳未満の者が養子となる場合に法定代理人が代わって縁組の承諾をすることができるとするような旨の特則規定がない限り、身分行為をすることができないものとされている。したがって、未成年者であっても、特則規定がない限り、本人が単独でその身分行為をすることができることとされており、法定代理人が代わってすることはできない。

　縁氏続称の届出をすることができる能力については、民法第816条第2項に、第791条第3項に相当する規定がないので、縁氏続称をしようとする者が15歳未満であっても、その法定代理人が代わってこの届出をすることはできず、本人が意思能力を有するときは、実体法上自らこの届出をすることができることになる。しかし、市区町村長が15歳未満の者に意思能力があるか否かを判断するのは困難であるため、戸籍実務上は、一般的に15歳未満の者には意思能力がないものとする取扱いがされている。したがって、15歳未満の者から縁氏続称の届出がされても、これを受理することはできない。この不受理

処分を不当とする者は、戸籍法第118条に定める不服申立てをして、同人の意思能力の有無について家庭裁判所の判断により、意思能力があることが認められた場合には、その審判により処理することになる。

オ その他
　(ア) 第三者の同意を要しない
　　　縁氏続称の届出は、届出人の意思のみですることができ、第三者の同意等を得る必要はない。例えば、縁組前又は縁組中に自己の氏を称して婚姻をした者が、縁氏続称の届出をする場合に、その配偶者にとっては、縁氏続称の届出の前後で氏の呼称は変わらないし、むしろ縁氏続称の届出によって縁組中の氏の呼称を引き続き称することになるから、配偶者の意思を考慮する必要性は少ないと考えられる。したがって、この場合は、戸籍法第98条、第99条の場合と異なり、配偶者の同意を得ることも、その配偶者とともに届け出ることも要しない。
　(イ) 離縁の際に称していた氏と縁組前の氏の呼称が同一である場合
　　　この場合は、婚氏続称の場合と同様に、縁氏続称の届出をする実益がないので、これをすることはできない（昭和58・4・1民二2285号通達二参照）。
　　　なお、呼称は同一であっても字体が異なる場合、例えば、離縁の際に称していた氏が「渡辺」で、縁組前の氏が「渡邊」である場合は、離縁によって縁組前の氏「渡邊」に復した後に、氏の更正の申出をすることによって、通用字体の「渡辺」に更正することができる（平成2・10・20民二5200号通達第3）。したがって、この場合には、縁氏続称をする実益がないため、この届出をすることはできない（復した氏が誤字又は俗字、離縁の際の氏が誤字・俗字に対応する正字の場合も同じ）。しかし、これとは反対に、離縁の際に称していた氏が「渡邊」で、縁組前の氏が「渡辺」である場合は、「渡辺」を「渡邊」と更正する申出は認められないので、縁氏続称の届出をすることができる（復した氏が誤字・俗字、離縁の際の氏が誤字又は俗字に対応する正字の場

合も同じ)。

(3) 縁氏続称の効果
ア 縁氏続称届によって称する氏

　縁氏続称の届出によって称する氏は、離縁の際に称していた氏を引き続き称するものであるから（民816条2項）、縁組時又は縁組中に称した氏と離縁の際（離縁時）に称していた氏が異なる場合は、後の氏を称することになる。例えば、縁組により養親の氏・甲を称した後、相手方の氏・乙を称して婚姻をした養子が、離婚によって養親の氏・甲に復した場合のように縁組中に一時氏が変わっているときであっても、縁氏続称の届出によって称することができるのは離縁の際に称していた氏・甲であり、婚姻中の氏・乙を称することはできない。

　縁氏を続称する届出は、離縁により縁組前の氏に復することを前提として、その復した氏の呼称を、離縁の際に称していた氏と同じ呼称に変更する目的で行う届出である。つまり、その実質は、戸籍法第107条第1項の規定により、やむを得ない事由がある場合に家庭裁判所の許可を得てする氏の変更と同様に、民法上の氏の同一性は変わらないとされる点では同じであるが、氏を変更するについて家庭裁判所の許可を要しないことから、同条の特則とされている。したがって、その称する氏は、呼称上の氏ということになる。

イ 効果の及ぶ範囲

　縁氏続称の届出による氏の変更は、離縁によって当然に復氏することになると、社会生活上種々支障を生ずるおそれがあるために、離縁の際に称していた氏を引き続き称することを望む者の専ら個人の事情によるものであり、しかもこの届出は、他の同籍者の同意を得ることなく筆頭者の自由な意思によってすることができるものである（前記(2)オ(ア)）。

　そこで、同籍者の意思を顧慮することなく、当然に氏の変更の効果を及ぼすとするのは妥当でないと考えられたため、縁氏続称の届出の効果が及ぶ範囲については、届出をした者の配偶者は夫婦同氏の原則（民750条）により、当然にその効果が及ぶことになるが、それ以外の者については、届出をした者が戸籍の筆頭に記載されている場合において、

その戸籍に同籍者があるときは、届出をした者について新戸籍を編製することとし、その効果が同籍者に当然に及ばないこととされた（戸19条3項）。このように、縁氏続称の効果は、配偶者を除いて、同籍者には及ばないこととされたため、同籍していた子が縁氏続称後の父又は母と同籍するには、同籍する旨の入籍届によってすることができるものとされた（後記4(2)）。

2　離縁届と同時に届出をした場合

　離縁によって復氏すべき者が協議離縁の届出と同時に縁氏続称の届出をした場合、本来は縁組前の氏に復して（民816条1項）縁組前の戸籍に入り、又は縁組前の氏で新戸籍が編製され（戸19条1項）、その後に縁氏続称の届出による戸籍の処理をすることになる。しかし、縁組前の戸籍に入る場合は、戸籍法第19条第3項に特則の新戸籍編製事由が定められたため、いったん縁組前の戸籍に入籍させるという中間的な処理をすることなく、直ちに離縁の際に称していた氏と同一の呼称の氏をもって新戸籍を編製することとされた。

　この戸籍の処理は、裁判離縁（民814条）、特別養子離縁（民817条の10）、外国の方式による離縁（戸41条）又は外国の裁判所による裁判離縁（戸73条）の報告的届出と同時に縁氏続称の届出があった場合も、離縁の成立時期及び報告的届出である点を除き、戸籍の取扱い上は協議離縁の場合と異なるところはないので、同じ取扱いをするものとされた。

　離縁届と同時に縁氏続称の届出がされた場合の戸籍の記載は、法定記載例50から52までの例によってすることとされている。縁氏続称の届出は、前記1(3)アのとおり戸籍法第107条第1項に規定する氏変更の特則としての性質を有するから、法定記載例50のうち、「平成拾参年七月拾参日戸籍法七十三条の二の届出㊞」の記載は、戸籍事項欄に記載すべき「氏の変更に関する事項」に該当する（戸規34条2号）。また、縁氏続称の届出は身分法上の行為であるから、その届出をした者の身分事項欄にも記載すべきこととされており（戸規35条3号の3）、その記載は、法定記載例51及び52の例による。なお、縁氏続称の届出をした者に配偶者がある場合には、同人も当然に新戸

籍に入るので、その配偶者の身分事項欄に参考記載例86及び89の例により記載をする必要がある（戸規38条）。

3 離縁により縁組前の戸籍に復籍した者（筆頭に記載されていない）が届出をした場合

　縁組によって氏を改めた者が離縁によって縁組前の氏に復する場合の戸籍の変動は、①縁組前の戸籍に復籍するか、又は②縁組前の戸籍が除かれているとき若しくは新戸籍編製の申出をしたときは、新戸籍を編製するかのいずれかである（戸19条1項）。

　本項は、①の離縁によって縁組前の戸籍に復籍した場合のうち、復籍した者が戸籍の筆頭に記載されていない場合の取扱いを明らかにしたもので、この場合は縁氏続称の届出をした者について新戸籍を編製することとされている（戸19条3項）。これは、離縁によって復籍した戸籍の同籍者全員が婚姻、死亡等により除籍された後に、縁氏続称の届出があった場合も、その者について新戸籍を編製することに変わりはない。このような取扱いをするのは、戸籍は、夫婦及びこれと氏を同じくする子ごとに編製することとされているが（戸6条・18条）、この「氏を同じくする」というのは、民法上の氏だけでなく、呼称上の氏も同じくすることと解されている。

　離縁により縁組前の戸籍に復籍した筆頭者以外の者から、縁氏続称の届出があった場合は、その戸籍の筆頭者及びその配偶者の氏と、この届出をした者の民法上の氏は同じであるが、呼称上の氏が異なることとなるため、同一戸籍内に在籍することができなくなるので、戸籍法第19条第3項でこの場合を新戸籍編製事由としたものである。

　この場合の戸籍の記載は、法定記載例53から55の例によるが、その記載すべき欄については、前記2を参照されたい。

4 離縁復氏により戸籍の筆頭に記載されている者が届出をした場合（同籍者があるとき）

(1) 戸籍の取扱い

　離縁により復氏して戸籍の筆頭に記載された者が、縁氏続称の届出をした

場合に、その戸籍に同籍者があるときは[注]、同籍者に縁氏続称の効果が当然に及ばないようにするために、届出をした者について新戸籍を編製することとされている（戸19条3項）。

　ここにいう「同籍者」に離縁復氏した者の配偶者のみが戸籍に在籍する場合も、筆頭者が離縁の際に称していた氏をもって夫婦につき新戸籍を編製すべきかの問題がある。この場合、配偶者は、夫婦同氏の原則（民750条）により、当然に筆頭者の氏を称するので、戸籍法第19条第3項の「その者を筆頭に記載した戸籍に在る者が他にあるとき」に当たるとして新戸籍を編製してもその実益がなく、戸籍法第107条第1項の規定による氏の変更の場合の記載に準じて、戸籍の記載をすれば足り、新戸籍の編製を要しないのではないかとの疑問が生じる。しかし、この場合は、戸籍法第19条第3項の規定にかかわりなく、離縁復氏する以上同条第1項、同法第20条により夫婦につき新戸籍を編製することとされており（昭和25・4・10民事甲932号回答(6)）、また、戸籍法第19条第3項の文理上配偶者も当然に「同籍者」に含まれるので、夫婦について離縁の際に称していた氏と同一の呼称の氏で更に新戸籍を編製すべきことになる。この場合に、配偶者の身分事項欄に記載する入籍事項は、参考記載例86及び89の例による（戸規38条）。

　また、縁氏続称の届出をする者が、戸籍の筆頭に記載されている場合において、その届出前に婚姻、縁組等により既に除籍されている者（筆頭者の子）が、その届出後に離婚、離縁等により復氏するときは、縁氏続称の届出前の氏、すなわち、筆頭者の子が婚姻、縁組等により除籍された当時の氏の呼称に復することになる。これは、前記1(3)イのとおり、縁氏続称の届出による呼称上の氏の変更の効果は、その後に復氏する者に当然には及ばないからである。もし、前記の子が、父又は母の縁氏続称後の戸籍に入籍を希望するのであれば、後記(2)の「同籍する旨の入籍の届出」をすることにより父又は母と同籍することができるし、その者の離婚、離縁等の届書に、父又は母の縁氏続称の届出による変更後の氏を称する旨記載して届出があったときは、これを同籍する旨の入籍届に代えることができる（昭和52・2・24民二1390号回答）。ただし、前記の子に配偶者があるときは、婚姻、縁組等により除籍された当時の氏、すなわち、筆頭者である父又は母の縁氏続称の届出前の氏

第5章 届出各則 第3節 養子縁組 （一般）

により当然に新戸籍が編製されるが、同籍する旨の入籍届をしたとしても、父又は母の戸籍に入ることができないので、この届出をすることはできない（前掲昭和52年民二1390号回答）。そのため、この届出によって父又は母の縁氏続称の届出後の氏を称することはできないので、戸籍法第107条第1項の氏変更の手続によるほかない。

　離縁復氏により戸籍の筆頭に記載された者が、縁氏続称の届出をした場合に、その戸籍に同籍者があるため新戸籍を編製する場合の戸籍の記載は、法定記載例53から55の例によってする。また、新戸籍を編製される者に配偶者がある場合の配偶者の入籍事項は、参考記載例86及び89の例による。

　　〔注〕　離縁により復籍し又は新戸籍が編製された者に同籍者がある場合の具体的事例には、
　　　①　戸籍の筆頭に記載された者が養子となり除籍されたが、その戸籍にその者の子が在籍していたため、戸籍が除かれないままに、離縁によって戸籍の筆頭者として復籍した場合
　　　②　離縁復氏によりその者を筆頭者とする新戸籍が編製されたが（戸19条1項但書）、その者に配偶者があり、その新戸籍に配偶者とともに入った場合、新戸籍編製後に自己の氏を称して婚姻をし配偶者が入籍した場合、又は新戸籍編製後に子が出生し入籍し、子が入籍届により入籍し若しくは養子をしたことにより養子が入籍した等の場合
　　がある。

(2)　同籍する子の取扱い

　父又は母が離縁によって縁組前の氏に復し、その者が戸籍の筆頭に記載され、かつ、同籍する子があるときに、縁氏続称の届出をしたことにより、称する氏が父又は母と異なることとなった子は、同籍する旨の入籍届をして父又は母の戸籍に入ることによって父又は母の氏を称することができる。

　縁氏続称は、離縁によって縁組前の氏に復した後に、その復した氏の呼称を離縁の際に称していた氏と同じ呼称に変更するにすぎない（民816条）。そのため、縁氏続称の届出をした父又は母とその子は、民法上の氏を同じくしながら、呼称上の氏を異にするため、戸籍を異にしているものである。したがって、子が父又は母の戸籍に入籍しようとしても、民法上の氏が同じで

あるため、民法第791条第1項から第3項までの規定により父又は母の氏を称することはできない。

このように、民法上の氏が同じでありながら、自己の意思に基づかないで父又は母と戸籍を異にする子について、戸籍先例は、同籍する旨の「入籍届」という届出を認め、この届出をすることにより父又は母の戸籍に入り、父又は母の氏を称することができるとしている（昭和26・1・6民事甲3406号通達、昭和33・12・27民事甲2673号通達）。この同籍する旨の入籍届は、縁氏続称の届出と性格を同じくする婚氏続称の届出をした場合の同籍する子（昭和51・11・4民二5351号通達）及び戸籍法第107条第2項の届出をした場合の同籍する子（昭和59・11・1民二5500号通達第2の4(1)カ）が、新たに編製された父又は母の戸籍に入籍しようとする場合にもすることができる（本通達第4の2(2)）。

なお、縁氏続称の届出をした者が筆頭に記載され、かつ、同籍者がある場合に、同籍する子全員から同籍する旨の入籍届があったときも、原則どおり、届出をした者につき新戸籍を編製すべきであり、新戸籍を編製しないで便宜的にその戸籍において氏の変更の処理をする取扱いは認められない。前記のような便宜的な取扱いを認めると、戸籍法第19条第3項の規定に反する結果になること、同籍する旨の入籍届でありながら、届出の前後を通じ子が父又は母と同一戸籍に在るという奇異な外観が生じ、子の同籍する旨の入籍届の処理につき説明ができないことになるからである。戸籍法第107条第2項の届出と同時に、同籍する子全員から届出後の父又は母の新戸籍に同籍する旨の入籍届があった場合も同様の処理をすることとされている（昭和59・11・1民二5500号通達第2の4(1)カ）。

5　離縁復氏により戸籍の筆頭に記載された者が届出をした場合（同籍者がないとき）

離縁によって復氏した者が戸籍の筆頭に記載されている場合に、縁氏続称の届出があったときでも、その届出をした者の戸籍に同籍者（配偶者を含む。）がなければ、縁氏続称の効果は届出をした者に生じるのみであるから、新戸籍を編製する必要はない。したがって、この場合は、戸籍法第107条第

1項の規定による氏の変更の場合に準じて、戸籍事項欄に法定記載例56の例による記載をして(戸規34条2号)、筆頭者氏名欄の氏を朱抹し、その右側に離縁の際に称していた氏を記載するとともに、筆頭者の身分事項欄に法定記載例57の例により記載をすれば足りる(戸規35条3号の3)。

6 縁氏続称に関する記載事項の移記

　縁氏続称の届出による氏の変更は、婚氏続称及び外国人配偶者の称している氏に変更する場合と同様に、戸籍法第107条第1項の規定による氏の変更の特則であり、呼称上の氏の変更にすぎない。したがって、縁氏続称の届出による氏の変更に関する事項も戸籍法第107条第1項の氏の変更の記載と同様に、戸籍法施行規則第34条第2号の「氏の変更に関する事項」である。そのため、この縁氏続称の届出による氏の変更に関する事項は、管外転籍の場合には移記しなければならないが(戸規37条・34条2号)、これは、戸籍法第77条の2及び第107条第2項ないし第4項の場合と同様である(昭和51・5・31民二3233号通達一の7、昭和59・11・1民二5500号通達第2の4(1)ア・(2)ア・(3)ア参照)。なお、縁氏続称の届出は、身分法上の行為であるから、その届出をした者の身分事項欄にも記載するが(戸規35条3号の3)、この記載は、管外転籍の際は移記を要しない(戸規39条参照)。

　管外転籍に際し縁氏続称の届出による氏の変更に関する事項を移記する場合には、法定記載例50及び53による戸籍事項欄の記載については、新戸籍編製に関する事項も含まれているので、この事項を除いた氏の変更に関する事項のみをそのまま移記すれば足りる。また、法定記載例56による記載については、法定記載例50及び53の例に準じ、「平成拾参年八月拾参日戸籍法七十三条の二届出」の振り合いにより引き直して移記するものとされている。

7 縁組中の戸籍に在籍する子の取扱い

　縁氏続称の届出をした者の子で、離縁前の戸籍に在籍する子は、その届出をした父又は母の氏と呼称上の氏は同じでも、民法上の氏を異にすることになる。したがって、その子が父又は母の氏を称するには、民法第791条第1

項から第3項までの規定に基づき、戸籍法第98条に規定する入籍の届出によってしなければならず、同籍する旨の入籍届によってすることはできない。

ところで、改正法施行前に、民法上の氏を異にする父又は母の氏を称する入籍届をするには、常に家庭裁判所の許可を得なければならなかったが、改正法により父又は母が氏を改めたことにより、父母と氏が異なることになった子は、父母の婚姻中に限り、家庭裁判所の許可を得ないで、戸籍法第98条の規定により入籍届をすることができることとされた（民791条2項）。そのため、離縁前の戸籍に在籍する縁氏続称の届出をした者の子は、父母が婚姻中の場合は、家庭裁判所の許可を要しないで、入籍届をすることにより、その氏を縁氏続称の届出により変更した後の父母の氏を称して入籍することができる（民791条2項・3項、戸98条）。

8　改正法施行前にされた離縁による縁氏続称の届出期間

縁氏続称の届出は、離縁の日から3か月以内であればすることができ、改正法施行後にされた離縁であることを要件としていない。したがって、改正法施行前に離縁をした者であっても、改正法の施行日である昭和63年1月1日において離縁の日から3か月を経過していない者は、縁氏続称の届出をすることができる。ところが、昭和62年10月1日に離縁をした者は、改正法施行の日が離縁の日から3か月目の最終日に当たるため、届出をすることができるのは改正法施行の日の1日だけとなる。これに対し、同じ改正法施行前であっても昭和62年12月31日に離縁をした者は、昭和63年3月31日までこの届出ができることになり、両者の届出期間に差が生じ均衡を失することになる。そこで、改正法は経過措置として、昭和62年10月1日から同年12月31日までの間に離縁をした者は、昭和63年3月31日までは、縁氏続称の届出をすることができるとする経過措置を講じた（附則4条）。

9　縁組が取り消された場合の縁氏続称

縁氏続称に関して規定する民法第816条第2項は、第808条第2項により縁組が取り消された場合に、また、縁氏続称の届出について定める戸籍法第

73条の2の規定は、第69条の2により縁組が取り消された場合にそれぞれ準用している。したがって、縁組が取り消された場合も、縁組の取消しの際に称していた氏を続称することができ、その届出の方法、戸籍の処理等については、縁氏続称の取扱いに準じてすることになる。

10　縁氏続称届の件名

縁氏続称の届出があった場合に戸籍受附帳に記載する件名は、婚氏続称の届出と同様に、「法73条の2」、縁組取消しの場合は「法69条の2」と記載することとされている。

第4　離婚の際に称していた氏の続称に関する取扱いの改正

婚氏続称の制度は、昭和51年法律第66号の民法等の一部を改正する法律によって創設された。離婚をすることにより婚姻前の氏に復した者が、婚姻中の氏を引き続き称することができなくなることによって被る社会生活上の不利益や、離婚復氏した者が子を養育するに際し、親と子の氏が異なることによる不都合等がある。そのため、離婚により復氏することを前提として、離婚の日から3か月以内に戸籍法第77条の2の届出をすることにより離婚の際に称していた氏を称することができるとした制度である（民767条2項・771条・749条、戸75条の2）。

ところで、従来、戸籍の筆頭に記載されている者が、相手方の氏を称して婚姻をした後に離婚し、離婚と同時に婚氏続称の届出をした場合において、婚姻前の戸籍にその者の子が在籍し、その子と同籍を希望するときは、復籍の手続をした上、戸籍法第107条第1項の規定による氏の変更の場合の記載に準じて戸籍の記載をすることとされていた。また、同籍を希望しないときは、復籍することなく、戸籍法第19条第1項但書の規定に基づく申出によって、新戸籍を編製することとされていた。また、離婚により復氏した者が戸籍の筆頭に記載されている場合において、その者が婚氏続称の届出をしたときは、その戸籍に在籍する子の有無にかかわらず、前記と同じように戸籍法第107条第1項の氏の変更の場合の記載に準じ、戸籍の記載がされてい

た（昭和51・5・31民二3233号通達一の2ただし書・一の4）。

　この取扱いは、改正法の施行により、婚氏続称の届出をした者を筆頭に記載した戸籍に他の者が在籍しているときは、その届出をした者について常に新戸籍を編製することに改められた（戸19条3項）。そのため、離婚によって復氏すべき者が離婚の届出と同時に婚氏続称の届出をした場合、あるいは、離婚によって復氏し戸籍の筆頭に記載されている者が婚氏続称の届出をした場合の取扱いが、以下のとおり改められた。

1　離婚届と同時に婚氏続称の届出をした場合

(1)　協議離婚と同時に婚氏続称の届出をした場合

　離婚によって復氏した者が、協議離婚届と同時に婚氏続称の届出をした場合は、復籍する戸籍があっても、その届出をした者について直ちに新戸籍を編製することとされた（戸19条1項・3項）。これは、婚氏続称の届出が離婚により復氏すべき者自身の社会生活あるいは社会活動上の便宜等、個人的事由を考慮して創設された制度であることから、その氏変更の効果を当然に同籍者に及ぼすことがないようにするためである。

　この取扱いは、外国人と婚姻をした者がその氏を配偶者の称している氏に変更する場合（戸107条2項）、又は外国人の氏に変更した者が離婚、婚姻の取消し若しくは配偶者の死亡の日以後にその氏を変更の際に称していた氏に変更する旨の届出（戸107条3項）があった場合に、その届出をした者の戸籍に同籍者があるときは、その届出をした者について新戸籍を編製することとされた（戸20条の2）のと同じ趣旨からである。なお、協議離婚の届出と同時に婚氏続称の届出をした場合であっても、その届出の前提として協議離婚届があるので、本来は復氏すべき者をいったん婚姻前の戸籍に復させ（戸19条1項）、その後に婚氏続称の届出による戸籍の処理をすべきであるところ、戸籍法第19条第3項に特別の新戸籍編製事由が定められているため、右の中間的な処理をするまでもなく、届出をした者について直ちに新戸籍を編製することとされたものである。その理由は、前記第3の2の縁氏続称の場合と同じである。

(2) 離婚により復氏すべき者が転婚者である場合

　転婚の離婚によって復氏する民法上の氏は、転婚前の氏、すなわち第一の婚姻当時の氏であるから、協議離婚の届出と同時に婚氏続称の届出をしたときは、呼称上は転婚（第二の婚姻）の離婚の際に称していた氏により新戸籍が編製されるが、その民法上の氏は第一の婚姻当時の氏である。

　なお、転婚の離婚によって直ちに実方の氏に復する取扱いも認められており（昭和23・1・13民事甲17号通達(2)）、この場合は、婚氏続称の届出により新戸籍が編製されても、民法上の氏が第一の婚姻の氏なのか実方の氏なのかは判然としない。そこで、転婚者が実方の氏に復することを望む場合は、転婚者が離婚届と同時に婚氏続称の届出をしたときであっても、その届出に基づいて直ちに新戸籍を編製しないで、その者が転婚（第二の婚姻）を離婚したときに直ちに実方の氏に復したことを明らかにするために、協議離婚届によりいったん実方の氏に復させた後、婚氏続称の届出による新戸籍を編製することとされているが（昭和58・4・1民二2285号通達）、この取扱いについての変更はない。

(3) 裁判離婚等の報告的届出と同時に届出をした場合

　裁判離婚や外国の方式による離婚等の報告的届出と同時に婚氏続称の届出があった場合は、協議離婚の場合と異なり離婚は既に成立し、実体上は婚姻前の氏に復していることになるが（民767条1項）、届出があった場合の戸籍の取扱いは、協議離婚の場合と同じ取扱い（前記(1)）をするものとされている。なお、離婚により復氏する者が裁判離婚等の届出人となっていない場合でも、婚氏続称の届出が裁判離婚等の届出と同時にされたときは、前記と同様の取扱いをすることになる。

(4) 離婚復氏する者の婚姻前の戸籍に在籍する子の取扱い

　離婚によって復氏する者について新戸籍が編製されても、その者の婚姻前の戸籍に在籍する子は当然にはその新戸籍には入籍しない。子が婚氏続称をした父又は母と同籍することを望むときは、子とその父又は母とは民法上の氏は同じであるから、子は父又は母と同籍する旨の入籍届により同籍することができる。

2 離婚復氏により戸籍の筆頭に記載されている者が届出をした場合（同籍者がある場合）

(1) 届出をした者について新戸籍の編製

　離婚によって復氏した者が戸籍の筆頭に記載されていて、かつ、その戸籍に同籍者があるときに〔注〕、婚氏続称の届出をすると、改正法施行前における取扱いでは、同籍する子の有無にかかわらず、戸籍法第107条第1項の氏の変更の場合の記載に準じ、戸籍の記載がされていたので、同籍する子の氏が子の意思にかかわりなく変更される結果となった。仮に、子がその氏の変更を望まない場合には、筆頭者である父又は母が子に遠慮して事実上婚氏続称の届出ができなくなり、結局、婚氏続称制度を創設した民法改正（昭和51年法律第66号）の趣旨が活かされない場合も生じることになっていた。そのため、法改正により同籍者がある場合にはすべて届出人について新戸籍を編製し（戸19条3項）、氏変更の効果が配偶者以外の他の同籍者に及ぶことのないようにされたものである。

　　〔注〕　このような事例としては、①嫡出でない子の出生により新戸籍を編製された母が、相手方の氏を称して婚姻したためその戸籍から除かれた後、離婚復籍した場合、②自己の氏を称する第一の婚姻をし、その間に嫡出子が出生した者が、離婚又は配偶者の死亡によって婚姻が解消した後、相手方の氏を称する第二の婚姻をしてその戸籍から除かれた後に、離婚復籍した場合、③離婚により編製された新戸籍に、後から子が入籍している場合等が考えられる。

(2) 同籍する子の取扱い

　戸籍は、夫婦とその氏を同じくする子ごとに編製し、ただし、配偶者がない者について新戸籍を編製するときは、その者及びこれと氏を同じくする子ごとに編製することとして（戸6条）、民法上の氏をその編製基準としている。したがって、婚姻等の身分行為によって民法上の氏を改めた者や分籍等により自己について新戸籍を編製した場合を除いて、父母と子が民法上の氏を同一にするときは、子は父母の戸籍に入籍することとされている。ところで、戸籍法第107条第1項の規定による氏変更は、やむを得ない事由がある場合にのみ認められ、戸籍の筆頭に記載された者の個人的事由だけでなく、

ある意味では公益的な要請もある場合に認められるものであることから、その氏変更の効果は、その戸籍に在籍する者すべてに及ぶものとされている（昭和24・9・1民事甲1935号回答）。したがって、婚姻又は縁組によって除籍された後、その者の実方の氏が戸籍法第107条第1項の規定によって変更された場合に、その者が離婚、離縁等によって婚姻又は縁組前の氏に復するときは、父母の氏変更の効果はその者に及び、変更された後の実方の氏を称するものとされる（昭和23・1・13民事甲17号通達(5)）。これに対し、婚氏続称の届出による氏の変更は、離婚した者自身の社会生活上の便宜等、その者の個人的な事由を考慮して認められた制度であるから、その戸籍に同籍する子等にはその氏変更の効果は当然には及ぶことはない。そのため、この届出をした者について、その者を筆頭に記載した戸籍が編製されていないとき、又はその者を筆頭に記載した戸籍に配偶者以外の同籍者があるときは、その者について新戸籍を編製することとし、同籍者にその効果が当然に及ばないようにした。したがって、その届出後に離婚又は離縁等により復籍する者にもその効果が及ばないことになる。

　しかし、父又は母の婚姻前の戸籍に在籍する子が、父又は母の変更後の氏を称して、父又は母と同籍することを望むときは、両者の民法上の氏は同一であるから、父又は母と同籍する旨の入籍届によって同籍することができる（昭和51・11・4民二5351号通達）。

　また、同籍する子全員から同時に同籍する旨の入籍届があった場合においても、まず婚氏続称の届出をした者について新戸籍を編製した上で、子を同籍する旨の入籍届により入籍させる取扱いであり、これは、前記第3の4(2)の縁氏続称の届出における場合と同様である。

3　離婚復氏により戸籍の筆頭に記載されている者が届出をした場合（同籍者がない場合）

　離婚によって復氏した者が戸籍の筆頭に記載され、その戸籍に同籍者がない場合において[注]、筆頭者が婚氏続称の届出をしたときは、新戸籍を編製することなく、戸籍法第107条第1項の規定による氏の変更の記載に準じて戸籍の記載をすることとされている。これは、戸籍法第19条第3項が改正

されたのは、同籍者の意思を無視してその者の氏が変更されることがないようにするためであるが、この事例の場合は、同籍者がなく、そのようなことが起こらないので、新戸籍を編製する事由とされなかったものである。

なお、前記の戸籍から婚姻又は縁組によって除籍された子が、その後に実方の氏が婚氏続称の届出によって変更されている場合に、離婚又は離縁によって復籍する場合の称する氏については、戸籍法第19条第3項が改正された趣旨から、変更後の氏に復することなく、同条第1項但書前段の規定により、変更前の氏（子が婚姻又は縁組による除籍時の氏）による新戸籍を編製することになる。しかし、子が父又は母と同籍することを望む場合は、両者の民法上の氏は同一であるから、同籍する旨の入籍届により父又は母の婚氏続称後の戸籍に直接入籍することができる。この場合、届出人が事件本人又はその法定代理人であるときは、離婚又は離縁の届書に、父又は母の婚氏続称後の届出後の氏を称する旨記載することにより、同籍する旨の入籍届に代えることができる（昭和52・2・24民二1390号回答）。もっとも、離縁によって復氏する子が婚姻中で、かつ、戸籍の筆頭者であるときは、父母の戸籍に入籍することができない。したがって、父又は母の婚氏続称による変更後の氏により新戸籍を編製することはできないから、変更前の氏により新戸籍を編製することになる（前掲民二1390号回答㈡・㈢）。

〔注〕　その戸籍に同籍者がない場合とは、離婚と同時に新戸籍が編製され、他の者が同籍していない場合や婚姻前の戸籍において筆頭者で、同籍する子を有していた者が相手方の氏を称して婚姻をした後、離婚復籍し、その後子が縁組、婚姻により除籍された場合等が考えられる。

4　婚姻が取り消された場合の取扱い

婚姻が取り消された場合も民法第767条第2項の規定が準用されるので（民749条）、離婚の際に称していた氏を称する届出をすることができる（戸75条の2）。したがって、離婚の場合の取扱いに準じて処理をすることになる（戸19条3項）。

5　届書の標準様式

離婚の際に称していた氏を称する旨の届書の様式は、標準様式別紙9のとおり定められている。

第5　子の氏の変更に関する取扱い

1　婚姻中の父母の氏を称する場合
(1)　従前の取扱い

改正前の民法第791条第1項は、父又は母と氏を異にする子が、父又は母の氏を称しようとするには、すべての場合に家庭裁判所の許可を得なければならないとされていた。

子が父又は母と氏を異にする場合に、その氏を称することができるとされたのは、民法第790条が子の氏の出生による原始取得について親子同氏の原則を採用し、戸籍の編製基準もこれを受けて親子を同一戸籍に登載することとしている（戸17条・18条）。すなわち、子が生来的又は後発的に親と氏を異にするときは、氏の異なる父又は母と共同生活を営む上で、社会生活上不便を来すことや、親子が同一の氏を称したいという国民感情を考慮して子に親の氏を称させ、同一戸籍に登載することを目的としたものである。

子が氏を異にする父又は母の氏を称するには、家庭裁判所の許可を得なければならないとしたのは、子の氏の変更を子自身又はその法定代理人が自由にすることができるとした場合には、氏が家名であった当時の因習的感情にとらわれたり、婚姻外に生まれた嫡出でない子が婚姻中の父の氏を称してその戸籍に入る際に、父の妻、異母兄弟姉妹の感情や社会的地位を害することにもなる等、関係者の利害等が対立するおそれもあるため、家庭裁判所の関与の下に、これらの利害を調整し、その当否を判断するためである。

しかし、この取扱いについては、関係者間に利害の対立することが考えられず、家庭裁判所が問題なく氏の変更を許可するような定型的な場合にまで、氏変更の許可を得なければならないとすることは、国民に無用の負担を課すものであることから、民法第791条の規定が改正されたものである。

(2) 改正の内容
　ア　改正の内容及び理由
　　父又は母が氏を改めたことにより、子が父母の氏と異なるに至った場合に、父母の婚姻中に子が父母の氏を称するときには、家族間に不和が生じたり、関係者間の利害の対立といった問題が生じることは考えられないし、また、家庭裁判所において許可をしないということも考えられない。このような事例については、当事者に家庭裁判所の許可という負担を負わせるべきでないと考えられた。
　　そこで、子と父又は母の氏が異なる場合であっても、その氏が異なった原因が父又は母が氏を改めたことによるものであり、かつ、父母が婚姻中であるときは、家庭裁判所の許可を得ないで、入籍届をすることにより、父母の氏を称することができることとされた（民791条2項、戸98条）。
　イ　要　件
　　民法第791条第2項及び戸籍法第98条の規定により、家庭裁判所の許可を得ないで父母の氏を称する入籍届をすることができる場合の要件は、次のとおりである。
　① 父又は母が氏を改めたことにより、子が父母と氏を異にするに至ったこと
　　この場合の例としては、父又は母が氏を改めた場合に限られるから、子が氏を改めたことによって父母と氏を異にするに至っても、この要件は満たさない。しかし、子が離婚、離縁等により新戸籍が編製され、あるいは分籍等によって父母と戸籍を異にした場合であっても、その後に父母が氏を改めたときは、この要件を満たすことになる。
　　また、父又は母の氏の変更とは、民法上の氏の変更があった場合のことであり、子と民法上の氏が同一である父又は母が縁氏続称、婚氏続称又は外国人配偶者の氏を称した（戸107条2項）ことにより、呼称上の氏が子と異なることになった場合は、従来のとおり民法第791条の規定によって父母の氏を称することはできない。この場合は、同

籍する入籍届によることになる（前記第3の4(2)、昭和59・11・1民二5500号通達第2の4(1)カ）。

　なお、父母とは養父母を含み、子の養子となる縁組が継続している限り、実父母の氏を称することが許されないことは、従前と変わりはない（昭和26・1・23民事甲20号回答、昭和26・9・4民事甲1787号通達(注)）。

〔注〕　◎　婚姻によって他家に入った家女たる養母と縁組関係の継続している養子について、実親の氏を称する許可の審判に基づく入籍届は受理できない（昭和26・1・23民事甲20号回答）
　　　　◎　婚姻中の養父と実母の氏を称していた養子は、養父との離婚によって復籍した実母の氏を称する許可の審判により入籍することができる（昭和26・9・4民事甲1787号通達）

② 父母の婚姻が継続中であること

　前記アの理由により、子が家庭裁判所の許可を得ないで、父母の氏を称する入籍届によりその戸籍に入籍することができるとされたものであるから、現に父母の婚姻が継続中であることを要する。したがって、父母の一方が死亡していたり、又は父母が離婚している場合のように、既にその婚姻が解消しているときは、民法第791条第1項の規定により、家庭裁判所の許可を得なければならない。

ウ 子と父母の氏が異なるに至った事由

　民法第791条第2項及び戸籍法第98条の規定により、家庭裁判所の許可を得ないで子が父母の氏を称する入籍の届出をすることができるのは、「父又は母が氏を改めたことにより子が父母と氏を異にする場合」であることが要件の一つとされている。その「子と父母の氏が異になるに至った事由」については、本通達に次のとおり明らかにされている。

① 父又は母の縁組

　戸籍の筆頭者である父若しくは母、又は父母双方が養子となる縁組により養親の氏を称して父母につき新戸籍が編製されたため（民810条本文、戸20条）、父母の縁組前の戸籍に在籍する子と氏が異なるこ

とになった場合
② 父若しくは母の離縁又は縁組の取消し
　戸籍の筆頭者である父若しくは母、又は父母双方が離縁又は縁組の取消しにより、縁組前の氏に復し、父母につき新戸籍が編製されたため（民816条1項、戸20条）、縁組中の父母の戸籍に在籍する子と氏が異なることになった場合
③ 父母の婚姻
　父母が離婚した後、再び同一人間で前婚で筆頭者でなかった者の氏を称する婚姻をしたため、前婚中の戸籍に在籍する子と氏が異なることになった場合
④ 父又母の民法第791条の規定による氏の変更
　戸籍の筆頭者である父又は母が民法第791条の規定により、その父若しくは母、又は父母の氏を称したため、父母につき新戸籍が編製され、父母の入籍届前の戸籍に在籍する子と氏が異なることになった場合
⑤ 父母の婚姻又は父の認知による準正嫡出子の身分取得
　従前は、父母の婚姻又は認知による準正によって嫡出子の身分を取得した子については、認知届又は父母の婚姻届により当然に父母の氏を称するものとされ、父母の戸籍に入籍する取扱いがされていた（昭和35・12・16民事甲3091号通達）。しかし、この取扱いは、本通達によって改められ、当然には父母の氏を称しないものとされたので、母の婚姻前の戸籍に在籍する子及び他籍に在る準正子が父母の氏を称するには、この入籍届によらなければならない。
⑥ 父又は母の帰化
　日本人である父又は母が外国人と婚姻をした後に出生した子は、日本国籍を取得し（国2条1号）、出生によって日本人父又は母の氏を称し（民791条1項）、その戸籍に入る（戸18条1項）。その後、外国人である父又は母が帰化により日本国籍を取得し、帰化をした者を筆頭者とする父母の新戸籍が編製されたときは、子と父母との氏が異なることになる。また、子が先に帰化をして新戸籍が編製された後、父母

が帰化をして子と異なる氏で新戸籍が編製された場合、又は国籍法附則第5条等の規定に基づく国籍取得届により日本人母の戸籍に入籍した子につき、外国人父が帰化をし、その父を筆頭者とする新戸籍が編製されたため、子と父母の氏が異なることになった場合などにおいて、子が父母の氏を称するには家庭裁判所の許可を得ないで入籍届により父母の氏を称し、父母の戸籍に入籍することができる。

エ　戸籍の記載

民法第791条第2項及び戸籍法第98条の規定による入籍届があった場合の戸籍の記載は、法定記載例145及び146の例による。

(3) 配偶者がある者の入籍届

ア　配偶者とともにする入籍届

改正法の施行により、民法第791条第2項の規定によって、家庭裁判所の許可を得ないで入籍届により父母の氏を称しようとする者に配偶者がある場合は、配偶者とともに届け出なければならないこととされた（戸98条2項）。従来は、改正前の民法第791条第1項、第2項の規定によって、子が父又は母の氏を称しようとする場合は、すべて家庭裁判所の許可を得なければならないとされていた（前記(1)）。そして、配偶者がある場合に父又は母の氏を称することができるのは、婚姻の際に氏を改めなかった者のみであり、その者が入籍届をしたときは、民法第750条の夫婦同氏の原則により、入籍届による氏変更の効果は配偶者にも及ぶことになる。そのため、家庭裁判所は子が父又は母の氏を称することを許可するか否かについて、その配偶者の意向を考慮することができたので、婚姻の際に氏を改めなかった者が父又は母の氏を称する入籍の届出をする際に、配偶者の同意を得ることを要しないものとされていた（昭和25・8・9民事甲2096号回答）。

しかし、改正後の民法第791条第2項は、父又は母が氏を改めたことにより子が父母と氏を異にするに至った場合において、父母が婚姻中のときは、子は、家庭裁判所の許可を得ることなく、戸籍法の定めるところにより入籍届をすることによってその父母の氏を称することができることとされた。そのため、配偶者の意思を反映させるための家庭裁判所

の許可に代わる制度上の保障がなくなってしまうことになる。そこで、改正後の民法第791条に第2項が新設され、配偶者のある者が家庭裁判所の許可を得ないで父母の氏を称しようとするときは、配偶者とともに入籍の届出をしなければならないこととし（戸98条2項）、配偶者の意向を反映させる措置を講じたものである。

イ　配偶者が意思を表示することができない場合

　婚姻の際に氏を改めなかった者が、父母の氏を称しようとする場合において、その配偶者が精神上の障害により判断能力を欠く常況にあるとき、又は行方不明等の事由により、その意思を表示することができないため、ともに届出をすることができないときは、戸籍法第98条第2項に定める要件を欠くことになるので、民法第791条第2項の規定によって父母の氏を称することはできない。この場合に、子が父母の氏を称するには、民法第791条第1項の規定により、家庭裁判所の許可を得られれば、入籍届をすることができる。また、配偶者がその意思を表示することができるが、他方配偶者の父母の氏を称することに反対であるため、ともに届出をすることができない場合でも、家庭裁判所の許可を得ることができれば、民法第791条第1項及び戸籍法第98条第1項の規定により、単独で入籍届をすることができる（「改正民法・戸籍法の解説（二）」戸籍527号57頁参照）。

　なお、戸籍法第98条第2項の規定により入籍届がされた場合は、父母の氏を称した子とその配偶者について父母の氏により新戸籍が編製されるが（戸20条）、その入籍届前の戸籍に在籍する子については、この父又は母の氏の変更による効果は及ばないので、父母の入籍届による氏変更後の氏を称し、父母の戸籍に入るには、民法第791条第2項及び戸籍法第98条第1項の規定による入籍届によってすることになる。

ウ　戸籍の記載例

　戸籍法第98条第2項によって配偶者とともにする入籍届による戸籍の記載は、法定記載例147から151までの例による。

2 配偶者がある者の従前の氏を称する入籍届（民791条4項）

民法第791条第1項から第3項までの規定によって、父若しくは母又は父母の氏を称した未成年の子が、成年に達した時から1年以内に同条第4項の規定によって、入籍届前の氏に復しようとする場合において、その者に配偶者があるときは、その配偶者とともに届け出なければならないこととされた。

(1) 従前の取扱い

改正前の民法第791条第1項又は第2項の規定によって、未成年の時に父又は母の氏を称した子は、改正前の同条第3項の規定により成年に達してから1年以内に限って従前の氏を称する入籍届をすることができるとされていた（改正前の戸99条）。このように、従来から成年に達した子が従前の氏に復することができるとされていた趣旨は、子が未成年であるときに父又は母の氏に改めたときは、その氏変更は子自身の意思に基づかない法定代理人によりされたものであるか、あるいは子自身の意思によるものであったとしても、未だ思慮分別の不十分な15歳から20歳未満の間にされたものである。そこで、子が成年に達したときは、その自由な意思により、氏の変更につき再考する機会を与えようとするものである。そして、この従来の氏に復する届出については、本人の意思のみに基づいてすることができ、何人の同意も要せず、また、家庭裁判所の許可も不要であることから、婚姻の際に氏を改めなかった者がこの届出をするときは、その配偶者の意思にかかわりなく、単独で届出ができるとされていた。

(2) 配偶者とともにする入籍届

しかし、従前の氏に復しようとする者に配偶者がある場合においても、前記(1)のように配偶者の意思にかかわりなく復氏者の意思のみによって夫婦の氏が変更されることは問題である。そこで、改正後は、民法第791条第4項の規定によって従前の氏に復する届出をするには、同条第2項の規定と同様に、戸籍法の定めるところによることとし、これを受けて戸籍法第99条に第2項が新設され、配偶者とともに届出をしなければならないこととされた。この規定により、従前の氏に復する者に配偶者があるときは、復氏につき配偶者の意思が反映されることになり、夫婦間の意思の調整が図られるこ

とになった。

(3) 配偶者が意思を表示することができない場合

婚姻の際に氏を改めなかった者が、民法第791条第4項及び戸籍法第99条の規定によって従前の氏に復しようとする場合において、その配偶者が精神上の障害により判断能力を欠く常況にあるとき、又は行方不明等の事由により、その意思を表示することができない場合の取扱いについては、前記1(3)イを参照されたい。

3 準正嫡出子の氏の取扱いの変更

従来、民法第789条第1項又は第2項の規定によって嫡出子の身分を取得した子は、準正により当然に父母の氏を称するものとしていた（昭和35・12・16民事甲3091号通達）。しかし、改正法の施行により、父又は母が氏を改めたことにより、父母と氏を異にするに至った子は、父母の婚姻中に限り、家庭裁判所の許可を得ないで、父母の氏を称することができることとされたので、従前の取扱いを改め、準正嫡出子が父母の氏を称するには、戸籍法第98条に規定する入籍届によらなければならないこととし、準正嫡出子は当然には父母の氏を称するものではないこととされた。

(1) 従前の取扱い

民法第789条に定める準正の効力が生じた場合の子の氏及び戸籍の取扱いについても、当初の戸籍実務は、「嫡出である子は、父母の氏を称する」とする民法第790条第1項の規定は、子が出生により取得する場合の氏の原始取得についてのみ定めたものであるとの立場をとっていた。したがって、準正によって嫡出子の身分を取得した子は、出生時には嫡出でない子として母の氏を称しその戸籍に入籍していたものであり（民790条2項、戸18条2項）、父母の婚姻又は父の認知によって嫡出の身分を取得したとしても、当然には父母の氏を称することはなく、父母の氏を称するには、改正前の民法第791条第1項又は第2項に定めるところにより、家庭裁判所の許可を得て戸籍法第98条の定める入籍届によらなければならないとされていた（昭和23・4・21民事甲658号回答(社)）。

その後、前記の取扱いに対し、父母婚姻前の出生子につき、父母婚姻後に

父から戸籍法第62条に定める嫡出子出生届がされた場合には、この届出により準正される子は当然に父母の氏を称し、直ちに父母の戸籍に入籍させる取扱いであること（昭和23・1・29民事甲136号通達(2)）、父母が婚姻をし、子も嫡出子の身分を取得しているので、子が父母の氏を称するにつき家庭裁判所の許可を得なければならない理由はないこと、しかも父母と子が共同で社会生活をしている場合が多いにもかかわらず戸籍を異にすることは国民感情と生活実態が合わないことなどから批判もあった。そのため、準正により嫡出子の身分を取得した子は、その身分を取得すると同時に当然に父母の氏を称するものとし、民法第789条第1項の婚姻届又は同条第2項の認知届により直ちに父母の戸籍に入籍させることとし、従来の取扱いを変更した経緯がある（昭和35・12・16民事甲3091号通達）。

(2) 変更後の取扱い

　ア　変更の趣旨

　　準正により嫡出子の身分を取得した子であっても、当然に父母の氏を称することはなく、父母の氏を称するには、民法第791条第1項から第3項までに定めるところにより、戸籍法第98条の規定に基づく入籍届によらなければならないこととし、前記昭和35年第3091号通達による取扱いを変更した。

　イ　取扱い変更の理由

　　子は、民法第790条の規定により親の氏を称することになるが、この出生により取得した氏は、子が氏の変更を生ずる身分行為があってはじめて変動する。身分行為がないのに氏が変動する例としては、夫婦の氏との関連において、婚姻の際に氏を改めなかった者の氏が変動した場合に、その配偶者の氏がいわゆる夫婦同氏の原則（民750条）、つまり法律の定めるところによって同時に変動する場合を除いて他にはない。これに対し、子が準正子の身分を取得したとしても、氏に変動を生ずるような子自身の身分行為がないにもかかわらず、子の氏に変動を生じ、父母の氏を称することになるとする昭和35年第3091号通達の取扱いは、民法の定める氏の原則からいって理論上説明が困難であったことが理由の一つである。

また、昭和35年第3091号通達の取扱いによると、嫡出でない子が準正により嫡出子の身分を取得するまで使用してきた氏が、本人の意思とは関係なく、準正によって当然に変更されることになる。殊に、子が成人に達した後に準正嫡出子となる場合にあっては、永年使用してきた氏が準正により当然に変更することになれば、それによって受ける本人の社会的、経済的な影響は大きいものがあり、本人の意思にかかわりなく当然に氏が変更することになるのは問題とされていたことも変更の理由である。[注]

〔注〕　認知準正の場合は、成年者を認知するには、被認知者の承諾を要するので（民782条）、問題は少ないと思われるが、婚姻準正の場合は、父母の婚姻について子の同意を要するわけではないから、成年に達している子であっても、父母の婚姻によって当然に氏が変更されることになる。準正によって父母の氏を称することになった子が、従前の氏を称するには、戸籍法第107条第1項の規定により氏を変更するほかなかった。

ウ　準正子の氏と戸籍についての取扱い
　本通達により昭和35年第3091号通達に基づく取扱いは変更又は廃止されたが、準正子の氏と戸籍についての従前の取扱いと改正後の取扱いの相違点は、次の①〜⑦のとおりである。
①　準正子は、準正当時の父母の氏を称し、婚姻又は認知の届出により直ちに父母の戸籍に入籍する取扱いであったが、改正後は、父又は母と氏を異にする準正子は、父母の婚姻中に限って民法第791条第2項の規定により、家庭裁判所の許可を得ないで、戸籍法第98条の入籍届により父母の氏を称することができる。
②　子が自己の氏を称する婚姻や分籍等により新戸籍編製後に準正されたときは、その戸籍の筆頭者氏名欄を更正する取扱い（戸107条1項の氏変更の場合の取扱いと同じ）であったが、改正後は、準正子は、準正により当然には父母の氏を称しないことになった。なお、自己の氏を称する婚姻をした子は、民法第791条第2項及び戸籍法第98条第

2項の規定により、配偶者とともに入籍の届出をすることにより、父母の氏を称し新戸籍が編製される。また、この入籍の届出前の戸籍に在籍する子については、父又は母の氏の変更の効果が当然には及ばないので、その子が父母の氏を称し父母の入籍届出後の戸籍に同籍するには、民法第791条第2項及び戸籍法第98条第1項に規定する入籍届をする必要がある。

　また、分籍により単身で新戸籍が編製されている子については、戸籍法第98条の規定による入籍届により、父母の氏を称し父母の戸籍に入籍することになる。

③　従前は、子が縁組又は婚姻により氏を改めた後、戸籍の筆頭者である父又は母が準正により嫡出子の身分を取得し、その氏が変更した場合において、その後、子が離縁又は離婚をしたときは、直ちに準正による変更後の父母の氏に復するものとされていたが、改正後は、これらの子は、離縁又は離婚によって縁組又は婚姻前の氏に復する。その子が父母の氏を称するには、民法第791条第2項及び戸籍法第98条の規定による入籍届によることになる。

④　父母の離婚後に嫡出でない子が認知によって嫡出子の身分を取得した場合は、離婚当時の父母の氏を称してその戸籍に入るものとされ、その父母の戸籍が除かれているときは、父母の氏により子について新戸籍を編製するものとされていた。改正後は、子は、準正当時の父母の氏を当然には称しないとされたことにより、離婚当時の父母の戸籍に入籍することはなく、また、父母の婚姻が継続中ではないので、民法第791条第2項及び戸籍法第98条の規定による入籍届はできない。子が離婚した父又は母の氏を称しようとするときは、民法第791条第1項の規定により家庭裁判所の許可を得て入籍届をしなければならない。この場合に、父母双方が死亡し、又は離婚をした父及び母が現在その婚姻中の氏を称していないときは、子は、民法第791条の規定により父母の婚姻中の氏を称する方法はない。

⑤　外国人父の帰化により父母につき父の氏で新戸籍が編製される場合、母の戸籍に在籍する準正嫡出子は父母の氏を称し、父母の戸籍に

当然に入籍する取扱いであったが、改正後は、子は当然には父母の氏を称することはないとされたので、父母の戸籍に入籍するには、民法第791条第2項及び戸籍法第98条の規定による入籍届によってすることになる。

⑥　準正により嫡出子の身分を取得した子については、改正前の民法第791条第3項（改正後、同条4項）の入籍前の氏に復する旨の規定の適用はないものとされていたが、改正後は、準正子が父母の氏を称するには民法第791条第2項及び戸籍法第98条の規定によって入籍届をしなければならないこととされたので、民法第791条第4項が適用されることになり、従前の氏に復することができる。ただし、改正前の取扱いにより、準正により父母の氏を当然に称するとして父母の戸籍に入籍した子については、同項の適用はない。

⑦　父母の婚姻又は父の認知によって準正される子は、婚姻届書又は認知届書の「その他」欄にその旨を記載させることとし、その記載によって子の続柄を更正するとともに、子を父母の戸籍に入籍させ、「その他」欄の記載を遺漏したときは、追完届により子を父母の戸籍に入籍させることとしていた。改正後は、父母の氏を称してその戸籍に入籍するには、民法第791条第1項から第3項まで及び戸籍法第98条の規定による入籍届によることとされた。なお、この取扱いの改正後においても、準正による子の続柄を更正する必要があるので、父母の婚姻届書又は父の認知届書の「その他」欄にその旨を記載することを要する。(注)

　　〔注〕　嫡出でない子の戸籍における父母との続柄欄の記載について、平成16年11月1日民一第3008号通達が発せられた。同通達により、同年11月1日以後に提出される出生届について、嫡出でない子の父母との続柄は、父の認知の有無にかかわらず、母との関係のみにより認定し、母が分娩した嫡出でない子の出生の順により、戸籍の父母との続柄欄に「長男（長女）」、「二男（二女）」等と記載することとされた。また、既に戸籍に記載されている嫡出でない子の父母との続柄欄の記載については、更正の申出によりその記載を市区町村長限りで更

正することとされている。
　ところで、前記通達の施行前に出生した嫡出でない子が父母の婚姻又は認知により嫡出子の身分を取得した場合、その続柄を更正する場合に、未だ申出による更正がされず、戸籍の父母との続柄欄の記載が「男（女）」とされている場合は、基本の届書である父母の婚姻届又は父の認知届の「その他」欄のその旨の記載をさせ、父母との続柄を更正する。また、更正の申出により既に嫡出でない子の父母との続柄欄の記載が「長男（長女）」、「二男（二女）」等に更正されている場合は、その続柄欄を訂正することとされた。したがって、申出により父母との続柄欄が「男」から「長男」に更正されている子が、準正により嫡出子の身分を取得し、嫡出子たる「長男」となった場合には、続柄の表記は同一であっても、訂正を要するものとされている（「嫡出でない子の戸籍における父母との続柄欄の記載に係る関係省令・通達の解説」戸籍765号8頁参照）。

第6　特別養子縁組に関する取扱い

1　特別養子縁組
(1)　特別養子縁組について
ア　特別養子縁組
　特別養子縁組は、家庭裁判所の審判によって成立する（民817条の2）。これは、普通養子縁組と異なり、特別養子縁組の成立によって実方の血族との親族関係が終了し、いったんこれが成立すると原則として離縁が認められないことから、普通養子縁組のような当事者の合意と市区町村長への届出によって成立するという契約型の方式は適切でないと考えられた。そこで、公的機関である家庭裁判所が、子の後見的立場からその福祉のために特別養子縁組の成否の審判を行うことが必要であり、適切であるとされたものである。

イ　要件
　特別養子縁組の成立要件は、子の福祉を目的とする特別養子制度の趣旨及び実方の血族との親族関係が終了するという縁組の効果等を考慮し、次のとおり定められている。

(ア) 養親となることができるのは、配偶者のある者、すなわち婚姻をしている者でなければならない（民817条の3・1項）。

(イ) 夫婦の一方が他の一方の実子である嫡出子又は特別養子と縁組をする場合を除き、夫婦がともに養親とならなければならない（民817条の3・2項）。

(ウ) 養親となる者は、25歳以上でなければならない。ただし、夫婦がともに養親となる場合には、その一方が25歳以上であるときは、他方は20歳以上であれば足りる（民817条の4）。

(エ) 養子となる者は、特別養子縁組の審判の申立ての時に6歳未満であることを要するが、その者が6歳に達する前から引き続き養親となる者に監護されている場合には、8歳未満であれば足りる（民817条の5）。

(オ) 特別養子縁組の成立は、養子となる者の父母の同意を要する。実父母のほかに養父母があれば、その同意をも要する。ただし、父母がその意思を表示することができない場合又は父母による虐待、悪意の遺棄その他養子となる者の利益を著しく害する事由がある場合は、父母の同意を要しない（民817条の6）。

(カ) 特別養子縁組は、父母による養子となる者の監護が著しく困難又は不適当であること、その他特別の事情がある場合において、子の利益のため特に必要と認めるときに成立させることができる（民817条の7）。

なお、この規定は、特別養子縁組を成立させるための裁判所の判断基準を示したものであり、特別養子となることのできる者を特別の事情のある子（いわゆる要保護性のある子）に限定したものである。

ウ 審 判

特別養子縁組は、養親となる者の請求により、家庭裁判所が前記イの諸要件を審査した上、審判によって成立させることになっている（民817条の2、家審9条1項甲類8号の2）。この審判については、養子となる者の父母等に即時抗告権が認められているので（家審規64条の8）、審判が確定した時に成立することになる（家審13条但書）。なお、家庭

裁判所は、この審判に当たっては、養親となる者が養子となる者を6か月以上の期間監護した状況を考慮しなければならない（民817条の8）。また、この試験養育の期間は、養親となる者が家庭裁判所に特別養子縁組の申立てをした時から起算するのが原則であるが、申立ての前の監護の状況が家庭裁判所に明らかなときは（例えば、児童相談所において里親制度の運用上、里親に対する助言・指導等の経過記録によって把握できる場合等）、その期間を算入することができる（民817条の8・2項）。

エ　特別養子縁組の届出
(ア)　届出及び届出義務者
　　特別養子縁組の審判が確定した場合は、戸籍法第63条第1項の規定が準用されるので（戸68条の2）、その審判の請求をした者（養父母又は養父あるいは養母）は、審判が確定した日から10日以内に審判の謄本等を添付して、その旨を届け出なければならない。
　　届出義務者は、審判の申立てをした者、すなわち養親である。養親となる者は必ず夫婦でなければならないし（民817条の3・1項）、また、原則として夫婦がともに養親とならなければならない（同条2項）。この場合には、夫婦がともに申立てをすることを要するから（民817条の2）、その届出義務者もまた養父及び養母ということになるが、特別養子縁組は、審判の確定によりその効力が生じ、その届出は報告的届出ということになる。したがって、審判の申立人が養父母双方であっても、養父又は養母のどちらかが届出をすれば足りるし、また、養父母共同での届出が認められる。

(イ)　届出の添付書類
　　届書には審判の謄本を添付する必要がある（戸63条1項を準用）。また、この審判については、前記(1)ウのとおり、即時抗告が認められるので（家審規64条の8）、確定証明書の添付も要する（昭和23・5・20民事甲1074号回答）。なお、特別養子縁組の審判が確定したときは、養親の本籍地の戸籍事務管掌者である市区町村長にその旨を通知しなければならないとされているので（家審規64条の9）、家庭裁判所から本籍地役場に確定通知がされた後に、同本籍地に届出をするときに

は、確定証明書の添付がなくても差し支えないとされている（昭和24・2・4民事甲200号回答10）。

(ウ) 職権記載

　審判の請求をした者が、審判確定の日から10日以内に届出をしないときは、届出義務者に対し届出の催告をしても届出をしない場合は、市区町村長は、管轄法務局の長の許可を得て職権で戸籍の記載をすることになる（戸44条・24条2項）。また、特別養子縁組の審判確定後、その届出前に養父母が死亡した場合のように、催告をしても届出をする者がないときは、同様に職権で戸籍の記載をすることになる。

(エ) 届書及びその記載

　この届書の様式は、標準様式別紙7のとおりである。

　特別養子縁組の届書の記載としては、一般的記載事項（戸29条）のほかに、例えば、審判が確定した日を記載しなければならないので（戸68条の2・63条1項）、同様式に審判確定の年月日欄が、また、戸籍の記載事項である養親との続柄（戸13条5号）を嫡出子の場合と同様に「長男（長女）」、「二男（二女）」のように記載することになるので（本通達第6の1(2)ウ(ウ)参照）、養父母との続柄欄がそれぞれ設けられている。

　特別養子縁組は審判によって成立するので、その届出は報告的届出であること、また、届出人は常に養父又は養母であることから、普通養子縁組の届書にあるような証人欄及び養子になる人の届出人欄は設けられていない。

(2) 特別養子縁組の届出があった場合の戸籍の編製及び記載

　ア　養子が養親と戸籍を異にしている場合

　　(ア)　養父母の双方が日本人である場合

　　　特別養子も原則として普通養子に関する民法の規定（民792条から817条）のうち、その性質に反しない規定は当然に適用されるから、特別養子は養親の氏を称し（民810条）、養親の戸籍に入ることになる（戸18条3項）。ところで、特別養子は、その縁組の成立のときか

ら実方の父母(養父母を含む。)及びその血族との親族関係が終了するので、その効果を戸籍に表示するため、夫婦が戸籍を異にする者を特別養子とした場合は、養親の戸籍に入る前に、まず特別養子について新戸籍を編製することとされている(戸20条の3・1項本文)。

この新戸籍は、特別養子縁組が審判の確定により成立していることから、養子は、養親の氏を称するとの原則に基づいて、養親の氏で編製することになる。また、届出人は、常に養父又は養母であり(民817条の2・1項、戸68条の2・63条1項)、養子が届出人となることはないので、届出人でない者について新戸籍を編製すべきときは、その者の従前の本籍地と同一の場所を新本籍と定めたものとみなされることから(戸30条3項)、本籍地を養子の従前の本籍地として編製されることになる。このようにして編製された新戸籍から、養子は、養親の戸籍に入るという原則(戸18条3項)に従い、直ちに養親の戸籍に養子を入籍させる。したがって、この新戸籍は編製された後、ただ一人在籍していた養子が除かれることから、直ちに除籍となるが、戸籍法第15条の規定によりその副本を送付するときは、除籍副本のみを送付すれば足りる(昭和28・11・19民事甲2173号回答)。

なお、棄児又は日本人父により胎児認知された外国人を母とする子は、その子の単独戸籍が編製されることから、このような子が特別養子となった場合は、養子を筆頭に記載した単独戸籍が既に編製されているが、その戸籍から直ちに養親の戸籍に入籍させる取扱いをすることはできない。この場合であっても、戸籍法第20条の3第1項本文が適用されるので、原則どおり、まず養子について養親の氏で従前の本籍地に新戸籍を編製した上、直ちにその新戸籍から養親の戸籍に養子を入籍させなければならない。

夫婦が戸籍を異にする者を特別養子とした場合の戸籍編製時における戸籍の記載は、法定記載例31から34までの例によることとなる。

(イ) **養父母の一方が外国人である場合**

渉外的特別養子縁組の実質的成立要件に関する準拠法については、通則法第31条第1項前段の規定により、縁組の当時の養親の本国法

によることとされている。したがって、養親となる者が本国法を異にする外国人であるときは、それぞれの養親の本国法が適用されるほかに、養子の本国法上の保護要件が適用されることになる（同条１項後段）。

養父母の一方が外国人で、日本人を特別養子とする縁組を成立させる家庭裁判所の審判があった場合も、(ｱ)と同様にまず養子について、日本人である養父又は養母の氏で従前の本籍地に新戸籍を編製した上、直ちに日本人である養父又は養母の戸籍に入籍させることになる（戸20条の３・１項、18条３項、30条３項）。この場合の戸籍の記載も、法定記載例31から34までの例による。

なお、養父母の婚姻が昭和59年12月31日以前で〔注〕、日本人である養父又は養母について筆頭に記載した戸籍が編製されていない場合は、特別養子縁組によって日本人である養父又は養母について新戸籍を編製することになるが、この場合の養親の身分事項欄に記載する入籍事項は、次の例によることとされている。

① 養親の新戸籍中同人の身分事項欄
　「民法八百十七条の二による裁判確定の届出平成拾参年参月拾日京都市上京区小山初音町二十番地甲野幸雄戸籍から入籍㊞」
② 養親の従前の戸籍中同人の身分事項欄
　「平成拾参年参月拾日民法八百十七条の二による裁判確定の届出同月弐拾六日東京都千代田区長から送付同区平河町一丁目四番地に新戸籍編製につき除籍㊞」

〔注〕 昭和59年法律第45号により戸籍法の一部が改正された際に、同法第16条に第３項が新設され、「日本人と外国人との婚姻の届出があったときは、その日本人について新戸籍を編製する」こととされた。

(ｳ) 養父母の双方が外国人の場合

養父母の双方が外国人である場合は、養父母の戸籍はなく、また、日本民法上の氏も有しないから、日本人の子が外国人夫婦の養子と

なってもその氏は変わらない取扱いがされてきた（昭和23・12・14民事甲2086号回答）。特別養子縁組においても養子の氏に変動はなく、また、新戸籍編製後に入るべき養親の戸籍もないことから、養子について新戸籍を編製することにとどまることになる。この場合の養子の新戸籍中身分事項欄に記載する入籍事項は、次の例によることとされた。

「平成拾参年参月拾五日アメリカ合衆国ベルナール、ジョン（西暦千九百六拾五年拾月五日生）同人妻ベルナール、マリア（西暦千九百六拾九年九月八日生）の特別養子となる縁組の裁判確定同月弐拾日父母届出同月弐拾六日東京都千代田区長から送付京都市左京区小山初音町十八番地乙川幸助戸籍から入籍㊞」

この新戸籍は、養子が入るべき養親の戸籍がないので、現在戸籍のまま存続することになるが、この戸籍は戸籍法第20条の3第1項本文の規定に基づいて編製される新戸籍であるから、養子の身分事項欄の記載は法定記載例33の例によることになる。この場合、前記の戸籍は現在戸籍であるからとの理由で、間接的な表記方法がとられている法定記載例31の例に準じて記載することも一応考えられる。しかし、このような記載にすると、戸籍上養親の氏名は父母欄の記載により明らかにはなるが、その国籍及び生年月日が表記されないため、養親の特定が困難となり、戸籍の公証上支障を来すことにもなり適当でない。また、外国人夫婦の特別養子となった日本人は、国外で生活し日本とのつながりも少なくなることも予想されることから、特にその記載を配慮する必要性も少ないと考えられたものである。

外国人夫婦と特別養子縁組をした養子は、縁組に伴う氏の変動はないので、外国人父又は母の称している氏を称しようとするときは、養子が既に戸籍の筆頭に記載されている者であるから、戸籍法第107条第1項の規定に基づき家庭裁判所の許可を得て、氏の変更をすることになる。

イ　養子が既に養親の戸籍に在籍している場合
　(ア)　養父母の双方が日本人の場合
　　　既に普通養子となっている者が養父母の特別養子となることができるか、あるいは先妻の子が後妻の特別養子になることができるかは、民法第817条の7のいわゆる要保護性（前記1(1)イ(カ)）の問題があるが、このような場合に特別養子となる審判がされる例は少ないと考えられる。しかし、特別養子縁組の審判が確定した場合に、同籍する普通養子を特別養子とするときは、その普通養子縁組関係は特別養子縁組が成立した時点で終了し、特別養子関係に切り替わることになるが、実質的な養親子関係は継続するし、また、同籍する先妻の子を後妻が特別養子としても実父との父子関係は終了しない（民817条の9ただし書）。したがって、特別養子縁組の届出があっても、特別養子を養親の戸籍から除籍する理由もないし、その必要もなく、また、法律上の親子関係が終了したという効果を表すための新戸籍を編製する必要もない。仮に、養子が養親と戸籍を異にしている場合のように、養子についていったん新戸籍を編製し、その新戸籍から養親の戸籍に入籍させても、入籍する戸籍は、新戸籍編製前の戸籍であるから、新戸籍を編製する実益もない。
　　　このように、養子が既に養親の戸籍に在籍している場合は、新戸籍を編製することなく（戸20条の3・2項）、戸籍上養父母が唯一の父母であることを明らかにするために、同戸籍の末尾に養子を記載し直すこととされたものである（戸14条3項）。なお、特別養子を末尾に記載したときは、従前、養子が記載されていた戸籍の一部を消除するが（戸規40条3項・1項）、この戸籍の一部消除は、名欄に朱線を交差する方法による（戸規42条）。
　　　夫婦が同籍の者を特別養子とした場合の戸籍の記載は、参考記載例75及び76の例による。
　　　ところで、本事例における特別養子縁組後の戸籍が管外転籍をする場合の移記に関しては、戸籍法施行規則等に何ら定められていない。しかし、従前、養子が記載されていて消除された戸籍の一部に、例え

ば、普通養子縁組事項の記載があったとしても、それは特別養子縁組の成立により終了した事項であり（民817条の9本文）、また、父母離婚後の親権事項が記載されていたとしても、それは特別養子縁組によって養子が実父（母）と養母（父）との嫡出子となるため、現に効力を有していない事項である等、いずれも新戸籍編製の場合に移記を要しない事項である（戸規37条5号）。したがって、本事例における管外転籍の場合の養子に関する移記事項は、通常は、特別養子縁組によって末尾に養子を記載した「戸籍の一部に記載されている事項」を移記すれば足りることになるから、結局は、入籍の事項を除き、養子が養親と戸籍を異にしている場合の記載と同じになる。ただし、例外的に、戸籍法施行規則第39条第1項第7号（日本国籍の選択・外国国籍の喪失）及び第8号（名の変更）に掲げる事項が、従前養子が記載されて消除された戸籍の一部に記載されていた場合は、これを転籍地の戸籍の養子の身分事項欄に移記しなければならない。

(イ) **養父母の一方が外国人の場合**

　日本人母の嫡出でない子が、日本人母及びその外国人である夫の特別養子となった場合、あるいは日本人とその外国人配偶者の普通養子となっている養子が、養父母の特別養子となった場合等、養父母の一方が外国人である場合も、養子は既に日本人である実親又は養親の戸籍に在籍しているときであるから、前記(ア)の場合と同様に、特別養子縁組の届出によって養子を戸籍の末尾に記載した上、従前養子が記載されていた戸籍の一部を消除することになる。

ウ　**戸籍の記載**

(ア) **縁組事項**

　普通養子縁組の場合は、夫婦が養子となった場合のように、養子縁組が成立しても養子が養親の戸籍に入らないときがあるので（戸20条）、養親子関係にあることを養親の戸籍及び養子の戸籍の双方に縁組事項を記載して明らかにしておく必要がある。これに対し、特別養子縁組の場合は、養子となる者は、原則として申立ての時に6歳未満でなければならないから（民817条の5）、養子は必ず養親の戸籍に入

り（戸18条3項）、養父母と同籍することになる。したがって、養子の身分事項欄に縁組事項を記載しておけば、養親子関係が戸籍上明らかとなるため、あえて養親の身分事項欄に縁組事項を記載する必要はないとされた。

　しかし、養子が外国人である場合は、養子の戸籍がないため、縁組事項を記載することができないので、この場合は、日本人の養父母の身分事項欄に縁組事項を記載して、特別養子縁組が成立していることを戸籍上明らかにすることとされている（戸規35条3号の2）。

　外国人を特別養子とした場合に、日本人養父母の身分事項欄に記載する縁組事項は、参考記載例77及び78によることとされ、いずれも特別養子という語を用いず、「民法八百十七条の二による裁判確定」と、間接的な記載をすることとしている。この場合でも、養子が帰化をし、養父母の戸籍に入籍しても、当然には養親の身分事項欄に縁組事項は記載しない。しかし、管外転籍をし又は新戸籍が編製され若しくは養親が他の戸籍に入る場合は、普通養子縁組事項と同様に養子について、現に養親子関係の継続する特別養子縁組に関する事項を移記すれば足り、養親については移記を要しない（戸規37条5号・39条1項3号）。

(イ)　出生事項

　特別養子の出生事項は、従前のとおり移記することとされている。養子の出生事項が従前のとおり移記されると、届出人の表示が父又は母とある場合には、その「父」又は「母」とは出生当時の実父又は実母であるのに、特別養子縁組後の父又は母、すなわち養子の父母欄に記載されている父又は母と誤解されるおそれはある。しかし、届出当時は父又は母の資格により届け出られて記載され、しかもその後に特別養子縁組によって実親子関係が終了したものである。また、出生事項の記載は「　年　月　日○○で出生　月　日母届出」と届出年月日が記載され、戸籍上も届出人である母は出生当時の母であることが明らかであるから、戸籍の公示上特に支障はない。仮に届出人の母の表示を氏名で表記した場合には、養子の実方の者の氏名が明記されるこ

とになり、縁組事項中に実父母が記載されないよう配慮した趣旨が失われかねないから、そのまま出生事項を移記することとされたものである。

(ウ) **父母欄及び続柄**

普通養子縁組における養子の実父母については、父母欄にその氏名を記載し、養父母については、これに併記して養父母欄を設けてその氏名を記載することとされている（戸13条4号・5号、戸規33条）。これに対し、特別養子縁組の場合は、その成立により原則として養子と実方の父母（養父母を含む。）及びその血族との親族関係が終了するので（民817条の9）、特別養子の法律上の父母は、特別養子縁組上養父母だけとなることから、父母欄には、養父母の氏名のみを記載することとされた。これによって戸籍上養父母が唯一の父母であることを明らかにし、当事者の心理的な安定を図るとともに、緊密な養親子関係の維持に資することとしたものである（従来の実父母及び養父母については、法律上の親子関係がないので、何らその記載をしない（戸規33条・附録第6号「啓二郎」の欄参照）。）。

父母との続柄欄の記載は、普通養子縁組においては養父母との続柄を養父母との続柄欄に「養子」又は「養女」と記載するが、これは、実父母との親族関係が縁組後も継続しているから、実子と同じ続柄を記載することができないこと、及び養子であることを明らかにしておくためである。これに対し、特別養子縁組の場合は、実父母との親族関係が終了していることから、法律上唯一の父母である養父母との続柄を嫡出子と同様に「長男（長女）」、「二男（二女）」と記載しても、戸籍の表示上特に問題が生ずることもないことから、このような取扱いとされたものである。

特別養子について、父母との続柄欄に養父母との続柄を子の出生の前後に従って「長男（長女）」、「二男（二女）」等嫡出子の例により記載した場合、養親に養子より年少の子（特別養子を含む。）が他にあるときは、その子は養子の入籍によって兄（姉）をもつことになるため、その子の父母との続柄が変更することになる。この場合は、同人

の続柄欄を更正することになるが、戸籍の記載においては、参考記載例79の例により父母との続柄の訂正として処理する。

その続柄の更正は、養子より年少の子が養子と同籍することになる場合はもとより、その子が養子となる縁組等により戸籍を異にし、又は死亡して除籍されている場合も更正することになる。なお、この更正は、市区町村長限りの職権で行うものであるが、更正する続柄の正確を期するため、届書「その他」欄に「特別養子〇〇〇の入籍（末尾記載）により長男（長女）〇〇の続柄を二男（二女）と訂正する。」の例により続柄の変更事項を記載させるのが相当である。また、特別養子の縁組前の戸籍については、その弟妹の続柄を更正する必要はない。

(3) 夫婦の一方が養親となる場合の取扱い

ア 届 出

特別養子縁組は、原則として配偶者のある者のみが養親となることができ、しかも配偶者とともに縁組をしなければならないが（民817条の3・1項・2項本文）、夫婦の一方が他の一方の実子である嫡出子又は特別養子を養子とする場合は、夫婦の一方のみで特別養子をすることができる（同条2項ただし書）。この場合に、特別養子縁組の審判が確定したときは、審判を請求した養父又は養母は、審判が確定した日から10日以内に、審判の謄本及び確定証明書を添付し、その旨を標準様式別紙7の届書により届け出なければならない。この届出があったときの戸籍の編製及び記載も前記(2)の例による。

イ 戸籍の記載

後妻（夫）が夫（妻）の連れ子を特別養子とする場合のように、夫婦の一方が他の一方の嫡出子（普通養子縁組による養子を除く。）を特別養子とする場合は、養子と夫婦の他の一方、すなわち養子の実父（母）及びその血族との親族関係は終了しない（民817条の9ただし書）。[注]この場合の父母欄の記載は、父欄には実父（養父）の氏名を、また、母欄には養母（実母）の氏名を記載し、続柄も実父（母）と養母（父）との間の続柄を記載することになる。この場合における特別養子の身分事項欄

に記載する縁組事項の記載は、「平成拾参年参月拾五日母（父）と民法八百十七条の二による裁判確定同月弐拾日母（父）届出記載㊞」（同籍者を特別養子とする場合の例）の振り合いとなる。

〔注〕　なお、先妻（夫）である実母（父）及びその血族との親族関係は終了する（民817条の9本文）。

(4)　特別養子の婚姻届の審査
　ア　特別養子と実方の血族との婚姻障害
　　特別養子縁組によって実方の血族との間の親族関係が終了した後も、これらの者と特別養子となった者との間の婚姻障害は、優生保護の面から縁組前と同様とされ（民734条2項）、直系血族又は三親等内の傍系血族であった者の間では、婚姻をすることはできない（同条1項本文）。したがって、特別養子とその実方の父母あるいは兄弟姉妹等とは婚姻をすることはできない。
　イ　近親婚による婚姻障害の要件審査
　　特別養子の戸籍は、父母欄に養父母の氏名が記載され、実父母の氏名は記載されていないから、婚姻当事者の戸籍の父母欄を照合するだけでは、その婚姻が近親婚に該当するか否かを判断することはできない場合がある。特別養子の婚姻の相手方が父母の戸籍に在籍していて、かつ、その戸籍に管外転籍等による変動がないような場合に、その戸籍謄本を添付しているときは、特別養子となった者の有無は容易に判明する。しかし、戸籍法上、特別養子とその相手方とが兄弟姉妹等の近親関係があるか否かが明らかでないときは、戸籍法施行規則第63条の規定により縁組前の養子の戸籍謄本の提出を求め、又は婚姻届の届出地に縁組前の戸籍があるときは、その戸籍を調査することによって要件を審査することとされている。
　ウ　また、特別養子の実方の直系姻族（実父の後妻）との間の婚姻も、倫理上の面から特別養子縁組によって法律上の親族関係が終了した後であってもすることはできないので（民735条）、この場合の審査も前記

イと同じである。
　エ　特別養子も養子の一種であるから、特別養子縁組前に成立した普通養子縁組における養子、その配偶者、養子の子又はその配偶者と養親又はその祖父母との間の婚姻障害は、特別養子縁組の成立によりその親族関係が終了した後も、同様であるから、その間の婚姻はできない。ただし、養子と養親の配偶者との間の姻族関係が離縁によって終了した場合は、婚姻障害はないとされ（昭和28・12・25民事甲2461号回答）、また、特別養子とその養親の子との婚姻ができることも普通養子の場合と同様である（民734条1項ただし書）。

2　特別養子離縁

　特別養子縁組においては、原則として離縁をすることは認められない。しかし、養親による養子に対する虐待、悪意の遺棄等により養子の利益を著しく害する事由があり、かつ、実父母が相当の監護をすることができる場合において、養子の利益のため、特に必要があると認められるときは、養子、実父母又は検察官の請求により、家庭裁判所の審判によってのみ、離縁をすることが認められている（民817条の10・1項）。
　特別養子離縁が成立すると、その日から養子と実父母及びその血族との間においてのみ、特別養子縁組によって終了した親族関係と同一の親族関係を生じる（民817条の11）。したがって、特別養子縁組中に実父母及びその血族間に生じた身分変動は、その変動が継続している限り、離縁の日から養子にも当然に生じることになる。これに対し、特別養子縁組により終了した従前の養子縁組による養親及びその血族との親族関係は、実父母が自己の嫡出でない子を養子とする縁組をして嫡出子の身分を取得させた場合を含めて、回復することはない。また、特別養子の離縁により普通養子の離縁と同じ効果が生じるから、養子が離縁によって復氏したときに他の要件を具備する場合は、縁氏続称の届出をすることができる。

(1)　**特別養子離縁の審判が確定した場合の取扱い**
　ア　離縁の届出
　　離縁の審判については、即時抗告が認められるので（家審規64条の

14)、審判が確定したときに特別養子縁組についての離縁が成立することになる。離縁が成立したときは、検察官を除く離縁の請求をした者は、審判が確定した日から10日以内に、審判の謄本及び確定証明書を添付して、その旨を届け出なければならない（戸73条・63条1項）。届出義務者は、離縁の審判の請求をした養子又は実父若しくは実母ということになる。

養子が離縁を請求した場合に、同人が15歳未満のときであっても、家庭裁判所が同人に意思能力があることを認めた上で離縁の審判をしているはずであるから、その養子から特別養子離縁届があった場合は、これを受理して差し支えない（戸31条1項参照）。また、実父母双方が離縁の審判を請求した場合でも、実父母双方に届出義務はあるが、その届出は報告的であるから、実父母の一方のみで届出をすれば足りるし、また、実父母が共同で届出をすることも妨げない。なお、離縁の審判確定の日から10日以内に届出義務者が届出をしないときは、その相手方である養父母も届出をすることができる（戸73条1項・63条2項）。

特別養子離縁の届書は、標準様式別紙8のとおりとされている。

イ 検察官の戸籍記載請求

検察官は、公益の代表者として特別養子離縁の審判の請求をすることができるとされているが、検察官が請求をした場合には、審判が確定した後に遅滞なく、養子又は養親の本籍地を管轄する戸籍事務管掌者である市区町村長に、戸籍記載の請求をしなければならないとされている（戸73条2項・75条2項）。

(2) **特別養子離縁の届出があった場合**

ア **離縁により養子が復氏する場合**

民法第816条の離縁による復氏に関する規定は、特別養子離縁の場合にも適用があり、縁組により氏を改めた養子は、離縁によって縁組前の氏に復する（同条1項本文）。なお、同項ただし書は、「配偶者とともに養子をした養親の一方のみと離縁をした場合は、この限りでない。」と定めているが、離縁は、特別養子縁組の当事者全員での間でしなければならないから（民817条の10・1項）、夫婦の一方の特別養子を他の一方

が更に特別養子とした場合を含めて（民817条の3・2項参照）、養親夫婦はともに離縁をしなければならないため、前記ただし書が適用されることはない。

　ところで、養子が離縁によって復する縁組前の氏については、特別養子縁組によって養子と実方の父母及びその血族との親族関係は終了し（民817条の9）、離縁によってのみ回復する親族関係は、養子と実父母及びその血族との間のみであるから（民817条の11）、縁組前に称していた実親の氏に復することになる。したがって、仮に離縁をした特別養子縁組前に普通養子縁組又は特別養子縁組をしていたとしても、前記の縁組は終了しているので、その縁組による氏に復することはない。

　離縁により復氏した養子は、前記の復氏すべき実親の氏の縁組前の戸籍に直ちに入る。その戸籍が既に除かれているとき、又はその養子が新戸籍編製の申出をしたときは新戸籍が編製されることは、普通養子の離縁の場合と異なることはない（戸19条1項）。

　離縁によって養子が復氏する場合の関係戸籍の記載例は、参考記載例113から118までの例によることになる。この記載は、特別養子縁組があった場合と異なり、実方・養方の戸籍ともに離縁があったことを明らかにするものとされている。これは、離縁があったときは養方との親族関係が終了するとともに、離縁の日から実父母及びその血族との親族関係が回復することを明らかにする必要があり、また、特別養子縁組の場合のように養子の利益のために特別の考慮をする必要もないからである。

　なお、特別養子縁組によって養親の他の嫡出子の続柄を更正した場合であっても（前記1(2)ウ(ウ)）、離縁によりその子の父母との続柄に変更を来すものではないから、その記載を更正する必要はない。また、離縁をした者の父母欄及び続柄欄には、縁組前の実父母の氏名及び実父母との続柄を記載することになる。

イ　**特別養子離縁をしても養子が復氏しない場合**

　養子が離縁をしても復氏しない場合は、氏に変動がないためその戸籍も変動することがないので、養子の身分事項欄に離縁事項を参考記載例

119の例により記載すれば足りる。なお、この記載例は、離縁により養母の名のみが実母に訂正される場合の例であるが、母の氏、父の氏名及び養子の続柄等が変更する場合も、前記の記載例に準じて記載することになる。

なお、離縁をしても復氏しない例としては、①婚姻により氏を改めた実母の死亡又は離婚後、実父が自己の氏を称して再婚し、その後妻の特別養子となった場合に、養子の氏に変動がないまま離縁をしたときや、②配偶者の連れ子を入籍届により同籍させた後に特別養子とした場合に、養子の氏に変動がないまま離縁をしたとき等がある。

ウ 離縁の場合の特別な記載
(ア) 除籍された戸籍以外の戸籍に復籍する場合

離縁により養子が、特別養子縁組によって除籍された戸籍以外の戸籍に復籍する場合である。例えば、養子が普通養子又は特別養子となった後に更に特別養子となって従前の養方の戸籍から除籍されたが、いま特別養子離縁により実方の氏に復してその戸籍に復籍する場合（前記ア）や特別養子縁組中に、復籍する実方の戸籍が転籍している場合である。このような場合には、復籍する戸籍のほかに特別養子縁組によって除籍された戸籍の養子の身分事項欄にも離縁事項を記載することとしている（戸規33条・附録第6号「ゆり」の欄参照）。

(イ) 新戸籍を編製する場合

離縁により養子が復籍する実方の戸籍が既に除かれている場合、又は養子が新戸籍編製の申出をした場合は（戸19条1項ただし書）、復する養子につき新戸籍が編製されるが、この場合も特別養子縁組によって除籍された戸籍の養子の身分事項欄に離縁事項を記載する。したがって、この記載は、特別養子縁組によって養子が除籍された戸籍が、全員の除籍、転籍により除籍となっている場合は、その除籍にすることになる。

この場合の戸籍の記載は、参考記載例119の例による。

エ 離縁の場合の特別な記載（養子が縁組後に除籍されている場合）

特別養子縁組が成立した時に養子が既に養親の戸籍に在籍していたた

めに、特別養子縁組によってその末尾に記載されているのみで、戸籍に変動を生じなかったが（前記1(2)イ(ア)）、その後に養子がその戸籍から除籍されている場合に離縁があったときは、特別養子縁組によって消除された養子の戸籍の一部の身分事項欄にも、前記ウ(ア)と同様に離縁事項を記載することとされている。

　なお、この養子が除籍されている場合の例としては、①養親夫婦の普通養子を更に特別養子とし、又は同籍する配偶者の子を特別養子としたときに、養子がさらに普通養子若しくは特別養子として転縁組をした場合（この場合は、養子の氏に変動はない。）、②養親が離婚をしたため婚姻前の氏に復した養親の氏を称しているとき等に離縁があった場合（この場合は、養子は養親の氏に復する。）がある。

オ　離縁事項を記載する欄

　養子が日本人の場合は、特別養子の身分事項欄にのみ記載することとされているので、これに対応してその離縁事項も養子の身分事項欄にのみ記載することとなる（戸規35条3号の2）。

　養子が外国人である場合は、特別養子縁組事項を養父母の戸籍に記載するのと同じように、養父、養母の身分事項欄にのみ記載することとされ（戸規35条3号の2）、その記載は、参考記載例120及び121の例による。

92 自己の親権に服する15歳未満の嫡出でない子を配偶者とともに養子とする縁組の代諾者

昭和63年9月17日民二第5165号通達

> **先例の趣旨**
>
> 自己の親権に服する15歳未満の嫡出でない子を、配偶者とともに養子とする縁組の届出をする場合には、従来、一律に民法第826条に規定する利益相反行為に当たるものとして、子に代わって縁組の承諾をする特別代理人の選任を要するものとされていた。ところが、昭和62年法律第101号による民法等の一部を改正する法律の施行により、同法第795条が全改され、配偶者のある者が未成年者を養子とする場合には、養子の適正、かつ、円滑な監護、養育のために夫婦がともに養親となって、その共同親権の下で養子を監護、養育することが子の福祉にとって、望ましいことから、原則として配偶者とともに縁組をしなければならないものとされた。この改正の趣旨から、本通達により従来の取扱いが変更され、当該事例においては、特別代理人の選任は要しないこととされた。

参考　訓令通牒録：⑧綴 11080頁、⑩綴 12842頁

〈解　説〉

1　従来の取扱い

　自己の親権に服する15歳未満の嫡出でない子を養子とする場合には、常に民法第826条に規定する利益相反行為に当たるものとされ（昭和23・11・30民事甲3186号回答二）、上記の子を配偶者とともに養子とする場合においても、当然に15歳未満の嫡出でない子とその親権者（すなわち母）との縁組

につき、特別代理人の選任を要するものとされていた（「改正養子法に関する質疑応答集・問21」戸籍532号9頁）。また、昭和62年の改正前においては、夫婦がする縁組は、養子となる場合であっても養親となる場合であっても、原則として、夫婦共同で縁組をしなければならないとされ、その例外として、配偶者の子（嫡出でない子を含む。）を養子とする場合には、必ずしも夫婦が共同で縁組をすることを要せず、当事者の選択にゆだねられていた。

2 本通達による改正

(1) 昭和62年の改正により、配偶者のある者が未成年者を養子とする場合には、配偶者の嫡出である子を養子とする場合又は配偶者がその意思を表示することができない場合を除き、必ず配偶者とともに縁組をしなければならないこととされた（改正後の民795条）。この改正の結果、配偶者の未成年の嫡出でない子を養子とするときは、配偶者が行方不明や精神上の障害により判断能力を欠く常況にあるなど、その意思を表示することができない場合を除き、夫婦が共同で縁組をしなければならないことになる。つまり、前記のような場合における夫婦共同縁組については、従来の任意的なものから必要的なものに変更されたことになる。その改正の趣旨からすると、本通達の事案において、養子縁組をするに当たり特別代理人の選任を要するとする、これまでの取扱いに疑義が生ずるところである。

(2) ところで、民法第826条の趣旨は、親権者とその親権に服する子の間において、互いに利益が衝突する場合には、親権者に親権の公正な行使を期待することができないので、親権者の代理権及び同意権を制限し、家庭裁判所の選任した特別代理人にこれらの権利を行使させることにより、未成年の子の利益を保護しようとするものである（ただし、子の代理人となった親権者が、自己の利益を犠牲にして、子に一方的に利益を与える行為については、利益相反行為には当たらないとされる（昭和14・3・18大審院判決）。）。同条の適用については、通常、財産上の行為として問題となるが、身分上の行為は、本来、代理に親しまないものであって、本人の意思に基づくことが必要とされており、この原則による限り、身分行為を行う上で意思能力を有しないとされる15歳未満の者は縁組できないことになる。しかし、

第5章　届出各則　第3節　養子縁組（一般）

　　未成熟の子の養育、監護等その福祉を図ることが養子制度の本旨であることから、民法は、特に法定代理人の代諾を要件として、15歳未満の者を養子とする縁組を認めている（民797条）。このほか、民法上身分行為に代理を認めているのは、15歳未満の者の離縁（民811条）及び子の氏の変更に関してであるが（民791条3項）、離縁の場合は、離縁後に養子の法定代理人となるべき者が養子の代理人とされ、また、子の氏変更の場合は、相手方のない単独行為である。そうすると、身分行為が利益相反行為に当たるのは、縁組の場合についてのみであり、しかも現行法の下では専ら親権者が自己の親権に服する15歳未満の嫡出でない子を養子とする場合と本通達の事例のように、自己の親権に服する嫡出でない子を配偶者とともに養子とする縁組をする場合の特別代理人の選任についてであり、この取扱いについては、前記のとおり戸籍先例により示されているだけである（昭和23・11・30民事甲3186号回答二、「改正養子法に関する質疑応答集・問21」戸籍532号9頁）。

(3)　民法第795条の改正の趣旨が、養子となる未成年者の福祉の観点から、夫婦がともに養親となって養子を監護、養育をすることが養子の利益につながるものであり、これは未成年者の地位を保護し、子の利益を尊重するために設けられた民法第826条の規定の趣旨と共通するものであって、いずれも子の利益を法律によって保護しようとするものといえる。また、前記(2)のとおり、当該法律行為が専ら子の利益に当たる場合には、民法第826条の規定の適用が除外されていることから、本通達は、親権者（すなわち母）が自己の15歳未満の嫡出でない子を配偶者（すなわち夫）とともに養子とする場合には、親権者と子の利益が相反する行為には該当しないとして取り扱うのが相当とされたものである。

　　なお、自己の親権に服する15歳未満の嫡出でない子を単独で縁組をする場合及び15歳未満の未成年者をその後見人が養子とする場合（ただし、後見監督人が選任されている場合を除く。）については、従前どおり特別代理人の選任を要することになる。

93 夫婦又は婚姻の際に氏を改めなかった者が養子となる場合等における戸籍の取扱い

平成2年10月5日民二第4400号通達

先例の趣旨

夫婦が養子となる場合、養親との民法上の氏は異なるが、呼称が同一の場合において、養子夫婦について新戸籍の編製を要するか否かにつき、従前は、要しないとする先例がある一方、同一の場合について要するとするものがあって、一貫性を欠いていた。また、新戸籍の編製を要しないとした理由には、多分に事務処理上の簡素化、省力化を図る観点からの便宜的措置であったともみられること、さらには昭和62年の養子法の全面的改正の際に行われた養子の氏等の取扱いに関する諸通達の整理も、便宜的処理の是正と原則的処理の明確化を図る措置の一環と位置づけられていた。

そこで、夫婦が養子となる場合又は婚姻の際に氏を改めなかった者が養子となる縁組をした場合は、民法上の氏が同一であるか呼称が同一であるかの別なく、夫婦について新戸籍を編製するものとし、これらの縁組について離縁があった場合も新戸籍を編製するものとした。

また、この取扱いによって養子夫婦につき新戸籍を編製した場合に、縁組前の戸籍に在籍する子が父母の氏を称し父母の戸籍に入籍するには、戸籍法第98条による入籍届によってすることができるものとされた。

参考 訓令通牒録：⑨綴 11298頁、⑩綴 12905頁

第5章　届出各則　第3節　養子縁組（一般）

〈解　説〉

1　養子夫婦についての新戸籍編製

　本通達発出の前提となった照会事案は、自己の氏を称する婚姻をした者が氏を同じくする父の後妻と縁組をした場合において、養子夫婦について新戸籍を編製する必要があるか否かに関するものである。これと同一の事案について、従前は、新戸籍編製を要しないとする先例（昭和30・9・17民事甲1976号回答ほか）がある一方、同様の民法上の氏は異なるが、呼称が同一の場合については、新戸籍編製を要するとの先例（昭和25・5・4民事甲1178号回答ほか）があり、先例上一貫性を欠いているうらみがあった。また、新戸籍の編製を不要とした理由については、新戸籍編製の事務処理上の負担が大きかった時代の事務の簡素化、省力化の観点からの便宜的措置としての側面があったともいえる。その後、昭和62年法律第101号「民法等の一部を改正する法律」の施行（昭和63・1・1）に伴い、養子法の大幅な改正をみるに至り、併せてそれまでの養子の氏等の取扱いに関する諸通達の整理が行われたが、これらは従前の便宜的処理の是正と原則的処理の明確化を図る措置の一環と位置づけられている。

　そこで、今後、前記照会事案のような夫婦が養子となる場合又は婚姻の際に氏を改めなかった者が養子となる縁組の届出があった場合は、民法上の氏が同一であるか、呼称が同一であるかの別なく、戸籍法第18条及び第20条の規定により、養子は養親の氏を称し、養子夫婦について新戸籍を編製するものとし、これらの縁組について離縁があった場合も新戸籍を編製するものとした。

2　縁組前の戸籍に在籍する子の取扱い

　この取扱いによって養子夫婦について新戸籍を編製した場合に、縁組前の戸籍に在籍する子が父母の氏を称し父母の戸籍に入籍するには、戸籍法第98条による入籍届によって入籍することになる（昭和62・10・1民二5000号通達第5の1(1)ア）。つまり、本通達により養子夫婦について新戸籍を編製した場合は、父母のみが身分行為を行ったのであるから、その効果は、子には

及ばず、前記の夫婦の縁組前の戸籍に在籍している子が父母の新戸籍に当然には入籍することはない。したがって、子と父母が戸籍を異にすることとなるが、子が父母の戸籍に入籍を希望するときは、民法第791条第2項の「父又は母が氏を改めたことにより子が父母と氏を異にする場合」に該当するから、「子は、父母の婚姻中に限り家庭裁判所の許可を得ないで、戸籍法の定めるところにより届け出ることによって、その父母の氏を称することができる」こととなる。

3　従前の取扱いにより新戸籍を編製しなかった者が、離縁をした場合

　本通達前に従前の取扱いにより新戸籍を編製しなかった者が離縁をした場合は、離縁によって縁組前の氏に復することが原則であるから（民816条1項本文）、原則的な取扱いとして新戸籍を編製すべきものとした。また、縁組、離縁の場合に、従前の先例により便宜的に新戸籍を編製しなかったものについては、あえて戸籍訂正等をする必要はない。

　なお、離縁前の戸籍に子が在籍している場合は、子と父母が戸籍を異にすることになるが、子が父母の氏を称して父母の戸籍に入籍を希望する場合の取扱いは、前記2と同様と解される。

（渉外）

94 外国法を準拠法とする養子縁組（断絶型養子縁組）の届出について

平成6年4月28日民二第2996号通達

先例の趣旨

我が国の養子制度は、従来、縁組によっても養子とその実方の血族との親族関係が終了する効果を伴わないいわゆる「普通養子制度」のみであった。しかし、昭和62年法律第101号「民法等の一部を改正する法律」により民法等が改正され、専ら子の利益を図るという目的の下に、養子とその実方の血族との親族関係が終了する効果を伴う「特別養子制度」が新設され、昭和63年1月1日から施行された。

これに伴う戸籍事務の取扱いに関しては、昭和62年10月1日民二第5000号通達等が発出されているが、前記の特別養子制度の新設に伴い、養子とその実方の血族との親族関係が終了する養子縁組（一般に「完全養子」といわれる。）で、外国法を準拠法とするいわゆる「断絶型養子」についても、日本民法における特別養子縁組と同様な戸籍の取扱いを求める要望が縁組当事者等から寄せられていた。

本通達は、外国法を準拠法とする養子縁組について、その届書に養子とその実方の血族との親族関係が終了する旨及び養子について新戸籍を編製する旨が明記されており、かつ、当該縁組が断絶型のものであることを明らかにする書面の提出があるときには、戸籍上も断絶型養子であることを明らかにし、特別養子縁組に準じ、養子について新戸籍を編製する等の処理をすることとした。本通達は、その取扱い等を示したものである。

参考　訓令通牒録：⑨綴 11795 頁、⑩綴 12927 頁
　　　　関連先例通し番号：11、12

〈解　説〉

1　断絶型養子縁組の取扱い
⑴　本通達による取扱いの対象となる縁組
　本通達中に紹介されている東京法務局長の照会事例に対する民事局長回答の趣旨は、ア　外国法による断絶型養子を特別養子として取り扱うことは、外国の養子法制が様々であるから相当ではなく、しかも、日本民法による場合のみを特別養子とする取扱いは、実務上既に定着していることから、この取扱いは維持すべきであること、イ　外国法による断絶型養子を直接特別養子として取り扱うことはしないが、外国法によるものであっても、断絶型の養子として、実方の血族との親族関係が終了しているものであることを戸籍上明らかにすることとし、その効果を表すため、養子について新戸籍を編製する取扱いとすることが相当とされたものである。
　そして、この取扱いをする場合には、日本の家庭裁判所の審判により外国法を準拠法とする断絶型の養子縁組が成立した場合だけでなく、これが外国の裁判所において成立している場合や外国において裁判によらずに成立している場合についても、同様に取り扱うべきことになる。
　本通達による断絶型養子の取扱いを整理すれば、次のとおりである。
　①　「特別養子」は、日本民法による場合のみ成立する。
　②　日本の裁判所において成立した外国法による断絶型養子の報告的届出は、戸籍法第 68 条の 2 により受理する。この場合には、同法第 20 条の 3（新戸籍の編製）の適用がある。
　③　外国の裁判所において成立した断絶型養子の届出は、戸籍法第 41 条の証書として取り扱う。この場合にも、戸籍法第 20 条の 3 の取扱いをする。
　④　③の場合にも、日本民法による特別養子が成立していれば、特別養子として処理し、戸籍法第 20 条の 3 の取扱いをする。

⑤　外国法において裁判によらずに成立した断絶型養子の届出は、戸籍法第41条の証書として取り扱う。この場合にも、戸籍法第20条の3の取扱いをする。

　なお、養親の一方が日本人で他方が外国人の場合において、日本人養親について日本民法上の特別養子縁組が成立し、かつ、外国人養親との間で断絶型の養子縁組が成立しているときには、一律に特別養子縁組が成立したものとして処理して差し支えないとされている。また、夫婦が共同して養親となる縁組をした場合において、夫婦が国籍を異にすることにより、一方についてはその本国法により断絶型の効力が生じ、他の一方についてはその本国法により断絶型の効力を生じない場合が考えられるが、実親との断絶の効果が相対的になるのでは、説明のつかない法律関係を生じさせることになるとして、そのような場合には、全体として断絶型の効果が生じないとされる（南敏文「改正法例の解説」147頁、南　敏文　編著「Q＆A渉外戸籍と国際私法」232頁）。

(2)　市区町村における取扱い

　ア　日本の家庭裁判所の審判によって成立した場合

　　外国法を準拠法とする断絶型の養子縁組が日本の家庭裁判所の審判によって成立した場合には、その審判書に基づいて判断することになる。この場合、審判の理由中において、当該養子縁組が外国法を準拠法として成立し、断絶型の効果をもつことが明確に記述されていれば、戸籍実務上問題はない。他方、審判書中に当該養子縁組には断絶型の効果があるとの記述がなければ、断絶型の取扱いをすることはできないこととなる。しかし、審判の理由中において、断絶型の効果があることの明確な記述はないが、主文に「特別養子とする。」とされている審判も時にはある。この場合、養親を外国人とする養子縁組事件について、殊更に、「特別養子」という文言を用いて審判をしている限り、断絶型の効果をもつことを裁判所において確認したものと解されることから、断絶型の取扱いをして差し支えないものと考えられる。

　　外国人を養親とする渉外型の養子縁組について、届出人あるいは証書の提出人に、それが断絶型のものかどうか等を逐一確認する必要はない

が、その添付書面により断絶型のものであることが確認できる場合には、養子について新戸籍の編製の申出をするのかどうかについて、確認する必要がある。

　イ　外国の裁判所において成立した場合

　　　断絶型の養子縁組が外国の裁判所において成立した場合には、その外国裁判所の裁判書及びその訳文により判断することになる。それが断絶型かどうか確認できないときは、さらに当該外国の法令の写し及びその訳文その他適切な文書の提出を求めて確認することとなる。

　　　本通達によると、養子縁組の成立を証する外国裁判所の裁判の内容が不明であったり、外国の法制が不明であることにより、その養子縁組が断絶型の効果をもつかどうかを確認できない限り、断絶型の取扱いをしないことになる。通常の渉外戸籍事件の処理においても、外国の法制により身分行為をするときは、その行為者である届出人又は証書の提出人において、市区町村長に対し、当該外国の法制の内容等を明らかにし、あるいはその本国法上の要件を具備していることを立証させる運用がなされているところであり（大正8・6・25民事甲841号回答ほか）、断絶型の効果をもつ養子縁組かどうかの立証責任も断絶型の取扱いの申出をする証書の提出人にあるような運用となるであろう（「渉外的な断絶型養子の取扱いについて」戸籍620号27頁）。

　ウ　外国の裁判外において成立した場合

　　　断絶型の養子縁組が外国において裁判所の判決等によらないで成立した場合には、その養子縁組の成立を証する書面及びその訳文の提出を求めて確認する。もし、それのみでは確認できない場合には、更に当該外国の法令の写し及びその訳文その他適切な文書の提出を求めて確認することとなる。

(3)　断絶型養子縁組の届書の記載

　断絶型の養子縁組の届書は、届書の標準様式のうち、養子縁組届書の様式によるべきか、あるいは特別養子縁組の様式によるべきかの問題がある。本通達中に紹介されている東京法務局長からの照会に対する回答では、特別養子縁組の届書を用いて特別養子縁組として届出をしてきたものについて、届

書の標題を「養子縁組届」と補正させ、「その他」欄に「実方との親族関係終了」の旨を記載させて処理して差し支えないとしている。これは、前記の照会が日本の家庭裁判所における審判により成立した外国法を準拠法とする断絶型の養子縁組についての報告的届出であり、その届出人は、常に養父又は養母であること、普通養子縁組届書のように「証人欄」あるいは「養子となる人の届出人欄」は不要であること、また、戸籍法第68条の2を適用すべきものとするところから、同法第63条が準用され、審判が確定した日を記載しなければならないことなどから、上記の回答がなされたものである。

2 既に処理済みの断絶型養子縁組の処理

　昭和62年法律第101号により民法の一部が改正され、特別養子制度が新設され（昭和63年1月1日から施行）てから、本通達が発出されるまでの間における断絶型養子の戸籍については、次のような基本的取扱いがなされていた。

　ア　特別養子は、日本民法による場合のみ成立する。

　イ　日本の裁判所において成立した外国法を準拠法とする断絶型養子の報告的届出は、戸籍法第68条の2により受理するが、この場合には、同法第20条の3の取扱い（新戸籍の編製）の適用はない。

　ウ　外国の裁判所で成立した断絶型養子の届出は、戸籍法第41条の証書として取扱う。

　エ　ウの場合にも、日本民法による特別養子縁組が成立していれば、特別養子として処理し、戸籍法第20条の3の取扱い（新戸籍の編製）をする。

　このように、外国法により断絶型養子縁組が成立しても、養子について新戸籍を編製する取扱いはなされなかった（上記イ、ウの取扱い）。

　本通達は、上記の取扱いにより既に戸籍の処理を終えたものであっても、断絶型の養子縁組である旨を戸籍上に表示することが相当であると考える以上、その処理が本通達の発出前にされたものであっても、戸籍法第20条の3の規定が新設され、特別養子制度が施行された昭和63年1月1日以降に成立した断絶型の養子縁組であれば、申出により、同様な戸籍上の処理をす

るものとされた(本通達による変更後の取扱いについては、前記1(1)①~④参照)。この申出は、戸籍手続上は、その養子縁組が断絶型である旨の追完の届出となる。そのため、追完の届出人は、基本の養子縁組の届出人である養親であるが、その養親は、外国人であることから、その追完が多数なされるとは考えられない。断絶型の養子について新戸籍の編製の取扱いを望むのは、親族関係が終了した養子の実親である日本人父母の方であると思われるが、同人らは断絶型の養子縁組の届出人にならないことから、同人らから子の追完届をすることはできないことになる。

3 戸籍の記載
(1) 日本の家庭裁判所の審判により成立した断絶型の養子縁組
　戸籍実務研究会編「全訂　初任者のための渉外戸籍実務の手引き」106~109頁に日本人が外国人夫婦の特別養子となった場合の記載例が次のとおり示されている。
　(特別養子の新戸籍)
　身分事項欄
　「平成弐拾参年拾月拾五日国籍アメリカ合衆国ベルナール、ジョン(西暦千九百七拾五年五月壱日生)同人妻マリア(西暦千九百七拾五年拾弐月弐拾五日生)の特別養子となる縁組の裁判確定同月弐拾日父母届出東京都千代田区永田町一丁目二番乙川孝助戸籍から入籍㊞」
　(特別養子の従前の戸籍)
　身分事項欄
　「平成弐拾参年拾月拾五日特別養子となる縁組の裁判確定同月弐拾日養父母届出東京都千代田区永田町一丁目二番に新戸籍編製につき除籍㊞」

　上記の記載を参考に、実方との親族関係終了の旨を戸籍に表示するについては、「法の適用に関する通則法(平成18年法律第78号)」(以下「通則法」という。)第31条第2項の「養子とその実方の血族との親族関係の終了及び離縁は、前項前段の規定により適用すべき法による。」に準拠し、本通達別紙1の東京法務局長の意見のとおり、次の例によるのが相当とされた。

ア　養子の新戸籍
　　身分事項欄
　　　「平成拾年拾月壱日国籍アメリカ合衆国ラッシュマン、ウェイン（西暦千九百四拾八年六月参日生）同人妻ケイ（西暦千九百五拾年九月拾日生）の養子となる裁判確定（実方の血族との親族関係の終了）同月八日父母届出東京都千代田区永田町一丁目二番乙川孝助戸籍から入籍㊞」
イ　養子の従前の戸籍
　　身分事項欄
　　　「平成拾年拾月壱日養子となる縁組の裁判確定（実方の血族との親族関係終了）同月八日養父母届出東京千代田区永田町一丁目二番に新戸籍編製につき除籍㊞」

　なお、上記の記載例は、その後平成6年11月16日民二第7005号通達により参考記載例66・67として新たに加えられた。
(2)　外国の裁判所において成立した断絶型の養子縁組
　アメリカ合衆国ワシントン州の男と日本人女の夫婦が日本人の子をワシントン州の裁判所の裁判によって養子とした事例において平成4年3月26日民二第1504号回答は、その裁判書を証書として審査し、日本人養母と日本人養子間においてワシントン州の方式により日本法上の特別養子縁組が成立しているとした場合の記載例が次のように示されている。
（特別養子の養母の戸籍）
　身分事項欄
　　「平成〇年九月弐拾日〇アメリカ合衆国ワシントン州の方式により民法八百十七条の二による裁判確定同年〇月〇日父母証書提出静岡県〇〇市〇河〇三千〇百〇十〇番地の三〇亜〇戸籍から入籍㊞」
（特別養子の新戸籍）
　身分事項欄
　　「平成〇年九月弐拾〇日アメリカ合衆国ワシントン州の方式により国籍アメリカ合衆国〇ジ〇、〇チャ〇ド〇ツ〇（西暦千九百〇拾〇年〇月〇日生）同人妻〇美〇子の特別養子となる縁組の裁判確定同年拾月拾日父母証

書提出年月日東京都国立市長から送付静岡県〇〇市〇河〇三千〇百〇十番地の三〇野〇ゆ〇戸籍から入籍東京都国立市〇〇丁目〇番地の〇十〇美〇子戸籍に入籍につき除籍㊞」

(特別養子の従前（実母）の戸籍)

身分事項欄

「平成〇年九月弐拾〇日アメリカ合衆国ワシントン州の方式により特別養子となる縁組の裁判確定同年〇月〇日養父母証書提出年月日東京都国立市長から送付静岡県〇〇市〇河〇三千〇百〇十〇番地の三に〇氏の新戸籍編製につき除籍㊞」

上記の記載例が示されていることから、これと前記(1)の記載例とを勘案して、次の例によるのが相当とされた。

ア　養子の新戸籍

身分事項欄

「平成拾年拾月壱日アメリカ合衆国ワシントン州の方式により国籍アメリカ合衆国ラッシュマン、ウェイン（西暦千九百四拾八年六月参日生）同人妻ケイ（西暦千九百五拾年九月拾日生）の養子となる縁組の裁判確定（実方の血族との親族関係の終了）同月八日父母証書提出東京都千代田区永田町一丁目二番乙川孝助戸籍から入籍㊞」

イ　養子の従前の戸籍

身分事項欄

「平成拾年拾月拾日アメリカ合衆国ワシントン州の方式により養子となる縁組の裁判確定（実方の血族との親族関係の終了）同月八日養父母証書提出東京都千代田区永田町一丁目二番に新戸籍編製につき除籍㊞」

なお、上記の記載例は、その後平成6年11月16日民二7005号通達により、参考記載例69・70の項として新たに加えられた。

(3) 外国の裁判所外において成立した断絶型の養子縁組

前掲の「全訂　初任者のための渉外戸籍実務の手引き」92頁に、日本人男がベネズエラ人女の嫡出子を同国の方式により養子とした旨の証書を在外

第5章　届出各則　第3節　養子縁組（渉外）

公館に提出し、これが本籍地の市区町村長に送付された場合の記載が次のとおり示されている。

「平成弐拾年参月拾日ベネズエラ国の方式により同国ラモスガニス、ジョンフェルナンド（西暦千九百九拾五年七月拾弐日生）を養子とする縁組同月弐拾日証書提出同年五月拾日同国駐在大使から送付㊞」

上記の記載を参考として、次の例によるのが相当とされている。
　ア　養子の新戸籍
　　　身分事項欄
　　　「平成拾年拾月壱日○○国の方式により国籍○○ラッシュマン、ウェイン（西暦千九百四拾八年六月参日生）同人妻ケイ（西暦千九百五拾年九月拾日生）の養子となる縁組成立（実方の血族との親族関係の終了）同月八日父母証書提出東京都千代田区永田町一丁目二番乙川孝助戸籍から入籍㊞」
　イ　養子の従前の戸籍
　　　身分事項欄
　　　「平成拾年拾月壱日○○国の方式により養子となる縁組成立（実方の血族との親族関係の終了）同月八日養父母証書提出東京都千代田区永田町一丁目二番に新戸籍編製につき除籍㊞」

(4)　新戸籍を編製していない場合（既に処理済み）において**断絶型養子縁組である旨の追完届があった場合**

日本の家庭裁判所の審判により成立した断絶型の養子縁組について戸籍の処理後に、新戸籍編製方の追完があった場合の記載例として、次の例によるのが相当とされている。
　ア　養子の新戸籍
　　　身分事項欄
　　　「平成拾年拾月壱日国籍アメリカ合衆国ラッシュマン、ウェイン（西暦千九百四拾八年六月参日生）同人妻ケイ（西暦千九百五拾年九月拾日生）の養子となる縁組の裁判確定同月八日父母届出平成六年五月六日実方の血族との親族関係が終了する旨父母追完届出東京都千代田区永田町一丁

目二番乙川孝助戸籍から入籍㊞」
イ 養子の従前の戸籍
　　身分事項欄
　養子縁組事項が記載されている次行に、次のように記載する。
「平成六年五月六日実方の血族との親族関係が終了する旨養父母追完届出東京都千代田区永田町一丁目二番に新戸籍編製につき除籍㊞」

第4節　養子離縁

95　実父との縁組後、父の認知又は父母の婚姻により準正嫡出子の身分を取得した子が離縁をした場合の取扱い

昭和25年5月16日民事甲第1258号通達

先例の趣旨　実親との縁組後に、父の認知又は父母の婚姻によって準正嫡出子の身分を取得し、引き続き父母と氏を同じくする子が離縁をした場合は、上記の実親との縁組前に既に他の者の養子となっていた場合（いわゆる転縁組の場合）は、第一の縁組における養親の氏に復する（民816条1項）。しかし、この縁組がない限り、実父母の氏を称して、その戸籍にとどまる取扱いとされたものである。

参考　訓令通牒録：①綴　476頁、⑩綴　12570頁
関連先例通し番号：91

〈解　説〉

1　実親子間の縁組

旧法施行当時においては、いわゆる家籍を同じくするか否かによって身分法的効果に大きな差異があったので、実子（特に嫡出子）であっても他家にある者は、これを養子として実親の家に入籍させることに法律上の利益がある（例えば、実親と家を同じくすることによって相続権が生ずる—旧民861条・970条2項）として広く認められていた（大正3・4・23民157号回答）。これに対し、新法施行後は、自己の嫡出子又は養子をさらに養子とすることは、

その実益を欠くものとして許されないとされている（昭和23・1・13民事甲17号通達(17)、昭和23・5・20民事甲1074号回答(2)ほか）。しかし、非嫡出子については、縁組によって嫡出子の身分を取得することになるので（民809条）、非嫡出親子間においてのみ縁組の利益があるとして、縁組が認められている。なお、右の縁組において、例えば、その非嫡出子が未成年であって、実母と縁組をする場合に、実母に配偶者（夫）があるときは、昭和62年法律第101号による民法の一部改正後は、その配偶者とともに縁組をしなければならないとされている（必要的共同縁組―民795条）。

2　実親子間の縁組の離縁と復氏

　前記のとおり、非嫡出子については、その実親との縁組が認められるが、このような実親子間の縁組であっても、離縁をしたときは、通常の縁組の離縁の場合と同様に、養子は、縁組前の氏に復し、復籍することはいうまでもない（民816条1項本文、戸19条1項）。しかし、実子である養子が、縁組後に父の認知又は父母の婚姻によって準正され（例えば、父の認知を受けない子が、婚姻中の父母の養子となった後に父に認知され、あるいは父の認知後にその子が父と縁組して父の戸籍に入籍し、その後に父母が父の氏を称して婚姻したような場合）、その後に離縁をした場合に、養子は縁組前の氏に復するのか、あるいはそのまま父母の戸籍にとどまるのかが問題となる。この点について、本通達前においては、例えば、父の戸籍にあった庶子が、実母の養子となって、その戸籍に入籍後、父母が父の氏を称する婚姻をしたことにより準正嫡出子の身分を取得した。そして、その後に子が実母と離縁をしたときは、縁組前の氏に復し父の戸籍（すなわち、現在の父母の戸籍）に入るとされていた（昭和24・3・4民事甲430号回答(2)）。また、母の戸籍にある庶子が、父の養子となって父の戸籍に入籍後、父母の婚姻によって準正嫡出子の身分を取得した後に離縁をした場合も、子は、縁組前の氏（母の婚姻前の氏）に復するとされていた（昭和24・2・12民事甲194号回答(1)）。

　しかし、その後、前記の取扱いは、本通達によって改められ、実親との縁組後に準正嫡出子となった子は、実親との縁組前に他の養子となっていない限り、その準正子としての身分に基づいて、離縁後も引き続き現在の父母の

氏を称し、その戸籍にとどまる取扱いとされた。これは、この場合の離縁[注]は、①実子である養子が既に準正子として父母と同籍している場合のものであること、②しかも養子は、養子として入籍して以来引き続き父母の氏を称してきたこと、③したがって、養子は、離縁後もなお引き続いて父母との同籍を望むのが通常であること等を考慮して、いわゆる実際的解釈により措置することとしたものと解される。

〔注〕 本事例における実親子間の縁組は、実子である養子が縁組後に準正嫡出子の身分を取得したことによって無意味なものとなる。しかし、縁組を解消しない限り、当該養子の戸籍の縁組事項及び養父母欄の記載はそのまま存置されることになる。この場合における離縁は、これらの記載を解消する上で意味があり、また、その目的のために離縁がされるということもできよう。

3 準正子の氏の取扱いの変更

ところで、本通達が発出された後、昭和35年12月16日民事甲第3091号通達によって、父の認知又は父母の婚姻により、準正嫡出子の身分を取得した子は、その身分取得と同時に直ちに父母の氏を称してその戸籍に入籍する取扱いがされていた。しかし、子が準正により嫡出子の身分を取得したとしても、子自身に氏の変更を生ずるような身分行為がないにもかかわらず、子の氏に変動を生じ、父母の氏を称することとする前記昭和35年第3091号通達による取扱いは、理論上説明が困難な点があった。また、嫡出でない子が準正によって嫡出子としての身分を取得するまでの間使用してきた氏が、その子の意思は全く考慮されることなく当然に変更されることになり、殊に子が成人に達した後であるときは、その者が受ける社会的・経済的な影響が大きい場合がある。そこで、この取扱いは、昭和62年法律第101号による民法の一部改正により民法第791条（子の氏の変更）の規定が改正されたのを機会に廃止され、準正子が父母の氏を称するには、別途、戸籍法第98条に規定する入籍の届出（父母と同籍する旨の届出）をすることによるものとされた（昭和62・10・1民二5000号通達第5の3〔91〕）。

4　3の取扱いと本通達との関係

　上記3の準正により嫡出子の身分を取得した子の氏の変動に関する取扱いは、準正時に父母と氏を異にしている子に関するものである。したがって、本通達の場合のように、実親との縁組後、父の認知又は父母の婚姻によって準正嫡出子の身分を取得し、引き続き父母と同籍している子が離縁をしても、実親との縁組前に他の養子となっていない限り、その戸籍にとどまるとする本通達の取扱いは、平成13年6月15日民一第1544号通達による処理基準として維持されたものと解される。

第5章 届出各則 第5節 婚　姻（一般）

第5節　婚　姻

（一般）

96　本籍不明者又は無籍者からされた婚姻届又は養子縁組届の取扱い

昭和29年11月20日民事甲第2432号通達

先例の趣旨

　本籍が明らかでないか又は本籍がない者が婚姻又は養子縁組をする届出をした場合、本通達が発出される前は、この届出をそのまま受理し、上記の本籍不明者又は無籍者を有籍者の戸籍に入籍させる取扱いがなされていた。しかし、この取扱いによるときは、日本国籍を有しない者がその身分を偽り、本籍不明者又は無籍者として日本人と婚姻届等をして、これにより日本人の戸籍に入籍するという不都合な事態も生じかねなかった。これを是正するため、本通達により、本籍が明らかでないか又は本籍がない旨の記載のある婚姻届や養子縁組届については、その者が日本国籍を有すること及び婚姻又は養子縁組の要件を具備していることを認めるに足りる資料を提出しない限り受理しない取扱いをすることに改められたものである。

参考　訓令通牒録：②綴　2102ノ8頁、⑩綴　12590頁
　　　関連先例通し番号：98

〈解　説〉

1　従前（本通達前）の取扱い
(1)　本籍不明者（女）又は無籍者（女）が有籍者（男）と婚姻をしたときは、

その届出に基づき戸籍に記載することとされていた。すなわち、旧民法当時は、上記の例の場合は、本籍不明の女又は無籍の女は、有籍者である夫の戸籍に入籍することとされ（旧民788条1項、昭和3・6・13民事甲7035号回答）、また、新民法施行後は、本籍不明者又は無籍者が有籍者とその者の氏を称して婚姻したときは、有籍者の戸籍に入籍し、あるいは夫婦につき新戸籍を編製することとされていた（民750条、戸16条1項・2項）。

(2) そして、これらの夫婦がその後に離婚したときは、本籍不明者の場合は、その者について新戸籍を編製し、無籍者については、就籍手続により戸籍が編製されるまでは、婚姻中の戸籍にそのまま在籍させる取扱いであった（昭和22・8・27民事甲841号回答）。しかし、この取扱いは、本籍不明者又は無籍者につき日本人であることを前提として、当該婚姻届に基づいて戸籍に記載したものであり、日本国籍の有無の審査は事実上行われていなかったことから、これが悪用されて戸籍の記載がされた例がなかったとはいえない。

2 本通達による取扱い

昭和27年4月28日の平和条約の発効により朝鮮人、台湾人は日本国籍を喪失し、一般の外国人と同様の取扱いを受けることとなった（昭和27・4・19民事甲438号通達）ので、日本の国籍を取得するには、専ら国籍法の規定による帰化の手続によることを要することとなった。しかし、日本に居住している朝鮮人、台湾人は、社会生活上は日本人と何ら異ならない者が多かったこと等から、本籍不明者又は無籍者として婚姻届等をすると、従前の取扱いにより、有籍者の戸籍に入籍の記載がされ、帰化によらないで戸籍面上も日本人と同じように取り扱われる結果が生じるおそれがあった。

そこで、平和条約発効後は、従来の取扱いを維持することは適当でないので、本籍不明又は無籍である旨の記載のある婚姻等の届出については、本通達により、日本国籍を有すること及び婚姻等の要件を具備していることを認め得る資料を提出しない限り受理しないことに取扱いを改めた。

なお、従前の取扱いにより本籍不明者又は無籍者として婚姻をした者が、その後に婚姻前の戸籍の表示を明確にしないまま離婚をした場合における前記1の昭和22年8月27日民事甲第841号回答による取扱いは、昭和31年5月2日民事甲第838号通達により改められた（後記〔98〕の〈解説〉参照）。

(渉外)

97　平和条約発効後、不法入国者から婚姻の届出があった場合の取扱い

昭和39年2月12日民事甲第306号通達

先例の趣旨　太平洋戦争後において連合軍が日本占領中の特殊措置として発出した連合軍総司令部の覚書に基づいて、「朝鮮人、台湾人等と内地人間の婚姻届及びこれに基づく戸籍の記載は、夫となるべき前者が不法入国者であらざる限り、総て従前通り取り扱う」旨の指示がされていた（昭和23・1・29民事甲136号通達(8)）。しかし、平和条約の発効（昭和27・4・28）後においてもなお、不法入国を理由としてその婚姻届が不受理とされることは適当でないので、本通達によりこの取扱いを改め、不法入国者からの婚姻届であっても、婚姻要件を具備している限り受理することとしたものである。

参考　訓令通牒録：⑤綴　7070頁、⑩綴　12629頁

〈解　説〉

1　日本人と外国人間の婚姻

(1)　日本人が外国人と婚姻をするようになったのは、明治維新後であったと考えられ、それ以前の徳川時代には、鎖国政策の関係もあって、事実上日本で日本人と外国人が適法な婚姻をすることはなかったといえよう。ところが、明治維新後は、外国との人的交流も次第に活発化し、外国人と婚姻をする日本人も増えはじめたことから、明治政府は、日本人と外国人との

婚姻は、政府の許可を受けた場合に限りこれを認めることとした（明治6年太政官布告第103号）。その後、民法（明治31年法律第9号）の施行に伴い、上記の布告を改め、外国人を養子又は入夫とする場合には内務大臣の許可を要するが、入夫婚姻以外の婚姻は自由とした（明治31年法律第21号「明治6年第103号布告改正法律」）。
(2) ところで、太平洋戦争が終結（昭和20・8・15）してから平和条約が発効（昭和27・4・28）するまでの6年余の間、日本は連合軍の占領下におかれ、同軍総司令部の施政権下にあった。その間、総司令部の指令の一つとして、「日本人と内縁関係にある朝鮮人及び外国人の日本入国に関する件」（昭和22・12・19付）という覚書が発せられ、「日本政府は、日本人男子と非日本人女子は、夫とともに入国する者は、日本人として登録して差し支えないが、日本人女子と結婚した朝鮮人男子及びその他の外国人男子は、婚姻の理由をもって日本に入国することは許されない。したがって、日本政府は、これらの不法入国者から婚姻届があっても受理すべきでない。」旨が述べられている。法務省は、この覚書によって前記昭和23年1月29日民事甲第136号通達中の(8)でこの点を指示した。

2 本通達による従前の取扱いの変更

しかし、上記の昭和23年1月29日民事甲第136号通達による取扱いは、連合軍の日本占領中における特殊事情の下で、日本への不法入国者を取り締まるためにとられた特別の措置であり、平和条約の発効後においても不法入国を理由として、その外国人の婚姻届を受理しないとするのは妥当ではない。

本通達は、我が国に不法入国した外国人であっても、婚姻届書に添付された書類によって婚姻の要件を備えていると認められる場合は、これを受理して差し支えないとし、前記通達の取扱いを変更したものである。

第5章 届出各則 第6節 離 婚（一般）

第6節 離 婚

（一般）

98 本籍不明者又は無籍者として婚姻等により戸籍に記載されている者が、婚姻前の戸籍を明らかにできないまま離婚をした場合の取扱い

昭和31年5月2日民事甲第838号通達

先例の趣旨　本籍不明者又は無籍者として婚姻により戸籍に記載されている者が、婚姻前の戸籍の表示を明確にし得ないまま離婚をした場合には、これを形式的に区別して、前者については新戸籍を編製し、後者については就籍戸籍を編製するまで婚姻中の戸籍にそのまま在籍させるという従前の取扱い（昭和22・8・27民事甲841号回答）は、本通達により改められ、離婚の届出があったときは、婚姻の戸籍から直ちに除籍することとされたものである。なお、この取扱いは、上記の者が縁組により戸籍に記載されている場合において、縁組前の戸籍を明確にし得ないまま離縁したときも同様である。

参考　訓令通牒録：③綴 2801頁、⑩綴 12599頁
関連先例通し番号：96

〈解　説〉

1　本籍不明者又は無籍者を当事者とする婚姻届の取扱いの推移
　本籍不明者又は無籍者として婚姻をした者が、有籍者の戸籍に入籍の記載

がされた従前の取扱いは、昭和29年11月20日民事甲第2432号通達により改められ、その者が日本国籍を有すること及び婚姻の要件を具備していることを認めるに足りる資料を提出しない限り、婚姻の届出は受理できないこととされた（通達〔96〕の〈解説〉参照）。

また、その者が婚姻前の戸籍の表示を明確にしないまま離婚をした場合に、本籍不明者として婚姻をした者については、当該離婚届によりその者につき新戸籍を編製し、また、無籍者として婚姻をした者については、当該離婚届によっては新戸籍を編製することなく別に就籍の手続により戸籍が編製されるまでは婚姻中の戸籍にそのまま在籍させる取扱いがなされていた。

ところで、本籍不明者と無籍者[注]については、戸籍法の規定上は、本籍不明者については本籍分明届（戸26条）を、本籍のない無籍者については就籍届（戸110条）をすることとされ、両者を判然と区別しているかにみえるが、この区別は結果からみたもので、実質的に区別することは困難とされている。

〔注〕 本籍不明者とは、本籍がどこに設定され、あるいはいずれかの本籍に所属し、その戸籍に入籍しているが、本籍地及び筆頭者の氏名が判明しないため、探索できないものをいい、また、無籍者とは、日本人でありながら、出生当時何らかの事由で出生届がされず、出生届出義務者が存在しないため、戸籍に登載されていないものをいう、とされているが、両者を実質的に区別することは困難である。

2 本通達による取扱い

(1) そこで、本籍不明者又は無籍者として婚姻をした者が、婚姻前の戸籍の表示を明確にすることができないまま離婚をしたときは、本籍不明又は無籍を区別することなく、当該離婚届に基づいて婚姻中の戸籍に離婚事項を記載して直ちに同人を除籍することに改めるものとした。従前の取扱いは、日本人であることを前提として婚姻届によって戸籍に記載したものであるが、日本国籍の有無についての審査は行われていないので、これが悪用されて戸籍に記載した例がなかったとはいえない。昭和29年11月20日民事甲第2432号通達による婚姻の際の厳格な取扱いとの均衡上からも、

第5章　届出各則　第6節　離　婚　(一般)

婚姻前の戸籍の表示を明確にしないまま離婚をする場合は、本人を直ちに除籍し、婚姻前の状態に戻すことは何ら差し支えないと考えられたものである。
(2)　本通達前に、無籍者として婚姻をし、その後、婚姻前の戸籍の表示を明確にしないまま離婚をした者については、就籍手続をとるまで婚姻中の戸籍にとどまっているので、その該当の有無を市区町村長において速やかに調査する。その結果、就籍の手続を履行していない者については、市区町村長限りの職権により、次の振り合いの記載をして除籍する。
　(婚姻後の戸籍のその者の身分事項欄)
　　　　平成　年　月　日除籍㊞
(3)　前記の場合には、当該離婚届を受理する際に、また、上記の場合には除籍の手続をした後に、離婚後の戸籍から直ちに除籍される旨又は除籍した旨をその者に通知し、就籍又は戸籍訂正の手続によって正当な戸籍記載にするよう本人に勧める。
(4)　本通達前に、本籍不明者として婚姻し、その後離婚をしたため従前の取扱いにより、新戸籍を編製している者の戸籍は、そのままにしておいて差し支えない。また、無籍者として婚姻をし、その後離婚をしたにもかかわらず就籍の手続をしないまま更に婚姻、縁組等により、前婚の戸籍から他の戸籍に入籍している者の戸籍についても同様である。したがって、これらの者については、格別の措置を要しないが、後婚が離婚となったときは、本通達第1項(前記(1))により除籍されることとなる。
　また、従前の取扱いにより、本籍不明者又は無籍者として婚姻をし、その者が婚姻の際に自己の氏を称したため、離婚の際にその者が戸籍の筆頭に記載されている場合には、本通達後であっても婚姻後の戸籍から除籍することなく、離婚事項を記載するにとどめる。
(5)　前記(4)の取扱いを受ける場合であっても、その後に本籍不明者の本籍が判明し、又は無籍者が就籍の手続をし、あるいはこれらの者が外国人の身分を有することが判明した場合には、その者の戸籍を訂正すべきことはいうまでもない。その訂正要領は、次のとおりである(昭和31・7・12民事甲1557号回答第3項・4項)。

ア　本籍不明者として婚姻をした者が離婚し、その後同人の本籍が判明した場合

　戸籍法第26条に規定する本籍分明届書に所要の事項を記載させ、これに基づき、戸籍に次の振り合いによる記載をして、直ちにその者の婚姻事項の記載を訂正する。
（婚姻により編製した戸籍中、事件本人の身分事項）
　平成年月日本籍分明届出婚姻事項中「本籍不明のまま」を「○県○市○町○番地何某戸籍から」と訂正㊞

〔注〕　1　婚姻事項中婚姻前の戸籍の表示を訂正すれば足りる。
　　　　2　前記(1)により離婚届と同時に除籍の記載をしている場合には、婚姻事項及び離婚事項の記載を訂正する。この場合の戸籍の記載は、「平成年月日本籍分明届出婚姻事項中「本籍不明のまま」を「○県○市○町○番地何某戸籍から」と、離婚事項中「除籍」を「○県○市○町○番地何某戸籍に入籍につき除籍」と各訂正㊞」とする。

イ　無籍者として婚姻をした者が離婚をし、その後同人が就籍をした場合

　就籍届書に戸籍法第35条の規定による戸籍に記載すべき事項を記載させ、その者の従前の戸籍に次の振り合いによる記載をするとともに、同戸籍中就籍戸籍と相違する部分の記載について所要の訂正をする。
（婚姻による夫婦の新戸籍中、事件本人の身分事項欄）
　平成年月日○県○市○町○番地に何氏を称して（何某として）就籍届出年月日何村長から送付

〔注〕　1　離婚事項を訂正する必要はない。
　　　　2　就籍戸籍には、離婚事項の記載を要しない。
　　　　3　氏、出生年月日、父母の氏名、続柄等が就籍戸籍と相違するときは、「誤記につき年月日氏名（出生年月日）訂正㊞」の例により記載して訂正する。

　なお、本通達は、本籍不明者又は無籍者として従前の取扱いにより戸籍に記載された者が、縁組前の戸籍の表示を明確になし得ないままで離縁をした

ときについても、上記に準じて取り扱うのが相当であるとしている。従来の取扱いによれば、本籍不明者又は無籍者が婚姻をした場合だけでなく養子縁組をした場合も同様に取り扱われていたので、前掲昭和29年11月20日民事甲第2432号通達なお書をもって、本籍不明者又は無籍者が養子縁組届をする場合には、その者が日本国籍を有すること及び縁組の要件を具備することを認めるに足りる資料を提出しない限り受理すべきでないとされたことに伴う措置である。

99 離婚届等の不受理申出の取扱い

昭和51年1月23日民二第900号通達

先例の趣旨

離婚届等の創設的届出に関して、届出人本人の意思に基づかない届出がなされるおそれがある場合や、いったん離婚等の意思をもってその届書に署名をしたが、その届出前に離婚等の意思を翻した場合に、本人からの申出に基づいて、その受理を拒否する取扱い（昭和27・7・9民事甲1012号回答）、つまり、届出の不受理申出制度は、多くの問題を抱えながら、その後、改善を重ね、国民の間に定着していった。本通達は、非本籍地になされた申出が、本籍地の市区町村に申出書が送付されないことから生ずる種々の不都合を改め、申出地につき、いわゆる本籍地主義を採用するなど従来の先例を見直し、その不合理な取扱いを改善したものであり、その後における不受理申出制度の基本通達と位置付けられている。

その要旨は、次のとおりである。
(1) 従来、不受理申出は、非本籍地の市区町村においても受理していたが、これを本籍地の市区町村において取り扱うことに改める。
(2) 不受理申出書が非本籍地の市区町村に提出されたときは、当該市区町村長はこれを受け付けた後、本籍地市区町村長に送付する。
(3) 本籍地主義を採ったことにより、当事者の双方が外国人である場合は、不受理の申出は認めない。
(4) 転籍その他によって本籍地の市区町村を異にするに至ったときは、新本籍地に不受理申出書を送付する。
(5) 不受理申出期間中に、申出に係る協議離婚等の届出が受理され、その届出に基づき戸籍の記載がされている場

合、又は戸籍の記載がされていない場合は、管轄法務局の長の訂正許可又は指示により処理をする。

なお、この不受理申出の取扱いは、先例に基づいて行われてきたものであるが、平成19年5月11日法律第35号をもって公布された「戸籍法の一部を改正する法律」により、同法に不受理申出に関する第27条の2の規定が新設され、法制化された。この改正法は、公布の日から1年6か月を超えない範囲内で政令で定める日から施行することとされている(後記3参照)。

参考
訓令通牒録：⑦綴 9308頁、⑩綴 12671頁
関連先例通し番号：100、102
改正：平成19年法35号により戸27条の2新設

〈解　説〉

1　不受理申出制度
(1)　婚姻、協議離婚、養子縁組、協議離縁等の創設的身分行為が有効に成立するためには、それが当事者本人の意思に基づいてなされることが必要であり、もし、これを欠くときは無効である。そして、この意思は、戸籍への届出という形で表示されなければならないから、届出の時点において現に存在することが必要である。

しかし、これらの届出の受理に際しての市区町村長の審査は、いわゆる形式審査主義に基づいて行われることになるから、当事者の意思を欠く届出、すなわち、当事者の一方の意思を無視して他方からなされた届出が受理され、戸籍にその記載がなされる場合が生じ得ることは否定できない。

もちろん、このような当事者の意思を欠く届出は、実体的に無効であるが、しかし、いったん市区町村長においてこれが受理され、戸籍に記載された以上は、これを無効とする確定判決（審判）がない限り、その記載を訂正消除することはできない。届出の無効であることが戸籍の記載上から

は明らかでないからである。その結果、届出をする意思のない者は、当該身分行為の無効確認の判決（審判）を得て戸籍訂正の申請をすることを余儀なくされることになる（戸116条）。

そこで、婚姻、離婚等の身分行為をする意思のない者、又はいったんその身分行為をする意思をもって届書に署名したが、その後、その届出前にその意思を翻した者が、自己の意思に基づかない届出がされるおそれがあるとして、あらかじめ市区町村長に対してその届出があっても受理しないよう申し出たときは、その後に提出された届出は受理しないとする取扱いを認めた。そうすることによって、本人の意思に基づかない届出が受理されることを未然に防止する取扱いが、いわゆる不受理申出の制度である。

(2) 離婚届等の不受理申出の取扱いは、昭和27年に初めて認められたものである（昭和27・7・9民事甲1012号回答）。以来、不受理申出の制度は、戸籍事務取扱いの行政先例として国民の間に定着し、最高裁第二小法廷の判決（昭和34・8・7判決—民集13巻10号1251頁）によっても承認されるに至った。

しかし、この取扱いについては、市区町村の事務担当者にとって相当の負担となっていたほか、申出は、非本籍地・本籍地を問わず提出できたため、本籍地に不受理申出がなされている離婚届が非本籍地で受理された場合は、戸籍の記載をすべきものとされていたから、申出の実効を収め得ないなど種々の問題があった。そこで、従来の関係先例を整理し、制度の実効性を高め、事務の円滑化と市区町村における事務負担を軽減する等の趣旨から、本通達によって従来の取扱いが変更された。

2 本通達等による取扱い

本通達と関連して、同日付け民二第901号依命通知（以下「依命通知」という。）〔100〕が発せられ、さらに細部にわたる疑義を解消するため、同年6月11日民二第3328号通知（以下「通知」という。）〔102〕がなされているので、これらを一括して具体的事務処理について確認してみることとする。

(1) 不受理申出の対象

ア　対象とし得る届出の範囲

　　離婚の意思がない者又はいったん離婚の意思をもって届書に署名をしたが、その後、離婚意思を翻した者が協議離婚の届出がされるおそれがあるとして、その届出があってもこれを受理しないよう申し出たときは、上記申出を受け付けた後に提出された離婚届は、これを受理しない（本通達一）。

　　なお、この不受理申出の対象は、協議離婚届に限らず、相手方のある創設的届出（婚姻、養子縁組、協議上の離縁）はもとより、相手方のない創設的届出（姻族関係終了届、復氏届、分籍届等）についても、同様に取り扱って差し支えない（本通達前文なお書）。創設的届出と報告的届出の性質を併有する戸籍法第62条の出生届についても適用がある。

イ　申出の当事者

　　不受理申出は、従前は、外国人のみを当事者とする創設的届出事件についても適用する取扱いとされていたが（昭和43・11・27京都府戸住外登協決三）、本通達以後は、申出人の本籍地において処理することとなったため、本籍を有しない外国人については適用しないことに改められた（通知一の1）。もっとも、日本人と外国人を当事者とする届出事件については、従前どおり当該届出の不受理申出をすることができる。

ウ　申出の時期

　　不受理の取扱いは、申出を受けた後に提出された離婚等の届出に対してのみ認められる。不受理申出が、その届出を受理した後になされた場合には、たとえ戸籍記載前であっても申出の効力はなく、裁判で争うほかはない。届書が提出されたときは、これが受理前であっても不受理申出は認めるべきでない。不受理申出が本籍地市区町村長になされ、当該申出にかかる離婚届等が同日付けで非本籍地において受理されている場合に、先後の関係をいかに解するかが問題となる。届書は、受付の前後により処理されるが、時分まで記載されないので、いずれが先か判断できないことになる。このような場合には、届書について不受理の取扱いができない。したがって、届出に基づく戸籍の記載をし、その成否を裁

判で争うことになる。
(2) **不受理申出の方式等**
　ア　**申出の方式**

　　不受理申出は、書面でしなければならないとされ、その様式は、依命通知に示す様式に準ずるものとされている（依命通知一）。この書面には、郵送によるものも含み、郵便による申出を受け付けた場合には、封筒に不受理申出の旨、受付の年月日及び受付番号を記載し、これを申出書に添付して保存するものとしている（依命通知三）。

　　申出は、書面以外の方法、例えば、電話又は電報によることは、申出の性質（申出人に届出意思のないことが明確でなければならない。）からして、このような簡易な方法によることはできない。また、これを認めることは、形式的審査権の範囲からも逸脱するし、証拠が残らないことから、虚偽の申出がなされるおそれもあり相当でないとされる（昭和36・5・12〜13佐賀県戸住協決一、昭和41・5・17〜18熊本県連戸住協決五等参照）。しかし、口頭による申出は、身体障害等により書面による申出ができない者については、戸籍法第37条第1項、第2項に準じた方法で認められるものと解すべきである。

　イ　**郵便による不受理申出**

　　郵便による申出を受け付けた場合には、封筒に不受理申出の旨、受付年月日及び受付番号（戸籍受附帳には登載しないから、戸籍発収簿に登載し、その進行番号を記載する。）を記載し、申出書に添付して保存する（依命通知三）。

　ウ　**申出の記載に不備がある場合**

　　申出書が郵送されたり、使者によって提出された場合のように、その不備を直ちに補正させることができないときは、多少の不備を理由に申出の受付を拒否することなく、申出の対象とする届出及び申出人が特定できる限り、これを受け付けるものとされている（依命通知二）。

　　具体的には、申出書の「不受理処分をする届出」欄中、届出事件の種別、氏名（当該届出事件の事件本人の氏名）、及び本籍が記載されていること、申出人の署名があることが最小限度必要である[注]。

また、例えば、婚姻届不受理申出等において、事件本人として申出人の氏名のみが記載され、相手方が判明しない場合には、どうすべきか。この場合、だれの何の届出に対する申出かは明らかであるから、一応有効なものとして取り扱うこととされる（「戸籍」265号6頁参照）。

〔注〕　依命通知に示された申出書の様式は、離婚届不受理申出を前提にして作成されているので、届出人の住所及び本籍を記載する欄がない。これは、当事者として「不受理処分をする届出」欄に記載されていると考えられるからである。したがって、15歳未満の者の養子縁組について、法定代理人から申出をする場合のように、申出人が対象届出の届出人であっても、事件本人でない場合には、「その他」欄に申出人の住所、本籍及び届出人の資格を記載させるべきである。

(3) 不受理申出地
　ア　本籍地の原則
　不受理の申出は、申出人の本籍地市区町村長に対してすべきものとされ、その申出による不受理の取扱いは、本籍地の市区町村長が行うこととされている（本通達二）。日本人と外国人を当事者とする届出についての申出は、日本人の本籍地市区町村長にする（通知一の2）。また、日本人間の身分行為でも、15歳未満の子の養子縁組又は離縁のように、縁組の代諾者又は離縁協議者が当該未成年者に代わって届出をする場合には、不受理申出もその者からなされるが、意思に基づかない届出を防止する趣旨にかんがみ、申出人の本籍地市区町村長にすべきではなく、事件本人の本籍地市区町村長に対してなすべきである。
　本籍地の市区町村に戸籍事務を取り扱う支所・出張所が複数ある場合、従前は1か所に申出がなされると、他の事務所にも申出書の写しを送付する扱いが一般的であったが、本通達の趣旨（非本籍地での不受理の取扱いを止め、本籍地において届書を戸籍簿と照合する段階で虚偽の届出をチェックすることとした。）からすれば、申出人の戸籍を保管する事務所が本籍地に相当し、他の事務所が非本籍地に相当するものとして取り扱って差し支えないとされる（「戸籍」265号4頁）。

イ　本籍地における調査

　不受理申出があった場合、本籍地市区町村においては、申出にかかる届出事件の前提となる戸籍の記載（例えば、離婚届の不受理申出について、その前提となる婚姻の記載）があるか否か、さらに、申出の対象となる届出が既に受理され、戸籍の記載を了していないかどうかを調査することとなる。不受理申出について、調査の結果、障害のない場合は、当該戸籍の直前に着色用紙をとじ込む等の明認方法を講ずることは差し支えない（依命通知五）。しかし、当事者の名誉を考慮する必要があるので、戸籍用紙の当該本人に関する部分に符せんをする等の方法は、相当でない。

(4)　非本籍地での不受理申出受付

　申出は、本籍地の市区町村長に対してのみすることができるとするのが建前であるが、申出の緊急性と申出人の利便を考慮して非本籍地の市区町村長に提出することを認めている（本通達三）。そこで、申出書が非本籍地の市区町村長に提出されたときは、これを受け付けた後、申出書の発送欄の記載をし職印を押して、本籍地の市区町村長に送付する。その際、郵送中の紛失等に備えて申出書の写し（2通提出させるか、市区町村でコピーをつくる。）をとって、提出の日から1年間保存する（通知三）とともに、申出書の収受、発送等の経緯を明らかにしておくため、戸籍発収簿等にその旨を記載しておくのが相当であるとされる。

　申出書の送付を受けた本籍地市区町村長は、非本籍地から送付を受けた時までの不受理期間中に、申出の対象である届出がなされているか否かを調査する（依命通知四）。当該届出に基づく戸籍の記載がなされていない場合は、申出書の戸籍調査欄に認印を押し、受付又は送付の区分により該当欄に年月日を記載し、整理番号の順序に従って保存する。不受理申出受付前に、その対象となっている届出が受理されている場合には、当該申出の目的は達成しないこととなるので、申出書を受け付ける必要はない。もし、受付後にその事実を発見したときは、申出人にその旨を通知し、当該申出書には、その旨を記載して証拠書類として、提出の日から1年間保存すれば足りる。

(5) 不受理期間
　ア　不受理の取扱いをする期間
　　申出を受けた日から6か月を超えない範囲で、申出人が定めた期間である。したがって、申出を受け付ける際には、申出人に6か月以内の一定期間を申出書に記載させなければならない（本通達四）。
　　不受理の取扱いは、申出を受け付けた日から開始する（民104条本文）。郵送等による申出の場合で、申出書に記載した日（例えば、受付の日より前の日）から取扱いを希望するものであっても、一律に受付の日から取り扱うべきである。これにより、継続して申出をする場合には、申出が重複することもあり得るが、その場合は、新たな申出が受け付けられた時点で前の申出が失効するものとして扱うことで差し支えないであろう。
　　ところで、不受理の申出書が提出された場合には、不受理期間として6か月以内の一定期間を記載させ、その期間経過後もなお必要があるものについては、上記の期間が満了する際に改めて同じ趣旨の申出書を提出させる。もし、その申出書を再度提出しないものについては、その後は当該届出があったときは、これを受理して差し支えない扱いである。なお、上記の期間の定めのない申出書が郵送されたとき、又は期限の定めのない申出書を誤って受け付けた場合は、これを申出人に返戻することなく、そのまま有効期間6か月として処理して差し支えないであろう（昭和39・5・28～29山形県戸住協決四参照）。ただし、この場合には、申出人に対し、①不受理申出書には、不受理の期間を申出の日から6か月の範囲で定めてもらうことになっていること、②したがって、その期間を定めた上、これを記載した書面（申出書）を別途提出されたいこと、あるいはまた、上記①の趣旨により、「申出の有効期間（6か月内）である○年○月○日まで不受理の取扱いをするから、この期間経過後もなお不受理の申出を必要とするときは、上記期間満了の際に改めて6か月の範囲で期間を定めて申出書を提出されたい」旨を通知することが望ましいと考える（前掲決議及び昭和39・5・28～29山形県戸住協決四、木村三男・神崎輝明「改訂　戸籍届書の審査と受理」411頁以下等参照）。

イ 不受理期間の計算方法

　この期間の計算方法については、別段の定めがないから、民法の一般原則（民140条・143条）に従うことになる。受付の日の当日は、午前0時にさかのぼって不受理の扱いをするわけではなく、受付の時点から開始するのであるから、民法第140条ただし書の適用はない。

　したがって、不受理期間が受付日から6か月間である場合には、受付期間終了日は次のようにして定まる。

① 受付日が月の末日でないとき、受付日の6か月後の月に対応する日があればその日（例・2月29日受付～9月29日終了）

② ①の場合に、受付日の6か月後の月に対応する日がなければ、その月の末日（例・平成17年8月30日受付～平成18年2月28日終了）

③ 受付日が月の末日の場合には、その6か月後の月の末日（例・3月31日受付～9月30日終了、4月30日受付～10月31日終了）

　なお、不受理期間終了日は、申出書上部の欄に記載しておくこととされている。

(6) 不受理期間中の転籍

　不受理期間中に転籍の届出が受理され、又は送付された場合は、申出書を転籍地の市区町村長に送付しなければならない（本通達五前段）。

　申出書を送付する際は、申出書の発送欄の余白等に「〇年〇月〇日〇県〇市〇〇町〇〇番地に転籍〇年〇月〇日発送〇〇市長㊞」と記載するか、「昭和51年12月23日付け民二第900号通達第5項により送付します。」と記載した付せんをつける等の方法をとることが望ましいとされている（「戸籍」365号10頁）。

　申出書の送付を受けた転籍地の市区町村長は、原籍地から送付を受けた時までの不受理期間に、申出の対象である届出がなされているか否かを調査し、(4)の非本籍地で受け付けた申出書が本籍地に送付された場合と同様の処理をすることになる（依命通知四）。なお、転籍地では、当該申出書に記載された不受理期間の残存期間に限り不受理申出の取扱いをする（本通達五後段）。

　また、送付する際は、必ず申出書の写しを原本に変えて保存するととも

に、この写し又は目録によって、発送先と発送年月日を明確にしておく必要がある。なお、この場合における申出書の写しは、非本籍地におけるのと同様に取り扱うことになる（申出書が非本籍地を経由して提出されたときは、その写しを非本籍地において１年間保存する取扱いである。通知三）

申出後に申出人が入籍届・分籍届等により本籍が変更し、他の市区町村に転属した場合も、転籍届に準じて取り扱うこととされている（通知二）。

(7) 不受理申出の取下げ（撤回）

　ア　本通達による取下げの処理

　　　不受理の取扱期間は、６か月とされている。これは、市区町村の事務処理上の便宜（当該申出書の保管ないし申出の対象となる届出の受否の調査に要する担当者の負担の軽減）を考慮したものと解されるから、申出後上記の期間内にこれを申出人が撤回することはもとより自由である。殊に、不受理期間の満了前に、例えば、夫婦間に離婚の合意が成立した場合には、もはや申出を維持する必要はなくなったわけであるから、本籍地市区町村長に対し、いわゆる取下書（又は撤回書）を提出させて（依命通知六）完結すべきである。

　　　不受理期間中に申出人から取下書の提出があった場合は、既に記載している発収簿の「不受理期間終了日」欄又は「備考」欄に取下げがあった旨（「年月日取下げ㊞」等）を記載するとともに、当該戸籍の直前にとじ込んだ着色用紙等の備忘的措置を解除することになる。

　　　なお、上記の取下書については、書式例が特に定められているわけではないので、任意で差し支えないが、参考例を示せば次のとおりである。

```
              取　　下　　書

戸籍の表示　〇〇県〇〇市〇〇町〇〇番地　何　　某
　　　　　　　夫・何　　某　（　年　月　日生）
　　　　　　　妻・何　　某　（　年　月　日生）
　　平成　　年　　月　　日夫婦間の離婚届不受理申出書を提出しま
```

したが、その後、夫婦間で離婚をすることに話合いがつきましたので（又は、何々の理由により）、右申出を取り下げます。
　　　平成　　年　　月　　日
　　　　　　　住　所　　○○県○○市○○町○○番地
　　　　　　　　　　　　妻（又は夫）　氏　　　名　㊞
○○市区町村長　殿

　非本籍地に取下書が提出された場合は、申出を受け付けるのと異なり、非本籍地で取り扱う実益がないから、直接本籍地に送付するよう指導する。もっとも、届書と共に提出された場合等は、便宜、本籍地に送付しても差し支えない。この際、取下書が虚偽のものではないかどうかの審査をする必要はなく、そのまま本籍地に送付し、本籍地で処理するのが相当と考えられる（「戸籍」365号10頁参照）。この点に関しては、なお次のイ参照。

イ　平成15年3月18日民一第750号通達（不受理申出の取下げの取扱い）
　離婚届等の不受理申出について取下書が提出された場合における書面審査の方法及び取下書作成の真正について疑うに足りる合理的理由がある場合の具体的な取扱いが、次のとおり示された。
① 取下書が提出された場合の審査
　取下書と市区町村に保管されている取下書に対応する不受理申出書の記載内容、筆跡及び印影を対比照合し、その取下書が不受理申出をした者によって真正に作成されたものであることを確認できた場合は、不受理申出の取扱いを終了する。
　なお、不受理申出書、取下書の署名が代書による場合若しくは押印がない場合又は署名押印はあるが、その同一性について疑義がある場合で、取下人が窓口に出頭しているときは、任意に運転免許証、旅券等の身分を証する書面の提示を求めるなどの方法により取下書の記載内容について確認した結果、その取下書が不受理申出をした者により作成されたものと認められるときに限り、不受理申出の取扱いを終了する。この場合は、身分証明書等の写しを取下書に添付するなどの方

法により、上記の確認を行ったことを明らかにしておくことを要する。

② 取下書の作成に疑義がある場合の取扱い

上記①後段の方法によっても取下書作成の真正について確認が得られない場合（窓口に出頭した取下人が身分証明書等を所持していない場合若しくはその提示を拒否した場合又は取下書の提出が使者や郵送による場合を含む。）には、不受理申出の取扱いを継続する。なお、虚偽の疑いのある取下書の提出があったことを明らかにしておくため、不受理申出書の余白に、取下書の提出年月日及び虚偽の疑いがある旨を記載し、取下書の審査を行った担当者の認印を押した上、その取下書を不受理申出書に添付しておく必要がある。

③ 不受理申出の取扱い継続中に届出があった場合の取扱い

上記②の取扱い継続中に、不受理申出の対象となる届書が提出された場合には、昭和51年民二第900号通達第六項に準じ、管轄法務局の長の指示を受けて届出の受否を決するものとする。

(8) 不受理申出期間中にされた届出の処理

ア 不受理の取扱い

不受理期間中に、不受理申出の対象となっている届出がなされたときは、不受理申出取扱いの本来的形態（本通達）であり、これを受理しないことはいうまでもないから、他の不受理処分と同様の取扱いをすることとなる。

この場合、当該届書については、その欄外又は白紙を継ぎ（この場合は契印をする。）「○○申出により○年○月○日不受理○○市長㊞」と記載して、届出人に返戻する。

また、不受理申出書又は戸籍発収簿等の備考欄に、申出の対象となっている届書について不受理の処分をした旨を記録するとともに、「不受理処分整理簿」（準則制定標準31条）に処分及び返戻の年月日、事件の内容並びに不受理の理由を記載する。これは、後日、届出人が前記の不受理処分を不服として家庭裁判所に対し不服申立て（戸118条）をするために「不受理証明書」の交付請求がなされた際に、これを交付する上

でも必要な措置である。

イ 届出を受理し、戸籍の記載がされていない場合

　不受理期間中に申出の対象となっている届出が非本籍地で受理され、その送付を受けた本籍地において不受理の申出があることが判明した場合は、管轄法務局の長の指示を受けて処理することになる（本通達六）。これは、本籍地で不受理申出のあることを看過して、申出の対象となっている届出を受理後戸籍の記載前に、申出のあることが判明した場合も同様である。

　管轄法務局の長の指示によってその届出を無効として戸籍の記載をしないこととするときは、本籍地市区町村長及び届出地市区町村長は、届書及び受附帳にその旨を記載し、届書は、届出人に返戻することになる（依命通知七）。また、本籍地市区町村長は、届出により復籍しようとする市区町村の長あてに指示書の謄本を添えて、その旨を通知する（通知六の1）。復籍地において既に戸籍の記載がされている場合は、指示書の謄本に基づいて市区町村長限りの職権で戸籍の記載を削除し、その旨を届出地の市区町村長に対し通知するものとされている（通知六の2・3）。

ウ 届出を受理し、戸籍の記載がされた場合

　夫婦の一方から本籍地の市区町村長に対し離婚届の不受理申出がなされていたにもかかわらず、本籍地においてこれを看過して、他の一方から提出された協議離婚届を受理し、戸籍の記載を完了した後に上記の申出書が提出されていたことを発見するとか、不受理申出書が非本籍地から本籍地に送付される間に、申出の日後に本籍地で協議離婚届を受理し、戸籍の記載がされるといった事態が起こり得る。

　このような場合において、相当と認めるときは、本籍地の市区町村長は、戸籍法第24条第2項の許可を求めるべきものとされる（本通達七）。

　なお、ここに「相当と認めるとき」とは、例えば、戸籍記載後1年未満であって、かつ、その戸籍に新たな身分事項等の記載がされていない場合等具体的事案によって判断すべきものとされる。その判断は、市区

町村長の裁量に任されているが、実務上は、市区町村長において疑義がある場合には、あらかじめ管轄法務局の長の指示を受けることになるであろう〔注〕。

　管轄法務局の長において不受理申出人等関係人についての調査の結果、届出時において、離婚届出の意思が欠缺していたと認められたときは、当該申出を無効なものとして戸籍訂正を許可すべきものとされる（本通達八）。

　　〔注〕　戸籍記載後1年以上を経過し、新たな身分事項等の記載がされている場合（例えば、新たな婚姻届が受理され、これに基づく戸籍の記載がされている場合など）の処理が問題となるが、事案によっては（例えば、訂正すべき事項が複雑多岐にわたるような事例）、戸籍法第114条の戸籍訂正手続によるのが相当とされる場合があろう。いずれにせよ、管轄法務局と事前に十分協議の上、対処すべきものと考えられる。

(9)　**不受理申出書等の閲覧及び記載事項証明**

　不受理申出書については、申出に基づいて届出の不受理処分をする以上、当該申出にかかわる届出の届出人（つまり申出人又は相手方）に申出書等を見せないのは不合理であること等から、申出書・取下書等の閲覧及び記載事項証明に関しては、戸籍法第48条第2項の規定に準じて取り扱うこととされている（依命通知八）。

　しかし、上記証明等の事務を取り扱う市区町村については明記されていないが、不受理申出は、本籍地市区町村長に対してのみなされるものであり、申出後の処理は、本籍地市区町村長がこれをする建前であるから、当然本籍地市区町村長に請求すべきことになる。したがって、申出書の写しを保存している非本籍地市区町村長（申出が非本籍地市区町村長経由で本籍地市区町村長に送付された場合）や転籍前の本籍地市区町村長に請求があっても、これに応じなくてよい扱いである（通知四の3の解説「戸籍」369号78頁）。

(10)　**不受理申出書の保存**

　不受理申立書は、不受理の取扱い期間終了後3年間これを保存するものとされている（依命通知九）。

3　平成19年法律第35号の改正戸籍法による不受理申出

　平成19年5月11日法律第35号により公布された改正戸籍法第27条の2第3項は、何人も、その市区町村長に対し、あらかじめ、法務省令で定める方法により、自らを届出事件の本人とする認知、縁組、離縁、婚姻又は離婚の届出（以下「縁組等の届出」という。）の届出がされた場合であっても、自らが出頭して届け出たことが確認できない限り、届出を受理しないよう申し出ることができるものとした。

　また、同条第4項は、第3項の申出に係る届出があった場合において、申出をした届出事件の本人が出頭したことが確認できなかったときは、当該届出を受理することができないこととし、なお、その場合は、不受理申出をした者に届出があったことを通知することとしている（同条5項）。

　これは、従来の昭和51年の第900号通達（すなわち本通達）による取扱いが、協議離婚の届出については一律に不受理の対象とするが、それ以外の創設的届出については各市区町村長の判断にゆだねるとしていたのを、改正法では、その適用対象となる届出を他の主要な創設的届出に拡大するとともに、これを明文化したこと、また、6か月の有効期間を撤廃するなど、従前の不受理申出の制度を発展させた形で法制化したものといわれている。

　なお、改正法が施行される際には、法務省民事局長通達（いわゆる基本通達）をもって、改正法に基づく具体的取扱い等の詳細が示されるものと解されるが、その場合は、この基本通達に従って取り扱うことになることはいうまでもない（したがって、その段階において、本通達に関する前記の解説の内容中には、一部変更若しくは修正される部分があるものと思われる。）。

第5章　届出各則　第6節　離　婚　（一般）

100　離婚届等の不受理申出の取扱い要領

昭和51年1月23日民二第901号依命通知

先例の趣旨　昭和51年1月23日付け民二第900号民事局長通達による離婚届等の不受理申出について、その具体的な事務手続きの要領を示すものである（上記通達に関する〔99〕の〈解説〉参照）。

参考
訓令通牒録：⑦綴　9308頁、⑩綴　12673頁
関連先例通し番号：99、102
改正：平成19年法35号により戸27条の2新設

〈解　説〉

　本通知に基づく具体的な事務手続要領等に関しては、基本通達の〔99〕の項において、同通達と合せて解説したので、同項を参照されたい。

101 民法の一部を改正する法律（昭和51年法律第66号）の施行に伴う婚氏続称等に関する戸籍事務の取扱い

昭和 51 年 5 月 31 日民二第 3233 号通達

先例の趣旨

民法等の一部を改正する法律（昭和 51 年 6 月 15 日法律第 66 号）の公布・施行に伴い、戸籍法施行規則の一部を改正する省令が同日公布・施行され、離婚により復氏する者の氏及び死亡届出人等に関する戸籍事務の取扱いが変更された。

(1) 婚姻によって氏を改めた夫又は妻は、離婚によって婚姻前の氏に復するという原則を維持しながら、離婚後においても離婚の際に称していた氏を称することを希望する場合は、離婚後 3 か月以内に、その旨届出をすることにより婚氏を続称することができることとされた（民 767 条 2 項、戸 77 条の 2 新設）。

(2) 改正前の戸籍法において、死亡の届出義務者は、同居の親族、その他の同居者、家主・地主又は家屋若しくは土地の管理人と規定され、これ以外の者は届出をすることができないものとされていたが、戸籍法第 87 条に第 2 項の規定が追加され、同居していない親族も死亡の届出をすることができることとされた。

なお、戸籍の公開、嫡出子出生の届出人及び本籍の表示等に関する改正については、昭和 51 年 12 月 1 日から施行することとされ、特に戸籍の公開に関しては法務省令に委任された（昭和 51・11・5 民二 5641 号通達〔31〕参照）。

第5章 届出各則 第6節 離　婚　(一般)

> **参考**　訓令通牒録：⑦綴　9335頁、⑩綴　12676頁
> 改正：平成19年法35号により戸籍の公開制度改正

〈解　説〉

1　民法等の一部を改正する法律

　この改正法は、妻の地位の実質的向上を図るため、離婚復氏の制度、離婚等の訴えの裁判管轄、裁判離婚等の届出人、及び嫡出子出生の届出をする者について改善を加えるとともに、国民のプライバシー保護の観点から、戸籍公開の制度を改善するため、民法、人事訴訟手続法（平成16年10月1日、人事訴訟法（平成15年法律第109号）の施行により廃止。）及び戸籍法の三法を一括して改正したものである。

2　本通達による戸籍事務の取扱い

(1)　離婚後の氏に関する改正

　婚姻によって氏を改めた夫又は妻は、離婚によって婚姻前の氏に復するという原則を維持しつつ、離婚後においても離婚の際に称していた氏を称することを希望する場合には、離婚後3か月以内に戸籍法第77条の2に定める届出（以下「法77条の2の届出」という。）をすることにより離婚の際に称していた氏を称することができることとされた（民767条に2項を追加・本通達一の1）。[注]

> 〔注〕　婚姻の際は、夫婦の協議によって夫又は妻の氏を称することとされているが（民750条）、実際には夫の氏を称する婚姻が98.5％（当時、法務省において全国の法務局のうち10局が保存していた昭和49年1月から3月までの婚姻届書5,863件について調査した結果）を占めており、離婚によって復氏することとなる者は、多くの場合は妻ということとなる。そのため社会的に活動している女性の氏が離婚によって変わることから、その活動に支障を来して不利益をもたらしたり、離婚後に養育する子と氏が異なることによる不便や苦痛を伴うといった実態があった。このような社会的背景の下に、1975年（昭和50年）が国際婦人年に当たり、各種の婦人団体等から要望が寄せられていたこともあって、離婚後に称する氏につい

て改正が行われたものである。

ア 「離婚の際に称していた氏」

「婚姻中に称していた氏」と規定しなかったのは、婚姻中に養子縁組等の身分行為によって氏が変わっている場合もあって、そのいずれの氏か不明確なことから、婚姻中の最後に称していた氏、すなわち「離婚の際に称していた氏」とされている。

また、「離婚の際に称していた氏を称する」とは、離婚によっていったん婚姻前の氏に復した後に、その呼称だけが「離婚の際に称していた氏」と同じになるという趣旨である。すなわち、この取扱いの実質は、戸籍法第107条第1項の呼称上の氏の変更と同じであり、家庭裁判所の許可を要しない点で、同条の特則というべきものと解されている。したがって、民法第767条第2項の規定によって離婚の際に称していた氏を称する者は、離婚前の戸籍に在籍する子と同一呼称の氏となるが、民法上の氏は異なるので、その子を同籍させるには民法第791条第1項に規定する家庭裁判所の許可を得て、戸籍法第98条第1項の入籍の届出をしなければならない。

イ 離婚の日から3か月以内に届け出ること

「離婚の日」とは、①協議離婚の場合は届出の日、②裁判離婚の場合は離婚の裁判が確定した日、外国の方式で離婚をした場合は、その離婚が成立した日である。

離婚の日から3か月以内に限られているのは、離婚によって復氏した者が相当長期間を経過した後に、再び離婚の際に称していた呼称上の氏を称することは、改正の趣旨からしてその必要性が乏しいと認められるし、また、離婚後の氏をどうするかという問題は、早期に決めることが相当であると考えられたからである。しかし、離婚と同時にのみこの届出をすることができるとすると、裁判離婚及び外国の方式により離婚をした場合には、その途を閉ざすことになるので、3か月程度の猶予期間を置くのが相当と考えられた。したがって、3か月を経過した後は、この届出により離婚の際に称していた氏を称することはできなくなるが、

氏変更の原則に戻って、戸籍法第107条第1項の規定により家庭裁判所の許可を得て氏の呼称を変更する途が残されていることは、従来どおりである。

法77条の2の届出人は、離婚によって復氏する（又は復氏した）者であり、その者は、離婚した配偶者と協議をすることも、その承諾を得る必要もない。

ウ　戸籍の処理
① 離婚の届出と同時に法77条の2の届出がされた場合
　　a　婚姻によって氏を改めた者は、離婚の届出によって、観念的には復氏するが、同時に法77条の2の届出がなされているので、戸籍の取扱い上は婚姻前の戸籍に復籍することなく、直ちに離婚の際に称していた氏と同じ呼称の氏をもって新戸籍が編製されることになる（戸19条3項、本通達一の2）。つまり、その届出の時点では、戸籍法第19条に追加された第3項の「その届出をした者を筆頭に記載した戸籍が編製されていないとき」に当たるからである。その結果、戸籍上その届出人の呼称上の氏は、離婚の前後を通じて同一となり、届出人の意思にも合致することになる。

　　　また、裁判上の離婚又は外国の方式による離婚の報告的届出と同時に、法77条の2の届出がされた場合には、離婚成立の時からこれらの届出までにある程度の期間が経過しており、その間は呼称上においても婚姻前の氏に当然復していることになるが、戸籍上は離婚をしたこと及び復氏したことの記載はされていない。このような場合にも、前記と同様に、直ちに離婚の際に称していた氏と同じ呼称の氏をもって新戸籍が編製される（本通達一の2）。

　　b　離婚の届出と同時に法77条の2の届出をする者が婚姻前の戸籍の筆頭に記載されていた場合において、その戸籍にその者の子が在籍しているときは、届出をした者について常に新戸籍を編製するものとされ、婚姻前の戸籍に在籍する子を前記の新戸籍に入籍させるには、同籍する旨の入籍の届出によってすることができる（本通達一の6）。[注]

② a 離婚によって復籍した者が、戸籍の筆頭に記載されていない場合において、法77条の2の届出をしたときは、その者について戸籍法第19条第3項の規定によって離婚の際に称していた氏と同じ呼称の氏で新戸籍が編製される（本通達一の3）。

b 離婚によって復氏した者が、戸籍の筆頭に記載されており、他に在籍者がいない場合において、法77条の2の届出をしたときは、戸籍法第107条第1項の氏変更の場合の記載に準じて、戸籍の記載をする（戸規附録第9号様式第二、付録第27号第二参照、法定記載例99・100）。

③ 法77条の2の届出に関する戸籍事項欄の記載事項（法定93・96及び99）は、いずれも氏の変更に関する事項であるから（戸規34条2号）、管外転籍の場合は移記することを要する（戸規37条）。

④ 法77条の2の届出をした者の子で離婚前の戸籍に在籍するものが、その届出をした者の戸籍に入る場合にも、民法第791条第1項の規定が適用され、家庭裁判所の許可を得て戸籍法第98条の規定による入籍の届出をすることとなる（本通達一の9）。

〔注〕 法77条の2の届出が、その実質において戸籍法第107条第1項の特則であることから、昭和51年に本通達が発出された当初においては、法77条の2の届出に基づく戸籍の記載についても呼称上の氏の変更は戸籍単位で考え、その効力は同一戸籍内のすべての者に及ぶという原則（昭和24・9・1民事甲1935号回答）に立って処理することとされていた（法107条1項の氏変更の場合の記載に準ずる処理）。

しかし、法77条の2の届出による氏の変更も戸籍法第107条第1項による氏の変更も民法上の氏の変更を来すものではない点では一致するが、氏変更の効果の及ぶ範囲について考慮される事情が異なる。すなわち、戸籍法第107条第1項の氏変更は、戸籍の筆頭に記載された者の個人的事由だけでなく、むしろ公益的要請もあるため（著しく珍奇な氏、著しく難解難読なもの等）、その戸籍に在籍する者すべてに及ぶものとされている（前掲回答）のに対し、法77条の2の届出に基づく氏の変更は、離婚した者自身の社会生活、社会活動上の便宜等、専らその者自身の個人的事由を考慮したもので、同籍する子についてまで当然に変更することとする事情はない。そこで、昭和62年

10月1日民二5000号通達により、従来の取扱い（一の2ただし書・4及び6）が改められたものである。

(2) 死亡の届出人に関する改正

ア　改正前の戸籍法は、死亡の届出義務者として、同居の親族、その他の同居者及び家主、地主又は家屋若しくは土地の管理人と規定し、これ以外の者は届出をすることができなかった。これは、昭和50年2月28日民事行政審議会答申で述べているように「もっぱら迅速・的確な報告を求めることを念頭においているため、届出義務の面が強く認識されているからである。このような届出義務者は、制裁規定との関係からも、むやみにその範囲を広げるべきでないことはいうまでもない。」という考え方に基づいている。その結果、職業、通学等の関係で単身で生活している者が死亡した場合には、家主・地主等が死亡の届出をし、同居していない父母、兄弟、子等の親族はその届出をすることができなかった。そのため、これらの関係者から同居していない親族にも届出の資格を認めてほしいとの要望がなされていた。

そこで、交通・通信等の発達した社会の実情からすれば、同居していない親族でも死亡の事実を容易に知ることができるので、同居していない親族に届出資格を認めても、迅速・的確な死亡の届出という要請に反することはないと考えられた。前述の民事行政審議会においてもその旨の答申がなされたことから、戸籍法第87条に第2項の規定が追加された。

イ　戸籍法第87条第2項として「死亡の届出は、同居の親族以外の親族も、これをすることができる。」とする規定が追加され、同居していない親族も死亡の届出をすることができることとなった。

なお、同条第1項に掲げられた者は、その順序に従って死亡の届出義務を負うが、第2項の同居の親族以外の親族は、届出資格が付与されているに過ぎず、届出義務を負うものではないから、届出懈怠の責任は生じない。しかし、ここで注意を要することは、離婚等の裁判が確定した場合に、訴えの相手方に付与された二次的な届出の資格とは異なり、同

居の親族以外の親族は、死亡の届出期間内であってもその届出をすることができることである。

ウ　親族の届出により戸籍に死亡の記載をする場合の届出人の記載は、改正前においては、同居の親族から届出があった場合は「同居の親族」と記載したが、改正後は同居の親族と同居していない親族とを戸籍の記載上区別する実益がないため、同居しているか否かにかかわらず単に「親族甲野義太郎届出」の振り合いによることとされた（本通達二）。

　もっとも、死亡の届書に記載する届出人の資格は「同居の親族」と「同居していない親族」とを区別しなければならない（戸規附録14号様式）。これは、同居の親族は届出義務者であり、届出期間経過後の届出であるときは、その懈怠の責めを負うことになるから、これを明確にする必要があるからである。

第 5 章　届出各則　第 6 節　離　婚　(一般)

102　離婚届等不受理申出の取扱いに関する疑義

昭和 51 年 6 月 11 日民二第 3328 号通知

先例の趣旨　離婚届等不受理申出の取扱い（昭和 51・1・23 民二 900 号通達、同日付け民二 901 号依命通知）に関する疑義についての照会と回答である。
（上記通達に関する〔99〕の〈解説〉参照）

参考　訓令通牒録：⑦綴　9357 頁、⑩綴　12688 頁
関連先例通し番号：99、100

〈解　説〉

　本通知に基づく具体的な事務手続要領等に関しては、基本通達〔99〕の項において、同通達と合わせて解説したので参照されたい。

103　転婚者の離婚による復氏と戸籍法77条の2の届出の取扱い

昭和51年11月4日民二第5353号通達

先例の趣旨　戸籍法第77条の2の届出は、婚方から相手方の氏を称する婚姻（いわゆる転婚）をした生存配偶者が、離婚により直ちに実方の氏に復氏している場合は受理できるが、離婚により婚方の氏に復した後、生存配偶者の復氏届により実方の氏に復している場合には、受理できない。

参考　訓令通牒録：⑦綴 9436頁、⑩綴 12692頁

〈解　説〉

1　転婚した者が離婚により復する氏

　婚姻に際して相手方の氏（乙）を称した者が、相手方の死亡による婚姻解消後に実方の氏（甲）に復することなく、さらに婚姻（転婚）によって氏を（丙）に改めた後に離婚する場合、民法第767条第1項の規定により復すべき婚姻前の氏については、第一の婚姻による氏（乙）に復するのが文理に合うものといえる（外岡茂十郎「親族法の特殊研究」38頁[注]、小石寿夫「先例親族相続法」67頁）。しかし、戸籍実務上の取扱いは、実方の氏（甲）又は第一の婚姻当時の氏のいずれかを選択することができるとされている（昭和23・1・13民事甲17号通達二）。これは、復氏する者が最初から実方の氏へ復する意思を有する場合に、転婚前の第一の婚方の氏（乙）に復すべきこととしても、この復氏後も生存配偶者として自由な意思により、いつでも届出によって実方の氏（甲）に復し得るのだから（民751条1項、戸95条）、この場合に、第一の婚姻による氏（乙）に復するか又は実方の氏（甲）に復するかを本人の選択に任せることとした。この先例の取扱いは、「離婚の届出にお

いて民法第751条第1項の行為をも同時になし得るものとした手続の省略にほかならない。」と説かれている（青木義人・大森政輔「全訂　戸籍法」166頁）。

　　〔注〕　外岡教授は、「離婚による復氏は、法律行為によるものではなく法律上当然に生ずる離婚の効果であるにもかかわらず、復すべき氏が復氏する者の選択によって初めて定まるとするのは理論上矛盾がある。」として、戸籍実務の取扱いに批判的である（外岡・前掲書38頁以下）。

2　転婚者の離婚による復氏と戸籍法第77条の2の届出（本通達の取扱い）

　昭和51年法律第66号による民法等の一部改正により新設された民法第767条第2項の規定は、同条第1項の規定により離婚によって復氏した場合についてのみ、離婚の際に称していた氏を称することができるとしたものであるから、生存配偶者が同法第751条第1項の規定によって婚姻前の氏に復した場合は、これに該当しないことになる。したがって、転婚者が直接に実方の氏に復した場合は、同法第767条第2項の規定が適用される余地はないことになってしまう。

　しかし、民法第767条第2項は、離婚を直接の契機として法律上一律に婚姻前の氏に復すべきものとする同条第1項の規定を適用した結果の不都合を是正するために設けられた規定と解される。したがって、離婚を直接の契機として復氏することとなる者は、第一の婚姻当時の氏に復した者であると、また、戸籍実務上の取扱いにより直ちに実方の氏に復した者であるとを問わず、同条第2項の規定による手続をすることにより、離婚の際に称していた氏を称することができるとしたものである（本通達一）。

　なお、いったん第一の婚姻当時の氏に復した後に、さらに生存配偶者の復氏届により実方の氏に復している場合は、離婚を直接の契機として現在の実方の氏に復した者とはいえないから、民法第767条第2項の規定を適用することは消極に解すべきものとされている（本通達二）。

104　裁判離婚の届出人でない者（復氏する者）からの新戸籍編製の申出の取扱い

昭和53年7月22日民二第4184号通達

先例の趣旨　離婚の裁判（調停・審判・和解・請求の認諾・判決―以下同旨）が確定し、その届出人でない者が当該届出によって復氏する場合、届書「その他」欄に新戸籍を編製する旨を記載して、署名押印し、又はその旨の申出書を添付して届出があったときは、これに基づいて新戸籍を編製して差し支えない。

参考　訓令通牒録：⑦綴 9800頁、⑩綴 12707頁
関連先例通し番号：105

〈解　説〉

1　離婚による復氏と新戸籍の編製

　婚姻によって氏を改めた者が、離婚によって婚姻前の氏に復するときは、婚姻前の戸籍に入る。ただし、その戸籍が除かれているとき、又はその者が新戸籍編製の申出をしたときは、新戸籍を編製することとされている（戸19条1項）。つまり、離婚によって復氏する場合に、氏の自由な選択は許されないが、戸籍については、従前の戸籍への復籍は強制されることはなく、本人の自由な意思によって新戸籍編製の申出をすることができる。

　この申出は、離婚の届出と同時にすべきであり、離婚の届出の際に申出がなされないときは、その戸籍が除かれていない限り、復籍の手続がとられるため、その後に新戸籍編製の申出を追完することは認められないとされる（昭和24・4・6民事甲436号回答）。

2 裁判上の離婚による復氏と新戸籍編製

(1) 協議離婚の届出の場合は、当事者双方が届出人となるから、復氏すべき当事者が届書に新戸籍編製の旨を記載し、その申出をすることができる。しかし、裁判上の離婚が成立した場合、その報告的届出をすべき者は、訴えの提起者（又は調停の申立人）とされている（戸77条1項・63条1項）。この場合、昭和51年法律第66号による民法等の一部改正により戸籍法第63条に第2項の規定が新設され、その相手方も届出をすることができるとされているが（戸77条1項・63条2項）、それは、訴えの提起者等が所定の期間内に届出をしないときに初めて認められるものである。このことから、離婚によって復氏すべき者が、当該裁判離婚の相手方であって、届出人とならない場合に、新戸籍編製の申出が認められるかが問題となる。

(2) この点については、従来は、新戸籍編製の申出をする余地は全く認められないとされてきた（戸19条1項但書・30条3項、昭和31・11・5民事甲2575号回答一）。しかし、戸籍法第19条及び同第30条の規定の解釈からは、必ずしも訴えの相手方からの申出が否定されるものとは解されない上、上記のとおり、訴えの相手方にも限定的ながら届出資格が認められた趣旨等から、本通達により裁判上の離婚の届出人でない者でも、離婚の届出人の協力を得て、申出をすることができる途が開かれた。

3 裁判上の離婚の届出人でない者からの新戸籍編製の申出の方法

裁判上の離婚の届出人でない者が復氏する場合、届書の「その他」欄に新戸籍を編製する旨を記載して署名・押印をし、又はその旨の申出書を添付して届出をする。この申出により新本籍地と定められた地の市区町村長は、直ちに新戸籍を編製することになる（本通達）。

なお、離婚の調停調書の条項中に、復氏者となる相手方について離婚により新戸籍を編製する旨、及び新本籍の場所が記載されている場合は、申立人からの届出であっても、新戸籍を編製して差し支えない取扱いである（昭和55・1・18民二680号通達〔105〕）。

105　離婚の調停調書に、復氏する相手方につき新戸籍を編製する旨の記載がされている場合の取扱い

昭和 55 年 1 月 18 日民二第 680 号通達

> **先例の趣旨**　離婚の調停調書の条項中に、相手方（復氏者）について、離婚により新戸籍を編製する旨及び新本籍の場所が記載されている場合は、申立人から離婚届をする際に相手方の申出がなくても、新戸籍を編製する取扱いをして差し支えない。

参考　訓令通牒録：⑧綴　10088 頁、⑩綴　12713 頁
　　　　関連先例通し番号：104

〈解　説〉

1　裁判上の離婚の届出人でない者がする新戸籍編製の申出

　裁判上の離婚の届出人でない者が復氏する場合、従前はその届出人、すなわち訴えを提起した者（又は調停の申立人）でなければ新戸籍編製の申出をすることはできないとされていた（戸 19 条 1 項・30 条 3 項、昭和 31・11・5 民事甲 2575 号回答一）。しかし、その後、昭和 53 年 7 月 22 日民二第 4184 号通達〔104〕により、前記の届出人でない者が復氏する場合に、届書の「その他」欄に新戸籍を編製する旨を記載して署名・押印し、又はその旨の申出書を添付した届出があったときは、これに基づいて新戸籍を編製して差し支えないとされた（同通達に関する〔104〕の〈解説〉参照）。

2　本通達による取扱い

　上記 1 による届出人でない者（復氏者）からの新戸籍編製の申出は、離婚

の届出と同時にすべきものとされ、離婚の届出の際に申出がないときは、その戸籍が除かれていない限り、婚姻前の戸籍に復籍の手続がとられるため、その後は、戸籍の記載前であっても、新戸籍編製の申出を追完することは認められない(昭和24・4・6民事甲436号回答)。

　ところで、離婚の調停が成立した場合において、その調停調書の条項中に、「相手方(復氏者)はこの離婚により新戸籍を編製する旨及び新本籍の場所」が記載されている場合があるが、本通達は、このような場合は、申立人から離婚届をする際に、相手方の申出がなくても、直ちに新戸籍を編製する取扱いをしても差し支えないとされたものである。なお、この場合迅速・適正な事務処理を図る上から、届書「その他」欄に、「調書の記載により相手方につき新戸籍を編製する」旨を記載させることが適切である(島田英次著・大熊　等補訂「補訂　注解戸籍届書「その他」欄の記載」315頁参照)。

(渉外)

106　外国の裁判所でされた離婚判決の承認

昭和51年1月14日民二第280号通達

> **先例の趣旨**　外国の裁判所でなされた離婚判決でも、民事訴訟法第118条（外国裁判所の確定判決の効力）に規定する要件を備えている限り、我が国においてもその効力を有するものと解すべきであり、法例第16条（現行の通則法27条）に規定する準拠法上の要件を審査する必要はない。したがって、当該判決が民事訴訟法第118条に定める要件を欠いていると明らかに認められる場合を除き、その離婚の届出は受理して差し支えないとするものである。

参考　訓令通牒録：⑦綴　9301頁、⑩綴　12667頁

〈解　説〉

1　外国離婚判決の承認

(1)　学　説

　外国の裁判所でなされた離婚判決を、我が国において認めるか否かに関する学説は多岐に分かれているが、大別すると次の三つの説に分けられる。

　第一説　外国離婚判決は、法例（現行の通則法）の定める準拠法に従ってなされたものであり、かつ、我が国の国際民事訴訟法の立場から、管轄権を有する国の裁判所における判決である場合に限り認められるとする説（昭和7年に江川英文教授が発表された見解であり、国際私法学界においては最近まで通説となっていたものであり、従来の先例もこの見解をとっていた。）

　第二説　外国離婚判決の承認については、準拠法の要件は不要であり、専

ら外国判決の承認に関する一般原則である民事訴訟法第118条の規定によるべきであるが、同条第4号の「相互の保証」の条件は、執行を伴う財産上の判決に適用されるものであるから、離婚のような身分上の形成判決には適用がないとする説（昭和32年久保岩太郎教授が、従来の見解（第一説と同じ）を改め、この見解をとった。）

　第三説　準拠法の要件を要しないことについては第二説と同じであるが、民事訴訟法第118条第4号を除外する理由がないので、同号を含めて同条が全面的に適用されるとする説（国際私法学界においては、比較的新しい見解であるが、最近における有力説とされている。）

(2)　戸籍実務の取扱い

　戸籍実務における従来の取扱いは、第一説と同じ見解をとり、外国裁判所の判決が、その国に裁判管轄権を有し、かつ、法例第16条本文（現行の通則法27条本文）の規定に準拠したものであれば、当該判決の効力は我が国においても承認される、との見解がとられていた（昭和25・12・22民事甲3231号回答）。しかし、外国裁判所の離婚判決の中には、離婚原因が夫の本国法によった（平成元年法律第27号による改正前の法例第16条）ものか否か、必ずしも明らかでないものであっても、当該判決に基づく離婚届を受理して差し支えないとする先例が当時においても散見されていた。

　ところで、外国でなされる離婚の効力の承認の問題については、国際私法上、管轄権主義と準拠法主義ともいうべき二つの立法政策上の考え方に区別することができるとされている。管轄権主義とは、外国離婚の承認が求められている国の国際私法上、当該離婚について管轄権を有すると認められる国でなされた離婚であれば、それが裁判所の判決によるものに限らず、協議離婚など他の手続、方法によるものであるとを問わず、すべてその効力が承認される。また、準拠法主義とは、外国離婚の承認が問題となっている国の抵触規定の定める準拠法に適合している限り、それが裁判所の判決によるものに限らず、その他の手続、方法によるものであるとを問わず、その国において承認されるとするものである。この点、従来の先例の立場は、純粋な準拠法主義ではなく、準拠法主義と管轄権主義とを併用したものともいえる。

2 本通達による取扱いの変更

(1) 外国離婚判決の承認の問題については、通則法第27条と民事訴訟法第118条の規定とが併存する現行法の下において、解釈上の疑義を生ずることは避け難いところであるが、戸籍実務においては、本通達により従来の準拠法主義の見解に基づく取扱いを、管轄権主義に変更した。

　この先例変更の背景には、当時、学説の大勢が準拠法主義から管轄権主義に移行しつつあったことが直接の原因とみられるが、昭和44年7月17日に開催された第97回戸籍事務連絡協議会（最高裁家庭局、東京家庭裁判所、法務省民事局及び東京法務局の四庁で構成されている。）における決議及びその後の照会に対する民事局長回答（昭和45・1・13民事甲15号）の内容から、民事訴訟法第118条（回答当時は第200条）の規定が外国裁判所の離婚判決についても適用されるとする見解を踏まえて、外務大臣官房領事移住部長からの照会に対して回答がなされ、従前の準拠法主義による解釈を管轄権主義に改める趣旨の本通達が発出されたものである。

(2) 外国裁判所の判決の承認に民事訴訟法第118条が全面的に適用されるのは、訴訟、判決という法律上の判断形式に国際的な共通性があるほか、確定力及び固有の手続的保障もあることによるものとされている。そして、離婚訴訟等の形成訴訟にも、同様の形式、効力、手続的保障、争訟性があり、この本質的部分に関し他の訴訟と異なるところはない。すなわち、形成訴訟における判決にも、他の訴訟の場合と同様に同条の適用を認めることは、理論的にも問題はなく、そうすることが国際的判断の矛盾を回避すべきであるとの要請にもこたえるものとされている（(財)民事法務協会・民事法務研究所戸籍法務研究会編「新版　実務戸籍法」389頁）。したがって、外国裁判所の離婚判決に基づく離婚届の受理に当たっては、法例第16条（現行の通則法27条）に規定する準拠法上の要件を審査することを要しない。

(3) 本通達により、従来の先例が変更されたことに伴い、実務上の取扱いとしては、市区町村長の審査権限に基づいて、民事訴訟法第118条に定める要件を具備しているか否かを審査することになる。

　具体的事件を処理するに当たっては、原則として、判決の謄本及び確定

証明書、日本人の被告が呼出しを受け又は応訴したことを証する書面（判決の謄本によって明らかでない場合）並びにそれらの訳文の添付を求めることを要する。

3 民事訴訟法第118条に定める要件の審査
(1) 第1号（裁判管轄権）の要件
　従前の準拠法主義の立場をとっていた当時においても、外国でされた離婚判決が、我が国においてその効力が承認されるには、外国裁判所が当該夫婦の離婚について管轄権を有することが前提とされていた。この裁判管轄権の有無の審査については、本通達においても従来と変わりはない。

　ところで、国際裁判管轄権については、どのような場合にどの国の裁判所が国際的管轄権を有するかについてのよるべき条約も、一般に承認された国際法上の原則も確立されていない。また、我が国の国内法においても明文の規定がないことから、当事者間の公平・裁判の適正・迅速を期するという点等を考慮して決定するほかない。最高裁判所は、昭和39年3月25日の大法廷判決において、外国人間の離婚訴訟の事案について、日本の裁判所が国際的管轄権を有するためには、①原則として被告の住所が日本にあることが必要であること、②原告が遺棄されたものである場合、被告が行方不明である場合、その他これに準ずる場合においては、被告の住所が日本になくても原告の住所が日本にあるときは、日本の裁判所は、その訴訟につき国際裁判管轄権を有するとしている。外国の裁判所が、民事訴訟法第118条にいう裁判管轄権を有しているかどうかについても、この基準によって判断することができる（渉外戸籍実務研究会「設題解説　渉外戸籍実務の処理Ⅰ　総論・通則編」121頁以下参照）。

(2) 第2号（日本人保護）の要件
　敗訴の被告が日本人である場合の保護に関する特別規定であり、次の要件を具備しているかどうかを審査する必要がある。したがって、被告が外国人であるとき、又は被告が日本人であっても勝訴しているときは、本号の要件は審査する必要がない。

　① 離婚訴訟の開始に必要な呼出し若しくは命令（第一回期日の呼出し等）

の送達に関する証明書（送達証明書）の提出を求めて審査することを原則とする（我が国においては、裁判所書記官に対し、送達に関する証明書の交付を請求できるとされており（民訴法91条）、諸外国においてもこのような証明書の請求は可能と考えられる。）。
② ただし、判決の謄本により、被告（適法な代理人を含む。）が裁判所に出頭していることが明らかな場合は、応訴していることが推認できるので、①の証明書は不要である。
③ 送達に関する証明書の提出が不能若しくは著しく困難であり、かつ、判決の謄本によっても応訴の事実が明らかでない場合は、被告からの申述書（本号の要件を具備している旨及び①の証明書を提出することが困難な理由を記載したもの）の提出を求め、その申述書の内容を慎重に判断する。

なお、本通達のなお書によれば、離婚届書には、原則として、判決の謄本、確定証明書、日本人の被告が呼出しを受け又は応訴したことを証する書面並びにこれらの訳文の添付を求めるものとしているが、申述書については触れていない。しかし、実際の処理に当たっては、前記の添付書類によって審査し、「当該判決が民事訴訟法第118条に定める条件を欠いていると明らかに認められる場合を除き、受理して差し支えない。」としているので、渉外事件において要件具備証明書の添付ができない場合の一般の例にならい、申述書をもって送達証明書の添付に代えることができるものと解される。

(3) 第3号（公序良俗に反しないこと）の要件

判決の内容及び訴訟手続が、我が国の公序良俗に反しないことも当然の要件であり（昭和58・6・7最高裁判決—民集37巻5号611頁）、判決の謄本によって審査することになるが、どのような場合に公序良俗に反するかの判断は、必ずしも容易ではない。例えば、極端な人権差別とか宗教に従わないための離婚や被告が適法に代理されなかった場合が挙げられる。また、外国判決の内容が問題となった裁判例として、当事者間に婚姻関係が存在することを確認した外国裁判所の裁判は、その偽造された婚姻要件具備証明書により、かつ、詐欺行為手段で取得されたものであるときは、我が国の公序良俗に反し、承認できないとするもの（平成2・2・27東京高裁判決—家月42巻

12号31頁）等がある。

(4) 第4号（相互保証）の要件

　相互保証とは、当該外国でも日本の確定判決を承認執行することができることを指す。問題となった判決と同種類の我が国の裁判所における判決が、民事訴訟法第118条に定める要件と重要な点で異ならない条件の下に、当該外国でも効力を有するとされていることが必要とされる（前掲昭和58・6・7最高裁判決）。なお、これに関する条約等の存在は必要としない。

4　裁判離婚の届出

　外国の裁判所でなされた離婚の確定判決に基づく報告的離婚届は、当事者のいずれかが日本人であれば、訴えを提起した者から、判決の謄本等を添付して届け出なければならない（戸77条）。しかし、例えば、外国に在住する外国人夫が、日本に在住する日本人妻を被告として夫の所属する国の裁判所に離婚の訴えを提起し、その裁判が確定した場合には、その外国人夫から日本の市区町村に離婚届をすることは期待できない。一方、昭和51年法律第66号による戸籍法の改正前は、被告である妻から離婚届をすることは認められていなかったので、たとえ妻から離婚の裁判の謄本等を添付して離婚届があっても受理すべきでなく、管轄法務局の長の指示を得て職権で記載するものとされていた（昭和37・6・5民事甲1501号、昭和38・9・19民事甲2625号各回答）。その後、前記の昭和51年法律第66号の改正に伴い、戸籍法第63条に第2項として「訴えを提起した者が前項の規定による届出をしないときは、その相手方は、裁判の謄本を添付して、……届け出ることができる。」旨の規定が新設された。この規定により、届出期間（裁判が確定した日から10日）の経過後であれば、妻から離婚届をすることが可能となった。もっとも、この場合、被告である妻は、届出期間の経過後であれば、届出資格を生ずるが、届出義務を有するものではないから、届出を強制することはできない。

第7節　親権・後見

107　養親死亡後の養子に対する親権

昭和 23 年 11 月 12 日民事甲第 3585 号通達

> **先例の趣旨**　民法の応急措置法施行中は、養親死亡後の養子に対する親権は、実親が行っていたが、この場合の実親の親権は、新民法の施行とともに消滅して養子のために後見が開始し、実親は親権を行使することはできないと解されるのが相当とされたものである。

参考　訓令通牒録：①綴 189 頁、⑩綴 12567 頁

〈解　説〉

1　旧民法における養子の親権者

　旧民法には、養子の親権に関し、現行法のように養親の親権に服する旨の規定はなかったが、養親が養子と家を同じくするときは、養親の親権が優先し、養親が養子の家になく実親がいるときは実親の親権に服するものと解していた。養子は、養親、実親、継親、嫡母等と家を同じくする場合があり、これらの者は一定の順序によって親権を行うものとされ（旧民 877 条・878 条）、最後に親権を行う者は、遺言をもって後見人を選任することができた（旧民 901 条）。この指定後見人がないときは、戸主が後見人となるが（旧民 903 条）、戸主が未成年者等で後見人となる資格を有しないときは（旧民 908 条）、親族会で後見人を選任することとされていた（旧民 904 条）。

2　民法の応急措置法における養子の親権者

　ところが、民法の応急措置法の施行により、家に関する規定が適用されな

くなったので、旧民法第903条の規定によって後見人となっている者（戸主たる後見人）は、その資格を失い、他の戸籍に実親又は養親が生存するときは、応急措置法の施行と同時に後見が終了し、実親又は養親が共同又は単独で親権を行うこととなった。また、実親又は養親が生存しないときは、応急措置法の施行によって戸主たる後見人はその地位を失い、改めて後見人を選任しなければならないものとされた（昭和22・4・16民事甲317号通達第6の7参照）。この取扱いは、親族会で選任された後見人（旧民904条）についても、戸籍実務上は同様に解された。

3 現行法における養子の親権者

(1) 昭和23年1月1日から施行された現行民法第818条第2項において「養子は、養親の親権に服する。」趣旨の規定が新たに設けられたことから、前記2の解釈がとれなくなった。すなわち、養親が既に死亡している場合には、同法の施行とともに実親の親権は消滅し、養子のために後見が開始する。また、同法施行後に養親が死亡した場合は、死亡と同時に後見が開始し、実親が生存していても、その者は親権者とはならないことを明らかにしたのが本通達の趣旨である。

(2) 現行法の下では、養子は、養親の親権に服するから（民818条2項）、実親は親権を失い、転縁組の場合は第二の養親が親権者となり、第一の養親は親権を失う。養父母の婚姻中は、実親の場合と同様にその共同親権に服し（同条3項本文）、その一方が死亡すれば、他方の単独親権となり、その者も死亡すれば、親権を行使する者がいないことになるので、後見が開始し（民838条1号）後見人が指定されるか（民839条1項）、又は選任されることになる（民840条）。もし、養父母が同時に死亡した場合は（民32条の2）、一方の単独親権という機会はないまま、直ちに後見が開始するというのが戸籍実務の取扱いである。このように、養親が死亡して親権を行使する者がないときは、直ちに後見が開始するか（後見開始説）、実親の親権が復活するか（親権復活説）について、見解が分かれている。後見開始説が通説であり（小石寿夫「誰が親権者となるか」『家族法体系Ⅴ』48頁）、戸籍実務は本通達により後見開始説の取扱いによることを明らかにしたものである。

108 未成年の子が養親と実親夫婦の共同親権に服している場合に、その夫婦が離婚したときの親権

昭和25年9月22日民事甲第2573号通達

> **先例の趣旨**
>
> 未成年の子の親権を養親と実親とが共同して行っている場合（民818条3項）における養親と実親の地位は同等であり、その間に優劣の差は認めるべきではないから、この夫婦が離婚する場合には、協議によりその一方を養子の親権者と定めるのが相当である（民819条1項・2項）としたものである。従前は、養親と実親の親権については、養子が離縁をしない限り、養親の親権が優先するとの考えから、養親と実親が離婚をしても協議の余地はなく養親が当然に親権者とされていた（昭和23・10・5民事甲3160号回答）。本通達は、子の親権者をどのように解するかについて従来の先例を変更した重要な通達の一つとされている。

参考 訓令通牒録：①綴 584頁、⑩綴 12571頁

〈解　説〉

1　未成年の子の親権

　未成年の子は、父母の親権に服し、その子が養子であるときは、養親の親権に服する（民818条1項・2項）ので、養親と実親の双方がいる場合でも、養親の親権が優先し、実親は親権者となることができない。養子が離縁をすれば実親の親権は復活するが、縁組が継続している間は、たとえ養親が死亡し、又は養親の親権が喪失した場合（民834条・835条）でも、民法第811条

第6項の規定により家庭裁判所において死亡養親との離縁の許可を得て、離縁の届出をしない限り、実親の親権は復活することはなく、後見が開始するものとされている（昭和24・9・9民事甲2035号回答）。

2 養親と実親の共同親権

養親が養子の実親と婚姻している場合には、民法第818条第3項の規定の趣旨により養親と実親が共同して親権を行使するものとされている（昭和23・3・16民事甲149号回答、昭和24・12・2民事甲2794号回答）。したがって、養親と実親との共同親権ということは、養親と実親が現に婚姻継続中であって、未成年の子が婚姻中の実父又は実母の配偶者と縁組継続中であることを意味する。

例えば、(1) 父母の離婚により父の親権に服する未成年の子が、離婚復籍後に再婚をした母の後夫と養子縁組をした場合には、父は親権を失い、養父と実母との共同親権となる。(2) 嫡出でない未成年の子を父が認知し、その子の親権者を父と定めた後に、その子が母の夫と養子縁組をした場合も、養父と実母の共同親権となる。(3) 未成年の子の親権者を父と定めて父母が離婚し、その子が他男の養子となった後に、養父と実母が婚姻をした場合には、その子の親権は養父と実母とが共同して行う。これら3事例のうち(1)と(2)の例においては、未成年の子の縁組によって実親の単独親権から養親と実親との共同親権となる場合であり、(3)の例は、養親と実親が婚姻をすることにより、養親の単独親権から養親と実親との共同親権に移行する場合である。

3 共同親権者である養親と実親の一方が死亡した場合

未成年の養子が、養親と実親の共同親権に服している場合において、(1) 養親が死亡したときは、実親の単独親権となり、(2) 実親が死亡したときは、養親の単独親権となる（昭和24・12・2民事甲2794号回答）。

ところで、前者の場合は、養子が死亡養親と離縁をしても、実親は継続して親権を行うことになる。しかし、後者の場合に、養子が親権者である養親と離縁をしたときは、縁組当時に亡実親の親権に服していた場合であれば後

見が開始し、また、縁組当時に他方の実親の親権に服していた場合であればその生存実親の親権が復活するので、後見は開始しない、とするのが多数説であり、戸籍実務の取扱いでもある（昭和26・11・5民事甲1915号回答ほか）。

4　共同親権者である養親と実親が離婚した場合

養親と実親とが共同親権者となっている場合において、養親と実親とが離婚をするときの養子の親権者については、次の三つの見解がある。

(1)　**養親単独親権説**

実親の親権は、実親が養親と婚姻中であったことによるものであり、離婚をすれば養親の親権が優先し、その単独親権となる。

(2)　**離婚協議による親権説**

養親と実親との親権者としての地位に優劣を認めるべきではないから、養親と実親とが離婚をするときは、一般に実父母又は養父母が離婚をする場合と同様に、養親と実親との協議で、いずれか一方を親権者と定めるのが妥当である。

(3)　**折衷説**

養子縁組が先行し、その後に養親と実親とが婚姻をした場合と、婚姻が先行して縁組がその後にされた場合とに分けて考える。前者の場合は、実親は離婚により従来の共同生活から離れ、養親子の共同生活を継続するのが通常であるから、養親の単独親権と解するのが相当である。後者の場合は、実親と養子との共同生活が持続するのが一般であるから、養親と実親との協議によって親権者を定めるべきである。

戸籍実務の取扱い　従前は、前記(1)の養親単独親権説に基づいて戸籍実務の取扱いがなされていたが、本通達により(2)の協議による親権説に変更されたものである。この協議による親権説の取扱いをした場合に、養子がその後に離縁をしたときは、離婚の際に子の親権者を実親と定めていれば、その親権者としての地位に変動はない（昭和26・6・22民事甲1231号回答(1)）。しかし、親権者を養親と定めていれば、実親の親権は子の離縁によって縁組前の親権者の親権が回復するとされている（昭和26・1・10民事甲3419号回答

(1)の(イ)、昭和26・8・4民事甲1607号回答(2))。

　なお、本通達前の事案については、養親と実親の協議でいずれか一方に親権者を定めない限り、両者が共同して親権を行使するものとされた（昭和26・7・23民事甲1505号回答(7)）。本通達の発出後は、養親と実親との離婚届書には、未成年養子の親権の協議に関する記載をしなければならないこととなったが、仮に離婚届書にこの記載を遺漏した届出を誤って受理した場合には、追完届により戸籍に親権事項を記載する。もし、養親と実親の離婚後に、当事者の一方が死亡又は所在が不明である場合には追完届をすることができないので、戸籍法第113条の訂正手続により、遺漏した親権事項を記載することとされている（昭和34・3・25民事甲620号回答）。

109 児童相談所長が行う親権喪失宣告の請求等

昭和26年11月5日民事甲第2102号通達

> **先例の趣旨**
>
> 児童福祉法（昭和22年法律第164号）の一部を改正する法律（昭和26年第202号）が昭和26年10月1日から施行され、児童相談所長は、児童福祉のために新たに親権喪失宣告の請求（民834条）及び未成年後見人解任の請求（民846条参照）をすることができるものとされた（児福法33条の6及び33条の8）。
>
> また、児童福祉施設の長が、施設に入所中の児童に対して親権を行うのは、その児童に対し民法の規定による親権者又は未成年後見人があるに至るまでの間であることを明確にするとともに、上記の親権を行う児童福祉施設の長が15歳未満の児童に代わって縁組の承諾をするには、都道府県知事の許可を要するとする同法第47条の規定の改正が行われた。したがって、児童福祉施設の長を縁組の代諾者とする届出があった場合には、届出人が養子となる児童に対し親権を行うことができる場合であること及び都道府県知事の許可を得たものであることを確認した上で受理する必要がある等、戸籍事務の取扱上、留意すべき点を示したものである。

参考 訓令通牒録：①綴 957頁、⑩綴 12581頁

〈解　説〉

1　児童福祉法

　児童福祉法は、すべての国民は、児童が心身ともに健やかに生まれ、か

つ、育成されるよう努めなければならず、また、すべての児童は等しくその生活を保障され、愛護されなければならない（同法１条）とする理念の下に、国及び地方公共団体は、児童の保護者とともに、児童を心身ともに健やかに育成する責任を負うものと定めている（同法２条）。

2 親権喪失宣告の請求

児童[注]の親権者が、その親権を濫用し、又は著しく不行跡であるときは、民法第834条の規定による親権喪失の宣告の請求を、児童の親族又は検察官のほか、昭和26年法律第164号による児童福祉法の一部改正により、児童相談所長もこれを行うことができることとされた（児福法33条の6）。

親権は、子の福祉、利益のためのものであるから、親権を行う者は、現実にその子の福祉や利益のために親権を行使でき、又は行使するにふさわしい状態にならなければならない。このことから、民法は、まず第一に家庭裁判所の許可を得て、親権又は管理権を辞することができるとする規定を設けている（民837条1項）。さらに、児童福祉法は、公権力によって実質的に親権の行使を制限し得る規定を設けている（児福法28条1項）。

親権を行う者の行為及び状態が刑罰法令に触れ、又はそのおそれがある場合に、依然として親権が親権を行う者の手に保留されているときに、民法は、一定の者の請求により家庭裁判所は、親権そのものの剥奪をもなし得る規定を設けている。これが民法第834条の親権喪失の宣告の制度である。

民法は、家庭裁判所に対し親権喪失の宣告を請求することができるのは、子の親族と公益代表としての検察官のみとしているが、昭和26年法律第164号に基づく児童福祉法の一部改正により、新たに児童相談所長にも親権喪失の宣告を請求する権限が与えられた（児福法33条の6）。これは、専ら児童の福祉をはかる専門機関の長として児童相談所長があり、要保護児童の保護や家庭の指導に直接当たっている以上、児童の親権者がその親権を濫用し、又は著しく不行跡であるときは、児童の福祉に関する公の代表として、自らの判断に基づいて、親権喪失の宣告を請求し得ることとされたものである。したがって、請求の権限は、児童相談所長自身に付与されており、児童の親族又は検察官からの請求がない場合であっても、自らの判断により、単

独で請求し得る。この児童福祉法第33条の6の運用としては、まず親権者に対して親権を正当に行使するよう指導し、それが不可能な場合にはじめて親権喪失宣告の請求権を行使すべきものとされている（厚生省児童家庭局編「家庭児童福祉法等の解説」221頁参照）。

〔注〕 児童福祉法第4条では、「児童」とは満18歳未満の者をいい、そのうち満1歳に満たない者を「乳児」、満1歳から小学校就学の始期に達するまでの者を「幼児」、小学校就学の始期から満18歳までの者を「少年」と呼ぶ。こうした区分は、成長過程に応じた適切な福祉の措置が行われるようにとの考慮からきたものとされている。

3　未成年後見人の解任請求

(1) 未成年後見人に、不正な行為、著しい不行跡その他未成年後見の任に適しない事由があるときは、民法第846条の後見人解任の請求を、同条に定める者のほか、児童相談所長もすることができるとされている（児福法33条の8）。これも、前記2の親権喪失宣告の請求と同じ趣旨から設けられたものである。

(2) なお、児童相談所長は、親権を行う者及び未成年後見人のない児童等について、その福祉のため必要があるときは、家庭裁判所に未成年後見人の選任を請求しなければならないとされている（民840条、児福法33条の7）。この規定は、児童相談所長に対して、親権を行う者又は未成年後見人のない児童について未成年後見人の選任を家庭裁判所に請求する義務を課することにより、児童福祉の完全を期そうとするものである。つまり、民法第840条にいう家庭裁判所に未成年後見人選任の請求をすることができる利害関係人の中に児童相談所長が入ることを明らかにしたものである。

　民法第838条に「親権を行う者」のない場合とは、①親権者である父母や親権代行者（民833条）〔注〕がともに死亡した場合や、これらの者がともに親権を辞任（民837条1項）したとき、あるいは親権の喪失宣告を受けたとき（民834条）、管理権の喪失宣告を受けたとき（民835条）等、親権を行使する権限を有する者がない場合、及び②親権を行使する者が法律上

存在するが、重病にかかっていたり、刑務所に収監中であったり、長期不在、居所不明等、事実上親権を行使することができない場合である。「未成年後見人のない」ときとは、未成年者に対して最後に親権を行う者が、遺言で未成年後見人を指定（民839条）しないで死亡したとき、未成年後見人が辞任したとき（民844条）、解任されたとき（民846条）等である。

〔注〕 嫡出でない子の母が未成年者のときは、母自身が親権に服しているから、その子の親権者となることは不都合である。そのため、未成年者である母の親権者（子の祖父母）が親権を代行することになる（民833条）。この代行は、母が子の親権者となることができないため、代行者が未成年者である母が本来親として有すべき親権を代行するのであって、親権者になる者ではない。

4 児童福祉施設の長が行う親権

(1) 児童福祉施設の長が入所中の児童に対し親権を行うのは、その児童に対し親権を行う者又は未成年後見人があるに至るまでの間に限ることを明らかにした。

(2) また、この場合、親権を行う児童福祉施設の長が法定代理人として、民法第797条の規定により、入所中の15歳未満の児童に代わって縁組の承諾をするには、都道府県知事の許可を要するものとされた（児福法47条1項）。

(3) したがって、児童福祉施設の長が縁組の代諾をする届出を受理するに当たっては、届出人である施設の長が養子となるべき児童に対し親権を行い得る場合であること（前記(1)）、及び都道府県知事の許可を得たものであること（前記(2)）を確認した上で受理することを要する。なお、この場合も未成年者を養子とする場合における家庭裁判所の許可が必要である（民798条）。

110 離婚の際の指定親権者が死亡した後、他方の実親を親権者と定める審判に基づく親権者指定届の取扱い

昭和54年8月31日民二第4471号通達

先例の趣旨　離婚の際の指定親権者が死亡した後、他方の実親を親権者と定める審判が確定し、その謄本を添付して親権者指定の届出があった場合は、親権者変更届に訂正させた上で受理するのが相当である。

参考　訓令通牒録：⑦綴 10037頁、⑩綴 12709頁

〈解　説〉

1　後見開始説と他方生存実親の親権復活説等

父母が離婚し、その一方が単独で親権を行使している場合に、その者が死亡したときは、「未成年者に対して親権を行う者がないとき」に当たり、後見が開始する（後見開始説）のか、あるいは他方実親の親権資格が当然に復活する（当然復活説）のかについては見解が分かれる。しかし、当然復活説は理論的にも難点があり、結果的にも種々妥当を欠く場合が生じることから、一応後見開始説が通説とされている。

また、単独親権者の死亡により後見が開始した（民838条1号）後において、他方実親を親権者とする親権者指定又は変更が可能かについても、消極説、積極説及び条件付き積極説に見解が分かれる。裁判実務等では、積極説に基づいた審判例が多くみられ、最高裁家庭局においても、後見開始後であっても親権者変更の審判が可能であることを示唆している。[注]

〔注〕「離婚の際親権者に指定された父または母が死亡した後生存する他方の親が未成年子を引取り監護養育しているとき、従来、後見人を選任すべきであるとする後見開始説が実務の多数説であった。しかし、最近では、その生存する他方の親が親権者として適当であれば、親権者変更審判が可能であるとする親権者変更説がかなり有力になりつつあり、当局もこれによる運用の余地もありうると考えている。」（昭和41年2月全国家事審判官会同）

2　戸籍先例の推移

(1)　戸籍の実務では、当初、単独親権者の死亡により後見が開始するとしつつも（昭和23・8・12民事甲2370号回答）、嫡出でない子の母が死亡し、いまだ後見人の選任のないうちに父が認知した場合には、民法第819条第5項及び第6項の規定に基づく審判により父を親権者に指定できるとしていた（昭和23・10・15民事甲660号回答）。

(2)　その後、この見解を改め、後見が開始した以上、他方実親の親権は、民法第819条第5項及び第6項の規定基づく指定又は変更の審判をもってしても回復されることはないとした（昭和24・3・15民事甲3499号回答、昭和24・5・19民事甲1008号回答）。

(3)　しかし、その後さらに、家庭裁判所において他方実親を親権者とする親権者変更の審判をなし、その審判書の謄本を添付して戸籍の届出があったときは、「そのまま受理するほかない」とし（昭和25・2・6民事甲284号回答、昭和26・9・27民事甲1804号回答）、実質的には、親権者変更の審判を認める結果となった。

以上の先例は、いずれも後見が開始しているにもかかわらず、いまだ後見人の選任がされていない場合である。

(4)　また、その後、離婚の際に指定された親権者の死亡後、他方実親が後見人に選任され、戸籍にその旨記載された後、その者が親権者となる親権者変更の審判が確定した場合において、その審判に基づく親権者変更の届出があったときもこれを受理し、これによって後見は終了するとしている（昭和50・7・2民二3517号回答）。

3 本通達の取扱い

　本通達は、離婚の際に未成年の子の親権者と定められた父が死亡して後見が開始し、いまだ後見人が選任されないうちに母を親権者と定める親権者指定の審判があった場合である。この審判に基づく親権者指定届があったときは、親権者変更届に訂正させた上で受理するのが相当であるとした。

　単独親権者の死亡後に他方実親を親権者とする審判において、審判書の主文に本通達のように「定める」あるいは「指定する」と記載されている場合、その趣旨は、協議に代わる性質を有する指定審判がなされたものと解される。しかし、いったん親権者を父母の一方と定めた後においては、それを変更するのであれば格別、民法第819条の解釈上もはや指定ということはあり得ない。そこで、この審判はあくまでも民法第819条第6項の規定に基づく変更審判とみるべきであり、戸籍の届出についても、戸籍法第79条による親権者変更の報告的届出にほかならないから、上記の審判に基づく届出は、指定届ではなく変更届とするのが相当とされたものである。

第8節　死亡・失踪

(一般)

111　危難失踪における死亡とみなされる日及び15歳未満の養子が離縁する際の離縁協議者等

昭和37年5月30日民事甲第1469号通達

先例の趣旨

　危難失踪宣告の効果及び15歳未満の養子の離縁協議者等に関し民法の一部を改正する法律（昭和37年法律第40号）が同年7月1日施行されたことに伴い、戸籍事務の取扱いの一部も次のとおり変更された。

一　民法第31条の改正に伴い、危難失踪者（民30条2項）について、失踪宣告届書に記載する失踪者の死亡とみなされる日は、失踪宣告の審判の謄本に記載された「危難の去った日」である。なお、審判書に時刻まで記載されているときは、その時刻も表示する。

二の㈠　民法第811条第2項の改正に伴い、15歳未満の養子が離縁の届出をする際の離縁協議者は、(1)　実父母が生存している場合は実父母、(2)　実父母が離婚している場合は、父母の協議又は協議に代わる審判により指定された父又は母、(3)　実父母の双方が死亡している場合は、家庭裁判所で選任された未成年後見人である（後記2(2)ア～オ参照）。

二の㈡　民法第811条に第3項ないし第5項が加えられたことに伴い、15歳未満の養子が離縁をし、親権者指定又は後見開始の届出をする場合の具体的な取扱い

三　民法第815条により離縁の裁判が確定し、親権者又は未成年後見人となるべき者からする戸籍法第73条の離縁届及び親権者指定届又は未成年者の後見開始届について

参考　訓令通牒録：⑤綴 5982頁、⑩綴 12622頁

〈解　説〉

1　昭和37年法律第40号による民法の一部改正

　昭和37年法律第40号による民法の一部を改正する法律は、同年3月29日に公布され、これに関連して戸籍法及び家事審判規則の一部も改正され、いずれも同年7月1日から施行された。その改正の概要は、次のとおりである。

① 　危難失踪の場合における失踪期間を1年に短縮し、かつ、失踪者が死亡したとみなす時期を危難の去った時とする（民30条・31条関係）。

② 　死亡した数人の死亡の先後が明らかでないときは、これらの者は、同時に死亡したものと推定する（同32条の2関係）。

③ 　養子が15歳未満の場合における離縁の協議者を明確にするため、協議者を養子の離縁後の法定代理人（親権者又は未成年後見人）とする（同811条・815条関係）。

④ 　後見人の解任の請求権者に検察官を加え、家庭裁判所の職権による解任を認める（同845条関係。なお、平成11年法律第149号による民法の一部改正により「846条」とされた。）。

⑤ 　被相続人の孫以下の直系卑属は、すべて代襲相続によって相続するものとする（同887条・889条・901条関係）。

⑥ 　相続の限定承認又は放棄の取消しは、家庭裁判所に申述して行うものとする（同919条関係）。

⑦ 　相続の放棄をした者は、初めから相続人とならなかったものとする

(民939条関係)。
⑧　相続人の不存在の場合における相続権を主張すべき旨の公告の最短期間を6か月に短縮する（同958条・958条2関係）。
⑨　相続人が存在しない場合には、家庭裁判所の裁量によって、被相続人と特別の縁故があった者に、相続財産の全部又は一部を与える途を開く（同958条の3・959条関係）。
⑩　以上の改正に伴って、家事審判法及び戸籍法に所要の整理を加える（家審9条、戸94関係）。
　本通達は、上記の改正のうち、戸籍の取扱いに直接関連する①、③及び⑩の各事項について、改正に伴う留意事項を示したものである。

2　戸籍事務の取扱いに関する改正
(1)　危難失踪に関する改正（本通達一）
　失踪宣告の制度は、普通失踪（民30条1項）と危難失踪（同条2項）の二つに分けられるが、前記1の①は、危難失踪の場合に、失踪期間を3年から1年に短縮するとともに、死亡とみなされる時期を、「期間満了の時」から「危難の去った時」に改められた。これは、普通失踪の場合と異なり、船舶が沈没したような危難失踪の場合は、死亡の原因となった沈没という事実により死亡の蓋然性は極めて高いわけであり、失踪期間を設けているのは、慎重を期するとの趣旨に過ぎない。そうであれば、改正前の船舶の沈没した後3年を経過した時に死亡したものとみなす、とした規定は実情にそぐわないので、「危難の去った時」と改められたものである。なお、死の危険に遭遇した時に死亡とみなすというのが自然とも考えられるが、危難が相当の日時にわたって継続する場合も予想されることから、危難に遭遇した最終の時点でとらえたものと考えられる。
　この危難失踪に関する民法の改正に伴い、改正法の附則第4項によって戸籍法第94条（失踪宣告又はその取消の届出）の規定が改正され、失踪宣告の届書には民法第31条（失踪の宣告の効力）の規定により死亡したとみなされる日をも記載しなければならないこととされた。
　民法の改正前は、死亡とみなされる時が、普通失踪と危難失踪とを区別す

ることなく、「失踪期間満了の時」とされていたので、前者については生死が不明となった日から7年、後者については危難の去った日から3年の期間満了の日が死亡とみなされる日となる。したがって、失踪宣告の審判書には死亡とみなされる日を明示しなくても、生死が不明となった日又は船舶が沈没した時などを明らかにしておけば、これによって計算をすることができたから、家庭裁判所における審判書の記載内容も、死亡とみなされる日を明示する例は比較的少ない実情にあった。この昭和37年の改正により、危難失踪の場合の審判書には、危難の去った時が明示されるから、それが死亡とみなされる時点と一致することになる。

　改正後の戸籍法第94条は「……死亡したとみなされる日……」と規定し、民法第31条は「危難が去った時に、死亡したものとみなす」と規定しており、これは一見矛盾するようにも見受けられるが、危難の去った時が時点として択えられる場合には、審判書にも年月日及び時分が明示されるであろうから、戸籍の届書にも時分まで記載しなければならない。しかし、危難に遭遇した場合に、通常は時刻まで判明しないことの方が多いと思われる。例えば、危難が継続する風水害等による場合には、危難の去った時刻を明示し得ないであろう。いずれにしても、届書には、失踪宣告の審判書に記載されている危難の去った時をそのまま記載すれば足りる。

　市区町村長は、当該届出を受理するに当たっては、届書と添付書類（特に失踪宣告審判の謄本）との記載にそごがないか否かを審査する必要があり、また、時刻まで記載されている届出の場合には、一般の死亡の場合と同様に、戸籍にも時分まで記載しなければならないことになる。

(2)　15歳未満の養子の離縁協議者（本通達二㈠）

　改正前の民法第811条第2項は、「養子に代わって縁組の承諾をする権利を有する者」と規定していたため、この解釈については、①養子に代わって縁組の承諾をした者、②現在において縁組の承諾をする権利を有する者、③現在の縁組がなかったと仮定した場合に、縁組の承諾をする権利を有する者、との三説に分かれ、実務の取扱い上も混乱を来していた。そこで、昭和37年の改正により、「養子の離縁後にその法定代理人となるべき者」と改めるとともに、これに関連して離縁の協議者をあらかじめ定められる場合を、

同条第3項ないし第5項に新設し、養子の離縁後において身分上及び財産上の保護の一切の責任を負う者（法定代理人）が離縁の協議者となることを明確にした。

ア　実親が生存している場合（本通達二㈠(1)）

　　15歳未満の子が親権者である実父母の代諾によって他の者の養子となった後、15歳に達する前に離縁をする場合は、離縁後は実父母の親権が復活するので、その者が養子の離縁後の法定代理人に該当し、離縁の協議者となる（民811条2項）。実父母の一方が養子の縁組後に死亡している場合は、生存する実父又は実母が離縁後の法定代理人として離縁の協議をし、その者と養親とが離縁届の届出人となる（戸71条参照）。

イ　養子の実父母が離婚している場合（本通達二㈠(2)）

　　15歳未満の子が親権者である実父母の代諾によって養子縁組をした後、養子が15歳に達する前に離縁をする場合において、実父母が離婚をしているときには、あらかじめその父母の協議又は協議が調わない場合や事実上協議ができない場合には、家庭裁判所の協議に代わる審判（民811条4項、家審9条1項乙類6の2、家審規63条の3）によって離縁後に養子の親権者となるべき者を定め（民811条3項、養親の側から離縁を求める場合も考えられることから、養親も請求権者に加えられている。）、その者が離縁の協議者となり、養親とともに離縁届の届出人となる。

　　なお、養子の離縁後に親権者となるべき者を定めたが、離縁の届出をする前にその者が死亡した場合には、親権者を定めたことが無意味となり、他の生存する一方が養子の離縁後の法定代理人として離縁を協議し、離縁の届出人となる。

ウ　実父母の双方が死亡している場合（本通達二㈠(3)）

　　15歳未満の養子の縁組継続中に実父母の双方が死亡し、養子が15歳に達する前に離縁をする場合は、離縁後に法定代理人となるべき者がないことから、養子の親族その他利害関係人の請求によって、家庭裁判所が離縁後に未成年後見人となるべき者を選任しなければならない。その選任された者が離縁の協議者となり、届出人となる（民811条5項、家審9条1項甲類7の2、家審規63条の4）。

なお、後見人となるべき者から離縁届がなされた場合、その届出を受理した市区町村長は、未成年被後見人の住所地を管轄する家庭裁判所にその旨を通知しなければならない。これは、民法第845条（なお、平成11年法律第149号による民法の一部改正により「846条」とされた。）の規定の改正とも関連するものであり、家庭裁判所に後見人の職権解任の権限が新たに付与されたことから、この通知により家庭裁判所は後見監督を行う権限としての調査活動ができることになるわけである。

エ　離縁後に法定代理人となるべき者の届出人の資格（本通達二㈠⑷）
　養子の離縁後に親権者又は未成年後見人となるべき者が離縁の届出をする場合の届出人の資格は、「親権者となるべき者」又は「未成年後見人となるべき者」と記載するか、単に「親権者」又は「未成年後見人」と記載するか、そのいずれでも差し支えない[注]。なお、この場合の現行における戸籍記載例は、「……（親権者となるべき父母）……」又は「……（未成年後見人となるべき何某）……」とされている（法定記載例41～43、参考記載例96・97参照）。

　　〔注〕「戸籍届書類標準様式」で示されている養子離縁届書の届出人の資格は、昭和59年11月1日民二第5502号通達以来、「離縁後の親権者」又は「離縁後の未成年後見人」に統一されている。

オ　離縁後に法定代理人となるべき者の資格を証する書面（本通達二㈠⑸）
　父母の協議又は協議に代わる審判により、養子の離縁後に親権者となるべき者が定められ、その者が養子の離縁協議者となって離縁届をする場合には、届書に協議を証する書面、又は審判の謄本及びその確定証明書等を添付しなければならない。
　また、15歳未満の養子の離縁につき、その未成年後見人となるべき者が養子に代わって協議をし、離縁の届出をする場合は、未成年後見人選任の審判の謄本を添付する。この審判は、即時抗告が許されないので、協議に代わる親権者指定の審判の場合と異なり、確定証明書の添付を要しない。

(3) **親権者指定又は後見開始届**（本通達二㈡）

　民法第811条に第3項ないし第5項が加えられたことに伴い、15歳未満の養子が離縁をし、親権者指定又は未成年後見開始の届出をする場合の具体的な取扱いは、以下のとおりである。

　ア　親権者指定届の届出人（本通達二㈡(1)）

　　親権者となるべき者は、離縁届と同時に本来の親権者としての地位に就くので、協議による場合は父母の双方から、また、審判（又は調停）による場合は親権者（戸79条参照）から、それぞれ親権者指定届をしなければならない。この場合、その協議を証する書面又は審判の謄本及びその確定証明書を添付しなければならない。なお、離縁届の場合にも、前記の書面等の添付を要するが、例えば、離縁届と同時に親権者指定届をするときは、離縁届書の「その他」欄に「別件親権者指定届書に添付の協議書（又は審判の謄本及び確定証明書）を援用する。」旨を記載してその添付を省略して差し支えないとされている（昭和37・6・29民事甲1839号回答）。

　　なお、審判（又は調停）による親権者指定届は、協議による戸籍法第78条の届出の場合と異なり、同法第79条により指定された親権者が届出人となるので、養子離縁届と親権者指定届を一通の届書に記載して差し支えないとされている（前掲回答）。この場合、離縁届書の「その他」欄に「養子某の離縁後は、届出人父（母）が親権を行う。なお、本届出は親権者指定届を兼ねる。」旨の記載をする。市区町村長は、上記の届書を受理するに当たっては2件として処理し、受附の順序は養子離縁届、次いで親権者指定届の順に受附帳に登載する。

　イ　未成年後見開始届（本通達二㈡(2)）

　　15歳未満の養子の離縁後に法定代理人となるべき者がないため、民法第811条第5項の規定によって養子の離縁後に未成年後見人となるべき者が選任された場合、未成年者の後見が開始し、未成年後見人就職の日は、いずれも離縁届の受理の日である。後見人に選任された者は、戸籍法第81条の規定により、離縁届出の日から10日以内に未成年者の後見開始届をしなければならない。

ウ　親権者又は未成年後見人の資格証明書（本通達二㈡(3)）

審判による親権者指定届又は未成年後見開始届に添付すべき資格証明書は、前記2の(2)オ（本通達二㈠(5)）と同じである。もっとも、離縁届と同時に同一市区町村役場に上記の届出をする場合には、離縁届に添付した資格証明書を援用する取扱いで差し支えない。なお、上記届出人は離縁届の届出人と同一であるから、離縁届書の「その他」欄に「親権者指定」又は「未成年者の後見開始」に関する事項を記載し、これによって別の書面による親権者指定届又は未成年者の後見開始届に代えて差し支えない。この場合の受附は、「養子離縁」と「親権者指定又は後見開始」の2件として処理する。

エ　戸籍の記載（本通達二㈡(4)）

各届出に基づく戸籍の記載は、次の振り合いによる。（冒頭の日付はすべて離縁の届出の日）

①　父母の協議によってその一方を親権者と定めた場合（子の身分事項欄）

「平成五年七月拾日父親権者となる同月拾弐日父母届出㊞」（参考記載例140参照）

②　協議に代わる審判によって定められた場合（子の身分事項欄）

「平成五年七月五日母親権者となる同日母届出㊞」（参考記載例141参照）

③　未成年後見開始に関する記載（未成年被後見人の身分事項欄）

「平成拾弐年八月七日親権を行う者がないため千葉市中央区千葉港五番地甲原忠太郎同籍孝吉未成年後見人に就職同月八日届出同月九日同区長から送付㊞」（法定記載例117参照）

⑷　裁判による離縁届及び親権者指定届等（本通達三）

民法第815条の改正に伴い、15歳未満の養子について離縁の裁判が確定し、親権者又は未成年後見人となるべき者からする戸籍法第73条の離縁届及び親権者指定届又は未成年者の後見開始届の取扱いも右に準じて処理すれば足りる。また、民法第846条に基づく未成年後見人解任の審判が確定した場合の取扱いは、従前どおりで変わりはない[注]。

第5章 届出各則 第8節 死亡・失踪 (一般)

〔注〕 昭和55年法律第51号の民法等の一部を改正する法律により家事審判法の一部が改正され、同法に第15条の2の規定が新設されて、同法第9条第1項甲類に掲げる事項についての審判等で、最高裁判所の定めるものが効力を生じた場合には、裁判所書記官は、最高裁判所の定めるところにより、遅滞なく、戸籍事務管掌者に対し戸籍の記載を「嘱託」しなければならないこととされた。

　これに対応して、戸籍法第15条に戸籍記載の原由として「嘱託」を追加する改正がなされ、この改正に伴って家事審判規則の一部が改正され、後見人、保佐人又は後見監督人の辞任許可の裁判又は解任の裁判等が確定した場合には、裁判所書記官から戸籍の記載嘱託がなされることとなった(昭和55・10・23最高裁判所規則第8号「家事審判規則等の一部を改正する規則」参照)。

　なお、未成年後見人解任の裁判が確定し、裁判所書記官から同裁判確定による戸籍記載嘱託があった場合に、未成年被後見人の戸籍中その身分事項欄にする記載は、次のとおりである。

　「平成拾四年拾壱月拾日未成年後見人甲原孝吉解任の裁判確定同月拾四日嘱託㊞」(法定記載例123)

(渉外)

112　在日アメリカ人についての死亡通知

昭和 39 年 7 月 27 日民事甲第 2683 号通達

先例の趣旨　昭和 39 年 8 月 1 日に発効した「日本国とアメリカ合衆国との間の領事条約」（同年 7 月 2 日批准書交換）に基づき、同日以後に日本国内でアメリカ合衆国の国民が死亡し、その死亡届を受理した市区町村長は、速やかに死亡届書の記載から①死亡者の氏名、男女の別及び出生の年月日、②死亡者の住所及び職業、③死亡の場所及び年月日、④死亡の原因、⑤届出人の住所及び氏名を摘記した「在日アメリカ人の死亡通知」を、死亡者の住所地を管轄する在日アメリカ合衆国領事官に通知すべきものとされたのが本通達である。

参考　訓令通牒録：⑤綴　7335 頁、⑩綴　12635 頁
関連先例通し番号：113、114

〈解　説〉

1　在日外国人の死亡通知に関する取扱いの推移

(1)　戦前の取扱い

　太平洋戦争前は、在日外国人が日本国内で死亡し、その死亡届が市区町村長になされた場合には、明治 32 年 7 月 8 日司法省令第 40 号「外国人ノ遺産ノ保存処分ニ要スル手続ノ件」の規定に基づき、受理市区町村長は、所轄の区裁判所に、死亡者の国籍・住所又は居所、氏名、年齢及び死亡の年月日、場所等を通知し、その通知を受けた区裁判所は、直ちにこれを死亡者の属する国の領事館の領事あて報告するものとされていた。

(2) 戦後の取扱い

　終戦後は、連合国総司令部（昭和20年にアメリカ政府が設置した対日占領政策の実施機関・昭和27年平和条約発効とともに廃止）の昭和21年8月26日付け覚書によって、同年9月5日以後は、市区町村長が外国人の死亡届を受理したときは、24時間以内に所轄の区裁判所（簡易裁判所に改組後は法務局又は地方法務局。以下同じ。）にその謄本を添えて、①死亡者の国籍、出生の年月日及び出生地（国）、②死亡の原因、③最近親者の氏名及び住所、④遺産の帰属又は処分、⑤埋葬の場所等を、届出人から任意に聴取して管轄の区裁判所に報告し、その報告を受けた区裁判所は、即日、司法省（法務省）に送付する取扱いであった（昭和21・9・10民事甲583号通牒）。

　ところが、この取扱いは、昭和26年11月5日付け同司令部の覚書をもって廃止され、同日以後は、上記の報告を要しないこととなったので、同月15日民事甲第2177号通達をもって、その旨を明らかにするとともに、さきの明治32年司法省令第40号の規定による通知も要しないこととされた。

(3) 在日ドイツ人及びインド人についての死亡通知

　その後、ドイツ大使館及びインド大使館からの要請により、従来の慣例に従い、在日ドイツ人及びインド人の死亡届に限り、受理市区町村長は遅滞なく、次の要領によって外務大臣あて通知するものとされた（昭和27・9・8民事甲170号通達）。

　通知書には、「在日ドイツ（又はインド）人の死亡通知」と標記し、①死亡者の氏名、男女の別及び出生の年月日、②死亡者の住所及び職業、③死亡の場所及び年月日、④死亡原因、⑤死亡届出人の住所及び氏名、を届書の記載から摘記するものとされている。

　なお、このドイツ人及びインド人についての取扱いは、昭和58年に新たな条約（後記4）に基づいて死亡通知をすることに改められた。

2　在日アメリカ人の死亡通知（本通達による取扱い）

　昭和39年7月2日「日本国とアメリカ合衆国との間の領事条約」の批准書の交換が行われ、同年8月1日から、その効力が生ずることとなった。同条約第18条第1項によると、「派遣国の国民が接受国の領域内で死亡した場

合において、その死亡した領域内に法定相続人又は遺言執行者がないときは、接受国の関係地方当局は、できる限り速やかに、派遣国の領事官に通報するものとする。」とされている。

この条項によると、我が国の領域内でアメリカ人が死亡した場合において、同領域内にその者の法定相続人又は遺言執行者がないときは、市区町村長は速やかに在日アメリカ合衆国領事官にその旨を通報しなければならないことになる。

しかし、実際問題として、当該死亡者の法定相続人又は遺言執行者の有無を調査することは、極めて困難と思われる。そこで、本通達は、昭和39年8月1日以後、市区町村長が在日アメリカ人の死亡届を受理したときは、すべてこれを通報しなければならないとしたものである。

この通報は、前述1(3)の在日ドイツ人とインド人について通報されていたのと同様の事項（①～⑤）を届書から摘記し、「在日アメリカ人の死亡通知」と標記してすることとなるが、これを死亡者の住所地を管轄する在日アメリカ領事官あてにするとされている点は、在日ドイツ人及びインド人の死亡通知が外務大臣宛にするとされているのと異なる。

3　在日ロシア人の死亡通知

在日ロシア人の死亡の場合においても、上記の日・米二国間の個別国際取極に基づく通知と同様の取扱いをすることとされている。すなわち、我が国と旧ソ連政府との間に「日本国とソヴィエト社会主義共和国連邦との間の領事条約」が昭和42年7月24日批准され、同年8月23日に発効した。これに伴い、同日以降に市区町村長がソヴィエト人の死亡届を受理したときは、アメリカ人の場合と同じ内容の事項を届書から摘記し、速やかに外務大臣に通知することとされた（昭和42・8・21民事甲2414号通達〔113〕）。

その後、平成3年12月25日、旧ソ連邦が解体したことに伴い、ロシア連邦が旧ソ連邦と継続性を有する同一の国家であることが確認された。我が国は、同月28日旧ソ連邦を構成していたその他の共和国のうち10か国（ウクライナ、ベラルーシ、モルドヴァ、アルメニア、アゼルバイジャン、カザフスタン、ウズベキスタン、トルクメニスタン、キルギス、タジキスタン）を国家とし

て承認したことにより、死亡届書に記載の死亡者の国籍が「ロシア連邦」とある者については、従来どおり外務大臣に前記通達による死亡通知を継続することとされた（昭和58・10・24民二6115号通達〔114〕）。なお、上記の共和国人の死亡通知については、後記4参照。

4　「領事関係に関するウィーン条約」に基づく通知
　この条約は、昭和58年10月3日に我が国が加入書を寄託し、同年11月2日から我が国についてもその効力を生ずることとなった。この条約の規定（37条(a)）によれば、日本の領域内で本条約の締結国の国民が死亡した場合は、我が国の権限ある当局は、その旨を遅滞なく当該国の領事機関へ通報しなければならないものとされている。この取扱いについては、法務省、外務省及び自治省（現総務省）間の協議の結果、関係法令が整備されるまでの間、外国領事機関への通報は外務省が行い、そのための外国人の死亡に関する情報は、戸籍事務を管掌する市区町村長から通知を受けた法務局又は地方法務局の長が外務省に通知して提供することとされた。
　この死亡通知の対象となる外国人は、我が国との二国間の条約に基づいて死亡の通知をすることとされているアメリカ合衆国及びロシア連邦の国民並びに無国籍者を除くすべての外国人（旧ソ連邦を構成していたその他の共和国を含み、また、ドイツ人及びインド人についても、この新条約に基づく通知を行うことに改められた。）とされている[注]。これらの在日外国人に関する死亡の届出を受理した市区町村長は、毎月1日から末日までの間に受理した届書の写しをその翌月、戸籍法施行規則第48条第2項所定の書類を送付する際にあわせて管轄法務局長に送付し、管轄法務局長はこれをとりまとめ、死亡届書の写しを死亡者の国籍別に整理した上、速やかに外務大臣官房領事移住部長あて送付しなければならないとされている（昭和58・10・24民二6115号通達）。

　　〔注〕　昭和58年10月24日民二第6115号通達が発出された時点における本条約の締約国は、我が国を除き106か国であり、将来締約国の増加が予想されることから、外務大臣官房領事移住部長への通知は、本条約の締約国の国民であるか否かにかかわりなく通知の対象とされている。

113　在日ロシア人についての死亡通知

昭和42年8月21日民事甲第2414号通達

先例の趣旨　昭和42年8月23日に発効した「日本国とソヴィエト社会主義共和国連邦との間の領事条約」に基づき、日本国内でロシア人が死亡し、その死亡届を受理した市区町村長は、その死亡事項を摘記した「在日ロシア人の死亡通知」を外務大臣官房領事移住部長あてに送付し、外務大臣はこれを在日ロシア領事館に通知することとされたものである。

参考
訓令通牒録：⑥綴 8306頁、⑩綴 12650頁
関連先例通し番号：112、114

〈解　説〉

1　在日外国人の死亡通知に関する取扱いの推移
(1)　戦前の取扱い

　太平洋戦争前は、在日外国人が日本国内で死亡し、その死亡届が市区町村長になされた場合には、明治32年7月8日司法省令第40号「外国人ノ遺産ノ保存処分ニ要スル手続ノ件」の規定に基づき、受理市区町村長は、所轄の区裁判所に、死亡者の国籍・住所又は居所、氏名、年齢及び死亡の年月日、場所等を通知し、その通知を受けた区裁判所は、直ちにこれを死亡者の属する国の領事館の領事あて報告するものとされていた。

(2)　戦後の取扱い

　戦後は、連合国総司令部（昭和20年にアメリカ政府が設置した対日占領政策の実施機関・昭和27年平和条約発効とともに廃止）の昭和21年8月26日付け覚書によって、同年9月5日以後は、市区町村長が外国人の死亡届を受理したときは、24時間以内に所轄の区裁判所（簡易裁判所に改組後は法務局又は地

方法務局。以下同じ。）にその謄本を添えて、①死亡者の国籍、出生の年月日及び出生地（国）、②死亡の原因、③最近親者の氏名及び住所、④遺産の帰属又は処分、⑤埋葬の場所等を、届出人から任意に聴取して管轄の区裁判所に報告し、その報告を受けた区裁判所は、即日、司法省（法務省）に送付する取扱いであった（昭和21・9・10民事甲583号通牒）。

ところが、この取扱いは昭和26年11月5日付け同司令部の覚書をもって廃止され、同日以後は、上記の報告を要しないこととなったので、同月15日民事甲第2177号通達をもって、その旨を明らかにするとともに、さきの明治32年司法省令第40号の規定による通知も要しないこととされた。

(3) 在日ドイツ人及びインド人についての死亡通知

その後、ドイツ大使館及びインド大使館からの要請により、従来の慣例に従い、在日ドイツ人及びインド人の死亡届に限り、受理市区町村長は遅滞なく届書の記載から死亡事項を摘記して外務大臣あて通知するものとされていた（昭和27・9・8民事甲170号通達）。なお、このドイツ人及びインド人についての取扱いは、昭和58年の領事関係に関するウィーン条約（後記3）に基づいて死亡通知をすることに改められた。

2 在日ロシア人の死亡通知

本通達の日本国と旧ソヴィエトとの間の領事条約の発効に先立つ昭和39年7月2日に、「日本国とアメリカ合衆国との間の領事条約」の批准書の交換が行われ、同年8月1日から、その効力が生ずることとなった。この条約により、市区町村長がアメリカ人の死亡届を受理したときは、すべてこれを在日アメリカ合衆国領事官にその旨を通報しなければならないとされている（昭和39・7・27民事甲2683号通達〔112〕）。

この日・米二国間の個別国際取極に基づく通知と同様の取扱いが、我が国と旧ソ連政府との間に「日本国とソヴィエト社会主義共和国連邦との間の領事条約」として昭和42年7月24日批准され、同年8月23日に発効した。これに伴い、市区町村長がソヴィエト人の死亡届を受理したときは、死亡届書の記載から①死亡者の氏名、男女の別及び出生の年月日、②死亡者の住所及び職業、③死亡の場所及び年月日、④死亡の原因、⑤届出人の住所及び氏

名を摘記し、速やかに外務大臣に通知することとされたものである。

　その後、旧ソ連邦は、平成3年12月25日に解体したことに伴い、ロシア連邦が旧ソ連邦と継続性を有する同一の国家であることが確認され、我が国は同月28日旧ソ連邦を構成していたその他の共和国のうち10か国（ウクライナ、ベラルーシ、モルドヴァ、アルメニア、アゼルバイジャン、カザフスタン、ウズベキスタン、トルクメニスタン、キルギス、タジキスタン）を国家として承認したことにより、死亡届書に記載の死亡者の国籍が「ロシア連邦」とある者については、従来どおり外務大臣に前記通達による死亡通知を継続することとなり、また、上記の共和国とある者については、他の外国人と同様に管轄法務局に死亡届書の写しを送付することになる。

3　「領事関係に関するウィーン条約」に基づく通知

　この条約は、我が国が昭和58年10月3日に加入書を寄託し、同年11月2日から我が国についてもその効力を生ずることとなった。この条約の規定（37条(a)）によれば、日本の領域内で本条約の締結国の国民が死亡した場合は、我が国の権限ある当局は、その旨を遅滞なく当該国の領事機関へ通報しなければならないものとされている。この取扱いによる外国領事機関への通報は外務省が行い、そのための外国人の死亡に関する情報は戸籍事務を管掌する市区町村長から通知を受けた法務局又は地方法務局の長が外務省に通知して提供することとされた。

　この死亡通知の対象となる外国人は、我が国との二国間の条約に基づいて死亡の通知をすることとされているアメリカ合衆国及びロシア連邦の国民並びに無国籍者を除くすべての外国人とされている[注]。これらの在日外国人に関する死亡の届出を受理した市区町村長は、毎月1日から末日までの間に受理した同届書の写しをその翌月に、戸籍法施行規則第48条第2項所定の書類を送付する際にあわせて、管轄法務局の長に送付し、管轄法務局の長はこれをとりまとめ、死亡届書の写しを死亡者の国籍別に整理した上、速やかに外務大臣官房領事移住部長あて送付しなければならないとされている（昭和58・10・24民二6115号通達〔114〕参照）。

〔注〕 昭和58年10月24日民二第6115号通達が発出された時点における本条約の締結国は、我が国を除き106か国であり、将来締結国の増加が予想されることから、外務大臣官房領事移住部長への通知は、本条約の締結国の国民であるか否かにかかわりなく通知の対象とされている。

114 在日外国人の死亡届を受理した場合における管轄法務局への届書写しの送付

昭和58年10月24日民二第6115号通達

先例の趣旨

昭和58年11月2日から我が国においても効力が生じることとなった「領事関係に関するウィーン条約」に基づいて、我が国で死亡した外国人（アメリカ合衆国及びロシア連邦の国民並びに無国籍者を除く。）の死亡届を受理したときは、市区町村長は、管轄法務局へ死亡届の写しを送付しなければならない。この対象外国人の死亡届書中、死亡者の氏名は片仮名で表記させ、アルファベット文字による氏名を付記させる。ただし、死亡者が中国人、朝鮮人等本国においてその氏名を漢字で表記するものであるときは、漢字による氏名を記載するのみで足りるものとされた。

参考

訓令通牒録：⑧綴 10510頁、⑩綴 12749頁
関連先例通し番号：112、113

〈解　説〉

1　在日外国人の死亡通知に関する取扱いの推移
(1)　戦前の取扱い

　太平洋戦争前は、在日外国人が日本国内で死亡し、その死亡届が市区町村長になされた場合には、明治32年7月8日司法省令第40号「外国人ノ遺産ノ保存処分ニ要スル手続ノ件」の規定に基づき、受理市区町村長は所轄の区裁判所に、死亡者の国籍・住所又は居所、氏名、年齢及び死亡の年月日、場所等を通知し、その通知を受けた区裁判所は、直ちにこれを死亡者の属する国の領事館の領事あて報告するものとされていた。

(2) 戦後の取扱い

戦後は、連合国総司令部（昭和20年にアメリカ政府が設置した対日占領政策の実施機関・昭和27年平和条約発効とともに廃止）の昭和21年8月26日付け覚書によって、同年9月5日以後は、市区町村長が外国人の死亡届を受理したときは、24時間以内に所轄の区裁判所（簡易裁判所に改組後は法務局又は地方法務局―以下同じ）にその謄本を添えて、①死亡者の国籍、出生の年月日及び出生地（国）、②死亡の原因、③最近親者の氏名及び住所、④遺産の帰属又は処分、⑤埋葬の場所等を届出人から任意に聴取して管轄の区裁判所に報告し、その報告を受けた区裁判所は、即日、司法省（法務省）に送付する取扱いであった（昭和21・9・10民事甲583号通牒）。

ところが、この取扱いは、昭和26年11月5日付け同司令部の覚書をもって廃止され、同日以後は上記の報告を要しないこととなったので、同月15日民事甲第2177号通達をもって、その旨を明らかにするとともに、さきの明治32年司法省令第40号の規定による通知も要しないこととされた。

その後、ドイツ大使館及びインド大使館からの要請により、従来の慣例に従い、在日ドイツ人及びインド人の死亡届に限り、受理市区町村長は遅滞なく届書の記載から死亡事項を摘記して外務大臣あて通知するものとされていた（昭和27・9・8民事甲170号通達）。また、二国間の条約に基づくアメリカ合衆国（昭和39・7・27民事甲2683号通達〔112〕参照）及びロシア連邦（昭和42・8・21民事甲2414号通達〔113〕参照）の国民が我が国で死亡した場合の通知の取扱いがある。なお、ドイツ人及びインド人についての取扱いは、昭和58年の領事関係に関するウィーン条約に基づく死亡通知をすること（後記2）に改められた。

2 「領事関係に関するウィーン条約」に基づく本通達の取扱い

(1) この条約は、外国において自国民の保護等の任にあたる領事の特権・免除に関する事項、その他領事事務を行うにあたっての全般的事項について国際的統一を図るため、昭和38年にウィーン国連会議において採択され、昭和42年3月19日に条約としての効力が発生した。我が国は、当初はこの条約には未加入であったが、昭和58年10月3日に国連事務総長あて加

入書を寄託し、同年11月2日から我が国についてもその効力を生ずることとなった。したがって、同日以降我が国は、同条約の規定に基づく国家としての義務を他の条約締結国に対して負うことになる。この条約によれば、日本の領域内で本条約の締結国の国民が死亡した場合は、我が国の権限ある当局は、その旨を遅滞なく当該国の領事機関へ通報しなければならないものとされている（条約37条）[注]。

(2) この条約による取扱いについて関係省庁間で協議の結果、外国領事機関への通報は外務省が行い、そのための外国人の死亡に関する情報は戸籍事務を管掌する市区町村長から通知を受けた法務局又は地方法務局の長が外務省に通知して提供することとされた。

ア　この死亡通知の対象となる外国人は、我が国との二国間の条約に基づいて死亡の通知をすることとされているアメリカ合衆国及びロシア連邦の国民並びに無国籍者を除くすべての外国人とされている。これらの在日外国人に関する死亡の届出を受理した市区町村長は、毎月1日から末日までの間に受理した届書の写しをその翌月、戸籍法施行規則第48条第2項所定の書類を送付する際にあわせて管轄法務局の長に送付し、管轄法務局の長はこれを取りまとめ、死亡届書の写しを死亡者の国籍別に整理した上、速やかに外務省大臣官房領事移住部長あて送付しなければならないとされている。

なお、アメリカ合衆国及びロシア連邦の国民については、従前の（前記1の(2)）民事局長通達による通知を継続するので除外されるものである。また、無国籍者については外務省において死亡通報をすべき相手方たる死亡者の本国がないから、これも除外される。また、本条約に加入していない外国人については、外務省からその本国に死亡通報をする必要はないわけであるが、市区町村長において外国人の死亡届書を条約締約国の国民とそれ以外のものに区分するのは煩雑であり、また、未締約国でも近い将来本条約に加入する国もあると予想されることから、戸籍事務上は、締約国の国民であるか否かにかかわりなく本通達による死亡通報の対象とされた。

死亡通知の対象は「外国人」とされているが、外国籍を有する日本国

第5章　届出各則　第8節　死亡・失踪（渉外）

民の死亡届は、通知の対象外と考えて差し支えないものと考えられる。国籍を複数保有する外国人について、もし重国籍であることが判明した場合には、いずれの国に死亡通報をすべきかという問題があるが、この点は、外国領事機関への通報を担当する外務省の判断にゆだねてよいと考えられている（本通達の解説「戸籍」471号80頁参照）。そのため、情報を提供する戸籍事務の立場では、その旨を外務省に知らせる必要があるが、通常の戸籍事務処理の過程で判断した限りの国籍を前提にした通知をすればよい（具体的には、死亡届書の本籍欄に記載された国籍国の国民として扱えば足りる。）ものと思われる。

イ　死亡通知の方法は、アメリカ合衆国及びロシア連邦国民について実施しているような死亡届書の記載事項を他の用紙に摘記する方法ではなく、死亡届書の写しの送付によるものとされた。すなわち、受理手続を完了した届書をコピーすれば、受理市区町村長名や受理年月日も写出され、また、写しであるから謄本認証も不要である。届書写しの表面余白に「死亡通報用」と朱書するものとされたのは、本来みだりに公開すべきでない死亡届書の写しであるから（戸48条参照）、用途を明確にして慎重を期する趣旨と解される。

　市区町村長は、毎月1日から末日までに受理した通知の対象となる外国人の死亡届書の写しを、翌月、管轄法務局に本籍人に関する戸籍記載済みの届書類を送付する（戸規48条2項）際に送付する。送付を受けた管轄法務局の長は、毎月これを取りまとめ、前記の死亡届書の写しを死亡者の国籍別に整理した上、速やかに外務省大臣官房領事移住部長あて送付することになる。

ウ　これらの死亡通知は、最終的に死亡者の本国の領事機関に送付されることになるので、死亡届書の記載が明確でなければ通報の意味を失うことになる。そこで、本通達は、特に死亡者の氏名の記載に際して留意すべき事項を示している。

　① 死亡者の氏名は、日本の戸籍制度上の届出であるから、原則として片仮名で記載するが、それのみでは、本国の領事機関としては本人の特定に不十分であるから、片仮名表記に加えてアルファベット文字に

よる死亡者の氏名を付記させる。ただし、死亡者が中国人、朝鮮人等本国においてその氏名を漢字で表記するものであるときは、漢字による氏名を記載するのみで足り、アルファベット文字による付記をさせる必要はない。

② なお、死亡者の本国によっては、アルファベット文字以外の文字、例えば、アラビア文字等を用いて氏名を表記するところもあるが、このような者についてもアルファベット文字により付記するものとされている。これは、アラビア文字等日本人にとって一般に判読が困難のものは、市区町村の窓口においても片仮名表記の氏名と付記された文字との対応関係が正しいか否かの判断が困難であること、また、外国人登録の原票においても、漢字使用国の国民以外の外国人の氏名は一律にアルファベット文字で登録されていることとの対応上からも、アルファベット文字で付記させるのが便利であるとの趣旨によるのであるから、届出人があえてアラビア文字等で付記するときは、これを否定するまでの必要はないと考えられている（前掲・本通達の解説「戸籍」471号81頁）。

〔注〕 領事関係に関するウィーン条約第37条（死亡、後見又は財産管理並びに難破及び航空事故の場合の通報）接受国の権限のある当局は、関係のある情報を入手した場合には、次の責務を有する。
(a) 派遣国の国民が領事機関の領事管轄区域内で死亡した場合には、その旨を遅滞なく当該領事機関に通報すること。
(b)・(c)省略

第9節　生存配偶者の復氏

115　帰化の際に配偶者の氏を称した者が、生存配偶者の復氏届により復する氏

昭和63年3月29日民二第2020号通達

先例の趣旨

　帰化の際に配偶者の氏を称した者の復氏については、従来、婚姻解消事由によって異なる取扱いがなされていた。すなわち、離婚による復氏が、離婚の効果として法律上当然に生ずるものであるのに対し、生存配偶者の復氏は、その者の意思によるものであることから、これを認めないとされてきた。しかし、離婚復氏あるいは生存配偶者の復氏のいずれの場合においても「婚姻前の氏」は同一の概念と考えられ、しかも、帰化時における条件が同一であるにもかかわらず、婚姻解消事由のいかんによって取扱いが異なることは、理論的にも、また、実際上も疑問があるとされていた。そこで、本通達は、外国人が帰化により配偶者の氏を称した場合において、配偶者が死亡し生存配偶者から復氏届があったときは、これを受理して差し支えないものとされ、従前の取扱いが変更されたものである。

参考　訓令通牒録：⑧綴 11062頁、⑩綴 12841頁

〈解　説〉

1　帰化者の氏

　帰化によって日本国籍を取得した者の氏は、帰化者の意思により自由に設

定でき、帰化の届出によって民法上の氏が創設される（大正14・1・28民事34号回答、昭和23・1・13民事甲17号回答⑾）。そこで、帰化者の氏については、民法が適用されることは当然であるから、日本人と婚姻をしている外国人が帰化した場合、あるいは外国人夫婦が帰化した場合は、夫婦同氏同戸籍の原則（民750条、戸6条）上、その夫婦の協議でいずれの氏を称するかを定める必要がある（昭和25・6・1民事甲1566号通達）。したがって、帰化者が、帰化に際し配偶者の氏を称した者であるときは、その者について帰化後の氏は創設されることなく、日本人配偶者の戸籍に入籍するか、配偶者の氏を称して新戸籍が編製されることになる。

2　婚姻解消後の帰化者の氏

　帰化の際にその者の氏が創設されることなく、配偶者の氏を称した者の婚姻解消後の氏について、従前は、次のような取扱いがされてきた。

(1)　離婚によって婚姻が解消した場合、婚姻によって氏を改めた者は、当然に婚姻前の氏に復することになり（民769条）、離婚後も引き続きその戸籍にとどまることはできない（戸19条1項）。したがって、帰化の際に配偶者の氏を称した者も、離婚によって婚姻が解消した場合は、離婚の効果として復氏することになる。しかし、同人には、離婚により復すべき婚姻前の氏がないことから、離婚の届出により、戸籍法第19条第1項但書の規定の趣旨に基づいて新戸籍を編製し、離婚後に称すべき氏は、その者の意思によって自由に定めることができるとされてきたし（昭和23・10・16民事甲2648号回答、昭和26・2・20民事甲312号回答）、現在もこの取扱いに変わりがない。

(2)　これに対し、配偶者の死亡によって婚姻が解消した場合に、帰化の際に配偶者の氏を称した者から、生存配偶者の復氏届ができるか否かについては、消極に解されていた。すなわち、その者について帰化後の氏は創設されていないし、配偶者の氏を称する前の民法上の氏は存在しないので、生存配偶者の復氏届の要件である婚姻前の氏の存在を欠くこと、また、(1)の離婚による復氏が離婚の効果として当然に生ずるのに対し、生存配偶者の復氏は、その者の意思によるものであること（民751条1項、戸95条）か

らも認められないとされてきた（昭和35・12・19民事甲3195号回答、昭和55・7・2民二3948号回答）。したがって、前記の場合の帰化者は、配偶者死亡後においても自己の氏を称する婚姻により新戸籍を編製する場合等の身分行為による場合のほかは、配偶者の死亡により解消した婚姻中の戸籍にとどまる取扱いがなされてきた。

3　本通達による取扱い

(1)　帰化の際に氏を定める条件が同じであるのに、婚姻解消の事由により復氏についての取扱いが異なることに対する疑問もあり、また、市区町村からは、窓口に寄せられる関係者からの要望もあって、前記の場合における生存配偶者の復氏届を認める取扱いについての要望がなされていた。

　ところで、帰化者が、配偶者の氏を称する場合には、その者の氏が具体化されないまま帰化届によって配偶者の氏に改められることにより潜在化していたが、離婚又は生存配偶者の復氏によって顕在化すると観念する余地がある。また、配偶者の氏を称して帰化した者が、配偶者の同意を得て単独で養子となる縁組をした（民796条）後に筆頭者である配偶者が死亡した場合（又は配偶者の死亡後に養子となる縁組をした場合）に、民法の一部改正（昭和62年法律第101号）後において生存配偶者の復氏届をしなければ養親の氏を称することはできない（民810条ただし書）。そうすると、従来の生存配偶者の復氏届を認めない取扱いの下では、前記の養子が民法上の養親の氏を称する途はないことになる。

　そこで、帰化により配偶者の氏を称した者について生存配偶者の復氏を認めないとする従来の取扱いは、離婚又は離縁の場合には当然に復氏することとの均衡や民法改正に伴い配偶者の死亡後に養親の氏を称するには生存配偶者の復氏を前提としなければならないこと等が考慮され、従来の取扱いを変更する本通達が発せられたものである。

(2)　本通達による復氏の取扱いは、帰化者が日本人配偶者の氏を称して帰化した場合だけでなく、外国人夫婦が帰化の際に、夫婦の氏を相手方の氏と定めた者についても適用される。

　上記の者から生存配偶者の復氏届があった場合の戸籍の取扱いは、次の

とおりである。
ア 帰化により夫の氏を称した妻から、夫の死亡後に生存配偶者の復氏届があったときは、復籍すべき戸籍がないものとして戸籍法第19条第1項但書の規定に準じ、妻につき新戸籍を編製する。この場合、妻が復氏後に称する氏は、本人が自由に設定することができるので、復氏届書の「その他」欄に、例えば、「婚姻前の氏が存在しないため、復氏後に称する氏を「乙原」と定め、新戸籍を編製する。」等の付記をする。
イ 記載例
　㋐ 紙戸籍の場合
　　① 復氏後の新戸籍
　　　（戸籍事項欄）
　　　平成拾八年五月拾日編製㊞
　　　（身分事項欄）
　　　平成拾八年五月拾日婚姻前の氏に復する届出東京都千代田区平河町一丁目四番地甲野義太郎戸籍から入籍㊞
　　② 復氏前の戸籍
　　　（復氏者の身分事項欄）
　　　平成拾八年五月拾日婚姻前の氏に復する届出同月拾五日京都市上京区長から送付同区小山初音町十八番地に乙原の氏の新戸籍編製につき除籍㊞
　㋑ コンピュータシステムによる証明書の場合
　　① 復氏後の新戸籍

| 戸籍編製 | 【編製日】平成18年5月10日 |
| 復　　氏 | 【婚姻前の氏に復した日】平成18年5月10日
【従前戸籍】東京都千代田区平河町一丁目4番地　甲野義太郎 |

　　② 復氏前の戸籍

| 復　　氏 | 【婚姻前の氏に復した日】平成18年5月10日
【送付を受けた日】平成18年5月15日
【受理者】京都市上京区長
【新本籍】京都市上京区小山初音町18番地
【称する氏】乙原 |

第10節　入籍・分籍

116　婚姻中の養父と実母の氏を称して同籍している養子が、養父との離婚により復氏した実母の氏を称して入籍する場合の取扱い

昭和26年9月4日民事甲第1787号通達

先例の趣旨　婚姻中の養父と実母の氏を称している養子は、父母の氏、すなわち、養父実母夫婦の氏を称しているとみるべきであるから、養子について、養父と実母とが離婚をして復籍した実母の氏を称する許可審判がされ、これに基づく入籍届があれば、受理することとされたものである。本通達により、上記の場合において、養子と養父との縁組が継続している限り、養子は離婚復籍した実母の氏を称する入籍はできないとしていた従前の取扱いを変更したものである。

参考　訓令通牒録：①綴 914頁、⑩綴 12576頁

〈解　説〉

1　従前の取扱い

　従前は、養父と実母とが婚姻中の場合でも、同籍する養子が称している氏は養父の氏であって、その妻である実母の氏とは異なるものと解していた（昭和25・8・19民事甲2244号回答、昭和25・12・25民事甲3318号回答）。したがって、養子は、縁組が継続している限り、離婚復氏した実母の氏を称する入籍はできず、たとえ家庭裁判所が民法第791条第1項の規定に基づき、子の氏を実母の氏に変更する許可審判をし、戸籍法第98条の入籍届がされ

ても受理できないとされていた。

2 本通達による取扱いの変更

(1) 本事案において、養父と実母とが婚姻をするに際して夫の氏を称したとしても、婚姻成立後の氏はもはや夫だけのものではなく夫婦の氏とみるべきである。したがって、養子にとっては父母の氏、すなわち婚姻中の養父と実母の氏を称しているものと解すべきである。そこで、もし、その実母が養父と離婚をして復氏したときは、養父母が離婚により養母の氏が婚姻前の氏に復した場合と同様に、養子は、養父との離縁前であっても、家庭裁判所の子の氏の変更（民791条1項）の許可審判を得て実母の氏を称して入籍することができるとしたのが本通達である。

(2) ところで、養子となる者が実母との身分関係において、嫡出子である場合と嫡出でない子である場合とがある。前者の場合には、実母が自己の嫡出子を養子とすることはできない（通達〔1〕の〈解説〉10参照）が、後者の場合には、母子間の養子縁組は可能である。嫡出でない子が、実母の夫と縁組をする場合には、実母も縁組の当事者となり（民795条）、養母と実母との身分を併有することになるから、養父母が離婚をした場合における、復籍後の養母の氏を称する入籍許可の審判があった場合と同様に取り扱うことができる。そうすると、養子が実母の嫡出子である場合は、養父のみとの縁組であるが、夫婦がともに縁組をした場合と別異にする理由はないので、離婚復氏した実母の氏を称することができるといわざるを得ない。このことは、例えば、未成年の子の親権を養親と実親とが共同して行っている場合（民818条3項）の養親と実親の地位は同等であって、この間に優劣の差は認めるべきではないから、この夫婦が離婚をする場合には、その協議で夫婦の一方を離婚後の親権者と定めるのが相当であるとして、従前の取扱いを変更した昭和25年9月22日民事甲第2573号通達（〔108〕の〈解説〉参照）の場合と同じ趣旨とみることができる。

(3) 本通達による取扱いは、養子が婚姻中の養親と実親の氏を称していることが前提となる。養親と実親の婚姻前に養子が既に婚姻により夫婦につき新戸籍が編製されている場合や転縁組により除籍となっている場合は対象とはならない。また、従前の取扱いにより、入籍届が不受理とされた事案については、再度の入籍届によって救済される取扱いである。

117　新法戸籍から分籍する届出に、戸籍の謄本に代えて抄本を添付する取扱い

昭和30年6月15日民事甲第1199号通達

先例の趣旨　分籍により他の市区町村に新本籍を定める場合は、従前の戸籍の謄本を添付することを要する。これは、新戸籍に従前の戸籍記載事項を移記するために必要とされるものであるが、現行法の戸籍については、戸籍事項欄及び分籍者の身分事項欄の記載を謄写した戸籍の抄本を添付する取扱いでも差し支えないとされたものである。

参考　訓令通牒録：③綴　2334頁、⑩綴　12596頁

〈解　説〉

1　旧法の戸籍から分籍する場合

　戸籍法第128条第1項の規定により、新法による戸籍とみなされた旧法戸籍〔注〕から分籍する場合には、新本籍地において、分籍者に当然随伴すべき直系卑属（子又は養子）及び配偶者の有無について確認する必要があったので、その分籍届には必ず戸籍謄本を添付すべきものとされていた（昭和24・8・15富山地方法務局高岡支局管内戸協決一、昭和29・10・23民事甲2205号回答）。

　〔注〕　戸籍法第128条第1項の旧法戸籍の改製作業は、昭和32年法務省令第27号により昭和33年4月1日から全国一斉に実施され、昭和41年3月31日までに完了した。

2　新法の戸籍から分籍する場合

　新法によって編製された戸籍から分籍する場合においては、分籍者は、成

年に達した子ただ1人であることから、本通達により、戸籍法第100条第2項の戸籍謄本に代えて、戸籍事項欄及び分籍者の身分事項欄の記載を謄写した戸籍の抄本を添付する取扱いでも差し支えないとされたものである。分籍の届出により他の市区町村に新本籍を定める場合には、その届出に際し分籍者の戸籍謄本の添付を要するとされた趣旨は、新本籍地の市区町村において、当該分籍戸籍に従前の戸籍の記載事項を移記する必要があるためである（戸規39条参照）。本通達は、上記の点に着目して、分籍者の身分事項欄の記載を全部謄写した戸籍の抄本でも差し支えないとしたものであり、妥当な取扱いといえよう。

118　改製により単身で新戸籍が編製された子が、後に父・母が離婚等によって同氏となった場合に同籍するための入籍とその取扱い

昭和 33 年 12 月 27 日民事甲第 2673 号通達

先例の趣旨

昭和 32 年法務省令第 27 号（以下「改製省令」という。）による旧法戸籍の改製により単身で新戸籍が編製された子は、その後に父又は母が離婚又は離縁等で従前の氏に復したため、これと氏を同じくするに至った場合には、当然に父又は母の戸籍に入籍させる取扱いであった。しかし、本通達により、前記の子がその父又は母の戸籍に入籍するためには、別に入籍届を要する取扱いに改められた。

なお、上記の取扱いは、その後、改製により単身の新戸籍が編製された子だけでなく、平常事務において自己の意思に基づかないで単身の戸籍が編製された子等についても適用されるに至っている（昭和 34・2・18 民事甲 269 号通達）。

参考

訓令通牒録：③綴 3920 頁、⑩綴 12603 頁
関連先例通し番号：35、119

〈解　説〉

1　「改製省令」による従前の取扱い

　改製省令に基づく戸籍改製事務処理要領（昭和 32・8・1 民事甲 1358 号通達）第五の一(5)及び昭和 33 年 5 月 2 日民事甲第 792 号回答によれば、改製省令第 5 条第 1 項により改製新戸籍が編製された単身者について、その父又は母が離婚、離縁、復氏等により新戸籍が編製されたとき、その親子の氏が

同一であれば、子は親の新戸籍に入籍するものとされている。例えば、筆頭者Ａ、配偶者Ｂ、長女Ｃ、孫Ｄ（Ｃの子）の在籍する旧法戸籍を改製する場合は、Ｃにつき改製による新戸籍を編製し、この新戸籍にＤを入籍させる（戸６条・18条）が、もしＣが旧法戸籍から夫の氏を称する婚姻（旧法中の普通婚姻を含む。）をして除籍されている場合に、当該戸籍につき改製をするときは、Ｄについて単身で新戸籍が編製される。その後にＣが離婚復氏する場合に、ＣはＡＢ夫婦の簡易改製戸籍に復籍するか、それともＣにつき戸籍法第17条により新戸籍を編製し、子Ｄをその戸籍に入籍させるか、という問題が生じるが、戸籍改製事務処理要領では、後者によって取り扱うよう示されていた。

ところが、前述の取扱いは、市区町村の事務処理上、種々困難を伴うとの理由から、是正方の要望がなされ、この要望を入れて本通達が発せられものである。

2　本通達による取扱い

本通達の骨子は、改製により単身で新戸籍が編製された子は、後日父母が離婚、離縁等によってその子と氏を同じくするに至っても、父母の戸籍に当然には入籍しない取扱いに改める、とするものである。したがって、本通達以後においては、上記復氏者の子の存在を考慮することなく、復氏者は父母の戸籍に復籍するか、申出により新戸籍を編製するか、のいずれかによることとなる。

そして、上述の子が、父又は母の戸籍に入籍するには、別に入籍届をしなければならない。この入籍届は、元来親子が氏を同じくしながら戸籍を異にしている場合において、その子を親の戸籍に入籍させる措置にすぎないとの考えに基づくものであるから、家庭裁判所の許可の審判を得る必要はない。あたかも、新法施行当時に本家と分家に分かれていた子について、父母と同籍するための入籍届出を認めた昭和26年１月６日民事甲第3406号通達による取扱いと同様に処理することとなる（通達〔35〕の〈解説〉参照）。

本通達による入籍届は、戸籍法第98条に記載する子の氏変更の届出を準用するものとされているので、入籍の意思を有する子自身から、その届出を

しなければならない。もし、その子が15歳未満であるときは、その法定代理人が代わって入籍の届出をすることになる（戸19条1項）。

3　本通達による取扱いの対象

　その後、昭和34年2月18日民事甲第269号通達により、前記2の改製による場合のほか、平常事務において自己の意思に基づかないで単身の戸籍が編製された子及び新法施行当時に親と分かれて、その本家又は分家に在籍している子についても本通達による取扱いがされることとなった（通達〔119〕の〈解説〉参照）。

119　父母と同籍する旨の入籍届の取扱いの変更

昭和34年2月18日民事甲第269号通達

先例の趣旨
　昭和32年法務省令第27号（以下「改製省令」）の改製により単身で新戸籍が編製された子は、その後に父又は母が離婚又は離縁等により従前の氏に復したため、これと氏を同じくするに至った場合には、当然に父又は母の戸籍に入籍させる取扱いであった。しかし、その後、昭和33年12月27日民事甲第2673号通達〔118〕によりその取扱いを改め、以後は右の子が父又は母の戸籍に入るには、別に入籍届を必要とすることになった。本通達は、改製により単身で戸籍が編製された子だけでなく、平常事務においても、自己の意思に基づかないで単身の新戸籍が編製されている子、又は親子が新法と旧法の戸籍に分かれているため、昭和26年1月6日民事甲第3406号通達〔35〕による入籍届ができないとされていた事案についても、この取扱いができることを明らかにしたものである。

参考
　訓令通牒録：④綴　4010ノ3頁、⑩綴　12606頁
　関連先例通し番号：35、118

〈解　説〉

1　戸籍改製事務処理要領による取扱い

　戸籍法（昭和22年法律第224号）第128条第1項の戸籍（新法の規定による戸籍とみなした旧法戸籍）の同項ただし書の規定による改製は、昭和32年法務省令第27号の定めるところにより実施された。同省令による改製事務の概要については、昭和32年8月1日民事甲第1358号通達により「戸籍改製事務処理要領」が示されている。

その処理要領第五の一(5)及び昭和33年5月2日民事甲第792号回答によると、改製省令第4条第1項又は第5条第1項の改製により新戸籍を編製された者が単身者の場合で、その後に父又は母が離婚、離縁、復氏等の届出により復氏して新戸籍が編製される場合、その親子の氏が同一であれば、子は当然に親の新戸籍に入籍するものとされていた。

2　昭和33年12月27日民事甲第2673号通達による取扱いの変更

しかし、1の取扱いは、子の戸籍を把握するのが困難であったり、子の意思に反する事案があるなど、実務の処理上種々支障が伴うことからこれを改め、以後は改製により単身戸籍を編製した子が、その後に離婚、離縁等により復氏した父又は母の新戸籍に入籍するには、別に入籍の届出を要することとされた。この入籍届は、親子が氏を同じくしながら戸籍を異にしている場合に、その子を親の戸籍に入籍させるにすぎないものであり、家庭裁判所の許可審判は要しない。これは、あたかも新法施行当時に本家と分家とに分かれていた親子間における子が戸籍法第98条の規定の趣旨に準拠して、入籍届により父母の戸籍に入ることができるとした昭和26年1月6日民事甲第3406号通達による取扱いと同様の処理である。

3　本通達による父母と同籍するための入籍届

(1)　ところで、前記2の通達による取扱いは、専ら改製により単身で新戸籍が編製された子について、その者の父又は母が離婚、離縁等で復氏した場合の取扱いの変更について示されたようにみられる。しかし、この通達の趣旨は、改製によって編製された場合と、一般に自己の意思に基づかないで編製された場合（戸19条1項但書前段の場合）とを区別して取り扱う根拠に乏しいばかりでなく、国民感情にも沿わない点があった。そこで、本通達により一般の平常事務において、自己の意思に基づかないで単身で新戸籍が編製された子についても、父母と同籍する旨の入籍届によって入籍できるものとされた（昭和34・1・20民事甲82号回答参照）。

(2)　また、戸籍の改製後に、昭和26年1月6日民事甲第3406号通達（新法施行当時、本家と分家の戸籍に分かれていた親子間における子の入籍について）

に基づいて入籍届があった場合に、改製後の戸籍は新法による戸籍であって（たとえ簡易改製された場合でも）、もはや上記通達にいう本家、分家の考え方で処理することは適当でないとして、当該入籍届受理すべきでないとされていた（昭和33・1・8民事甲20号回答）。したがって、親子の戸籍のいずれかが、改製された場合は、上記通達を適用する余地はないと解されていた（昭和33・4・26民事二発194号回答）。

　しかし、前記2の通達において、昭和26年の民事甲第3406号通達による取扱いに準ずることが認められたことから、本通達は、新法施行当時、親子が本家と分家の戸籍に分かれていた子についても、「戸籍改製事務処理要領」第五の三の指示にかかわらず、子が単身でいる場合は、戸籍改製後であっても、入籍の届出により父母の戸籍に入籍できることが明確にされたものである。

120　子が氏を同じくするに至った父又は母の戸籍への入籍の取扱い

昭和 51 年 11 月 4 日民二第 5351 号通達

> **先例の趣旨**　離婚等によって復氏した者につき新戸籍が編製された場合に、その者の婚姻前の戸籍に在籍している子は、従来は当然に前記の新戸籍に入籍するものとして取り扱われていた。しかし、離婚等の復氏制度に関して民法等の一部が改正されたことにかんがみ、これを当然には入籍しないものとし、子からの入籍届があれば、この届出により入籍する取扱いに変更された。

参考　訓令通牒録：⑦綴　9435 頁、⑩綴　12690 頁

〈解　説〉

1　従来の取扱い

(1)　離婚・離縁等によって復氏する者について、戸籍法第 19 条第 1 項但書の規定により新戸籍が編製された場合に、その者の婚姻・縁組前の戸籍にその者の子が在籍しているときは、復氏者とその子の氏は民法上同じであるから、同法第 18 条の規定により、その子は復氏した者の戸籍に当然に入籍するものとされていた（昭和 23・6・24〜25 函館司法事務局管内戸協決議 17、昭和 45・10・28〜29 高知県連戸協決議 6）。この取扱いは、現行戸籍法施行以来本通達により変更されるまで一貫していた。

(2)　この取扱いを前提として、昭和 51 年法律第 66 号により新設された戸籍法第 77 条の 2（以下「法 77 条の 2」という。）の届出をしたときは、婚姻前の子も当然に復氏者が離婚の際に称していた氏を称することになり、ときには子の利益に反することもあり得る。この点については、昭和 51 年

5月31日民二第3233号通達〔101〕中に、この従来の取扱いを変更したとみられる部分が示されている。すなわち、離婚届と同時に法77条の2の届出をした場合において、婚姻前の戸籍にその者の子が在籍するときは、①その子と同籍を希望するときは、復籍の手続をした上、同法第107条第1項の規定による氏変更の場合の記載に準じて戸籍の記載をし、②その子と同籍を希望しないときは、復籍することなく、同法第19条第1項但書の規定により新戸籍編製の申出をさせて新戸籍を編製し、前記の子を当然には入籍させないこととした（同通達一の6）。

(2) しかし、そのほかに次のような問題が残される。

　ア　離婚によって復氏する者が、婚姻前の戸籍において筆頭に記載されていなかった場合に、離婚届と同時に法77条の2の届出をしたとき、又は離婚によって復籍した後に同条の届出をしたときには、いずれの場合にも復氏者について新戸籍が編製され、従来の取扱いによって、婚姻前の子は当然に新戸籍に入るものとされ、氏の呼称も変わってしまうことになる。

　イ　離婚によって復氏する者が、婚姻前の戸籍において筆頭に記載されていた場合に、離婚によって新戸籍編製の申出をしたときは、従来の取扱いによって婚姻前の子は新戸籍に当然に入籍し、その後に前記の復氏者が法77条の2の届出をすると、子の氏の呼称も必然的に変わることになる。

　　この場合は、いずれも子の意思に基づくことなく、復氏する親の続称する婚氏に変更することになり、妥当を欠くことになるので、これらの問題を解決する必要があった。

2　本通達による取扱い

(1) ところで、法77条の2の届出による氏の変更も同法第107条第1項による氏の変更も氏の呼称上の変更であり、民法上の氏の変更を来すものではない点では一致するが、氏変更の効果の及ぶ範囲について考慮される事情が異なる。すなわち、同法第107条第1項の氏変更は、戸籍の筆頭に記載された者の個人的事由だけでなく、むしろ公益的要請もあるため（著し

く珍奇な氏、甚だしく難解難読なもの等)、その戸籍に在籍する者すべてに及ぶものとされている（昭和24・9・1民事甲1935号回答）。これに対し、法77条の2の届出に基づく氏の変更は、離婚した者自身の社会生活、社会活動上の便宜等、専らその者自身の個人的事由を考慮したものであって、同籍する子についてまで当然に変更することとする事情はない。

　そこで、本通達は、離婚又は婚姻の取消しによって復氏した者について、戸籍法第19条第1項但書後段の規定によって新戸籍が編製された場合に、その者の婚姻前の戸籍に在籍している子は、当然に前記の新戸籍に入籍するものとしていた従来の取扱いを改め、当然には入籍しないものとし（本通達一）、別途にその子から父又は母の離婚等によって編製された新戸籍への入籍届があれば、これを受理して入籍させることとした（本通達二）。この取扱いをすることにより、前記1の(2)ア、イの問題について、子は入籍届をするか否かによって氏の呼称を父又は母（多くの場合は母）の離婚の際に称していた氏の呼称に変更するかしないかの選択をすることができることになる。

　本通達二の入籍届は、法77条の2の届出があった場合又は同法第19条第3項の規定によって新戸籍が編製された場合も同様とされている（本通達三）。また、離縁又は縁組の取消しによって新戸籍が編製された場合も、上記本通達一及び二に準じて取り扱うものとされている（本通達五）。

(2)　民法第791条第1項ないし第3項及び戸籍法第98条に規定する入籍は、子が父又は母と民法上の氏を異にしていることが実質的要件の一つとされており、子が父又は母と氏を同じくしながら、戸籍を異にする場合に、同籍するためにする入籍の届出については、民法及び戸籍法に明文の規定は設けられていない。したがって、子が父又は母と戸籍を異にする場合でも、親子（又は養親子）の氏が同じである以上、法律の規定上その親子は入籍によって戸籍を同じくする途はないことになる。しかし、子が父又は母と民法上の氏を同じくしながら、自己の意思によらないで単身で新戸籍が編製されている等の事例においては、家庭裁判所の許可を得ることなく、子は、父又は母の戸籍に同籍させるための入籍届が先例によって認められ、運用されている（昭和33・12・27民事甲2673号通達、昭和34・1・

20民事甲82号回答、昭和40・4・10民事甲781号回答、同日付け民事甲782号回答、昭和59・11・1民二5500号通達)。

　このように、戸籍法に直接の規定はないが、戸籍法第18条の規定の趣旨から、民法上同氏の親子は同籍することが望ましいと考えられることから、入籍届をすることが認められているものと解される。また、これらの先例では、子が親と同籍するかしないかは子の意思にゆだねられており、法77条の2の届出が関連する場合は、子の意思にゆだねることの要請がより高いことから、本通達のように子からの入籍届により処理することとされたものである。

121 転婚者が離婚届と同時に77条の2の届出をするに際し、実方の氏に復することを希望する場合の取扱い

昭和58年4月1日民二第2285号通達

先例の趣旨

転婚者が、離婚届と同時に戸籍法第77条の2の届出（以下「77条の2の届出」という。）をする場合は、その者が実方の氏に復することを希望するときに限って、離婚届書中「婚姻前の氏にもどる者の本籍」欄の記載をさせ、離婚届に基づいて復氏復籍等の処理をした後、77条の2の届出に基づく処理をする。また、転婚者が離婚届と同時に77条の2の届出をし、昭和51年5月31日民二第3233号通達一の2の本文によりその者につき新戸籍が編製されている場合は、転婚する前の氏に復したものと解する。なお、転婚者について婚姻が取り消された場合の戸籍法第75条の2の届出の取扱いも同様とされたものである。

参考 訓令通牒録：⑧綴 10487頁、⑩綴 12747頁

〈解　説〉

1　転婚者が離婚により復する氏

　婚姻によって氏を改めた者が、配偶者の死亡後、婚姻前の氏に復する（戸95条）ことなく他の者とその者の氏を称して再婚（転婚）した後に離婚をすると、民法第767条第1項の規定の趣旨により、離婚をする婚姻の直前の氏、すなわち第一の婚姻の氏に復することになる。しかし、昭和23年1月13日民事甲第17号通達の記(2)によると、転婚した者が離婚をするときに離

婚届書に実方の氏に復する旨を記載したときは、直ちに実方の氏に復することができるとしている。これは、婚姻によって氏を改めた者は、その配偶者の死亡後は、生存配偶者の復氏の届出をすることにより婚姻前の実方の氏に復することができるので（民751条1項、戸95条）、前婚当時の氏に復するか又は実方の氏に復するかは、復氏者本人の意思に任せ、その選択によっていずれの氏に復することもできるとしたものである。つまり、後婚について離婚の届出をする際に生存配偶者の復氏の届出も同時にすることができるとするこの取扱いは、生存配偶者の復氏の届出を省略する便宜の取扱いと解される。

2　転婚者が離婚届と同時に77条の2の届出をする場合の取扱い
(1)　離婚の際に称していた氏を称する届出の制度
　夫婦の氏は、婚姻の際にその協議でいずれの氏を称するかを定め（民750条）、離婚によって婚姻が解消すれば、婚姻の際に氏を改めた夫又は妻は婚姻前の氏に復するものとされている（民767条1項）。このように、制度上は男女の平等性が確保されているといえるが、実際は、夫の氏を称する婚姻が多いため、離婚によって婚姻前の氏に復するのは大部分が妻である。そのため、離婚により氏が変わることによる社会生活、社会活動上の不都合、不利益は事実上女性の側が負わなければならないことになる。このような不都合、不利益を解消し妻の実質的地位の向上を図る趣旨から、昭和51年法律第66号の民法等の一部改正により、離婚による復氏の制度が改正され、離婚の際の氏を称する届出（77条の2の届出）の制度が設けられた。この77条の2の届出による氏の変更は、離婚による復氏の原則をそのまま維持しながらも、離婚後引き続き自己の呼称として離婚の際の氏を称しようとする者に、その自由意思による届出によってその途を開いたものであり、同法第107条第1項に規定する氏の変更と同様の性質を有するものである。
(2)　従前の昭和51年5月31日民二第3233号通達による取扱い
　転婚者が離婚届とともに77条の2の届出をした場合、その者の民法上の氏は、転婚前の婚方の氏か、あるいは実方の氏であるかは、届書の記載又は戸籍の記載からは明らかにならない取扱いであった。それは、離婚届と同時

に77条の2の届出をするときは、離婚届書の「婚姻前の氏にもどる者の本籍」欄に何らの記載を要しない取扱いがされていた（昭和51・5・31民二3233号通達一の8）ことにある。この点については、離婚によって転婚者の氏が第一の婚姻の氏あるいは実方の氏のいずれに復したかは、その者の第一の婚姻中の嫡出子又は実方戸籍に在籍する子のいずれかが、離婚後の母と同籍する旨の入籍の届出をした時に明らかになるものとする考え方である。例えば、実方戸籍に在る子が、離婚届と同時に77条の2の届出によって編製された母の新戸籍に、同籍する旨の入籍届によって入籍したときは、母の民法上の氏は実方の氏に復したことが明らかになる。そうすると、第一の婚姻中に出生した嫡出子が母と同籍するには、民法第791条第1項の規定による子の氏変更の許可を得なければならないものである。

(3) **本通達による取扱い**

ア　前記(2)の従前の取扱いでは、転婚者が離婚届と同時に77条の2の届出をする場合に、その者の復する民法上の氏は、前婚の氏か、又は実方の氏かが明らかでないという不都合が生じることになる。そこで、転婚者が離婚の届出と同時に77条の2の届出をする場合は、その復する氏が前婚の氏か、実方の氏かを特定するために、直接に実方の氏に復することを希望するときに限って、離婚の届書中、「婚姻前の氏にもどる者の本籍」欄の記載をさせるものとし、戸籍法第19条第1項の規定により離婚届に基づく実方戸籍への復籍、あるいは実方の氏により新戸籍を編製した後、77条の2の届出に基づく戸籍の処理をするものとした（本通達一の1）。したがって、離婚の届書の「婚姻前の氏にもどる者の本籍」欄の記載がない場合は、離婚により復すべき者は、前婚の氏（第一の婚姻の氏）に復することになるから（民767条1項）、77条の2の届出により届出人について、離婚の際に称していた氏で直ちに新戸籍を編製することになる（昭和51・5・31民二3233号通達一の1・2、昭和62・10・1民二5000号通達第4の1）。このような処理をすることによって、転婚者が離婚によって前婚の氏に復したか、又は実方の氏に復したかを明らかにしようとしたものである。

イ　本通達が発せられる前に、転婚者が離婚届と同時に77条の2の届出

をし、前記(2)の昭和51年5月31日民二第3233号通達一の2の本文に基づく取扱いにより、届出人について新戸籍が編製されている場合には、その者は転婚する前の氏、すなわち第一の婚姻の氏に復したものと解することを明らかにした（本通達一の2）。したがって、実方戸籍に在籍する子が右の新戸籍に入籍するには、母（又は父）と民法上の氏を異にするので、民法第791条第1項の規定による家庭裁判所の子の氏変更の許可を得なければならない。

ウ　離婚の際に称していた氏と婚姻前の氏の呼称が同一である場合は、77条の2の届出は受理しないものとした（本通達二）。

　77条の2の届出は、前述の2(1)のとおり呼称上の氏を変更する届出であり、その実質は、戸籍法第107条第1項の規定に基づく氏の変更の場合と同視することができ、氏を変更するについて家庭裁判所の許可を要しない点で、同条の特別ともいえるものである。したがって、呼称上同一の氏の者が婚姻をし、夫又は妻の氏を称した後に離婚をしても、復する氏は呼称上変わることはなく、改めて呼称上の氏変更のための届出をする必要もないから、77条の2の届出は受理しないものとされた。

エ　戸籍法第75条の2の規定は、同法77条の2の規定を婚姻の取消しの場合にも準用するものであるから、前述ア及びイ（本通達一及び二）によって示された取扱いは、婚姻取消しの際に称していた氏を称する届出をした者についても、同じ扱いをするものとされた（本通達三）。

第11節　氏名の変更

122　日本で婚姻をしたブラジル人妻の氏変更の取扱い

平成 8 年 12 月 26 日民二第 2254 号通知

先例の趣旨

　ブラジル国では、婚姻時の夫婦間の合意により、妻は夫の氏又はこれに自己の氏の全部若しくは一部を組み合わせた結合氏を称するものとされている〔注〕。ところで、日本で婚姻をしたブラジル人妻の氏変更については、同国の法令上、日本の官憲の作成する証明書に婚姻後の氏が記載されていない限り、ブラジル人妻の婚姻後の氏を記載した証明書を発行することができず、また、本国の身分登録簿に登録することができないとされている。そのため、駐日同国大使館から日本で婚姻したブラジル人妻の氏変更の事実を日本の戸籍の記載又は証明に反映させる措置を講じて欲しい旨の要請があった。

　そこで、今後、日本において婚姻をしたブラジル人妻の氏変更については、ブラジル国の身分登録制度特有の事情にかんがみ、その変更を証する書面の添付を省略し、①日本人男とブラジル人女の婚姻届があったときは、その届出の際に申出書又は届書の「その他」欄に婚姻後の妻の氏名を記載するよう指導し、その申出により戸籍に妻の氏変更の申出により戸籍に妻の氏名変更事項を記載することとされたものである。

　なお、本通知による取扱いは、ブラジル政府の正式の要請に応えて例外的な措置を講じるものであり、ブラジル以外の外国人配偶者については、従来の取扱いに変更は来さ

ない。

　〔注〕　ブラジル人の婚姻による氏変更については、同国民法に規定されている。同法（1916年1月1日制定、1962年、1977年及び2002年改正）の制定当時は、「妻は、婚姻によって夫の氏を称し、……」（240条）と規定していたが、1977年に「妻は、婚姻によって、……自らの氏に夫の氏を追加することができる。」と改正された。この規定によると、婚姻による氏の変更は妻のみに認められ、ブラジル人夫の氏は婚姻によって変更することはなかった。

　しかし、その後、2002年法律第10406号によりブラジル民法が改正され（2003・1・11施行）、上記の第240条は、「夫婦のいずれであっても希望する場合は他方の氏を付け加えることができる。」（改正民法1565条1項）ことに改められ、改正後の婚姻による氏の変更についての上記の規定は、夫婦いずれにも適用されることとなった。そのため、日本で婚姻をしたブラジル人夫の氏変更についても、本通知と同様の扱いとして差し支えないとされるに至った（平成18・2・3民一289号回答）。したがって、現行規定の解釈上、ブラジル国では、婚姻後の氏について次の選択肢が認められる。①結合氏（自己の婚姻前の氏の全部又は一部に配偶者の氏を付加する。）、②妻が夫と同氏となる。③婚姻前の氏を称する。

参考　訓令通牒録：⑨綴　12125頁、⑩綴　13260頁

〈解　説〉

1　外国人配偶者の婚姻による氏変更の一般的取扱い

　夫婦の一方が外国人である夫婦の氏について、戸籍実務の取扱いは、氏名権という夫婦それぞれに関する問題であるとして、当事者の属人法（本国

法）によるものとしている。したがって、少なくとも日本人については日本法によるものとし（昭和55・8・27民二5218号通達）、日本人と外国人間の婚姻については、民法第750条の適用はなく、婚姻によって当事者の氏に変動はないものとして処理している。

また、外国人配偶者が、日本人との婚姻によりその本国法上の効果として、日本人配偶者の氏又はこれと自己の婚姻前の氏と結合した氏を称した場合に、その事実を日本人配偶者の戸籍に反映させるには、その氏変更の事実を認めるに足りる権限ある本国官憲の作成した証明書等を添付し、日本人配偶者がその戸籍の身分事項欄に外国人配偶者の氏変更の旨の記載申出をすることを要する。この申出により、日本人配偶者の戸籍の身分事項欄に外国人配偶者の氏変更の旨の記載がされることになる（前掲民二5218号通達）。

2 ブラジル国における婚姻による変更後の氏の登録手続

前記1の取扱いによれば、我が国において日本人男と婚姻をしたブラジル人女が、その本国法上の効果として、日本人夫の氏を称していることを公証するためには、日本人夫の氏を姓として称していることを認めるに足りる権限のあるブラジル国官憲の作成した証明書等を添付し、日本人夫が戸籍への記載を申し出なければならないことになる。

ところが、ブラジル国では、ブラジル人が外国で外国の方式により婚姻をし、それを本国の身分登録簿に登録するには、在外のブラジル公館が発行する婚姻証書に基づくことになるが、婚姻証書を作成するに当たっては、婚姻挙行地の官憲が発行した婚姻の証明書を逐語訳したものによることが義務づけられている。そのため、日本の官憲が作成する証明書に婚姻後の氏が記載されていない限り、ブラジル人妻の婚姻後の氏を本国の身分登録簿に記載することができないとされている。そうすると、前記の日本とブラジル双方の制度に従うと、ブラジル人妻は、日本人夫の氏を称することができないことになる。

そこで、在日ブラジル大使館は、日本で婚姻をしたブラジル人妻の氏変更の事実を日本の戸籍の記載又は証明に反映させる措置を講じるよう正式に要請し、併せて、ブラジル人同士の婚姻、更にはブラジル人男と日本人女間の

婚姻についても同様の措置を講じるよう要請してきたものである。

3 本通知による取扱い
(1) 婚姻届出の際にする申出
　在日ブラジル大使館の要請の趣旨は、婚姻の当事者が、①日本人とブラジル人である場合、②ブラジル人同士である場合のいずれであっても、ブラジル人当事者の氏変更の事実を、日本の戸籍の記載又は証明に反映させる措置を講じられたいとするものである。
　そこで、外国人配偶者の氏変更に関する従来の取扱いを、婚姻当事者の一方又は双方がブラジル人である場合に限って変更して取り扱うこととしたものである。すなわち、婚姻の届出時において、当事者から本通知の別紙1ないし3（省略。訓令通牒録⑨綴12127～12129頁参照）の様式によって、氏変更の意思表示をさせ、これによって日本人配偶者の戸籍にブラジル人配偶者の婚姻後の氏と婚姻前の氏の双方が記載されることになるので、前記①の場合は、その戸籍の謄抄本又は婚姻届書の記載事項証明により、また、②の場合には、婚姻届書の記載事項証明によってブラジル人当事者の氏変更の事実を証明できることになる。
　ところで、ブラジル国の制度上、氏の変更は「婚姻時における夫婦間の合意」を根拠としていることから、別紙1については、夫婦の合意を証する書面の添付又はブラジル人当事者の署名押印を求めることが望ましいといえる。しかし、記載の申出書の性格上これを省略し、日本人当事者の申出に基づいて夫婦の合意を認定することとされた。なお、別紙2及び3の場合は、届書のブラジル人当事者の署名押印により、夫婦の合意の認定は確保される。
(2) 郵送による婚姻届の場合
　日本人とブラジル人の婚姻の届出が郵送によりされた場合は、そのまま受理し、後日、「ブラジル人配偶者については、婚姻時に夫婦間の合意があった」として日本人配偶者から申出があれば、それにより戸籍にブラジル人配偶者の氏名変更事項を記載して差し支えないと解されている（「戸籍」656号69頁参照）。

(3) **本通知の発出前に婚姻届がされている場合**
　本通知前に既に婚姻届がされている場合には、本通知の趣旨にかんがみ、以下の取扱いをしても差し支えないものとされている。
　ア　日本人とブラジル人との婚姻届がされ、ブラジル人配偶者の氏名変更事項が戸籍に記載されていない場合は、前記(2)の郵送による届出の場合と同様の処理をする。
　イ　ブラジル人同士の婚姻届がされ、氏変更の旨が届書の「その他」欄に記載されていない場合は、追完届により対応する。この場合の追完の事由は、「妻（又は夫）の氏については、婚姻時に夫婦間の合意があったが、婚姻届書にその旨の記載を遺漏したため」とし、追完する事項は、「妻（又は夫）の氏〇〇〇〇と変更する」（本通知の別紙3「その他」欄の記載参照）とする。

第6章　戸籍訂正・更正

123　行政区画の変更と本籍欄の更正

昭和30年4月30日民事甲第829号通達

先例の趣旨

本籍地市区町村において市町村合併に伴う行政区画の変更（名称、地番号の変更の場合を含む。）があった後、非本籍地の市区町村長が従前の本籍地の表示のままで届出を受理し、これを本籍地の市区町村長に送付した場合は、本籍地変更の追完の届出をさせる必要はなく、本籍地の市区町村長は送付を受けた届書に本籍地変更の事由を付せんして戸籍の記載をし、その旨を関係の市区町村長に通知するのが相当とされた。

参考　訓令通牒録：③綴　2284ノ7頁、⑩綴　12595頁

〈解　説〉

1　行政区画等の変更と本籍欄の更正

　行政区画、土地の名称、地番号又は街区符号が変更されたときは、戸籍の記載は訂正されたものとみなされる。なお、従前は、地番号の変更があったときは、戸籍の記載を更正しなければならないとされていたが、昭和33年法務省令第67号により戸籍法施行規則の一部が改正された際に、地番号の変更があった場合についても、行政区画の変更の場合と同様に戸籍の記載は訂正されたものとみなされることとされた。さらに、昭和51年法務省令第48号により戸籍法施行規則の一部が改正された際には、本籍の表示方法として「地番号」のほかに、新たに住居表示による「街区符号の番号」を用い

て表示することが認められた（戸規3条）。これに伴い、この街区符号に変更があった場合についても、前二者と同様に、戸籍の記載は訂正されたものとみなされるに至っている（戸規45条）。

このように行政区画等に変更があった場合、その本籍欄の記載の更正は任意なものとされているが、戸籍の記載は、常に実体を正しく反映するものであることが要請されることからすれば、本籍欄の記載についても常に事実と合致していることが望ましく、また、戸籍の謄抄本等の利用上の便宜を図る等の面からも、行政区画等の変更があったときは、むしろ積極的に更正手続（戸規46条）をとって本籍の記載を更正しておくことが望ましいといえる（昭和34・4・2民事甲698号回答）。

2 本通達による取扱い

行政区画等の変更が行われた場合には、上記のとおり、本籍欄の記載は訂正されたものとみなされ、その更正は、市区町村の任意とされるが、これは、さきの変更が行われる場合には、市区町村議会の議決を経て、都道府県知事により告示され（地自法260条）、あるいは市区町村の広報等によって周知が図られることや戸籍行政の事務簡素化等の面も考慮したことによるものと考えられる。

ところで、本通達における事例は、届出人が非本籍地において届出をする際に、その本籍地市区町村において行政区画の変更（名称、地番号又は街区符号の変更を含む。）が行われ、それによって本人の本籍の表示が変更したことを知らないで、変更前に交付された戸籍の謄抄本により、従前の本籍の表示そのままを届書に記載して届出をし、非本籍地の市区町村長もまた、そのままこれを受理し、これを本籍地の市区町村長に送付した場合の処理に関するものである。このような場合に、送付を受けた本籍地の市区町村長が本籍変更の旨の追完をさせる必要があるとして、受理地の市区町村長に届書を返戻する事例がみられた。そこで、本通達は、行政区画等変更の性質上、上記の届書につき追完をさせる必要はなく、本籍地の市区町村長において、送付を受けた届書に本籍変更の事由を符せんして戸籍の記載をし、その旨を関係の市区町村長に通知するのが相当としたものである。

124　婚姻により編製した夫婦の新戸籍の婚姻事項中、夫又は妻の従前の本籍が婚姻の届出前に転籍等で変更していたため、その者の従前の本籍の表示に錯誤が生じた場合の訂正

昭和42年5月19日民事甲第1177号通達

先例の趣旨

婚姻により新戸籍を編製した夫婦の戸籍の婚姻事項の記載につき、夫又は妻の従前の本籍が婚姻届の受理前に転籍等により変更していたため、その者の従前の本籍の表示に錯誤が生じた場合には、従前の本籍地からの通知又は事件本人からの申出により市区町村長限りの職権で訂正して差し支えない。また、この取扱いは、離婚、認知、養子縁組、養子離縁等の届出に基づく戸籍の記載について、また、従前の本籍が転籍以外の届出によって変更されている場合についても、同様とされたものである。

参考　訓令通牒録：⑥綴　8265頁、⑩綴　12645頁

〈解　説〉

1　従前の取扱い

　婚姻の届出を受理したA市において夫婦につき新戸籍を編製した後、夫又は妻の本籍地・B市が婚姻の届出前にC市へ管外転籍している場合は、その夫又は妻の婚姻事項中の従前の本籍・B市とある記載を変更後の本籍・C市に訂正する必要がある。この場合、婚姻届書に夫又は妻の本籍地を誤記したため戸籍の記載に錯誤が生じたことは明らかであり、このような戸籍の誤記

を訂正することは単なる事実の訂正に過ぎず、しかも訂正の結果何ら身分関係に影響を及ぼすものでもないことから、戸籍法第113条又は第24条第2項の規定によって訂正して差し支えないとされていた（昭和36・10・19民事甲2613号回答）。

2　本通達による取扱いの変更

(1)　しかし、転籍による本籍の変更は、戸籍の所在場所を変更したものに過ぎないから、転籍の前後の戸籍記載によって事件本人の同一性を容易に確認することができ、しかも訂正について特別な判断を要するものでもない。そこで、本通達は、夫婦の新本籍地の市区町村長が、夫又は妻の従前の本籍地の市区町村長から戸籍法第24条第3項による通知を受けたとき、又は事件本人から本籍の変更を証する書面を添付して訂正の申出があったときは、従前の取扱い（前記1）を変更し、市区町村長限りの職権で、夫又は妻の婚姻事項中の従前の本籍を転属後の本籍に訂正して差し支えないこととされた。

(2)　また、上記の取扱いは、離婚、認知、養子縁組、養子離縁等の届出による戸籍の記載について、また、従前の戸籍が転籍以外の届出により変更されている場合も同様とするものとされた。

125 事実上の父が「同居者」の資格でした出生の届出により戸籍に記載されている子が、その後準正嫡出子の身分を取得する場合に、子の出生事項中、届出人の資格を「父」と更正する申出とその更正

昭和42年5月20日民事甲第1200号通達

先例の趣旨

事実上の父が同居者の資格で出生の届出をしている子が、民法第789条第1項又は第2項の規定によって嫡出子の身分を取得する場合に、父母の婚姻届書又は認知届書に届出人が上記の子の出生事項中、届出人の資格を「父」と更正されたい旨を記載して届出があったときは、市区町村長限りの職権で更正して差し支えない。また、既に父母の婚姻又は認知によって嫡出子の身分を取得している子については、本人又はその法定代理人から右の申出があった場合は、子が父母と戸籍を同じくするか否かを問わず、市区町村長限りの職権でこれを更正して差し支えないものとされた。

参考

訓令通牒録：⑥綴 8266ノ2頁、⑩綴 12646頁
関連先例通し番号：128

〈解　説〉

1　嫡出でない子の出生届出人の資格

　嫡出でない子の出生の届出は、母が第一順位の届出義務者とされている（戸52条2項）。母が届出をすることができない場合は、第二順位として同居者、出産に立ち会った医師、助産師又はその他の者とされている（同条3

項)。嫡出でない子の出生届について、母が届出をすることができないため、同居者である事実上の父から届出をする場合であっても、法律上の父子関係にはないことから、出生届出人の資格を「父」とすることはできない。

2 本通達による出生の届出人の資格の更正（準正嫡出子）

事実上の父が「同居者」の資格で出生届をしている嫡出でない子が、その後、父母の婚姻又は認知によって準正嫡出子の身分を取得する場合（民789条）において、父母の婚姻又は認知の届書の「その他」欄に子の出生事項中、届出人の資格を「父」と更正されたい旨の記載がされた届出があったときは、市区町村長限りの職権でこれを更正して差し支えないものとされた。また、既に準正によって嫡出子の身分を取得している子については、本人又はその法定代理人が上記と同趣旨の申出があったときも、同様とされている。

3 嫡出でない子の出生の届出人の資格の更正

本通達による出生の届出人資格更正についての取扱いが示された後、認知された嫡出でない子についての届出人資格の更正について、次の二つの取扱いが認容されている。

(1) 出生届を事実上の父が「同居者」の資格でした嫡出でない子について、その後父から認知される場合に、その認知届書に子の出生事項中届出人の資格を「父」と更正されたい旨の記載がされているときは、市区町村長限りの職権で更正して差し支えない。また、既に認知されている子について届出人の資格の更正の申出があったときも同様であるとされた（昭和49・10・1民二5427号通達〔128〕）。

(2) 嫡出でない子について事実上の父が出生届及び認知届を同時に提出する場合であっても、戸籍法第52条の規定により、出生届の届出人の資格を「父」とすることはできず、「同居者」としなければ受理できない。しかし、この場合に、その認知届書に子の出生事項中届出人の資格を「父」と更正されたい旨の記載がされているときは、戸籍の出生事項については、初めから届出人の資格を「父」と記載する取扱いが認められている（昭和50・2・13民二747号依命回答）。

126 当事者の一方死亡後に検察官を被告とする親子関係存否確認の裁判が確定した場合の訂正

昭和46年3月1日民事甲第972号通達

先例の趣旨

父母又は子の一方の死亡後における検察官を相手方とする親子関係存否確認の判決に基づく戸籍訂正申請は受理する。これと異なる従前の取扱いは変更された。

また、この場合において、親子関係存否確認の判決を得ることなく、戸籍法第113条による戸籍訂正申請があった場合には、従前どおり受理して差し支えない。

参考 訓令通牒録：⑦綴 8882頁、⑩綴 12653頁

〈解　説〉

1　従前の判例及び戸籍先例

(1)　戸籍上の父母の双方又は子が死亡した後に検察官を相手方とする親子関係存否確認の訴えについては、その親子関係の存否確認はもはや過去の法律関係となるから確認の利益を欠き、これを確認訴訟又は審判の対象とすることはできないとされ（昭和19・3・7大審院判決）、また、仮に確認訴訟の対象とすることができたとしても、人事訴訟手続法上、検察官を被告として訴えを提起し得る明文の規定がないから、このような訴訟は許されないとするのが、大審院時代からの判例の態度であった（昭和15・7・16大審院判決、昭和34・5・12最高裁判決、昭和37・7・13最高裁判決）[注1]。

(2)　戸籍実務の取扱いにおいても上記判例と同旨の理由により、父母又は子の一方死亡後における検察官を相手方とする親子関係存否確認の裁判が確

定し、この裁判に基づいて戸籍訂正申請があっても受理できないとしてきた（昭和31・9・13民事甲2124号回答、昭和32・7・6民事甲1286号回答）。
(3) ところで、戸籍に記載されている親子関係が真実の親子関係と合致しない場合において、これを真実に合致するよう是正手続をしようとする場合に、戸籍上の父母の双方又は子が死亡している場合、あるいは戸籍上の父母及び子の双方が死亡している場合には、前記のとおり、親子関係存否確認の訴えを提起する途が全く閉ざされ、戸籍訂正をすることができないこととなるが、それでは、戸籍によって真実の身分関係を公証することができないという不合理な結果が生ずる。そこで、家事審判及び戸籍の実務においては、戸籍面を是正するためのやむを得ない手段として、直接、戸籍法第113条の訂正許可の審判を得て戸籍訂正をすることが容認されるに至った（昭和31・2・20東京家裁審判―家月8巻3号36頁、昭和32・12・14家庭甲129号最高裁家庭局回答、昭和34・11・27民事甲2675号回答）。

2　昭和45年最高裁判決及び本通達による取扱いの変更

(1) 前記のように家事審判及び戸籍の実務上において、戸籍訂正に関する戸籍法第113条の適用範囲につき新たな解釈が導入されたのは、従来の判例が虚偽の出生届に基づく戸籍上の親子関係における当事者の死亡後は、親子関係存否確認の訴えを認めないとする立場をとってきたことに起因している。ところが、昭和45年7月15日の最高裁大法廷は、従前の大審院及びこれを踏襲していた最高裁判例を変更し、父母の双方又は子のいずれか一方が死亡している場合には、生存する一方が検察官を相手方として訴えを提起することを可能とする新たな判断を示した[注2]。

なお、この最高裁判決は、直接には戸籍法第113条による訂正の範囲に関するものではなく、本件訴えは、戸籍訂正のために必要であって、確認の利益があり、また、検察官を被告となし得るとするに過ぎない。つまり、最高裁判所が戸籍法第113条の適用範囲に関する大審院判例（大正5・2・3大審院決定）を維持するのか否かは明らかではない。

(2) 昭和45年最高裁判決が従来の判例を変更したことから、戸籍実務の取

扱いにおいても、従来の先例を変更するに至った。すなわち、父母又は子のいずれか一方の死亡後の親子関係存否確認の確定判決に基づき、戸籍法第116条の戸籍訂正申請があった場合には、所要の戸籍訂正手続をすることができるとしたのが本通達である。さらに、本通達は、前記の事案で、親子関係存否確認の確定判決を得ることなく、戸籍法第113条の規定により、家庭裁判所の戸籍訂正許可の審判を得て訂正申請があれば、従来どおりこれを受理して差し支えないとの見解を明らかにしている。つまり、現在の戸籍事務の取扱いは、虚偽の出生届による戸籍上の親子関係の記載については、親子関係存否確認の裁判に基づく戸籍法第116条の戸籍訂正手続によって訂正することができるのはもとより、同法第113条による家庭裁判所の訂正許可の審判を得た上、これに基づく戸籍訂正手続によって訂正することもできるとしたものであるから、いわゆる二本立ての訂正方法が認められたものと解される。

ところで、前記の戸籍訂正の手続につき戸籍法第113条又は第116条のいずれでも可能であるとする本通達において、訂正の対象となる内容について、両者に何ら区別する必要はないと考えるべきか否かは問題のあるところである。しかし、実際に戸籍実務を取り扱う市区町村の窓口においては、例えば、第113条の訂正許可審判を得て戸籍訂正申請があった場合に、判断の対象となった事項が確定判決により判断すべきものか否かについては、本通達の趣旨からすると、もはや市区町村長の審査権の範囲外にあると考えられ、戸籍実務上の取扱いとしては、当事者の一方の死亡後においては、検察官を相手方とする親子関係存否確認の判決が確定し、これに基づく戸籍法第116条の訂正申請があった場合は、これを受理し、また、前記の事案で親子関係存否確認の判決を得ることなく、戸籍法第113条の規定により家庭裁判所の訂正許可の審判を得て、戸籍訂正申請があった場合も従前どおりこれを受理して、それぞれ所要の訂正をすべきことを明らかにしたのが、本通達の趣旨と解される。

〔注1〕 人事訴訟手続の充実・迅速化を図ることを目的とした「人事訴訟法（平成15年法律第109号）」が、従前の人事訴訟手続法（明治31年法律第

13号）に代わる新法として平成16年4月1日から施行された。旧法である人事訴訟手続法においても、被告が死亡した場合の当事者として検察官が関与することは、婚姻事件（人事訴訟手続法2条3項から5項）、養子縁組事件（同法26条）、親子関係事件（同法32条2項・4項）の各事件類型ごとに規定されていた。

人事訴訟法ではこれを一本にまとめ、人事訴訟一般の被告適格に関する規定として第12条が新設され、その第3項で「当該訴えの被告とすべき者が死亡し、被告とすべき者がないときは、検察官を被告とする。」とした。

〔注2〕　昭和45年最高裁判決は、その理由中で次のように判示した。すなわち、「……親子関係は父母の両者又は子のいずれか一方が死亡した後でも、生存する一方にとって身分関係の基本となる法律関係であり、それによって生じた法律効果につき現在法律上の紛争が存在し、その解決のために右の法律関係につき確認を求める必要がある場合があることはいうまでもなく、戸籍の記載が真実と異なる場合には戸籍法116条により確定判決に基づき右記載を訂正して真実の身分関係を明らかにする利益が認められるのである。人事訴訟手続法で婚姻若しくは養子縁組の無効又は子の認知の訴につき、当事者の一方が死亡した後でも、生存する一方に対し、死亡した当事者との間の右各身分関係に関する訴を提起し、これを追行することを認め、この場合における訴の相手方は検察官とすべきことを定めている（人事訴訟手続法2条3項・24条・26条・27条・32条等）のは、右の趣旨を前提としたものと解すべきである。したがって、父母の両者又は子のいずれか一方が死亡した後でも、右人事訴訟手続法の各規定を類推し、生存する一方において死亡した一方との間の親子関係の存否確認の訴を提起し、これを追行することができ、この場合における相手方は検察官とすべきものと解するのが相当である。この点について、当裁判所がさきに示した見解（昭和28年(オ)第1397号、同34年5月12日第二小法廷判決）は変更されるべきである。」としている。

127 戸籍記載の誤記又は遺漏が届出書類によって明白、かつ、内容軽微な場合の職権訂正

昭和47年5月2日民事甲第1766号通達

> **先例の趣旨**
>
> 戸籍の記載に錯誤又は遺漏がある場合に、その原因が市区町村長の過誤によるものであるときは、戸籍法第24条第2項後段の規定により、管轄法務局の長の許可を得て戸籍訂正をするのが原則とされている。ただし、従来から管轄法務局の長の許可を得るまでもなく、市区町村長限りの職権で訂正をすることを認めているものとして、法令上特定された内容の訂正と先例による軽微・顕著な誤記又は遺漏の場合における訂正がある。本先例は、その誤記又は遺漏が届書類によって明白であり、かつ、内容が軽微で訂正の結果が身分関係に影響を及ぼさない場合は、市区町村長限りの職権で訂正して差し支えないとするもので、包括的に職権訂正の範囲を定めている点に特色がある。

参考 訓令通牒録：⑦綴 8943頁、⑩綴 12658頁

〈解　説〉

1　市区町村長の職権による訂正

戸籍訂正は、戸籍の記載が違法又は事実に反する場合、あるいは戸籍の記載に錯誤や遺漏がある場合に、これを是正するための手続である。

ところで、戸籍の記載は、届出・申請等（戸15条）に基礎をおくものであることから、その訂正も届出人、届出事件の本人等、その戸籍記載に関係のある者からの申請に基づいてするのを原則としている（戸113条・114条）。しかし、届出人等が自ら訂正手続をとらない場合が考えられるほか、

第6章　戸籍訂正・更正

戸籍記載の錯誤・遺漏等の生じた原因が届出人の責めによらない場合もある。このような場合には、例外的に市区町村長が職権によって訂正する途が講じられている（戸24条）。

　市区町村長の職権による訂正は、戸籍法第24条第2項を根拠とし、原則として管轄法務局の長の許可を得てするが、法令上特定された内容の訂正については、市区町村長限りの職権で訂正することが認められている（戸59条、戸規41条・43条・45条）。また、訂正すべき事項が軽微・顕著な誤記又は遺漏の場合は、従前から先例によって市区町村長限りの職権訂正が認められているところ、本通達は、さらに戸籍記載の錯誤又は遺漏が戸籍届書により明白であり、その内容が軽微で訂正の結果が身分関係に重要な影響を及ぼさない場合も、管轄法務局の長の許可を得るまでもなく、市区町村長限りの職権で訂正して差し支えないとされたものである。

　なお、本通達は、戸籍法第24条第2項ただし書の規定によることを禁止する趣旨ではないから、市区町村長が訂正の内容が軽微であること及び訂正の結果が身分関係に重要な影響を及ぼさないことの判断をするにつき疑義が生じ、決しかねる場合は、管轄法務局の長の許可を得てすることは、もとより差し支えない。

2　本通達による職権訂正の対象

　本通達による訂正は、戸籍記載の錯誤又は遺漏が、市区町村長の過誤によるものであること、その過誤が届書類（戸籍受附帳、あるいは母子手帳を含まない。）によって明白であること、過誤の内容が軽微であること、訂正の結果が身分関係に影響を及ぼさないことの各要件を備えていることを要する。

　この職権訂正の対象として差し支えない場合及び対象とならない場合としては、次の(1)、(2)の事例が挙げられる（本通達、村上　惺「詳解　戸籍基本先例解説」388頁以下、「戸籍」315号30頁以下参照）。

(1)　訂正の対象となる場合

　ア　出生に関するものとして、①出生年月日を誤記したもの、②父母との続柄を誤記したもの、③出生子の名を誤記したもの、④出生の場所を誤記したもの、⑤父母欄中父又は母の氏名を誤記あるいは遺漏したもの、

⑥届出人の資格又は氏名を誤記あるいは遺漏したもの、⑦届出又は送付の年月日を誤記あるいは遺漏したもの、⑧国籍留保の記載を遺漏したもの

イ　認知に関するものとして、①認知者の戸籍の表示を誤記したもの、②認知者の氏名を誤記したもの、③被認知者の父欄の記載を誤記あるいは遺漏したもの、④被認知者の戸籍の表示を誤記したもの、⑤認知準正子につき、父母との続柄の訂正を遺漏したもの

ウ　養子縁組・離縁に関するものとして、①縁組代諾者の資格又は氏名を誤記あるいは遺漏したもの、②養親の氏名を誤記あるいは遺漏したもの、③養子につき新戸籍が編製される場合に、養親の戸籍の縁組事項につき養子の新戸籍の表示を遺漏したもの、④養子の縁組前の戸籍で同人の縁組事項中、入籍する戸籍の表示を誤記し、又は養親の戸籍で養子の縁組事項中、従前の戸籍の表示を誤記したもの、⑤離縁協議者の資格又は氏名を誤記あるいは遺漏したもの

エ　婚姻・離婚に関するものとして、①婚姻又は離婚事項中、夫又は妻の氏（名）を誤記したもの、②届出又は送付の年月日を誤記したもの、③婚姻による新戸籍が編製される場合に、筆頭者の名を誤記したもの、④婚姻又は離婚事項中、従前の戸籍又は新戸籍の表示を誤記したもの、⑤婚姻による夫婦の新本籍の表示を誤記したもの、⑥外国人との婚姻につき、その者の国籍又は生年月日の記載を遺漏したもの

オ　親権・後見に関するものとして、①子が父又は母と同籍する場合の親権事項の記載を、戸籍を異にする場合の記載例により誤記したもの、②親権者変更の裁判確定の日を誤記したもの、③届出人の資格又は氏名を誤記あるいは遺漏したもの、④未成年後見人の戸籍の表示を誤記したもの、⑤未成年後見開始の年月日を誤記したもの

カ　死亡・失踪に関するものとして、①死亡年月日・時刻を誤記したもの、②届出人の資格又は氏名を誤記あるいは遺漏したもの、③死亡の場所を誤記したもの、④失踪宣告の死亡とみなされる日を誤記したもの、⑤配偶者の失踪による婚姻解消事項を誤記したもの

キ　入籍・分籍・転籍に関するものとして、①届出人の資格又は氏名を誤

記あるいは遺漏したもの、②氏変更により入籍した子につき、父母欄の父又は母の氏の記載を遺漏したもの、③分籍による除籍事項中、戸籍の表示を誤記したもの、④他市区町村への転籍届により戸籍を編製する際に、従前の戸籍の地番号を誤記したもの

ク　その他として、①帰化者の従前の氏名を誤記したもの、②氏名変更につき、届出人の資格を遺漏したもの、③就籍につき、母欄の母の氏名を誤記したもの

(2) **訂正の対象とならない場合**

ア　届書類が滅失又は廃棄後であり、届書類以外の戸籍受附帳その他の書類によって、戸籍の記載に誤りがあるとみられる場合

イ　事件本人以外の者の欄に記載した場合

ウ　事件本人の入籍すべき戸籍を誤っている場合、又は除籍すべき本人を誤っている場合

エ　届出又は申請に基づく記載で、その記載全部を遺漏している場合

オ　届書類は備えられているが、届書の記載と添付書面が不一致である場合

カ　市区町村長限りの職権で訂正した事項を、再度訂正する場合

キ　訂正すべき戸籍が数戸籍にわたり、かつ、その記載が複雑である場合

128 事実上の父が「同居者」の資格でした出生届による戸籍の記載につき、父が子を認知した後に、子の出生事項中、届出人の資格を「父」と更正する申出とその更正

昭和49年10月1日民二第5427号通達

先例の趣旨　嫡出でない子について出生の届出義務を負う母が病気等の理由で届出をすることができないため、次順位の同居者の資格で出生届をした子の事実上の父が、その後に当該子を認知した場合、本人又はその法定代理人から出生事項中の届出人の資格を「父」と更正されたい旨の申出があれば、準正子の場合と同様に、市区町村長限りの職権で、これを更正して差し支えないとしたものである。

参考　訓令通牒録：⑦綴　9182頁、⑩綴　12661頁
関連先例通し番号：125

〈解　説〉

1　出生届の届出人の資格

　嫡出でない子の出生の届出については、母が届出義務を負うものとされ（戸52条2項）、母が病気等のために届出をすることができないときは、同居者、出産に立ち会った医師・助産師等の順序で届出義務を負うことになる（同条3項）。これら後順位の者が届出をするときは、届書の「その他」欄に先順位の者が届出をすることができない理由（「母病気のため届出ができないので、同居人から届出をする。」等の例による。）を記載することとされている（大正4・2・19民220号回答）。

　例えば、嫡出でない子について、事実上の父が出生届と同時に認知届をす

る場合、あるいは既に胎児認知をした子の出生届をする場合であっても、父母が婚姻をした後でない限り、嫡出でない子の出生届であることに変わりはないから、父は「父」としての資格で出生の届出をすることはできない。この場合、父が子の出生当時に同居しており、さらに第一順位の届出義務者である母が届出をすることができない理由があるときは、父がはじめて「同居者」の資格で出生届をすることができるにすぎない。

2　戸籍の出生事項中の届出人の資格

　戸籍の出生事項には、出生の届出をした者の資格及び氏名を記載することとされている（ただし、父又は母が届出人であるときは、氏名を記載する必要はない―戸規30条2号）。この届出人の資格は、届出当時における届出人と出生子との関係を記載するものであるから、嫡出でない子について、事実上の父が同居者の資格で出生の届出をした場合において、後日、父の認知により戸籍の父欄に父の氏名が記載され、あるいは父母の婚姻及び認知により子が準正による嫡出子の身分を取得し（民789条）、父欄に父の氏名が記載され、父母との続柄欄が「長男（女）」等と訂正されても、本来、出生事項中の届出人の資格は、届出時における正当な記載であるから、更正する必要はないはずである（昭和38・12・16民事甲3205号回答）。

3　子が準正嫡出子の身分を取得した場合の取扱い

　前記2の取扱いは、理論的には正当であっても、子が準正嫡出子の身分を取得したことにより生来の嫡出子と同様の戸籍の記載となっているにもかかわらず、その父が出生事項中に「同居者」と記載されているのは、関係人に奇異な感じを与え、また、本人にとっても好ましくないことから、これを「父」と更正できるようにされたいとの強い要望がなされた。

　そこで、子が準正により嫡出子の身分を取得する場合において、父母の婚姻届書又は認知届書の「その他」欄に、届出人が「子の出生事項中の届出人の資格を〝父〟と更正されたい。」旨の記載をしているとき、又は既に準正によって嫡出子の身分を取得している子については、本人又はその法定代理人から上記の申出があったときは、市区町村長限りの職権でこれを更正して

差し支えないとされた（昭和42・5・20民事甲1200号通達〔125〕）。

4　本通達による取扱い

　前記3の取扱いは、準正により嫡出子の身分を取得した場合に限り例外的に認められたものであったから、嫡出でない子について単に父が認知したような場合については認められていなかった。

　しかし、このような事案についても、届出人を「父」と更正してほしいとする要望が多く、また、準正されているか否かによって、その取扱いを異にしなければならない合理的な理由はなく、準正されていない子についてもこの取扱いを認めても何ら弊害の生ずるおそれもないと考えられる。そこで、本通達は、準正嫡出子の場合と同様に、出生事項中届出人の資格を「父」と更正されたい旨の申出があれば、これに応じて差し支えないとしたものである。

　なお、嫡出でない子について、事実上の父が届出人の資格を同居者として出生の届出をし、同時に提出した認知の届書に「出生届出人の資格を〝父〟と更正されたい。」旨の記載をしているときは、戸籍の出生事項中の届出人の資格を、最初から「父」と記載して差し支えないとされている（昭和50・2・13民二747号回答）。

129　氏の変更及び夫婦の一方の名の変更後に他の一方からする婚姻事項中の配偶者の氏又は名の更正申出とその更正

平成4年3月30日民二第1607号通達

先例の趣旨

氏又は名を変更した者が夫婦である場合に、その一方の婚姻事項中の夫（妻）の氏又は名は、婚姻の成立時における正当な記載であり、従来から更正を要するものとはされていなかった。しかし、変更の前後の氏の関係を明瞭にする趣旨から、転籍等による新戸籍又は入籍戸籍に婚姻事項を移記する場合（戸規39条1項4号）に、その移記すべき婚姻事項中夫（妻）の氏に続けて変更後の氏を（改氏後の氏○○）の例により括弧書して移記する取扱いが認められていた（昭和38・9・12～13 高松法務局管内戸協決議⑧）。

本通達は、上記の取扱いを更に進めて、戸籍法第107条第1項の規定による氏の変更及び夫婦の一方の同法第107条の2の規定による名の変更の届出と同時に又は届出後に、他の一方から婚姻事項中の配偶者の氏又は名を変更後の氏又は名に更正する旨の申出があった場合は、市区町村長限りの職権で、その記載を更正して差し支えないとされたものである。

参考　訓令通牒録：⑨綴 11544頁、⑩綴 12924頁

129 平成4年3月30日民二第1607号通達

〈解　説〉

1　更正の申出について

　氏を変更した者が夫婦である場合において、その一方（婚姻の際に氏を改めた者）の婚姻事項中夫（妻）の氏を変更後の氏に更正する旨の申出を、氏の変更届と同時にする場合には、届書の「その他」欄に、例えば、「妻の婚姻事項中夫の氏を「若佐」と更正されたい。」旨を記載する。また、夫婦の一方が名の変更届をする際、他の一方から婚姻事項中の配偶者の名を変更後の名に更正の申出をする場合も、届書の「その他」欄に、例えば「婚姻事項中夫の名を更正されたい。妻若佐和子㊞」の旨を記載することになる。

2　更正事由の戸籍記載について

(1)　氏の変更又は夫婦の一方の名の変更があり、他の一方から婚姻事項中の配偶者の氏又は名を変更後の氏又は名に更正する旨の申出があった場合には、市区町村長限りの職権で、その記載を更正して差し支えないとされたが、その場合の配偶者の身分事項欄にする更正事由の記載は、次の例による。

（氏変更の場合）

「氏変更につき平成　年　月　日婚姻事項中夫（妻）の氏更正㊞」

（名変更の場合）

「夫（妻）名変更につき平成　年　月　日婚姻事項中夫（妻）の名更正㊞」

(2)　以上の取扱いによって、婚姻事項中の配偶者の氏又は名の記載を更正した者について、転籍等による新戸籍の編製、他の戸籍への入籍又は戸籍の再製により婚姻事項を移記する場合は、氏又は名の記載の更正事項の移記は要しないこととされている。

第7章　電子情報処理組織による戸籍事務

130　電子情報処理組織による戸籍事務の取扱い

平成6年11月16日民二第7000号通達

先例の趣旨

戸籍事務のコンピュータ化に関する「戸籍法及び住民基本台帳法の一部を改正する法律（平成6年法律第67号）」及び「戸籍法施行規則の一部を改正する省令（平成6年法務省令第51号）」が平成6年12月1日から施行され、法務大臣の指定する市区町村長は、戸籍事務を電子情報処理組織によって取り扱うことができることとされた。

戸籍事務が国民の身分関係を登録公証する事務であることから、市区町村長が戸籍事務を電子情報処理組織によって取り扱うについては、全国的に統一した取扱いが要請される。

本通達は、電子情報処理組織による戸籍事務の取扱いについての基本的な事項を示したものである。以下、同日付け民二第7001号依命通知〔131〕（以下「依命通知」という。）の趣旨と併せて解説する。

参考

訓令通牒録：⑨綴　11834頁、⑩綴　12944頁
関連先例通し番号：131、132、52
改正：平成12年3月15日民二601号通達により参考記載例改正

〈解　説〉

第1　電子情報処理組織による戸籍事務の取扱い

1　戸籍の記録の保全及び保護に必要な措置

(1)　戸籍事務を電子情報処理組織によって取り扱う場合は、大量な戸籍情報を集中的に管理することが可能となる反面、戸籍情報の滅失、き損あるいは記録されている事項の漏えいが発生した場合の影響が大きいことから、これを防止する措置を講じなければならない（戸規68条の2）。この措置については、戸籍事務を電子情報処理組織によって取り扱う市区町村長は、磁気ディスクをもって調製された戸籍簿及び除籍簿に記録されている事項と同一の事項の記録を別に備えることとされている（戸規72条3項、後記第2の4参照）。

(2)　市区町村長が講ずべき戸籍情報の保全及び保護に必要な措置の具体的内容については、次のアからクまで列挙されているが、それらの事項のうち、ア及びウからオまでの事項に関しては、あらかじめ管理規則等を定めた上で実施しなければならないとされている。なお、管理規則等をもって定めるべき事項について、当該市区町村においては、既に定められている条例又は規則等が戸籍事務にも適用がある場合には、その規則等によることとし、不足する部分についてのみ定めれば足りる。

　　なお、これらの必要な措置の具体的内容については、平成元年9月29日付け総官第245号各省庁事務次官等あて総務事務次官通知「行政機関の保管する電子計算機処理に係る個人情報の保護に関する法律等の施行について」における個人情報の安全確保等の措置を講ずる際の参考に資するための別紙「行政機関の保有する電子計算機処理に係る個人情報の安全・正確性確保の措置に関する指針」が参考とされ、その指針に掲げられた事項のうち、戸籍事務に関して必要と思われる次の事項を選定して示されたものである。

　ア　管理体制

　　　市区町村長は、戸籍情報[注]を適切に管理するため、管理責任者、事

務担当者及び事務担当者の担当事務の範囲を明確にするとともに、その権限と責任の所在を明らかにしておかなければならない。

〔注〕　戸籍情報とは、磁気ディスクをもって調製された戸籍及び除かれた戸籍並びに同一事項の記録の内容（戸籍用紙をもって調製された戸籍及び除かれた戸籍の記載内容を含む。後記第7の3(2)参照）を総称したもの。

(ア)　保管管理者は、通常、電子計算機管理室等が設置された市区町村では、その室長が、また、そのように課・室が設置されていない場合は、戸籍事務所管課の長が指定されるものと思われる（この管理規則等の例について依命通知第1の1(1)参照）。

　なお、本通達にいう「戸籍データ」には、磁気による戸籍の記録の本体のほか、その記録の媒体である磁気ディスク等や戸籍の記録を出力した紙による帳票が含まれる。「プログラム」とは、戸籍事務を処理させるためにコンピュータを作動させる命令の組み合わせであるプログラムであり、また、「ドキュメント」について「記録」及び文書とされているのは、ドキュメントが磁気の形となっていることも想定されるからである。

(イ)　端末装置の管理責任者は、電子計算機管理室が設置されている市区町村では、戸籍事務所管課の長が、また、戸籍事務所管課の長が保護管理者に指定されている市区町村では、戸籍事務所管課の係長等が指定されるものと思われる（依命通知第1の1(2)）。

　通達文（第1の1(2)ア(イ)）の「……操作者が処理することができる事務の範囲を明確にすること。」の規定の仕方は、端末機管理者が操作者の事務を指定又は承認することを前提として、「端末機は、端末管理者が指定又は承認した事務を処理する場合を除き、みだりに操作してはならない。」という逆の形での規定の仕方であっても差し支えないと考えられる。

イ 研修等

　磁気情報のき損又は滅失の際に他の危険要因の一つとして、操作者の誤操作が挙げられる。その誤操作防止のために、職員に対し戸籍データの重要性及びプライベート保護に関する意識の高揚を図るとともに、電子情報処理組織の操作方法の周知徹底を図らなければならない。また、事故発生時のマニュアルをあらかじめ作成し、職員に周知させる必要がある。この研修等については、管理規則等を定める必要はないが、計画を立てて、確実に実施することを要するが、外部委託等による研修であっても差し支えないと考えられる。

ウ 戸籍データ等の管理

　(ｱ)　保護管理者は、定期的に又は随時、磁気記録及びプログラムの異常の有無を点検しなければならない（依命通知第1の2(1)）。戸籍事務取扱準則制定標準（以下「準則制定標準」という。平成16・4・1民一850号通達）第64条も、戸籍事務を電子情報処理組織によって取り扱う場合には、定期的に又は随時、電子情報処理組織の異状の有無を点検しなければならず（同条1項）、この点検をしたときは、その結果を電子情報処理組織点検簿（66条2項）に記載しなければならない（64条3項）としている。

　(ｲ)　保護管理者は、記録媒体及び出力帳票の保管を適正に行うため、これらの授受及び保管の記録、保管場所の指定・廃棄の方法等について必要な措置を講じなければならないとされている（依命通知第1の2(2)）。磁気テープ及び出力帳票の廃棄については、特に確実に行うことを要する。

エ ドキュメントの管理

　ドキュメントは、施錠のできる保管場所に保管すべきである。依命通知は、この点につき、①保護管理者は、ドキュメントの保管を適正に行うため、その保管場所の指定、排気の方法等について必要な措置を講じなければならない。②ドキュメントを複写し、又は持ち出すときは、保護管理者の承認を得なければならない（第1の3(1)・(2)）としている。

オ　パスワード等の管理

(ア)　戸籍事務を処理する電子情報処理組織が備えるべき技術的基準についての通達（平成6・11・16民二7002号〔132〕）が発出され（以下「基準書通達」という。）、いわゆる法務省の基準書が示された。この基準書通達において、「戸籍情報システムは、戸籍記録を保全し、その漏えいを防止するため、事前に登録されたパスワード、識別カード等によって、端末装置の操作者が正当な権限を有する者であることを確認した上でなければ、端末装置の操作をすることができない機能を有するものとする。」とされている（第1の3）。

このパスワード等の管理について依命通知は、「保護管理者は、パスワードの設定、更新等（識別カードの発行、保管等）の運用方法を定めて、厳重に管理しなければならない。」としている（第1の4(1)）。管理規則等には、必ずしもパスワード等という文言を用いる必要はなく、「技術的処理」等を用いていても規定の趣旨が同じであれば差し支えないと考えられている。

(イ)　パスワードの秘匿についての事項については、端末装置の操作者は、パスワードの入力等に際して、パスワードが他に知られることがないようにしなければならない（依命通知第1の4の(2)）。

カ　機器等の管理

(ア)　コンピュータ、磁気ディスク等については、障害、盗難、戸籍情報の漏えい等を防止するため、独立した電子計算機室を設けるなど、適切な設置及び管理をする必要がる。

(イ)　端末装置の設置については、その操作画面及び処理内容が第三者に知られることがないようにしなければならず、第三者の事務室内の立入りの場合をも想定して、端末装置の配置に配慮しなければならない。

キ　保管施設の管理及び保安

(ア)　コンピュータ等の設置施設及び戸籍データ保管施設は、通常、独立した電子計算機室等を指す。しかし、独立した電子計算機室等を設けない場合は、部外者の立入りを排除、制限する措置を採りコンピュー

タ等に部外者が接近できないような措置を採らなければならない。
- (イ) また、防火、地震対策、水害対策等の保安に万全を期する必要がある。

ク　事故発生後の措置

- (ア) 事故が発生した場合には、事故の経緯、被害の状況等を調査し、復旧のため必要な措置を講じなければならない。事故により戸籍の記録が滅失したときは、遅滞なく管轄法務局若しくは地方法務局又はその支局（以下「管轄局」という。）に申報しなければならない（戸規9条）。また、あらかじめ事故が発生した場合に採るべき措置及びその担当者を定めておくべきである。
- (イ) 事故が発生した場合には、その原因を分析し、必要な再発防止の措置を講ずることを要する。

(3) 前記(2)に掲げられた戸籍情報の保全及び保護に関する措置のほか、市区町村長が使用する電子情報処理組織が備えるべき戸籍及び除かれた戸籍の記録の保全及び保護に必要な措置については、規準書通達によることとされている。戸籍事務を処理する電子情報処理組織（以下「戸籍情報システム」という。）は、この基準書通達に示された備えるべき技術的基準に適合するものでなければならない。

　基準書通達で定めている戸籍記録の保全及び保護についての事項は、次のとおりである。

① 戸籍情報システムは、戸籍又は除籍の記録を保全するため、届書等の記載内容の入力、受理又は不受理等の処分決定、移記事項入力、決裁（校合）という一連の戸籍事務処理の手順を経なければ、戸籍記録の変更、追加又は削除をすることができない機能を有すること。

② 戸籍情報システムは、戸籍記録について変更、追加又は削除をした場合は、その旨の記録とともに従前の記録をも保存する機能を有すること。

③ 戸籍情報システムは、事前に登録されたパスワード、識別カード等によって、端末装置の操作者が正当な権限を有する者であることを確認した上でなければ、端末装置の操作をすることができない機能を有するこ

と。

④　戸籍情報システムは、他の事務を処理する電子情報処理組織から戸籍記録に直接アクセスすることができない機能を有すること。

（戸籍情報システムが法令の規定に基づき必要とされる範囲のデータを他の事務を処理する電子情報処理組織に提供する機能を有することは差し支えない。）

⑤　戸籍情報システムは、それに接続された電気通信回線を通じて戸籍記録が第三者に知られることを防止するため、回線制御の機能を有すること。

2　電子情報処理組織によって取り扱う戸籍事務の範囲

戸籍法第117条の2第1項にいう「戸籍事務」とは、磁気ディスクをもって調製する戸籍に記録する事務及びその戸籍記録の公開の事務をいい、その戸籍の「全部又は一部」とは、電子情報処理組織によって処理をする戸籍事務の対象となる人の範囲を指すものである。

戸籍法施行規則（以下「規則」という。）第69条は、原則として、戸籍事務の全部を電子情報処理組織によって取り扱わなければならないとし（同条1項）、指定を受けた市区町村長が相当と認めるときは、市区町村の区域を定めてその区域内に本籍を有する者についての戸籍事務を電子情報処理組織によって取り扱うことができるとしている（同条2項）。

事務処理の簡素化、効率化を図ることからすると、基本的には、その市区町村の区域内に本籍を有する者の全部について一律に電子情報処理組織によって戸籍事務を処理すべきである。しかし、戸籍を磁気ディスクの戸籍に改製する作業には相当の費用と期間を要するため、段階的に改製作業を進める必要がある場合など、戸籍事務の一部を電子情報処理組織によって取り扱うことが相当な場合がある。そこで、指定を受けた市区町村長の判断により、一部の者についての戸籍事務のみを電子情報処理組織によって取り扱うことを認めるものとされた。

したがって、この「相当と認めるとき」とは、戸籍の改製作業に要する費用、期間等の事情から、市区町村長が区域を定め、その区域内に本籍を有す

る者についての戸籍ごとに、順次、電子情報処理組織により取り扱うこととする場合がこれに当たることとなる。指定の際には、一部についてのみ電子情報処理組織によって取り扱う場合は、原則として、将来的には何年で全部の改製を終えるのかについての計画が定められていなければならない。

3　法務大臣の指定

(1)　市区町村長が戸籍事務を電子情報処理組織によって取り扱うには、法務大臣の指定を受けなければならないとされているが（戸117条の2・1項）、その趣旨は、事務処理の統一性の確保と戸籍情報の保全及び保護を図ることにある。そのため、法務省において統一性確保のための技術的基準を定め、市区町村長は、この技術的基準に適合したコンピュータシステムを導入するものとされているが、これを法制度として担保する必要がある。なぜならば、コンピュータシステムを用いて戸籍事務を処理する場合は、これまで戸籍事務担当職員が手作業で行う事務の相当程度をコンピュータが自動的に処理することになり、しかも、定型的な事件は、画一的、機械的に処理されるから、万一基準に適合しないコンピュータシステムを用いて事務処理がされると、多数の戸籍に誤った記録がされて多数の者の利益を侵害することとなる。それが、ひいては国民の戸籍制度に対する信頼を失うことになるからである。

　そこで、法務大臣は、市区町村長が導入しようとするコンピュータシステムが法務省の定める技術的基準に適合するかどうか並びに戸籍情報の保全及び保護に必要な措置が採られているかどうかを審査し、電子情報処理組織によって戸籍事務を取り扱う市区町村長を指定することとされた。

　この法務大臣の指定により、市区町村長は、電子情報処理組織によって戸籍事務を取り扱う権限を得、その責務を負うことになるものであるが、この指定は、市区町村長の申出に基づいてしなければならないこととされている（戸117条の2・2項）。市区町村長の申出に基づくものとされたのは、戸籍事務にコンピュータシステムを導入するかどうかは、市区町村の財政及び人事にかかわる問題を含み、市区町村長が当該市区町村の事務処理の実情を考慮して自主的に判断すべき事項であるからである。

市区町村長の申出があると、法務大臣が審査した上で指定することになるが、この指定は、告示してすることとされている（戸117条の2・2項）。電子情報処理組織を用いて戸籍事務を処理することは、国民の社会生活に深くかかわっている戸籍事務の処理方法の重大な変更である。しかも、その市区町村の区域内に本籍を有する者は全国に居住しているので、導入する市区町村の住民に限らず、広く一般国民に対して公示する意味で、その告示は官報をもってされる。

　この指定は、効力を生ずべき日（指定日）を定めて行うこととされ、市区町村長は、この指定日から電子情報処理組織による戸籍事務の取扱いを開始することになる。
(2)　指定の申出は、管轄局を経由してしなければならない（戸規70条1項）。これは、当該市区町村を直接に管轄している庁を経由して指定の申出をするのが相当であり、指定の申出を受けた庁は、戸籍簿の滅失の申報を受けたときと同様に、必要な調査をした後に法務大臣に進達することになるからである。この場合、管轄庁が支局であるときは、その支局の長は、法務局又は地方法務局を経由して進達しなければならない。
(3)　前記のとおり、戸籍事務は、事務処理の統一性の確保とその記録の保全及び保護を図る必要があり、そのために戸籍事務を取り扱う電子情報処理組織の備えるべき技術的基準が定められたものであるから、当該電子情報処理組織が、基準書通達に適合していることが必要となる。

　そこで、指定の申出は、市区町村長が本通達第1の1(2)ア及びイの事項を明らかにしなければならないこととされた（戸規70条2項）。

　アの事項に該当することを明らかにするには、戸籍事務を取り扱うコンピュータの機種、構成及びプログラムを示し、規則付録第25号記載例及び本通達の別紙第2号記載例の各事件についての当該電子情報処理組織による処理結果の各例を提出してするものとしている。この「記載例の各事件についての処理結果の各例」とは、記載例の各事件ごとの、①当初の戸籍登録の内容を示すものとしてのその出力帳票、②その事件処理の内容を明らかにするものとしての事件処理に際して入力したデータの画面からのハードコピー、③事件処理の結果としての戸籍記録の内容を示すものとし

ての処理後の出力帳票、④受附帳の出力帳票（受附帳の画面のハードコピーでも差し支えない。）がこれに当たり、各処理事件の内容を文書上明らかにするものとしての当該処理事件についての届書例までは特に必要ないものと考えられる。

　なお、当該電子情報処理組織の使用するプログラムが、既に指定を受けた市区町村長が使用しているものと同一である場合（以下「既使用」のものという。）には、その旨を明らかにするものとされ、この場合には、前記の「記載例の各事件についての処理結果の各例」の提出を要しないものとされている。

　イの戸籍及び除かれた戸籍並びに同一の事項の記録の滅失及びき損並びにこれらに記録されている事項の漏えいを防止するために講ずる措置の内容を明らかにするのは、本通達第1の1(2)の各事項のうち、ア及びウからオまでの事項について定める管理規則等並びに前記事項のうちイ、カ及びキの事項について講じようとする措置の概要を示してしなければならない。

　すなわち、前記のア「管理体制」、ウ「戸籍データ等の管理」、エ「ドキュメントの管理」、オ「パスワード等の管理」については、管理規則等の写しを添えて、各項目ごとにその根拠となる条項を明らかにする必要があり、また、イ「研修等」、カ「機器等の管理」、キ「保管施設の管理及び保安」については、各項目ごとにその講じようとする措置の概要を具体的に示す必要がある。研修等に関しては、研修計画、機器等の管理に関しては、コンピュータ等の設置図、保管施設の管理及び保安に関しては、入退室管理措置の概要及び防災措置の概要を提出するなどして、これらの概要を示すのが相当と考えられる。

(4)　(1)の指定の申出は、本通達の別紙第1号の書式により、別紙1ないし5の事項を記載すべきこととなる。なお、5の「希望する指定の期日」は、調査及び官報告示に要する日時を考慮して、未使用のプログラムの場合は6か月以上先、既使用のプログラムの場合は4か月以上先を目安とすべきものとされている。

　指定の申出書は、記載例の各事件の処理結果及び管理規則等の写しを含

めて正本及び副本の合計2通を提出するものとされ、管轄局は、副本により調査し、正本は進達等に際して本省あて送付することになる。なお、指定の申出を管轄の支局を経由してする場合は、その申出に係る電子情報処理組織の使用するプログラムが未使用のものであるときは、申出書の正本及び副本のほかに、その写し1通（管理規則等の写しは必要、記載例の各事件の処理結果は不要）をも添付しなければならないとされている。この申出書の写しは、本局に送付することとなる（本通達の「解説」戸籍628号24頁）。

4 法務大臣の指定を受けた市区町村長

(1) 戸籍事務を電子情報処理組織によって取り扱う市区町村長は、その使用する電子情報処理組織を明示して指定の申出をし、法務大臣の指定を受けている。したがって、その使用する電子情報処理組織を変更しようとするとき、すなわち、戸籍事務を取り扱うコンピュータの機種及び構成の主要部分又はプログラムを変更しようとするときは、事前に管轄局に報告すべきこととなる。管轄局においては、その報告の内容を審査し、その変更が不相当な場合、例えば、基準書通達に適合しないような内容へのプログラムの変更など、仮にその変更後の電子情報処理組織による指定の申出があった場合には、法務大臣の指定が受けられないような内容のものへの変更となり、不相当であるから、その変更をしないよう助言等をすべきこととなる。

　ここにいうコンピュータの機種及び構成の主要部分とは、コンピュータ本体が主要部分であることは当然であり、その変更は、仮にバージョンアップというべきものであってもこれに該当する。しかし、端末装置及びプリンターの変更等はこれに該当しないことが本通達上も明示されている。したがって、端末装置及びプリンターに準ずるような付属的な装置の変更は、これに該当しない。

　プログラムの変更については、プログラムのミスを解消する意味での改善や画面及び操作性のみの改良であれば、プログラムの変更とまではいえないと思われるが、コンピュータシステムとして機能が付加されるような

場合は、プログラムの変更となる。

　この報告については、準則制定標準第59条に規定され、同付録第49号にその書式が示されている。

(2)　市区町村長が、戸籍情報の保全及び保護に関して、前記1(2)により講じた措置は、指定の要件であることから、この措置を変更しようとするときも、(1)と同様に、事前に管轄局に報告をしなければならない。したがって、管理規則等を変更しようとするとき、あるいはコンピュータの設置の場所又は状況を改めようとするときなど、申出書に記載した戸籍情報の保全又は保護に関する措置を変更しようとするときには、市区町村長は、この報告をしなければならない。この変更をすれば、戸籍情報の保全及び保護についての措置として不相当となる場合には、管轄局はその変更をしないよう助言等をすべきこととなる。

　この報告も準則制定標準第59条及び同付録第49号の書式による。

5　一部取扱いについての広報

　前記2のとおり、市区町村長は相当と認めるときは、戸籍事務の一部として、市区町村の区域を定めてその区域内に本籍を有する者についての戸籍事務を電子情報処理組織によって取り扱うことができるが、そのことは、法務大臣の指定の内容とはされていないので、官報にはその旨の告示はされていない。この点については、依命通知第2により、一部区域を定めて戸籍事務を電子情報処理組織によって取り扱う市区町村長は、その市区町村の広報誌にその旨を掲載するなど、適宜の方法により広報に努めるものとされている。そして、この広報は、戸籍事務の一部を電子情報処理組織によって取り扱っている市区町村長が、その取扱いを他の一部に拡大したり、全体に拡大するときも必要である。

　なお、市区町村長が一部取扱いをする場合に、法務大臣の指定に際し官報にその旨及び電子情報処理組織によって取り扱う戸籍事務の範囲を併せて告示することも考えられるが、前記のとおり、この一部取扱いは、例外的なものである上、一定年数の経過により全部の取扱いとなる一時的なものである。したがって、そのような告示をするまでの必要はなく、当該一部取扱い

をする市区町村長において適宜な方法により広報に努めるのが相当とされたものである。

第2　戸籍簿

1　戸籍の調製

　戸籍事務を電子情報処理組織によって取り扱う場合は、戸籍は磁気ディスクに記録し、これをもって調製することとされた（戸117条の3・1項）。改正前の戸籍法は、戸籍は、紙を用いて調製することにつき直接規定しないで、第7条で「戸籍は、これをつづって帳簿とする。」と規定することにより、この点を明らかにしているといえる。しかし、電子情報処理組織によって取り扱う場合には、紙を前提とする制度に対して特例を定めるものであるから、その場合の戸籍の記録媒体が明文で規定されたものである。

　「磁気ディスク」とは、磁気記録によってデータを記録できる磁性表面層を持つ平らな回転盤である。外形的には、レコード盤を重ね合わせてパックしたようなもので、コンピュータ本体とのデータの受渡しを迅速に行うことができる特性があり、一般的な記録媒体である。

　この磁気ディスクに含まれる「これに準ずる方法により一定の事項を確実に記録することができる物」とは、磁気ディスクと同様に電子的又は磁気的方法によりデータを記録する物で、その記録の保存性が客観的技術水準により、保証されているものをいい、磁気テープ、カートリッジテープ、光ディスク等がある。

　戸籍を磁気ディスクをもって調製する場合には、戸籍用紙の規格（戸規1条）及び契印・丁数・掛紙（戸規2条）の規定は適用がない。その適用除外の規定は特にないが、それらの規定が紙の戸籍に特有の規定であり、その性質上磁気ディスクの戸籍に適用がないことが明らかであるからである。

2　戸籍簿及び除籍簿

(1)　戸籍事務を電子情報処理組織によって取り扱う場合は、戸籍法第117条の3第1項により戸籍の記録媒体が紙から磁気ディスクに変更されること

になるが、戸籍及び戸籍簿並びに除かれた戸籍及び除籍簿の意義に変更はない。したがって、戸籍法第5章の2に特別の定めがある場合を除き、第2章「戸籍簿」の規定は、磁気ディスクをもって戸籍を調製する場合にも適用がある。すなわち、磁気ディスクをもって調製する場合も、戸籍の編製基準に変更はなく、戸籍は一の夫婦及びこれと氏を同じくする子ごとに編製する（戸6条）。そして、複数の戸籍の集合体である戸籍簿として管理することになるが、磁気ディスクをもって調製された戸籍について「つづる」という紙特有の用語を用いることはできないので、磁気ディスクをもって調製された戸籍を蓄積して戸籍簿(注)とすることとされている（戸117条の3・2項）。

　磁気ディスクをもって調製された一戸籍内の全員がその戸籍から除かれたときは、その戸籍は、戸籍簿から除くことになるが（戸12条1項）、この除かれた戸籍は、その前提となる戸籍が磁気ディスクをもって調製されているから、当然に磁気ディスクをもって調製される。この除かれた戸籍を蓄積して除籍簿とすることになるから（戸117条の3・2項）、この除籍簿についても磁気ディスクをもって調製されることになる。なお、電子情報処理組織による取扱いを開始する時点である指定日までに除かれた戸籍は、後記第7のとおり改製の対象とならないから、その除かれた戸籍及び除籍簿は、紙で調製されたまま保存される。

　　〔注〕「簿」という用語は、通常、紙をつづって調製される帳簿の意味に用いられるが、法令用語上はそれに限られず、磁気ディスクのように電子的、磁気的方法により記録する媒体によって調製される物についても用いられている（特許法27条2項の「特許原簿」、不動産登記法2条9号の「登録簿」参照）。

(2)　戸籍法施行規則第1章の「戸籍簿」に関する規定は、紙の戸籍に特有の第4条及び第5条の中の「表紙」に関する規定を除き、磁気ディスク戸籍にも適用がある。したがって、磁気ディスクをもって調製された戸籍を蓄積する順序は第3条によることになる。もっとも、磁気ディスク内に目に見える配列があるわけではなく、本籍を表示する地番号若しくは街区符号

の番号の順序又は筆頭に記載した者の氏のあいうえおの順序に従って戸籍情報の整理管理がされるべきであるという規範的意味で適用されることとなる。

　除籍簿を年ごとに別冊とする第5条第1項の規定も、年ごとに区分して管理できる仕組みを備えるべきであるという規範的意味において、磁気ディスクの除籍簿も適用があり、同条第4項の当該年度の翌年から80年という保存期間の規定も磁気ディスクの除籍簿に適用があることとなる。

⑶　戸籍簿又は除籍簿の持出禁止（戸規7条）、保管施設（戸規8条）、戸籍簿又は除籍簿が滅失した場合の申報・具申（戸規9条）及び戸籍簿又は除籍簿の滅失のおそれがある場合の措置（戸規10条）の規定も、磁気ディスクの戸籍簿又は除籍簿に適用がある。

　したがって、磁気ディスクをもって調製された戸籍簿又は除籍簿は、事変を避けるためでなければ、市役所又は町村役場の外に持ち出すことができないし（戸規7条1項）、これを市役所等の外に持ち出したときは、市区町村長は、遅滞なくその旨を管轄局に報告しなければならない（同条2項）。

⑷　磁気ディスクをもって調製された戸籍簿又は除籍簿は、厳重に保存しなければならないが（戸規8条）、このことに関しては、戸籍記録の保全及び保護に関する措置として、コンピュータ及びその関連設備については、障害、盗難等を防止するため、適切な設置及び管理をすることとされている（本通達第1の1⑵カ㋐）。さらに保管施設の管理及び保安（第1の1⑵キ㋑）により、コンピュータの設置施設及び戸籍データの保管施設の火災の防止、地震対策等について適切な措置をすることとされている。これらの必要な措置が採られることにより、当然に厳重な保存及び管理がされることになる。

　磁気ディスクの戸籍簿又は除籍簿には、1冊、2冊という冊の概念がないので、磁気ディスクの戸籍簿又は除籍簿の滅失の報告（戸規9条）をする際は、報告書に冊数の記載をする必要はない。この報告書については、準則制定標準第60条により付録第50号様式が示されている。なお、磁気ディスクの戸籍又は除かれた戸籍については、その性質上、一部滅失のお

それがあるということはあり得ない。そのため、本通達の別紙第2号の記載例は、一部滅失のおそれのある場合の記載例に対応するものは設けられていない。

3　見出帳

紙の戸籍簿及び除籍簿については、戸籍の検索のため見出帳又は見出票を調製することとされている（戸規6条）。しかし、磁気ディスクの戸籍簿及び除籍簿については、コンピュータの検索機能により、容易に戸籍又は除かれた戸籍の検索をすることができるから、見出帳及び見出票を調製することを要しないとする特例が定められている（戸規71条）。

4　同一の事項の記録の備付け

(1)　市区町村長は、磁気ディスクをもって調製された戸籍簿及び除籍簿に記録されている事項と「同一の事項の記録」を別に備えることとされた（戸規72条1項）。管轄局において副本を保存すること（戸8条2項）とは別に、市区町村に「同一の事項の記録」を備えることとされたのは、バックアップに万全を期するとともに、磁気ディスクの戸籍簿又は除籍簿が滅失したときは、この「同一の事項の記録」により速やかに回復し（戸規72条2項）、戸籍事務の円滑な遂行を確保するためである。

　市区町村長が備える「同一の事項の記録」は、何時であっても常に戸籍の記録と同一の記録であることが望ましいが、これには相応の費用等を要するので、本通達では、この「同一の事項の記録」は、日ごとに当該同一の事項の記録が戸籍の記録と同一のものに更新されているものでもよいとされている。したがって、この方法により同一の事項の記録を備える場合に、当日入力した記録を含めて執務終了後に同一の事項の記録として更新するときは、仮に翌日戸籍の記録に事故が発生し滅失すれば、バックアップされていないことになる。しかし、それは1日以内の記録であり、再度入力することで差し支えないとされたものと思われる。また、本通達では、電子情報処理組織により、常時、稼動データを確保する場合は、相当の期間ごとに「同一の事項の記録」の更新をするものであってもよいとさ

れる。したがって、この方法によれば、「同一の事項の記録」と稼動データを合わせて、戸籍の記録と同じ内容となるから、それでも差し支えないとされた。ここでいう「相当の期間」とは、仮に戸籍の記録が滅失した場合に、少なくとも、翌日には当該同一の記録によるバックアップが完了して、戸籍事務の処理ができるような期間というべきである。そうすると、稼動データの量やコンピュータの能力によっても異なるが、その期間は、最長であっても1か月程度というところであろう。

(2) 滅失した戸籍簿又は除籍簿を「同一の事項の記録」により回復するときは、機械的に回復することができるから、厳格な再製手続による必要はない。したがって、この場合は、戸籍法第11条（第12条2項において準用する場合を含む。）の法務大臣の指示によること及び官報に告示することを要しない（戸規72条2項）。また、この回復は、再製には該当しないから、その戸籍には再製に関する事項を記録することもない。

「同一の事項の記録」により回復した場合であっても、戸籍の記録が滅失したことには変わりはないので、市区町村長は、管轄局にその旨の報告をしなければならない（戸規9条1項）。本通達により、その報告書には滅失した戸籍簿又は除籍簿の部分及び回復した年月日をも記載するものとされ、その報告書の書式が準則制定標準第61条により付録第52号様式として示されている。なお、磁気ディスクによる戸籍簿又は除籍簿には、冊数という概念は存在しないので、報告書にその記載を要しない。

磁気ディスクの戸籍簿又は除籍簿が滅失したときは、市区町村長は直ちに、「同一の事項の記録」によりこれを回復し、その後に書面により管轄局に対して報告することになろうが、その場合には、取りあえず滅失後速やかに電話等により管轄局に一報するのが相当と考える（準則制定標準14条参照）。

なお、磁気ディスクの戸籍簿又は除籍簿が滅失した場合において、これと「同一の事項の記録」も滅失したため、「同一の事項の記録」による回復ができないときは、原則どおり、戸籍法第11条の規定する再製の手続、すなわち法務大臣の指示により、官報に告示してすることを要する。そのため、管轄局の保管する磁気ディスクによって調製された副本によって回

復しようとする場合には、「同一の事項の記録」によって回復するものではないことから、原則どおり、戸籍法第11条の規定する再製の手続を要する。
(3) 「同一の事項の記録」は、戸籍簿及び除籍簿と同一の事項を記録するものであるから、同様の保全及び保護に必要な措置を採る必要がある。そのため、持ち出し禁止（戸規7条）、厳重な保存（同8条）、滅失及び毀損並びにそこに記録されている事項の漏えい防止のために必要な措置を講じなければならない（同68条の2）とする各規定が、「同一の事項の記録」に準用されている（同72条3項）。

第3　戸籍又は除かれた戸籍に記録されている事項の証明

1　記録事項証明書の交付の請求

(1) 戸籍又は除かれた戸籍が磁気ディスクをもって調製されている場合は、その性質上、戸籍又は除かれた戸籍の謄抄本等を交付することはできない。この場合は、電磁的記録を人が直接判読することができないから、戸籍又は除かれた戸籍に記録されている事項を公開するには、電磁的記録を文書に変換して書面に出力するほかない。そこで、戸籍法第10条第1項又は第12条の2第1項の請求は、戸籍又は除かれた戸籍の謄抄本又は記載事項証明書に代えて、磁気ディスクをもって調製された戸籍又は除かれた戸籍に記録されている事項の全部又は一部を証明した書面（以下「記録事項証明書」という。）についてできることとされた（戸117条の4・1項）。

したがって、磁気ディスクをもって調製されている戸籍又は除かれた戸籍については、これらの謄本若しくは抄本又はこれらに記録した事項に関する証明書（記載事項証明書）の交付の請求はできなくなっている。

(2) 戸籍又は除かれた戸籍を磁気ディスクをもって調製することに伴い、交付請求の対象を戸籍等の謄抄本等から「記録事項証明書」に変更するにすぎないので、それ以外の請求権者、請求の要件及び手続は、謄抄本等の交付を請求する場合と同じである（戸10条・12条の2、戸規11条・11条の3）。

2 記録事項証明書の種類、記載事項、様式等

(1) 記録事項証明書は、謄本と抄本の区分に対応して、記録されている事項の全部を証明した書面とその一部を証明した書面とに大別されるが、記録されている事項の一部を証明した書面をさらに二つに分け、戸籍と除かれた戸籍の区分を合わせて 6 種類に区分し、それぞれの記載事項を定めている。

戸籍又は除かれた戸籍に記録されている事項の一部を証明した書面として、一部事項証明書のほかに個人事項証明書を交付することとされたのは、戸籍又は除かれた戸籍の抄本が主に特定の個人に関する事項の全部を証明するものとして利用されていることにある。一部事項証明書は、請求者が証明を求める事項が記録されていることを証明するものであり、ある事項の記録がないことの証明には適しない。その場合は、戸籍又は除かれた戸籍に記録されている者のうち特定の個人について記録されている事項の全部を、それ以外に記録がないことを含めて証明する個人事項証明書によることになる。個人事項証明書は、1 通で複数人についての証明をすることもできる。

一部事項証明書は、証明を求められた事項の一事項ごとに証明するので、戸籍事項や身分事項の一部、例えば、一出生事項中の一項目である出生地のみの証明を求めることはできない。転縁組がされている場合の養子縁組事項のように、同様の身分事項が複数あれば、それぞれの事項ごとに別個に証明することができる。

(2) 記録事項証明書の様式は、証明書の種類ごとに定められている（戸規 73 条 2 項・付録 22 号様式）。同様式は、文書の A 判化に伴い、A 列 4 番の用紙を用いるものとし、左横書とされている。

(3) 記録事項証明書の様式に従い、記録事項を記載した書面には、市区町村長が、その記載に続けて付録第 23 号書式による認証文を付記し、職氏名を記して職印を押印することになる（戸規 73 条 3 項）。職印を用いるときは、平成 5 年 2 月 3 日民二第 1173 号回答にも示されているように、偽造防止のために、用紙は、地紋入りのものとしなければならない。

(4)、(5)は通達文のとおり。

(6)　記録事項証明書の記載は、規則付録第24号のひな形に定める相当欄に、規則付録第25号の記載例に従ってしなければならない（戸規73条6項）。

　　規則付録第24号の記載事項証明の記載ひな形は、紙の戸籍の場合の規則附録6号の戸籍の記載ひな形に対応するものであり、また、規則付録第25号記載例は、規則附録第7号記載例（いわゆる法定記載例）に、それぞれ番号、事件の種別、届出地等すべて対応する。このほか、記録事項証明書の記載は、本通達の別紙第2号記載例によるものとされたが、この記載例は、平成2年3月1日民二第600号通達の記載例（いわゆる参考記載例）に対応する。

　　このように、記録事項証明書の記載方法は、戸籍の記載方法と異なる点が規則で定められているが、これらは、戸籍を磁気ディスクをもって調製する場合の記録方法の特例に該当するものである。そこで、磁気ディスクへの記録方法を規則で直接規定するのは困難であるため、目に見える記録事項証明書の記載方法を規定し、これにより間接的に戸籍の記録方法の特例を定めることとされたものである。

(7)　戸籍の全部若しくは一部又はその記録を消除した場合、記録事項証明書にその旨の記載をするには、規則付録第26号様式によらなければならない（戸規73条7項）。これは、記録事項証明書がこの様式に従って出力されるように磁気ディスクをもって調製された戸籍について消除の記録をしなければならないということである。したがって、戸籍が磁気ディスクをもって調製される場合には、戸籍の消除に関する規則第42条の規定の適用はないことになる。

　　なお、この規則付録第26号様式は、紙の戸籍の場合の規則附録第8号様式に対応する。

(8)　戸籍の訂正をした場合に記録事項証明書にその旨を記載するには、規則付録第27号様式によらなければならないこととされた（戸規73条8項）。この結果、戸籍の訂正に関する規則第44条については、「附録第9号様式によって、朱で訂正すべき記載を消さなければならない。」とする部分の適用がないということになるが、戸籍事務を電子情報処理組織によって取り扱う場合において、戸籍の訂正をするには、訂正の趣旨及び事由を記録

しなければならない。その訂正が戸籍の一部にかかわるときは、訂正の趣旨及び事由は、訂正すべき記録のある者の身分事項欄にこれを記録することとなる。

なお、規則付録第27号様式は、紙の戸籍の場合の規則附録第9号様式に対応する。

(9) 本籍の更正（後記第5の3）を記録事項証明書に記載するには、規則付録第28号様式によらなければならない（戸規73条9項）。この場合も記録事項証明書が同様式に従って出力されるように磁気ディスクの戸籍に更正の記録をすることになる。したがって、規則附録第10号様式によって更正しなければならないとする規則第46条第1項の規定は、磁気ディスクの戸籍には適用がないことになる。

なお、規則付録第28号様式は、紙の戸籍の場合の規則附録第10号様式に対応する。

3 記録事項証明書の効力

戸籍法第118条第2項は、記録事項証明書の効力を規定する。同法第100条第2項及び第108条第2項は、分籍及び転籍の届出をする際に、届書に戸籍の謄本を添付することを義務付けている。また、旅券法その他の法令でも、戸籍又は除かれた戸籍の謄本又は抄本の提出を要求する規定が設けられている（旅券法3条1項）。そこで、記録事項証明書がこれらの規定上、戸籍又は除かれた戸籍の謄本又は抄本と同等のものとして取り扱われることを明確にするため、戸籍法第117条の4第2項が設けられた。戸籍に記録されている事項の全部を証明した書面が戸籍の謄本に、戸籍に記録されている事項の一部を証明した書面が戸籍の抄本に、除かれた戸籍に記録されている事項の全部を証明した書面が除かれた戸籍の謄本に、除かれた戸籍に記録されている事項の一部を証明した書面が除かれた戸籍の抄本にそれぞれみなされることになる。

4 記録事項証明書の交付の手数料

この項は、平成12年1月21日政令第16号「地方公共団体の手数料の標

準に関する政令」が同年4月1日から施行され、同政令附則第2項により「地方公共団体手数料（昭和30年政令第330号）」が廃止されたことに伴い、「戸籍法第3条第1項の処理基準」からは削除された。

5 他の法令の規定によって交付すべき戸籍又は除かれた戸籍の証明書

(1) 健康保険法（大正11年法律第70号）第144条、船員保険法（昭和14年法律第73号）第8条、労働基準法（昭和22年法律第49号）第111条等は、戸籍に関して無料で証明を請求することができる旨を規定しており、これらの規定によって交付すべき戸籍又は除かれた戸籍に関する証明書は、戸籍法第10条又は第12条の2の規定による戸籍又は除かれた戸籍に記載した事項に関する証明書と同一の書式によって作らなければならないとされている（戸規14条）。前記第3の1(1)のとおり、戸籍又は除かれた戸籍が磁気ディスクをもって調製されている場合は、戸籍法第10条又は第12条の2の規定による戸籍又は除かれた戸籍に記載した事項に関する証明書は交付しないこととされた。そのため、右の健康保険法その他の法令の規定によって交付すべき戸籍又は除かれた戸籍に関する証明書は、戸籍又は除かれた戸籍の一部事項証明書と同一の様式によって作らなければならないとされている（付録第22号様式第3及び第6）。

(2) 他の法令の規定によって交付すべき戸籍又は除かれた戸籍に関する証明書は、戸籍又は除かれた戸籍の一部事項証明書と同一の様式によって作らなければならないとされたことから、その証明書についての市区町村長による証明文の付記、職印の押捺、契印、記載例等は、戸籍又除かれた戸籍の一部事項証明書のそれに準ずることとされている（戸規74条2項・73条3項から9項まで）。

(3) 他の法令によって交付すべき戸籍又は除かれた戸籍に関する証明書については、市区町村長は、証明を求める事項を記載した書面又は付せんに証明の趣旨及び年月日を記載し、かつ、これに職氏名を記し、職印を押すことにより、この証明書に代えることができるとされている。付せんによってこの証明をする場合には、市区町村長は、職印で接ぎ目に契印をしなければならない（戸規74条2項・14条1項ただし書・2項）。

第4　戸籍又は除かれた戸籍の副本等

1　副本の送付

(1)　戸籍を磁気ディスクをもって調製する場合も、戸籍法第8条の規定の適用があり、戸籍は、正本と副本を設け、正本は、市区役所又は町村役場に備え、副本は管轄局が保存する。

　この副本は、正本が火災等の事故によって滅失した場合の再製資料とするためのものであり、戸籍又は除かれた戸籍が磁気ディスクで調製される場合は、副本の磁気ディスクで調製されたものを保存することになる。そのため、市区町村長は、1年ごとに磁気ディスクをもって調製された戸籍又は除かれた戸籍の全部の副本を管轄局に送付しなければならない（戸規75条）。

　この場合には、規則第15条第1項の規定は適用されないから、あらたに戸籍を編製したとき（1号）、戸籍編製の日から25年を経過したとき（2号）又は戸籍の全部を消除したとき（3号）も、副本の送付を要しない。このように副本の送付に関し特例を設けたのは、戸籍又は除かれた戸籍が磁気ディスクをもって調製されているときは、定期的に戸籍又は除かれた戸籍の全部を複製して送付する方が、あらたに編製した戸籍等をその都度抜き出して副本を作成するよりも容易である。また、その方が新戸籍編製後の移動を副本に反映させることができ、再製資料として有用であることによるものである。

　管轄局には、電子情報処理組織が設置されていないので、磁気ディスクをもって調製された副本に記録された事項を確認することができないことから、戸籍を磁気ディスクをもって調製する場合において、戸籍に記録されている事項を紙に打ち出してその副本として管轄局に送付することも考えられないわけではない。しかし、副本のバックアップとしての機能を重視すれば、磁気記録のままで保存するのがより有用であること、保管にもスペースを必要としないこと、管轄局においても戸籍の記録の内容を必要とするときは、後記3のとおり、別途市区町村長に対し戸籍に記録されている事項を記載した書面の送付を求めれば足りることから、このような方

法が採られたものである。

(2)　戸籍又は除かれた戸籍が磁気ディスクをもって調製されている場合であっても、規則第15条第2項の適用がある。したがって、管轄局が保存する副本が滅失した場合等、必要がある場合には、いつでも磁気ディスクをもって調製された副本を、再度送付させることができる。

(3)　副本の送付は、副本の作成年月日、発送年月日及び発送者の職名を記載した書面を添付してすることとされている。この送付書については、準則制定標準第62条により、付録第53号様式としてその書式が示されている。

　副本の送付に際しては、磁気ディスクをもって調製された戸籍又は除かれた戸籍の全部の副本を送付するものであることから、送付する副本の目録を添付する必要はない。

2　副本の保存

　戸籍又は除かれた戸籍が磁気ディスクをもって調製されている場合は、市区町村長は、1年ごとにその全部の副本、すなわち戸籍又は除かれた戸籍が蓄積された戸籍簿又は除籍簿の副本を管轄局に送付することになる。管轄局は送付を受けた副本を「つづる」必要はなく、規則第18条の規定の適用はない。また、定期的に更新された副本の送付があるから、副本の保存期間についても、後に副本の送付を受けるまでとされている（戸規75条2項前段）。

　規則第15条第2項の規定により、管轄局が磁気ディスクをもって調製された戸籍又は除かれた戸籍の副本を添付させた場合の保存期間も、規則第75条第1項の規定によって副本の送付を受けた場合と同じで、後に副本の送付を受けるまでとなる（同条2項後段）。

　磁気ディスクをもって調製された戸籍又は除かれた戸籍の副本の送付を受けた管轄局においても、当該副本を磁気記録の特性に留意して、迅速かつ厳重に保存しなければならない。磁気記録の障害要因としては、火や磁気はもとより、水や湿気、動物等が考えられることから、これらの点に留意して保管すべきことになる。

3 戸籍又は除かれた戸籍に記録されている事項の全部又は一部を記録した書面の送付

前記1(1)のとおり、管轄局においては、磁気ディスクをもって調製された副本の記録内容を確認することはできない。そこで、管轄局の長が戸籍事務の処理の適正を確保する上で必要と認めるときは、市区町村長に対し、磁気ディスクをもって調製された戸籍又は除かれた戸籍に記録されている事項の全部又は一部を記載した書面の送付を求めることとなる。

4 戸籍に関する書類の廃棄

管轄局において、戸籍又は除かれた戸籍の副本の送付を受けたときは、その戸籍に関する書類で市区町村長が受理し、又は送付を受けた年度の翌年から5年を経過したものは、これを廃棄することができるとされている(戸規49条の2)。このことは磁気ディスクをもって調製された戸籍又は除かれた戸籍の副本の送付を受けた場合にも準用されている(戸規79条)。

市区町村長が戸籍事務を電子情報処理組織によって取り扱う場合には、磁気ディスクをもって調製された戸籍及び除かれた戸籍のすべての副本が、毎年更新されて送付されるので、管轄局においては、戸籍の届書は(戸規49条の2によれば市区町村長の受理等の年度の翌年から5年とされているので)5年プラス1年の6年分を保存すれば足りることになる。

第5 受付帳の調製等

戸籍事務を電子情報処理組織によって取り扱う場合は、戸籍は磁気ディスクに記録し、これをもって調製することになる(戸117条の3・1項)。その戸籍の記録事項・記録手続は、戸籍用紙で調製する戸籍の記載事項・記載手続と基本的には変わりがなく、戸籍法第3章「戸籍の記載」及び規則第2章「戸籍の記載手続」の規定は、原則として磁気ディスクをもって調製する戸籍についても適用がある。この場合には、これらの規定中の「記載」とあるのを「記録」と事実上読み替えることになる。

前記第3の2(5)ないし(9)のとおり、規則第73条の第5項から第9項まで

の規定は、間接的に磁気ディスクをもって調製された戸籍又は除かれた戸籍の記録の方法を定めたものであり、戸籍事務を電子情報処理組織によって取り扱う場合の記録に関する特例の意味をもつものである。したがって、磁気ディスクをもって調製する戸籍又は除かれた戸籍には、記録事項証明書がこれらの規定に定める方法により出力されるように記録をすることになる。このほか、戸籍法第3章及び規則第2章の規定に関し、電子情報処理組織を用いることに伴って変更された部分は、以下のとおりである。

1 受付帳の調製

(1) 戸籍事務を電子情報処理組織によって取り扱う場合は、届書に記載されている事項を端末装置に入力することにより、受付帳及び戸籍の記録を自動的かつ一元的に行うことができることから、事務の合理化、効率化を図るため、受付帳も戸籍と同様に磁気ディスクをもって調製することとされている(戸規76条1項)。

なお、戸籍事務を電子情報処理組織によって取り扱う場合は、届書に記載されている事項を端末装置に入力することによって、届出あるいは送付のあった届書の一元的な管理を行うことができる。したがって、電子情報処理組織によって取り扱うことが必要な事項に関する戸籍発収簿については、磁気ディスクをもって調製することとされている(準則制定標準65条)。磁気ディスクをもって調製する戸籍発収簿に記録すべき事項は、届出あるいは送付のあった届書の管理に関する事項であり、即日に受理、不受理の処分ができない場合における届書等の受領の年月日の記録(準則制定標準30条)や、不受理の処分にかかわる記録(準則制定標準31条)などが、これに該当する。

(2) 相当期間を経過した受附帳の記録には変動がないから、受附帳をその保存期間である50年間(戸規21条3項)も磁気ディスクのままで保存する必要はない。そこで、市区町村長が相当と認めるときは、磁気ディスクをもって調製された受付帳の保存に代えて、これに記録されている事項の全部を記載した書面を保存することができるとされている(戸規76条2項)。この書面は、コンピュータから受付帳に関する記録の全部を打ち出して

作成することになるので、その様式は、規則附録第5号様式によることを要しないものとされている。

2 市区町村長の識別番号の記録

　戸籍の記載の正確性を担保し、責任の所在を明らかにするために、市区町村長は、戸籍の記載をするごとに、その文末に認印をおさなければならないし、また、市区町村長の職務を代理する者がする場合は、その文末に代理資格を記載して、認印をおさなければならない（戸規32条）。しかし、磁気ディスクという記録媒体に認印を押すことはできないから、戸籍事務を電子情報処理組織によって取り扱う場合には、他の措置を採らなければならない。そこで、この場合は、戸籍の記録をするごとに、市区町村長又はその職務代理をする者の識別番号を記録しなければならないこととされた（戸規77条）。

　この識別番号により、その資格と氏名を明らかにすることとしており、さらに市区町村長又はその代理者が就職したときは、その番号を報告しなければならないとされている（準則制定標準57条）。そのため、市区町村長の職務を代理する者の代理資格の記録は、文末認印をする場合のようにこれを別に記録することを要しないとされている（戸規32条2項参照）。

　なお、記録事項証明書には、この識別番号は出力しないものとされているが（基準書通達第5の5(3)）、実務のシステムでは、記録事項証明書のほかに戸籍事務処理用に「戸籍事務専用」とする出力帳票に、この識別番号が出力されることとなっている。

3 行政区画変更の記録

　規則第45条は、「行政区画、土地の名称、地番号又は街区符号の変更があったときは、戸籍の記載は、訂正されたものとみなす。ただし、その記載を更正することを妨げない。」と定めている。戸籍事務を電子情報処理組織によって取り扱う場合に、この規則第45条ただし書の規定に基づいて行政区画等の変更による戸籍の記録を更正するときは、戸籍事項欄にそれらの変更に関する事項を記録しなければならない（戸規78条）。前記第3の2(9)の

とおり、この更正を記録事項証明書に記録するには、規則付録第28条様式によるものとされている。これは、コンピュータシステムでは、紙の戸籍の記載のように訂正の朱線をひいて、その右横に訂正後の記載をすることができないため、一般に、戸籍の記録の訂正は、訂正箇所の記録の置換えによることになる。つまり、戸籍の記録の訂正をした場合は、その旨の記録とともに従前の記録を保存することとされているので（基準書通達第1の2参照）、規則第45条ただし書の規定により行政区画等の変更の記録をする場合も、この方法によるからである。

第6　区域変更による引継ぎ

1　引継ぎによる戸籍又は除かれた戸籍の改製

(1)　市区町村に区域の変更があったときは、戸籍又は除かれた戸籍並びにこれに関連する書類は、遅滞なく変更後の市区町村の長に引き継がれなければならない（戸規80条1項）。引き継ぐべき戸籍又は除かれた戸籍が磁気ディスクをもって調製されている場合において、引継ぎを受けた市区町村が法務大臣の指定を受けていないときは、その市区町村長は、戸籍事務を電子情報処理組織によって処理することができない。その場合は、引継ぎを受けた市区町村長は、磁気ディスクをもって調製されている戸籍又は除かれた戸籍を、戸籍用紙を用いて調製する戸籍又は除かれた戸籍に改製しなければならない（戸規80条3項）。

(2)　引継ぎを受けた市区町村では、電子情報処理組織を備えていないので、引継ぎを受けた磁気ディスクによって調製された戸籍又は除かれた戸籍の記録の内容を確認することができない。この場合は、引継ぎをする市区町村長が、引き継ぐべき戸籍又は除かれた戸籍に記録されている事項の全部を記載した書面をその磁気ディスクによって調製された戸籍又は除かれた戸籍に添付するものとされている。この関係の引継書の書式は、準則制定標準第58条により、付録第48号様式に示されている。

2　改製の方法

(1)　前記1の(1)における改製は、磁気ディスクをもって調製されている戸籍又は除かれた戸籍に記録されている事項の全部を、戸籍用紙を用いて調製する戸籍又は除かれた戸籍に移記してすることとされている（戸規80条4項）。全部の事項を移記することとされたのは、引継ぎを受けた市区町村長は、電子情報処理組織によって取り扱うものではないから、磁気ディスクをもって調製されている改製前の戸籍又は除かれた戸籍の記録事項を公開することができないからである。したがって、この場合の改製は、戸籍の記録媒体及び様式が変更されるが、実質的には再製というべきものである。

(2)　この改製をする場合には、戸籍用紙を用いて調製する戸籍又は除かれた戸籍の戸籍事項欄に、その経緯を明らかにしておくため、規則第80条第3項の規定により改製した旨及びその年月日を記載することとされている。

(3)　引継ぎを受けた市区町村長は、電子情報処理組織によって戸籍事務を取り扱うものはないから、この改製をする場合には、磁気ディスクをもって調製された戸籍又は除かれた戸籍には、改製に関する事項を記録することを要しないものとされた。

3　改製後の取扱い

(1)　前記2(1)の改製をしたときは、規則第15条第1項第1号の新たに戸籍を編製したときに該当するので、市区町村長は、新たに戸籍用紙をもって調製された戸籍又は除かれた戸籍の副本を管轄局に送付しなければならない。

(2)　この改製は、前記2(1)のとおり、実質的には再製に準ずるものであるから、従前の戸籍又は除かれた戸籍（磁気ディスクにより調製されたもの）については、再製原戸籍と同様の取扱いとして、改製の日から10年間保存することとされている。また、引継ぎを受けた従前の戸籍又は除かれた戸籍に記録されている事項の全部を記載した書面についても、同様に10年間保存しなければならないこととされている。

(3) 引継ぎを受けた市区町村長は、電子情報処理組織によって戸籍事務を取り扱うものではないから、磁気ディスクをもって調製された従前の戸籍又は除かれた戸籍については、その記録事項証明書の交付の請求をすることができない。

第7 戸籍の改製

1 戸籍の改製

(1) 法務大臣の指定する市区町村長は（戸117条の2・1項）、電子情報処理組織を用いて戸籍事務を処理するには、その前提として、現在の戸籍を磁気ディスクをもって調製する戸籍に改製しなければならない（平成6年法務省令第51号附則（以下「改正省令附則」という。）2条1項本文）。

戸籍の改製に関する事務については、外部に委託することができる（後記3）点を除き、戸籍事務と同様に取り扱うべきであり、戸籍法第1章「総則」の第2条から第4条までの規定が準用されている（平成6年法律第67号戸籍法附則（以下「改正法附則」という。）3項）。したがって、市区町村長は、自己又は配偶者、直系尊属若しくは直系卑属の戸籍の改製事務について、その職務を行うことができない（戸3条の準用）。また、都の区及び地方自治法第252条の9第1項の指定都市においては、区長が改製事務を行うことになる（戸4条の準用）。

そのほか、戸籍の改製に関し必要な経過措置は、改正法附則第4項により法務省令にゆだねられている。したがって、改製の時期及び方法、移記する事項の範囲等は、法務省令の定めるところによることとなり、それが、改正省令附則第2条及び第3条である。

戸籍の改製を行うのは、戸籍法第117条の2第1項の市区町村長、すなわち、同項の規定により法務大臣の指定を受けた市区町村長である（改正省令附則2条1項）。これは、市区町村長が指定を受けた後に、現在の戸籍に記載されている事項を磁気ディスクの戸籍に移記する作業（改製作業）を開始するという趣旨ではない。戸籍を改製するには相当の期間を要することから、あらかじめ改製の準備作業を行い、その改製の準備が完了した

時点で指定を受け、法律上は指定の効力が生ずる日（指定日）に紙の戸籍から磁気ディスクの戸籍に改製がされたことになる。

(2) 改製の対象は、電子情報処理組織によって取り扱うことになる戸籍であり（改正省令附則2条1項本文）、その範囲は、規則第69条の規定によって定まる。すなわち、市区町村長が戸籍事務の全部を電子情報処理組織によって取り扱うときは、その市区町村の区域内に本籍を有する者の全部の戸籍を改製しなければならないし、規則第69条第2項により市区町村の一部の区域を定めるときは、その区域内に本籍を有する戸籍のみを改製することになる。なお、改製の対象となるのは戸籍であり、指定の際に既に除かれた戸籍は対象とはならない。

コンピュータの特性を活用して戸籍事務を適性かつ迅速に処理するには、戸籍のデータがコンピュータ処理に適合するものでなければならないから、電子情報処理組織による取扱いに適合しない戸籍は、改製の対象から除外される（改正省令附則2条1項ただし書）。その適合しない戸籍（本通達第7の1(2)のアないしエ）については、従前どおり、紙の戸籍による取扱いをするほかない。なお、エの氏又は名の文字が従前の戸籍に誤字で記載されているときは、これに対応する字種及び字体による正字で記録することになる。しかし、その取扱いにつき本人の理解を得るよう努めても納得が得られないときは、本人の申出により現在の紙戸籍をもってその者の戸籍とすることとされたが、この場合も電子情報処理組織による取扱いに適しない場合に該当することとされた。

右のような支障が解消し、それらの戸籍が電子情報処理組織による取扱いに適合するものとなったときは、市区町村長は、遅滞なくその戸籍を磁気ディスクをもって調製する戸籍に改製しなければならない。この改製に際しては、事前に各戸籍を点検し、記載に過誤があるときは、市区町村長限りにより訂正が可能であれば、それにより訂正し、戸籍法第24条第2項の手続によって訂正すべきときは、その手続により訂正した上で改製すべきものとされている。

(3) 前記(1)の戸籍の改製は、紙の戸籍に記載されている事項を磁気ディスクをもって調製する戸籍に移記してするものとされている（改正省令附則2

条2項本文)。この移記をする際は、管外転籍の場合において転籍地の新戸籍に記載を要しない事項（戸規37条ただし書）を省略することができるとされた（改正省令附則2条2項後段）。その結果、現行の転籍等による新戸籍を編製する場合との整合性が図られるとともに、移行する事項が減少して戸籍の改製作業の迅速化と経費の削減にも資することになる。

　しかし、規則第37条但書に掲げる事項であっても、改製作業に着手した後に戸籍に記載され、若しくは戸籍から消除された事項又は戸籍から除籍された者に関する事項については、そのまま移記して差し支えないとされている。その判断時点は、戸籍改製の日、すなわち、指定の効力が生ずる日（指定日）となるから、例えば、改製の日までに解消された婚姻事項は移記を要しない。しかし、戸籍の改製作業において初期データとして婚姻事項をコンピュータに入力した後、離婚の届出があった場合は、これを逐一コンピュータの記録から削除することは、かえって取扱いが煩さとなり、多くの作業を要することになる。そこで、このような場合には、前記の婚姻事項及び、離婚事項は、規則第37条但書に掲げる事項に該当するが、磁気ディスクの戸籍にそのまま移記されることになっても差し支えないとされたものであり、改正省令附則第2条2項後段が「省略することができる。」と表記したのもその趣旨であるとされている。

(4)　戸籍を改製する場合には、市区町村長は、磁気ディスクをもって調製する戸籍の戸籍事項欄に戸籍の改製に関する事項を記録しなければならない（戸規34条6号）。この記録を記録事項証明書に記載する場合は、改製年月日及び改製事由「平成六年法務省令第五一号附則第二条第一項による改製」である。改製年月日は、市区町村長が初めて戸籍事務の電子情報処理組織による取扱いをする場合は、前記第1の3(1)のとおり、法務大臣の指定が効力を生ずる日（指定日）となる。また、市区町村長が戸籍事務の一部を既に電子情報処理組織によって取り扱っている場合において、その取扱いをその余の一部又は全部の戸籍事務に拡大するときは、その拡大部分について電子情報処理組織による取扱いをする日として、市区町村長が定めた日となる。

(5)　戸籍の改製に関する事項は、従前の戸籍についても記載しなければなら

ないが、その記載は、戸籍事項欄に限定されず、初葉の欄外にすることができる（改正省令附則2条3項）。

　この改製に関する事項「平成六年法務省令第五一号附則第二条第一項による改製につき年月日消除㊞」の記載を初葉の欄外にする場合には、戸籍用紙右側欄外にする。なお、この戸籍の初葉右側欄外上部に 改製原戸籍 の印を押すことは、差し支えないとされているが、これは、戦後の旧法戸籍から現行戸籍法による戸籍への改製の際に、同様の印の捺印が任意とされていたことに対応する。

(6)　戸籍の改製をしたときは、新たに戸籍を編製したときに当たり、戸籍の副本を管轄局に送付しなければならないものであるが（戸規15条1項1号）、戸籍又は除かれた戸籍が磁気ディスクをもって調製されているときは、規則第15条第1項の規定は適用しないこととされている（戸規75条1項）。そのため、改正省令附則第2条第4項は、法務大臣の指定する市区町村長が、同条第1項の規定により戸籍を磁気ディスクをもって調製する戸籍に改製したときは、磁気ディスクをもって調製された戸籍の副本を管轄局に送付しなければならないこととされている。

(7)　前記(6)による戸籍の副本は、直接には規則第75条第2項前段の規定の適用がないため、改正省令附則第2条第5項の規定により規則第75条第2項前段の規定を準用し、管轄局は後に戸籍又は除かれた戸籍の副本の送付を受けるまで保存することとされている。

(8)　改製原戸籍は、除かれた戸籍であるから、戸籍法第12条の2の規定その他除かれた戸籍に関する規定が適用される。しかし、市区町村長が、改正省令附則第2条第1項の規定により戸籍を磁気ディスクをもって調製する戸籍に改製して従前の戸籍の全部を消除したときは、その除かれた戸籍（改製原戸籍）及びその副本の保存期間は、特例として改製の日から100年とされた（改正省令附則2条6項）。除籍の保存期間80年（戸規5条4項）より長期とされたのは、磁気ディスクによる戸籍の改製に際しては、原則として誤字について正字をもって入力することになるから、誤字による氏名の表記について愛着を感ずる者に対し、長期間の証明を可能にするとともに、できる限り正字による入力につき理解が得られるようにするためで

あるとされている。

　従前の戸籍である改製原戸籍については、改製によりその全部を消除した場合に該当するから、その副本を管轄局に送付しなければならい（戸規15条1項3号・2項）。管轄局が改製原戸籍の副本の送付を受けたときは、前に送付を受けた戸籍の副本を廃棄することができる（戸規19条）。

2　戸籍を改製する場合の氏又は名の記録に用いる文字の取扱い

　戸籍に記載されている氏又は名の誤字・俗字の解消については、平成2年1月16日法務大臣の諮問機関である民事行政審議会の「戸籍に氏又は名が誤字又は俗字によって記載されている場合は、これをできる限り解消すべきである。」等の答申を受け、同年10月20日民二第5200号民事局長通達が発せられ、その解消が進められてきた。

　戸籍事務のコンピュータ化においても、公簿である戸籍に記載する文字は、正しい文字でなければならないとし、いったん誤った字を記載してもこれを正しい字に訂正することは、戸籍法令上許されているところである。また、コンピュータに入力できる外字の数に限度がある上、外字の作成には別途の費用を要することなどから、コンピュータ化に際しては、極力、誤字・俗字は解消の方向で改正法案の検討が進められた。しかし、改正法案の国会審議の過程において、氏名は社会生活上重要な意味を有し、戸籍に記載されている字がいわゆる誤字・俗字であっても、コンピュータ化に伴い本人の意思にかかわりなく表記を改めることは問題があり、誤字・俗字であっても既に戸籍に記載されている氏名の文字に対する愛着という国民感情を、行政上配慮すべきであるとの指摘がされた。そこで、調整の結果、①漢和辞典に俗字等として登載されている字は、コンピュータ対応をする。②漢和辞典にも登載されていない書き癖等による表記（誤字）については、コンピュータ化に伴い国民一般に通用する表記（正字）をもって入力する。③①の処理をする場合には、事前に本人に通知するものとし、その場合に本人から正字での入力を欲しない旨の申出があり、極力理解を得るよう努めても納得が得られない場合には、本人の申出により、現在の戸籍をもってその人にかかる戸籍とする取扱いをすることとされた。

　従前の戸籍に記載されている氏又は名を磁気ディスクをもって調製する戸

籍に移記する場合において、従前の戸籍に記載されている氏又は名の文字が正字であるときは、そのまま移記することになるが、それ以外にもそのまま移記することとする文字の範囲を以下のとおり示されている。
(1) 俗字等の取扱い
　平成2年10月20日民二第5200号通達〔45〕の〈解説〉第1の1を参照。
(2) 誤字の取扱い
　ア　誤字の解消
　イ　事由の記録
　　平成2年10月20日民二第5200号通達〔45〕の〈解説〉第1の2を参照。
　ウ　告知手続
　　従前、平成2年10月20日民二第5200号通達の取扱いにおける誤字又は俗字を正字で記載する場合の告知は、戸籍の記載の事前又は事後のいずれでも差し支えないとされていた（〔45〕の〈解説〉第1の2(3)）。しかし、改正省令附則第2条第1項の規定により戸籍を磁気ディスクをもって調製する戸籍に改製する際には、第5200号通達の取扱いのように、戸籍に関する届出の機会をとらえて訂正する場合や本人の申出により訂正する場合とは異なり、従前の戸籍に氏又は名の文字が誤字で記載されている者すべてについて、その氏又は名の文字が正字で記録されることになる。その結果、市区町村の窓口でのトラブル等が予想されることや、誤字であっても既に戸籍に記載されている氏名の文字に対する愛着という国民感情を行政上配慮する必要があることから、事前に告知をすることとし、国民の理解を得るとともに疑義あるの者に対し説明する機会をもつこととしたものである。
　　(ｱ)　告知の相手方は、第5200号通達における告知の相手方と同じである。
　　(ｲ)　告知の方法は、第5200号通達においては、口頭又は郵送で差し支えないとされているのに対して、磁気ディスクをもって調製する戸籍に改製する際における氏又は名の文字（誤字）を正字でする記録が、戸籍の届出等の機会や本人の申出などによるものでないため、本人に郵送で告知する以外にその手段がないことから、本人の住所地あて告

知書を発送することとされた。

　告知書の発送先である本人の住所地とは、戸籍の附票に記載されている住所地あて発送するものとされている（依命通知第3の2(2)）。この場合に、告知の相手方が外国に居住している場合であっても、本人の住所が確認することができ、かつ、滞在国の言語で住所を表記することができる場合は告知を要する。しかし、告知は一種の行政サービスあることから、戸籍の附票に住所の記載がない場合や外国にある住所が確認できない場合には、告知を要しないと考えられている（本通達の解説「戸籍」628号83頁）。なお、後日のトラブル防止の意味からも、告知ができなかった旨を適宜の方法で記録しておく必要がある。また、告知書が住所不明等の理由により返送されたときは、「返送告知書つづり」の調製に準じて整理するのが相当とされる（平成2・10・20民二5202号依命通知第2の5）。

(ｳ)　告知ができなかった場合及び住所不明等の理由で返送された場合の処理は、告知にかかる氏又は名の文字を正字で記録することになるので、この取扱いの経過について確実に記録しておくことを要する。

(ｴ)　告知の相手方が複数人ある場合、例えば、氏については筆頭者、名については他の同籍者のそれぞれに告知を要する場合であって、住所が同一のとき等は、告知内容を各人ごとに明らかにした上、1通の告知書に連名で相手方を記載して郵送して差し支えないとされている。

　告知した旨の記録（依命通知第3の2(3)）については、平成2年10月20日民二第5200号通達〔45〕の〈解説〉第1の2(2)エ参照）。

エ　告知後の申出

　告知を受けた者から正字での記録をしないで欲しい旨の申出があった場合は、その戸籍は電子情報処理組織による取扱いに適合しないものとして改製をしないことになる（本通達第7の1(2)）。

(ｱ)　告知後、問い合わせ期間内又は改製日までの間に、従前の戸籍に記載されている氏又は名の文字を正字で記録することについて問い合わせ等があった場合は、市区町村長は、磁気ディスクに正字で記録する趣旨を説明し、できるだけ理解を求めることとされている（依命通知第3の3(1)）。したがって、市区町村長は、問い合わせをしてきた者

に対して、公簿である戸籍には正字で記録するのが相当であり、誤字で記載されていることによる社会生活上の不便を解消しようとするものであること、正字で記録したとしてもその文字を正しい字体の表記に改めたものであって、文字の同一性に変わりはなく、印鑑登録等の変更を要することにはならないこと、正字でなければコンピュータ対応ができないこと等につき、十分説明して正字での記録について理解を求めることが必要である。

(イ) 正字での記録に理解が得られず、従前の戸籍に記載された誤字のままでの記載を望み、戸籍の改製を欲しないときは、その戸籍は改製することなく紙の戸籍のまま当該市区町村に備えることとなる。

　この場合には、戸籍事務のコンピュータ処理に関する法務大臣の指定を受けた市区町村にとっては、その戸籍について他の戸籍と異なった取扱いをすることになるので、後のトラブル等を避けるためにも、申出人の意思を確認しておく必要があることから、戸籍の改製を望まないことの申出書の提出を求めるなど、適宜の方法により記録しておくことを要する。

(ウ) なお、申出書の様式は、市区町村において適宜定めることになるが、記載を求める内容は、例えば「正字の記録を望まないので、磁気ディスクをもって調製する戸籍に記録されないことを申し出ます。」とするのが相当とされている。あらかじめ上記の文面を印刷した申出書に署名を求める方法によっても差し支えないが、電話等で確認することは、できるだけ避けるべきである。やむを得ず電話等で確認したときは、確認した旨を告知書の写しに記録する等、確実に記録していく必要がある。

(エ) 本籍数の少ない市区町村においては、戸籍に記載されている誤字についてもすべて磁気ディスクをもって調製する戸籍に記録してしまえば、告知することも、また、紙の戸籍を備えることも必要がなくなるので合理的とする考え方もあり得ると思われる。しかし、仮にある市区町村においてそのような取扱いをしても、その者が他の市区町村に転籍や婚姻等により本籍が転属したときは、その誤字は正字で記録されることになり、結果的に国民に迷惑を及ぼすとともに、戸籍事務処

理の全国的統一性に対する国民の信頼を損なう結果となる。したがって、戸籍に記録されている誤字の解消のための告知は省略できないものである。

　申出により改製しなかった戸籍について、改製後に正字に訂正して欲しい旨の申出があった場合には、電子情報処理組織による取扱いに適合するものとなったのであるから、その戸籍を磁気ディスクをもって調製する戸籍に改製することになる。

(オ)　磁気ディスクをもって調製する戸籍に正字で記録されることを望まない旨の申出は、戸籍の改製がされ、コンピュータが稼動した後（指定日後）は認められない（依命通知第3の3(3)）。戸籍に記載されている氏又は名の文字が誤字である場合において、磁気ディスクをもって調製された戸籍に記録するときは、これに対応する正字で記録するのは当然であり、申出により誤字のまま紙の戸籍に残す取扱いは、磁気ディスクをもって調製する戸籍に改製する際の取扱いの特例である。したがって、改製日以後は、磁気ディスクをもって調製する戸籍に正字で記録した氏又は名の文字を従前の誤字に戻して欲しい旨の申出があっても応ずる必要はないし、応じられない。

(カ)　告知後において、告知の対象となった文字が俗字等であることが判明した場合の取扱い

　告知後、告知の対象となった氏又は名の文字が、漢和辞典に俗字として登載されている文字又は「示」、「辶」、「食」、「青」を構成部分にもつ「礻」、「辶」、「𩙿」、「青」と記載されている文字であることが、本人の申出により明らかになったときは、従前の文字のまま磁気ディスクをもって調製された戸籍に記録する。

　従前の戸籍に記載された氏又は名を正字で磁気ディスクをもって調製した戸籍に改製後、その氏又は名が漢和辞典に俗字として登載されている文字であるとして、本人から漢和辞典の写し等を提示して従前の文字への訂正の申出があったときは、俗字であることの確認をした上で、改製の際の移記の誤りとして、従前の文字に訂正する。

(3)　**変体仮名によって記載されている名の取扱い**

　人の氏名は、戸籍の筆頭氏名者欄及び名欄によって公証され、それ以外の

欄に記載する人の氏名については、その同一性が確保されればよいとの考え方から、変体仮名で記載されている名を戸籍の筆頭者氏名欄及び名欄以外の欄に記載するときは、戸籍の検索等に支障を来さない限り平仮名を用いて差し支えないとされてきた（平成2年5200号通達第4）。そこで、磁気ディスクをもって調製する戸籍に記録する場合も、これと同様に取り扱うものとされた。

したがって、父又は母の名が変体仮名で記載されている者につき磁気ディスクをもって調製する戸籍に改製するときは、その父母欄の父又は母の名について変体仮名に対応する平仮名で記録して差し支えないことになる。なお、身分事項欄に記載されている従前戸籍の筆頭者の名が変体仮名であるときは、これを平仮名で移記すると従前戸籍の検索に支障を来すことも考えられるので、変体仮名のまま移記することになる。

3 戸籍の改製作業の外部委託

(1) 改正戸籍法附則第2項は、市区町村長が、戸籍の改製に関する事務を必要に応じ外部委託することができることを前提として、その委託を受けて戸籍の改製に関する事務に従事する者の戸籍情報の保護についての義務の内容を定めている。

戸籍の改製をするには、現在の戸籍に記載されている事項を磁気ディスクの戸籍に移記する作業が必要である。具体的には、入力原稿の作成、移行データの入力、入力されたデータの照合、修正、確認の作業を行わなければならない。これらの作業の中には、コンピュータの専門技能を要するものが含まれている上、取り扱うデータの量が膨大であることから、相当規模の作業人員を必要とするので、市区町村の戸籍事務担当者が経常事務を行いながら改製作業を進めることは困難である。そこで、戸籍の改製に関する事務については、外部委託を認めることとして、その場合の戸籍情報の保護を図るため、市区町村長の委託を受けてその作業に従事している者又は従事していた者に対して、その作業に関して知り得た事項をみだりに他人に知らせ、又は不当な目的に使用してはならない旨の義務を課すこととされた。なお、「行政機関の保有する電子計算機処理に係る個人情報保護に関する法律（昭和63年法律第95号）」第12条にも、これと同旨の

規定がある。
(2) 市区町村長が戸籍の改製に関する事務を外部委託しようとするときは、戸籍情報の漏えいを防止するため、受託者から本通達第7の3(2)アからコに掲げる事項を記載した契約書を徴することとされており、その内容が契約書の文言上明確であれば足りるとされている。

　これらの事項のうち、アからオまで及びコの各事項は、「地方公共団体が電子計算機処理を外部委託する場合におけるデータ保護について（昭和51・2・21自治情13号通知）」により、委託契約書に明記すべき事項として掲げられている。また、カからケまでの事項は、前記の通知により、必要に応じて委託契約書に明記し、又は覚書を取り交わす等の措置をすべき事項とされている。
(3) 市区町村長は、戸籍情報の漏えいを防止するために、当然のことながら、定期的に又は随時、委託先における戸籍の改製作業の実施状況、戸籍情報、の管理の状況等について検査を行わなければならないとされている。

4　戸籍の改製事務の報告

(1) 戸籍の改製に関する事務は、管轄局の長が助言及び指示をすることとされている（改正法附則3項、戸3条）。もっとも、戸籍の改製作業は、市区町村長がその責任において適正に行うべきものであり、管轄局の長は、必要に応じて助言及び指示をすれば足り、管轄局の職員が市区町村長の委託先における戸籍の改製作業の実施状況、戸籍情報の管理の状況等について実地検査を行うことや、移記されたデータの照合、確認作業を行う必要はないとされている。
(2) 戸籍の改製作業は、外部委託されることが大多数であり、市区町村長は、改製作業に着手しようとするときは、別紙第3号書式により、事前に管轄局に報告するものとして、改製作業計画に不備があれば、管轄局において助言及び指示をし、その改善を図ろうとするものである。

　報告書には、次の事項を記載すべきことになる（別紙）。
① 改製作業の着手年月日
② 改製する戸籍の範囲（全部か一部かを記載する。一部の場合は、改製す

ることとなる戸籍についての本籍のある区域名とその戸籍数を記載する。)
③　戸籍の改製作業計画の概要（戸籍のコピー取り、移行データの入力、データの照合、修正、確認等の各作業の具体的作業方法及びスケジュールを記載する。何年計画かで作業を進める場合は、その計画の年数・概要も明らかにする。)
④　戸籍の改製作業の外部委託の有無、外部委託する場合は、その受託者
⑤　外部委託する場合における受託者との戸籍情報の保全及び保護に関する契約条項（外部委託する場合には、契約書に記載しなければならないとされている各事項が、現実に契約書に記載されていることを、契約書の写しを添付して、各事項ごとに条項名を記載して明らかにする。(1)から(10)
⑥　戸籍事務の電子情報処理組織による取扱い予定日（予定日は、指定の申出日から、プログラムが既使用の場合は4か月以上先、未使用の場合は、6か月以上先とすべきことに注意を要する。)

　改製作業の着手報告と指定の申出との先後関係は、改製作業には、相当の期日を要するものと見込まれるので、改製作業の着手報告が先にされると思われる。しかし、小規模の市区町村などでは、改製作業が短期間に完了できるものであれば、指定の申出を先にすることとなる。

(3)　市区町村長が戸籍の一部を電子情報処理組織によって取り扱っている場合に、その取扱いを全部あるいはその余の一部の戸籍事務に拡大するため、その拡大部分の戸籍について改製作業に着手しようとするときも、(2)と同様に、事前に管轄局にその改製作業の着手報告をしなければならない。

(4)　市区町村長は、戸籍の改製作業を完了したときは、管轄局に報告するものとされ、その報告は、別紙第4号書式によるものとされた。
　この報告書には、次の事項を記載する。
①　戸籍の改製作業の完了の年月日（指定日の効力が発生した日である指定日となる。)
②　改製した戸籍数（現実に改製した戸籍数を記載する。)
③　電子情報処理組織による取扱いに適合しないため改製をしなかった戸籍数（適合しないとした理由を明らかにし、その事由ごとに改製しなかった戸籍数を記載する。)

第7章　電子情報処理組織による戸籍事務

131　電子情報処理組織による戸籍事務の取扱いに関する通達〔130〕の運用上の留意点

平成6年11月16日民二第7001号依命通知

先例の趣旨

　平成6年11月16日民二第7000号通達〔130〕（以下「基本通達」という。）により、電子情報処理組織による戸籍事務の取扱いに関し、その必要な措置の基本的内容が示された。本通知は、基本通達の運用に当たり、管理規則の具体例、電子情報処理組織による取扱いの広報及び戸籍を改製する場合の氏又は名の記録に用いる文字の取扱いについて、それぞれの留意点が示されたものである。

　なお、本依命通知については、基本通達の〈解説〉の中で併せて述べているので、本通知「第1　管理規則の具体例について」は、〔130〕の〈解説〉第1の1を、「第2　電子情報処理組織による取扱いの広報について」は、第1の5を、「第3　戸籍を改製する場合の氏又は名の記録に用いる文字の取扱いについて」は、第7の2を、それぞれ参照願いたい。

参考

訓令通牒録：⑨綴　11892頁、⑩綴　13002頁
関連先例通し番号：130、132

〈解　説〉

　本通知に基づく具体的な事務手続要領等に関しては、基本通達の〔130〕の項において、同通達と合わせて解説したので、同項を参照されたい。

132 戸籍事務を処理する電子情報処理組織が備えるべき技術的基準

平成6年11月16日民二第7002号通達

先例の趣旨

戸籍事務は、国民の身分関係を登録・公証する事務であり、全国的に統一した取扱いが要請されることから、戸籍事務を電子情報処理組織によって処理する場合も、事務処理の統一性が確保されなければならない。また、コンピュータ処理による場合は、戸籍情報が磁気ディスク等に記録されたデータになることから、従来の簿冊処理による場合以上に、データの保全、保護について、厳格な管理が必要となる。そこで、コンピュータが開発する戸籍情報システムの事務処理の統一性を確保するとともに、戸籍又は除かれた戸籍の記録の保全・保護のため、コンピュータが備えるべき技術的基準を定め、戸籍事務をコンピュータシステムによって処理する市区町村長は、その基準に適合した戸籍情報システムを導入しなければならないこととされた。

本通達は、その戸籍事務を処理する電子情報処理組織が備えるべき技術的基準を定めた「基準書」を示したものである。

参考

訓令通牒録：⑨綴 11894ノ2頁、⑩綴 13005頁
関連先例通し番号：130、131

〈解 説〉

本通達において別添として示された「基準書」の本文及び別紙1～6は、訓令通牒録に収録されている。

133　一部事務組合に設置されたコンピュータを利用して戸籍事務を処理する場合の取扱い

平成 7 年 11 月 30 日民二第 4400 号通達

先例の趣旨　市区町村においては、地方分権、広域行政の拡大等の施策の推進に伴い、地方自治体という枠を超えた一定地域での広域的な行政を実現するため、その所掌する事務の一部を他の市区町村と共同して処理するための事務組合（地自法 284 条）等を設けることができるとされている。そこで、本通達は、一部事務組合（地自法 284 条 1 項。同法 285 条の複合的一部事務組合を含む。）を組織する市区町村の長が戸籍法第 117 条の 2 第 1 項の指定を受けた場合には、その組合に設置された中央処理装置内の磁気ディスクをもって調製された戸籍記録を管理し、その中央処理装置と専用回線で接続された端末装置によって戸籍事務を処理することができるものとされた。

その場合に配慮すべき事項として、1．一部事務組合に設置されたコンピュータを利用して戸籍事務を処理する際の基本的な在り方、2．1 に示された取扱いによる場合の一部事務組合が遵守しなければならない制度的・技術的要件、3．2 と同じく、一部事務組合が遵守しなければならない技術的な要件、4．1 の取扱いによる場合の戸籍法第 117 条の 2 第 1 項の規定に基づく市区町村長からの指定の申出の際に付加的に明らかにすべき事項及び添付書類等について明らかにしたものである。

参考　訓令通牒録：⑨綴　12068 頁、⑩綴　13256 頁

〈解　説〉

1　一部事務組合に設置されたコンピュータによる戸籍事務の処理
(1)　戸籍記載を管理する主体
　本通達は、磁気ディスクをもって調製された戸籍記録を格納した中央処理装置が一部事務組合に設置されている場合は、その一部組合を組織する各市区町村の長は、中央処理装置と専用回線で接続された端末装置によって戸籍事務をコンピュータ処理して差し支えないとされた。
　この場合、戸籍事務をコンピュータによって処理をし、戸籍記録を管理する主体は、あくまでも市区町村長であり、一部事務組合の代表者は、中央処理装置の設置及び管理のみを行うものである。
　市区町村長が管理している戸籍用紙をもって調製された戸籍を磁気ディスクをもって調製する戸籍に改製するのは、当該市区町村長であり、また、改製後の戸籍記録の変更をするのも、市区町村長に限られる。
(2)　中央処理装置の設置・管理者
　戸籍事務の管掌者は、市区町村長である（戸1条・4条）ことから、戸籍事務のコンピュータ化に伴う中央処理装置を適正に設置・管理をすることができる者としては、基本的には、市区町村長と同等の地位を有する者であることを要する。一部事務組合については、これを設立又は構成する地方公共団体とは別個の独立した法人とし、その処理すべき事務を自らの責任において管理執行する機能を有する。また、戸籍事務は、一部事務組合においても取り扱うことが認められていることから（明治31・12・7民刑2142号回答、青木義人・大森政輔「全訂　戸籍法」23頁）、戸籍事務のコンピュータ化に係る中央処理装置・管理者として差し支えないものとされた[注]。

　　〔注〕　一部事務組合と同様に普通公共団体と同等の取扱いを受けるとされる広域連合（地自法291条の2）は、基本的にその設立の目的が異なること、また、市区町村の組織として多数存在する広域行政としての協議会（地自法291条の8）は、組織としての法人格が認められず、その形態が市区町村と同等とは認められないことから、いずれも中央処理装置の管理者として適当でないと考えられている。

(3) 市区町村の端末装置との接続媒体

　一部事務組合に設置される中央処理装置と各市区町村に設置される端末装置は、専用回線によって接続することを要するとされている。専用回線を用いることとされている趣旨は、戸籍情報システムが一部事務組合と市区町村間においてオンラインシステムとして構築されていることに伴い、電機通信回線を通じて他のコンピュータシステムからの不当なアクセスを排除するために、回線制御の機能を確保することにある（平成6・11・16民二7002号通達第1の5）。

　この機能を確保するためには、現在の技術水準からすると、一般の公衆電話回線を使用することは不適当であり、専用回線によることが一般的であることによる。今後の技術革新により回線制御の機能を確保することが可能となれば、必ずしも専用回線である必要はなくなる。

2　一部事務組合が遵守しなければならない制度的、技術的要件(1)

(1)　一部事務組合の規約

　一部事務組合の規約には、同組合が戸籍事務に係る中央処理装置を管理する旨が定められていることを要する。組合の設立に当たっては、組合を組織する市区町村等が協議により規約を定めて、都道府県知事又は総務大臣の許可を得ることが必要とされているので、この規約によって共同して処理する事務の範囲が特定されることになる。したがって、規約に明示されていない事務は、その組合において処理することができないから、既に一部事務組合が組織されている場合に、その組合の管理する中央処理装置を用いて新たに戸籍事務を取り扱うときは、戸籍事務に関する規定は定められていないのが通常と考えられる。その場合は、別途、規約の変更について都道府県知事等の許可を得る必要がある。

(2)　戸籍記録の保全、保護のための措置

　一部事務組合には、中央処理装置が設置されることになるが、これを適正に管理するためには、そのデータの保全及びプライバシー保護のための装置の整備、管理体制の確立が必要となる（平成6・11・16民二7000号通達第1の1(2)）。また、システム環境を管理する端末装置も設置されることから、

実際に戸籍事務を処理する市区町村と同様の措置を講ずることとされた。
(3) 一部事務組合による戸籍記録の変更等を防止する技術的機能の確保

　一部事務組合においては、戸籍記録の変更、追加又は削除をすることができないようにするための技術的機能が確保されていなければならない。これは、一部事務組合にも端末装置等が設置されることになり、また、戸籍記録が中央処理装置の磁気ディスク等に記録されることになるから、戸籍記録の媒体である磁気ディスク等自体は、一部事務組合の管理下におかれることになるが、戸籍事務を処理し、戸籍記録を管理する主体は、市区町村長であること（前記1(1)）を確保するためである。

　本通達は、一部事務組合が戸籍記録を変更、追加又は削除することは許されないことを前提に、その機能が確保されるべきものとしているが、その技術的方法としては、通常、戸籍記録にアクセスできるパスワード等を特定することのほか、中央処理装置を識別し特定すること等が考えられる。

3　一部事務組合が遵守しなければならない技術的要件(2)

　ある市区町村の区域内に本籍を有する者の戸籍記録は、それぞれの市区町村の長が管理すべきものであり、他の市区町村がその戸籍記録に直接アクセスすることは許されない。これを確保するには、まず、一部事務組合に設置された中央処理装置内の磁気ディスク等に記録される戸籍記録については、その組合を組織する各市区町村ごとに独立した領域を確保する必要がある。この趣旨は、各市区町村ごとに独立した磁気ディスク等を確保することまでは要しないが、記録された情報が各市区町村ごとに特定の管理番号（フラグ）等によってコンピュータシステムが識別できるものであれば差し支えない。また、中央処理装置のプログラム制御機能により戸籍記録にアクセスできる端末装置を識別、特定することのほか、パスワード等により各市区町村の担当者がアクセスできる戸籍を限定する方法によることになる。

4　戸籍法第117条の2第1項の指定の申出に際し付加的に明らかにすべき事項等

　1の取扱いによる場合の戸籍法第117条の2第1項の規定に基づく市区町

村長からの指定の申出に際し、付加的に明らかにすべき事項及び添付書面を示したものである。

　戸籍情報システムにより戸籍事務を処理する場合は、市区町村長からの申出に基づいて、法務大臣が指定するものとされ、その指定は官報に告示することとされている（戸117条の2）。このための具体的な方法については、平成6年11月16日民二第7000号通達第1の3に示されている。しかし、上記通達に示されている手続の内容は、一般的に市区町村長がコンピュータ化しようとする場合についてのものである。したがって、本通達1による戸籍事務の処理をしようとする場合には、上記の第7000号通達第1の3の手続によるほか、同通達第1の3(3)及び(4)の特例として、一部事務組合に係る事項（本通達4(1)から(4)まで）並びに前記2及び3によって新たに設けられた技術的措置である「一部事務組合において戸籍記録の変更、追加又は削除をすることができない機能」及び「戸籍事務の処理を行う市区町村の長が相互に他の市区町村の区域内に本籍を有する者の戸籍記録に直接アクセスすることができない機能」の概要を付加的に示す必要がある。この2及び3の機能については、その具体的な方法を簡潔に記載するとともに、機器構成及び一部事務組合を利用して構成されるネットワークシステムの概要等を明らかにすることも必要とされている。

　本通達1により戸籍事務のコンピュータ化をしようとする市区町村長が指定の申出をする際は、一部事務組合の規約及び一部事務組合において戸籍記録の滅失及びき損並びにこれらに記録されている事項の漏えいを防止するために定められた管理規則等を添付することになる。

　なお、一部事務組合を組織する一つの市区町村が、既に本通達1の取扱いにより戸籍事務を処理しているときは、その一部事務組合に係るシステムの概要及び管理規則等が確認されていることから、指定申出の簡略化を図るために、一部事務組合を構成する市区町村がこの取扱いをしていること及び一部事務組合の名称並びにその組合を構成する市区町村の名称を示し、その規約を添付すれば足りることとされた。

実際に戸籍事務を処理する市区町村と同様の措置を講ずることとされた。
(3) 一部事務組合による戸籍記録の変更等を防止する技術的機能の確保

　一部事務組合においては、戸籍記録の変更、追加又は削除をすることができないようにするための技術的機能が確保されていなければならない。これは、一部事務組合にも端末装置等が設置されることになり、また、戸籍記録が中央処理装置の磁気ディスク等に記録されることになるから、戸籍記録の媒体である磁気ディスク等自体は、一部事務組合の管理下におかれることになるが、戸籍事務を処理し、戸籍記録を管理する主体は、市区町村長であること（前記1(1)）を確保するためである。

　本通達は、一部事務組合が戸籍記録を変更、追加又は削除することは許されないことを前提に、その機能が確保されるべきものとしているが、その技術的方法としては、通常、戸籍記録にアクセスできるパスワード等を特定することのほか、中央処理装置を識別し特定すること等が考えられる。

3　一部事務組合が遵守しなければならない技術的要件(2)

　ある市区町村の区域内に本籍を有する者の戸籍記録は、それぞれの市区町村の長が管理すべきものであり、他の市区町村がその戸籍記録に直接アクセスすることは許されない。これを確保するには、まず、一部事務組合に設置された中央処理装置内の磁気ディスク等に記録される戸籍記録については、その組合を組織する各市区町村ごとに独立した領域を確保する必要がある。この趣旨は、各市区町村ごとに独立した磁気ディスク等を確保することまでは要しないが、記録された情報が各市区町村ごとに特定の管理番号（フラグ）等によってコンピュータシステムが識別できるものであれば差し支えない。また、中央処理装置のプログラム制御機能により戸籍記録にアクセスできる端末装置を識別、特定することのほか、パスワード等により各市区町村の担当者がアクセスできる戸籍を限定する方法によることになる。

4　戸籍法第117条の2第1項の指定の申出に際し付加的に明らかにすべき事項等

　1の取扱いによる場合の戸籍法第117条の2第1項の規定に基づく市区町

村長からの指定の申出に際し、付加的に明らかにすべき事項及び添付書面を示したものである。

　戸籍情報システムにより戸籍事務を処理する場合は、市区町村長からの申出に基づいて、法務大臣が指定するものとされ、その指定は官報に告示することとされている（戸117条の2）。このための具体的な方法については、平成6年11月16日民二第7000号通達第1の3に示されている。しかし、上記通達に示されている手続の内容は、一般的に市区町村長がコンピュータ化しようとする場合についてのものである。したがって、本通達1による戸籍事務の処理をしようとする場合には、上記の第7000号通達第1の3の手続によるほか、同通達第1の3(3)及び(4)の特例として、一部事務組合に係る事項（本通達4(1)から(4)まで）並びに前記2及び3によって新たに設けられた技術的措置である「一部事務組合において戸籍記録の変更、追加又は削除をすることができない機能」及び「戸籍事務の処理を行う市区町村の長が相互に他の市区町村の区域内に本籍を有する者の戸籍記録に直接アクセスすることができない機能」の概要を付加的に示す必要がある。この2及び3の機能については、その具体的な方法を簡潔に記載するとともに、機器構成及び一部事務組合を利用して構成されるネットワークシステムの概要等を明らかにすることも必要とされている。

　本通達1により戸籍事務のコンピュータ化をしようとする市区町村長が指定の申出をする際は、一部事務組合の規約及び一部事務組合において戸籍記録の滅失及びき損並びにこれらに記録されている事項の漏えいを防止するために定められた管理規則等を添付することになる。

　なお、一部事務組合を組織する一つの市区町村が、既に本通達1の取扱いにより戸籍事務を処理しているときは、その一部事務組合に係るシステムの概要及び管理規則等が確認されていることから、指定申出の簡略化を図るために、一部事務組合を構成する市区町村がこの取扱いをしていること及び一部事務組合の名称並びにその組合を構成する市区町村の名称を示し、その規約を添付すれば足りることとされた。

編 年 索 引 …………… 813

事 項 索 引 …………… 826

編年索引

※ （　）内は、先例要旨
　〔　〕の数字は、巻頭総目次の先例通し番号を示す。

昭和 22 年

1　**昭 22.4.8 民事甲 277 通達**（戸籍届書類の制限的公開）〔26〕………… 261
2　**昭 22.10.14 民事甲 1263 通達**（父母との続柄の定め方）〔34〕……… 293
3　**昭 22.12.6 民事甲 1732 通達**（労基法 111 条に基づく証明及び手数料の無料扱い）〔27〕……………………………………………………… 267

昭和 23 年

4　**昭 23.1.13 民事甲 17 通達**（改正民法・戸籍法の施行と戸籍事務の運用）〔1〕………………………………………………………………… 1
5　**昭 23.1.29 民事甲 136 通達**（改正戸籍法の施行と戸籍事務の取扱い）〔2〕……………………………………………………………………… 15
6　**昭 23.11.12 民事甲 3585 通達**（養親死亡後の養子に対する親権）〔107〕…………………………………………………………………… 683

昭和 24 年

7　**昭 24.7.2 民事甲 1476 ㈡ 86 通達**（国公共済組合法 114 条に基づく証明の対象等）〔28〕………………………………………………………… 270
8　**昭 24.11.10 民事甲 2616 通達**（日本に在住する外国人に対する戸籍法の適用）〔8〕……………………………………………………………… 90

昭和 25 年

9　**昭 25.5.16 民事甲 1258 通達**（実父との縁組後、父の認知又は父母の婚姻により準正嫡出子の身分を取得した子が離縁をした場合の取扱い）〔95〕……………………………………………………………………… 634
10　**昭 25.5.23 民事甲 1357 通達**（在外公館で受理され、本籍地に送付された戸籍届書類に不備がある場合の処理）〔70〕……………………… 461

11 昭25.9.22民事甲2573通達（未成年の子が養親と実親夫婦の共同親権に服している場合に、その夫婦が離婚したときの親権）〔108〕……… 685

昭和26年

12 昭26.1.6民事甲3406通達（旧法当時に本家と分家に分かれていた親子が、応急措置法の施行後に同籍する場合）〔35〕…………………… 297
13 昭26.4.26民事甲863通達（戸籍事務管掌者である市区町村長の職務代理者及び代理資格の表示）〔3〕……………………………… 19
14 昭26.9.4民事甲1787通達（婚姻中の養父と実母の氏を称して同籍している養子が、養父との離婚により復氏した実母の氏を称して入籍する場合の取扱い）〔116〕………………………………………… 722
15 昭26.10.10民事甲1947通達（事件本人以外の者についても戸籍の記載を要する届出等を受理し又は送付を受けた場合の受附帳の記載）〔13〕……………………………………………………………… 211
16 昭26.11.5民事甲2102通達（児童相談所長が行う親権喪失宣告の請求等）〔109〕……………………………………………………… 689
17 昭26.12.11民事甲2322通達（事件本人以外の者についても戸籍の記載を要する届出等に関する事件の種類の定め方）〔4〕………………… 23

昭和27年

18 昭27.6.7民事甲804通達（棄児発見調書の作成及び戸籍の記載）〔75〕……………………………………………………………………… 473

昭和28年

19 昭28.4.15民事甲597通達（届出人の生存中に郵送した届書を、同人の死亡後に市区町村長がこれを受理した場合の届書の処理要領及び戸籍の記載）〔58〕……………………………………………………… 405

昭和29年

20 昭29.11.20民事甲2432通達（本籍不明者又は無籍者からされた婚

姻届又は養子縁組届の取扱い）〔96〕 ……………………………… 638

昭和 30 年

21 **昭 30.2.9 民事甲 245 通達**（平和条約発効前から在日する朝鮮人又は台湾人が婚姻等の創設的届出をするに際し、本国官憲が発給する要件具備証明書が得られない場合の取扱い）〔71〕…………………… 463

22 **昭 30.4.5 民事甲 603 通達**（戸籍の本籍欄に記載する本籍地の表示について、府県名を省略できる場合）〔36〕 ……………………… 299

23 **昭 30.4.30 民事甲 829 通達**（行政区画の変更と本籍欄の更正）〔123〕 ………………………………………………………………… 745

24 **昭 30.6.15 民事甲 1199 通達**（新法戸籍から分籍する届出に、戸籍の謄本に代えて抄本を添付する取扱い）〔117〕 ………………… 724

25 **昭 30.8.1 民事甲 1602 通達**（表見代諾者の代諾による無効な縁組につき、正当代諾権者から追認を認める取扱い）〔89〕 …………… 531

昭和 31 年

26 **昭 31.4.25 民事甲 839 通達**（平和条約発効前から在日する中国の国籍を有する者が婚姻等の創設的届出をするに際し、本国官憲が発給する要件具備証明書が得られない場合の取扱い）〔72〕……………… 466

27 **昭 31.5.2 民事甲 838 通達**（本籍不明者又は無籍者として婚姻等により戸籍に記載されている者が、婚姻前の戸籍を明らかにできないまま離婚をした場合の取扱い）〔98〕 ……………………………… 642

昭和 32 年

28 **昭 32.9.21 民事甲 1833 通達**（生地主義国に駐在する日本の大使、公使及びその職員の子が同国で出生した場合における戸籍記載の取扱い）〔53〕 …………………………………………………………… 386

昭和 33 年

29 **昭 33.1.20 民事甲 146 通達**（父母との続柄の数え方及び従前の数え

方による続柄の記載訂正）〔37〕 ·················· 302

30　**昭 33.12.27 民事甲 2673 通達**（改製により単身で新戸籍が編製された子が、後に父・母が離婚等によって同氏となった場合に同籍するための入籍とその取扱い）〔118〕 ·················· 726

昭和 34 年

31　**昭 34.2.18 民事甲 269 通達**（父母と同籍する旨の入籍届の取扱いの変更）〔119〕 ·················· 729

32　**昭 34.3.17 民事甲 514 通達**（労基法 111 条に基づく無料証明の適用範囲）〔29〕 ·················· 273

33　**昭 34.4.8 民事甲 624 通達**（表見代諾者の代諾による無効な縁組につき 15 歳に達した養子本人の追認を認める取扱い）〔90〕 ·················· 535

34　**昭 34.8.27 民事甲 1545 通達**（学齢に達した子の出生届の取扱い）〔76〕 ·················· 475

35　**昭 34.8.28 民事甲 1827 通達**（父母の婚姻後 200 日以内に出生した子につき、母から嫡出でない子の出生届がされた後、母の夫からされた認知届の取扱い）〔86〕 ·················· 521

昭和 36 年

36　**昭 36.1.23 民事甲 200 通達**（東京都 23 区における除籍副本のマイクロフィルム化）〔14〕 ·················· 218

37　**昭 36.1.24 民事二発 55 依命通知**（東京都 23 区以外の市区町村における除籍副本のマイクロフィルム化）〔15〕 ·················· 220

38　**昭 36.5.23 民事甲 1198 通達**（管轄局に受理照会を要する届出の受附の月と受理決定の月が異なる場合における届書等の処理）〔59〕 ·················· 415

39　**昭 36.7.24 民事甲 1736 通達**（複写機によって戸（除）籍の副本を作成した場合の契印の省略）〔16〕 ·················· 221

40　**昭 36.9.5 民事甲 2008 通達**（50 歳以上の者を母とする子の出生届の取扱い）〔77〕 ·················· 478

昭和37年

41 **昭37.3.26民事甲799通達**（受附帳の記載において、受附の年と年号が同じ場合の年号の省略及び出生、死亡の届出人資格の記載）〔17〕
.... 224

42 **昭37.5.30民事甲1469通達**（危難失踪における死亡とみなされる日及び15歳未満の養子が離縁する際の離縁協議者等）〔111〕 696

昭和38年

43 **昭38.10.29民事甲3058通達**（父母の婚姻解消後300日以内に出生した子について、出生の届出前に婚姻解消当時の父母の戸籍が、転籍、改製により異動している場合の取扱い）〔78〕.......................... 481

昭和39年

44 **昭39.2.12民事甲306通達**（平和条約発効後、不法入国者から婚姻の届出があった場合の取扱い）〔97〕.. 640

45 **昭39.2.27民事甲381通達**（再製原戸籍の保存期間）〔18〕............ 227

46 **昭39.6.19民事甲2097通達**（中国の国名表記）〔9〕..................... 92

47 **昭39.7.27民事甲2683通達**（在日アメリカ人についての死亡通知）〔112〕 705

昭和41年

48 **昭41.8.22民事甲2431通達**（平和条約発効後に受理した在日朝鮮人の戸籍届書類の保存期間）〔25〕.. 259

49 **昭41.9.30民事甲2594通達**（在日韓国人の国籍の表示）〔54〕......... 391

昭和42年

50 **昭42.5.9民事甲1083通達**（非本籍地で受理した出生届書が本籍地に未着のため戸籍の記載が未了の場合における出生届出の申出）〔79〕
.... 485

51 **昭42.5.19民事甲1177通達**（婚姻により編製した夫婦の新戸籍の婚

姻事項中、夫又は妻の従前の本籍が婚姻の届出前に転籍等で変更していたため、その者の従前の本籍の表示に錯誤が生じた場合の訂正）〔124〕 ……………………………………………………………… 747

52 **昭 42.5.20 民事甲 1200 通達**（事実上の父が「同居者」の資格でした出生の届出により戸籍に記載されている子が、その後準正嫡出子の身分を取得する場合に、子の出生事項中、届出人の資格を「父」と更正する申出とその更正）〔125〕 ………………………………… 749

53 **昭 42.6.1 民事甲 1800 通達**（在日韓国人の国籍の表示を「韓国」とする場合の韓国国籍を証する書面）〔55〕 …………………………… 395

54 **昭 42.8.21 民事甲 2414 通達**（在日ロシア人についての死亡通知）〔113〕 ……………………………………………………………… 709

昭和 45 年

55 **昭 45.3.31 民事甲 1261 通達**（昭和 45 年法務省令第 8 号による戸籍記載例の全面改正）〔38〕 …………………………………………… 306

昭和 46 年

56 **昭 46.3.1 民事甲 972 通達**（当事者の一方死亡後に検察官を被告とする親子関係存否確認の裁判が確定した場合の訂正）〔126〕 ……… 751

57 **昭 46.12.21 民事甲 3589 通達**（申出による戸籍の再製）〔19〕 ……… 230

58 **昭 46.12.21 民事二発 1555 依命通知**（申出による戸籍の再製に関する取扱い要領）〔20〕 ………………………………………………… 234

昭和 47 年

59 **昭 47.5.2 民事甲 1766 通達**（戸籍記載の誤記又は遺漏が届出書類によって明白、かつ、内容軽微な場合の職権訂正）〔127〕 ………… 755

昭和 48 年

60 **昭 48.11.17 民二 8522 依命通知**（戸籍を再製する場合、旧記載例による記載を新記載例により移記する取扱い）〔39〕 ……………… 313

105	平2.10.20民二5200通達（氏又は名の記載に用いる文字の取扱いに関する整理通達）〔45〕	331
106	平2.10.20民二5201通達（氏又は名の記載に用いる文字の取扱いに関する整理通達〔45〕に伴う参考記載例の一部改正）〔46〕	362
107	平2.10.20民二5202依命通知（氏又は名の記載に用いる文字の取扱いに関する整理通達〔45〕の運用（俗字の取扱い等））〔47〕	364

平成3年

| 108 | 平3.11.28民二5877通達（子の父母欄に「亡」の文字を冠記する取扱いの廃止）〔48〕 | 370 |
| 109 | 平3.12.27民二6210通達（戸籍届書の一通化）〔63〕 | 434 |

平成4年

| 110 | 平4.1.6民二155通達（我が国に常居所があるものとして取り扱う者についての変更）〔74〕 | 471 |
| 111 | 平4.3.30民二1607通達（氏の変更及び夫婦の一方の名の変更後に他の一方からする婚姻事項中の配偶者の氏又は名の更正申出とその更正）〔129〕 | 762 |

平成5年

| 112 | 平5.4.9民二3319通達（戸籍事務に関して国籍を韓国と認定する資料）〔57〕 | 402 |

平成6年

113	平6.4.28民二2996通達（外国法を準拠法とする養子縁組（断絶型養子縁組）の届出について）〔94〕	624
114	平6.10.21民二6517通達（戸籍届書の標準様式の一部改正）〔64〕	441
115	平6.11.16民二7000通達（電子情報処理組織による戸籍事務の取扱い）〔130〕	765

116　平6.11.16民二7001依命通知（電子情報処理組織による戸籍事務の取扱いに関する通達〔130〕の運用上の留意点）〔131〕 ……………… 806

117　平6.11.16民二7002通達（戸籍事務を処理する電子情報処理組織が備えるべき技術的基準）〔132〕 ……………………………………… 807

118　平6.11.16民二7005通達（戸籍法施行規則の一部を改正する省令（平成6年法務省令51号）の施行に伴う関係通達等の整備）〔49〕 …… 373

119　平6.11.16民二7006依命通知（氏又は名の記載に用いる文字の取扱いに関する通達等の整理についての依命通知〔47〕の一部改正）〔50〕… 381

120　平6.11.16民二7007通達（「誤字俗字・正字一覧表」）〔51〕 ………… 383

平成7年

121　平7.1.30民二669通達（出生届等における職業、産業の記載方について）〔65〕 ……………………………………………………………… 447

122　平7.2.28民二2000通達（申請書・届出書等の書類に記載されている氏名の文字の表記が戸籍上の表記と同一でない場合の取扱い）〔66〕 … 449

123　平7.2.28民二2003通達（除籍等の画像情報処理方式による光ディスク化）〔23〕 …………………………………………………………… 245

124　平7.11.30民二4400通達（一部事務組合に設置されたコンピュータを利用して戸籍事務を処理する場合の取扱い）〔133〕 ……………… 808

125　平7.12.26民二4491通達（届書等の到達確認の実施）〔67〕 ………… 451

平成8年

126　平8.9.24民二1700通達（除籍等の画像情報処理方式による磁気ディスク化）〔24〕 …………………………………………………………… 255

127　平8.12.26民二2254通知（日本で婚姻をしたブラジル人妻の氏変更の取扱い）〔122〕 ……………………………………………………… 740

平成10年

128　平10.1.30民五180通達（外国人母の夫の嫡出推定を受ける子について、出生後に嫡出推定を排除する裁判が確定し、日本人男から認知の

届出があった場合における国籍及び戸籍の取扱い）〔87〕……………… 525

129　平10.7.24民二1374通知（戸籍法41条の証書の謄本提出又は発送が
　　　法定期間内にされなかった場合の取扱い）〔68〕…………………………… 455

　　平成11年

130　平11.11.11民二・民五2420通知（平成10年1月30日民五第180
　　　号通達〔87〕の趣旨及び渉外的胎児認知届の具体的取扱い等）〔88〕… 529

　　平成12年

131　平12.3.15民二600通達（地方分権一括法及び後見登記等に関する法
　　　律の施行に伴う戸籍事務の取扱い）〔7〕………………………………… 75

132　平12.3.15民二601通達（戸籍法施行規則の一部を改正する省令の施
　　　行に伴う戸籍記載例〔44〕及び記録事項証明書〔130〕の一部改正）
　　　〔52〕……………………………………………………………………………… 384

133　平12.3.15民二602通達（戸籍届書の標準様式の一部改正）〔69〕… 459

事項索引

[い]
著しい差異のない字体 …………368
一部事務組合 ……………………809
一部事務組合が遵守しなければな
　らない制度的、技術的要件 ……810
一通化実施のための具体的方策 …436
一通化実施の必要性 ……………435

[う]
受附月日 …………………………225
受付帳の調製等 …………………789
受附帳の保存期間の伸長…………74
受附帳の役割 ……………………224
氏変更後における母欄の氏の記載
　省略………………………………45
氏変更の届出人の戸籍に子が同籍
　している場合……………………43
氏又は名の記載に用いる文字の取
　扱い ……………………………377
氏を変更しようとする者が15歳
　未満である場合…………………49

[え]
縁組が取り消された場合の縁氏続
　称 ………………………………581
縁組中の戸籍に在籍する子の取扱
　い ………………………………580
縁組の禁止………………………11
縁組前の戸籍に在籍する子の取扱
　い ………………………………622
縁氏続称制度 ……………………568
縁氏続称に関する記載事項の移記
　……………………………………580
縁氏続称の効果 …………………574
縁氏続称の要件 …………………569

[お]
親子関係存否確認の訴え …………751

[か]
改元に伴う改正 …………………328
外交使節 …………………………388
外交使節とその随員 ……………387
外交使節の「随員」……………388
外国からの郵送による婚姻届 ……108
外国国籍の喪失届と戸籍の記載……65
外国語によって作成された文書の
　訳文の添付………………………74
外国裁判所における養子決定 ……181
外国人である子の名に用いる文字…16
外国人である父又は母の氏への変
　更…………………………………48
外国人である養父又は養母の氏へ
　の変更……………………………48
外国人登録法上の国籍の表示 ……517
外国人と婚姻をした者の氏の変更…38
外国人との婚姻解消による氏の変
　更…………………………………47
外国人に関する届書類の保存期間
　……………………………………259
外国人の氏名の表記方法…………71
外国人配偶者の氏変更の申出 ……399
外国人配偶者の婚姻による氏変更
　の一般的取扱い …………………741
外国人配偶者の本国法の方式によ
　る婚姻 …………………………111
外国人を当事者とする婚姻の届書
　に添付する書類 …………………469
外国で成立した協議離婚 …………122
外国に在る外国人による国籍留保
　の届出……………………………62
外国に在る日本人同士の婚姻 ……107

事項索引

外国における常居所の認定 ………200
外国の裁判所で認知の裁判が確定
　した場合 …………………………159
外国法による断絶型養子 …………625
外国法を準拠法とする断絶型の養
　子縁組が日本の家庭裁判所の審
　判によって成立した場合 ………626
外国離婚判決の承認 ………………677
改正戸籍法による不受理申出 ……661
改製省令 ……………………………726
改製の方法 …………………………793
学術研究を目的とする戸（除）籍
　の謄本等の交付請求 ……………288
学術研究を目的とする戸籍謄抄本
　の交付請求等の取扱い ……………82
学術研究を目的とする戸籍の謄抄
　本等が認められる根拠 …………290
学齢に達した子の出生届 …………476
過誤記載と戸籍訂正 ………………230
家庭裁判所からの通知………………13
管轄局への副本の送付 ……………257
関係者間の利害調整機能 …………167
韓国国籍を証する書面 ……………396
漢字による氏の表記…………………42
漢字の字種 …………………………496
漢字の字体 …………………………496

[き]

帰化者の氏 …………………………718
帰化の届出……………………………57
機器等の管理 ………………………769
記載事項証明 …………………268,271
記載事項証明書 ……………………265
棄児 ……………………………3,473
棄児に関する戸籍の記載の移記 …327
棄児発見調書 ………………………474
危難失踪 ……………………………697
危難失踪に関する改正 ……………698

「記入の注意」欄……………………445
求報告、助言、勧告及び指示………79
協議離婚の方式 ……………………122
行政区画等の変更と本籍欄の更正
　………………………………………745
行政区画変更の記録 ………………791
記録事項証明書の交付の手数料 …785
記録内容の記載又は訂正の方法 …253

[け]

契印と割印 …………………………223
契印の省略 …………………………223
元号法 ………………………………316
検察官を相手方とする親子関係存
　否確認の裁判 ……………………751

[こ]

戸（除）籍簿の閲覧制度の廃止等
　………………………………………282
公開の方法 …………………………265
後見又は保佐の登記の通知による
　戸籍の再製 …………………………87
公序 …………………………………159
更正の申出 …………………………763
子から父母と同籍する入籍届 ……297
国外で出生した子の出生の届出期
　間……………………………………32
国勢調査の実施年 …………………447
国籍取得 ………………………………2
国籍取得者の氏及び入籍する戸籍…51
国籍取得者の名………………………56
国籍取得の届出………………………49
国籍証明書 ……………………124,140
国籍喪失の届出………………………58
国籍の選択の催告に伴う戸籍の処
　理……………………………………69
国籍留保制度の適用範囲の拡張……60
国籍留保の届出…………………60,387

827

国籍留保の届出人及び届出期間……62
国籍を韓国と認定する資料 ………402
告知した旨の記録 ………………344
告知手続 …………………………340
告知の相手方 ……………………343
告知の時期と方法 ………………341
告知を行う市区町村長 …………342
告知を要しない場合 ……………341
国連職員等 ………………………389
古字 ………………………………336
誤字 ………………………………336
誤字の解消 ………………………338
誤字の取扱い ……………………337
50歳以上の者を母とする子の出
　生届 ……………………………478
戸籍受附帳 ………………………211
戸籍改製事務処理要領 ……726,729
戸籍記載例の簡素化・合理化 ……307
戸籍事件表 ………………………215
戸籍実務における年号の表記 …317
戸籍データ等の管理 ……………768
戸籍手数料 …………………………79
戸籍手数料の無料扱い ………269,273
戸籍手数料の無料取扱い ………271
戸籍等の副本 ……………………221
戸籍届書の様式改正 ……………442
戸籍届書の用紙のＡ判化 ………444
戸籍届出事件表 ……………213,216
戸籍届出の委託と郵送 …………406
戸籍に関する書類の廃棄 ………789
戸籍の氏又は名の文字の記載訂正
　…………………………………345
戸籍の氏又は名の文字の記載の更
　正 ………………………………354
戸籍の改製 ………………………794
戸籍の改製作業の外部委託 ……803
戸籍の改製事務の報告 …………804
戸籍の記載 ………………………129

戸籍の記載を要しない届書類とそ
　の保存期間 ……………………242
戸籍の記録の保全及び保護 ……766
戸籍の公開 ………………………278
戸籍の調製 ………………………777
戸籍の謄抄本 ……………………279
戸籍の届出等の期限 ……………429
戸籍の筆頭に記載すべき者………17
戸籍法第117条の2第1項の指定
　の申出に際し付加的に明らかに
　すべき事項等 …………………811
戸籍法第120条所定の「届出」又
　は「申請」 ……………………456
戸籍法第41条所定の証書の謄本…456
戸籍法第62条の出生届 …………15
戸籍簿及び除籍簿 ………………777
戸籍又は除かれた戸籍に記録され
　ている事項の証明 ……………782
戸籍を改製する場合の氏又は名の
　記録に用いる文字の取扱い ……798
国家公務員共済組合法第114条 …270
子の氏の変更に関する取扱い …588
子の親権について子の常居所地法
　による場合 ……………………189
子の親権について子の本国法によ
　る場合 …………………………188
子の名に用いる文字 ……………494
婚姻解消後の帰化者の氏 ………719
婚姻証書等の審査 ………………110
婚姻成立後200日以内に出生した
　子 ………………………………522
婚姻による新戸籍の編製……………33
婚姻の方式に関する準拠法 ………107
婚氏を続称する …………………663

[さ]
在外公館から送付された届書等 …432
在外公館で受理された届書等 ……461

事項索引

再製原戸籍の保存期間 ……………227
再製戸（除）籍の記載 ……………313
再製事項の記録 ……………………251
再製済除籍等の廃棄 ………………252
在日アメリカ人の死亡通知 ………706
在日外国人の死亡通知 …705,709,713
在日台湾系中国人 …………………469
在日中国人 …………………………467
在日朝鮮人及び在日台湾人 ………464
在日朝鮮人及び台湾人 ……………466
在日朝鮮人の戸籍届書類の保存 …260
在日ドイツ人及びインド人につい
　ての死亡通知 ……………………706
在日ロシア人の死亡通知 ……707,710
裁判上の離婚による復氏と新戸籍
　編製 ………………………………674
裁判上の離婚の届出人でない者が
　する新戸籍編製の申出 …………675
裁判上の離婚の届出人でない者か
　らの新戸籍編製の申出の方法 …674
裁判による離縁届及び親権者指定
　届 …………………………………703
裁判認知 ……………………………159
裁判離縁 ……………………………184
裁判離婚の届出 ……………………682

[し]
磁気ディスクの定期更新 …………256
市区町村長の識別番号の記録 ……791
市区町村長の職権による訂正 ……755
事件の種類（種目）………………212
事件発生月日 ………………………225
事件本人以外の者 …………………212
事件本人の氏名の「よみかた」欄
　………………………………………444
事故発生後の措置 …………………770
事実主義 ………………………137,161
事実主義に関する証明書 …………140

使者による届出等の場合 …………344
失期通知の特例 ……………………431
実親子間の縁組 ……………………634
実親子間の縁組の離縁と復氏 ……635
児童相談所長 ………………………691
児童福祉施設の長 …………………692
児童福祉法 …………………………689
死亡後受理 …………………………408
死亡の届出人 ………………………668
重国籍者についての市区町村長の
　通知 …………………………………67
重国籍である外国人 ………………105
重国籍である外国人の本国法の認
　定 …………………………………106
15歳に達した養子自らの追完届
　の認否 ……………………………534
15歳に達した養子自らの追完届
　の認容 ……………………………538
15歳未満の子に監護者がいる場
　合の縁組の代諾 …………………549
15歳未満の子の代諾縁組 …………532
15歳未満の養子の離縁協議者 ……699
住所と常居所 ………………………192
就籍 ……………………………………3
出生事項中、入籍の遅延事由の記
　載 …………………………………492
出生事項中の届出人の資格 ………760
出生子の氏と戸籍 ……………………30
出生証明書の子の氏名欄の記載 …489
出生証明書の添付 …………………488
出生届書における外国人である子
　の氏名の表記 ……………………501
出生届書の審査 ………………………10
出生届の届出人の資格 ……………759
出生による国籍の取得 ………………29
出生による日本国籍の取得 ………516
出生の届出資格者 ……………………31
出生の届出人の資格の更正 ………750

事項索引

準拠法 …………………103,182,185
準拠法の決定 ……………103,122
準正子の氏 ……………………636
準正嫡出子の氏の取扱いの変更 …595
渉外関係届書の管轄法務局への送
　付方法……………………………73
渉外婚姻に関する取扱い……………33
渉外婚姻に伴う夫婦の氏 …………398
渉外的胎児認知 ……………………157
渉外的胎児認知届の取扱い ………530
渉外的認知の成立要件 ……………146
常居所地法の認定 …………………187
常居所の認定方法 …………………193
常用漢字と子の名に用いる文字 …495
昭和45年最高裁判決………………752
職務執行者……………………………20
職務代理者……………………………19
除籍等の記載又は訂正をした場合
　の副本の送付 ……………………254
除籍等のマイクロフィルム化 ……238
除籍の謄抄本 ………………………280
除籍副本のマイクロフィルム化 …219
処理基準………………………………78
親権者指定又は後見開始届 ………702
親権喪失宣告 ………………………690
親権に関しての本国法の決定 ……186
人口動態調査票作成事件簿 ………215
人口動態統計 ………………………447
人口動態統計調査票作成事件簿 …213
新戸籍編製と氏 ………………………1
新戸籍編製の事由となる届出と同
　時に申出があった場合の更正 …359
親族入籍 ……………………………297

[す]

随従入籍 ……………………………373

[せ]

制限外の文字 …………………………8
正字・俗字の取扱いについて ……365
生地主義国 …………………………386
成年後見登記制度の施行に伴う戸
　籍の届出の取扱い等………………83
成年後見登記制度の創設等…………82
成年者との離縁 ……………………556
成年者を養子とする縁組 …………539
折衷説 ………………………………687
選択的連結 …………………………147

[そ]

俗字 …………………………………336
即日に受否の決定ができない届出
　…………………………………417
俗字等の取扱い ……………………335

[た]

第1号法定受託事務 ………………271
胎児認知 ……………………………157
代理資格の表示………………………21
他の法令の規定によって交付すべ
　き戸籍又は除かれた戸籍の証明
　書 …………………………………786
段階的連結 …………………………169
断絶型の養子縁組が外国の裁判所
　において成立した場合 …………627
断絶型養子縁組 ……………………625
断絶型養子縁組の届書 ……………627

[ち]

父がした虚偽の嫡出子出生の届出
　…………………………………504
父がした虚偽の嫡出子出生の届出
　に認知の届出の効力 ……………503
父未定の子についての戸籍の処理
　…………………………………129

事項索引

地方自治法第153条第1項…………21
地方分権一括法 …………269, 271, 273
地方分権一括法の趣旨………………76
嫡出子 ……………………………123
嫡出子出生の届出義務者 …………282
嫡出でない子の出生の届出人の資
　格の更正 ……………………750
嫡出子の要件に関する証明書 ……125
嫡出でない子について父がした嫡
　出子出生の届出が誤って受理さ
　れている場合 ………………508
嫡出でない子につき父がした嫡出
　でない子の出生届 …………507
嫡出でない子の出生届出人の資格
　……………………………749
嫡出となる子（準正嫡出子）………143
中国人の国籍等の表示訂正…………93
中国の国名表記………………………92
調査票作成欄の認印…………………12
朝鮮人の国籍の表示 …………391, 395

[つ]

通則法第27条と民事訴訟法第
　118条 ………………………679
続柄の記載 ………………………295
続柄の定め方 ……………………293
続柄の訂正 ………………………214
連れ子養子 ………………………175

[て]

提出すべき届書の通数 ……………284
転縁組 ………………………………4
転婚 …………………………………4
転婚した者が離婚により復する氏
　……………………………671
転婚者が離婚により復する氏 ……736
転婚者の離婚による復氏と戸籍法
　第77条の2の届出……………672

電子情報処理組織によって取り扱
　う戸籍事務の範囲 ……………771
電子情報処理組織による戸籍事務
　……………………………766

[と]

同一の事項の記録の備付け ………780
同字 ………………………………336
当事者の本国法の決定 ……………105
謄抄本等の契印方法 ………………283
到達確認のための具体的方策 ……453
到達確認を実施する場合の対応策
　等 ……………………………451
ドキュメントの管理 ………………768
特定の者のためにするもの ………272
特別の事由 ………………………264
特別の事由の有無 …………………8
特別養子縁組 ……………………600
特別養子縁組・離縁の届書様式 …423
特別養子縁組の届出があった場合
　の戸籍の編製及び記載 ………603
特別養子の婚姻届の審査 …………612
特別養子離縁 ……………………613
特別養子離縁の審判が確定した場
　合 ……………………………613
特別養子離縁の届出があった場合
　……………………………614
届書送付未着事故の形態 …………322
届書等の到達確認の実施 …………325
届書等を受け付けた月と受理した
　月が異なる場合 ………………417
届書に記載する国籍取得前の身分
　事項………………………………56
届書の原本の取扱い ………………286
届書の送付未着 …………………485
届書の謄本 …………………265, 285
届書の特別の処理 …………………430
届書の標準様式 …………………441

831

事項索引

届書様式全部改正の必要性 ………419
届書類の受附と処理 ……………416
届書類の受理照会 …………475,479
届書類の制限的公開 ……………261
届書類の非公開性 ………………261
届出地と届書の通数 ……………434
届出人の資格 ……………………226
届出の催告と職権記載………………13

[な]
名の制限外の文字を用いて差し支
　えない届出 ……………………498
名の変更 …………………………375
名の傍訓の取扱い ………………378
難民条約……………………………94
難民に関する戸籍記載 …………100
難民認定証明書及び戸籍事務の取
　扱い………………………………97
難民の属人法………………………98
難民の認定…………………………95

[に]
日本国籍の選択を宣言する旨の届
　出…………………………………63
日本在住の外国人…………………90
日本人と外国人が日本において婚
　姻をした場合 …………………112
日本人と外国人間の婚姻 ………640
日本の大使、公使及びその職員 …387
日本標準時地外の地で死亡した者
　の死亡の日時の記載 …………379
入管特例法 ………………………471
入管法の改正 ……………………204
認知をする者の本国法が事実主義
　の法制である場合 ……………148

[は]
配偶者がある者の従前の氏を称す

る入籍届 …………………………594
配偶者のある者の縁組 …………539
配偶者のある者の離縁 …………554
配偶欄の朱線………………………12
配分的適用主義 …………………146
パスワード等の管理 ……………769
反致 ………………………………169

[ひ]
光ディスク ………………………245
光ディスク化に伴うデータ保全・
　保護及びプライバシー保護 …248
光ディスク化の手続 ……………249
光ディスクによる正本の管理 …247
光ディスクの定期更新 …………248
引継ぎによる戸籍又は除かれた戸
　籍の改製 ………………………792
筆頭者死亡後の戸籍の表示…………18
筆頭者の除籍と復籍…………………5
必要的共同縁組 …………………177
非本籍地で受理した出生届書が本
　籍地に未着の場合 ……………491
非本籍地での不受理申出受付 …653
表見代諾権者の代諾 ………533,536
「標準事務」以外の戸籍に関する
　事務………………………………80

[ふ]
夫婦が共に外国に在り共通常居所
　がない場合 ……………………116
夫婦共同縁組の原則 ……………545
夫婦共同縁組の要件を欠く縁組の
　効力 ……………………………548
夫婦のいずれか一方が日本に常居
　所を有する場合 ………………115
夫婦の一方が夫婦双方の名義です
　る離縁の廃止 …………………559
夫婦の氏 …………………………723

昭和49年

61 昭49.10.1民二5427通達（事実上の父が「同居者」の資格でした出生届による戸籍の記載につき、父が子を認知した後に、子の出生事項中、届出人の資格を「父」と更正する申出とその更正）〔128〕 ………… 759

昭和50年

62 昭50.2.4民二664通達（除籍等のマイクロフィルム化とその取扱いについて）〔21〕 ………………………………………………………… 238
63 昭50.5.23民二2696通達（出生証明書に子の氏名の記載がない出生届の取扱い）〔80〕 ………………………………………………… 488
64 昭50.7.2民二3386通達（複写機により作成した戸籍謄（抄）本に不鮮明な文字がある場合の補正等）〔30〕 ……………………… 275

昭和51年

65 昭51.1.14民二280通達（外国の裁判所でされた離婚判決の承認）〔106〕 …………………………………………………………………… 677
66 昭51.1.23民二900通達（離婚届等の不受理申出の取扱い）〔99〕 … 647
67 昭51.1.23民二901依命通知（離婚届等の不受理申出の取扱い要領）〔100〕 …………………………………………………………………… 662
68 昭51.5.31民二3233通達（民法の一部を改正する法律（昭和51年法律第66号）の施行に伴う婚氏続称等に関する戸籍事務の取扱い）〔101〕 …………………………………………………………………… 663
69 昭51.6.11民二3328通知（離婚届等不受理申出の取扱いに関する疑義）〔102〕 ……………………………………………………………… 670
70 昭51.11.4民二5351通達（子が氏を同じくするに至った父又は母の戸籍への入籍の取扱い）〔120〕 …………………………………… 732
71 昭51.11.4民二5353通達（転婚者の離婚による復氏と戸籍法77条の2の届出の取扱い）〔103〕 ………………………………………… 671
72 昭51.11.5民二5641通達（民法等の一部改正に伴う戸籍の公開等の取扱い）〔31〕 ………………………………………………………… 278

昭和 52 年

73　昭 52.4.6 民二 1671 通達（届書の謄本の認証方法の簡易化に関する取扱い）〔32〕 ……………………………………………………… 284

昭和 53 年

74　昭 53.7.22 民二 4184 通達（裁判離婚の届出人でない者（復氏する者）からの新戸籍編製の申出の取扱い）〔104〕 ……………………… 673

昭和 54 年

75　昭 54.6.9 民二 3313 通達（「元号法」の施行に伴う戸籍事務の取扱い）〔40〕 ……………………………………………………… 316

76　昭 54.8.31 民二 4471 通達（離婚の際の指定親権者が死亡した後、他方の実親を親権者と定める審判に基づく親権者指定届の取扱い）〔110〕 ……………………………………………………… 693

昭和 55 年

77　昭 55.1.18 民二 680 通達（離婚の調停調書に、復氏する相手方につき新戸籍を編製する旨の記載がされている場合の取扱い）〔105〕 ………… 675

78　昭 55.3.26 民二 1913 通達（夫婦共同で縁組をした者が、縁組継続のまま婚姻解消した場合の縁組事項の移記）〔41〕 …………………… 318

79　昭 55.3.26 民二 1914 通知（出生届書が本籍地に未着のため戸籍の記載が遅延した場合における「入籍の遅延事由」の記載申出）〔81〕 …… 491

80　昭 55.8.27 民二 5218 通達（日本人と婚姻をした外国人の氏が、本国法に基づき変更した場合の取扱い）〔56〕 …………………………… 398

昭和 56 年

81　昭 56.9.14 民二 5536 通達（「常用漢字表」の制定に伴う子の名の文字の取扱い）〔82〕 …………………………………………………… 494

82　昭 56.9.14 民二 5537 通達（氏又は名に用いる文字の取扱いの整理）〔83〕 ……………………………………………………… 498

昭和57年

83 **昭57.2.17民二1282通達**（学術研究を目的とする戸（除）籍の謄本等の交付請求等の承認手続等に関する取扱いの整理）〔33〕……… 288

84 **昭57.3.30民二2495通達**（「難民条約等」による難民の認定及びその属人法に関する戸籍事務の取扱い）〔10〕……………………… 94

85 **昭57.4.30民二2972通達**（嫡出でない子につき父がした嫡出子出生の届出が誤って受理された場合の取扱い）〔84〕……………… 503

86 **昭57.7.6民二4265通達**（無国籍者を父母として日本で出生した子の出生届の取扱い）〔85〕……………………………………… 516

昭和58年

87 **昭58.2.18民二820通達**（市区町村長が保存している「戸籍の記載を要しない届書類」のマイクロフィルム化）〔22〕…………… 242

88 **昭58.3.14民二1819通達**（北方地域に本籍を有する者についての戸籍事務の取扱い）〔5〕……………………………………… 24

89 **昭58.4.1民二2285通達**（転婚者が離婚届と同時に77条の2の届出をするに際し、実方の氏に復することを希望する場合の取扱い）〔121〕…………………………………………………………………… 736

90 **昭58.10.24民二6115通達**（在日外国人の死亡届を受理した場合における管轄法務局への届書写しの送付）〔114〕……………… 713

昭和59年

91 **昭59.3.5民二1226通知**（婚姻等の届書が本籍地に未着のため戸籍の記載がされていない場合の「遅延事由」の記載）〔42〕…… 321

92 **昭59.11.1民二5500通達**（国籍法及び戸籍法の一部を改正する法律等の施行に伴う戸籍事務の取扱い）〔6〕………………… 29

93 **昭59.11.1民二5502通達**（戸籍届書の標準様式の全面的な改正）〔60〕……………………………………………………… 419

昭和62年

94　昭62.10.1民二5000通達（養子法の改正に伴う戸籍事務の取扱い）〔91〕 539

95　昭62.10.1民二5001通達（養子法の改正に伴う参考記載例の改正）〔43〕 326

96　昭62.10.1民二5002通達（特別養子制度の創設等養子法の改正に伴う戸籍届書の標準様式の一部改正）〔61〕 423

昭和63年

97　昭63.3.29民二2020通達（帰化の際に配偶者の氏を称した者が、生存配偶者の復氏届により復する氏）〔115〕 718

98　昭63.9.17民二5165通達（自己の親権に服する15歳未満の嫡出でない子を配偶者とともに養子とする縁組の代諾者）〔92〕 618

99　昭63.12.20民二7332通達（行政機関の休日に関する法律の制定及び地方自治法の一部を改正する法律の施行に伴う戸籍の届出期間の末日の取扱い）〔62〕 429

平成元年

100　平元.10.2民二3900通達（法例の一部を改正する法律の施行に伴う戸籍事務の取扱い）〔11〕 102

101　平元.12.27民二5541通達（旅券の発給を受けて入国した中国（台湾）人が婚姻等の創設的届出をする場合の取扱い（昭和30・2・9民事甲245号通達〔71〕による取扱いは認められない））〔73〕 468

平成2年

102　平2.3.1民二600通達（改元等に伴う参考記載例の改正）〔44〕 328

103　平2.5.1民二1835通達（法例の一部を改正する法律の施行に伴う戸籍事務の取扱い）〔12〕 204

104　平2.10.5民二4400通達（夫婦又は婚姻の際に氏を改めなかった者が養子となる場合等における戸籍の取扱い）〔93〕 621

夫婦の称する氏等に関する届出 …111
復氏すべき実方の氏 ……………6
複写機による謄抄本の作成 ………275
副本の作成と契印 …………………222
副本の送付 …………………………787
副本の保存 …………………………788
不受理期間 …………………………654
不受理期間中の転籍 ………………655
不受理申出期間中にされた届出の
　処理 ………………………………658
不受理申出書等の閲覧及び記載事
　項証明 ……………………………660
不受理申出書の保存 ………………660
不受理申出制度 ……………………648
不受理申出地 ………………………652
不受理申出の取下げ（撤回）……656
不受理申出の取下げの取扱い ……657
不受理申出の方式 …………………651
不備のある届書類 …………………462
不法入国者及び不法残留者 ………200
不法入国者から婚姻届 ……………641
父母と同籍するための入籍届 ……730
父母との続柄の定め方 ……………302
父母の婚姻解消後300日以内に出
　生した嫡出子 ……………………481
父母の婚姻前に父がした嫡出子出
　生の届出 …………………………505
ブラジル国における婚姻による変
　更後の氏の登録手続 ……………742
分解理論 ……………………………177

[へ]
平成9年10月17日最高裁第二小
　法廷判決 …………………………526
平成9年10月16日東京簡裁決定
　………………………………………456
平和条約関連国籍離脱者の子
　…………………………………206，472

変体仮名によって記載されている
　名 …………………………………360

[ほ]
報告的離婚届の態様 ………………122
「亡」の文字冠記の廃止……………370
「亡」の文字の移記…………………371
法務局への副本の送付 ……………252
法務大臣の指定 ……………………772
法務大臣の指定を受けた市区町村
　長 …………………………………775
保管施設の管理及び保安 …………769
保護要件具備証明書 ………………168
北方地域………………………………24
北方地域の範囲………………………27
北方領土特別措置法…………………26
北方領土特別措置法の施行に伴う
　戸籍事務の取扱い…………………27
本家と分家の戸籍 …………………297
本国官憲が作成した証明書 ………399
本国官憲の発給する婚姻証書 ……112
本国法を異にする夫婦の場合の共
　同縁組 ……………………………174
本字 …………………………………336
本籍地の表示に都道府県名を省略
　できる場合 ………………………300
本籍の表示方法 ……………282，299
本籍不明者 …………………638，642

[ま]
マイクロフィルム化の実施要領 …244
マイクロフィルム化の必要性 ……243

[み]
未成年後見人 ………………………691
未成年後見人の解任請求 …………691
未成年者との離縁 …………………557
未成年者を養子とする縁組 ………544

事項索引

未成年の子の親権 ……………685
見出帳 ……………………780
見出帳等の調製 ……………258
身分事項の移記 ………………9
民事訴訟法第118条に定める要件
　の審査 …………………680
民法の応急措置法 ……………298

[む]
無権代理の追認 ……………533
無効な代諾縁組の追認 ………536
無籍者 …………………638,642
無料証明 ………………267,270
無料証明の適用範囲 …………273

[も]
申出再製の対象 ………………232
申出再製の方法 ………………232
申出再製の要件 ………………232
申出による「亡」の文字の消除 …372
申出による戸籍の再製 ………231
文字の記載更正の性格 ………354
文字の記載更正の申出 ………354

[ゆ]
郵送による告知等 ……………343
郵送による戸籍の届出 ………407

[よ]
要件具備証明書 ………………463
用語の整理 ……………………81
養子死亡後の離縁 ……………560
養子の氏 ………………………553
養子の親権者 …………………683
養子の保護要件 ………………165
養子の離縁後にその法定代理人と
　なるべき者 …………………699
養子夫婦についての新戸籍編製 …622

養親単独親権説 ………………687
養親と実親の共同親権 ………686

[り]
離縁による復氏 ………………561
離縁の際に称していた氏の続称 …568
利害関係人 ……………………263
離婚協議による親権説 ………687
離婚届と同時に婚氏続称の届出を
　した場合 ……………………583
離婚による復氏と新戸籍の編製 …673
離婚の際に称していた氏 ……665
離婚の際に称していた氏を称する
　届出の制度 …………………737
離婚の際の子の親権者・監護者の
　決定 …………………………187
離婚又は婚姻の取消しによる戸籍
　の変動 ………………………38
略字 ……………………………336
領事 ……………………………390
領事関係に関するウィーン条約
　…………………………708,714
臨時代理者 ……………………20

[れ]
連結点としての常居所 ………192

[ろ]
労働基準法第111条 ……267,273

[わ]
我が国における常居所の認定 …194

詳解　処理基準としての
戸籍基本先例解説　定価：本体8,800円（税別）

平成20年3月24日　初版発行

編著者	木　村　三　男
	竹　澤　雅二郎
発行者	尾　中　哲　夫

発行所　日本加除出版株式会社

本　　社　　郵便番号 171−8516
　　　　　　東京都豊島区南長崎3丁目16番6号
　　　　　　　　　　TEL(03)3953−5757(代　表)
　　　　　　　　　　　　(03)3952−5759(編　集)
　　　　　　　　　　FAX(03)3951−8911
　　　　　　　　　　URL http://www.kajo.co.jp/

東日本営業所　郵便番号 171−8516
　　　　　　東京都豊島区南長崎3丁目16番6号
　　　　　　　　　　TEL(03) 3953−5 6 4 2
　　　　　　　　　　FAX(03) 3953−2 0 6 1

西日本営業所　郵便番号 532−0011
　　　　　　大阪市淀川区西中島5丁目6番3号
　　　　　　チサンマンション第2新大阪301号
　　　　　　　　　　TEL(06) 6308−8 1 2 8
　　　　　　　　　　FAX(06) 6307−2 5 2 2

組版・印刷・製本　（株）アイワード

落丁本・乱丁本は本社でお取替えいたします。
ⓒ 2008　Printed in Japan
ISBN978-4-8178-3790-5　C2032　￥8800E

Ⓡ〈日本複写権センター委託出版物〉
　本書の無断複写は，著作権法上での例外を除き，禁じられています。複写を希望される方は，事前に日本複写権センターの許諾を得てください。**日本複写権センター(03-3401-2382)**

全訂 Q&A 渉外戸籍と国際私法

南 敏文 編著

渉外戸籍と国際私法を解説する唯一の書！

A5判・392頁・定価3,990円(税込)
平成20年2月刊・ISBN978-4-8178-3789-9

戸籍のための Q&A 「出生届」のすべて

荒木文明 著

出生届のすべてがわかる！

A5判・472頁・定価4,200円(税込)
平成20年1月刊・ISBN978-4-8178-3780-6

レジストラーブックス⑫ 戸籍実務相談Ⅲ
明快！解決へのアプローチ

東京戸籍事務研究会 編

戸籍時報にて大好評連載中「実務相談」がついに単行本化！

A5判・424頁・定価4,620円(税込)
平成19年11月刊・ISBN978-4-8178-0320-7

新版 年表式 戸籍記載例の変遷
明治31年〜現行記載例まで

髙橋昌昭 著

年表式だからわかりやすい！

B5横長・340頁・定価3,675円(税込)
平成19年10月刊・ISBN978-4-8178-3322-8

第7回造本コンテスト最優秀賞受賞！ 人名用漢字の変遷
子の名に使える漢字の全履歴

日本加除出版編集部 編

人名用漢字の情報を、正しく、漏れなく提供。

A5判・432頁・定価3,675円(税込)
平成19年10月刊・ISBN978-4-8178-1338-1

全訂 戸籍訂正・追完の手引き

戸籍実務研究会 編

コンピュータ戸籍と紙戸籍を対照できる！

B5判・416頁・定価4,200円(税込)
平成19年9月刊・ISBN978-4-8178-3779-0

「家族」から発想する、いつくしむ世紀へ
日本加除出版

〒171-8516 東京都豊島区南長崎3丁目16番6号
営業部 TEL (03)3953-5642 FAX (03)3953-2061
http://www.kajo.co.jp/